VOCA
ACE
33000

어학세계사

VOCA ACE 33000

초판 2쇄 발행   2023년 4월 10일
초판 1쇄 발행   2021년 2월 20일

저자   이영진, 김태형, 이영신, 이경주
발행처   **어학세계사**
발행인   강신갑
등록번호   105-91-62861   등록일자   2011년 7월 10일
주소   서울시 마포구 포은로2나길 31 벨라비스타 208호
전화   02.406.0047   팩스   02.406.0042
이메일   languageworld@naver.com
MP3 다운로드   blog.naver.com/languageworld
ISBN   979-11-971779-5-8 (13740)
값   18,000원
ⓒ 어학세계사, 2021

어휘력 레벨 업!
시험 대비 핵심 단어 완결판
<VOCA ACE 33000>

영어 어휘 책은 왜 크고 두꺼울까요?

어휘 수가 너무 방대해서 그런 거겠지만, 학습자가 휴대하기에
부담스러울 수밖에 없습니다. 이 문제점을 해결한 작지만 강한 이 책이
학습자 여러분의 어휘력을 확 끌어올려 줄 것이라 확신합니다.
'공무원, 대학 편입 **기출 어휘**'와 '**출제 예상 어휘**'를 총망라하여,
'**합격에 초점을 맞춘 전략 학습서**'이자 학습효과가 뛰어나도록 만든
책이기 때문입니다.

이 책의 특징은 다음과 같습니다.

- → **공무원, 토익, 토플, 대학 편입 기출 어휘** 수록
- → 국내 **최다 어원, 동의어** 수록
- → 영자 신문에 자주 등장하는 **시사 어휘, 관용어구** 수록
- → 바로 이해되는 **쉬운 예문**으로 학습능률 극대화
- → **MP3 파일** 무료 다운로드

어휘 정복을 통하여, 영어 정복 또한 달성하길 응원합니다.

어학세계사 편집부

이 책의 특징
About this book

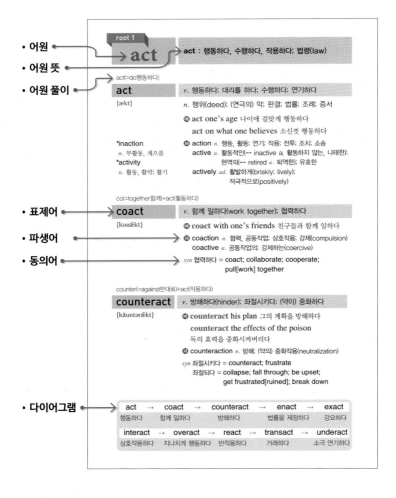

- 어원
- 어원 뜻
- 어원 풀이

root 1

act

act : 행동하다, 수행하다, 작용하다; 법령(law)

act(=do행동하다)

act
[ækt]

v. 행동하다; 대리를 하다; 수행하다; 연기하다

n. 행위(deed); (연극의) 막; 판결; 법률; 조례; 증서

⑩ act one's age 나이에 걸맞게 행동하다

act on what one believes 소신껏 행동하다

*inaction
n. 무활동, 게으름
*activity
n. 활동, 활약; 활기

⑩ action *n.* 행동, 활동; 연기; 작용; 전투; 조치; 소송
active *a.* 활동적인(↔ inactive *a.* 활동하지 않는, 나태한);
현역의(↔ retired *a.* 퇴역한); 유효한
actively *ad.* 활발하게(briskly; lively);
적극적으로(positively)

co(=together함께)+act(활동하다)

- 표제어

coact
[kouǽkt]

v. 함께 일하다(work together); 협력하다

⑩ coact with one's friends 친구들과 함께 일하다

- 파생어

⑩ coaction *n.* 협력, 공동작업; 상호작용; 강제(compulsion)
coactive *a.* 공동작업의; 강제하는(coercive)

- 동의어

syn 협력하다 = coact; collaborate; cooperate;
pull[work] together

counter(=against반대로)+act(작용하다)

counteract
[kàuntərǽkt]

v. 방해하다(hinder); 좌절시키다; (약이) 중화하다

⑩ counteract his plan 그의 계획을 방해하다

counteract the effects of the poison
독의 효력을 중화시켜버리다

⑩ counteraction *n.* 방해; (약의) 중화작용(neutralization)

syn 좌절시키다 = counteract; frustrate
좌절되다 = collapse; fall through; be upset;
get frustrated[ruined]; break down

- 다이어그램

act	→	coact	→	counteract	→	enact	→	exact
행동하다		함께 일하다		방해하다		법률을 제정하다		강요하다
interact	→	overact	→	react		transact	→	underact
상호작용하다		지나치게 행동하다		반작용하다		거래하다		소극 연기하다

차례
Contents

Chapter **1**

접두사
Prefix

접두사(Prefix)는 **단어**(Word)나 **어근**(Root) 앞에 붙어,
반대, 부정, 강조 등의 뜻을 첨가하여 **새로운 단어**를 만드는 역할을 합니다.

접두사	단어 또는 어근	새로운 단어
ap ad-(=to) ~에	+ **proximate** near make 가까운	> **ap**proximate **v.** ~에 접근시키다, ~에 가까워지다
in not(반대) 안	+ **auspicious** 조짐이 좋은, 행운의	> **in**auspicious **a.** 조짐이 좋지 않은, 불길한
over over ~위에	+ **shadow** 흐리게 하다, 그늘지게 하다	> **over**shadow **v.** ~을 흐리게 하다, ~을 못해 보이게 하다

접두사는, 그 의미를 알면 단어 또는 어근이 갖는 본래 뜻과
접두사가 붙어서 만들어진 새로운 단어의 뜻을 동시에 알 수 있어,
어휘 학습에 아주 효과적입니다.

circum + scribe	>	circumscribe
around write		v. 한계를 정하다,
빙둘러 선을 긋다		제한하다

un + questionable	>	unquestionable
not(반대) 의심스러운		a. 의심할 나위 없는,
안		확실한

advantage 유리	>	**disadvantage** 불리
qualify 자격을 주다	>	**disqualify** 자격을 박탈하다
estimate 평가하다	>	**overestimate** 과대평가하다
fill 채우다	>	**refill** 다시 채우다

Study 01

A-

명사나 동사에 붙어 **on**(~위에), **in**(~안에), **to**(~에, ~으로)라는 의미를 더해줍니다.

a(=on~을 향하여)+back(뒤쪽) → 뒤쪽을 향하여

aback

[əbǽk]

ad. 뒤쪽으로(backward); 돛이 역풍을 받고

예 be taken **aback** by one's rudeness
~의 무례함에 당황하다

syn 당황하다 = be taken aback; be bewildered[confused]

a(=in~에)+bed(잠자리, 침대) → 잠자리에

abed

[əbéd]

ad. 잠자리에, 누운 채로; 병석에(in bed)

예 be ill **abed**[in bed] 앓아눕다

syn 잠자리에 들다 = go to bed; turn in; retire; roost

cf. **fall asleep** 잠들다

a(=on~위에)+blaze(불꽃, 섬광) → (불꽃 위로) 타올라

ablaze

[əbléiz]

ad. 불타서(on fire); 빛나서(glittering)

a. 불타는; 몹시 흥분하여

예 be **ablaze** with autumnal tints 단풍으로 물들다

syn 흥분한 = ablaze; aglow; excited; high(ly)-strung

a(=on~로)+foot(발) → on foot 걸어서

afoot

[əfút]

ad. 걸어서, 도보로; 일어나; 진행 중인(in progress)

예 get **afoot** 병이 낫다

set **afoot** (일을) 벌이다, 시작하다

syn 도보로 = afoot; on foot; heel and toe

cf. **by bus** 버스로, **by land** 육로로, **by E-mail** 이메일로

12

on/to(~에/~으로)+head(앞쪽, 선두) → 앞쪽에[으로]

ahead
[əhéd]

a. ad. 앞쪽에[으로], 앞에[으로]; (시간적으로) 먼저

예 Go straight **ahead**.
곧장 앞으로 나가세요.
Go ahead! 먼저 하십시오!
어서 계속해!, 말씀하세요.

syn 앞쪽으로 = ahead; forward; onward

---

a(=on(~에))+jar(=turn회전) → on the[a] jar((문이) 조금 열리어)

ajar
[ədʒáːr]

a. (문이) 조금 열려져(slightly open)

예 The car door stood **ajar**.
차문이 조금 열려 있다.

syn 조금 = slightly; rather; somewhat; a bit; a little
cf. **be at (a) jar** 사이가 나쁘다, 다투고 있다

---

a(=to~에)+mass(한 덩어리로 모으다)

amass
[əmǽs]

v. 모으다(collect; gather); 쌓다(heap), 축적하다

예 **amass** wealth by unlawful means
부정축재를 하다

파 amassment *n.* 축적(accumulation)
massive *a.* 큰 덩어리의, 대규모의, 육중한(heavy)

syn 축적하다 = amass; accumulate; stockpile;
gather; raise; garner; heap up;
pile up; hoard up

---

a(=on~에서)+stray(길을 잃은, 헤매는)

astray
[əstréi]

ad. 길을 잃고; 못된 길에 빠져, 타락하여

예 be led **astray** by bad company
나쁜 친구 때문에 악에 빠지다

syn 길을 잃다 = go astray; get lost; lose oneself
타락시키다 = lead astray; drag down

a(=on~에)+stride((다리를 벌려) 큰 걸음으로)

astride
[əstráid]

ad. 두 다리를 벌리고; 걸터앉아(astraddle); 올라타고

⑩ sit **astride** a horse 말을 타다, 말에 걸터 앉다

syn 걸터앉다 = sit astride; bestride; straddle

a(=in~에서)+sunder((따로따로) 가르다) → in sunder 따로따로

asunder
[əsʌ́ndər]

ad. 따로따로 떨어져(apart), 산산이 흩어져

⑩ be torn **asunder** 갈기갈기 찢어지다

fall **asunder** 산산이 무너지다

syn 산산이 = asunder; scatteredly; in sunder;
          to pieces; to atoms; to smithereens

a(=on~에)+wry(뒤틀린, 예상이 틀린)

awry
[ərái]

ad. 뒤틀어져(distortedly); 잘못되어(wrong); 벗어나

⑩ go **awry** 실패하다(fail; end in failure); 잘못되다

look **awry** 흘겨보다(leer at; look asquint)

syn (일이) 뒤틀리다 = be thwarted[baffled, frustrated];
          go wrong[amiss]

Ab-

1) 분리, 이탈 : **away (from); off; from** 떨어져, 멀리
2) 강조 : **intensively** 강하게, **completely** 완전히

---

ab(=away멀리 (버린다고))+dic(=say말)+ate(=make하다)

abdicate

[ǽbdikèit]

v. (왕위, 권리 등을) 버리다, 포기하다; 퇴위하다

예 **abdicate** the throne in favor of his son
아들에게 왕위를 물려주다

파 abdication *n.* 포기, 기권; 퇴위, 사임(resignation)

syn 포기하다 = abdicate; renounce; relinquish;
abandon; desert; give up

---

ab(=away((사람을 강제로) 멀리)+duct(=lead데리고 가다)

abduct

[æbdʌ́kt]

v. 유괴하다, 납치하다(carry off a person by force)

예 be **abducted** in Baghdad by gunmen
바그다드에서 무장괴한들에 의해 납치되다

파 abduction *n.* 유괴, 납치(kidnaping)
abductor *n.* 유괴자, 유괴범(kidnaper)

syn 유괴하다 = abduct; kidnap; carry off; shanghai

cf. **hijack, highjack** *v.* (비행기 등을) 공중 납치하다

---

ab(away아주 멀리서)+hor(=shudder(싫어) 몸서리치다)

abhor

[æbhɔ́:r]

v. ~을 몹시 싫어하다(hate something very much)

예 **abhor** sexual discrimination
성차별을 몹시 싫어하다

abhor apple-polishing my higher-ups
나는 상사에게 아첨하는 것이 너무 싫다

*apple-polish
v. 아첨하다

파 abhorrence *n.* 혐오, 증오; 몹시 싫은 것
abhorrent *a.* 아주 질색인(odious; detestable)

syn 싫어하다 = abhor; hate; dislike; detest; loathe;
grudge(주기[하기] ~)
*dislike 〈 hate 〈 abhor = detest

ab(=away멀리)+ject(=thrown내 팽개쳐진)

abject

[ǽbdʒekt]

a. (상태 등이) 비참한; 비열한(contemptible)

例 live in **abject** poverty 극빈하게 살다

an **abject** coward 비열한 겁쟁이

派 abjectly *ad.* 비참하게 abjection *n.* 비천함; 비열

syn 비참한 = abject; miserable; wretched; pitiful;
pitiable; piteous; pathetic; distressing

ab(=away from~에서 벗어나)+normal(정상인) → 정상과 다른

abnormal

[æbnɔ́ːrməl]

a. 비정상인, 보통과 다른, 이례적인(unusual)

例 **abnormal** behavior[losses] 이상 행동[막대한 손실]

派 abnormally *ad.* 비정상적으로 abnormality *n.* 이상

syn 보통과 다른 = abnormal; extraordinary; unusual;
exceptional; irregular; odd; singular

ab(=away멀리)+omin(=bad omen나쁜 징조)+ate(하다) → 불길한 징조여서 멀리하다

abominate

[əbámənèit]

v. 혐오하다, 몹시 싫어하다

例 **abominate** like a serpent[viper] 몹시 싫어하다

派 abomination *n.* 증오, 혐오(abhorrence; loathing)
abominable *a.* 혐오감을 주는; 몹시 불쾌한

syn (몹시) 싫어하다 = abominate; abhor; detest; loathe;
dislike; hate

ab(away떨어지게)+ras(=scrape긁어)+ion(냄)

abrasion

[əbréiʒən]

n. (피부의) 벗겨짐, 찰과상; 마멸(wear); (기계의) 마모; 침식

例 suffer an **abrasion** 찰과상을 입다

abrasion and corrosion 마모와 부식

派 abrade *v.* 닳게 하다; (피부를) 벗겨지게 하다; 침식하다
abrasive *a.* 문질러 닳게 하는; 거친(harsh) *n.* 연마제

syn 찰과상 = abrasion; scratch; chafe
cf. **bruise, contusion**(타박상), **fracture**(골절)

16

ab(=away(멀리 폐지하라고)+rog(=ask요구하다)

abrogate
[ǽbrəgèit]

v. (법률, 관습 등을) 폐지하다, 폐기하다(repeal)

🔘 **abrogate** an agreement[a treaty]
협정을 폐기하다[조약을 파기하다]

🔘 **abrogation** *n.* 폐지, 폐기(annulment; nullification)

syn 폐지하다 = abrogate; abolish; annul; nullify;
repeal; revoke; disuse; do away with

[ab(=off떨어져)+rupt(=broken부서진) → (갑자기) 떨어져 부서진

abrupt
[əbrʌ́pt]

a. 갑작스러운, 뜻밖의; 퉁명스러운, 무뚝뚝한; 급한(hasty)

🔘 an **abrupt** turn in the road 도로의 급커브

🔘 **abruptly** *ad.* 갑자기, 불쑥; 퉁명스럽게

syn 갑작스러운 = abrupt; sudden; unexpected;
surprise; unannounced; unlooked-for(뜻밖의)
*갑자기 = all of a sudden; out of the blue

ab(=from(죄, 의무)로부터)+solve(=loosen풀어주다)

absolve
[əbzálv]

cf. absolute
a. 절대적인

v. (죄, 책임, 약속 등에서) 풀어주다, 면제하다; 용서하다

🔘 **absolve** a person of a sin[from an obligation]
~의 죄를 용서하다[~의 의무를 면제하다]

🔘 **absolution** *n.* 면제, 용서(forgiveness); 사면

syn 방면하다, 면제하다 = absolve; acquit; exculpate;
exonerate; discharge; exempt; unfetter

ab(=completely완전히)+surd(=deaf귀가 먹은)

absurd
[əbsə́:rd]

a. 불합리한; 터무니없는; 어리석은(silly; ridiculous)

🔘 an **absurd** rumor 터무니없는 소문

🔘 **absurdly** *ad.* 불합리하게; 어리석게(ridiculously)
absurdity *n.* 부조리(unreasonableness); 불합리

syn 터무니없는 = absurd; preposterous; fabulous;
groundless; exorbitant; crazy

Ab-의 형태 변화

1. ab 다음에 자음 c, t가 나올 때는 **Abs-**가 됩니다.
2. 자음 m, v 앞에서는 <u>b가</u> 탈락되어 **A-**가 됩니다.

abs(=away멀리 (도망가))+cond(=hide숨다)

abscond

[æbskánd]

v. 도망치다, 자취를 감추다(go away secretly)

예 **abscond** with the company's money
회사 공금을 가지고 잠적하다

파 abscondence *n.* 도망(escape); 실종(disappearance)
absconder *n.* 도망자; 실종자(a missing person)

syn 도망치다 = abscond; escape; flee; run away;
get away; take (to) flight

abs(=from~에서 떨어져)+tain(=hold유지하다, 붙들다)

abstain

[əbstéin]

v. 삼가다(refrain), 끊다; 금주하다; 기권하다

예 **abstain** from food[liquor]
단식하다[술을 삼가다]

파 abstention *n.* 절제, 자제; 기권, 회피
abstinence, -cy *n.* 절제; 금욕; 금주; 금식
abstinent *a.* 절제하는; 금욕적인; 금주하는

syn 삼가다 = abstain from; refrain from; keep from

abs(=from~에서 떨어져)+tem(=strong wine독한 술)+ious → 술에서 떨어져 있는

abstemious

[əbstí:miəs]

a. 절제하는; 금욕적인; 검소한

예 lead an **abstemious** life 금욕적인 생활을 하다

파 abstemiously *ad.* 절제하여

syn 금욕적인 = abstemious; abstinent; ascetic; stoic
검소한 = abstemious; frugal; thrifty; plain; simple;
economical(절약하는)

18

abs(=away멀리)+truse(=thrust(깊이) 던져진)

abstruse

[əbstrúːs]

a. 난해한(difficult to understand); (사상 등이) 심오한

예 an **abstruse** theory 난해한 이론

파 abstruseness/ abstrusity *n.* 난해; 심원

syn 심오한 = absturse; profound; recondite; esoteric
*It's still all Greek to me. 전혀 모르겠다.

a(=from~로부터)+vers(e)(=turned(마음이 확) 돌아선)

averse

[əvə́ːrs]

a. 싫어하는; 반대하는(opposed)

예 be **averse** to an adventurous life
모험적인 삶을 싫어하다

파 aversion *n.* 혐오, 반감(antipathy; repugnance)

syn 싫어하는 = averse; reluctant; repugnant;
antagonistic; antipathetic; unwilling

a(=away저쪽으로)+vert(=turn(얼굴을) 돌리다)

avert

[əvə́ːrt]

v. (눈을) 돌리다(turn away); (위험 등을) 피하다, 막다

예 **avert** disaster[one's eyes]
재해를 피하다[눈을 돌리다]

파 avertible, avertable *a.* 피할 수 있는, 막을 수 있는

*steer clear of ~
~을 가까이 가지 않다

syn 피하다 = avert; avoid; evade; shun; dodge;
escape; ward off; keep away from

a(=away떨어져)+vocation(직업, 본업) → 본업 이외의 (일)

avocation

[æ̀vvoukéiʃən]

n. (본업 이외의) 부업; 취미; 심심풀이(hobby); 직업

예 deal in dress as an **avocation**
부업으로 옷장사를 하다

syn 부업 = avocation; sideline; side job;
subsidiary work[business]

cf. **vocation** *n.* 직업; 천직; 소명 [voc : to call; voice]
vacation *n.* 휴가; 방학; 쉬기 [vac : empty]

1_ **abandon** [əbǽndən] v. 그만두다, 단념하다(relinquish; forsake; renounce; give up); 버리다(discard) n. 방종, 자유분방
   n. **abandonment** 버림, 유기
   *with[in] <u>abandon</u> 멋대로, 마음껏

2_ **abide** [əbáid] v. 머무르다, 체재하다(stay; sojourn; tarry; lodge); 참다, 견디다(endure; bear; put up with) a. **abiding** 오래 지속되는, 영구적인(enduring) n. **abidance** 체재, 거주; 준수
   ***abide by** (약속 등을) 지키다(stick[adhere] to); (결정 등에) 따르다

3_ **abolish** [əbáliʃ] v. (법률, 제도 등을) 폐지하다(abrogate; nullify; annul; rescind; revoke; do away with)
   n. **abolishment** 폐지, 무효
      abolition 폐지, 박멸

4_ **abortive** [əbɔ́ːrtiv] a. 유산의; 실패한(futile; unsuccessful); 발육부전의 n. 낙태약, 유산 v. **abort** 낙태하다, 실패하다 n. **abortion** 유산; 낙태 (miscarriage); 미숙아 *an **abortive** enterprise 실패로 끝난 사업

5_ **abridge** [əbrídʒ] v. 단축하다, 삭감하다(shorten; curtail; retrench; cut down); 요약하다(summarize; epitomize; abbreviate)
   a. **abridged** 짧게 한(↔ **unabridged** a. 생략하지 않은)
   n. **abridgment** 요약본, 초본; 단축

6_ **abundant** [əbʌ́ndənt] a. 풍부한, 많은; (자원 등이) 풍족한(plentiful; bountiful; copious) n. **abundance** 풍부함, 유복함
   v. **abound** 풍부하다(~ in); ~로 가득하다(teem)

7_ **abuse** [əbjúːz] v. ~을 악용하다, 남용하다(misuse); 모욕하다(slander; revile; vituperate; call a person names) n. [əbjúːs] 남용, 악용; 욕설; 학대 a. **abusive** 독설의, 남용된 *<u>abuse</u> one's authority 직권을 남용하다
   drug[alcohol] <u>abuse</u> 마약[알코올] 남용
   personal[child] <u>abuse</u> 인신공격[아동 학대]
   cf. **disabuse** v. (그릇된 관념에서) 깨어나게 하다

다음 접두사들도 「분리, 이탈(from; away; off)」의 뜻을 나타냅니다.

1. **Ab-** abhor *v.* ~을 몹시 싫어하다(detest)
2. **De-** deviation *n.* 일탈(departure), 탈선
3. **Di-** divert *v.* 딴 데로 돌리다, 전환하다, 즐겁게 하다
4. **Dif-** differ *v.* 다르다, 의견을 달리하다
5. **Dis-** dissipate *v.* 흩뜨리다, 없애다; (재산을) 탕진하다
6. **Off-** offspring *n.* 자식; 자손(descendants)
7. **Se-** separation *n.* 분리, 분할; 이별(parting)

Study 02

prefix 3

Ad-

1) 접근, 방향 : **to; toward**   2) 가까이 : **near**
3) 부가, 첨가 : **add**   4) 강조 : **intensively**

---

ad(=to~에)+apt(=fit적응시키다, 적합시키다)

adapt

[ədǽpt]

cf. **adopt** *v.* 채택하다

v. 적응시키다, 적합시키다; 개조[각색]하다(modify)

- 🎯 the ability to **adapt** 적응능력
- 📝 adaptation, adaption *n.* 적응; 적합; 각색
  adaptability *n.* 적응성; 융통성(flexibility; versatility)
  adaptable *a.* (동식물이) 적응할 수 있는; 개작할 수 있는
- *syn* 적응시키다 = adapt; adjust; accommodate; fit; suit

---

ad(=to~에)+dict(=speak(빠지게 계속) 말하다))

addict

[ədíkt]
[ǽdikt] *n.*

*be up to one's eyes[ears, elbows, neck] in 몰두하다

v. ~에 빠지게 하다, 몰두시키다

n. (마약 등의) 중독자

- 🎯 **addict** oneself to gambling 도박에 빠지다
  a drug[hemp] **addict** 마약[대마] 중독자
- 📝 addiction *n.* 열중, 몰두, 탐닉; (마약의) 중독
  addictive *a.* (약이) 습관성의, 중독성의
  addicted *a.* 빠져있는; 나쁜 버릇이 있는(habituated)
- *syn* 몰두하다 = addict[devote] oneself to; be addicted [devoted] to; be absorbed[engrossed, wrapped up] in; give oneself up to; immerse[bury] oneself in

---

ad(=to~에)+equ(=equal(충분히) 맞게)+ate(한)

adequate

[ǽdikwit]

a. (어떤 목적, 요구에) 충분한; 적합한(suitable)

- 🎯 **adequate** wages[grounds] 충분한 임금[근거]
  adequate[appropriate] measures 적절한 조치
- 📝 adequately *ad.* 충분하게; 알맞게, 적합하게(suitably)
- *syn* 충분한 = adequate; sufficient; enough; plentiful

22

ad(=to~에)+here(=stick들러붙다)

adhere
[ædhíər]

v. ~에 들러붙다; 집착하다, 고수하다; 충실하다

ⓔ **adhere** to neutrality[ethical standards]
중립을 지키다[윤리규범을 준수하다]

ⓟ adherence *n.* 고수, 집착; 충실, 지지
adhesion *n.* 부착, 들러붙음; 〈병리〉 유착; 〈식물〉 착생
adherent *a.* 부착성 있는, 점착성의 *n.* 지지자; 당원
adhesive *a.* 잘 들러붙는, 끈끈한 *n.* 접착제, 반창고

syn 들러붙다 = adhere[stick; cling; cleave] to

ad(=to~에)+jac(=lie, throw(가까이) 놓여 있)+ent(는)

adjacent
[ədʒéisənt]

a. 인접한; 이웃하는(neighboring); 다음의(next)

ⓔ a park **adjacent** to our apartment building
우리 아파트에 인접한 공원

ⓟ adjacency *n.* 인접, 이웃; 〈방송〉 직전, 직후의 방송

syn 인접한 = adjacent; adjoining; contiguous; close

[ad(=to~에)+join(인접하다)

adjoin
[ədʒóin]

v. ~에 인접하다; 이웃하다(be next to)

ⓔ **adjoin** each other 서로 붙어 있다

ⓟ adjoining *a.* 인접해 있는(contiguous)

syn 인접하다 = adjoin; abut on; border on; lie close by;
be contiguous to

ad(=to~로)+journ(=day날(을 연기하다))

adjourn
[ədʒə́:rn]

v. (모임 등을) 연기하다; 휴회하다; 자리를 옮기다

ⓔ **adjourn** indefinitely[sine die] 무기연기하다

ⓟ adjournment *n.* 연기(postponement); 산회, 휴회

syn 연기하다 = adjourn; postpone; suspend; defer;
procrastinate; delay; put off
cf. **dally** *v.* 시간을 낭비하다, 빈둥빈둥 지내다

ad(=to~에게+monish(=warn경고하다)

admonish

[ædmániʃ]

*admonitor

n. 충고자; 경고자;
훈계자

v. 훈계하다, 타이르다(blame gently); 경고하다; 권고하다

예 admonish him of[about] the danger
그에게 위험을 경고하다

파 admonition n. 충고(advice); 경고(warning); 훈계
admonitory a. 충고의; 훈계의(exhortative)

syn 훈계하다 = admonish; exhort; rebuke; remonstrate;
reprove; reprimand; lecture

---

ad(=to~에)+ulter(=other다른 것을 넣어 나쁘게)+ate(하다)

adulterate

[ədʌ́ltərèit]
[ədʌ́ltərət] a.

v. 불순하게 하다; 질을 나쁘게 하다(debase)

a. 가짜의(spurious); 품질을 떨어뜨린; 간통의(adulterous)

예 adulterate milk with water 우유에 물을 타다

파 adulteration n. 섞음질; 품질을 떨어뜨리기
adultery n. 간통(illicit intercourse; liaison)
unadulterated a. 순수한, 진짜의(genuine);
불순물이 섞이지 않은

syn 가짜의 = adulterate; spurious; forged; bogus;
counterfeit; sham

---

ad(=near가까이)+ven(t)(=come오다) ~의 뜻에서

advent

[ǽdvent]

n. 도래, 출현; 예수의 강림[재림](the Advent)

예 the advent of death[new weapons]
죽음의 도래[신무기의 등장]

파 adventure n. 모험, 희한한 사건 v. 위험을 무릅쓰다
adventurous a. 모험을 좋아하는, 모험적인
adventitious a. 우발적인, 우연한(accidental);

syn 도래 = advent; coming; arrival

24

ad(=to~로[에])+vert(=turn(주의를) 돌리다)

advert

[ədvə́:rt]

v. 주의를 돌리다; ~에 유의하다; 언급하다(refer)

예 **advert** to one's girlfriend's opinions
여자 친구의 의견에 귀를 기울이다

파 advertent *a.* 주의 깊은, 조심하는 *ad.* advertently
(↔ inadvertent *a.* 부주의한; 고의가 아닌)

syn 언급하다 = advert to; refer to; allude to; touch on;
mention

ad(=toward~을 향해)+voc(=call(지지를) 외치)+ate(다)

advocate

[ǽdvəkèit]
[ǽdvəkit] *n.*

v. 옹호하다, 주장하다; 변호하다(plead for; support)

n. 주창자, 창도자; 대변자; (법정) 변호사

예 **advocate** nationalism 민족주의를 주창하다
an **advocate** of sexual discrimination 성차별주의자

파 advocacy *n.* 옹호, 지지; 창도 advocator *n.* 주창자

syn 옹호하다 = advocate; support; back up; stand by

VOCA TIP

Ad-의 형태 변화

1. ad- 다음에 [k] 발음이 나는 자음 c, k, q가 올 때는 **Ac-**
   f가 오면 **Af-**
   g가 오면 **Ag-**
   l이 오면 **Al-**
2. ad- 다음에 자음 n이 오면 **An-**
   p가 오면 **Ap-**
   r이 오면 **Ar-**
   s가 오면 **As-**
   t가 오면 **At-** 이 됩니다.
3. 발음상의 편리성을 위해 ad의 d가 탈락되어 **A-**만 쓰이는 경우가 있
   는데, 주로 'sc-, sp-, st-, v-' 앞에서 일어납니다.

ac(=to~까지)+celer(=swift빠르게)+make(하다)

accelerate

[æksélərèit]

v. 촉진하다(hasten); 속력을 빠르게 하다(quicken)

⬤ strengthen and **accelerate** missile defense
미사일 방어 체계를 강화하고 가속화하다

⬤ acceleration *n.* 가속, 촉진(facilitation); 가속도
accelerator *n.* (자동차의) 가속장치, 촉진제
celerity *n.* 민첩함, 기민함(agility; alacrity)

syn 촉진하다 = accelerate; facilitate; expedite;
promote; quicken; further; speed up

ant 감속하다 = decelerate; slow down

---

ac(=to~에)+com(=with서로)+mod(=measure치수)를 맞추+ate(다)

accommodate

[əkámədèit]

v. 적응시키다(adapt); (부탁 등을) 들어주다; 숙박시키다

⬤ **accommodate** oneself to new surroundings
새로운 환경에 순응하다

⬤ accommodation *n.* 적응; 편의; (*pl.*) 숙박 설비; 화해
accommodating *a.* 잘 돌봐 주는; 융통성 있는

syn 숙박시키다 = accommodate; lodge; billet(군대를 ~)

cf. **accompany** *v.* 동반하다, 동행하다

be accompanied ┌ by + 사람 : 사람을 동반하다
└ with + 사물 : 사물을 수반하다

---

ac(=to~까지)+com(강조=완전히)+pl(=fill채우)+ish(=make다)

accomplish

[əkámpliʃ]

v. 완성하다, 달성하다, 성취하다, 완수하다; 끝내다(finish)

⬤ **accomplish**[realize] one's long-cherished wish
숙원을 달성하다

⬤ accomplishment *n.* 완수(completion), 성취; 완성
accomplished *a.* 성취된(completed); 뛰어난

syn 달성하다 = accomplish; achieve; attain; complete;
fulfill; realize; carry out; carry through

cf. **accomplice** *n.* 공범자, 한패(confederate)
*an accomplice and an accessary 공범과 종범

26

ac(=to~에)+cumul(=heap더미)를+ate(=make만들다)

accumulate
[əkjúːmjəlèit]

v. 쌓다(pile up); 모으다(gather; collect), 축적하다

⓪ **accumulate** great wealth 큰 재산을 축적하다

⑩ accumulation *n.* 누적, 축적; 저축, 적립금
accumulative *a.* 계속 쌓여가는, 누적적인

syn 축적하다 = accumulate; amass; stockpile;
hoard up; pile up; store up

ac(=to~에)+cur(=care(주의를 기울))+ate(인)

accurate
[ǽkjərit]

a. 정확한(exact); 정밀한(precise); 옳은; 용의주도한

⓪ an **accurate** description 정밀한 묘사

⑩ accurately *ad.* 정확히(exactly); 정밀하게(precisely)
accuracy *n.* 정확, 정밀, 정밀도(exactness; precision)

syn 정확한 = accurate; precise; exact; correct

ac(=to~에 대하여)+custom(습관(들이다))

accustom
[əkʌ́stəm]

v. 익히다, 익숙케 하다; 습관들이다(habituate)

⓪ **accustom** oneself to a regular life
규칙적인 생활에 습관들이다

⑩ accustomed *a.* 익숙한(familiar); 평소의(usual)

syn ~에 익숙하다 = be accustomed[used] to ~ing

cf. **be a good[poor, bad] hand at ~** ~에 능숙하다[서투르다]

af(=to~에)+fili(=son아들로)+ate(=make만들어 넣다)

affiliate
[əfílièit]
[əfíliət] *n.*

v. ~에 가입시키다; 양자로 삼다; 합병하다(merge)

n. 지점, 지부, 분회; 계열 회사; 회원

⓪ **affiliate** oneself with the Republican Party
공화당에 입당하다

⑩ affiliation *n.* 가입, 제휴; 합병   affiliated *a.* 가입한

syn 가입시키다 = affiliate; enlist; initiate

*합병하다 = affiliate;
merge; combine;
unite; annex;
amalgamate

*merger and acquisition (기업의) 인수합병(M&A)

af(=to~에게)+fa(=speak(쉽게) 말을 걸)+(a)ble(수 있는)

affable
[ǽfəbəl]

a. 상냥한; 사귀기 쉬운(sociable); 정중한(courteous)

例 an **affable**[insolent] manner 상냥한[불손한] 태도

派 **affably** *ad.* 상냥하게, 공손하게   **affability** *n.* 상냥함

syn 상냥한 = affable; amiable; affectionate; kind;
kindhearted; sweet; gentle; tender

af(=to~으로)+flict(=strike(아프게) 때리는)+ion(것)

affliction
[əflíkʃən]

n. 고통, 고난; 괴로움(misery), 고통의 원인

例 mitigate one's **affliction** 고통을 완화하다

派 **afflict** *v.* (정신, 육체적으로) 몹시 괴롭히다, 학대하다

syn 고난 = affliction; hardship; suffering; distress;
trouble; tribulation; misery

af(강조-(돈 등이) 철철)+flu(=flow(넘쳐) 흐르는)

affluent
[ǽfluənt]

a. 부유한(wealthy); 풍부한, 엄청난(copious)

n. 지류(branch)(일반적으로는 tributary를 사용)

例 an **affluent** society 풍요로운 사회
the **affluent** of the Han River 한강의 지류

派 **affluence** *n.* 부, 부유(wealth); 풍부, 유입(influx)
affluently *ad.* 풍부하게(abundantly; opulently)

syn 풍부한 = affluent; abundant; ample; plentiful;
replete; rich; copious; exuberant; opulent

ag(=to~까지)+grand(=large크게)+ize(=make하다)

aggrandize
[əgrǽndaiz]

v. 확대하다; 강화하다(intensify); 과장하다(exaggerate)

例 **aggrandize** investment in the development of
new drugs 신약 개발 투자를 점차 늘리다

派 **aggrandizement** *n.* 확대, 강화; 과장(exaggeration)

syn 확대하다 = aggrandize; enlarge; magnify; expand;
extend; scale up

ad(=to~에 더하여)+grav(=heavy(더욱 더) 무겁게)+ate(=make하다)

aggravate

[ǽgrəvèit]

v. (병 등을) 악화시키다; (죄를) 무겁게 하다; 화나게 하다

㉮ aggravate the situation 상황을 악화시키다

㉯ aggravation *n.* 악화, 격화; 짜증거리; 화남(irritation)
aggravating *a.* 악화시키는; 화나는(irritating)

syn 악화시키다 = aggravate; deteriorate; exacerbate;
worsen; make worse
화나게 하다 = aggravate; exasperate; irritate; vex;
enrage; provoke; offend; stir up

ag(=to(~에게로)+gress(=step(강하게) 발걸음(을 내딛는))

aggressive

[əgrésiv]

↔ 소극적인 =
negative; passive

a. 침략적인, 공격적인(offensive); 호전적인(quarrelsome);
진취적인; 적극적인(pushing); 정력적인(energetic)

㉮ an aggressive war 침략 전쟁
aggressive words and behavior 공격적인 언행

㉯ aggress *v.* 싸움을 걸다, 공세로 나가다
aggression *n.* (이유 없는) 공격; 침략(invasion); 침범
aggressor *n.* 침략자; 침략국; 공격자(invader)

syn 적극적인 = aggressive; positive; active; pushing

al(=to~에 대해)+leg(e)(=clear at law법에 결백을 주장하다)

allege

[əlédʒ]

v. (증거도 없이) 주장하다; 단언하다; 우겨대다; 변명하다

㉮ allege an infringement upon personal rights
인권침해를 주장하다

㉯ allegation *n.* (증거가 명확하지 않은) 주장, 진술; 해명
allegedly *ad.* 주장하는[전하는] 바에 의하면
*a totally unfounded[baseless] allegation
전혀 근거 없는 주장

syn 단언하다 = allege; affirm; assert; aver; asseverate;
avouch; declare

[참고] 축소하다 = reduce; retrench; curtail; abridge;
shorten; cut down

29

al(=to~에 대하여)+lev(=light가볍게)+ate(=make만들다)

alleviate
[əlí:vièit]

v. 완화시키다; 부드럽게 하다; 경감하다

⑩ **alleviate** one's sufferings[hunger]
고통을 완화하다[허기를 달래다]

⑩ alleviative *a.* 경감하는, 완화하는

syn 완화시키다 = alleviate; lessen; relieve; mitigate;
allay; lighten; mollify; ease; appease

ad(=to~에)+li〈lig(=binding(함께) 묶기)

alliance
[əláiəns]

n. 결연, 연합; 제휴(union); 동맹(국)

⑩ a military **alliance** 군사 동맹

⑩ ally *v.* 동맹[연합], 제휴]시키다 *n.* 동맹국, 연합국
allied *a.* 연합하고 있는; 동맹을 맺고 있는

syn 연합 = alliance; union; combination; league;
coalition; confederation; amalgamation

al(=to~에게)+lot(할당하다, 나누다)

allot
[əlát]

v. 할당하다, 배당하다(assign)

⑩ **allot** twenty minutes to each applicant
각 지원자에게 20분씩 할당하다

⑩ allotment *n.* 할당, 배분; 운명(fate); 특별수당

syn 할당하다 = allot; assign; allocate; apportion;
prorate; divide

al(=to~에게)+lud(e)(=play장난치듯 (넌지시 말하다))

allude
[əlú:d]

v. 넌지시 말하다; 언급하다; 암시하다

⑩ above **alluded** to
앞에서 언급한(above-mentioned; as stated above)

⑩ allusion *n.* (간접적인) 언급(mention); 암시(suggestion)
allusive *a.* 암시적인(suggestive); 넌지시 빗대고 말하는

syn 암시하다 = allude; hint; insinuate

al(=to~을)+lure(미끼로 유혹하다)

allure

[əlúər]

v. 유혹하다; 유인하다 n. 매력(charm); 유혹

예 allure[entice] a pure and innocent girl with fair words 감언이설로 청순한 소녀를 꾀어내다

파 allurement n. 유혹, 매혹(fascination; captivation)
alluring a. 유혹하는; 매혹적인(fascinating; charming)

syn 유혹하다 = allure; fascinate; captivate; tempt; entice; attract; seduce

---

ad(=to~에)+nex(=tie덧붙여 매다; 연결하다)

annex

[ənéks]
[ǽnèks] n.

v. 덧붙이다; 첨가하다(attach); 합병하다; 동반하다

n. 부가물; 별관, 별채, 부속 건물; 부속 서류

*proviso n. 단서
*an **annex** to the hospital 호텔의 별관

예 annex a postscript to a letter
편지에 추신을 덧붙이다
annex a proviso 단서를[조건을] 달다

파 annexation n. 부가(물); (영토의) 합병

syn 합병하다 = annex; merge; affiliate; amalgamate

---

an(=to~에)+nihil(=nothing아무것도 없게)+ate(=make만들다)

annihilate

[ənáiəlèit]

v. 전멸시키다; 모조리 파괴하다; 폐지하다(annul)

예 annihilate the enemy 적을 몰살시키다

*annihilable
a. 전멸시킬 수 있는

파 annihilation n. 전멸(extermination); 폐지

syn 전멸시키다 = annihilate; wipe out; destroy[demolish] completely

---

an(=to~에)+nul(=nothing아무것도 없게 (하다)

annul

[ənʌ́l]

v. 무효로 하다; 폐기하다(abolish); 취소하다(cancel)

예 annul the contract[one's marriage]
계약을 파기하다[혼인을 취소하다]

파 annulment n. 취소, 폐지(cancellation); 무효화

syn 무효로 하다 = annul; nullify; void; invalidate; make (null and) void

---

an(〈in=on〜의 표면에)+oint(ungu=smear바르다)

anoint

[ənɔ́int]

v. (기름, 약제 등을) 바르다; (기름을 부어) 신성하게 하다

예 **anoint** the wound with ointment
상처에 연고를 바르다

파 anointment *n.* 기름 부음; (약제 등을) 바름

syn 신성하게 하다 = anoint; consecrate; sanctify

ap(=to〜에)+pear(=come forth나오다)

appear

[əpíər]

v. 나타나다, 출현하다; 출두하다

예 **appear** through the mist 안개 속에서 나타나다
appear in the newspaper 신문에 나다

파 appearance *n.* 출현; 겉모양(aspect); (*pl.*) 정세

syn 나타나다 = appear; show up; turn up; come out;
present oneself; come in sight

ant 사라지다 = disappear; vanish; evanesce

ad(=to〜에게)+plaud(=clap박수치다)

applaud

[əplɔ́:d]

v. 박수갈채하다, 성원하다; 칭찬하다(commend)

예 **applaud** to the echo 극구 칭찬하다

파 applause *n.* 박수갈채, 환호; 성원; 칭찬(laudation)
applausive *a.* 박수갈채하는; 칭찬하는(eulogistic)

syn 갈채하다 = applaud; acclaim; cheer; give a cheer

ap(=to〜에게)+point((자리에 앉으라고) 가리키다)

appoint

[əpɔ́int]

v. 임명하다, 지명하다, 선임하다; (날짜, 장소를) 정하다

예 **appoint** a secretary 비서를 임명하다
appoint the time and place 시간과 장소를 정하다

파 appointment *n.* 임명, 약속, 예약; (*pl.*) 설비
*have[make] an appointment 약속이 있다[약속을 하다]

syn 임명하다 = appoint; nominate; name; designate

ad(=to~에)+posit(=put(나란히) 놓)+ion(음)

apposition
[æpəzíʃən]

n. 병치, 병렬(juxtaposition); 부가, 부착; 〈문법〉 동격

🔵 insertion and **apposition** 삽입과 동격

🔵 appose v. 나란히 놓다(juxtapose); 덧붙이다
apposite a. 적절한, 타당한(pertinent; proper)

syn 나란히 = parallel(평행으로); abreast; evenly

---

ap(=to~에 대해 할 수 있게)+prob(=test시험)+ation(해줌)

approbation
[æproubéiʃən]

n. 허가(approval); 인가(sanction)

🔵 without the **approbation** of the authorities
concerned 관계당국의 허가 없이

🔵 approbate v. 인가하다(approve); 공인하다(authorize)

syn 인가하다 = approbate; approve; sanction; authorize

---

ap(=to~에)+proxim(=near가깝게)+ate(=make만들다)

approximate
[əpráksəmèit]
[əpráksəmit] a.

v. ~에 접근시키다, 가깝게 하다; ~와 비슷하다

a. 대략의; 유사한, 비슷한(similar); 접근한

🔵 **approximate** to the truth
진실에 가깝다.

*approximately
ad. 대강, 대략, 거의
(nearly; roughly)

an **approximate** definition 대략적인 정의

🔵 approximation n. 접근, 근사; 근사치

syn 대략 = approximately; roughly; broadly; almost;
about; on the whole

---

ar(=to~에)+range(=rank(가지런히) 정렬시)+ment(킴)

arrangement
[əréindʒmənt]

n. 정돈, 배치; 합의, 조정; 편곡; 준비, 설비

🔵 flower **arrangement** 꽃꽂이
arrive at an **arrangement** 타협에 도달하다

🔵 arrange v. 정리하다; 배치하다; 계획하다; 조정하다

syn 합의 = arrangement; agreement; mutual consent

ar(=to~에게)+rog(=ask(건방지게) 요구하)+ant(는)

arrogant

[ǽrəgənt]

a. 거만한, 건방진, 오만한(full of unwarranted pride)

예 in an **arrogant** tone[attitude]
거만한 어조로[태도로]

파 arrogance *n.* 거만, 오만(insolence; haughtiness)

syn 오만한 = arrogant; overbearing; haughty; insolent;
impertinent; saucy; sassy; perky; domineering;
pompous; lordly; high-hat; stuck-up; self-assertive

ar(=to~에게)+rog(=ask(거짓으로) 요구)+ate(=do하다)

arrogate

[ǽrəgèit]

v. 사칭하다; 침해하다; (권리를) 가로채다(usurp)

예 **arrogate** power to oneself
권력을 사사로이 이용하다, 월권행위를 하다

파 arrogation *n.* 사칭; 횡령(misappropriation)

syn 사칭하다 = arrogate; personate; give oneself out
as[to be]; misrepresent; represent oneself (as)

*under the feigned name of A : A라고 사칭하고

ac(=to~에게)+certain(=make certain확인하다)

ascertain

[æ̀sərtéin]

v. 확인하다; (사실 여부를) 조사하다, 규명하다(find out)

예 **ascertain** the genuineness[truth] 진위를 확인하다

파 ascertainment *n.* 확인(confirmation); 탐지

syn 확인하다 = ascertain; confirm; affirm; verify; identify;
validate; authenticate; corroborate; make sure

as(=to~에게)+sail(=leap뛰어오르다, 달려들다)

assail

[əséil]

v. (맹렬하게) 공격하다, 습격하다; (질문을) 퍼붓다

예 **assail** the fort 요새를 공격하다

파 assailant *n.* 공격자, 습격자(attacker; raider)

syn 공격하다 = assail; assault; attack; make an attack;
fall on; take[assume] the offensive(공세를 취하다)

as(=to~에 (쓸 수 있게))+set(=enough충분히 (가지고 있는 것))

asset

[ǽset]

n. 자산; (*pl.*) 재산(property), (채무 변제용) 유산; 강점

⬥ fixed[hidden, frozen, intangible] **assets**
고정[은닉, 동결, 무형] 자산

assets and liabilities 자산과 부채

syn 강점 = asset; forte; a strong point[spot]

ant 약점 = a vulnerable point; one's Achilles' heel

as(=to~에게)+sever(=severe엄격하게 말)+ate(do하다)

asseverate

[əsévərèit]

v. (맹세코) 단언하다, 증언하다

⬥ **asseverate** that the allegation is a lie
그 주장이 거짓이라고 단언하다

⬤ asseveration *n.* 단언(assertion; averment)

syn 단언하다 = asseverate; declare; affirm; assert;
aver; avouch; vouch; state positively

as(=to~에)+sid(=sit(계속) 앉아 (일히))+ous(는)

assiduous

[əsídʒuəs]

a. 부지런한, 근면한(persevering); 계속하는, 열심인

⬥ be **assiduous** in one's assigned duties
자신에게 부여된 임무에 열심이다

⬤ assiduity *n.* 근면(diligence); (*pl.*) 정성어린 돌봄, 배려

syn 열심인 = assiduous; sedulous; enthusiastic; earnest;
ardent; zealous; intent; keen; eager

as(=to~에 대해)+sort(=lot나누다, 구분하다)

assort

[əsɔ́:rt]

v. 분류하다(classify); 종류별로 나누다; 어울리다(match)

⬥ **assort** articles in sizes and patterns
물건들을 크기와 모양으로 분류하다

⬤ assortment *n.* 분류, 유별; 골고루 갖추기, 구색
assorted *a.* 분류된(classified), 골고루 갖춘(various)

syn 분류하다 = assort; sort; classify; categorize

35

at(=to(목표로 하는 것) 에)+tain(=touch도달)+ment(함)

attainment

[ətéinmənt]

n. (노력에 의한) 달성, 성취; 도달; (*pl.*) 학식

㉠ the **attainment** of one's goal 목표 달성

㉮ attain *v.* (노력으로) 달성하다, 성취하다(accomplish)
attainable *a.* 이룰 수 있는; 달성할 수 있는

syn 달성하다 = attain; achieve; accomplish; realize;
carry out[through]

---

at(=to~에 대해)+tenu(=thin가늘게)+ate(make만들다)

attenuate

[əténjuèit]

v. 가늘게 하다(make thin); 수척하게 하다; 약하게 하다

㉠ **attenuate** the likelihood of success
성공의 가능성을 떨어뜨리다

㉮ attenuation *n.* 가늘어짐; 홀쭉해짐; 감소; 희석
attenuant *a.* ~을 희박하게 하는, 희석하는 *n.* 희석제

ant 강화하다 = strengthen; reinforce; intensify
강화 = strengthening; reinforcement; intensification

---

at(=to~에)+tribute(=give(원인 등을) (돌려)주다)

attribute

[ətríbju:t]
[ǽtrəbjù:t] *n.*

v. (원인 등을) ~에 돌리다, 탓으로 하다; 간주하다

n. 속성; 특성(characteristic); 상징(symbol)

㉠ **attribute** one's failure to bad luck
자신의 실패를 불운의 탓으로 돌리다

syn A를 B의 탓으로 돌리다 = attribute[ascribe; impute;
accredit; refer] A to B

---

at(=to(닳아 없어지게) ~에)+trit(=rub문지)+ion(름)

attrition

[ətríʃən]

n. 마찰; 마모(abrasion; wear); 소모; 감소(diminution)

㉠ dental **attrition** 치아 마모 an **attrition** rate 감손율
a war of **attrition** 소모전

*attrited
a. 닳아버린, 마모된

㉮ attrite *v.* 마모시키다, (인원 등을) 소모로 잃다 *a.* 닳아진

syn 마찰 = attrition; friction; chafing(문지름)

36

a(=to~에 (탓이라고))+scribe(=write적어 넣다)

ascribe

[əskráib]

v. ~의 탓이라고 돌리다; ~의 발명[저작]으로 하다

🔵 **ascribe** one's success to hard work[good luck]
자신의 성공을 열심히 일한 덕분[행운]으로 돌리다

🔴 ascription *n.* (~에) 돌리기, 귀속
ascribable *a.* (~에) 돌릴 수 있는, ~에 기인하는

syn 탓 = reason; ground(까닭)/ fault; blame(잘못)

a(=to~에 대한)+spect(=look모습, 외모)

aspect

[ǽspekt]

n. 모양, 양상, 국면; (얼굴의) 생김새; 표정

🔵 take on a tragic[serious, new] **aspect**
비극적인[심상치 않은, 새로운] 양상을 띠다

wear an **aspect** of gloom 우울한 얼굴을 하다

syn 용모= aspect; countenance; features; looks;
mien(모습, 풍채)

a(=to~에게)+spers(=scatter(나쁜 말을) 뿌려)+ion(댐)

aspersion

[əspə́:rʒən]

n. 비난, 비방, 중상(slander); 〈종교〉 성수 살포

🔵 cast **aspersion** on someone else's good deeds
다른 사람의 선행을 비방하다

*slander(구두로),
libel(문서로) 비방하다

🔴 asperse *v.* 비방하다, 중상하다; (물을) 뿌리다

syn 비방하다 = asperse; blame; criticize; defame;
calumniate; malign; abuse; reprobate; traduce

a(=to~에게)+vail(=worth가치가)+able(있는)

available

[əvéiləbəl]

a. 유용한, 유효한; 이용[입수]할 수 있는; 당선 가능한

🔵 **available** on the day of issue only
발행당일만 유효한

Available April 10. 4월 10일 이후 입주 가능.

🔴 avail *v.* 쓸모가 있다, ~에 도움이 되다(help)

syn 유효한 = available; valid; effective; efficacious; good

a(=to~에 대해)+venge(=punish혼내주다)

avenge

[əvénʤ]

v. (남을 위해) 복수하다; (~의) 원수를 갚다, 앙갚음 하다

예 avenge oneself on the criminal
범인에게 복수하다

syn 복수하다 = avenge; retaliate; revenge (oneself on);
pay off old scores; get even with;
get back at[on]; fix a person's wagon

cf. **revenge** *v.* 원한을 갚다, 보복하다 *n.* 복수(vengeance)

a(=to~에 대해)+ver(=true진실하다고 (주장하다))

aver

[əvə́:r]

v. (진실이라고) 단언하다, 확언하다; 증언하다(verify)

예 aver her's innocence 그녀의 무죄를 확언하다

파 averment *n.* 단언(affirmation); 주장(assertion)

syn 확언하다 = aver; assert; assure; affirm;
speak positively; tell for certain

a(=to~에 대해)+vow((사실이라고) 맹세하다)

avow

[əváu]

v. 공언하다; 솔직히 인정하다(admit; acknowledge)

예 avow oneself as a homosexual
자신이 동성애자라고 솔직히 인정하다

파 avowal *n.* 공언, 언명, 고백, 자인(acknowledgment)
avowed *a.* 자인한, 공언하고 있는(declared)
avowedly *ad.* 공공연히(openly; publicly; overtly)

syn 공언하다 = avow; profess; proclaim; declare openly

VOCA PLUS

1. **accountable** [əkáuntəbəl] *a.* (행위 등에) 책임이 있는(responsible ↔
unaccountable *a.* 책임이 없는, 설명할 수 없는) *v.* **account** (이유를) 설명
하다(explain); ~탓으로 돌리다(attribute; ascribe; accredit) *n.* 서술, 기술;

변명, 해명; 이유(ground); 예금계좌; 고객 *n*. **accountant** 회계사

*take into <u>account</u> 고려하다, 참작하다

2. **accuse**[əkjúːz] *v*. 기소하다(charge; indict); 비난하다, 책망하다(blame; criticize; reproach; condemn; censure) *n*. **accusation** 기소, 고발; 비난 *n*. **accuser** 비난자, 고소인 *<u>accuse</u> A of B A를 B의 혐의로 기소하다

3. **acquaint**[əkwéint] *v*. 정통하게 하다(familiarize); 알리다(inform); ~에게 소개하다(introduce) *a*. **acquainted** 정통한, 안면이 있는 *n*. **acquaintance** 아는 사람, 면식 *<u>acquaint</u> A with B A에게 B를 알리다

4. **acquiesce**[æ̀kwiés] *v*. (마지못해) 따르다(consent; accept; agree), 묵종하다(~ in); 묵인하다(connive) *a*. **acquiescent** 묵인하는, 순종하는 *n*. **acquiescence** 묵종, 묵인

5. **acquit**[əkwít] *v*. 무죄로 하다, 방면하다(absolve; discharge; release; set free); (책임을) 면제하다 *n*. **acquittal** 무죄, 석방; 변제 *n*. **acquittance** 석방; 면제

6. **acrimonious**[æ̀krəmóuniəs] *a*. (말, 태도 등이) 신랄한, 통렬한(bitter; sharp; acrid; poignant; pungent) *n*. **acrimony** 신랄함, 통렬함

7. **adduce**[ədjúːs] *v*. 예로서 들다; 인용하다(cite) *n*. **adduction** 예증, 인증 *<u>adduce</u>[present, produce] evidence 증거를 들다

8. **administer**[ædmínəstər] *v*. 관리하다; 다스리다; (약을) 투여하다

9. **admittedly**[ædmítədli] *ad*. 일반적으로 인정되고 있는 바와 같이 (permittedly; commonly), 명백하게 *v*. **admit** 허락하다, 인정하다 *n*. **admittance** 입장허가 *n*. **admission** 입장, 입학, 입회, 입장료

10. **afford**[əfɔ́ːrd] *v*. 주다, 제공하다(give; provide; present; confer); ~할 여유가 있다 *a*. **affordable** 줄 수 있는, 입수 가능한

11. **allocate**[ǽləkèit] *v*. (일, 자금 등을) 할당하다, 배분하다 (allot; distribute; earmark) *n*. **allocation** 할당, 배당, 배분 *<u>earmark</u> twenty million dollars for research work 연구비로 2천만 달러를 책정하다

12. **appease**[əpíːz] *v*. 달래다; (화를) 가라앉히다(soothe)

13. **assess**[əsés] *v*. 평가하다, 감정하다(appraise; estimate) *n*. **assessment** 평가, 사정

Study **03**

prefix 4

Ambi-

1) **both** : 양쪽, 쌍방   **in two ways** : 양쪽으로
2) **around/about** : 둘레에; 여기저기에

---

ambi(=both양손 모두)+dexterous(손재주가 있는)

ambidextrous

[æmbidékstrəs]

cf. clumsy
  a. 서투른

a. 양손잡이의(two-handed); 능수능란한, 다재다능한

표리부동한, 거짓의(double-dealing; deceitful)

- 📝 an **ambidextrous** policy 양다리 걸치는 정책
- 📝 ambidexterity *n.* 양손잡이; 비범한 손재주; 표리부동
- *syn* 다재다능한 = ambidextrous; versatile; resourceful; many-sided; skillful

---

ambi(=both양쪽으로)+(a)g(=drive((뜻이) 가)+(u)ous(는)

ambiguous

[æmbígjuəs]

a. 애매한, 모호한; 두 가지 뜻으로 해석되는(equivocal)

- 📝 an **ambiguous** reply[attitude]
  애매한 대답[불분명한 태도]
- 📝 ambiguously *ad.* 애매하게, 모호하게(vaguely)
  ambiguity *n.* 애매, 모호(↔ unambiguity 명확)
  unambiguous *a.* 모호하지 않은, 명백한(evident)
- *syn* 애매한 = ambiguous; equivocal; multivocal; vague; obscure; uncertain; doubtful

---

ambi(=both두 가지)+val(=worth가치)를+ence(가짐)

ambivalence

[æmbívələns]

n. 〈심리〉 양면가치, 2중 경향

- 📝 **ambivalence** in the behavior change process
  행동 변화 과정에서의 이중경향
- 📝 ambivalent *a.* 양면가치의; 상반되는; 불안정한
- *syn* 가치 = value; worth; merit

40

ambi(=both양쪽)+vert(=turn(성향)을 가진 사람)

ambivert

[ǽmbivə̀ːrt]

cf. **introvert**
  n. 내성적인 사람

extrovert
  n. 외향적인 사람

n. 양향성인 사람, 양향성 성격자

📃 the study of **ambiverts'** instinct
  양향성격자의 본능 연구

📜 ambiversion *n.* (내향, 외향의 중간인) 양향성

syn 외향적인 = extrovert; extroverted; outgoing;
  gregarious(사교적인)

---

amb(=about여기저기로)+it(=go(큰 꿈을 가지고) 다)+ion(님)

ambition

[æmbíʃən]

n. 야망(aspiration); 야심; 열망(strong desire)

📃 a heroic[towering, vaulting] **ambition**
  대담한[크나 큰, 솟구치는] 야심

📜 ambitious *a.* 대망을 품은; 야망에 찬(aspiring)

syn 야망 = ambition; aspiration/ hankering; lust

An-

부정 1) **not** : ~이 아닌
2) **without** : ~이 없는

an(=without)+arch(=ruler통치자) → 통치자가 없는 (상태)

anarchy

[ǽnərki]

n. 무정부 상태(lawlessness); 무질서, (정치, 사회적) 혼란

- **⑩** invite mob rule and **anarchy**
  폭도들의 지배와 무정부상태를 초래하다

- **⑩** anarchism *n.* 무정부주의; 테러 행위
  anarchist *n.* 무정부주의자 anarchistic *a.* 무정부주의의

- *syn* 혼란 = anarchy; disorder; confusion; chaos;
  jumble(뒤범벅으로 만들다)

an(=not안)+ec(=out밖으로)+dote(=give해준 (이야기))

anecdote

[ǽnikdòut]

n. 일화(anecdotage), 비화; 비담(episode)

- **⑩** **anecdotes** about Barak Obama
  버락 오바마에 관한 일화

- **⑩** anecdotic *a.* 일화의, 일화를 담은

- *syn* 비담 = anecdote; episode; little known,
  entertaining facts of history or biography

an(=without~이 없는)+onym(=name이름)+ous(의)

anonymous

[ənánəməs]

a. 이름이 없는, 무명의(nameless); 저자 불명의; 익명의

- **⑩** an **anonymous** letter[donation, author]
  익명의 편지[기부, 작가]

- **⑩** anonymously *ad.* 익명으로 anonymity *n.* 익명
  anonym *n.* 익명; 가명; 익명자; 작자 불명의 저작물

- *syn* 가명 = anonym; pseudonym; alias; incognito(익명)

- *cf.* **anomalous**[ənámələs] *a.* 변칙의, 이례적인(irregular);
  변태적인(abnormal)
  amorphous[əmɔ́ːrfəs] *a.* 무정형의, 형태가 없는
  (formless; shapeless)

An-의 형태 변화

자음 앞에서는 n이 탈락되어 **A-**가 됩니다.

---

a(=without~이 없는)+byss(=bottom바닥) → 바닥이 없는 상태

abyss

[əbís]

n. 심해, 심연; 혼돈(chaos); 나락; 끝없는 깊이

예 the **abyss** of despair 절망의 구렁텅이
   a bottomless **abyss** 끝없이 깊은 바다

파 abyssal *a.* 헤아릴 수 없이 깊은(unfathomable); 심해의
   abysmal *a.* 나락의, 끝없이 깊은; 깊이를 알 수 없는
                (bottomless; fathomless)
   abysmally *ad.* 깊이를 모를 만큼, 지독히

syn 심연 = abyss; abysmal chasm; gulf

---

a(=without~이 없는)+pathy(=feeling감정) → 감정이 없는 것

apathy

[ǽpəθi]

n. 무관심, 냉담; 무감정, 무감동

예 political[extreme] **apathy** 정치적[극단적] 무관심
   ignorance and **apathy** 무지와 무관심

파 apathetic *a.* 무감동의(unmoved); 무관심한, 냉담한
   (indifferent) apathetically *ad.* 냉담하게, 무관심하게

syn 무관심 = apathy; indifference; nonchalance

ant 열정, 열렬 = ardor; fervor; passion; warmth

---

a(=without~이 없는)+gnostic(knowing아는, 지식이 있는) → (신의 존재를) 모르는

agnostic

[ægnάstik]

a. 불가지론의 *n.* 불가지론자

예 have become an **agnostic** since marriage
   결혼 후 불가지론자가 되다

파 agnosticism *n.* 불가지론

syn 불가지론 = agnosticism; acatalepsy; know-
      nothingism; belief that it is impossible to know
      whether or not God exists

a(=not안)+mnes(=remember기억)+ty(함) → 죄를 안 기억함

amnesty

[ǽmnəsti]

n. 사면, 은사(general pardon)

예 grant (an) **amnesty** to ~ ~에게 사면을 허락하다

syn 사면 = amnesty; pardon; remission; absolution;
indulgence; forgiveness

ant 처벌 = punishment; penalty

cf. **amnestic** *a.* 건망증의 *n.* 건망증 환자

VOCA PLUS

1. **부정(=not; without)**의 뜻으로 쓰이는 접두사를 정리
   1) **Dis-** dishonor 불명예 / disrespect 무례
   2) **In-** inability 할 수 없음, 불능 / inaccuracy 부정확
   3) **Il-** illegal 불법의 / illogical 비논리적인
   4) **Im-** impossible 불가능한 / impracticable 실행 불가능한
   5) **Ir-** irregular 불규칙적인 / irresolute 결단력이 없는
   6) **Non-** noncooperation 비협력 / nonsense 허튼소리
   7) **Un-** uncertain 불확실한 / undeniable 부정할 수 없는

2. 위의 단어에서 접두사를 제거하면 **반대의미**가 됩니다.

   honor 명예, respect 존경, 안부
   ability 능력, accuracy 정확
   legal 적법한, logical 논리적인
   possible 가능한,
   practicable 실행 가능한
   regular 규칙적인, resolute 단호한
   cooperation 협력
   sense 분별, 지각
   certain 확실한, deniable 부인[거부]할 수 있는

3. atheist *n.* 무신론자
   without+God+사람

Ante-

before : 앞의, 전의
↔ Post = after : 후에, 나중에

---

ante(=before~에 앞서)+cede(=go가)+(e)nt(는)

antecedent

[æntəsí:dənt]

a. 앞서는, 선행의; 이전의(previous)

n. 앞선 일; 선례, 전례; 〈문법〉 선행사; (*pl.*) 전력, 경력

🔑 an **antecedent** institution 이전에 있던 학회
a man of good **antecedents** 경력이 훌륭한 사람

🔆 antecedence/-cy *n.* (시간, 순서의) 선행(priority)
antecede *v.* (~보다) 선행하다(precede)

syn 앞서는, 이전의 = antecedent; precedent; preceding;
anterior; previous; earlier; former; prior

---

ante(=before~보다 앞선)+date(날짜(에 일어나다))

antedate

[ǽntidèit]

v. 먼저 일어나다; ~에 앞서다; 앞선 날짜로 적다

🔑 **antedate** as early as possible
가능한 날짜를 앞당기다

syn 선행하다 = antedate; predate; precede; go before

ant **postdate** *v.* 실제보다 늦추어 적다; 뒤에 일어나다

---

ante(=before앞의)+meridian(=meridian정오) → 정오 앞의

antemeridian

[æntimərídiən]

a. 오전의(before noon)(↔ **postmeridian** *a.* 오후의)

🔑 an **antemeridian** session[meal]
오전 수업[아침 식사]

syn 오전의 = antemeridian; forenoon; before noon

---

ante(=before앞의)+room(방, 실)

anteroom

[ǽntirùm]

n. 앞방, 곁방; 대기실

🔑 wait in the **anteroom** 대기실에서 기다리다

syn 대기실 = anteroom; antechamber; waiting room

anti(=before미리)+cip(=take(기대를) 가져)+ate(보다)

anticipate
v. 기대하다; 기선을 제압하다; (대책을) 세워두다

[æntísəpèit]

- **anticipate** a good time at the party
  파티에서 멋진 시간을 가질 것을 기대하다
  as (was) **anticipated**[expected] 기대한 대로

- anticipation *n.* 예상, 기대(expectation); 선수

syn 기대하다 = anticipate; expect; look forward to;
  hope (for)

---

anti(=before(오래) 전의)+qu(=quality성질)+ity(임)

antiquity
n. 오래됨, 낡음; 고풍스러움; (*pl.*) 고대유물[풍습, 문화]

[æntíkwəti]

- **trace back to remote antiquity**
  먼 옛날로 거슬러 올라가다

- antique *a.* 고풍스러운, 옛날의; 구식인 *n.* 골동품
  antiquate *v.* 낡게 하다; 시대에 뒤지게 하다
  antiquated *a.* 시대에 뒤진; 낡은; 구식의; 고루한

syn 구식의 = antique; antiquated; old-fashioned;
  outdated; outmoded; archaic; out-of-date

VOCA PLUS

[*ante-* : before]
antebellum 전쟁 전의(prewar)
antemortem 죽기 직전에 한
antenatal 출생 전의(prenatal)
antenuptial 결혼 전의
anteprandial 식전(食前)의; 만찬 전의

[*post-* : after]
postbellum 전후의
postmortem 사후의; 검시
postnatal 출생 후의
postnuptial 결혼 후의
postprandial 식후의

Anti-

1) **against** : 반대, 적대, 반항
2) **opposite** : 반대, 역 *모음 앞에서는 : **Ant-**

---

ant(=against맞부딪쳐)+agon(=struggle싸우는)+ist(사람)

antagonist

[æntǽgənist]

↔ 친구 = chum;
crony; comrade;
buddy; pal

n. 적수, 적대자, 경쟁 상대; 반대자(opponent)

- ⓔ a tough **antagonist** 만만치 않은 적[상대]
- ⓓ antagonize *v.* 적대하다(oppose); 갈등을 일으키다
  antagonistic *a.* 적의를 가진(hostile); 비우호적인
  antagonism *n.* 반감, 적대(enmity); 적개심
- *syn* 적수 = antagonist; opponent; adversary; rival
- *cf.* **protagonist** *n.* 주역, 주인공; (사상 등의) 주창자, 리더

---

anti(=against(병균에) 대항하는)+body(물체)

antibody

[ǽntibàdi]

cf. **antidote** 해독제

n. 항체; 항독소(antitoxin)

- ⓔ a monoclonal[trifunctional] **antibody**
  단일클론[3중 기능]의 항체
- *syn* 항체 = antibody; immune body; substance which
  fights against disease

---

anti(=against반대하는(反))+path(=feeling감(感)정)

antipathy

[æntípəθi]

n. 반감, 싫어함, 혐오(dislike; aversion)

- ⓔ the president's **antipathy** towards the majority-
  opposition party 거대 야당에 대한 대통령의 반감
- ⓓ antipathetic *a.* 반감을 품고 있는; 성미에 맞지 않는
- *syn* 반감 = antipathy; animosity; hostility; antagonism;
  aversion; dislike; ill feeling

---

ant(=opposite반대(의미의))+onym(=word말)

antonym

[ǽntənìm]

n. 반의어

- ⓔ synonyms and **antonyms** 동의어와 반의어
- *syn* 동의어 = synonym; equivalent(상당어구)

Auto-

1) **self** : 자신의, 스스로
2) **working by itself** : 자동의

auto(=self자신의)+bio(=life인생, 삶)을+graphy(=writing쓴 것)

autobiography

[ɔ̀:təbaiágrəfi]

n. 자서전(an account of a person's life written)

예 biography, **autobiography**, memoirs
전기, 자서전, 회고록

파 autobiographic *a.* 자서전적인, 자서전체의

syn 전기 = biography; a life history; life

auto(=self자기 혼자서 (마음대로 하는))+cracy(=rule통치)

autocracy

[ɔ:tákrəsi]

n. 독재정치; 전제정치

예 the termination of military **autocracy**
군사독재의 종결

파 autocrat *n.* 독재자 autocratic *a.* 독재의, 횡포한

syn 독재적인 = autocratic; despotic; dictatorial

auto(=self자기 자신이 직접)+graph(=writing쓴 것)

autograph

[ɔ́:təgrὰf]

n. 서명, 사인; 친필(a person's handwriting)

a. 자필의, 서명이 있는 *v.* 자필로 쓰다; 서명하다

예 get a person's **autograph** 사인을 받다

파 autography *n.* 자필, 자필 문서; 필적

syn 서명 = autograph; signature

auto(=self스스로)+mat(=move움직이이)+ic(는)

automatic

[ɔ̀:təmǽtik]

a. 자동의; 무의식적으로 이루어지는

예 an **automatic**[a manual] transmission
자동[수동] 변속장치

파 automatically *ad.* 자동적으로, 무의식적으로
automation *n.* 자동조작, 오토메이션

*automaton
n. 자동 기계; 로봇

syn 자동의 = automatic; self-moving; self-operating

auto(=self스스로)+mob(=move움직이)+ile(는 것)

automobile
n. 자동차

[ɔ́:təməbíːl, -móubiːl]

예 **automobile** insurance[parts] 자동차 보험[부품]

syn 자동차 = automobile; car; motorcar; vehicle;
jalopy(고물 자동차); van(유개 운반차)
*a refrigerator[chill] van[car] 냉장차

---

auto(=self자기 스스로)+nomy(=rule통치하는 것)

autonomy
n. 자치(self-government); 자치권

[ɔːtánəmi]

예 local[university] **autonomy** 지방[대학] 자치
be deprived of **autonomy** 자치권을 빼앗기다

파 autonomous *a.* 자치의; 자율적인; 자치권을 가진
(self-governing)
autonomist *n.* 자치론자, 자치주의자

syn 자치 = autonomy; self-government; home rule

---

aut(=self자기 자신의)+onym(=name이름)

autonym
n. 본명, 실명

[ɔ́:tənìm]

예 a novel published under the author's **autonym**
작가의 실명으로 발행된 소설

*anonym
n. 익명, 가명

syn 이름 = name; given[Christian, first] name;
full name

cf. **surname; family name** 성

Auto-의 형태 변화

<u>모음</u>과 <u>자음 h</u>앞에서는 **Aut-**가 됩니다.

---

aut(=self자신이 직접)+hent(=prepare준비)+ic(한) → 그래서 진짜인

authentic

[ɔːθéntik]

a. 진짜의; 믿을 만한(reliable; credible; trustworthy)

ⓔ an **authentic** Roman statue 진짜 로마 시대의 조각상
 authentic information 믿을 만한 정보

ⓓ authenticity *n.* 확실성, 신뢰성, 신빙성
 authenticate *v.* (진짜임을) 증명하다, 확인하다

syn 진짜의 = authentic; genuine; confirmed; natural;
 honest; real; true

ant 가짜의 = counterfeit; forged; fake; fictitious; mock;
 sham; spurious bogus; phony; quack

*authority *n.* 권위,
권한; (*pl.*) 당국

---

aut(=self스스로)+ark(=achieve달성하는)+y(것)

autarky

[ɔ́ːtɑːrki]

n. 경제적 자급자족; 경제 자립 정책

ⓔ carry out the **autarky** policy
 자급자족 정책을 실행에 옮기다

syn 자급자족 = autarky; self-sufficiency

 *foodstuff self-sufficiency 식량의 자급자족

---

aut(=self자신이 직접)+ops(=sight(시체를) 보는)+y(것)

autopsy

[ɔ́ːtɑpsi]

n. 검시, 부검; 실지 검증; (사건 등의) 상세 분석

ⓔ perform an **autopsy** on the unidentified
 corpse[body] 신원 미상의 시체를 부검하다

syn 검시 = autopsy; postmortem; necropsy;
 coroner's inquest

Study **04**

prefix 9
Be-

1) **make** : (~하게) 만들다; **do** : ~하다 → 동사 만듦
2) **completely, utterly, fully** : 강조

be(=completely완전히 (일이 ~에게))+fall(떨어지다)

befall
[bifɔ́:l]

v. (일이) ~에게 일어나다, 생기다(happen to)

데 A frightful calamity **befell** him.
무서운 재앙이 그에게 닥쳤다.

syn 발생하다 = befall; happen; occur; arise; break out;
take place

be(=awfully지독하게)+grudge(주기 싫어하다)

begrudge
[bigrʌ́dʒ]

v. (물건을) 주기 싫어하다, ~을 아까워하다; 시기하다

데 **begrudge** non-regular workers an opportunity
to make some money
비정규직 근로자들에게 돈 벌 기회를 주는 것을 꺼리다

syn 시기하다 = begrudge; be jealous of; be envious of;
envy

cf. **parsimonious** *a.* 극도로 아끼는, 아주 인색한(stingy)

be(강조-완전히)+guile(기만하다)

beguile
[bigáil]

v. 속이다, 기만하다; 속여서 빼앗다; 즐겁게 하다(amuse)

데 **beguile** unwary customers
부주의한 고객들을 속이다

beguile the tedium with an small talk
잡담으로 무료함을 달래다

데 beguilement *n.* 속이기; 지루함을 달래기

syn 기만하다 = beguile; deceive; cheat; defraud;
impose on; play a trick

51

be(=do하다)+lie(거짓말)

belie
[bilái]

v. ~을 속여 나타내다, 거짓 전하다; (기대 등을) 저버리다

📖 Winter **belies** its name.
겨울이라지만 명색뿐이다.

syn 속이다 = belie; cheat; deceive; hoax; swindle;
trick; defraud; take in; play a trick on

be(=make~하게 만들다)+little(작은) → 작게 만들다

belittle
[bilítl]

v. 과소평가하다; 깔보다, 경시하다(depreciate), 비하하다

📖 Don't **belittle** yourself. 자신을 비하하지 마라.

syn 경시하다, 깔보다 = belittle; depreciate; disparage;
neglect; slight; underrate; minimize; hold cheap;
think[make] little of; look down on; play down

be(=utterly철저히)+reave(=rob빼앗다)

bereave
[birí:v]

*the bereaved
유가족

v. (육친 등을) 앗아가다; 잃게 하다; 빼앗다(deprive; rob)

📖 be **bereaved** of an only daughter 외동딸을 잃다

📑 bereaved *a.* (가족과) 사별한, 유족이 된
bereft *a.* 빼앗긴, 잃은(deprived)
bereavement *n.* 사별, 여읨; (희망 등을) 빼앗김

syn 빼앗다 = bereave; deprive; rob; usurp(왕위를 ~);
plunder(약탈하다)

be(=completely완전히)+set((빙 둘러) 배치하다)

beset
[bisét]

v. 포위(공격)하다; (고난 등이) 따르다(entail); 장식하다

📖 be **beset** by enemies 적에게 포위당하다
be **beset** with difficulties 어려움에 처하다

📑 besetment *n.* 포위, 달라붙기
besetting *a.* (유혹 등이) 끊임없이 따라다니는

syn 포위하다 = beset; siege; besiege; surround;
beleaguer; encircle; envelop;
enclose; invest; encompass

52

be(=do)+siege(포위 (공격)) → (공격하기 위해) 포위하다

besiege
[bisíːdʒ]

v. 포위(공격)하다; 둘러싸다; 몰려들다; 괴롭히다

예 **besiege** a town 도시를 포위하다

be **besieged** with questions 질문공세에 시달리다

syn 괴롭히다 = besiege; beset; afflict; harass; torment;
torture; molest; bug ;lacerate; plague;
gnaw; excruciate; bother; annoy

be(=completely완전히 거저)+stow((식량, 짐)을 채워주다)

bestow
[bistóu]

v. (윗사람이) 수여하다, 기증하다, 주다; (시간 등을) 들이다

예 **bestow** a great deal of money on charities
자선사업에 거액을 기부하다

파 bestowal *n.* 수여; 증여(물); 저장

syn 주다 = bestow; give; grant; confer; present;
impart; provide; donate; adjudge; award;
bequeath(유산을 ~); decorate(훈장을 ~)

be(=fully충분히 잘)+think(생각하다)

bethink
[biθíŋk]

v. 숙고하다; 생각해내다; ~하려고 마음먹다

예 **bethink** to regain one's popularity
인기를 되찾기로 결심하다

syn 숙고하다 = bethink; deliberate; contemplate;
consider; think over; mull over; ponder on

be(=make~하게 하다)+troth(약혼, 진실)

betroth
[bitróːθ]

v. 약혼시키다(engage); ~와 약혼하다(~ oneself to)

예 **betroth** one's daughter to a billionaire
딸을 억만장자와 약혼시키다

*fiancé(남자)
fiancée(여자)

파 betrothal *n.* 약혼(engagement)
betrothed *a.* 약혼한(engaged) *n.* 약혼자

syn 약혼하다 = betroth[engage] oneself (to);
be betrothed[engaged]; make an engagement;
give one's hand (to)

be(=do)+ware(조심하다)

beware

[biwέər]

v. 조심하다, 주의하다

📌 **Beware** what you say. 말조심 하시오.

syn 조심하다 = beware; guard; look out;
take precautions; be careful[watchful]

be(=completely완전히)+witch(마법을 걸다, 매혹하다)

bewitch

[biwítʃ]

v. ~에게 마법을 걸다; 매혹시키다(charm; fascinate)

📌 be **bewitched** by her beauty 그녀의 미모에 반하다
a **bewitching** smile 매혹적인 미소

📍 bewitched *a.* 마법에 걸린; 매혹된, 넋을 잃은
bewitching *a.* (남을) 매혹하는, 황홀하게 하는

syn 매혹하다 = bewitch; attract; captivate; charm;
fascinate; enchant

54

1. **befit**[bifít] *v.* ~에 적합하다, ~와 어울리다(suit; match; become)
2. **beget**[bigét] *v.* (자식을) 보다, 낳다(procreate); 생기게 하다
3. **befuddle**[bifʌ́dl] *v.* 정신을 잃게 하다; 어리둥절하게 하다
   (confuse; fluster)
4. **behave**[bihéiv] *v.* 행동하다; (아이가) 얌전하다; (기계가) 움직이다
   n. **behavior** 행동, 행실; 태도(deportment)
5. **behead**[bihéd] *v.* 목을 베다, 참수시키다(decapitate)
   *scaffold; guillotine *n.* 참수대
6. **behold**[bihóuld] *v.* 주시하다, 바라보다(look at)
7. **belated**[biléitid] *a.* 늦은, 뒤늦은; 구식의, 시대에 뒤떨어진
8. **belong**[bilɔ́(:)ŋ] *v.* (~에) 속하다, (~의) 것이다; (~의) 일원이다
   n. **belongings** 소유물, 소지품(personal effects)
9. **bemoan**[bimóun] *v.* 슬퍼하다, 애도하다(grieve; mourn)
10. **bemuse**[bimjúːz] *v.* 멍하게 만들다(confuse; confound; bewilder)
    cf. **amuse** *v.* 즐겁게 하다; (아기를) 어르다(lull)
11. **bequeath**[bikwíːð] *v.* 유언으로 물려주다, 유증하다(devise)
12. **berate**[biréit] *v.* 몹시 꾸짖다
    (scold; rebuke; reprimand; upbraid; call down)
13. **beseech**[bisíːtʃ] *v.* (남에게) 탄원하다, 간청하다(entreat; implore)
14. **besmirch**[bismə́ːrtʃ] *v.* 더럽히다(soil);
    (명예 등을) 손상시키다(defile; smirch)
15. **betray**[bitréi] *v.* 배반하다; 속이다(deceive); (약속을) 어기다
    n. **betrayal** 배반, 내통; 밀고
16. **bewail**[biwéil] *v.* 몹시 슬퍼하다, 통곡하다(wail; lament)
17. **bewilder**[biwíldər] *v.* 당황하게 하다(confuse)
    a. **bewildered** 당혹한(confused)
    a. **bewildering** 당혹하게 하는(confusing)
    n. **bewilderment** 당혹, 곤혹(perplexity;
    puzzlement; embarrassment)

Bene-

good : 좋은

bene(=good잘 되라고)+dict(=speak말해)+ion(줌)

benediction

[bènədíkʃən]

n. 축복; 축도, 감사기도(grace); 은총(mercy)

예 pronounce the **benediction** 축복기도를 올리다

파 benedictional *a.* 축복의 benedictory *a.* 축복의

syn 축복 = benediction; blessing; blessedness(행운)

bene(=good좋은 (일을))+fact(=do행하)는+or(사람)

benefactor

[bénəfæ̀ktər]

n. 은인; 후원자(patron); 자선가, 기부자(donor)

예 an anonymous **benefactor** 익명의 은인[독지가]

파 benefaction *n.* 자비, 선행, 자선(charity); 기증, 기부

syn 후원자 = benefactor; patron; sponsor; supporter

bene(=good좋은 (일을))+fic(=do행)+ent(하는)

beneficent

[bənéfəsənt]

a. 선을 행하는; 자선심이 많은(benevolent); 인정 많은

예 a **beneficent** organization 자선기구[단체]

파 beneficence *n.* 선행, 자선 (행위)(charity)
beneficial *a.* 유익한; 이익을 주는; 도움이 되는
beneficiary *n.* 수익자, 수혜자; (연금 등의) 수령인

syn 인정 많은 = beneficent; humane; warm-hearted;
kindhearted; tenderhearted; heartwarming

bene(=good좋은)+vol(=will의지)를+ent(지닌)

benevolent

[bənévələnt]

a. 자비로운; 친절한(kind); 자선적인(charitable)

예 a **benevolent** spirit[donor]
박애정신[자비로운 기증자]

benevolent neutrality[fund] 호의적 중립[자선기금]

syn 자비로운 = benevolent; beneficent; benign;
charitable; merciful; philanthropic

56

bene(=good좋은 (일을))+fit(=do하다)

benefit
[bénəfit]

v. (~에게) 이익을 주다, ~에 이롭다(do good to ~)

n. 이익(profit); 도움; 선행; 은혜(favor); 수당; 급부금

예 for the **benefit** of humanity 인류를 위하여
a **benefit** performance 자선공연
a **benefit** in return 반대급부
a fringe **benefit** 부가급부

syn 이익(이윤) = benefit; profit; gain(s); returns(수익);
proceeds(수익금); turnover(총매출액)

VOCA TIP

Bene-의 형태 변화

Bene-의 변형으로는 **Beni- / Boun-**이 있으며,
Bene-의 **반대 의미 접두사**는 **Mal-, Male-, Mali-**입니다.

ex) malice *n.* 악의, 적의, 증오(spite)
malefaction *n.* 악행, 비행(wrongdoing)
malevolence *n.* 악의, 적의(ill will)
malignity *n.* (뿌리 깊은) 악의, 증오; (병의) 악성, 불치

---

beni(=good좋은 (마음씨를 가지고))+gn(=birth 태어난)

benign
[bináin]

a. 인자한, 자비로운; (병이) 양성인; 온화한, 쾌적한

예 a **benign** person[tumor] 자비로운 사람[양성 종양]

파 benignly *ad.* 친절하게(kindly), 자비롭게
benignant *a.* (손아랫사람에게) 친절한(kindly),
다정한; 자비로운; (병이) 양성인;
유익한(beneficial)
benignity *n.* 인자; 친절; 자비(graciousness); 온화

ant 사악한 = malignant; malign; malicious; spiteful;
virulent; wicked; evil; sinister; vicious;
nefarious(극악한, 버릇없는)

bon(=good엄청난)+anza(=luck행운)을 차지함

bonanza

[bounǽnzə]

n. 노다지, 풍부한 광맥; 횡재; 대풍년 *a.* 대성공의, 행운의

예 strike a **bonanza** 노다지를 캐다, 횡재하다

a **bonanza** year 대풍년

syn 횡재 = bonanza; windfall; godsend;
　　　　　unexpected fortune
*풍년 = a bumper year

boun(=good(남을 사랑하는) 좋은 (마음을))+ty(가짐)

bounty

[báunti]

n. 박애, 은혜; 관대함; 보상금; (정부의) 보조금; 장려금

예 share in the **bounty** of ~ ~의 은혜를 입다

an export **bounty** 수출 장려금

파 bountiful *a.* 아낌없이 베푸는, 관대한; 풍성한
bounteous *a.* 관대한(generous); 풍부한(abundant)

syn 관대함 = bounty; magnanimity; liberality;
　　　　　generosity; broad-mindedness

Bi-

two : 둘, 이중, 양쪽

---

bi(=two2)+camer(=chamber의회)+al(인)

bicameral

[baikǽmərəl]

a. (의회가) 양원제인 *cf.* **unicameral** *a.* (의회가) 단원제인

ⓔ the **bicameral** system consisting of the Senate and the House of Representatives
상원과 하원으로 구성된 양원제

syn 의회 = assembly; Congress(미국); Parliament(영국); the Diet(일본); the National Assembly(한국)

---

bi(=two2)+enn(=year년)+ial(~의)

biennial

[baiéniəl]

a. 2년간 계속되는; 2년마다의; (식물이) 2년생의

n. 2년마다의 행사; 2년생 식물

ⓔ **biennial** license renewal 격년 면허 갱신

syn 계속적으로 = continually; continuously; successively; uninterruptedly; in succession; one after another

cf. **triennial** *n.* 3년마다의 행사

---

bi(=two2)+focal(초점의)

bifocal

[bàifóukəl]

a. (렌즈가) 초점이 둘인; (안경이) 근시, 원시 양용의

n. (근시, 원시 양용) 두 초점 렌즈; (*pl.*) 원근 양용 안경

ⓔ **bifocal** lenses[glasses] 두 초점 렌즈[안경]

syn 안경 = glasses; spectacles; specs; goggles

---

bi(=two이중의)+gamy(=marriage결혼)

bigamy

[bígəmi]

n. 중혼, 이중결혼(having two wives or husbands)

ⓔ commit[be guilty of] **bigamy** 중혼죄를 범하다

ⓓ bigamist *n.* 중혼자 bigamous *a.* 중혼의; 중혼죄의

syn 결혼 = marriage; matrimony; wedding; union

bi(=two양쪽)+lateral(=side측면의, 옆의)

bilateral
[bailǽtərəl]

a. 양면의(having two sides); 쌍방의, 쌍무적인; 상호적인

🔵 **bilateral** talks[agreements] 쌍무회담[쌍무협정]
bilateral military cooperation issues
양국 간의 군사 협력문제

syn 상호적인 = bilateral; mutual; reciprocal

cf. **biliteral** *a.* 두 글자로 된, 두 알파벳으로 된

bi(=two2)+lingual(=tongue말의, 언어의)

bilingual
[bailíŋgwəl]

a. 2개 국어를 말하는; 2개 국어로 쓰인

🔵 a **bilingual** broadcast[dictionary]
음성다중방송[2개 국어로 된 사전]

🔵 bilinguist *n.* 2개 국어 상용자(bilingual)
bilingualism *n.* 2개 언어 상용 (능력)

syn 말하다 = speak; say; tell; talk; utter; remark; relate;
express; converse

bi(=two2)+monthly(달의)

bimonthly
[baimʌ́nθli]

a. 2개월에 한 번의, 격월의

ad. 격월로, 2개월마다 *n.* 격월 간행물

🔵 a **bimonthly** meeting[publication]
격월 회의[발행물]

syn 격월로 = bimonthly; every other[second] month;
every two months

bi(=two두)+partisan(당파의)

bipartisan
[baipá:rtəzən]

a. 두 당으로 된; 양당 연립의; 초당파적인

🔵 **bipartisan** conference 여야 회담
a **bipartisan** foreign policy 초당파적 외교정책

syn 당파 = party; faction; junto; clique(파벌)

bi(=two둘로)+sect(=cut자르다)

bisect

[baisékt]

v. 둘로 자르다, 양분하다; 교차하다; 둘로 갈라지다(fork)

㉠ bisect the city from north to south
도시를 남북으로 갈라놓다

㉫ bisection *n.* 2분, 2등분

syn 양분하다 = bisect; halve; dichotomize; cut into
halves; cut in two; divide into two parts

VOCA TIP

Bi-의 형태 변화

1. 모음 앞에서는 **Bin-**이 됩니다.
2. 자음 c, s앞에서는 **Bis-**가 됩니다.

---

bin(=two둘)+ocular(=eye눈의, 시각의)

binocular

[bənákjələr, bɑi-]

a. 두 눈의, 쌍안용의 *n.* (*pl.*) 쌍안경

㉠ military binoculars 군용 쌍안경

syn 시력 = eyesight; sight; vision

bis-(=two둘)+sex(=six6)+tile(의)

bissextile

[baisékstəl]

a. 윤년의(intercalary), 윤일이 든 *n.* 윤년(leap year)

㉠ the **bissextile** day[month] 윤일[윤달]

㉫ bissextus *n.* 윤일(leap day), 2월 29일

syn 윤년 = bissextile; leap year; intercalary year

수 · 양을 나타내는 접두사 정리

half($\frac{1}{2}$)
- **Demi-** : demilune 반달
- **Hemi-** : hemisphere 반구(半球)
- **Semi-** : semicircle 반원, semiprofessional 반직업적인

many
much
- **Poly-** : polygon 다각형, 다변형, polytheism 다신교
  polygamy 일부다처제,   many God
- **Multi-** : multitude 다수, 군중, multiply 증가시키다

all(전부)
- **Pan-** : pan-Asiatic 전[범] 아시아의,
  panacea 만병통치약
    all cure(치료)

  panorama 파노라마, 전경,
    all   view

  pandemonium 지옥, 대혼란
    all   demon(악마, 귀신)
- **Omni-** : omnipotent 전능의, 무한한 힘을 가진
  omnipresent 어디에나 있는, 편재하는
    all   존재하는

[참고] **접두사 By-** : side(옆); secondary(부차적인)

> bygone *a.* 과거의, 지나간 *n.* 과거사
> byname *n.* 별명, 별칭(nickname); 성
> bypass *n.* 우회로 *v.* 우회하다(detour)
> bystander *n.* 구경꾼, 방관자(onlooker)
> by-election *n.* 보궐선거 *election pledges 선거공약
> by-product *n.* 부산물, 부차적 결과

Study 05

Circum-

1) **around** : 주위의, 둘레의
2) **on all sides** : 온 사방으로

circum(=around(penis의 포피를) 빙둘러)+cise(=cut잘라내다)

circumcise

[sə́:rkəmsàiz]

*phimosis
[faimóusis]

n. 포경; 질 폐쇄증

v. 할례를 베풀다; 포경수술을 하다

예 **circumcise** a newborn child
갓난아이에게 할례를 하다

파 circumcision *n.* 할례(割禮); 포피 절제; 포경수술

syn 포경수술 = circumcision; phimosiectomy;
an operation for phimosis

circum(=around(원의) 주위로 돌아)+fer(=carry나르)+ence(것)

circumference

[sərkʌ́mfərəns]

n. 원주, 원둘레, 주변(perimeter); 범위, 영역; 경계선

예 the **circumference** of the earth[park]
지구의 둘레[공원 주변]

파 circumferential *a.* 원주의, 주위의

syn 주변 = circumference; periphery; surroundings;
environs; outskirts; suburbs(도시의 ~)

circum(=around주위에)+fuse(=pour붓다, 따르다)

circumfuse

[sə̀:rkəmfjú:z]

v. (빛, 액체를) 주위에 쏟아 붓다(pour); 둘러싸다

예 her face **circumfused** with light
그녀의 빛을 받은 얼굴

파 circumfusion *n.* 주위에 쏟아 부음; 살포

syn 둘러싸다 = circumfuse; surround; besiege;
enclose; invest; environ

*a hamlet **invested** with a fog 안개에 쌓인 작은 마을

circum(=around빙 둘러)+locu(=speak말하)+tion(기)

circumlocution

[sə̀ːrkəmloukjúːʃ⊘n]

n. 에둘러 말하기, 우회표현; 완곡어법(periphrase); 장황

🔘 without **circumlocution** 단도직입적으로

syn 장황 = circumlocution; redundancy; tediousness;
verbosity; diffusion

---

circum(=around빙 돌아)+navigate(항해하다)

circumnavigate

[sə̀ːrkəmnǽvəɡèit]

v. 배로 일주하다(sail around), (~을) 배로 돌다

🔘 the first person to **circumnavigate** the globe
지구를 일주한 최초의 사람

*go[travel, sail]
round 일주하다

🔘 circumnavigation *n.* (세계) 일주
circumnavigator *n.* 세계 일주 여행자, 주항자(周航者)

syn 일주하다 = circumnavigate; circumvent; circuit

---

circum(=around빙 둘러)+scribe(=write선을 그리다)

circumscribe

[sə̀ːrkəmskráib]

v. 둘레에 (경계)선을 긋다, 둘러싸다(encircle); 제한하다

🔘 **circumscribe** personal use of the Internet
인터넷의 개인적 사용을 제한하다

🔘 circumscription *n.* 한계, 제한(restriction); 경계

syn 제한하다 = circumscribe; restrict; constrict;
confine; bound; limit

---

circum(=around여기저기를)+spect(=look(주의 깊게) 살펴보는)

circumspect

[sə́ːrkəmspèkt]

a. 신중한, 주의 깊은(attentive; heedful)

🔘 be **circumspect** in one's words and deeds
언행을 삼가다

🔘 circumspection *n.* 조심(caution), 신중(prudence)

syn 신중한 = circumspect; discreet; prudent; cautious;
careful; deliberate; judicious; watchful

ant 소홀한 = careless; negligent; inattentive;
indifferent; heedless

circum(주위가)+sta(=stand(어떤 상태에)서 있)+(a)nce(음)

circumstance

[sə́:rkəmstæns]

n. (*pl.*) 상황, 사정(situation); 환경; 우연(chance); 사실

예 owing[due] to some avoidable **circumstances**
불가피한 사정으로

a mere[remote, poor] **circumstance**
하찮은 것(worthless thing)

파 circumstantial *a.* 상황의; 우발적인; 부수적인

syn 환경 = circumstances; environment; surroundings

circum(=around빙 돌아)+vent(=come(피해) 오다)

circumvent

[sə̀:rkəmvént]

v. 피하다; ~을 함정에 빠뜨리다(entrap); 일주하다

예 **circumvent** the law 법망을 피하다

find ways to **circumvent** the restrictions
규제 조치를 피할 방도를 찾다

파 circumvention *n.* 책략을 쓰기; 선수를 치기; 우회

syn 피하다 = circumvent; avoid; evade; elude;
sidestep; shun; dodge; shirk; skirt

VOCA TIP

Circum-의 형태 변화

Circu(l)-, Circl- 로 변합니다.

circl(=around 둥글게 둘러싼)+et(=small작은 것)

circlet

[sə́:rklit]

n. 작은 원; 장식 고리; 반지; 목걸이(necklace); 팔찌

예 wear a stylish **circlet** of pearls around her neck
목에 멋진 진주 목걸이를 하다

syn 팔찌 = circlet; bracelet; wristlet; armlet;
armband(완장)

65

circu(=around빙 돌아)+it(=going가기)

circuit

[sə́:rkit]

n. (정기적) 순회; 주변; 우회, 우회로(detour); 〈전기〉 회로

예 make a **circuit** of the hamlet 마을을 한 바퀴 돌다

a series[a parallel, an integrated] **circuit**
직렬[병렬, 집적] 회로

syn 우회 = circuit; detour; roundabout

circul(=around여기저기로 빙빙 돌)+ate(=make다)

circulate

[sə́:rkjəlèit]

v. (혈액 등이) 순환하다; 유포하다(diffuse)

유통시키다; 배포하다(distribute); 돌아다니다

예 **circulate** through the pipes
파이프를 통해 순환하다

circulate a false rumor 헛소문을 퍼뜨리다

파 circulation *n.* (혈액의) 순환, (화폐 등의) 유통;
(신문, 잡지의) 발행부수

circular *a.* 원의, 둥근(round);
빙빙 도는, 순환성의(circulative)

syn 순환하다 = circulate; rotate; cycle; revolve;
recur(재발하다)

VOCA TIP

Circum-의 동의 접두사

1. **Ambi-** <u>ambi</u>ent *a.* (주위를) 둘러싼, 에워싼
around

2. **Peri-** <u>peri</u>scope *n.* (잠수함의) 잠망경
around look at

Com-

1) **together** : 함께, 서로
2) **thoroughly, completely** : 철저히, 완전히 〈강조〉

---

com(=together(전투에서) 서로)+bat(=strike; beat치는)+ant(사람)

combatant

[kəmbǽtənt]

↔ 비전투원 =
non-combatant;
civilian

n. 투사(fighter; warrior); 전투원

> **combatant** troops and noncombatant troops
> 전투부대와 비전투부대

파 combat *n.* 전투(fight); 투쟁 *v.* 싸우다, 다투다
combative *a.* 싸우기 좋아하는(pugnacious); 호전적인

syn 전투원 = combatant; fighter; combat solider

---

com(강조-강제로)+mand(=order명령)+eer(하다)

commandeer

[kàməndíər]

cf. **commend**
  v. 칭찬하다(praise);
  위탁하다

*muster
  n. 소집 *v.* 소집하다

v. 강제 징집하다; 징발하다(requisition); 강제로 빼앗다

> **commandeer** a cash delivery car
> 현금 수송차량을 강제 탈취하다

파 command *v.* 명령하다; 지휘하다; (경치를) 내다보다
  n. 명령(order), 지휘(direction)
commander *n.* (군대의) 지휘관; 사령관
commandment *n.* 명령, 지령; 계명, 계율
commanding *a.* 지휘하는; 당당한; 전망이 좋은

syn 징집하다 = commandeer; levy; enlist; raise; enroll;
  conscribe; conscript; recruit; draft; call up
  *slacker *n.* 병역 기피자, 책임회피자, 게으름뱅이

---

com(강조-자세히)+ment(=mind의견(을 제시))+ary(함)

commentary

[káməntèri]

*commentator
  n. 논평자; 시사 해설자

n. 주석; (일련의) 논평; (*pl.*) 회고록; 실황 방송

> a **commentary** published by the official news
> agency 관영 매체에서 발표한 논평

파 comment *n.* 논평(remark), 비평 *v.* 논평하다
commentate *v.* 해설하다; 논평하다

syn 논평 = commentary; comment; criticism; review(비평)

com(강조-소란스럽게)+mot(=move움직)+ion(임)

commotion

[kəmóuʃən]

n. 동요, 소동(agitation); 소요; 폭동(riot)

예 cause a tremendous **commotion** in the showbiz
연예계에 큰 소동을 불러일으키다

파 commove *v.* 뒤흔들다; 교란하다; 동요[흥분]시키다

bustle n. 소란

syn 소동 = commotion; agitation; disturbance; brawl;
riot; row; upheaval; uproar; tumult; turbulence;

---

com(=together서로(꽉))+pact(=fasten묶다, 죄다)

compact

[kəmpǽkt]
[kámpækt] *a. n.*

v. 꽉 채우다(pack firmly); 압축하다, 응축시키다

a. 조밀한, 빽빽한(dense); 간결한(terse); (자동차가) 소형의

n. 분첩; 소형자동차; 협정, 계약(contract)

예 a **compact** car 소형차
a mutual defense **compact** 상호 방위 협정

syn 압축하다 = compact; condense; compress; constrict

---

com(=together서로)+par(=equal대등하게 (평가))+ison(함)

comparison

[kəmpǽrisən]

n. 비교; 비유(likening); 비교의 가능성[여지]

예 a fair[fitting] **comparison** 공정한 비교[적절한 비유]

파 compare *v.* 비교하다(~ with[to]), 비유하다(~ to)
comparatively *ad.* 비교적, 꽤(relatively)

incompatible
a. 서로 맞지 않는,
호환성이 없는

syn 비교 = comparison; contrast(대조); likening(비유)

cf. **incomparable** *a.* 비교가 안 되는

---

com(=together서로)+pete(=seek(같은 목표를) 추구하다)

compete

[kəmpíːt]

v. 경쟁하다; 겨루다, 맞서다(contend); 필적하다

예 **compete** against Japanese[Chinese] goods
일본[중국] 제품과 경쟁하다

파 competition *n.* 경쟁; 맞섬(rivalry); 경기, 시합
competitive *a.* 경쟁의, 경쟁에 의한; 경쟁심이 강한

syn 경쟁하다 = compete; contest; contend; vie; emulate

com(강조-(남을) 잘)+plais(=please만족시키)+ant(는)

complaisant

[kəmpléisənt]

a. 친절한(amiable; obliging), 상냥한; 정중한, 공손한

예 upright, courteous, temperate, and **complaisant**
고결하고, 공손하고, 삼가고, 친절한

파 complaisance *n.* 정중; 공손(civility); 친절, 상냥함

syn 정중한 = complaisant; polite; courteous; civil;
reverent(경건한)

cf. **complacent** *a.* 자기만족의(self-satisfied);
무관심한(indifferent; unconcerned)

com(강조-강하게)+punct(=prick(마음을) 찌)+ion(름)

compunction

[kəmpʌ́ŋkʃən]

n. 양심의 가책(scruple); 후회, 뉘우침(remorse)

예 with[without] **compunction**
뉘우치며[뻔뻔스럽게, 아무 거리낌 없이]

파 compunctious *a.* 마음에 거리끼는, 후회스러운

syn 후회 = compunction; regret; remorse; repentance;
penitence; contrition

VOCA PLUS

1. **combustion**[kəmbʌ́stʃən] *n.* 연소(burning)
   a. **combustible** 타기 쉬운, 가연성의(inflammable)
2. **commemorate**[kəmémərèit] *v.* 기념하다
   n. **commemoration** 기념, 기념(식)
3. **commence**[kəméns] *v.* 시작하다, 개시하다(begin; start)
   n. **commencement** 시작, 학위수여식
4. **commend**[kəménd] *v.* 칭찬하다(compliment), 맡기다(entrust)
   n. **commendation** 칭찬, 위탁
5. **commensurate**[kəménʃərit] *a.* 같은 크기의; ~에 상응하는;
   적당한(suitable)

6_ **commiseration**[kəmìzəréiʃən] *n.* 가엽게 여김, 연민(pity; sympathy; compassion); (*pl.*) 애도의 말(condolence)
 v. **commiserate** 가엽게 여기다, 동정하다

7_ **commodious**[kəmóudiəs] *a.* (집 등이) 넓은, 널찍한(spacious; roomy)
 cf. **commodity** *n.* 일용품, 상품

8_ **commonplace**[kámənplèis] *a.* 평범한, 흔한(ordinary; stereotyped; banal) *n.* 진부한 말(cliché)

9_ **compassion**[kəmpǽʃən] *n.* 측은히 여김, 동정(sympathy; commiseration) *a.* **compassionate** 인정 많은, 동정적인

10_ **compatible**[kəmpǽtəbəl] *a.* 양립할 수 있는, 뜻이 맞는(harmonious; consistent); 호환성이 있는
 ↔ **incompatible** *a.* 서로 맞지 않는, 호환성이 없는

11_ **compensate**[kámpənsèit] *v.* 보상하다(recompense); 보완하다 (complement); 상쇄하다(offset)

12_ **competent**[kámpətənt] *a.* 유능한, 능력 있는(capable; able); 자격 있는 (qualified); 충분한(sufficient; enough) (↔ **incompetent** *a.* 무능한, 쓸모없는)
 n. **competence** 유능 *n.* **competency** 능력, 적성

13_ **compile**[kəmpáil] *v.* 편집하다; 모으다(gather) *n.* **compilation** 편집

14_ **complacent**[kəmpléisənt] *a.* 마음에 흡족한(self-satisfied); 무관심한 (unconcerned; indifferent) *cf.* **complaisant** *a.* 고분고분한(meek; submissive; obedient); 비위를 맞추는

15_ **complexion**[kəmplékʃən] *n.* 안색, 용모(countenance); 형세, 양상

16_ **complicity**[kəmplísəti] *n.* (범죄 등의) 공모, 공범(accomplice); (사건에의) 연루(involvement) *accomplice* *n.* 공범자

17_ **component**[kəmpóunənt] *n.* 성분, 구성요소(element)
 cf. **proponent** *n.* 지지자, 제안자   **opponent** *n.* 반대자

18_ **composure**[kəmpóuʒər] *n.* 침착, 냉정(calmness; serenity; dispassion)
 v. **compose** 조립하다(↔ **decompose** *v.* 분해하다); 구성하다
 a. **composed** 침착한

19_ **comprehend**[kàmprihénd] *v.* 이해하다(understand; grasp); 포함하다(include; contain; comprise) *n.* **comprehension**[kàmprihénʃən] *n.* 이해; 포함; 포용력 *a.* **comprehensive** 이해력이 있는; 넓은, 포괄적인

20_ **compromise**[kámprəmàiz] *v.* 타협하다[시키다], 화해하다[시키다](meet
~ halfway; split the difference); (명예 등을) 더럽히다(disgrace; sully)

n. 타협, 양보, 화해(give-and-take; reconcilement)

a. **compromising** 명예를 더럽히는

   uncompromising 타협하지 않는, 강경한

col(=together함께 (공동으로))+labor(=work일)+ate(하다)

collaborate

[kəlǽbərèit]

v. (문예, 학문 등에서) 공동작업하다; (적국 등에) 협력하다

예 collaborate with partners[the enemy]
파트너들과[적에] 협력하다

파 collaboration *n.* 공동, 협력; 합작; 공동제작품; 공저

syn 협력하다 = collaborate; cooperate; pull[work] together

col(=completely완전히)+lapse(=fall무너지다)

collapse

[kəlǽps]

v. (건조물, 희망 등이) 무너지다, 붕괴하다; 쓰러지다

n. (건조물 등의) 붕괴; (사업 등의) 실패; (건강의) 쇠약

예 collapse with a swoop 일격에 무너지다

*with a swoop
일격에; 홱

   the **collapse** of a political party 정당의 와해

파 collapsible *a.* 접을 수 있는(folding); 조립식의

syn 붕괴 = collapse; breakdown; fall; cave-in(함몰)

71

col(=together서로)+lide(=strike맞부딪치다)

collide

[kəláid]

v. 충돌하다(crash); (이해 등이) 상충되다(conflict; differ)

[예] **collide** head-on with a foreign car
외제차와 정면충돌하다

[파] collision *n.* 충돌; (이해 등의) 상충, 불일치(conflict)
*a sanguinary[military, head-on, broadside, midair] **collision** 유혈[군사적, 정면, 측면, 공중] 충돌

*head-on
정면으로, 정통으로

syn 충돌하다 = collide; clash; crash; bump; run against; run into

col(=together(나쁜 일에) 같이)+lus(=play행동)+ion(함)

collusion

[kəlúːʒən]

n. 결탁, 공모(conspiracy); 통모(通謀)

[예] be in **collusion** with ~
~와 결탁하고 있다, ~와 한패거리이다

[파] collude *v.* (은밀히) 결탁하다, 공모하다(conspire)
collusive *a.* 결탁한, 공모의(conspiratorial)

syn 공모 = collusion; conspiracy; complicity; confederacy

VOCA PLUS

1\. **collate** [kəléit] *v.* 대조하다; 〈제본〉 페이지 순서를 맞추다
n. **collation** 대조; 페이지 순서 검사

2\. **collateral** [kəlǽtərəl] *a.* 부수적인, 간접적인(secondary; indirect)

3\. **colleague** [kάliːg] *n.* (교수, 관직 등의 직업상의) 동료(companion; comrade; associate)

4\. **colloquial** [kəlóukwiəl] *a.* 구어체의(spoken), 일상회화의
(↔ **literal; written** *a.* 문어체의)
cf. **verbal** *a.* 말의, 구두의 *a verbal promise[dispute] 언약[언쟁]
verbatim *a.* 축어적인 *ad.* 축어적으로, 말대로(word for word; literally)

con(=together서로)+ceal(=hide숨기다)

conceal

[kənsíːl]

v. 숨기다(hide); 비밀로 하다(keep secret)

- **conceal** one's age[feelings, joy]
  나이를[감정을, 기쁨을] 숨기다

- concealed *a.* 숨겨진(recondite; hidden)
  concealment *n.* 은닉; 잠복; 숨는 곳; 잠복처

syn 숨기다 = conceal; hide; harbor; cover; veil; shelter

con(강조-완전히)+cept(=take(뜻을) 잡아(놓은 것))

concept

[kánsept]

n. 개념(generalized idea), 관념

- a relative[a concrete, an affirmative] **concept**
  상대적[구체적, 긍정적] 개념

- conception *n.* 임신, 수태; 개념; 기원, 발단
  conceive *v.* 마음에 품다, 착상하다, 생각하다; 임신하다
  conceit *n.* 자만; 자기 과대평가; 기발한 착상; 상상

syn 개념 = concept; notion; (general) idea

con(=together서로 같은)+cord(=heart마음)

concord

[kánkɔːrd]

n. 일치(agreement); 화합(harmony); 우호관계; 협정(treaty)

- settle the dispute in **concord** with each other
  화합하여 분쟁을 해결하다

- concordance *n.* 일치(agreement); 조화(harmony)
  concordant *a.* 일치한; 조화된(harmonious)

syn 협정 = concord; agreement; accord; convention;
       compact; pact; treaty

con(=completely몽땅)+fisc(=treasury국고로)+ate(만들다)

confiscate

[kánfiskèit]

v. 몰수하다; 압수하다; 징발하다(seize) *a.* 몰수된

- **confiscate** the smuggled goods 밀수품을 압수하다

- confiscation *n.* 몰수, 압수, 징발

syn 몰수하다 = confiscate; forfeit; seize; sequestrate;
       impound; commandeer; requisition(징발하다)

con(=together서로)+front(=face정면(으로 맞서다))

confront

[kənfrʌ́nt]

v. (~에) 직면하다, 맞서 나가다; 마주 대하다; 대결시키다

◉ be **confronted** with[by] difficulties
많은 어려움에 직면하다[처하다]

be **confronted** with[by] the catastrophe of one's conjugal life
결혼생활이 파국에 직면하다

◐ confrontation *n.* 대결, 대면, 직면, 조우; 대질

syn 직면하다 = confront; be confronted with[by]; face

con(=together같은)+gen(=birth태생)+ial(의)

congenial

[kəndʒíːnjəl]

a. 같은 성질의; 마음이 맞는; 성격에 맞는(suited)

◉ a **congenial** friend[atmosphere]
마음에 맞는 친구[쾌적한 분위기]

◐ congenially *ad.* 성미에 맞게(agreeably)
congeniality *n.* 잘 맞음(affinity); 쾌적함

syn 같은 성질의 = congenial; kindred; like-minded

↔ **uncongenial** *a.* 마음에 맞지 않는, 적합하지 않는 (incompatible)

cf. **congenital** *a.* (병 등이) 타고난(inborn); 선천적인(innate)

con(=completely완전히)+quer(=seek(목표를) 추구하다)

conquer

[káŋkər]

v. 정복하다; 극복하다, 이겨내다(overcome)

◉ **conquer** Mt. Everest[one's fear of heights]
에베레스트 산을 정복하다[고소 공포증을 극복하다]

eat shit to **conquer**
목적을 이루기 위해 굴욕을 참다

◐ conqueror *n.* 정복자, 승리자(victor)
conquerable *a.* 정복할 수 있는, 이길 수 있는

syn 정복하다 = conquer; vanquish; subdue; subjugate; overcome; master

*shit *n.* 똥(dung)
 eat shit
  굴욕을 참다

con(=with~와 함께 (군대에 나오라고))+script(write쓰다)

conscript

[kɔ̀nskrípt]
[kánskript] *n.*

v. 징집하다, 징병하다; 징용하다, 징발하다

n. 징집병(draftee), 신병 *a.* 징집된, 징병된

예 be **conscripted** into forced labor
강제노역에 동원되다

a new **conscript** 신병(a raw recruit)

파 conscribe *v.* 징집하다, 병적에 등록하다; ~을 제한하다
conscription *n.* 징병(제도); 징발, 징용
*evade conscription 징병을 기피하다

syn 징집하다 = conscript; conscribe; enlist; enroll;
recruit; draft

---

con(강조-쭉)+sequ(=follow뒤따르)+tive(는)

consecutive

[kənsékjətiv]

a. 계속되는, 계속 일어나는, 연속적인(successive)

예 **consecutive** holidays[numbers] 연휴[일련번호]

파 consecutively *ad.* 계속하여, 연속적으로(successively)
consecution *n.* 연속, 관련(sequence); 일관성

syn 연속적인 = consecutive; successive; continual;
continuous; serial

cf. **consequential** *a.* 결과로서 일어나는; 뽐내는; 중대한
(↔ **inconsequential** *a.* 하찮은; 이치에 맞지 않는
(unreasonable))

---

con(강조-철저히)+serv(=keep유지)+ation(함)

conservation

[kànsəːrvéiʃən]

n. 보존(preservation); 보호, 자연[자원]보호

예 the **conservation** of natural resources[wildlife]
천연자원의 보존[야생동물의 보호]

파 conserve *v.* 보호하다, 보존하다 *n.* (*pl.*) 설탕절임; 잼
conservative *a.* 보수적인; 온건한; 보존하는
n. 보수주의자
conservatory *n.* 예술학교; 온실(greenhouse)

syn 보호 = conservation; protection; safeguard; shelter

con(강조-완전히)+summ(=highest정점에 (이르게))+ate(=make만들다)

consummate
[kánsəmèit]
[kənsʌ́mət] *a.*

v. 완성하다, 성취하다; 완전하게 하다; (혼례를) 완료하다

a. 완전한, 유례가 없는(supreme); 엄청난, 터무니없는

- **예** a **consummate** military tactician
  완전한 군사 전술가
  a **consummate** liar 굉장한 거짓말쟁이

- **파** consummately *ad.* 완전하게; 극도로(extremely)
  consummation *n.* 완성; 극치(acme); 종말, 종결

syn 완성하다 = consummate; complete; finish; perfect
성취하다 = consummate; accomplish; achieve;
attain; fulfill

con(=together모두 함께)+vene(=come나오게 하다)

convene
[kənví:n]

v. (회의를) 소집하다; (회의 등에 사람을) 모으다

- **예** **convene** a special session of the Assembly
  임시국회를 소집하다

- **파** convention *n.* 집회, 회의(conference); 협정; 관습
  conventional *a.* 협정의; 관습적인; (무기가) 재래식의
  conventionally *ad.* 인습적으로; 판에 박은 듯이

syn 소집하다 = convene; convoke; call; summon;
assemble; call together

convivial
[kənvíviəl]

a. 연회를 좋아하는; 연회의; 유쾌한; 우호적인

- **예** a **convivial** atmosphere 우호적인 분위기

- **파** convive *n.* 회식 친구
  conviviality *n.* 주흥; 연회, 주연; 유쾌함

syn 유쾌한 = convivial; jovial; cheerful; gay

1. **conceal**[kənsíːl] *v.* 숨기다, 비밀로 하다(hide; shelter; cover)

   n. **concealment** 숨김, 은닉

2. **conceit**[kənsíːt] *n.* 자부심, 자만심(pride; bighead); 기발한 착상

     v. 우쭐대다(show off; puff up)

   a. **conceited** 우쭐대는(pretentious), 자만심이 강한

   v. **conceive** 상상하다, 생각하다, 임신하다

3. **conceivable**[kənsíːvəbəl] *a.* 상상할 수 있는(↔ **inconceivable**)

   a. 상상할 수도 없는; 터무니없는(incredible)

   *by every conceivable means 모든 수단으로

4. **concentrate**[kánsəntrèit] *v.* 집중하다(~ on)(converge; focus on);

   모으다(gather; cluster); (군대를) 집결시키다(rally)

   n. **concentration** 집중, 전념

   a. **concentrative** 집중적인, 골몰하는

5. **concoct**[kɑnkákt] *v.* (이야기 등을) 날조하다(fabricate; invent);

                       (음모 등을) 꾸미다(devise)

6. **condemn**[kəndém] *v.* 비난하다(denounce; criticize);

   (형을) 선고하다, 유죄판결하다(convict) *n.* **condemnation** 비난; (형의) 선고

   cf. **contemn** *v.* 경멸하다(despise)

7. **condense**[kəndéns] *v.* 압축하다(compress), 농축하다;

   요약하다(summarize; abridge) *n.* **condensation** 압축, 응축

   n. **condenser** 농축장치, 축전기

8. **condescend**[kàndisénd] *v.* 자신을 낮추다, 겸손하게 굴다

   n. **condescension** 겸손, 생색내는 태도

9. **condole**[kəndóul] *v.* 애도하다; 위안하다(console; solace; comfort)

   n. **condolence** 애도 *a.* **condolatory** 애도를 표하는

   *a letter of condolence 문상편지

   cf. an obituary notice 부고

10. **condone**[kəndóun] *v.* 용서하다(forgive; pardon)

    n. **condonation** 용서, 묵과

11_ **confederate** [kənfédərit] *n.* 동맹국; 공모자(accomplice)

    a. 동맹한, 연합한 *v.* [kənfédərèit] 동맹하다

    n. **confederation** 동맹, 연합(alliance)

12_ **confidential** [kànfidénʃəl] *a.* 기밀의, 비밀의(secret; undercover; clandestine); 친밀한, 허물없는(intimate; friendly; chummy)

    n. **confidence** 신용, 신임; 비밀 *a.* **confident** 확신하는

    v. **confide** 신용하다; (비밀을) 털어놓다

13_ **confound** [kənfáund] *v.* 혼동하다(confuse); 당황하게 하다(perplex; bewilder; puzzle) *a.* **confounded** 당황한

14_ **congest** [kəndʒést] *v.* 혼잡하게 하다(overcrowd; jam); 충혈시키다

    n. **congestion** 밀집, 혼잡, 충혈

15_ **conglomerate** [kənglámərət] *n.* 집성체; 집단; 복합기업

    a. 둥글게 뭉쳐진 *v.* [kənglámərèit] 둥글게 뭉치다

    n. **conglomeration** 집합, 응괴

16_ **congregate** [káŋgrigèit] *v.* 모이다, 집합시키다(assemble; gather; convoke) *n.* **congregation** 모임; 집회

17_ **congruous** [káŋgruəs] *a.* 일치하는, 조화하는(harmonious; correspondent); 적당한(appropriate; suitable; proper)

    a. **congruent** 일치하는, 조화된

    n. **congruence** 일치, 조화; 적합

18_ **conjecture** [kəndʒéktʃər] *v.* 추측하다, 짐작하다(surmise; guess)

    n. 추측, 짐작 *a.* **conjectural** 추측의, 짐작의

19_ **conjugate** [kándʒəgèit] *v.* (동사를) 활용시키다(inflect); 결합하다; 결혼하다 *a.* (짝으로) 결합한(united)

20_ **conjure** [kándʒər] *v.* 요술로 ~하다(juggle); 마음속에 그려내다(evoke)

    n. **conjurer** 마법사, 요술쟁이

21_ **connubial** [kənjúːbiəl] *a.* 결혼(생활)의, 부부의(marital; conjugal)

    n. **connubiality** *n.* 결혼(생활), 부부관계

22_ **consecrate** [kánsikrèit] *v.* 신성하게하다(hallow); (어떤 목적, 용도에) 바치다(devote) *n.* **consecration** 신성화; 헌신(devotion)

23_ **consensus**[kənsénsəs] *n.* (의견 등의) 일치(concord), 합의; 일치된 의
견(general agreement)

24_ **considerable**[kənsídərəbəl] *a.* 중요한(important; significant);
상당한(quite a few; not a few) *ad.* **considerably** 상당히, 매우(greatly)
v. **consider** 고려하다 *cf.* **considerate** *a.* 사려 깊은, 동정심이 많은

25_ **console**[kənsóul] *v.* (슬픔 등을) 달래다, 위로하다(soothe; solace)
n. **consolation** 위로, 위안 *consolation money 위자료

26_ **constellation**[kὰnstəléiʃən] *n.* 별자리, 성좌(asterism);
화려한 신사, 숙녀의 무리(galaxy), 유명인의 모임

27_ **construe**[kənstrú:] *v.* 해석하다(interpret; explicate) *n.* 구문분석

28_ **contagious**[kəntéidʒəs] *a.* (접촉에 의한) 전염성의
cf. **contiguous**[kəntígjuəs] *a.* 인접한(adjoining; adjacent);
연속된(continual)

29_ **contaminate**[kəntǽmənèit] *v.* 오염시키다, 더럽히다(defile; pollute;
soil) *n.* **contamination** 오염(물)
cf. **pollutant** *n.* 오염원

30_ **contemplate**[kάntəmplèit] *v.* 심사숙고하다(meditate; deliberate;
ruminate; consider); 감상하다(appreciate); 응시하다(peer; gaze; stare)
n. **contemplation** 숙고, 명상, 묵상
a. **contemplative** 심사숙고하는; 명상적인(musing)
a. **contemplable** 생각할 수 있는

31_ **context**[kάntekst] *n.* 문맥, (문장의) 전후관계; (어떤 일의) 정황, 배경
a. **contextual** 문맥상의

32_ **contingent**[kəntíndʒənt] *a.* ~을 조건으로 하는(conditional);
~에 부수하는(incidental); 우연한(accidental) *n.* 분담(액); 파견대, 우발사건
ad. **contingently** 우연히, 의존적으로

33_ **contour**[kάntuər] *n.* 윤곽, 외형(outline); 등고선; (여자 몸의) 곡선

34_ **contrite**[kəntráit] *a.* 죄를 깊이 뉘우치는, 회개의
(repentant; remorseful; compunctious; penitent)
*put on[stand in] a white sheet 죄를 뉘우치다, 회개하다

35_ **contrive** [kəntráiv] *v.* 고안하다(devise); (거짓 등을) 꾸미다(fabricate; forge; concoct); 일부러 (불리한 일을) 저지르다(commit)

n. **contrivance** 고안품; 계획, 계략(artifice); 연구, 고안

36_ **converge** [kənvə́:rdʒ] *v.* 한 점에 모이다, 집중하다(concentrate; gather)(↔ **diverge** *v.* 갈라지다, 분기하다)

n. **convergence, -cy** 집중성, 수렴

a. **convergent** 한 점에 모이는

---

cor(=together서로)+respond(=answer응답하다)

correspond

[kɔ̀:rəspánd]

v. 어울리다; 합치하다; 상응하다; 편지왕래하다, 통신하다

⬥ **correspond** exactly to the sample
견본과 정확히 일치하다

⬥ correspondent *n.* 통신원, 특파원; 지방 주재원
correspondence *n.* 일치(agreement); 통신, 편지왕래
*a correspondent covering the war 종군기자

syn 어울리다 = correspond; match; become; suit;
go with; be becoming[suitable]

---

cor(=completely완전히)+rupt(=break파멸시키다)

corrupt

[kərʌ́pt]

v. 타락시키다, 부패시키다(corrode); 매수하다(bribe)

a. 부정한(dishonest), 타락한; (물질이) 썩은, 오염된

⬥ **corrupt** public morals 풍기를 문란시키다
a **corrupt** society[politician]
타락한 사회[부패한 정치인]

⬥ corruption *n.* 부패(decay); (도덕적) 타락; 수회
corruptive *a.* 부패시키는; 퇴폐적인(decadent)
corruptible *a.* 타락[부패]하기 쉬운
(↔ **incorruptible** *a.* 청렴결백한)

syn 부패한 = corrupt; rotten; decayed; decomposed;
foul; addle(계란이 ~)

cor(강조-확실히)+robor(=strong강하게)+ate(=make하다)

corroborate

[kərábərèit]

v. (사실을) 확증하다, 확실하게 하다; 보강하다(strengthen)

예 corroborate the authenticity of the drawing
그 그림이 진품인지 확인하다

파 corroboration *n.* 확증(confirmation); 강화
corroborative *a.* 확증적인, 뒷받침하는
corroborant *a.* (약 등이) 몸을 튼튼하게 하는; 확증적인
n. 강장제(tonic)

syn 확증하다 = corroborate; confirm; prove positively

---

co(=together함께 (합쳐서))+alesc(=grow자람)+ence(것)

coalescence

[kòuəlésəns]

n. 합체, 유착; 합동, 연합, 합병(amalgamation)

예 coalescence of metals and nonmetals
금속과 비금속의 합체

파 coalesce *v.* 합체하다, 합병하다; (뼈 등이) 유착하다
coalescent *a.* 합체하는, 연합하는; 유착하는

syn 합동 = coalescence; coalition; union; combination

---

co(=together함께)+(a)g(=drive(따르도록) 몰아가)+ent(는)

cogent

[kóudʒənt]

a. (논의 등이) 설득력이 있는; 적절한(pertinent)

예 a cogent example 적절한 예

파 cogency *n.* 타당성, 설득력; 설득력 있는 표현

syn 설득력 있는 = cogent; convincing; persuasive

---

co(=together같이)+g(e)n(=birth태어)+ate(난)

cognate

[kágneit]

a. 조상이 같은, 동족의; 동계의 *n.* 친척; 같은 어족의 말

예 a cognate language 동족어

파 cognation *n.* 동족 관계

cf. **cognition** *n.* 인식 (작용)

syn 동계의 = cognate; akin; agnate; affiliated(계열의)

co(=together함께)+her(=stick들러붙어 있)+ent(는)

coherent
[kouhíərənt]

a. 서로 밀착해 있는; 긴밀하게 결합되어 있는; 일관성 있는

예 a **coherent** policy[plan] 일관된 정책[계획]

파 cohere *v.* 긴밀하게 결합하다(stick together)
coherence *n.* 밀착; (이론 등의) 시종일관성; 일치, 조화
cohesion *n.* 결합; (정신적인) 결합, 단결; 응집력

ant 일관되지 않는, 모순된 = incoherent; inconsistent;
conflicting; contradictory; incompatible

co(=together함께)+in(=on~에)+cid(e)(=fall떨어지다)

coincide
[kòuinsáid]

v. 일치하다; 부합하다; 동시에 발생하다

예 Their birthdays **coincide**.
그들의 생일날은 같은 날이다.

파 coincidence *n.* 일치; 동시 발생
coincident *a.* 일치하는(coinciding); 동시에 일어나는
coincidental *a.* (우연히) 일치한; 동시에 발생한

syn 부합하다 = coincide; correspond; conform; accord;
agree; answer; tally

VOCA **TIP**

서로, 함께(=together)의 뜻으로 쓰이는 접두사의 정리

1. **Con-**   confirm 확인하다/ contiguous 맞닿아 있는
             conviction 유죄판결; 확신(firm belief)
             convince 확신시키다, 설득하다
2. **Com-**   compensate 보충하다/ commensurate 같은 크기의
3. **Col-**   collect 모으다, 수집하다/ colloquial 구어체의
4. **Co-**   coalition 합동, 연합/ coerce 강제[강요]하다
5. **Syn-**   synchronize 동시에 발생하다
6. **Sym-**   sympathy 공감, 동정
7. **Syl-**   syllable 음절; 한 마디, 일언반구

82

Study **06**

Contra-

반대 1) **against** : ~에 반대하여, 대항하여
2) **contrary** : 반대의, 상반되는

con(tra)(=against~에 반대하여)

con
[kɑn]

ad. 반대하여 *n.* 반대투표; 반대자

예 pros and **cons**
찬반양론, 찬성 투표자와 반대 투표자

*to the contrary
그와 반대로, ~임에도
불구하고(in spite of)

↔ 찬성하여 = pro; in favor; favorably

cf. **contrary** *a.* 반대의, ~와 상반되는; 외고집의 *n.* 정반대
*on the contrary 그러기는커녕, 오히려, 반대로

syn 반대의 = contrary; opposite; reverse(역의)
외고집의 = contrary; perverse; obdurate; obstinate;
headstrong; stubborn; mulish; pigheaded

contra(=against(법에) 위반되어)+ban(=ban금지(시킨 것을) 몰래 들여옴))

contraband
[kɑ́ntrəbæ̀nd]

n. 밀수; 밀매품(smuggled goods) *a.* (수출입) 금지의

예 **contraband** goods 밀수품, (수출입) 금지품
a **contraband** trader 밀수업자

파 contrabandist *n.* 밀수업자(smuggler)

syn 금지된 = contraband; prohibited; banned;
forbidden; proscribed

contra(=against)+(con)ception(임신) → 임신을 막으려고 하는 것

contraception
[kɑ̀ntrəsépʃən]

n. 피임(method of preventing or planning conception)

예 a reliable method of **contraception** 확실한 피임법

cf. **contraption** *n.*
신안, 고안물(device)

파 contracept *v.* 피임시키다
contraceptive *a.* 피임용의 *n.* 피임약, 피임기구

syn 임신한 = pregnant; impregnated; expecting

contra(=against~에 반대하여)+dict(=say말)+ion(함)

contradiction

n. 반박, 반대; 부정, 부인(denial); 모순

[kàntrədíkʃən]

예 the idea of **contradiction** to the company's policy
회사 정책과 상반되는 아이디어

a clear[glaring] **contradiction** 분명한 모순

*glaring
a. 눈부신, 명백한

파 contradict *v.* 부정하다(deny); 반박하다(gainsay);
모순되다(conflict)

contradictory *a.* 모순된(inconsistent); 반박하는

syn 모순 = contradiction; conflict; discrepancy;
inconsistency; repugnancy

contra(=against(법을) 어기고)+vene(=come오다)

contravene

v. 위반하다; 반박하다(contradict); ~과 모순되다

[kàntrəvíːn]

예 **contravene** traffic regulations seriously
교통법규를 크게 위반하다

파 contravention *n.* 위반(violation); 반대;
반박(contradiction)

syn 위반하다 = contravene; violate; infract; infringe;
transgress; break; breach; disobey; go against

ant 준수하다 = follow; keep; obey; observe;
abide by; conform to

Contra-의 형태 변화

Counter-/ Contro- = **against**

---

counter(=against반대의, 역의)

counter

[káuntər]

a. 반대의, 역의(opposite) *ad.* 반대방향으로; 거꾸로

n. 반대, 역(the opposite); 〈권투〉 되받아 치기; 계산인

v. 반대하다(deprecate), 대항하다; 〈권투〉 되받아 치다

🔵 run **counter** to democracy 민주주의에 역행하다

the **counter** direction 반대방향

a measure to **counter** inflation 인플레 (방지) 대책

syn 반대의, 역의 = counter; reverse; converse; inverse;
opposite; contrary

---

counter(=against반대로)+act(작용하다)

counteract

[kàuntərækt]

v. (~에) 반대로 작용하다, 대항하다; 좌절시키다

🔵 **counteract** poison 독을 없애다[중화하다]

counteract a person's plan 남의 계획을 방해하다

🔵 counteraction *n.* 반작용; (계획 등의) 방해;
(약의) 중화작용

syn 좌절시키다 = counteract; frustrate; collapse;
break down(좌절되다)

---

counter(=contrary반대의)+charge(돌격, 고발)

countercharge

[káuntərtʃà:rdʒ]
[kàuntərtʃá:rdʒ] *v.*

n. 역습, 반격; 반박; 맞고소 *v.* 반론[반격]하다

🔵 make a **countercharge** 맞고소하다

syn 역습 = countercharge; counterattack;
counteroffensive; retort

85

counter(=against반대의)+check(저지, 억제, 대조)

countercheck

[káuntərtʃèk]
[kàuntərtʃék] *v.*

n. 대항[억제]수단; 반대, 방해; 재대조(double check)

v. 대항하다; 방해하다; 재대조하다

🔵 **countercheck** and confirm the lists
목록들을 재대조하고 확인하다

syn 방해하다 = countercheck; hinder; disturb; obstruct;
interrupt; interfere

---

counter(=against(법을) 위반하여)+feit<fac(=make(돈을) 만들다)

counterfeit

[káuntərfìt]

v. (돈을) 위조하다 *a.* 가짜의, 위조의 *n.* 모조품(forgery)

🔵 **counterfeit** a note 지폐를 위조하다
a **counterfeit** note 위조지폐

🔘 counterfeiter *n.* 위조자, 모조자, 위작자

syn 위조하다 = counterfeit; forge; fabricate; falsify
위조의 = counterfeit; forged; bogus; fake; phony;
spurious(↔ genuine *a.* 진짜의)

---

counter(=against반대로)+mand(=order명령하다, 주문하다)

countermand

[kàuntərmǽnd]

v. (명령, 주문을) 철회하다; 취소하다(revoke; cancel)

n. (앞서의 명령을 취소하는) 반대 명령; (주문의) 취소

🔵 **countermand** one's order 주문을 취소하다

syn 철회하다 = countermand; withdraw; retract; recall;
repeal; take back

---

counter(=opposite반대쪽의)+part(상대, 부분)

counterpart

[káuntərpà:rt]

n. 상대방, 상대물, 짝을 이루는 것[사람]; 사본(copy)

🔵 President Obama and his Russian **counterpart**
Dmitry Medvedev
오바마 미국 대통령과 그의 러시아 상대 드미트리 메드
베데프 현 소련 대통령

syn 의논상대 = adviser; counselor; consultant

counter(=contrary대항의)+plot(책략, 계략)

counterplot

n. 대항책; 계략을 뒤엎기 *v.* 계략을 뒤엎다; 의표를 찌르다

[káuntəplɑ̀t]

[예] form a **counterplot** against our competitor's sales strategies
우리 경쟁회사의 판매 전략에 대한 대항책을 강구하다

syn 계략 = plot; design; stratagem; trick; artifice; scheme

cf. **strategy** *n.* 전략; 병법 **strategic** *a.* 전략의, 전략상의
*a strategic retreat 전략상 후퇴

contro(=against(생각이 서로) 반대로)+vert(=turn돌다)

controvert

v. 논박하다, 부정하다(deny); 논쟁하다, 논전하다

[kántrəvə̀ːrt]

[예] have the right to **controvert** a false statement
허위 진술에 반박할 권리를 가지다

[파] controversy *n.* 논쟁(debate); 말다툼(wrangle), 언쟁
controversial *a.* 논쟁의 대상이 되는(debatable), 물의를 일으키는
controversialist *n.* 논객(disputant); 논쟁자
incontrovertible *a.* 논쟁의 여지가 없는(indisputable; incontestable); 명백한(evident)
incontrovertibly *ad.* 논의할 필요도 없이, 명백하게

syn 논박하다 = controvert; confute; refute; rebut; disprove; argue against

De-

1) **down** : 위치 – 아래   3) **intensive** : 강조
2) **off, away** : 분리, 이탈 – 떨어져

---

de(=down(도덕이) 아래로)+cad(=fall무너져 내리)+ent(는)

decadent

[dékədənt]

a. 퇴폐적인; (문학사조의) 퇴폐기의 *n.* 퇴폐적인 사람

- **예** a **decadent** entertainment/establishment
  퇴폐적인 유흥업소

- **파** decadence, decadency *n.* 타락, 퇴폐; 쇠퇴

- *syn* 퇴폐적인 = decadent; degenerated; corrupted;
  debauched; dissolute; overripe

---

de(=off~에서 (잎 등이))+cid(=fall떨어지)+(u)ous(는)

deciduous

[disídʒuːəs]

a. 낙엽성의; (이, 뿔, 털 등이) 탈락하는; 비영구적인

- **예** a **deciduous** forest[tree] 낙엽수림[낙엽수]
  a **deciduous** tooth 배냇니, 젖니(milk tooth]

- *ant* 상록의 = evergreen; indeciduous; persistent

---

de(=강조–완전히 (낡아))+crep(=rattle덜컥거리)+it(는)

decrepit

[dikrépit]

cf. run-down
  a. 병든, 지친

a. 노쇠한, 늙어빠진; 낡은(worn out), 노후한

- **예** a **decrepit** ironworks 노후한 철공소
  a **decrepit** old man 늙어빠진 노인

- **파** decrepitude *n.* 노쇠, 노후, 노망

- *syn* 낡은 = decrepit; worn-out; antiquated; obsolete; old

---

de(=off떨어져)+face(외관, 표면) → 외관[표면]을 떨어져 나가게 하다

deface

[diféis]

v. 외관을 손상시키다; 흉하게 하다(disfigure); 지우다

- **예** **deface** the walls by scribbling on them
  낙서로 벽을 흉하게 하다

- **파** defacement *n.* 오손, 파손; 오손[파손]물

- *syn* 지우다 = deface; erase; obliterate; efface; destroy;
  rub out; wipe out

de(=off(정상보다) 떨어지게)+fect(=make만)+ive(든)

defective

a. 결함이 있는(faulty); 불완전한 *n.* 심신 장애자; 불량품

[diféktiv]

예 a **defective** product[car, flue]
불량품[결함 있는 차[가스관]]

파 defect *n.* 결점, 흠(blemish); 결핍(want; lack)
v. 탈퇴하다; 변절하다
defection *n.* 탈당, 탈퇴; 변절(apostasy); 망명; 결함

syn 장애자 = defective; cripple; the disabled;
the handicapped

de(=강조–완전히 속여)+fraud(사기 치다)

defraud

v. (재산 등을) 속여 빼앗다, 사취하다(deprive by fraud)

[difrɔ́:d]

예 **defraud** a naive boy of his money
순진한 소년에게서 돈을 속여 빼앗다

be **defrauded** of one's property
재산을 사취당하다

파 defraudation *n.* 사취(swindle)
defrauder *n.* 사기꾼(swindler)

syn 사취하다 = defraud; cheat; swindle; diddle; fiddle

de(=off(종족보다 나쁘게) 분리되어)+generate(태어나다)

degenerate

v. 퇴보하다; 퇴화하다; 타락하다(deteriorate)

[didʒénərèit]
[didʒénərət] *a. n.*

a. 퇴화한; 타락한(degraded), 변질된

n. 퇴화한 것; 타락자; 성욕도착자

예 **degenerate** into a prolonged depression
장기불황에 빠지다

a **degenerate** society 타락한 사회

파 degeneration *n.* 퇴보; 퇴화; 타락; 변질
degenerative *a.* 퇴화적인; 퇴행성의; 타락한

syn 퇴보하다 = degenerate; retrocede; retrograde;
deteriorate; go[fall] backward

de(=down아래로)+grad(=step등급)이 내려+ation(감)

degradation

[dègrədéiʃən]

n. 강등; (품위, 가치의) 저하; 타락(debasement)

- ⓔ the **degradation** of character 인격의 타락
- ⓥ **degrade** *v.* 강등시키다(demote); (품위를) 떨어뜨리다
  degraded *a.* 지위가 낮아진; 타락한; (품질이) 떨어진
- *syn* 강등 = degradation; demotion (↔ promotion 승진)
- *cf.* 해고, 파면 = dismissal; discharge

de(=down(기분이) 아래로)+ject(=throw던져)+ion(짐)

dejection

[didʒékʃən]

n. 낙담, 실의(depression), 우울; 배설물, 대변(excrement)

- ⓔ a state of **dejection** 실의에 빠진 상태
- ⓥ **deject** *v.* 낙담시키다(dishearten; depress), 기를 꺾다
  dejected *a.* 풀이 죽은; 낙담한(discouraged)
- *syn* 낙담 = dejection; discouragement; dismay;
  disappointment; despondency

de(=off(바른 행동)에서)+linqu(=leave떠나 있)+ent(는)

delinquent

[dilíŋkwənt]

a. 비행의; 태만한(remiss); (세금을) 체납하는(overdue)

n. 직무 태만자; 체납자; 범법자, 비행자

- ⓔ a **delinquent** account 연체 계좌
  a juvenile **delinquent** 비행 청소년
- ⓥ **delinquency** *n.* 불이행, 태만(neglect); 체납; 비행
- *syn* 비행 = delinquency; wrongdoing; misdeed;
  misconduct; misdemeanor; malpractice

de(=away멀리)+luge(=wash(물이) 씻어버리다)

deluge

[déljuːdʒ]

cf. **delude** *v.* 현혹시 키다, 속이다(deceive; trick; beguile; hoax)

v. 범람시키다(flood) *n.* 대홍수; 쇄도

- ⓔ be **deluged** with complaints 불평이 쇄도하다
  a **deluge**[flood] of visitors[E-mail]
  쇄도하는 방문객[이메일의 홍수]
- *syn* 홍수 = deluge; flood; inundation; cataclysm(대변동)

de(=off(떨어져)+mean(〈men=lead(자신이) 이끌어 가는〉+or(것)

demeanor

[dimí:nər]

n. 행동, 거동; 태도(bearing; attitude)

- **예** a haughty **demeanor** 거만한 태도
- **파** demean *v.* 행동하다, 처신하다; 품위를 떨어뜨리다
  misdemeanor *n.* 비행, 경범죄(a minor offense)
- *syn* 거동 = demeanor; bearing; behavior; conduct;
  deportment; doings; carriage

de(=down아래로)+mol(=heap쌓은 것)을+ish(무너뜨리다)

demolish

[dimáliʃ]

v. 부수다(pull down); 파괴하다; (주장을) 뒤집다

- **예** be **demolished**[destroyed, ruined] 괴멸되다
- **파** demolition *n.* 파괴(destruction); 타파; (*pl.*) 폭약
- *syn* 파괴하다 = demolish; destroy; break; wreck; ruin;
  pull down; tear down

de(강조–실제로)+monstr(=show보이게)+ate(=make하다)

demonstrate

[démənstrèit]

v. 증명하다; 실제로 해보이다; 데모를 하다

- **예** **demonstrate** how to use the medical appliances
  의료기구의 사용법을 설명하다
- **파** demonstration *n.* 논증, 증명; 표시; 시위운동
  demonstrative *a.* 예증적인; 분명히 나타내는; 지시하는
- *syn* 증명하다 = demonstrate; prove; verify; certify;
  authenticate; identify(신원을 ~)

de(=down아래로 (빠져나가게))+plete(=fill채우다)

deplete

[diplí:t]

v. 고갈시키다; ~을 써버리다; 격감시키다

- **예** **deplete** stocks[natural resources]
  재고를 바닥내다[천연자원을 고갈시키다]
- **파** depletion *n.* 감소; 고갈, 소모(exhaustion)
- *syn* 고갈시키다 = deplete; exhaust; drain; use up
  *parch *v.* 바짝 마르게 하다; 볶다, 굽다(roast)

de(=away멀리)+port(=carry떠나보내다)

deport

[dipɔ́:rt]

v. (국외로) 추방하다; 처신하다, 행동하다(behave)

예 be **deported** from the country 국외로 추방당하다

파 deportation n. 국외추방(banishment); 이송
deportment n. 처신, 태도, 행동(behavior)

syn 추방하다 = deport; banish; expatriate; exile; expel;
ostracize; purge; cast out

de(=off(싫어서) 떨어져)+prec(=pray기도)+(=make하다)

deprecate

[déprikèit]

v. 반대하다; 비난하다(disapprove); 얕보다, 경시하다

예 **deprecate** one's imprudent behavior
~의 경솔한 행동을 비난하다

파 deprecation n. 반대, 불찬성; 항의; 애원, 탄원
deprecatory a. 변명하는; 탄원의; 반대의

syn 경시하다 = deprecate; depreciate; belittle;
disparage; make little of

de(=down아래로 (내려다보며))+ride(=laugh웃다)

deride

[diráid]

v. 비웃다(ridicule), 조소하다, 우롱하다(mock)

예 **deride** her promotion 그녀의 승진을 비웃다

파 derision n. 비웃음, 조소(ridicule); 우롱(mockery)

syn 비웃다 = deride; scorn; scoff; ridicule; mock; jeer;
sneer; laugh at

de(=down아래로)+scend(=climb기어 올라가다)

descend

[disénd]

(↔ ascent n. 상승;
오르막)

v. 내려가다; 경사지다; 전해지다; 타락하다; 자손이다

예 **descend** from grandfather to father
할아버지로부터 아버지에게 전해지다

파 descendant n. 자손; 후예 (↔ ancestor n. 조상, 선조)
descent n. 하강, 경사; 가계(家系), 출신

syn 경사지다 = descend; incline; slant; slope

de(=강조-완전히)+sol(=alone홀로 (남))+ate(은)

desolate

[désəlit]
[désəlèit] *v.*

a. 황폐한, 황량한; 적막한, 고독한(solitary)

v. (국토를) 황폐하게 하다(ruin; devastate); 쓸쓸하게 하다

예 a **desolate** sight[life] 황폐한 광경[적막한 생활]

파 desolately *ad.* 황폐하여; 황량하게, 쓸쓸하게
desolation *n.* 황폐 상태; 폐허; 적막함, 쓸쓸함; 처량함

syn 황폐한 = desolate; devastated; ruined; ravaged

de(=down아래로 (깔보며))+spise(=look(내려다)보다)

despise

[dispáiz]

v. 경멸하다(look down upon), 업신여기다

예 **despise** a gay[lesbian] 동성애자를 경멸하다

파 despisement *n.* 경멸, 멸시(contempt; scorn)
despite *n.* 모욕, 무례 *p.* ~임에도 불구하고

syn 경멸하다 = despise; disdain; scorn; slight;
look down on[upon]; make light of

de(=off분리)+tect(=cover덮개) → 덮개를 벗겨내다

detect

[ditékt]

v. (나쁜 짓 등을) 찾아내다, 발견하다(find out); 검출하다

예 **detect** in an early stage 조기에 발견하다

파 detection *n.* (알아내기 힘든 사실의) 발견(discovery)
detective *n.* 형사, 탐정 *a.* 탐정의, 탐정용의

syn 찾아내다 = detect; discover; seek; locate; find out

de(=down(싫어서) 아래로 내려)+test(=witness보다, 목격하다)

detest

[ditést]

v. 혐오하다; 몹시 미워하다[싫어하다](hate)

예 **detest** going to the dentist[going out alone]
치과에 가는[혼자 나다니는] 것을 몹시 싫어하다

파 detestation *n.* 혐오, 질색(hatred; abomination)
detestable *a.* 혐오할 만한, 몹시 싫은(abominable)
detestably *ad.* 진저리나게, 지독하게(abominably)

syn 혐오하다 = detest; dislike; abhor; hate; loathe;
execrate; abominate; be averse to

de(=off떨어지게)+tri(=rub문지르)+al(는) → 문질러서 떨어뜨리는

detrimental

[dètrəméntl]

a. 손해가 되는, 해로운 *n.* 해로운 사람[것]

📵 have a **detrimental** effect on ~
~에 악영향을 끼치다

📖 detriment *n.* 손해(damage); 손실(loss); 유해물

syn 해로운 = detrimental; harmful; injurious;
deleterious; mischievous; be bad (for)

de(강조-완전히)+vast(=waste황무지)로+ate(=make만들다)

devastate

[dévəstèit]

v. 황폐시키다; 유린하다; 압도하다(overwhelm)

📵 be completely **devastated** by the flood
홍수로 쑥대밭이 되다

📖 devastation *n.* 파괴(destruction), 유린; 파괴의 자취
devastating *a.* 황폐시키는(destructive); 훌륭한

syn 황폐시키다 = devastate; desolate; ruin; waste
cf. **ravage** *v.* 유린하다, 파괴하다 *n.* 파괴; 참혹한 피해

de(=off벗어나서)+via(=way길)+ate(=make) → 길에서 떨어져 나가다

deviate

[díːvièit]

v. (길, 정도에서) 벗어나다; 이탈하다, 빗나가다(diverge)

📵 **deviate**[stray] from the right way 옆길로 새다

📖 deviation *n.* 이탈, 일탈, 탈선; 치우침; 편차

syn 벗어나다 = deviate; deflect; digress; diverge;
depart; swerve; turn aside

de(=강조-보기 흉하게 막)+vour(=eat먹다)

devour

[diváuər]

v. 게걸스럽게 먹다; (질병 등이) 멸망시키다(annihilate)

📵 **devour** in an instant 순식간에 먹어 치우다

📖 devouringly *ad.* 게걸스럽게; 뚫어지게

syn 게걸스럽게 먹다 = devour; gorge; gobble; stuff;
swallow; gormandize(많이 먹다)

94

1. **debase**[dibéis] *v.* (품질, 가치를) 저하시키다(degrade)
   n. **debasement** 가치저하
2. **debauch**[dibɔ́ːtʃ] *v.* 타락시키다; (여자를) 유혹하다(seduce)
   n. **debauchery** 방탕, 난봉
3. **debilitate**[dibílətèit] *v.* 쇠약[허약]하게 하다 *n.* **debility** 쇠약
   n. **debilitation** 쇠약화
4. **decipher**[disáifər] *v.* (암호 등을) 해독하다(decode)
   a. **indecipherable** *a.* 판독[해독, 이해]할 수 없는
   n. **decipherment** 해독, 판독
5. **decoy**[diːkɔ́i] *v.* 유인하다, 꾀어내다(lure) *n.* 미끼, 유인물(bait)
6. **deficient**[difíʃənt] *a.* 모자라는(insufficient; inadequate)
   n. **deficiency** 부족, 결핍
7. **defunct**[difʌ́ŋt] *a.* 현존하지 않는(extinct); 효력을 잃은, 폐지된;
   죽은, 고인이 된(deceased; departed) *n.* (the ~) 고인
   a. **defunctive** 고인의, 장례식의(funeral)
8. **defuse**[di(ː)fjúːz] *v.* ~의 위기를 완화시키다, 진정시키다(alleviate);
   (폭탄 등의) 신관을 제거하다
9. **deleterious**[dèlətíəriəs] *a.* (심신에) 해로운, 유독한(harmful; noxious;
   injurious; detrimental; pernicious; venomous; poisonous)
10. **deliberate**[dilíbərit] *a.* 고의적인(intentional); 신중한(prudent)
    v. [dilíbərèit] 심사숙고하다(ponder) *ad.* **deliberately** 고의로, 신중하게
11. **delineate**[dilínièit] *v.* 윤곽을 그리다, 묘사하다(portray; outline; sketch;
    depict; adumbrate) *n.* **delineation** 묘사, 서술; 도형설계
12. **demur**[dimə́ːr] *v.* 난색을 표하다; 이의를 제기하다 *n.* 이의제기
    cf. **demure** *a.* 얌전한 새침 떠는(prim and proper)
13. **depict**[dipíkt] *v.* 묘사하다(describe), 서술하다 *n.* **depiction** 묘사, 서술
14. **deplorable**[diplɔ́ːrəbl] *a.* 통탄할, 한탄스러운(lamentable; grievous); 비
    참한(miserable; wretched) *ad.* **deplorably** 통탄스럽게

v. **deplore** 몹시 한탄[후회]하다, 비탄하다(lament)

15_ **depredation**[dèprədéiʃən] *n.* 약탈(plunder; pillage; loot)

v. **depredate** 약탈하다 *n.* **depredator** 약탈자(plunderer; predator)

16_ **deprive**[dipráiv] *v.* ~에게서 …을 빼앗다(rob; snatch); 박탈하다

n. **deprivation** 박탈, 상실, 결핍, 부족

*deprive A of B A에게서 B(물건)를 빼앗다

17_ **deputy**[dépjəti] *n.* 대리; 보좌관 *a.* 대리의, 부(副)의(vice-; acting)

*a deputy governor 부지사

a deputy premier 부총리

cf. **by-** : **secondary**(부차적인); **side**(옆)

by-election *n.* 보궐선거	by-product *n.* 부산물
bypass *v.* 우회하다 *n.* 우회로	byname *n.* 별명, 별칭
bystander *n.* 방관자, 구경꾼(onlooker)	bygone *a.* 과거의 *n.* 과거

18_ **deranged**[diréindʒid] *a.* 미친, 발광한(insane; mad)

v. **derange** 어지럽히다, 문란하게 하다

19_ **descry**[diskrái] *v.* 알아보다; 발견하다, 알아내다(find)

cf. **decry** *v.* 헐뜯다(denounce; slander)

20_ **desecrate**[désikrèit] *v.* ~의 신성을 더럽히다[모독하다](defile; profane; blaspheme) (↔ **consecrate** *v.* 신성하게 하다)

n. **desecrater** 신성 모독자(blasphemer)

21_ **designate**[dézignèit] *v.* 지명하다, 임명하다(appoint; nominate); 가리키다, 지적하다(indicate); 명명하다(name; entitle; dub)

a. (명사 뒤에서) 지명을 받은 *n.* **designation** 임명, 지명; 지정

a. **designated** 지정된(fixed; prescribed(규정된))

22_ **desperate**[déspərit] *a.* 절망적인, 자포자기한(hopeless; forlorn; despondent); 필사적인(hellbent; last-ditch; do-or-die); 극도의

23_ **despondent**[dispándənt] *a.* 기가 죽은, 의기소침한; 낙담한(depressed; dejected; discouraged; disheartened; disappointed; downcast)

v. **despond** 낙심하다, 낙담하다 *ad.* **despondently** 기가 죽어

24_ **destitute** [déstət*ju̇:t] *a.* 빈궁한, 빈곤한(indigent; deprived)
   n. **destitution** 결핍, 극빈

25_ **desultory** [désəltɔ̀:ri] *a.* 산만한, 종잡을 수 없는; 엉뚱한(digressing; random)

26_ **detach** [ditǽtʃ] *v.* 떼다, 떼어내다(remove; disconnect; separate);
   (군대를) 파견하다(dispatch) *a.* **detached** 분리된, 고립된; 파견된
   n. **detachment** 분리, 이탈; 초연; 파견(대)

27_ **deteriorate** [ditíəriərèit] *v.* 악화시키다; (품질, 가치를) 떨어뜨리다
   (depreciate; worsen) *n.* **deterioration** 악화, 저하(debasement)

28_ **detonate** [détənèit] *v.* 폭발시키다(explode)
   n. **detonation** 폭발, 폭음

29_ **devitalize** [di:váitəlàiz] *v.* 활력을 빼앗다(debilitate)
   (↔ **vitalize; invigorate** *v.* 활력을 주다)

30_ **devout** [diváut] *a.* 독실한, 경건한(pious); 성실한(earnest); 진심어린

VOCA TIP

아래(down; under)의 뜻으로 쓰이는 접두사의 정리

1_ **De-**   degrade 강등시키다/ deflate 오므라들다
2_ **Cata-**   catalogue 목록, 카탈로그/ catastrophe 재해, 파멸
3_ **Hypo-**   hypodermic 피하의/ hypocrisy 위선(적인 행위)
4_ **Infer-**   inferior 아래의, 아래쪽의/ infernal 황천의, 지옥의
5_ **Infra-**   infrastructure 하부구조, 기간 시설, 산업 기반
6_ **Sub-**   subdue 정복하다/ submerge 수몰시키다
7_ **Suc-**   succumb 굽히다, 죽다/ succinct 간결한(concise)
8_ **Suf-**   suffuse (액체, 빛, 색 등으로) 온통 뒤덮다
9_ **Sup-**   supplant 대신 들어서다(oust); 대체하다(supersede)
10_ **Sur-**   surreptitious 내밀한, 은밀한, 부정한
11_ **Under-** underlay 밑에 놓다[깔다]; 받침, 밑 깔개

Dia-

1) **across** : 가로질러 〈횡단〉 3) **between** : 사이에서
2) **through** : ~을 통해서

---

dia(=through~을 통해서)+gnosis(=knowledge지식) → 지식을 통해 파악하는 것

diagnosis

[dàiəgnóusis]

n. 진단(법); 판단; (상황의) 판단분석

🔵 be hospitalized for **diagnosis** and treatment
진단과 치료를 위해 입원하다

🔵 diagnose *v.* 진단하다; 원인을 밝혀내다
diagnostic *a.* 진단의(of diagnosis) *n.* 징후; 진단(약)

syn 판단 = diagnosis; judgement; conclusion(결론);
estimation(추산)

---

dia(=across~을 가로지른)+gon(=angle각)+al(의)

diagonal

[daiǽgənəl]

a. 대각선의; 비스듬한, 사선의(oblique) *n.* 대각선, 사선

🔵 draw a **diagonal** 대각선을 긋다

🔵 diagonally *ad.* 대각선으로, 비스듬하게(obliquely)

syn 비스듬한 = diagonal; slanting; oblique; tilted; askew

---

dia(=across가로질러)+gram(=write그린) 것

diagram

[dáiəgræm]

n. 도형; (수학, 통계) 도표; 도식; 일람표; 운행표

v. 도식[도표](으)로 나타내다(diagrammatize), 도해하다

🔵 draw a **diagram** (그림으로) 알기 쉽게 설명하다

🔵 diagrammatic *a.* 도형[도표, 도식]의; 개략적인

syn 도표 = diagram; chart; graph

---

dia(=between(어떤 지방) 사이에서) 쓰는+lect(=talk말)

dialect

[dáiəlèkt]

n. 방언, 지방 사투리; 통용어[언어]; 말씨

🔵 speak in **dialect** 사투리를 말하다

🔵 dialectal *a.* 사투리의 dialectic *n.* 변증법

syn 방언 = dialect; provincialism; cant(은어); jargon

dia(=between(사람들) 간에)+log(=speak말)+ue(하기)

dialogue
[dáiəlɔ̀:g]

n. 대화, 문답, 회화(conversation) *v.* 대화하다

예 a constructive **dialogue** 건설적인 대화

syn 대화 = dialogue; conversation; talk; chat; gossip(잡담, 뒷말)

dia(=across(내부를) 가로질러)+meter(=measure잰 길이)

diameter
[daiǽmitər]

n. 직경, 지름; 〈광학〉 배(렌즈의 배율 단위)

예 10 inches in **diameter** 직경[지름] 10인치

파 diametrical *a.* 직경의(diametral); 정반대의, 대칭적인

syn 가로로 = crosswise; horizontally; transversely

dia(=across가로질러)+phragm(=fence둘러막는 것)

diaphragm
[dáiəfræ̀m]

n. 칸막이; 횡경막(midriff); (사진기의) 조리개; 진동판

예 traumatic **diaphragm** injuries
외상성 횡경막 손상

syn 칸막이 = diaphragm; screen; partition

Study 07

prefix 17
Dis-

1) 부정 : **not** ~이 아닌(不)
2) 반대동작 : 반대로 - 동사와 결합
3) 분리, 이탈 : **away** 떨어져 **apart** 따로, 떨어져

---

dis(=not안)+advantage(유리)

disadvantage

n. 불리(한 조건); 손해, 손실(loss)

[dìsədvǽntidʒ]

예 be at a big **disadvantage**
아주 불리한 입장에 서게 되다

파 disadvantageous *a.* 불리한(unfavorable)

syn 불리 = disadvantage; handicap; drawback;
unfavorableness

---

dis(=not부정)+approve(찬성하다)

disapprove

v. 옳지 않다고 하다; 찬성하지 않다; 반대하다, 비난하다

[dìsəprúːv]

예 **disapprove** of ladies' smoking
숙녀가 담배 피는 것을 반대하다

파 disapproval *n.* 불찬성, 불승인; 비난(censure)
disapprovingly *ad.* 못마땅하여; 비난하여

syn 찬성하지 않다 = disapprove; disagree; dissent

---

dis(=not부정)+content(만족)

discontent

n. 불만, 불평(dissatisfaction)

[dìskəntént]

v. 불만을 품게 하다(dissatisfy); 기분을 상하게 하다

예 smoldering **discontent** 마음속에 쌓인 불만

파 discontented *a.* 불만인, 불평을 품고 있는

syn 불만 = discontent; discontentment; dissatisfaction;
complaint

ant 만족 = contentment; satisfaction; gratification

100

dis(=not안)+credit(신용, 명예)

discredit

[diskrédit]

n. 불신, 불명예, 의심, 의혹(disbelief; doubt)

v. 신용하지 않다; 의심하다(disbelieve; doubt)

- 예 a **discredit** to one's family 집안의 망신거리
- 파 discreditable *a.* 신용을 떨어뜨리는, 남부끄러운
- *syn* 불신 = discredit; distrust; mistrust; disbelief
- *syn* 불명예 = discredit; dishonor; shame; infamy; ignominy; opprobrium

dis(=away떨어져)+crep(=sound, crack(딴) 소리를)+ancy(냄)

discrepancy

[diskrépənsi]

n. 불일치, 차이(disagreement; difference); 모순

- 예 **discrepancy** in ability 능력의 차이
- 파 discrepant *a.* 일치하지 않는; 모순된; 조화되지 않는
- *syn* 모순 = discrepancy; contradiction; conflict; inconsistency; repugnance

dis(반대동작)+entangle(얽히게 하다)

disentangle

[dìsentǽŋgl]

v. (얽힘 등을) 풀다; (분규를) 해결하다(unravel)

- 예 **disentangle** a conflict 갈등을 해소하다
- 파 disentanglement *n.* (얽힌 것을) 품; (혼란의) 해결
- *syn* (끈 등을) 풀다 = disentangle; loosen; undo; untie; unbind; unpack; unfasten; unravel; unsew; unlace; untwist; unweave(짠 것을 ~)

dis(반대동작)+integrate(통합하다)

disintegrate

[disíntigrèit]

v. 분해시키다; 붕괴시키다(break up); 분해되다, 붕괴되다

- 예 **disintegrate** spontaneously 저절로 분해되다
- 파 disintegration *n.* 붕괴; 분해; 분열; 〈지질〉 풍화작용
- *syn* 붕괴되다 = disintegrate; collapse; crumble; fall down; give away; cave in(함몰되다)
- *ant* 통합하다 = integrate; unite; unify

dis(=away멀리)+parage(=rank지위(를 떨어뜨리다))

disparage
[dispǽridʒ]

*disparaging
a. 얕보는; 험담하는

v. 평판을 떨어뜨리다; 깔보다; 헐뜯다, 비난하다

- **예** **disparage** other people's achievement
  다른 사람들의 성공을 헐뜯다
- **파** disparagement *n.* 경시, 깔봄, 비방; 명예훼손
- *syn* 헐뜯다 = disparage; belittle; decry; denigrate;
  detract; run down; speak ill of

---

dis(=not안)+par(=equal같)+ity(음)

disparity
[dispǽrəti]

n. 부등(inequality); 상이, 차이; 불일치, 불균형

- **예** the wage **disparity** between sexes
  양성(남성, 여성)간의 임금 차이
- **파** disparate *a.* (본질적으로) 다른; 공통점이 없는
- *syn* 차이 = disparity; difference; distinction; gap

---

dis(=not안)+passionate(열렬한, 격정적인)

dispassionate
[dispǽʃ∂nit]

a. 냉정한; 편견없는(unprejudiced); 공평한(unbiased)

- **예** assume a **dispassionate** attitude
  냉정한 태도를 취하다
- **파** dispassionately *ad.* 냉정하게; 편견없이; 공평하게
  dispassion *n.* 냉정(calmness); 편견없음; 공평
- *syn* 냉정한 = dispassionate; calm; serene; cool; cool-
  headed; self-composed; self-possessed

---

di(s)(=apart따로따로)+sperse(=scatter흩뿌리다)

disperse
[dispə́:rs]

v. 흩뜨리다, 쫓아버리다; 흩날려 없애다(dispel); 흩어지다

- **예** **disperse** in all directions 사방으로 흩어지다
- **파** dispersion *n.* 분산, 분광(分光); 퍼뜨리기
  dispersive *a.* 분산하는, 분산적인
- *syn* 흩어지게 하다 = disperse; scatter; dissipate;
  break up: dispel(쫓아버리다)

dis(반대동작)+qualify(자격을 주다)

disqualify

[diskwάləfài]

v. ~의 자격을 박탈하다; 실격시키다

예 be **disqualified** at a preliminary contest
예선에서 탈락하다

파 disqualification *n.* 무자격; 실격; 자격 박탈; 불합격
↔ qualification *n.* 자격(부여), 자격증명; 면허장

syn 박탈하다 = disqualify(자격을 ~); deprive; strip;
take away; vote away; disbar(변호사 자격을 ~)

dis(=not안)+repair(수리(됨))

disrepair

[dìsripέər]

n. (수리 부족에 의한 건물의) 파손; 황폐(dilapidation)

예 fall into **disrepair** 파손되다, 황폐하다

syn 파손 = disrepair; breakage; breakdown;
damage(손상, 피해); injury(손상)

cf. **repair** *n.* 수선, 수리 *v.* 수선하다, 자주 가다

dis(=apart따로따로)+rupt(=break부숴버리다)

disrupt

[disrʌ́pt]

v. 붕괴시키다; 방해하다; 혼란시키다; 불통시키다

예 **disrupt** the talks 협상을 교란하다

파 disruption *n.* 붕괴; 두절(stoppage); 혼란; 분열
disruptive *a.* 붕괴시키는; 분열시키는; 파괴적인

syn 분열시키다 = disrupt; disunite; split; break up

dis(=not반대동작)+satisfy(만족시키다)

dissatisfy

[dissǽtisfài]

v. 만족시키지 않다, 불만을 품게 하다(discontent)

예 be **dissatisfied** with a small remuneration
보수가 적어 못마땅해 하다

파 dissatisfaction *n.* 불만; 불평(discontent)
dissatisfactory *a.* 불만스러운(unsatisfactory)

syn 불만을 품게 하다 = dissatisfy; discontent; disgruntle

cf. **without remuneration[pay]** 무보수로

dis(=apart사방으로)+semin(=seed씨를 뿌리)+ate(=make다)

disseminate

[disémənèit]

v. (씨 등을) 흩뿌리다; (사상 등을) 퍼뜨리다

🔵 **disseminate** a serious infection[a false rumor]
심각한 병독[거짓 소문]을 퍼뜨리다

🔴 **dissemination** *n.* (씨 등을) 흩뿌리기; 살포; 전파; 유포

syn 퍼뜨리다 = disseminate; disperse; circulate;
diffuse; spread; scatter; sprinkle; promulgate(신조
를 ~); propagate(사상을 ~)

dis(=not안)+similar(닮은, 유사한)

dissimilar

[dissímələr]

a. 닮지 않은(unlike); 같지 않은; 다른(different)

🔵 be quite **dissimilar** in character
성격이 아주 딴판이다

🔴 **dissimilarity** *n.* 차이, 부동(unlikeness; difference)
dissimilitude *n.* 부동, 차이(dissimilarity)

syn 다른 = dissimilar; unlike; divergent; diverse; distinct

dis(=away따로 떨어져)+simulate(~인 체하다)

dissimulate

[disímjəlèit]

v. (감정을) 숨기다(hide); ~을 갖지 않은 체하다

🔵 try to **dissimulate** one's grief[sorrow]
슬픔을 감추려고 애쓰다

🔴 **dissimulation** *n.* 시치미떼기; 위장; 속임수

syn ~인 체하다 = pretend; feign; affect; dissemble

dis(=away떨어져 나가게)+sip(=throw내던지)+ate(=make다)

dissipate

[dísəpèit]

v. 흩어지게 하다, 쫓아버리다(dispel); 낭비하다

🔵 **dissipate** one's fortune[energy]
재산을 탕진하다[정력을 낭비하다]

🔴 **dissipation** *n.* 흩어짐; 낭비; 방탕(debauchery)
dissipated *a.* 방탕한(dissolute), 난봉부리는; 낭비된

syn 낭비하다 = dissipate; waste; squander; throw away

dis(=강조-막)+tort(=twist비틀어 돌리다)

distort

[distɔ́:rt]

v. (사실을) 왜곡하다; (얼굴 등을) 찌푸리다; 비틀다

에 **distort** history[the truth] 역사를[진실을] 왜곡하다

파 distortion *n.* 곡해, 왜곡; 비틀림; 〈TV〉 화상의 일그러짐
distorted *a.* 왜곡된, 찌그러진(twisted); 기형의

syn 왜곡하다 = distort; contort; misrepresent; pervert;
strain; warp; twist

VOCA TIP

Dis-의 형태 변화

1. 자음 f 앞에서는 **Dif-**가 됩니다.
2. 자음 g, l, m, r, v 앞에서는 **Di-**가 됩니다.

---

dif(=apart따로 떨어져)+fer(=carry(다르게) 나)+ence(름)

difference

[dífərəns]

n. 상이(점), 차이; 차별, 구별(discrimination)

에 a slight **difference** of opinion 약간의 의견 차이

*discrepancy
n. 모순, 불일치

파 differentiate *v.* 구별하다; 특수화시키다; 미분하다
differential *a.* 차이의; (임금 등이) 차별적인; 미분의
differ *v.* ~와 다르다; 의견을 달리하다(disagree)
different *a.* 다른, 틀리는; 별개의, 딴(separate)

syn 차이 = difference; dissimilarity; distinction;
disparity; divergence; disagreement

---

dif(=not(자신을) 안)+fid(=trust믿)+ent(는)

diffident

[dífidənt]

a. 자신이 없는; 수줍어하는(↔ **confident** *a.* 자신만만한)

에 a shy and **diffident** individual
수줍고 자신 없는 사람

파 diffidently *ad.* 자신없게; 기가 죽어서
diffidence *n.* 자신감 결여; 수줍음(shyness)

syn 수줍어하는 = diffident; shy; bashful; coy

dif(=apart따로따로)+fract(=break쪼개다, 깨뜨리다)

diffract

[difrǽkt]

v. 분산시키다; 분해하다; 회절시키다

⟨예⟩ **diffract** or scatter light
빛을 회절시키거나 확산시키다

⟨파⟩ **diffraction** *n.* (광선, 전파, 음파 등의) 회절(回折)

syn 분산시키다 = diffract; scatter; disperse;
decentralize; diversify; break into parts

dif(=away멀리 (퍼지게))+fus(=pour쏟아 부)+ion(음)

diffusion

[difjú:ʒən]

*proliferation
n. (핵무기의) 확산; 급증

n. 방산, 확산; (문화 등의) 전파(dissemination); 산만

⟨예⟩ the **diffusion** of knowledge through lectures
강연을 통한 지식의 전파

⟨파⟩ **diffuse** *v.* 발산하다; 확산시키다 *a.* 널리 퍼진; 산만한
diffusive *a.* 잘 퍼지는; 확산성의; 산만한, 장황한

syn 확산 = diffusion; spreading; dissemination

di(=away(말 등이) 벗어나)+gress(=go가다)

digress

[daigrés, di-]

*deviate; stray
v. 빗나가다

v. (말 등이) ~에서 벗어나다, 옆길로 새다(stray)

⟨예⟩ **digress** from the main issue[topic]
본 주제에서 벗어나다

⟨파⟩ **digression** *n.* 주제에서 벗어남, 탈선(deviation)

syn 벗어나다 = digress; deviate; wander; miss(과녁을 ~);
escape(위기에서 ~); overcome(극복하다)

di(=apart뿔뿔이)+lapid(=stone돌(로 쳐))+ated(=made망가진)

dilapidated

[dilǽpədèitid]

a. (건물, 가구 등이) 황폐한; 수리하지 않은; 낡아빠진

⟨예⟩ **dilapidated** buildings[shoes]
황폐한 건물들[다 떨어진 구두]

⟨파⟩ **dilapidate** *v.* 황폐하게 하다, 헐어빠지다
dilapidation *n.* 황폐(decay), 퇴락

syn 황폐한 = dilapidated; ruined; devastated;
ramshackle; tumble-down; obsolete; worn-out

di(=apart따로 떼어)+late(=wide넓게((하다))

dilate

[dailéit]

*scale up 확대하다,
늘리다

v. 확대하다; 팽창시키다; 상술하다(expatiate)

예 **dilate** on one's views about the boy's future
아이의 장래에 대해 자신의 견해를 자세히 말하다

파 dilatation *n.* 팽창, 확장(expansion); 상설(詳說)
dilatant *a.* 확장하는, 팽창성의 *n.* 〈의학〉 확장기

syn 확대하다 = dilate; enlarge; magnify; expand;
extend; distend; widen; escalate(단계적으로 ~)

---

di(=apart따로 떼어)+mini(=small작게)+(i)sh(=make만들다)

diminish

[dəmíniʃ]

v. 줄이다; 적게 하다(lessen); 적어지다(dwindle); 줄다

예 **diminish** in speed[population]
속도가 줄다[인구가 감소하다]

파 diminution *n.* 감소, 축소 diminished *a.* 감소된, 작아진

syn 줄이다 = diminish; lessen; reduce; decrease;
shorten=curtail(삭감하다); abbreviate=abridge(축소하
다); boil down to(결국 ~으로 되다)

---

di(=apart따로따로)+verg(=turn방향이 돌려)+ent(진)

divergent

[divə́:rdʒənt]

↔ **convergent**
a. 한 점에 모이는

a. 갈라져 나오는, 분기하는; 발산하는; (의견이) 다른

예 **divergent** cultures[opinions] 다른 문화집단[의견]

파 diverge *v.* 갈라져 나오다, 분기하다; 빗나가다
divergence, divergency *n.* 분기; 이탈; 발산

syn 다른 = divergent; different; dissimilar; unlike; diverse

---

di(=apart(제각각 (다르게))+vers(=turn방향을 돌)+ity(림)

diversity

[divə́:rsəti]

n. 다양성, 변화(variety); 차이, 상이(점)(difference)

예 cultural **diversity** 문화적 다양성

파 diverse *a.* 다양한(varied); 다른(different)
diversify *v.* 다양하게 하다; 분산시키다; 다각화하다
diversification *n.* 다양화; (투자의) 분산; 다각화

syn 다양성 = diversity; variety; multiplicity

di(=away멀리(딴 데로))+vert(=turn(주의를) 돌리다)

divert

[divə́:rt]

v. (주의 등을) 딴 데로 돌리다; (기분을) 전환시키다

예 **divert** one's attention 정신을 다른데 팔다

파 diversion *n.* 전환; (자금의) 유용; 오락, 기분전환
diversionary *a.* 주의를 딴 데로 돌리는; 견제적인

syn 기분전환 = diversion; recreation; relaxation;
pastime; change

di(=apart낱낱이)+vulge(=public; people((사람들에게) 공표하다)

divulge

[divʌ́ldʒ]

v. (비밀 등을) 누설하다; ~을 폭로하다

예 **divulge** a military secret 군사기밀을 누설하다

파 divulgence *n.* 비밀 누설, 폭로

syn 누설하다 = divulge; divulgate; disclose; reveal;
betray; let out; let the cat out of the bag

de⟨dis(=not안)+fi(=trust믿)+ance(음) → 안 믿음의 뜻에서

defiance

[difáiəns]

n. 도전; 반항; (명령 등의) 무시(disregard)

예 in **defiance** of ~ ~을 무시하고, ~에 반항하여
bid **defiance** to ~ ~에 반항하다, ~을 무시하다

파 defy *v.* 공공연히 반항하다(oppose); 무시하다; 도전하다
defiant *a.* 도전적인; 무시하는; 거만한(insolent)

syn 도전 = defiance; challenge
*taking up a challenge 응전

1. **disabled** [diséibəld] *a.* 불구가 된(crippled; maimed; handicapped); 무능력해진 *n.* (the ~) 신체장애자(the handicapped) 〈복수취급〉
   v. **disable** 무능하게 하다, 손상시키다
   n. **disability** 무능, 무력; 장애

2. **disappear** [dìsəpíər] *v.* 사라지다, 모습을 감추다(vanish; go away)
   (↔ **appear; show up** 나타나다)
   n. **disappearance** 사라짐, 소멸; 실종

3. **disappoint** [dìsəpɔ́int] *v.* 실망시키다, 낙심시키다(discourage; dishearten; dismay; let down); (계획을) 좌절시키다(frustrate; baffle; upset) *n.* **disappointment** 실망

4. **disavow** [dìsəváu] *v.* 부정하다, 부인하다(gainsay; contradict; deny; repudiate; say no)(↔ **avow** *v.* 인정하다; 공언하다(profess; avow)
   n. **disavowal** 부인, 부정(↔ **avowal** *n.* 시인, 공언)

5. **disband** [disbǽnd] *v.* (군대 등을) 해산시키다(scatter; demobilize; break up)(↔ **assemble** *v.* 집합시키다)
   n. **disbandment** 해산, 제대

6. **discard** [diskɑ́ːrd] *v.* (신념, 습관 등을) 버리다(abandon; do away with; throw away); (사람을) 저버리다(desert); 해고하다(dismiss; fire; lay off)
   n. 포기; 해고(dismissal; discharge)

7. **discernible** [disə́ːrnəbəl] *a.* 보고 알 수 있는; 인식[식별]할 수 있는 (perceptible; perceivable)(↔ **indiscernible** *a.* 식별할 수 없는)
   v. **discern** 식별하다; 인식하다(recognize)
   n. **discernment** 식별, 인식; 통찰력

8. **disciple** [disáipəl] *n.* 제자, 문하생(follower; adherent)
   n. **discipline** 훈련; 기율, 기강; 징계(chastisement)
   a. **disciplinary** 규율상의, 징계의; 훈련의
   *a disciplinary committee[action] 징계 위원회[징계 처분]

9. **discomfit** [diskʌ́mfit] *v.* (계획, 목적을) 뒤집어 엎다, 좌절시키다(upset; frustrate; thwart); 당황하게 하다(bewilder; embarrass; overwhelm)

n. **discomfiture** (계획 등의) 실패, 좌절; 당황

10_ **disconcert**[dìskənsɔ́:rt] *v.* 당황하게하다, 혼란시키다
(embarrass; perplex; disorient; confuse)

11_ **discreet**[diskríːt] *a.* 사려[분별] 있는(thoughtful; considerate);
신중한(prudent; circumspect); 예의바른(courteous; polite);
조심스러운(cautious; scrupulous); *n.* **discretion** 분별, 신중; 재량
ad. **discretely** 따로따로(separately; respectively)
cf. **discrete**[diskríːt] *a.* 분리된, 별개의(separate; distinct)

12_ **discretionary**[diskréʃənèri] *a.* 임의의(arbitrary; optional);
자유재량의 *n.* **discretion** 행동의 자유; 자유재량; 신중

13_ **disdain**[disdéin] *v.* 경멸하다(scorn; disparage; despise; look down
on) *n.* 경멸, 모멸(contempt) *a.* **disdainful** 경멸적인, 무시하는(scornful;
contemptuous)

14_ **disgrace**[disgréis] *n.* 불명예, 망신, 수치(shame; discredit; ignominy)
v. 수치가 되다 *a.* **disgraceful** 수치스러운, 불명예스러운(shameful;
dishonorable; inglorious)
*wash one's dirty linen in public 집안의 수치를 드러내다

15_ **dismal**[dízməl] *a.* 음침한, (기분 등이) 침울한(gloomy; somber;
melancholy); (경치 등이) 황량한(dreary; desolate);
(장소가) 무시무시한(dreadful) *ad.* **dismally** 쓸쓸하게

16_ **dismay**[disméi] *v.* 실망[낙담]시키다(discourage; disappoint;
dishearten); 당황하게 하다(perplex; ruffle; consternate(놀라게 하다))
n. 당황(perplexity); 놀람(consternation)

17_ **disoriented**[disɔ́:riəntid] *a.* 방향감각을 잃은(lost); 혼란에 빠진
(distraught) *v.* **disorient** 방향감각을 잃게 하다; 어리둥절하게 하다
(confuse; embarrass) *n.* **disorientation** 방향감각 상실; 혼미
*orient to ~ ~에 적응시키다(gear to)

18_ **dispatch**[dispǽtʃ] *v.* 급파하다, 급송하다; 죽이다(kill)
n. 급파, 급송; 신속(rapidity; promptitude)

19_ **displace**[displéis] *v.* 옮기다, 옮겨놓다;
대신하다, 대체하다(supplant; replace; supercede)

20_ **disproportionate**[dìsprəpɔ́:rʃənit] *a.* 불균형의((unbalanced); 어울리지 않는(asymmetrical)

21_ **disregard**[dìsrigá:rd] *v.* 무시하다(ignore; neglect); 경시하다(belittle; make light[little] of) *n.* 무시, 경시(↔ **regard** *v.* 존중하다; 간주하다, ~로 여기다(consider)

22_ **dissuade**[diswéid] *v.* 단념시키다(discourage)
(↔ **persuade** *v.* 설득하여 ~하게 하다)
n. **dissuasion** (설득하여) 단념시킴, 만류
n. **persuasion** 설득; 종파; 성별; 인종

23_ **distill**[distíl] *v.* 증류하다; 증류하여 불순물을 없애다(scour)
cf. **refine; purify** *v.* 정제하다

24_ **distraction**[distrǽkʃən] *n.* 기분전환, 오락(entertainment; amusement; pastime); 주의산만, 정신착란 *v.* **distract** (주의를) 딴 데로 돌리다; 즐겁게 하다; 정신을 혼란시키다

25_ **distress**[distrés] *v.* ~을 괴롭히다(bother; annoy; afflict; harass; torment) *n.* 고통(pain), 고민(anxiety), 고뇌(anguish); 재난(calamity); 〈배의〉 조난(shipwreck)

26_ **dilatory**[dílətɔ̀:ri] *a.* (행동이) 느린(tardy; sluggish; laggard); 시간을 끄는(delaying)

27_ **dilute**[dilú:t] *v.* (물을 타서) 묽게 하다(attenuate); 약하게 하다(weaken)
n. **dilution** 희석

VOCA TIP

접두사(prefix)를 학습시 접두사를 떼고 남은 단어의 의미를 함께 학습하면 어휘력을 2배로 늘릴 수 있습니다.

advantage 유리 → disadvantage 불리
compass 둘러싸다 → encompass 에워싸다
nutrition 영양 → malnutrition 영양불량
meditate 숙고하다 → premeditate 미리 숙고하다

En-

1) **make; do** : 명사, 형용사에 붙어 '~로 되게 하다'
는 뜻의 **동사**를 만듭니다.
2) **in** : 안에   **into** : 안으로   **on** : 위에, ~을 향해

---

en(=on~을 향해)+chant(=cant노래(를 부르다))

enchant

[entʃǽnt]

v. 매혹하다; 황홀하게 하다; 마법을 걸다(bewitch)

예 be **enchanted** with fairies and goblins
요정과 악귀에 홀리다

파 enchantment *n.* 매혹, 매력(fascination); 마법, 요술
enchanting *a.* 매혹적인(charming); 대단히 아름다운

syn 매혹하다 = enchant; charm; captivate; fascinate;
bewitch; hypnotize; magnetize

---

en(=make))+close(=shut닫음, 폐쇄) → 빙 둘러 닫다

enclose

[enklóuz]

v. 둘러싸다, 에워싸다; (용기에) 넣다; 동봉하다

예 **enclose** a check with registered mail
등기우편에 수표를 동봉하다
enclose with a fence 울타리를 치다

파 enclosure *n.* 둘러싸기, 포위; 울타리; 봉입물
*an enclose of money 금일봉

syn 둘러싸다 = enclose; encompass; surround;
encircle; environ; invest; besiege;
beset; ensphere; shut in

---

en(=into안으로)+compass(둘러싸다)

encompass

[inkʌ́mpəs]

v. 에워싸다, 둘러싸다; 포함하다; 완수하다

예 **encompass** everything 모든 것을 망라하다[포함하다]

파 encompassment *n.* 둘러쌈, 포위, 망라

syn 포함하다 = encompass; contain; include;
comprise; embrace; comprehend;
cover; hold; implicate(뜻을 ~)

en(=make)+counter(반대) → 반대쪽에서 서로 마주 치게 하다

encounter
[enkáuntər]

v. (위험 등에) 부딪치다; 우연히 만나다; 교전하다

n. 뜻밖에 마주침, 조우; 교전, 충돌, 전투(combat)

예 encounter a friend on the subway
지하철에서 친구를 우연히 만나다

a fateful encounter 숙명적인 만남

syn 직면하다 = encounter; confront; face (up to)

en(=into(남의 땅) 안으로)+croach(=hook갈고리로 걸고 (들어가다))

encroach
[enkróutʃ]

v. (영토 등을) 침범하다, ~에 침입하다; 침해하다

예 encroach on[upon] another's land[rights]
남의 땅을 침범하다[남의 권리를 침해하다]

파 encroachment *n.* 침입(intrusion); 침해, 방해; 침식

syn 침입하다 = encroach; trespass; intrude; burgle;
enter[break, raid] into

en(=make)+cumber(방해(물)) → 방해물을 만들다

encumber
[enkʌ́mbər]

v. 방해하다; (장소를) 막다; (의무, 부담 등을) 지우다

예 be encumbered with debts[mortgages]
빚을 지다[저당 잡히다]

파 encumbrance *n.* 방해물, 거추장스러운 것

syn 방해하다 = encumber; hinder; hamper; disturb;
obstruct; interrupt; interfere with

en(=into~안으로)+dow(=give((돈을 거저) 주다)

endow
[endáu]

v. (기금을) 기부하다; (재능을) 주다, 부여하다

예 endow the university with a large sum of money
대학에 큰돈을 기부하다

be endowed with beauty 미모를 타고나다

파 endowment *n.* 기부, 기증; 기금; (*pl.*) 천부의 재능

syn 기부하다 = endow; donate; contribute; subscribe

en(=in~에)+gross(=large큰) → in large '(~에) 크게' 마음을 두다

engross

v. ~에 열중하다, 몰두하다(absorb); 독점하다

[engróus]

[예] be **engrossed** in one's work 자신의 일에 몰두하다

[파] engrossment *n.* 몰두, 열중; 매점(한 물건)

syn ~에 몰두하다 = be engrossed[absorbed; lost; immersed; wrapped up] in ~

en(=in안에)+join((의무를) 연결시키다)

enjoin

v. (의무를) 지우다; 명령하다; 금하다(prohibit)

[endʒɔ́in]

[예] **enjoin** the conglomerate from running the dazzling advertisements
그 거대기업에 그 과장광고를 금하다

[파] enjoinment *n.* (의무의) 부과; 재촉

syn 명령하다 = enjoin; command; order; direct; bid; prescribe

en(=in안을)+lighten(밝게 비추다)

enlighten

v. 계몽하다, 교화하다; 설명하다; 빛을 비추다

[enláitn]

[예] **enlighten** the public 민중을 계몽하다

[파] enlightenment *n.* 계몽, 계발; 개명, 개화
enlightened *a.* 계몽된; 개화된; 훤히 통달한

syn 교화하다 = enlighten; civilize; instruct; educate; illuminate; tame; domesticate

en<in(=not안)+(a)m(=love사랑)+ity(함) → (아주) 싫어함

enmity

n. 적의(敵意), 적개심; 증오(hatred); 악의, 원한

[énməti]

[예] have[harbor] **enmity** against ~
~에 대해 적의를[원한을] 품다
have no **enmity** against ~ ~에 대해 감정이 좋다

syn 적의 = enmity; animosity; hostility; antagonism; malice; malignancy en(=on계속해서)+sue(=follow뒤따르다)

ensue
[ensúː]

v. 뒤이어[결과로서] 일어나다(follow in order)

예 Endless questions ensured. 끝없는 질문이 이어졌다.

파 ensuing *a.* 다음의(following); 결과로서 일어나는

syn 일어나다 = happen; occur; arise;
　　　　　　 take place; break out

en(=make)+tail(꼬리) → (뒤에) 꼬리를 만들다

entail
[entéil]

v. 수반하다; (비용 등을) 들게 하다; 상속인을 한정하다

예 entail one's property on one's only daughter
외동딸을 재산상속인으로 하다

파 entailment *n.* (부동산의) 상속인 한정; 세습재산

syn 수반하다 = entail; involve; require; accompany;
　　　　　　 go with

en(=into안으로)+treat(=draw옷소매를) 당기며 애원하다)

entreat
[entríːt]

v. 간청하다, 탄원하다; 신신 당부하다

예 I entreat your pardon. 제발 용서해 주세요.

파 entreaty *n.* 간청, 탄원　entreating *a.* 간청의
entreatingly *ad.* 애원하다시피, 간청하듯이

syn 간청하다 = entreat; beg; implore; supplicate;
　　　　　　 solicit; beseech

en(=in~안에)+trench(참호(를 파다))

entrench
[entréntʃ]

v. 참호로 에워싸다; (입장을) 확고하게 하다; 침해하다

예 entrench oneself into immovable opposition
to homosexuality
동성애에 대해 분명한 반대 입장을 취하다

파 entrenchment *n.* 참호 (구축 작업); 성채; (권리의) 침해

syn 침해하다 = entrench; trespass; transgress;
　　　　　　 infringe; violate

en(=on위에)+voy(=way길) → 길 위로 (내보내는 사람)의 뜻에서

envoy

[énvɔi]

n. 사절(messenger), 외교사절; 대리인(agent)

ⓔ dispatch a United Nations special **envoy**
UN 특사를 파견하다

a goodwill[cultural] **envoy** 친선[문화] 사절

a presidential personal **envoy** 대통령 특사

syn 사절 = envoy; delegate; messenger; emissary;
mission(사절단)

VOCA TIP

En-의 형태 변화

자음 b, p앞에서는 **Em-**으로 변합니다.

---

em(=make)+bar(장애물)+go(감) → 장애물로 통행을 막음

embargo

[embá:rgou]

n. (선박 입출항의) 금지; 통상 금지; 제한, 제제

v. (선박 입출항을) 금지하다, 통상을 정지하다

ⓔ be under an **embargo**
(배가) 억류되어 있다, (수출이) 금지되어 있다

syn 금지 = embargo; prohibition; inhibition; ban;
interdiction; taboo(금기)

cf. **embark** *v.* (배 등에) 태우다, 승선시키다; 착수하다(~ on)

---

em(=in안을)+bell(=beautiful아름답게)+ish(=make하다)

embellish

[imbéliʃ]

v. 장식하다; 아름답게 하다; (문장을) 꾸미다, 미화하다

ⓔ **embellish** building entrances with flowers
빌딩 입구를 꽃으로 장식하다

ⓓ embellishment *n.* 장식(ornament; decoration)

syn 장식하다 = embellish; adorn; decorate; ornament;
trim; beautify(아름답게 하다)

116

em(=in안에)+bl〈bol(=throw(표시로) 던져 넣은)+em(것)

emblem
[émbləm]

> *n.* 상징, 표상; 기장(badge), 휘장; 전형

> 예 an **emblem** of love[peace] 사랑의 징표[평화의 상징]

> 파 emblematic *a.* 상징적인; 상징하는(symbolical)
> emblematize *v.* 상징하다(symbolize; represent)

> *syn* 상징, 표상 = emblem; symbol

em(=into안으로 (사상 · 감정을))+body(구현하다)

embody
[embádi]

> *v.* 구체화하다, 구현하다; 형체를 부여하다; 수록하다

> 예 **embody** democratic ideas in the constitution
> 헌법에 민주주의 사상을 구체적으로 나타내다

> 파 embodiment *n.* 구체화; 화신(化身)(incarnation)

> *syn* 구현하다 = embody; materialize; incarnate; realize

em(=into안으로)+pathy(=feeling감정(을 불어넣음))

empathy
[émpəθi]

> *n.* 감정이입; 공감(共感)

> 예 show some signs of **empathy**
> 어떤 감정이입의 기미를 보이다

> 파 empathic *a.* 감정이입의 empathize *v.* 공감하다

> *syn* 공감 = empathy; sympathy *cf.* **emotion** 감동, 감정

em(=make만들어 주다)+power(권능[권한]) → 권능[권한]을 만들어 주다

empower
[empáuər]

> *v.* 권능[권한]을 부여하다, ~할 수 있게 하다

> 예 **empower** someone[something] to V
> ~에게 V할 권한을 부여하다

> 파 empowerment *n.* 권능 부여; 권한 위임

> *syn* 권한을 부여하다 = empower; authorize; capacitate;
> enable; vest

> *cf.* **qualify** *v.* 자격을 주다 *n.* **qualification** 자격; 면허(증)
> *be entitled to ~; have a right to ~ ~할 자격이 있다

1. **embed** [imbéd] *v.* 깊숙이 파묻다; 깊이 간직하다

2. **embezzle** [embézəl] *v.* (공금을) 유용하다, 횡령하다(appropriate)
   n. **embezzlement** 횡령, 착복

3. **embolden** [embóuldən] *v.* 대담하게 하다, 용기를 돋우어 주다
   (encourage; hearten; cheer up)

4. **embrace** [embréis] *v.* 껴안다(hug; take into one's arms);
   (주의 등을) 받아들이다(adopt; accept); ~을 포함하다(include; contain);
   둘러싸다(surround) *n.* **embracement** 포옹; 수락

5. **embroider** [embrɔ́idər] *v.* (실로) 수놓다; 윤색하다(embellish);
   과장하다(exaggerate; overstate)

6. **embryo** [émbriðu] *n.* 태아; (동식물의) 배(아); (발달의) 초기단계
   a. **embryonic** 태아의, 태생의; 미발달의, 초보의(rudimentary)
   *cloning of embryos 배아복제
   in embryo (계획 등이) 미완성의, 준비 중인

7. **encyclopedia** [ensàikloupí:diə] *n.* 백과사전
   a. **encyclopedic** 백과사전적인; 박학한(erudite; learned)

8. **endanger** [endéindʒər] *v.* 위태롭게 하다(imperil; jeopardize; hazard)
   a. **endangered** 위기에 처한

9. **endorse** [endɔ́:rs] *v.* (어음 등에) 배서하다; 보증하다
   n. **endorsement** 배서; 승인; (상품의) 추천

10. **enhance** [enhǽns] *v.* (질, 능력 등을) 높이다, 향상시키다(heighten)
    n. **enhancement** 고양, 증진

11. **enliven** [enláivən] *v.* 활기 있게 하다, 생기 있게 하다(animate)
    n. **enlivenment** 생기를 불어넣음

12. **entangle** [entǽŋgl] *v.* 어려움에 말려들게 하다(involve);
    뒤엉키게 하다(tangle) *n.* **entanglement** 연루

13. **enthrall** [enθrɔ́:l] *v.* 노예로 만들다(enslave; make a slave) 매혹시키다
    (captivate) *a.* **enthralling** 마음을 사로잡는(captivating; attractive);
    아주 재미있는(entertaining)

동사를 만드는 접두사 정리

1. **En-**   encircle 둘러싸다   enrich 부유하게 하다
2. **Em-**   embrace 안다, 포옹하다(hug; cuddle)
3. **Be-**   besot (술로) 취하게 하다(intoxicate); 얼빠지게 하다
4. **In-**   inflame 불을 붙이다(set on fire)
5. **Im-**   imperil 위태롭게 하다(endanger)

[참고] 접미사 **-en**도 '**~으로 만들다, ~이 되게 하다**(make)'라는 뜻의
동사를 만듭니다.

darken v. 어둡게 하다
lengthen v. 길게 하다, 연장하다(make longer)
lighten v. 밝게 하다, 비추다
strengthen v. 강하게 하다, 증강하다(reinforce)

Epi-

1) **on, upon** : 위, 위에
2) **in addition** : 추가로, 덧붙여

epi(=on~위에)+center(중심) → ~위에 중심이 되는 지점

epicenter

[épisèntər]

n. (지진의) 진원지, 진앙; 낙하점; (활동의) 중심점

예 the (earth)quake's **epicenter** 지진의 진앙지

파 epicentral *a.* 진앙의

syn 중심 = center; heart; focus; core(핵심); pivot(중추)

epi(=in안에 있는)+dem(=people사람들(에게 퍼))+ic(지는)

epidemic

[èpədémik]

cf. **epidermic**
a. 표피의

a. (병이) 전염성의, 유행성의; 널리 퍼진(prevalent)

n. 유행병, 전염병; 유행; 널리 퍼짐(spread; prevalence)

예 **epidemic** hemorrhagic fever 유행성 출혈열

an **epidemic** of terrorism 테러행위의 만연

syn 널리 퍼진 = epidemic; prevalent; wide-spread; diffusive

epi(=on~위에)+gram(=writing(교훈을 주려고) 쓴 (글))

epigram

[épigræm]

n. 경구; (짧고 날카로운) 풍자시

예 a memorable **epigram**
기억에 남는[인상적인] 경구

파 epigrammatic *a.* 경구의; 풍자시적인

syn 경구 = epigram; aphorism; apothegm; witticism(재담)

epi(=upon(무덤) 위에)+graph(=writing쓴 (글))

epigraph

[épigræf]

n. 비명, 비문; (책 첫머리의) 제사(題辭), 표어(motto)

예 public interests in **epigraph** studies
비명 연구에 대한 대중의 관심

파 epigraphy *n.* 비명학, 금석학; 비명, 비문

syn 비문 = epigraph; epitaph; inscription

epi(=in addition(끝에) 덧붙여)+log(=speak말)+ue(함)

epilogue
[épilɔ̀ːg]

n. 끝맺는 말; 후기; 폐막사; 〈음악〉 후주

例 a prologue and an **epilogue** 개막사와 폐막사

syn 후기 = epilogue; postscript; afternote

epi(=into안에)+sode(=coming in끼워 넣는 (그림))

episode
[épəsòud]

n. 삽화(적 사건); (방송 등의) 1회분 이야기

例 a heartrending **episode** 비통한 이야기

the first[a special] **episode** 첫 회[특집회]

派 episodic *a.* 삽화의; 우연의(incidental; accidental)

syn 삽화(그림) = illustration; cut; figure

epi(=on the occasion of~을 맞으려)+stle(=send(글로 써) 보낸 (것))

epistle
[ipísl]

n. (격식을 차린 의례적) 서한; 편지(letter)

例 close one's **epistle** 편지를 끝맺다

派 epistler *n.* 서한의 필자 epistolary *a.* 서한(식)의

syn 서한 = epistle; letter; note; correspondence; mail

epi(=on~에 (좋게 덧붙여))+thet(=place놓은 (말))

epithet
[épəθèt]

n. (특성을 표현하는) 형용어구; 칭호; (모욕적인) 별명, 욕설

例 shout **epithets** 여러 가지로 욕설을 퍼붓다

syn 별명 = epithet; nickname; byname;
pseudonym; alias

epi(=in안에서)+tome(=cut잘라 요약한 것)

epitome
[ipítəmi]

n. 개요, 요약(summary); 전형, 본보기; 화신

例 an **epitome** of life 인생의 축도

the **epitome** of evil media 사악한 매체의 전형

派 epitomize *v.* 요약하다, 개괄하다(summarize)

syn 요약 = epitome; summary; condensation; outline;
digest; résumé; summing up

121

Epi-의 형태 변화

모음과 자음 n앞에서는 **Ep-**가 됩니다.

---

ep(=upon~위에 (새롭게))+och(=hold열리는 (시대))

epoch

[épək]

n. 신기원, 신시대; (중요 사건이 있었던) 시대; 〈지질〉 세

㉠ make[form, mark] an **epoch** 신기원을 이루다
a new **epoch** 새로운 시대

㉤ epoch-making *a.* 획기적인(epochal)
*an **epoch-making** event 획기적인 사건

syn 시대 = epoch; era; age; period *cf.* generation 세대
획기적인 사건 = landmark; milestone

---

ep(=upon위에서 유래하여 내려오는)+onym(=name이름)

eponym

[épounìm]

n. (지명, 국민 등의 이름의 유래가 되는) 시조(始祖)

㉠ the **eponym** of Rome 로마라는 이름의 시조

㉤ eponymous *a.* 이름의 시조가 된

syn 시조 = father; founder; progenitor; originator

---

1. **ephemeral**[ifémərəl] *a.* 일시적인(transitory; transient; fleeting)
   (↔ **perpetual; everlasting** *a.* 영원한)
2. **epidermal**[èpədə́:rməl] / **epidermic**[èpədə́:rmik] *a.* 표피의, 외피의
   n. **epidermis** 표피, 외피, 상피
3. **epilepsy**[épəlèpsi] *n.* 〈병리〉 간질
   a. **epileptic** 간질의, 간질병의
   n. 간질 환자

Eu-

good : 좋은
↔ Caco-/Dys- = bad : 나쁜

eu(=good 좋은)+logy(=speech말(하기))

eulogy

[júːlədʒi]

*panegyric *n.* 찬사

n. 찬사, 찬미; 찬양, 칭찬(praise; laudation)

🔟 chant the **eulogy** of the clergyman
그 성직자를 찬양하다

🔢 eulogize *v.* 찬사를 보내다, 칭찬하다(extol)
eulogistic *a.* 칭찬하는, 찬미의, 찬사의(laudatory)

syn 찬사 = eulogy; praise; compliment; laudation

eu(=good아름다운)+phony(=sound소리)

euphony

[júːfəni]

*intonation(억양)

n. 듣기 좋은 음조[어조] (↔ **cacophony** *n.* 불협화음)

🔟 the insertion of **euphony** in word-formation
어휘구조에서 좋은 음조의 삽입

🔢 euphonious, euphonic, euphonical *a.* 음조가 좋은

syn 음조 = tone; timbre(음색); tune(가락, 곡조)

eu(=good행복한)+phor(=carry(느낌을) 나르는)+ia(상태)

euphoria

[juːfɔ́ːriə]

n. 행복감; 〈의학〉 도취행복감; 의기양양(elation)

🔟 be in a state of **euphoria** 행복감에 젖어 있다

🔢 euphoric *a.* 행복한(blissful; felicitous)

syn 행복 = happiness; well-being; bliss; felicity

eu(=good(고통 없이) 행복한)+thanas(=death죽음)+ia(상태)

euthanasia

[jùːθənéiʒiə]

n. 안락사(mercy killing), 안락사술

🔟 stir a national debate on **euthanasia**
안락사에 관한 전국적인 논쟁을 불러일으키다

🔢 euthanize *v.* 안락사시키다

syn 죽음 = death; decease; passing; demise(붕어, 서거)

VOCA TIP

Eu-의 반의 접두사

1_ **Caco-**
2_ **Dys-**
⇒ **bad**(나쁜)의 의미

caco(=bad나쁜)+graphy(=writing필적)

cacography

[kækάgrəfi]

n. 악필, 서투른 글씨; 오기, 오자

[예] **cacography**, calligraphy, and orthography
악필, 달필, 정자법

[파] cacographic *a.* 악필의; 철자가 틀리는

syn 글씨 = handwriting; penmanship
*글자 = letter; character

caco(=bad(나쁜)+phony(=sound소리)

cacophony

[kækάfəni]

n. 불협화음, 듣기 싫은[거슬리는] 소리

[예] hear a terrible **cacophony** of ~
~의 아주 듣기 싫은 소리를 듣다

syn 소리 = sound; noise(소음); voice(목소리);
note(새의 울음소리)

dys(=bad나쁜)+peps(=digest소화)+ia(병, 증세)

dyspepsia

[dispépʃə]

n. 소화불량(증)(↔ **eupepsia** *n.* 소화 양호[정상])

[예] be a good remedy for **dyspepsia**
소화불량에 효험이 있다

syn 소화불량 = dyspepsia; indigestion *소화 = digestion

cf. **dystopia** *n.* 반유토피아, 암흑향
(↔ **utopia** *n.* 유토피아, 이상향)
a. **dystopic** 반유토피아의, 암흑향의(depressing)

1. 다음 접두사도 '나쁜(bad; ill)'의 의미를 가집니다.

1. **Mal(i)-** malignant *a.* 악의가 있는, 해로운; 〈병〉 악성의
   bad

2. **Ill-** ill-bred *a.* 버릇없이 자란
   ill   breed의 과거분사

3. **Mis-** misadventure *n.* 불운, 재난
   bad   사건, 경험

2. '좋은(good)'의 의미를 가지는 접두사 정리

1. **Bene-** benediction *n.* 축복, 감사기도
2. **Beni-** benignant *a.* 인자한, 온화한; 유익한; 〈병〉 양성의
3. **Eu-** eulogy *n.* 찬사, 찬양
4. **Well-** well-doing *n.* 선행, 덕행; 번영
   well-being *n.* 행복, 안녕, 복지

Study **08**

prefix 21

Ex-

1) 장소 : **out** 밖(으로)
2) 초과 : **beyond; exceed** ~을 넘어서, 초과하여
3) 강조 : **completely; thoroughly** 완전히, 철저히

---

ex(=beyond(말을) 지나치게)+agger(=heap쌓음)+ate(다)

exaggerate

v. 과장하다(overstate); 침소봉대하여 말하다

[igzǽdʒərèit]

🔵 have a propensity to **exaggerate**
과장하여 말하는 경향이 있다

🔵 exaggeration *n.* 과장(overstatement)
exaggerative *a.* 과장된; 침소봉대의

syn 과장하다 = exaggerate; overstate; overdraw

---

ex(강조-완전히)+asper(=rough(기분을) 거칠게)+ate(=make만들다)

exasperate

v. 격분시키다, (몹시) 화나게 하다(infuriate)

[igzǽspərèit]

🔵 be **exasperated** at[by] a person's impudence
[hypocrisy] ~의 뻔뻔스러움[위선]에 화내다

cf. **asperse**
v. 헐뜯다, 중상하다

🔵 exasperation *n.* 화나게 하기; 격노; 분개; (병의) 악화
exasperating *a.* 화가 나는(irritating)

syn 격분시키다 = exasperate; rage; enrage; infuriate;
irritate; vex; provoke; stir wrath; rouse the gorge

---

ex(=beyond(기준) 이상으로)+cell(=high높이)+ent(있는)

excellent

a. 우수한, 탁월한, 훌륭한(remarkably good)

[éksələnt]

🔵 an **excellent** film[scholar] 우수한 영화[훌륭한 학자]

🔵 excel *v.* (남보다) 낫다, 뛰어나다, 능가하다(surpass)
excellence *n.* 우수, 탁월(eminence); 훌륭한 특성

*exceed *v.* 초과하다
*Excellency *n.* 각하

syn 탁월한 = excellent; eminent; preeminent; superb;
prominent; distinguished

ex(=out밖으로)+ert(=join(힘을) 결합해)+ion(냄)

exertion

[igzə́:rʃ(ə)n]

n. 노력, 진력(effort); (힘의) 행사, 발휘

예 make unremitting **exertions** 부단한 노력을 하다
unwise **exertion** of authority 권력의 무분별한 행사

파 exert *v.* 발휘하다, 행사하다(exercise)

syn 노력 = exertion; pains; endeavor; labor; toil; striving

---

ex(=out밖으로)+haust(=draw(힘을) 끌어 내보내는)+ion(것)

exhaustion

[igzɔ́:stʃ(ə)n]

n. (자원) 고갈; (힘의) 소모; 극도의 피로

예 the **exhaustion** of resources 자원의 고갈
mental and physical **exhaustion** 심신의 피로

파 exhaust *v.* 고갈시키다(drain); 철저히 규명하다
exhausted *a.* 고갈된, 다 써버린; 지쳐빠진(tired)
exhausting *a.* 소모적인(exhaustive); 피로하게 하는
exhaustive *a.* 남김 없는; 철저한; 고갈시키는
exhaustively *ad.* 남김없이, 완전히, 철저하게

syn 소모 = exhaustion; dissipation; decrement; waste

---

ex(=out밖으로 나가는)+odus(=way길) → (길) 밖으로 나가기

exodus

[éksədəs]

n. (많은 사람들이) 나가기; (이민단의) 출국; 출발

예 a mass **exodus** of hungry N.K. refugees
기아로 굶주린 북한 난민들의 대규모 탈출

syn 이민 = emigration(출국 ~); immigration(입국 ~)

---

ex(=out밖으로)+oner(=burden부담)+ate(하다) → 부담에서 벗어나게 하다

exonerate

[igzánərèit]

v. (의무를) 면제하다; 무죄임을 입증하다(exculpate)

예 **exonerate**[release] a person from an obligation
~에게 의무를 면제하다

파 exoneration *n.* (의무 등의) 면제; 해제; 면죄(免罪)

syn 면제하다 = exonerate; exempt; release; discharge
*be exempted from taxation 면세 받다

ex(=out밖으로)+orbit(궤도)+ant(의) → 정상궤도를 너무 벗어난

exorbitant

a. (값, 요구가) 터무니없는, 엄청난, 과도한(excessive)

[igzɔ́:rbətənt]

[예] an **exorbitant** price[demand]
터무니없는 가격[요구]
frivolous lawsuits and **exorbitant** attorney's fees
불필요한 소송과 변호사들의 막대한 수임료

*frivolous
a. 사소한, 경박한

[파] exorbitance, exorbitancy *n.* 터무니없음; 과도

syn 터무니없는 = exorbitant; extravagant; absurd; groundless; incredible; preposterous; ridiculous; unfounded; unreasonable; outrageous; fabulous

ex(=out(뜻이) 밖으로 잘)+(s)pati(=walk걸어나오게)+ate(하다)

expatiate

v. 상세하게[자세히] 설명하다; 장황하게 말하다

[ikspéiʃièit]

[예] I shall not **expatiate** upon the subject.
긴말하지 않겠다.

[파] expatiation *n.* 상술, 상세한 설명
expatiatory *a.* 자세히 설명하는

syn 상술하다 = expatiate; expound; explain in detail; dwell on; enlarge on; elaborate on

ex(=out밖으로)+pedi(=foot(묶인) 발을)+ent(뺀)

expedient

a. 편리한; 적절한; 편의주의적인

[ikspí:diənt]

n. 수단; 임시방편(a pill to cure an earthquake)

[예] a temporary **expedient** 임시방편, 편법, 미봉책
adopt[resort to] an **expedient** 편법을 쓰다

*임시방편 = makeshift; patchwork; stopgap

[파] expediently *ad.* 편의상, 방편으로
expedience, -cy *n.* 편의; 방편; 편법; 편의주의
expedite *v.* 재촉하다(hasten); 신속히 처리하다
expedition *n.* 원정, (탐험 등의) 여행; 신속(rapidity)

syn 편리한 = expedient; convenient; handy; useful; serviceable; advantageous

ant **inexpedient** *a.* 부적당한; 불편한(uncomfortable)

ex(=강조-(잘못을) 철저히)+pi(=appease달래)+ate(=make다)

expiate
[ékspièit]

v. 속죄하다, (죄를) 갚다; 변상하다(compensate)

예 expiate a crime with death 죽음으로 속죄하다

파 expiation *n.* 속죄, 죄를 갚음
  expiatory *a.* 속죄의(piacular)

syn 속죄 = expiation; atonement; redemption;
  satisfaction(그리스도교의 ~)

ex(=out밖으로)+purg(=purge제거)+ate(=make하다)

expurgate
[ékspərgèit]

v. (책의 좋지 못한 부분을) 삭제하다, 없애다

예 expurgate a picture 사진을 삭제하다

파 expurgation *n.* (책의 좋지 못한 대목의) 삭제(deletion)

syn 삭제하다 = expurgate; expunge; remove; delete;
  efface; obliterate; erase

ex(=out(아직도) 밖에)+(s)ta(=stand서 있)+nt(는)

extant
[ekstǽnt]

a. 아직 남아 있는, 잔존하는

예 be still extant in ~ ~에 여전히 잔존하다

syn 잔존하는 = extant; surviving; existent; existing

cf. **extinct** *a.* 절멸한, 죽어 없어진; (불이) 꺼진(extinguished)
  *an extinct[active[inactive] volcano
  활화산[사화산, 휴화산]

ex(=out밖으로 (빼내어))+tenu(=thin(죄를) 가늘게)+ate(=make하다)

extenuate
[iksténjuèit]

v. (죄 등을) 경감하다; 정상을 참작하다; 얕보다

예 extenuate political instability
  정치적 불안정을 완화하다

파 extenuation *n.* 정상 참작(되어야 할 구실), 죄의 경감
  extenuatory *a.* 정상 참작적인; 경감하는(alleviatory)

syn 경감하다 = extenuate; commute; reduce; alleviate;
  mitigate; lessen; lighten

ex(=out(없애버리려고) 밖으로)+termin(=boundary경계)+ate(짓다)

exterminate
[ikstə́:rmənèit]

v. (병 등을) 근절하다; 박멸하다(destroy completely)

예 exterminate corruption[vermin]
부패를 근절하다[해충을 박멸하다]

파 extermination n. 근절; 박멸(eradication; extirpation)

*corruption
n. 부패(decay);
(도덕적) 타락;
부정행위

syn 근절하다 = exterminate; eradicate; deracinate;
extirpate; annihilate; uproot; root up;
bolt out; rid; get rid of
*eradicate corruption 부패를 뿌리 뽑다

---

ex(=out밖으로)+tric(=hindrances장애물)+ate(만들다) → 장애물 밖으로 빼내다

extricate
[ékstrəkèit]

v. (곤경에서) 구출하다, 탈출시키다; (~ oneself) 벗어나다

예 extricate oneself from one's outdated mindset
낡은 사고방식에서 벗어나다

파 extrication n. 구출(rescue); 탈출(escape)
extricable a. 탈출할 수 있는(↔ inextricable)

syn 구출하다 = extricate; rescue; relieve; save; deliver;
disentangle; set free
*bail n. 보석, 보석금 v. 보석 받게 하다; 구출하다

VOCA TIP

Ex-의 형태 변화

1. 자음 c, l, s, z 앞에서는 **Ec-**로
2. 자음 f 앞에서는 **Ef-**로
3. 자음 c 앞에서는 **Es-**로
4. 자음 b, d, g, h, j, m, n, r, v 앞에서는 ex-의 x가 탈락되어
E-가 됩니다.
5. ex- 다음에 자음 s가 올 때는 s가 자주 생략됩니다.

ec(=out밖으로)+centr(=center중심)+ic(한) → (행동이) 중심 밖으로 벗어난

eccentric

[ikséntrik]

a. (행동 등이) 비정상적인, 이상한, 별난; 중심을 벗어난

n. 기인, 괴짜(crank; screwball)

예 an **eccentric** habit[man] 기벽[괴짜]

파 eccentrically *ad.* 색다르게(oddly), 변덕스럽게
eccentricity *n.* 기행, 기벽; 변덕

syn 별난 = eccentric; strange; odd; peculiar; queer

---

ec(=out밖으로 (모습이) 보이지 않게)+lipse(=leave(뒤에) 남겨둠)

eclipse

[iklíps]

n. (해, 달의) 식(蝕); (명성, 지위 등의) 실추; 쇠퇴

v. ~을 덮어 가리다; 실추시키다; 능가하다(surpass)

예 a total[partial, solar, lunar] **eclipse**
개기[부분, 일, 월]식

syn 실추 = eclipse; loss; fall

cf. **ellipsis** *n.* 생략; 생략 부호

---

ec(=out of~중에서)+lect(=choose선택)+ic(하는)

eclectic

[ekléktik]

a. 취사선택하는; 절충적인, 절충주의의 *n.* 절충주의자

예 **eclectic** theory[trend] 절충주의 이론[절충적 경향]

파 eclectically *ad.* 절충적으로

syn 선택하다 = select; choose; pick (out)

cf. **elastic** *a.* 탄력 있는, 신축성 있는(flexible); 휘기 쉬운

---

ef(=out밖으로)+face(표면) → 표면 위의 것을 밖으로 내버리다

efface

[iféis]

v. (흔적을) 문질러 없애다, 지우다; 말소시키다

예 **efface** ten lines from the English composition
영작문에서 10줄을 삭제하다

파 effacement *n.* 말소, 소멸(extinguishment)

syn 말소시키다 = efface; erase; cancel; obliterate;
cross out; strike out; rub out

ef(=out(좋은 결과를) 밖으로)+fic(=make만들어내)+acious(는)

efficacious

[èfəkéiʃəs]

a. (약 등이) 효과가 있는; 효험이 있는(↔ **inefficacious**)

예 be highly **efficacious** against fever
해열에 아주 잘 듣다

파 efficacy n. (약 등의) 효험; 유효성(effectiveness)
efficiency n. 능률, 효율; 유능(competency)
efficient a. 유능한, 실력있는; 능률적인; 쓸모 있는

*efficiency wages
능률급

syn 효과적인 = efficacious; effective; efficient;
effectual; fruitful

ant 비효과적인 = inefficacious; ineffective; inefficient;
ineffectual; fruitless

ef(=out밖으로)+front((뻔뻔스럽게) 정면(으로 들이))+ery(댐)

effrontery

[efrʌ́ntəri]

n. 뻔뻔스러움(impudence); 몰염치, 철면피

예 have the **effrontery** to keep telling me what to
do 내게 주제넘게 이래라 저래라 하다

syn 뻔뻔한 = impudent; audacious; impertinent;
cheeky; saucy; brazen-faced

ef(=out밖으로)+fus(=pour흘러나오)+ive(는)

effusive

[efjúːsiv]

a. 넘쳐흐르는(overflowing); 감정을 솔직히 토로하는

예 **effusive** articles[rocks] 너무 노골적인 기사[분출암]

파 effuse v. (빛, 열, 냄새를) 내뿜다, 발산하다; 흘러나오다
effusion n. (액체 등의) 유출(물); (감정의) 분출

*run[flow] over
넘쳐흐르다

syn 흘러넘치다 = effuse; overflow; flood; inundate

es(=out밖에서)+cort(=set right바르게 (안내)하다)

escort

[éskɔːrt]

v. 호위[호송]하다; 바래다주다 n. 호위(자), 호위대

예 **escort** in handcuffs 수갑을 채워서 호송하다
May I **escort** you home? 댁까지 바래다 드릴까요?

syn 호위하다 = escort; guard; convoy

e(=out밖으로)+lat(=carry(자신 만만하게) 나르)+ed(는)

elated
[iléitid]

a. 의기양양한, 득의만면한, 우쭐대는(proud)

예 be **elated** with success[victory]
성공[승리]에 취하다

a highly **elated** atmosphere 매우 고조된 분위기

파 elate *v.* 기운을 북돋아 주다, 의기양양하게 하다

syn 의기양양한 = elated; triumphant; exultant; perky

---

e(=out밖으로) licit(=draw이끌어내다)

elicit
[ilísit]

v. 이끌어내다; (웃음 등을) 자아내다(educe; evoke)

예 **elicit** the support of the public
대중의 지지를 이끌어 내다

파 elicitation *n.* 끌어내기, 알아내기, 자아내기

syn 이끌어내다 = elicit; evince; educe; evoke; draw out

---

e(=out밖으로)+long((더) 길게)+ate(=make만들다)

elongate
[ilɔ́:ŋgeit]

v. 길게 하다(lengthen); 잡아 늘이다(draw out)

예 **elongate** the date of maturity 만기일을 연장하다

파 elongation *n.* 신장(伸長)(lengthening); 잡아 늘이기

syn 잡아 늘이다 = elongate; lengthen; extend; stretch;
draw out

---

e(=out밖으로)+lucid(=clear분명하게 밝히)+ate(=make다)

elucidate
[ilú:sədèit]

v. (문제 등을) 명백하게 하다, 밝혀내다; 설명하다

예 an experience difficult to **elucidate**
설명하기 어려운 경험

파 elucidation *n.* 해명, 설명(explanation)
elucidator *n.* 해설자(commentator)

syn 명백하게 하다 = elucidate; explicate; clarify;
manifest; make clear; clear up

e(=out밖으로)+man(=hand손에)+cip(=take잡은)+ate → 손에 잡은 것을 밖으로 풀어주다

emancipate

[imǽnsəpèit]

*manumit
v. 해방하다

v. (노예를, 속박에서) 해방하다(set free): ~을 끊다

예 emancipate oneself from one's bad habit
나쁜 습관을 끊다

파 emancipation n. (속박으로부터) 해방(liberation)
emancipated a. 해방된, 인습에 구애받지 않는

syn 해방하다 = emancipate; liberate; release; free

---

e(=out밖으로)+man(=flow빛 등이) 흘러나오)+ate(=make다)

emanate

[émənèit]

v. (냄새, 빛, 소리 등이) 나다, 나오다, 발산하다

예 emanate from one's experience
~의 경험에서 나오다

파 emanation n. (빛, 열, 냄새 등의) 발산, 발산물

syn 발산하다 = emanate; emit; exhale; evaporate;
diffuse; transpire; give forth[off; out];
send forth[out]; come forth

---

e(=out밖으로)+numer(=number수를 (하나씩 세))+ate(=make다)

enumerate

[inʤú:mərèit]

v. 낱낱이[하나하나] 세다; 열거하다; 계산하다

예 enumerate the problems of the economic policy
그 경제 정책의 문제점들을 하나하나 열거하다

파 enumeration n. (하나하나) 셈, 계산; 열거; 목록

syn 열거하다 = enumerate; list; specify; name one by one

---

e(=out밖으로)+radic(=root뿌리(째 뽑아 버리))+ate(=make다)

eradicate

[irǽdəkèit]

*eradicator n.
제초제, 잉크 지우개

v. 뿌리째 뽑다; 근절하다, 완전히 제거하다

예 eradicate sex crimes[tuberculosis]
성범죄를 근절하다[결핵을 박멸하다]

파 eradication n. 근절, 박멸(extermination)

syn 근절하다 = eradicate; exterminate; annihilate;
extirpate; uproot; root up

e(=out밖에서(부터))+rode(=gnaw갉아먹어 들어가다)

erode

[iróud]

v. (산이) 부식하다; (토지를) 침식하다(gnaw); 손상하다

⊚ erode public support 대중의 지지를 약화시키다

⊛ erosion n. 부식; (조직 등의) 파괴; (빙하 등에 의한) 침식
erosive a. 부식하는, 파괴하는; 침식의

syn 부식하다 = erode; corrode; rust(녹슬다); decay; rot

e(=away)+rud(e)(=rough거친)+ite → (무식한) 거친 상태에서 벗어난

erudite

[érjudàit]

a. 박학한, 박식한; 학문적인(scholarly)

⊚ an erudite discussion 학문적인 토론

⊛ erudition n. 박식, 박학, 학문(learning; scholarship)
eruditely ad. 박식하게, 학자답게, 학자적으로(learnedly)

syn 박학한 = erudite; learned; well-informed;
well-read; literate; scholarly

ex(=out밖에)+(s)ist(=stand(지금도) 서 있다)

exist

[igzíst]

*visceral a. 본능적
인, 노골적인; 내장의

v. 존재하다, 실재하다; 생존하다, 살아나가다

⊚ the visceral hatred existing between them
그들 사이에 존재하는 노골적인 증오감

⊛ existence n. 존재, 존속; 생존, 생활
existent a. 존재[생존]하고 있는(existing; extant)

syn 존재하다 = exist; subsist; remain; be present

ex(강조-완전히)+(s)tinct(=quench(불이) 꺼진, 소멸된)

extinct

[ikstíŋkt]

a. (불이) 꺼진; (화산이) 활동을 그친; 절멸한, 멸종된

⊚ an extinct animal 멸종 동물

⊛ extinguish v. (불을) 끄다; 절멸시키다
extinguisher n. 소화기   extinctive a. 소멸적인
extinction n. 소등; 소화(extinguishment); 절멸

syn 절멸한 = extinct; extinguished(↔ extant; existing)
절멸시키다 = annihilate; exterminate; eradicate;
stamp[root, wipe] out

135

1_ **ecstasy** [ékstəsi] *n.* 황홀, 무아지경(rapture; trance)

　　　　　a. **ecstatic** 황홀한, 도취한

2_ **effigy** [éfədʒi] *n.* 상(statue); (화폐 등의) 초상(portrait);

　　　　　(미워하는 사람의) 형상, 인형

3_ **eliminate** [ilímənèit] *v.* 제거하다(get rid of)

4_ **evacuate** [ivǽkjuèit] *v.* 철수시키다(withdraw); 대피시키다; 배설하다

　　n. **evacuation** 철수, 피난, 배설 *cf.* **vacuate** *v.* 진공으로 만들다, 무효로 하다

　　n. **vacuum** 진공(상태) **vacation** *n.* 휴가 *v.* 휴가를 보내다

　　vocation *n.* 천직, 직업 **avocation** *n.* 부업

5_ **exacerbate** [igzǽsərbèit] *v.* 악화시키다(deteriorate); 격분시키다

6_ **exalt** [igzɔ́:lt] *v.* (명예 등을) 높이다, 올리다(elevate); 의기양양하게 하다

　　(elate) *n.* **exaltation** 높임; 의기양양; 칭찬(laudation)

7_ **excavate** [ékskəvèit] *v.* (굴, 구멍을) 파다, 굴착하다; (묻힌 것을) 발굴하다

　　(exhume; dig out) *n.* **excavation** 굴, 구덩이; 굴착

8_ **exhort** [igzɔ́:rt] *v.* 타이르다, 권고하다(advise; urge; admonish)

　　n. **exhortation** 권고, 훈계

9_ **exile** [égzail] *v.* 추방하다, 유배하다(banish) *n.* 추방, 유배; 망명자

10_ **exorbitant** [igzɔ́:rbətənt] *a.* 엄청난, 터무니없는, 과도한(excessive;

　　extravagant; inordinate)

11_ **explicit** [iksplísit] *a.* 명백한, 분명한(clear; distinct; evident); 노골적인

　　(blatant)(↔ **implicit** *a.* 함축적인); 숨김없는, 솔직한(frank; candid;

　　outspoken) *v.* **explicate** 설명하다, 해설하다

12_ **exploit** [iksplɔ́it] *v.* 개발하다(develop); (남을) 이용하다, 착취하다

　　n. [éksplɔit] 공훈, 공적

13_ **exponent** [ikspóunənt] *n.* (사상, 신념 등의) 주창자, 지지자(supporter;

　　advocator; proponent); 전형, 모범(paragon; exemplar; prototype)

　　v. **expound** 상세히 설명하다 *a.* **exponential** 해설자의; 전형의

14_ **extension** [iksténʃən] *n.* 확장(expansion; enlargement);

　　연장(elongation); 연기, 유예(deferment; postponement);

범위(bounds; scope); 내선번호

v. **extend** (손 등을) 뻗다; (기한을) 연장하다; 확장하다; 베풀다

a. **extensive** 광범위한, 광대한(broad; immense; expansive)

15. **extortion** [ikstɔ́:rʃən] n. 강요; 강탈(usurpation; seizure); 착취
(exploitation); 터무니없는 에누리 v. **extort** 강탈하다(usurp; hold up);
(자백 등을) 무리하게 강요하다(squeeze) a. **extortionary** 강요의, 강탈의

a. **extortionate** 폭리의; (요구 등이) 터무니없는(exorbitant; extravagant)

16. **exuberant** [igzú:bərənt] a. (식물이) 무성한(luxuriant);
풍부한, 넘쳐나는(abundant; lavish); 열광적인(excited)

n. **exuberance** 풍부; 무성; 과열

17. **exult** [igzʌ́lt] v. 크게 기뻐하다(delight); 의기양양하다

a. **exultant** 크게 기뻐하는, 의기양양해 하는(triumphant)

VOCA TIP

out(밖으로)의 의미를 가지는 접두사의 정리

1. **Ex-**   expel 내쫓다, 추방하다 / expand 팽창시키다
2. **Ec-**   ecbolic (약이) 유산을 일으키는 n. 낙태약, 분만촉진약
3. **Ef-**   effluent 유출하는, 발산하는 n. 유출물
4. **E-**   ebullition 비등, 끓어오름; 분출; (감정의) 폭발(outburst)
5. **Out-**   outlet 출구, 배출구; 판로, 판매점
6. **Exo-**   exogamy 족외혼
7. **Exter-**   external 밖의, 외부의(outer; outward)
8. **Extra-**   extracurricular 과외의
9. **Extro-**   extroversion 외향성

▶ Ex-가 **former**(전前)의 의미를 나타내는 경우
ex-president 전 대통령   ex-wife 전 처

Extra-

1) **outside** : 밖의, 바깥쪽에
2) **beyond** : (범위, 한계를) 넘어서, 초과하여
  ↔ **Intra- = Intro-** : **within** 안의, 범위내의

---

extra(=outside~밖의)+curricular(교과과정의) → 교과과정 밖의

extracurricular

[èkstrəkəríkjələr]

a. 과외의; 정규 교과과정 이외의; 불륜의

🔵 **extracurricular** activities 과외활동

syn 불륜의 = extracurricular; immoral; adulterate;
adulterous; extramarital

---

extra(=outside~밖의)+essential(본질적인) → 본질적인 것 밖의

extraessential

[èkstrəisénʃəl]

a. 본질적이 아닌, 비본질적인; 주요하지 않은

🔵 an **extraessential** difference
비본질적인[중요하지 않은] 차이

syn 비본질적인 = extraessential; nonessential;
extrinsic; accidental

---

extra(=outside~의 밖에)+mural(벽의) → 벽 밖의

extramural

[èkstrəmjúərəl]

a. 도시[건물]밖의; 교외의; 학교대항의

🔵 an **extramural** lecture[activity]
대학 공개강좌[교외 활동]

syn 외부의 = external; exterior; outside;
outdoor(야외의)

---

extra(=outside외부에서)+neous(온)

extraneous

[ikstréiniəs]

a. 외래의, 외부에서 온; 직접 관계가 없는; 이질적인

🔵 **extraneous** stimuli 외부 자극

remove **extraneous**[sticked] matter from the wall
벽의 부착물을 제거하다

syn 관계가 없는 = extraneous; impertinent; irrelevant;
unconcerned; unrelated

extra(=beyond〜이상의)+ordinary(보통의) → 보통 이상인

extraordinary
[ikstrɔ́:rdənèri]

a. 비상한(exceptional), 비범한; 별난, 괴상한; 임시의

- **예** an **extraordinary** child 비범한 아이
  an **extraordinary**[a regular] general meeting
  임시총회[정기총회]
- **파** extraordinarily *ad.* 이상하게; 특별히; 엄청나게
- *syn* 별난, 괴상한 = extraordinary; strange; eccentric;
  queer; peculiar; odd; grotesque

extra(=beyond너무)+vag(=wander(펑펑 쓰고) 다니)+ant(는)

extravagant
[ikstrǽvəgənt]

a. 사치스러운; (요구, 가격, 행동 등이) 터무니없는

- **예** a very **extravagant** and luxurious life
  매우 사치스럽고 호화로운 생활
  an **extravagant** price 터무니없는 가격
- **파** extravagantly *ad.* 사치스럽게; 과도하게, 엄청나게
  extravagance, -cy *n.* 사치(luxury), 낭비; 무절제
- *syn* 사치스러운 = extravagant; lavish; luxurious;
  sumptuous; wasteful(낭비하는)

ant 절약하는
= frugal; thrifty;
economical

VOCA TIP

Extra-의 형태 변화

모음 앞에서는 **Extr-**가 됩니다.

---

extrem(=extra의 최상급)+ity(임) → 한계를 최고로 넘어선

extremity
[ikstréməti]

n. 극한, 극단; 곤경, 궁지; 말단; (*pl.*) 비상수단

- **예** be driven to **extremity** 궁지에 몰리다
  resort to **extremities** 최후의 수단에 호소하다
- **파** extreme *a.* 극도의; 과격한, 극단적인; 맨끝의 *n.* 극단
  extremism *n.* 극단주의(radicalism); 과격주의
- *syn* 극한 = extremity; limits; limitation; bound(한계)

extremist
n. 극단론자,
극단주의자(radical)

extr(=outside밖에서)+in(안으로)+sic(=following졸졸 따라오는)

extrinsic
[ekstrínsik]

a. 부대적인, 본질적이 아닌; 외부로부터의(external)

ⓔ information **extrinsic** to this burglary case
이 강도사건과 본질적으로는 관계가 없는 정보

ⓓ **extrinsically** *ad.* 부대적으로; 외부로부터

syn 부대적인 = extrinsic; incidental; appendant

ant 본질적인 = intrinsic; substantial; essential

VOCA PLUS

1_ **external** [ikstə́:rnəl] *a.* 밖의, 외부의; 외면에 드러난
(↔ **internal** *a.* 안의, 내부의)

2_ **extralegal** [èkstrəlí:ɡəl] *a.* 법률의 권한 밖의 *legal *a.* 합법의

3_ **extramarital** [èkstrəmǽrətəl] *a.* 간통의, 혼외정사의
*marital *a.* 결혼의, 부부의

4_ **extramundane** [èkstrəmʌ́ndein] *a.* 이 세상에는 없는, 현세 밖의
*mundane *a.* 이승의, 현세의, 세계의; 평범한, 세속적인

5_ **extraofficial** [èkstrəəfíʃəl] *a.* 직무 외의, 직권 외에
*official *a.* 공무의 *n.* 관리; 공무원; (단체의) 임원

6_ **extraterrestrial** [èkstrətiréstriəl] *a.* 지구 밖의; *n.* 지구 밖의 생물; 우
주인(E.T.) *terrestrial *a.* 지구상의, 육지의, 지상의

7_ **extraterritorial** [èkstətèritɔ́:riəl] *a.* 치외 법권의(free from control by
local law) *territorial *a.* 영토의

8_ **extrauterine** [èkstrəjú:tərin] *a.* 자궁 외의 *cf.* **uterine** *a.* 자궁의, 모계의
*extrauterine pregnancy [conception] 자궁 외 임신
a uterine sister 씨다른 자매

9_ **extricate** [ékstrəkèit] *v.* (위기 등에서) 구해내다(rescue; set free)
n. **extrication** 구출, 탈출 *a.* **extricable** 구출[해방]할 수 있는
(↔ **inextricable** *a.* 탈출[해결]할 수 없는)

Study 09

For-

1) 분리, 이탈 : **away** 떨어져서, 멀리
2) 금지 : **not** ~하지 말라고

for(=away(하지 않으려고) 떨어져서)+bear(참다, 견디다)

forbear

[fɔːrbέər]

v. 참다, 인내하다; 삼가다, 억누르다

- **forbear to the last minute** 마지막까지 참다
- forbearance *n.* 관용, 용서; 자제; 인내; 보류
- *syn* 삼가다 = forebear[abstain, refrain; keep] from;
  restrain oneself from; forgo
- *cf.* **forebear** *n.* 조상, 선조(ancestor; forefather)

for(=not~하지 말라고)+bid(명령하다)

forbid

[fərbíd]

v. 금지하다(prohibit); (사정 등이) ~을 용납하지 않다

- **forbid an illegal assembly** 불법집회를 금지하다
- forbiddance *n.* 금지(prohibition)
  forbidden *a.* 금지된, 금제의(prohibited)
  forbidding *a.* 소름끼치는; 가까이 하기 어려운; 험악한
- *syn* 금지하다 = forbid; ban; prohibit; inhibit; enjoin;
  interdict; embargo(통상을 ~)

for(=away(집을) 떠나)+feit(=do(위반)해서(내는 것))

forfeit

[fɔ́ːrfit]

n. 벌금, 과료, 위약금; 몰수, 박탈(forfeiture)

v. (벌로서) 상실하다, 잃다; 몰수당하다

- **forfeit** one's rights[driver's license]
  권리를 상실하다[운전면허를 박탈당하다]
- forfeiture *n.* (벌로서의) 몰수, 박탈; 몰수물; 벌금, 과료
- *syn* 벌금 = forfeit; fine; penalty; amercement(벌금형)

for(=away(~없이) 떨어져)+go((생활해) 가다)

forgo

[fɔːrɡóu]

v. ~없이 지내다; 삼가다; 포기하다, 그만두다

예 forgo missile launches 미사일 발사를 포기하다

syn 포기하다 = forgo; relinquish; abandon; renounce;
   forsake; waive; give up

cf. **forge** *v.* 위조하다(fake; counterfeit); 꾸며내다(feign;
   concoct); (쇠를) 벼리다; 서서히 나아가다
   n. 대장간
   n. forgery 위조, 위조문서(fabrication)

for(=away(세상으로부터) 멀리)+lorn(=lost버림받은)

forlorn

[fərlɔ́ːrn]

a. 버림받은(forsaken); 쓸쓸한, 외로운; 절망적인

예 a forlorn child 버림받은 아이

syn 쓸쓸한 = forlorn; desolate; deserted; solitary;
   lonesome; lonely

for(=away(나쁜 일을) 멀리 버리겠다고)+swear(맹세하다)

forswear

[fɔːrswɛ́ər]

v. (맹세코) 그만두다, 강하게 부인하다; 위증하다

예 forswear nuclear weapons
   핵무기가 (없다고) 강하게 부인하다

예 forsworn *a.* 위증한(perjured), 위서한

syn 위증하다 = forswear; perjure oneself; testify falsely

VOCA **PLUS**

1. **forfend**[fɔːrfénd] *v.* 막다, 지키다(protect); 피하다(avert);
      방지하다(prevent)

2. **forgive**[fərɡív] *v.* 용서하다(pardon; excuse);
      (빚 등을) 면제하다, 탕감해주다

3. **forsake**[fərséik] *v.* 그만두다; 저버리다(desert); 포기하다; 폐지하다

Fore-

앞, 전(前) : **before** 앞에, 앞쪽에; 미리, 이전에

fore(=front앞쪽의, beforehand미리)+arm(팔, 무장하다)

forearm

[fɔ́:rà:ɾm]
[fɔːrɑ́:ɾm] *v.*

n. 팔뚝, 전박(팔꿈치와 손목 사이) *v.* 미리 무장하다

❷ anterior **forearm** muscles 앞쪽 팔뚝 근육

❸ armor *n.* 갑옷; 철갑; 장갑, 철갑
armament *n.* (집합적) 무기; 군비; 무장
rearmament *n.* 재무장; 재군비
disarmament *n.* 군비축소; 무장해제
armistice *n.* 휴전(truce), 정전(ceasefire)

syn 무장하다 = arm; militarize; equip
*be equipped with ~ ~을 갖추고 있다

fore(=before우리보다 앞에)+be(존재했던)+ar(사람)

forebear

[fɔ́:rbɛ̀ər]

n. 선조, 조상(ancestor; forefather)

❹ parents, grandparents, great-grandparents and
forebears
부모, 조부모, 증조부모 그리고 조상들

ant 자손 = descendant; offspring(소산, 성과); progeny;
progeniture; issue; posterity(집합적 ~)

fore(=before미리)+bode(징조가 되다)

forebode

[fɔːrbóud]

v. ~의 전조가 되다; 예시하다; (불길함을) 예감하다

❺ **forbode** a tantrum[temper]
짜증을[화를] 낼 것이라는 것을 말해주다

❻ foreboding *n.* (불길한 일의) 전조(omen); 예감
a. 전조의; 예감하는
forebodingly *ad.* 전조로서; 예감이 들어

syn ~의 전조가 되다 = forebode; omen; portend;
presage; forecast; foreshadow
*of evil presage 흉조의(portentous; ominous)

fore(=before미리)+cast(=throw(생각을) 던지다)

forecast

v. 예상하다, 예보하다; 미리 계획하다 *n.* 예상, 예보

[fɔ́ːrkæ̀st]

[예] **forecast** a heavy snowfall 대설을 예보하다

a rainfall probability **forecast** 강수 확률 예보

syn 예상하다 = forecast; expect; anticipate; presume(추정하다); estimate(어림잡다)

fore(=before앞의)+front(앞, 전선)

forefront

n. 맨 앞(부분), 선두; 최전선; 활동의 중심

[fɔ́ːrfrʌ̀nt]

[예] the **forefront** of battle

전투의 최전선

come to the **forefront**

세상을 주목을 받다

syn 선두 = forefront; head; top; lead; vanguard(선봉)

fore(=before앞에)+going(가는)

foregoing

a. 선행하는; 이전의; 앞서 말한, 전술한

[fɔːrgóuiŋ]

[예] the **forgoing** theory[statements]

앞서 말한 이론[진술]

[파] forego *v.* 선행하다, 앞서다(precede)

foregone *a.* 전의, 이전의(former; previous), 과거의

syn 선행하는 = foregoing; preceding; going before

cf. **prerequisite** *n.* 선행조건

fore(=before앞의)+most(최상급 - 가장) → 가장 앞의

foremost

a. 가장 중요한, 주목할 만한 *ad.* 맨먼저, 첫째로

[fɔ́ːrmòust]

[예] the **foremost** expert in this field

이 분야에서 으뜸가는 전문가

syn 중요한 = foremost; important; cardinal; momentous; essential; staple; weighty; serious(중대한)

fore(=before미리)+shadow(어렴풋이 나타내다)

foreshadow

[fɔːrʃǽdou]

v. 예시하다, 전조가 되다; 미리 나타내다

예 **foreshadow** the death of the king
왕의 죽음을 예시하다

syn 예시하다 = foreshadow; portend; prefigure;
indicate(징조를 나타내다)

fore(=before미리)+sight((미래를 내다) 봄)

foresight

[fɔ́ːrsàit]

n. 예지(foreseeing), 선견지명, 통찰력; 신중함, 조심

예 have the **foresight** to V
V하는 신중함이 있다

파 foresee *v.* 예견하다, 예측하다(foretell; predict)

syn 선견지명 = foresight; forethought; prevision; vision

cf. **hindsight** *n.* 때늦은 지혜; (총의) 가늠자

fore(=before미리)+stall(칸막이(로 막다))

forestall

[fɔːrstɔ́ːl]

v. 미리 막다, 선수치다; 앞지르다; 매점하다

예 **forestall** outbreaks of disease
질병의 발병을 막다

파 forestallment *n.* 기선제압, 선수치기

syn 선수를 치다 = forestall; anticipate(미연에 방지하다);
preempt(먼저 차지하다);
take the initiative(주도권을 잡다)

fore(=before앞서)+tell((~할 거라고) 말하다)

foretell

[fɔːrtél]

v. 예언하다; 예시하다; 예고하다; ~의 전조가 되다

예 **foretell** the calamity 그 재앙을 예언하다
foretell what will happen tomorrow
내일 무엇이 일어날지 예언하다

syn 예언하다 = foretell; prophesy; forecast; predict;
divine(점치다, 예측하다)

fore(=before앞서 (나타나는))+token(표시)

foretoken

n. 전조, 조짐; 징후 *v.* ~의 전조가 되다, 조짐이다

[fɔ́ːrtòukən]
[fɔːrtóukən] *v.*

예 a **foretoken** of a bitter fight among political
parties
정당들 간의 치열한 싸움의 조짐

syn 조짐 = foretoken; omen; foreboding; premonition;
presage; portent

fore(=before(본문의) 앞에서 (미리 해두는))+word(말)

foreword

n. (책 등의) 서문, 서언, 머리말(preface)

[fɔ́ːrwə̀ːrd]

예 the difference between preface and **foreword**
preface(저자가 쓴 서문)와 foreword(저자 외 다른 사람
이 쓴 서문)의 차이

syn 서문 = foreword; preface; introduction; preamble

VOCA PLUS

1. **foreordain** [fɔ̀ːrɔːrdéin] *v.* 미리 (운명을) 정하다
2. **forerunner** [fɔ́ːrrʌ̀nər] *n.* 선구자(precursor; harbinger; pioneer;
trailblazer; herald)
3. **foresee** [fɔːrsíː] *v.* 예견하다, 내다보다; 사전에 확인하다

Hetero-

other : 다른 ⇒ 모음 앞에서는 Heter-가 됨
↔ Hom(o) = same : 같은

hetero(=other다른)+gene(=kind종)+ous(의)

heterogeneous
[hètərədʒíːniəs]

a. 이종의, 이질적인; 잡다한; 혼성의

📝 a collection of **heterogeneous** watercolors
이질적인 수채화의 모음

📝 heterogenous *a.* 〈생물〉 외생(外生)의; 외래의

syn 이질적인 = heterogeneous; foreign; alien;
dissimilar; unlike

hetero(=other다른 (쪽))+nom(=law법)+ous(의)

heteronomous
[hètəránəməs]

a. 타율의, 타율적인(↔ **autonomous; self-regulating**)

📝 a **heteronomous** life 타율적인 삶

syn 타율적인 = heteronomous; other-directed;
subjected to another's laws or rule

heter(o)(=other다른)+onym(=name명칭, 이름)

heteronym
[hétərənìm]

n. 동철 이음이의어(철자는 같으나 음과 뜻이 다른 말)

📝 sow[sou] 씨를 뿌리다 - sow[sau] 암퇘지

syn 발음 = pronunciation; enunciation; articulation

cf. 철자 = spelling

hetero(=other다른)+sexual(성의, 성행위의)

heterosexual
[hètərəsékʃuəl]

a. 이성애의, 이성에 대해 성애를 느끼는 *n.* 이성애자

📝 the traditional **heterosexual** family life
전통적 이성애적 가족생활

📝 heterosexuality *n.* 이성애(↔ homosexuality *n.* 동성애)

syn 성행위 = (sexual) intercourse; sexual act

cf. 간통 = adultery; liaison; illicit intercourse

Hetero-의 반의 접두사 ⇒ Homo- = same 같은

homo(=same같은)+gene(=kind, birth종)+ous(의)

homogeneous

[hòumədʒíːniəs]

a. 동종의(similar), 동질의, 동성의

예 a **homogeneous** nation 단일 민족 국가

파 homogeneity *n.* 동질성(similarity); 균질성
homogenize *v.* 균질이 되게 하다, (우유 등을) 균질화하다
(uniformize; uniformalize; equalize)

syn 동질의 = homogeneous; coessential;
identical(동일한); cognate(동족의)

hom(o)(=same같은)+onym(=name이름)

homonym

[hámənìm]

n. 동음이의어(同音異議語)

예 pole[poul] 막대 - pole[poul] 극(極)
meet[miːt] 만나다 - meat[miːt] 고기

파 homonymous *a.* 뜻이 애매한(ambiguous)
homonymy *n.* 동음이의; 동명이인임

syn 동등한 = same; identical; equal; equivalent(상당하는)

homo(=same같은)+sexual(성의, 성에 관한)

homosexual

[hòuməsékʃuəl]

a. 동성애의; 같은 성의 *n.* 동성연애자

예 make a **homosexual** love 동성애를 하다

파 homosexuality *n.* 동성애

syn 성(性) = sex; gender

cf. 본성 = nature; disposition(기질)

Hetero-의 동의 접두사

1. Alter- ┐
2. Ulter- ├ = other 다른
3. Alien- ┘

---

alter(=other다르게)+ation(함)

alteration

[ɔ́:ltəréiʃən]

n. 변경, 바꿈; 변화; 개조; (옷의) 수선

◉ the **alteration** of global weather patterns
세계 기후 패턴의 변화

◉ alter *v.* 바꾸다, 변경하다; 고치다(change; modify)

syn 변경 = alteration; change; modification;
amendment

cf. **altercation** *n.* 언쟁, 격론
v. **altercate** 언쟁하다(dispute); 말다툼하다

---

alter(=other다른 (것으로 번갈아))+(n)ate(=make하다)

alternate

[ɔ́:ltərnèit]
[ɔ́:ltərnit] *a.*

v. 번갈아 하다, 번갈아 일어나다; 〈전기〉 교류하다

a. 번갈아 하는; 하나 거른(every other)

◉ **alternate** A and[with] B A와 B를 교대시키다

on **alternate** days 격일로

in **alternate** months 격월로

◉ alternately *ad.* 번갈아; 하나 걸러; 교대로(by turns)
alternation *n.* 교체, 번갈음; 〈생물〉 세대교번
alternative *a.* 양자택일의 *n.* 양자택일(choice)
alternatively *ad.* 양자택일적으로; 번갈아서
*alternation of day with night 낮과 밤의 순환
propose an alternative 대안을 제시하다

syn 교대로 = alternately; by turns; in turn

ad(=to~에)+ulter(=other다른 (나쁜 것을) 섞)+ate(=make다)

adulterate

[ədΛltərèit]
[ədΛltərət] *a*.

v. (~에) 혼합물을 섞다; 품질을 떨어뜨리다(debase)

a. 섞음질 한; 불량의, 가짜의; 간통의, 불륜의

📵 adulterate alcohol with water 술에 물을 타다

📳 adulteration *n*. 섞음질; 불순품, 저질품
adulterated *a*. 섞음질을 한;
순도가[제조법이] 법정기준에 맞지 않는

syn 섞다 = adulterate; mix; mingle; blend

---

alien(=other(자기와) 달라서 (멀리))+ate(=make하다)

alienate

[éiljənèit]

v. 소외시키다; 이간하다; 양도하다(transfer)

📵 alienate A from B A와 B를 이간하다
alienate land to another 토지를 남에게 양도하다

📳 alienation *n*. 소원; 소외감; 이간; 양도, 이전
*a sense of alienation 소외감

syn 소외시키다 = alienate; estrange; neglect; slight;
shun[avoid] (a person's) company

Hydro-

water : 물

hydro(=water물(에 대한))+phobia(=fear공포)

hydrophobia

[hàidroufóubiə]

n. 물에 대한 병적공포; 공수병, 광견병(rabies)

㉤ get over **hydrophobia** 공수병을 극복하다

㉴ **hydrophobic** *a.* 공수병의

syn 물 = water *액체 = liquid; fluid
           *수액 = sap; juice

hydro(=water물 (위를 나르는))+plane(비행기)

hydroplane

[háidrouplèin]

n. 수상 비행기; 수상 활주장치 *v.* 물 위를 활주하다

㉤ **hydroplane** racing 수상 비행기 경주 대회

syn 비행기 = plane; airplane; aeroplane(영); aircraft

hydro(=water물의)+power(힘)

hydropower

[háidrəpàuər]

n. 수력발전력; 수력전기

㉤ a **hydropower** plant[station] 수력발전소

syn 힘 = power; energy; force; might;
         physical strength(체력); vigor(정력, 활기)

hydro(=water물의)+sphere(영역)

hydrosphere

[háidrəsfìər]

n. 수계(水界), 수권(水圈)(지구 표층의 물로 이루어진 부분)

㉤ **hydrosphere**, atmosphere and biosphere
   수권, 대기권, 생물권

syn 영역, 분야 = sphere; province; field; realm

cf. **aerosphere** 대기권 **asthenosphere** 암류권
    plasmasphere 플라스마권

    (a region of the earth's <u>magnetosphere</u> of low
     energy plasma)   자기권

Hydro-의 동의 접두사[어근] ⇒ Aqua- = water 물

aqua(=water물(로 기르는))+rium(=place장소)

aquarium

[əkwέəriəm]

n. (물고기 등의) 수조(水槽); 수족관

🔘 go to an **aquarium** 수족관에 가다

syn 물고기 = fish(생선) *육류 = flesh; meat

cf. 해산물 = marine products; seafood(생선요리)

aqua(=water물)+tic(의)

aquatic

[əkwǽtik]

a. 물의; 수생의 *n.* 수생 동[식]물; (*pl.*) 수상 스포츠

🔘 **aquatic** plants[products] 수초[수산물]

syn 수생의 = aquatic; water; living in water

aqui(=water물(로))+cult(=till재배하는)+ure(것)

aquiculture

[ǽkwəkʌ̀ltʃər]

n. 수경법, 수경재배(hydroponics); 양식 어업

🔘 new high value-added **aquiculture**
새로운 고부가가치 양식어업

syn 재배 = culture; cultivation; raising; growing

cf. a value-added tax 부가가치세(VAT)

1. **aqualung**[ǽkwəlʌ̀ŋ] *n.* 아쿠아렁(수중 호흡 장치) *lung *n.* 허파
2. **aquanautics**[æ̀kwənɔ́tiks] *n.* (스쿠버를 사용한) 수중탐사
3. **aqueduct**[ǽkwədʌ̀kt] *n.* 수로(水路), 수도; 〈해부〉 도관, 맥관
4. **aqueous**[éikwiəs] *a.* 물의, 물 같은(watery); 수성(水成)의

   *aqueous rocks 수성암

Hyper-

1) **over** : 위 **beyond** : ～을 초과하여
2) **excessively** : 너무 지나치게, 과도하게
↔ **Hypo-** = **under** 아래 **less** 보다 적은

---

hyper(=beyond(사실보다) 지나치게)+bol(e)(=throw말을 던짐)

hyperbole

[haipə́:rbəlì:]

n. 과장, 과장법(overstatement)

📖 reportorial **hyperbole** 보고의 과장

syn 과장 = hyperbole; exaggeration; overstatement;
grandiloquence; magniloquence

cf. **hyperbola** *n.* 쌍곡선 **parabola** *n.* 포물선

---

hyper(=over(너무) 지나치게)+critical(비평적인)

hypercritical

[hàipərkrítikəl]

a. 혹평의, 혹평적인(overcritical)

📖 hypocritical and **hypercritical**
위선적이고 너무나 비판적인

syn 혹평 = hypercriticism; strictures;
severe[bitter, sharp, harsh] criticism

---

hyper(=excessively너무 지나치게)+sensitive(민감한)

hypersensitive

[hàipərsénsətiv]

a. 과민한; 과민증의; 〈필름〉 초고감도의

📖 a **hypersensitive** response 과민반응

📖 hypersensitivity *n.* 과민증

syn 과민한 = hypersensitive; oversensitive; touchy;
nervous; allergic; keen

---

hyper(=beyond(정상보다) 너무 높은)+tension((혈관의)압(력))

hypertension

[hàipərtènʃən]

n. 고혈압(high blood pressure); 과도한 긴장

📖 **hypertension**, colon cancer, and breast cancer
고혈압, 결장암, 유방암

ant 저혈압 = hypotension *a.* hypotensive(저혈압의)

VOCA TIP

Hyper-의 반의 접두사 ⇒ Hypo-

1_ **under** : 아래, 아래쪽

2_ **less** : 보다 적은, 종속된 → 모음 앞에서는 **Hyp-**가 됩니다.

hypo(=under아래에 (진실을 숨긴))+crisy(=dispute논쟁)

hypocrisy *n.* 위선 (행위); 위장, 거짓, 겉치레(pretense)

[hipákrəsi]

[예] cant and **hypocrisy** 위선적인 말투와 위선적인 행위

[파] hypocrite *n.* 위선자(dissembler)
hypocritical *a.* 위선적인, 가면을 쓴(double-faced)

syn 위선자 = hypocrite; pharisee; dissembler

hypo(=under아래)+derm(=skin피부)+ic(~의)

hypodermic *a.* 피하(皮下)의, 피하주사의 *n.* 피하주사[기, 약]

[hàipədə́:rmik]

[예] a **hypodermic** injection[tissue]
피하주사[피하조직]

[파] hypodermis *n.* (동 · 식물의) 하피(下皮); 진피(眞皮)

syn 피부 = skin; bark(나무껍질); husk(깍지, 껍질)

hypo(=under아래에 놓여 있는)+thesis(논제, 주제)

hypothesis *n.* 가설; (논의의) 전제; 추측(guess), 가정

[haipáθəsis]

[예] form[examine, modify] a **hypothesis**
가설은 세우다[검증하다, 수정하다]

[파] hypothetical *a.* 가설의; 어떤 지식에 의거하지 않은

syn 가설 = hypothesis; assumption; supposition(가정)
*a fallacious[groundless] assumption
그릇된[근거 없는] 가설
on the assumption[supposition] that ~
~이라는 가정 하에

1. **hypochondria** [hàipəkǽndriə] *n.* 우울증
   (blues; dumps; melancholia)

2. **hypophysis** [haipáfəsis] *n.* 뇌하수체(the pituitary gland)

3. **hypothec** [haipáθik] *n.* 담보(security); 담보권, 저당권

4. **hypnosis** [hipnóusis] *n.* 최면상태, 최면술

5. **infrastructure** [ínfrəstrʌktʃər] *n.* (사상 등의) 하부구조;
   below아래의+구조   사회기반시설

   superstructure [súːpərstrʌktʃər] *n.* (사상 등의) 상부구조;
   above위의+구조   (토대 위의) 건조물

Study **10**

In-

1) 부정, 반대 : **not** ~아닌
2) 위치 : **in** ~안에   **on** ~위에   **into** 안으로

in(=not안)+adequate(적당한, 충분한)

inadequate

[inǽdikwit]

a. 부적당한, 불충분한, 부족한(insufficient)

ⓔ an **inadequate**[infelicitous] translation
부적절한 번역

inadequate equipment[insulation]
불충분한 설비[단열]

ⓓ inadequacy *n.* 불충분, (자격의) 부족(insufficiency)

syn 부적당한 = inadequate; improper; unfit; inapt;
inappropriate; unsuited

in(=not안)+animate(생명이 있는)

inanimate

[inǽnəmit]

a. 생명이 없는; 생기 없는(↔ **animate** *a.* 생기 있는)

ⓔ **inanimate** matter[conversation]
무생물[김빠진 대화]

ⓓ inanimately *ad.* 생기 없이, 활기 없이
inanimation *n.* 생명이 없음; 무기력; 무활동

syn 생기 없는 = inanimate; lifeless; spiritless; dull

in(=not안)+auspicious(조짐이 좋은, 행운의)

inauspicious

[ìnɔ:spíʃəs]

a. 조짐이 좋지 않은, 불길한; 운수 나쁜, 불행한

ⓔ an **inauspicious** day[event] 불길한 날[사건]

ⓓ inauspiciously *ad.* 불길하게, 운수 나쁘게도

syn 불길한 = inauspicious; ominous; sinister;
ill-omened; unlucky; unfavorable

cf. an **auspicious** day 길일

in(=not반대)+calculable(계산할 수 있는)

incalculable
[inkǽlkjələbəl]

a. 헤아릴 수 없는, 무수한; 예상할 수 없는; 변덕스러운

- **예** incalculable value 헤아릴 수 없는[엄청난] 가치
  an incalculable temper 변덕스러운 성질
- **파** incalculability *n.* 헤아릴[예측할] 수 없음, 무수
- *syn* 무수한 = incalculable; innumerable; countless; numberless

in(=on위에서)+cent(=sing노래로 (자극하))+ive(는)

incentive
[inséntiv]

a. 자극적인; (능률 향상을) 격려하는, 보상의

n. 자극, 유인; (동기 부여를 위한) 장려금, 보상금; 의욕

- **예** an incentive wage program 장려 임금제도
  early-retirement[financial] incentives
  명예퇴직자 수당[금융혜택]
- *syn* 격려하는 = incentive; stimulating; encouraging

in(=not안)+cogn(=know알려진)+ito(것의; 사람)

incognito
[inkágnitòu]

a. ad. 신분을 숨긴[숨겨]; 익명의[으로](anonymous(ly))

n. 익명(자); 가명(자); 미행(자); 변장(자)

- **예** travel incognito 신분을 숨기고 다니다
  drop one's incognito 신분을 밝히다
- *syn* 변장 = incognito; disguise

in(=not안)+consequential(중대한)

inconsequential
[inkànsikwénʃəl]

a. 하찮은, 사소한; 이치에 맞지 않는

- **예** inconsequential disputes[errors]
  사소한 분쟁들[실수들]
- **파** inconsequent *a.* 비논리적인(illogical); 당찮은
  inconsequence *n.* 비논리적임, 불합리, 모순; 엉뚱함
- *syn* 하찮은 = inconsequential; trivial; trifling; petty; insignificant; trashy; worthless; valueless

in(=not안)+controvertible(논의할 여지가 있는)

incontrovertible
[ìnkɑntrəvə́:rtəbəl]

a. 논의할 여지가 없는; 명백한(evident; patent)

- **incontrovertible** evidence[proof] 명백한 증거
- incontrovertibly *ad.* 논의할 필요도 없이, 명백하게
- *syn* 논의할 여지가 없는 = incontrovertible; incontestable; indisputable; unquestionable

in(=in~안에서)+cre(=grow(크게) 자)+ment(람)

increment
[ínkrəmənt]

n. 증대, 증가(량)(increase); 이익(profit; gain), 이윤

- **a natural[strong] increment** 자연증가[큰 증가]
- increase *v.* 늘다, 증대하다; 증진시키다 *n.* 증가, 증대
  (↔ decrease *v.* 줄다, 감소하다 *n.* 감소, 축소)
- *ant* 감소 = decrement; diminution; decrease; decline; reduction(축소)

in(=in~에)+criminate(죄가 있다고 고소하다)

incriminate
[inkrímənèit]

v. 죄를 씌우다, 유죄로 하다; 고소하다(charge)

- **secret papers incriminating the prosecutor**
  소추자에게 죄를 씌우는 기밀문서
- incrimination *n.* 죄를 씌우기; 죄의 증명이 되는 것
- *syn* 유죄로 하다 = incriminate; criminate; inculpate; condemn; convict

in(=into안으로)+culc(=tread(자꾸) 밟아 넣어 주)+ate(=make다)

inculcate
[inkʌ́lkeit]

v. (되풀이해서) 주입하다, 고취시키다, 가르치다; 설득하다

- **inculcate a person with knowledge[radical ideas]** ~에게 지식[과격한 사상]을 주입시키다
- inculcation *n.* 반복해서 타이르기, 가르치기
- *syn* 주입하다 = inculcate; imbue; infuse; instill; cram(공부를 ~)
  *the cramming education 주입식 공부

158

in(=not안)+demn(=loss손해 가게)+ity(함)

indemnity

[indémnəti]

n. 보상, 손해 배상; 배상금; 면책, 사면; 손실 보장

- **예** demand a large **indemnity** 배상금을 엄청 요구하다
- **파** indemnify *v.* 배상하다, 보상하다(compensate)
  indemnification *n.* 배상, 보상; 보장; 배상금
- *syn* 보상 = indemnity; indemnification; compensation

---

in(=not(어떻게 해도) 안)+difference(다름) → 어떻게 해도 상관없음

indifference

[indifərəns]

cf. uninterested;
disinterested
a. 무관심한

n. 무관심, 냉담; 중요치 않음(unimportance)

- **예** assume the air of **indifference** to ~
  ~에 무관심한 체 하다
- **파** indifferent *a.* 무관심한; 냉담한; 중요하지 않은
  indifferently *ad.* 무관심하게; 개의치 않고; 냉담하게
- *syn* 무관심 = indifference; apathy; unconcern;
  nonchalance; callousness

---

in(=not반대)+dispensable(없어도 되는)

indispensable

[ìndispénsəbəl]

a. 없어서는 안 될, 꼭 필요한; 피할 수 없는(unavoidable)

- **예** be **indispensable** to good health
  건강에 꼭 필요하다

  an **indispensable** obligation 피할 수 없는 의무
- **파** indispensably *ad.* 반드시, 꼭(absolutely)
- *syn* 꼭 필요한 = indispensable; inevitable; requisite;
  mandatory; necessary; essential

---

in(=not반대)+disputable(논쟁의 여지가 있는)

indisputable

[ìndispjú:təbəl]

a. 논쟁의 여지가 없는(unquestionable); 명백한

- **예** an **indisputable** fact 명백한 사실
- **파** indisputability *n.* 논의할 여지가 없음, 명백함
  indisputably *ad.* 말할 나위도 없이; 명백하게
- *syn* 명백한 = indisputable; evident; manifest; obvious;
  distinct; clear; unquestionable

in(=not반대)+fallible(잘못을 저지르기 쉬운)

infallible
[infǽləbəl]

a. 결코 틀리지 않는(unerring); 확실한; 효과가 나타나는

- 예 an **infallible** way to V V하는 확실한 방법
  an **infallible** drug 반드시 효과가 나타나는 약
- 파 infallibly ad. 틀림없이, 확실하게(certainly)
  infallibility n. 과오가 없음; 절대 확실
- syn 확실한 = infallible; sure; certain; authentic; definite

---

in(=not안)+firm(=strong강)+ity(함)

infirmity
[infə́ːrməti]

n. 병약, 허약: 질병(disease; malady); 결함

- 예 a constitutional **infirmity** 타고난 허약
- 파 infirm a. (몸이) 허약한(weak; feeble); 박약한
  infirmary n. 진료소, 병원; (학교의) 의무실
- syn 허약 = infirmity; feebleness; weakness; debility

---

in(=into안으로)+flammable(타들어가기 쉬운)

inflammable
[inflǽməbəl]

a. 불붙기 쉬운, 인화성의; 흥분하기 쉬운 n. 인화물질

- 예 **(in)flammable** materials 인화성 물질
  Inflammables and explosives not allowed to
  be brought in. 위험물 반입 금지
- 파 inflammation n. 〈의학〉 염증; 점화; 격노, 흥분
  inflammatory a. 선동적인; 염증을 일으키는
- syn 인화성의 = (in)flammable; combustible; ignitable

---

in(=in속에)+flate(=blow(기체를 넣어) 부풀게 하다)

inflate
[infléit]

v. (공기, 가스로) 부풀게 하다; (통화를) 팽창시키다

cf. **disinflate** v.
인플레이션을 완화하다

- 예 **inflate** a toy balloon[a tire]
  풍선을 부풀게 하다[타이어에 바람을 넣다]
- 파 inflation n. 통화 팽창, 인플레이션; 부풀리기, 팽창
  inflated a. 팽창한; (문체가) 과장된(bombastic)
- syn 부풀게 하다 = inflate; distend; expand; dilate;
  bulge; swell out

in(=in안에서)+fract(=break(법을) 어)+ion(김)

infraction

[infrǽkʃən]

n. 위반, 침해; 불완전 골절

예 the **infraction** of traffic laws 교통법규 위반

파 infract *v.* (법률 등을) 어기다(break);
위반하다(violate; infringe)

syn 위반 = infraction; breach; violation; offense;
disobedience(불복종)

in(=in안에)+gen(=birth(재능을 가지고) 태어)+(u)ity(남)

ingenuity

[ìndʒənjúːəti]

n. 영리함; 연구심, 독창성; 솜씨좋음; 정교함

예 tax one's **ingenuity** to overcome adversity
역경을 극복하려고 머리를 짜내다

a device of great **ingenuity** 매우 정교한 장치

cf. **ingenuous**
a. 솔직한; 순박한

파 ingenious *a.* 영리한; 손재주가 좋은(skillful); 정교한

syn 영리한 = ingenious; bright; clever; intelligent;
smart; sagacious; brainy

in(=in~안에)+gred(=go(성분으로 들어) 가는)+(i)ent(것)

ingredient

[ingríːdiənt]

n. (혼합물의) 성분, 원료; 재료; 구성요소(element)

예 the **ingredients** of ice cream 아이스크림의 원료

effective **ingredients** 효과적인 구성요소

syn 성분 = ingredient; component; constituent

in(=in안에 (사는))+habitant(주민, 거주자)

inhabitant

[inhǽbətənt]

n. (특정 장소에 사는) 거주자; 서식 동물

예 the **inhabitants** of the island 섬사람들

the established **inhabitants** 정착 주민들

cf. **inhibit** *v.* 금지하다
n. inhibition 금지

파 inhabit *v.* ~에 살다(live in; dwell in); ~에 서식하다
inhabitation *n.* 거주, 서식

syn 거주 = inhabitation; habitation; residence;
dwelling; abode(주소)

initiative

[iníʃǝtiv]

n. 솔선; 선도; 주도권; 진취적인 기상; 창의력

⦿ take[have] the **initiative** 솔선하다[주도권을 쥐다]
a man with **initiative** and drive
창의력과 추진력을 갖춘 사람

⦿ initiate *v.* 시작하다, ~에 착수하다; 비법을 전하다
initial *n.* 최초의, 초기의 *n.* (이름의) 머리글자

syn 진취적인 = initiative; enterprising; pushing;
progressive; go-ahead

innate

[inéit]

a. 타고난(inborn); 선천적인(↔ **acquired** *a.* 후천적인)

⦿ an **innate** instinct 타고난 본능

⦿ innately *ad.* 선천적으로, 태어나면서부터

syn 타고난 = innate; inborn; inherent; native;
congenital; natural; constitutional

innocuous

[inάkju:ǝs]

a. 무해한, 독이 없는; 악의 없는; 재미없는

⦿ ostensibly **innocuous** films 표면상 무해한 필름
an **innocuous** snake 독 없는 뱀

syn 무해한 = innocuous; innoxious; harmless;
inoffensive

innovation

[ìnouvéiʃǝn]

n. (기술) 혁신; 쇄신; 신제도, 새로 도입한 것(novelty)

⦿ the technical[technological] **innovations** in
the field of robotics 로봇 분야의 기술 혁신

⦿ innovate *v.* 혁신하다, 쇄신하다(renovate)

syn 혁신적인 = innovative, innovatory, innovational;
progressive

162

in(=not반대)+numerable(셀 수 있는)

innumerable

[injúːmərəbəl]

a. 셀 수 없이 많은; 무수한

예 innumerable problems[excuses]
산적한 문제들[무수한 변명들]

syn 셀 수 없이 많은 = innumerable; numerous;
countless; many(많은)

---

in(=not반대)+opportune(시기가 좋은)

inopportune

[inàpərtjúːn]

a. 시기가 나쁜; 좋지 않은 때에 일어난; 공교로운

예 at the most inopportune time
가장 좋지 않은 때에

파 inopportunely *ad.* 공교롭게도; 시의적절하지 않게

syn 시기가 나쁜 = inopportune; untimely; ill-timed;
unseasonable; unseasonal(계절에 맞지 않은)

---

in(=not안)+ordin(=order질서)+ate(있는)

inordinate

[inɔ́ːrdənət]

a. 과도한, 터무니없는; 무절제한, 혼란한

예 an inordinate ambition 지나친 야심
inordinate demands 터무니없는 요구

파 inordinately *ad.* 과도하게; 터무니없이; 무질서하게
inordinacy *n.* 무질서, 무절제; 지나친 행위

syn 과도한 = inordinate; excessive; immoderate; undue

---

in(=in안으로)+quir(=seek; ask(설명을) 요구)+y(함)

inquiry

[inkwáiəri]

n. 질문, 문의, 조회; 취조, 조사

예 a confidential inquiry 비밀조사

파 inquire *v.* 묻다, 질문하다(ask; question); 조사하다
inquiring *a.* 알고 싶어 하는, 캐묻기 좋아하는(inquisitive);
미심쩍은(doubtful; dubious)

syn 조사 = inquiry; investigation; examination; search;
inventory(재고조사); census(인구조사)

in(=into안으로 (슬쩍))+sinu(=curve굴곡)+ate(=make시키다)

insinuate

[insínjuèit]

v. 넌지시 비치다; (사상 등을) 스며들게 하다(inspire)

🔹 **insinuate** doubt into a person
~의 마음에 의심이 들게 하다

🔹 insinuation *n.* 암시, 빗댐; 교묘히 환심사기
insinuative *a.* 에둘러 말하는; 교묘히 환심을 사는

syn 넌지시 비추다 = insinuate; hint; imply; suggest;
drop a hint; allude

in(=near(그 자리에) 가까이)+stant(=stand서 있)+aneous(는)

instantaneous

[ìnstəntéiniəs]

a. 즉시의, 즉석의; 즉시 일어나는(immediate)

🔹 an **instantaneous** effect[photo] 즉효[즉석사진]

🔹 instantaneously *ad.* 즉시, 그 자리에서(immediately)

syn 즉시의 = instantaneous; immediate; instant; prompt
즉시 = immediately; instantly; promptly; at once

in(=not안)+subordinate(복종하는, 하위의)

insubordinate

[ìnsəbɔ́:rdənit]

a. 순종하지 않는, 반항적인

🔹 an **insubordinate** child[soldier]
순종하지 않는 아이[항명 병사]

🔹 insubordination *n.* 불순종, 반항(disobedience)

syn 반항적인 = insubordinate; disobedient; defiant;
rebellious; mutinous; stubborn(완강한)

in(=in~에 (반항하여))+surg(=rise일어서)+ent(는)

insurgent

[ìnsə́:rdʒənt]

a. 반란을 일으킨 *n.* 반란자, 폭도(rebel; mutineer)

🔹 **insurgent** troops[groups] 반란군[저항단체들]
a high-level **insurgent** 고위급 반란분자

*insurgent waves
거세게 밀려오는 파도

🔹 insurgence, insurgency *n.* 반란, 폭동(rebellion)

syn 반란을 일으킨 = insurgent; rebellious; mutinous;
insurrectional

164

in(=not반대)+tangible(만져서 알 수 있는, 유형의)

intangible

[intǽndʒəbəl]

a. 만질 수 없는, 실체가 없는; 무형의; 막연한(vague)

㉰ an **intangible** cultural treasure 무형문화재
some **intangible** promises 막연한 약속

㉯ intangibly *ad.* 손으로 만질 수 없을 만큼; 막연히
intangibility *n.* 만져서 알 수 없는 것; 파악할 수 없음

syn 실체가 없는 = intangible; impalpable; immaterial;
incorporeal; invisible(눈에 안 보이는)

---

in(=not반대)+terminable(끝낼 수 있는, 기한부의)

interminable

[intə́ːrmənəbəl]

a. 끝이 없는, 무한의(endless); 지루한

㉰ an **interminable** argument[talk] 끝없는 논쟁[대화]

㉯ interminably *ad.* 끝없이; 무기한으로

syn 지루한 = interminable; tedious; wearisome; boring;
dull; tiresome; monotonous(단조로운)

---

in(=in~에)+timid(=fear두려움을 주)+ate(=make다)

intimidate

[intímədèit]

v. 겁주다, 겁을 먹게 하다; 협박하다

㉰ be **intimidated** by soaring energy prices
에너지 가격 급등으로 위협받다

㉯ intimidation *n.* 위협, 으름장, 협박

syn 협박하다 = intimidate; threaten; menace; bulldoze

---

in(=not(나쁜 것에) 안)+teg(=touch손)+(r)ity(댐)

integrity

[intégrəti]

n. 청렴결백(uprightness), 성실; 완전, 무결; 보전

㉰ a man of **integrity** 청렴한 사람

the **integrity** and authenticity of the message
메시지의 무결성과 신뢰성

㉯ integrate *v.* 통합하다; 완전하게 하다; 인종차별을 없애다
integral *a.* (전체의 일부로서) 없어서는 안 될; 완전한

syn 성실 = integrity; sincerity; fidelity; honesty(정직)

in(=not반대)+tolerable(참을 수 있는)

intolerable

[intάlərəbəl]

a. 참을[견딜, 버틸] 수 없는(↔ **tolerable** *a.* 참을 수 있는)

例 an **intolerable** pain[insult]
참을 수 없는 고통[견딜 수 없는 모욕]

派 intolerance *n.* 불관용; 편협(illiberality)
intolerant *a.* 너그럽지 못한; 참지 못하는

syn 참을 수 없는 = intolerable; unbearable(↔ patient)

in(=not안)+trep(=tremble(공포로) 떨다)+id(는)

intrepid

[intrέpəd]

a. 두려움이 없는(fearless); 용맹한, 대담한

例 an **intrepid** entrepreneur[act] 대담한 기업가[행동]

派 intrepidity *n.* 대담, 용맹; 겁 없음

syn 대담한 = intrepid; bold; daring; dauntless; valiant;
plucky; brave; lionhearted; indomitable(불굴의);
audacious(대담한, 파렴치한)

in(=in~안에서 (나쁜 꾀로))+trig(=hindrance방해)+ue(함)

intrigue

[intrí:g]

n. 음모, 술책; 간통, 정사(情事)

v. 음모를 꾸미다; 호기심을[흥미를] 돋우다(fascinate)

例 be involved in an **intrigue** 음모에 가담하다

派 intriguing *a.* 음모를 꾸미는; 흥미를 돋우는; 매력이 있는

syn 음모 = intrigue; plot; conspiracy; machination;
frame-up

cf. **intricate** *a.* 뒤얽힌, 복잡한(complicated); 난해한

in(=in~로)+und(=flow(많은 물이) 흘러 넘치다)+ate(=make다)

inundate

[ínəndèit]

v. 범람시키다(flood), 침수시키다; 쇄도하다; 충만시키다

例 be **inundated**[flooded] 홍수가 나다

派 inundation *n.* 범람, 침수; 쇄도
inundant *a.* 넘쳐흐르는; 압도적인(overwhelming)

syn 침수시키다 = inundate; deluge; flood; overflow

in(=not반대)+vincible(정복할 수 있는)

invincible

[invínsəbəl]

a. 정복할 수 없는, 무적의(unconquerable); 불굴의

⊕ the Invincible Armada 무적함대

an invincible spirit 불굴의 정신

⊕ invincibility *n.* 무적; 정복 불능

syn 불굴의 = invincible; indomitable; dauntless;
unyielding; inexhaustible(무진장한)

in(속에)+veter(=old오래 (뿌리내리고))+ate(있는)

inveterate

[invétərit]

a. (병 등이) 뿌리깊은, 만성의; 상습적인(habitual)

⊕ inveterate[deep-rooted] hatred 뿌리깊은 증오심

⊕ inveterately *ad.* 뿌리깊게; 끈질기게

inveteracy *n.* 뿌리깊음, 집요함

syn 만성의 = inveterate; chronic; confirmed;
deep-seated ↔ acute(급성의)

in(=not반대)+vulnerable(상처받기 쉬운)

invulnerable

[inv⋏lnərəbəl]

a. 상처받지 않는; 공격할 수 없는; 반박할 수 없는

⊕ invulnerable and omnipotent
공격할 수 없고 전지전능한

⊕ invulnerability *n.* 손상되지 않음; 반박할 수 없음

syn 공격할 수 없는 = invulnerable; unassailable;
untouchable; impregnable(난공불락의)

1. 다음 단어에 쓰인 in은 모두 not의 의미입니다.

1. in+clement(온화한)
   = **inclement** *a.* (날씨가) 험악한; (성격이) 냉혹한

2. in+comparable(~와 비교되는)
   = **incomparable** *a.* 견줄 수 없는, 비길 데 없는(matchless)

3. in+compatible(양립할 수 있는)
   = **incompatible** *a.* 양립할 수 없는, 모순된(inconsistent)

4. in+competent(유능한)
   = **incompetent** *a.* 무능력한; 자격 없는 *n.* 무능력자, 무자격자

5. in+comprehensible(이해할 수 있는)
   = **incomprehensible** *a.* 이해할 수 없는(unintelligible)

6. in+congruous(일치하는, 조화하는)
   = **incongruous** *a.* 일치하지 않는, 어울리지 않는

7. in+credible(신뢰할 수 있는)
   = **incredible** *a.* 믿을 수 없는, 신뢰할 수 없는(unbelievable)

8. in+describable(묘사할 수 있는)
   = **indescribable** *a.* 형언할 수 없는, 말로 표현할 수 없는

9. in+discreet(분별 있는)
   = **indiscreet** *a.* 분별없는; 부주의한, 경솔한(imprudent)

10. in+discriminate(차별적인)
    = **indiscriminate** *a.* 무차별의, 무계획적인; 난잡한

11. in+famous(유명한)
    = **infamous** *a.* 악명 높은(notorious); 수치스러운(ignominious)

12. in+firm(단단한, 확고한)
    = **infirm** *a.* 약한, 허약한(feeble; weak); 결단력 없는

13. in+hospitable(따뜻한, 적절한)
    = **inhospitable** *a.* 손님을 냉대하는, 불친절한; 알맞지 않은

14. in+separable(분리할 수 있는)
    = **inseparable** *a.* 분리할 수 없는; 떨어질 수 없는

2. 다음 단어들은 모두 기출어휘입니다.

1. **inadvertent**[ìnədvə́:rtənt] *a.* 부주의한, 소홀한(inattentive);
고의가 아닌(unintentional)(↔ **advertent** *a.* 주의 깊은(careful)
ad. **inadvertently** 무심코, 우연히(accidentally; unintentionally; unwittingly)
*an <u>inadvertent</u> mistake 무심코 저지른 실수

2. **inalienable**[inéiljənəbəl] *a.* 양도할 수 없는
(unassignable; untransferable; unnegotiable)
(↔ **alienable** *a.* 양도할 수 있는(transferable; assignable; negotiable)
*<u>inalienable</u> rights 양도할 수 없는 권리

3. **inane**[inéin] *a.* 어리석은(silly; insane); 텅 빈(empty; vacuous);
알맹이 없는(coreless), 거짓의 *n.* (the ~) 허공
*<u>insane</u> space[questions] 허공[어리석은 질문]

4. **incapacitate**[ìnkəpǽsətèit] *v.* 무능력[무력]하게 하다(disable);
자격을 박탈하다(disqualify)(↔ **capacitate** *v.* 가능케 하다(enable);
자격을 주다(qualify)

5. **incessantly**[insésəntli] *ad.* 끊임없이, 쉴 새 없이
(perpetually; ceaselessly; unceasingly; persistently; continuously)
a. **incessant** 끊임없는, 쉴 새 없는
*an <u>incessant</u> noise 끊임없는 소음

6. **incredulous**[inkrédʒələs] *a.* 쉽사리 믿지 않는, 의심 많은(suspicious;
dubious)(↔ **credulous** *a.* 잘 믿는, 속기 쉬운)
*an <u>incredulous</u> smile 의심하는 듯한 미소
*dupe = gull *n.* 잘 속는 사람

7. **incumbent**[inkʌ́mbənt] *a.* 의무로서 지워지는(obligatory; compulsory);
현직의 *n.* 현직자, 재직자(a current office-holder); 현직 의원
*an <u>incumbent</u>[a former] Assemblyman 현직[전직] 국회의원

8. **incurable**[inkjúərəbəl] *a.* 불치의(fatal; irrecoverable; irremediable)
(↔ **curable** *a.* 치료할 수 있는) *n.* 불치의 환자, 구제 불능자
*an <u>incurable</u> disease 불치병

169

9. **indelible** [indéləbəl] *a.* (자국 등이) 지워지지 않는; (인상 등이) 잊혀 지지 않는(permanent)(↔ **delible** *a.* 삭제할 수 있는)
   *an indelible stain 지워지지 않는 얼룩

10. **indifferent** [indífərənt] *a.* 무관심한, 개의치 않는(uninterested; unconcerned; nonchalant; lukewarm) *n.* **indifference** 무관심, 냉담
   ***different** *a.* 다른, 딴; 별개의

11. **indigenous** [indídʒənəs] *a.* 토착의, 지역고유의(native; aboriginal); 타고난(innate; inborn; inherent; congenital)

12. **indignation** [ìndignéiʃən] *n.* 분노, 분개(resentment; chagrin(분함))
   a. **indignant** 분개한, 화난
   *to one's chagrin 유감스럽게도, 분하게도[원통하게도]

13. **indolent** [índələnt] *a.* 게으른(lazy; idle; sluggish); 무활동의(inactive)
   n. **indolence** 게으름, 나태(laziness; sloth)
   *an indolent disposition 게으른 성품

14. **inept** [inépt] *a.* 서투른(clumsy; awkward; incompetent); 부적당한 (inadequate)(↔ **ept** *a.* 유능한, 솜씨 있는)
   *an inept government 무능한 정부

15. **inexorable** [inéksərəbəl] *a.* 냉혹한(relentless; unrelenting; pitiless); 움직일 수 없는, 엄연한 *an inexorable loan shark 냉혹한 사채업자
   inexorable truth 불변의 진리

16. **infinite** [ínfənit] *a.* 무한한, 무궁한(unlimited; boundless; endless) (↔ **finite** *a.* 한정된, 유한의); 막대한(immense; huge)
   *an infinite amount of information 무제한의 정보

17. **infinitesimal** [ìnfinitésəməl] *a.* 미소한, 극소량의 (minute; microscopic)

18. **insatiable** [inséiʃəbəl] *a.* 만족할 줄 모르는(unquenchable); 탐욕스러운 (greedy; avaricious; rapacious; covetous; gluttonous; ravenous) (↔ **satiable** *a.* 만족시킬 수 있는)
   *insatiable desires 끝없는 욕망

19. **inseparable** [insépərəbəl] *a.* 분리할 수 없는(indivisible); 떨어질 수 없

는(↔ **separable** *a.* 분리할 수 있는)

*<u>inseparable</u> friends 떨어질 수 없는 친구 행자부

20_ **insidious**[insídiəs] *a.* 교활한, 음흉한(cunning; sly; wily; tricky);
(병 등이) 잠행성의(surreptitious)

*an <u>insidious</u> smile[man] 능글맞은 웃음[음흉한 사람]

21_ **insincere**[ìnsinsíər] *a.* 성의 없는, 성실치 못한(faithless; untruthful)
(↔ **sincere** *a.* 성실한, 진심의, 거짓 없는)

n. **insincerity** 불성실, 위선

ad. **insincerely** 무성의하게(unfaithfully; with tongue in cheek)

*make <u>insincere</u> compliments 치렛말을 하다

22_ **insolvent**[insálvənt] *a.* 지불불능의, 파산의(bankrupt)

n. 지불불능자, 파산자(↔ **solvent** *a.* 지불능력이 있는 *n.* 해결책)

*an <u>insolvent</u> enterprise 부실기업

cf. **insolent** *a.* 무례한, 거만한

(arrogant; haughty; impudent; rude; supercilious)

23_ **insuperable**[insú:pərəbəl] *a.* (어려움 등이) 이겨내기 어려운;
무적의(inapproachable; invincible; matchless; unmatched;
unconquerable; unrivaled)(↔ **superable** *a.* 타파할 수 있는,
이겨낼 수 있는) *<u>insuperable</u> heroes 무적의 영웅들

24_ **investigate**[invéstəgèit] *v.* 조사하다, 수사하다(examine)

n. **investigation** 조사, 수사

*under[upon] <u>investigation</u> 조사 중[조사해보니]

25_ **invigorating**[invígərèitiŋ] *a.* 기운나게 하는(refreshing; animating;
inspiring); (공기 등이) 상쾌한(exhilarating)

*an <u>exhilarating</u> drink (술 등의) 흥분성 음료

26_ **involved**[inválvd] *a.* 복잡한, 뒤얽힌(complicated; entangled; knotty);
연루된(implicated) *v.* **involve** 포함하다, 수반하다 *n.* **involvement** 연루

*be <u>involved</u> in an intrigue 음모에 연루되다

27_ **involuntary**[inváləntèri] *a.* 자의가 아닌(unwilling); 무의식적인
(unconscious) (↔ **voluntary** *a.* 자발적인, 임의의)

*an <u>involuntary</u> movement 무의식적인 동작

VOCA TIP

In-의 형태 변화

1. **in-** 다음에 자음 l이 올 때는 **ll-**로 변합니다.
2. **in-** 다음에 자음 b, m, p가 올 때는 **lm-**로 변합니다.
3. **in-** 다음에 자음 r이 올 때는 **lr-**로 변합니다.
4. **in-**에서 n이 탈락되어 **l-**만 쓰이는 경우도 있습니다.

il(=not안)+legal(적법의, 합법의)

illegal	*a.* 비합법의, 불법의, 위법의(unlawful); 부정한
[ilíːgəl]	**예 illegal** parking[confinement, seizure, channels] 불법 주차[감금, 나포, 부정한 경로]
	an **illegal** bargain[contract, abortion] 불법 거래[계약, 낙태]
	파 illegality *n.* 위법, 불법 행위(unlawfulness)
	illegalize *v.* 비합법화하다; 금하다(ban; forbid)
	syn 불법의 = illegal; illicit; unlawful; illegitimate

il(=not반대)+legible((쉽게) 읽을 수 있는)

illegible	*a.* 읽기 어려운, 판독하기 어려운(hard to read)
[ilédʒəbəl]	**예 illegible** handwriting 읽기 어려운 필체
	파 illegibility *n.* 읽기 어려움, 판독불능
	syn 읽기 어려운 = illegible; unreadable; indecipherable

il(=not안)+licit(합법의)

illicit	*a.* 위법의, 불법의(unlawful); 금지된(forbidden)
[ilísit]	**예 illicit** trade[intercourse, love] 부정 거래[간통, 불륜의 사랑]
cf. **elicit** *v.* 이끌어내다, 유도해내다	**파 illicitly** *ad.* 불법으로, 위법으로(unlawfully)
	ant 합법의 = licit; legal; lawful; legitimate

172

il(=not반대)+liberal(마음이 넓은, 후한)

illiberal

[ilíbərəl]

a. 편협한, 옹졸한; 인색한; 교양이 없는, 배우지 못한

⊙ the **illiberal** foreign policy of superpowers
초강대국들의 편협한 외교정책

⊕ illiberally *ad.* 인색하게, 편협하게
illiberality *n.* 편협; 저속; 인색

syn 편협한 = illiberal; intolerant; prejudiced; biased;
bigoted; narrow-minded

il(=on위에서)+lus(=play(착각으로) 노는)+ion(것)

illusion

[ilúːʒən]

n. 환영, 환각, 환상; 착각; 망상(delusion)

⊙ an optical[sweet] **illusion** 착시[달콤한 환상]

⊕ illusory, illusive *a.* 착각을 일으키게 하는; 가공의

syn 환영 = illusion; vision; fancy; fantasy; phantom;
phantasm

VOCA PLUS

1. il(not)+legitimate(합법의) = **illegitimate** *a.* 불법의(unlawful; illegal;
illicit); 서출의, 사생의 *n.* 서자, 사생아 *v.* [ilidʒítəmèit] 불법화하다
n. **illegitimacy** 불법, 사생 *an illegitimate child 사생아

2. il(not)+literate(읽고 쓸 수 있는) = **illiterate** *a.* 읽고 쓰기를 못하는;
무식한(ignorant; uneducated); 교양 없는 *n.* 무교육자, 무식자

im(=into안으로)+bibe(=drink들이마시다)

imbibe

[imbáib]

v. (술 등을) 마시다; 흡수하다(absorb), 섭취하다

⊙ **imbibe** coffee[light] 커피를 마시다[빛을 흡수하다]

⊕ imbibition *n.* 빨아들임, 흡수; 흡입; 동화

syn 섭취하다 = imbibe; ingest; swallow; take in;
inhale(흡입하다); assimilate(동화하다)

173

im(=not)+mense(=measure측정) → 측정 안 될 정도로 큰

immense

[iméns]

a. 거대한, 막대한; 이루 헤아릴 수 없는; 굉장한, 멋진

> **an immense fortune[value]** 막대한 재산[가치]
> **immense responsibility** 막중한 책임

> **immensity** *n.* 광대, 거대, 막대; 무한한 공간

> *syn* 거대한 = immense; gigantic; mammoth; colossal; enormous; huge

im(=into(물) 속으로)+merse(=plunge가라앉히다)

immerse

[imə́:rs]

v. (물에) 담그다, 가라앉히다(plunge); 몰두시키다

> **be immersed in ~** ~에 몰두하다, 열중하다
> **= immerse oneself in ~**

> **immersion** *n.* 담금; 침례; 열중, 몰두

> *syn* 몰두시키다 = immerse; absorb; engross

im(=upon(재난 등이 바로) 위로)+min(=project튀어나)+ent(와 있는)

imminent

[ímənənt]

a. (위험, 재난 등이) 절박한, 긴박한; 임박한

> **an imminent danger** 긴박한 위험
> **an imminent cabinet reshuffle** 임박한 각료 개편

> **imminence** *n.* 절박, 급박; 긴박(imminency)

*reshuffle
n. 인사이동, 인원개편

> *syn* 긴박한 = imminent; impending; pressing; urgent; overhanging; tense; forthcoming(닥쳐올); acute(예민한, 뾰족한, 급성의)

in(=not반대)+mobile(움직일 수 있는)

immobile

[imóubəl]

a. 움직일 수 없는, 고정된; 정지해 있는

> **an immobile artificial backbone**
> 고정된 인공 등뼈[척추]

> **immobilize** *v.* 움직이지 않게 하다; 고정자본화하다

> *syn* 고정된 = immobile; fixed; stationary; immovable

174

im(=not반대)+mortal(죽게 마련인, 필멸의)

immortal

[imɔ́ːrtl]

a. 죽지 않는, 불사의; 불멸의, 영원한(everlasting)

🔘 an **immortal** masterpiece 불후의 명작
immortal life[fame] 영원한 삶[명성]

🔘 immortality *n.* 불사, 불멸, 영원한 생명; 불후의 명성

syn 불멸의 = immortal; undying; imperishable;
indestructible; eternal; everlasting

---

im(=not안)+mun(=service임무; duty의무)+ity(임)

immunity

[imjúːnəti]

n. (과세, 병역 등의) 면제(exemption); 면역(성)

🔘 **immunity** from military service 병역 면제
natural[artificial] **immunity** 자연[인공] 면역

🔘 immune *a.* 면역이 된(inoculated); 면제된(exempt)
immunize *v.* 면역이 되게 하다(make immune)

syn 면제 = immunity; exemption; impunity; remission

---

im(=not반대)+mut(=change변하기)+able(쉬운)

immutable

[immjúːtəbəl]

a. 변하지 않는; 바꿀 수 없는; 불변의

🔘 **immutable** truths[laws] 불변의 진리[철칙]

🔘 immutably *ad.* 변함없이 immutability *n.* 불변성

syn 불변의 = immutable; unchangeable; unalterable;
invariable; constant

---

im(=강조-점점)+pair(=worse나빠지게 하다)

impair

[impέər]

v. (가치 등을) 약화시키다; ~을 해치다, 손상시키다

🔘 **impair** one's health[honor, their friendship]
건강[체면]을 손상하다, 그들의 우정에 금이 가게 하다

🔘 impairment *n.* 약화(시키기); 손상(damage; injury)

syn 해치다 = impair; damage; injury; harm; hurt; mar;
spoil(망치다, 부패하다)

im(=in~에)+part((할당된) 부분(을 나누어 주다))

impart

[impάːrt]

v. 나누어 주다, 주다; 알리다, 전하다(communicate)

@ **impart** information 정보를 주다

㉰ impartation *n.* 수여, 나누어 줌; 전달(transmission)
impartible *a.* 나눌수 없는, 불가분의(indivisible)

syn 나누어 주다 = impart; bestow; allot; distribute;
share; divide; portion; apportion

---

im(=not반대)+partial(불공평한, 편파적인)

impartial

[impάːrʃəl]

a. 공평한; 편견이 없는(unprejudiced); 치우치지 않는

@ an **impartial** judgement 공정한 판단

㉰ impartiality *n.* 치우치지 않음, 공평(fairness)

syn 공평한 = impartial; fair; just; equitable; unbiased;
disinterested; unprejudiced

---

im(=not반대)+pass(=feel; suffer(고통을) 느낄)+ible(수 있는)

impassible

[impǽsəbəl]

a. (고통을) 느끼지 않는; 무감각한, 태연한

@ an **impassible** face[expression] 태연한 얼굴[표정]

㉰ impassibility *n.* 무신경, 태연함 impassivity *n.* 무감각
impassive *a.* 고통을 느끼지 않는; 무감각한; 감정이 없는
cf. **impassable** *a.* 통과할 수 없는
impossible *a.* 불가능한

syn 무감각한 = impassible; impassive; senseless;
insensible; numb; anesthetic

---

im(=not안)+pecuni(=money돈이)+ous(있는)

impecunious

[ìmpikjúːniəs]

a. 돈이 없는, 빈털터리인, 가난한(needy; indigent)

@ the **impecunious** small and medium-sized
enterprises 빈털터리 중소기업들

㉰ impecuniosity *n.* 무일푼, 가난(poverty; indigence)

syn 가난한 = impecunious; needy; indigent; destitute;
penniless; poor

176

im(=in(못 지나가게) 안에)+ped(=foot발을)+(i)ment(넣음)

impediment

[impédəmənt]

n. 방해, 장애(hindrance); 언어장애; 신체장애

㉮ the major **impediment** to economic growth
경제성장의 최대 걸림돌

a speech **impediment** 언어장애

㉯ impeditive, impedimental *a.* 방해가 되는, 장애의
impede *v.* 훼방놓다(hinder); 방해하다(obstruct)

syn 장애 = impediment; obstacle; hindrance; barrier;
obstruction

---

im(=in~에)+per(=prepare반드시 준비해야)+ative(하는)

imperative

[impérətiv]

a. 절대 필요한, 긴급한(urgent); 명령적인, 단호한

n. 명령(command); (정세 등에 따른) 필요, 요청

㉮ It is **imperative** to V[that S+(should) V ~]
(S)가 V하는 것이 절대 필요하다

an **imperative** tone of voice 명령하는 말투

㉯ imperatively *ad.* 명령적으로; 긴급히(urgently)

syn 단호한 = imperative; peremptory; resolute;
determined; flat; decisive; firm

---

imperi(=command(말, 행동이) 명령)+ous(적인)

imperious

[impíəriəs]

a. 오만한, 건방진; 당당한(commanding); 긴급한

㉮ an **imperious** manner[person]
오만한 태도[건방진 사람]

an **imperious** need 긴급한 필요

㉯ imperiously *ad.* 건방지게; 당당하게; 긴급히

syn 오만한 = imperious; haughty; arrogant; insolent;
overbearing; domineering

cf. **impetuous** *a.* 격렬한(furious); 성급한(impatient)
*impetuous winds[disposition]
폭풍[조급한 성질]

im(=not반대)+perturbable(동요되기 쉬운)

imperturbable
[ìmpərtə́:rbəbl]

a. 동요하지 않는; 당황하지 않는; 침착한, 냉정한

🔵 **imperturbable** composure 동요하지 않는 침착함

🔵 imperturbably *ad.* 동요하지 않고, 태연히, 냉정히

syn 침착한 = imperturbable; calm; cool; composed;
staid; self-possessed; collected; serene; sedate

---

im(=not안)+pervious(통과시키는)

impervious
[impə́:rviəs]

a. 스며들지 않게 하는; 상처입지 않는; 둔감한(callous)

🔵 be **impervious** to shame[reason]
부끄러움을 모르다[이성의 소리에 귀 기울이려 않다]

syn 스며들지 않는 = impervious; impermeable;
impenetrable

---

im(=into안으로)+pet(=rush돌진하는)+us(힘)

impetus
[ímpətəs]

n. 기세, 여세(momentum); (정신적) 자극; 추진력

🔵 give an extraordinary **impetus** to ~
~에 엄청난 박차를 가하다

🔵 impetuous *a.* 격렬한, 맹렬한(furious); 성급한(hasty)
impetuously *ad.* 맹렬히; 성급하게

syn 여세 = impetus; momentum; reserve energy;
surplus power[energy]

---

in(=not반대)+placable(달래기 쉬운, 온화한)

implacable
[implǽkəbəl]

a. 달래기 어려운(inappeasable); 앙심깊은; 무자비한

🔵 **implacable** hatred 달랠 길 없는 증오심
an **implacable** enemy 무자비한 적

🔵 implacably *ad.* 사정없이
implacability *n.* 달랠 수 없음; 무자비

syn 달래다 = placate; appease; pacify; soothe;
comfort; dandle(어린 아이를 ~)

178

im(=in(일을 하기위해) 속에)+ple(=fill채우는)+ment(것)

implement
n. 도구, 기구; 앞잡이 *v.* (약속 등을) 이행하다

[ímpləmənt]

ⓔ fail to **implement** the agreement
협약을 이행하지 못하다[않다]

ⓟ implementation *n.* 이행; 성취(achievement)
implemental *a.* 도구의; 도움이 되는(helpful)

syn 도구 = implement; appliance; utensil; tool

---

im(=toward~을 향해)+plore(=cry out울부짖다)

implore
v. (구조, 사면을) 애원하다, 간청하다, 탄원하다

[implɔ́:r]

ⓔ **implore** aid 도움을 간청하다

ⓟ imploration *n.* 애원, 탄원(entreaty)
imploringly *ad.* 애원하듯이, 애원조로

syn 애원하다 = implore; entreat; beseech; appeal

---

im(=in~안을)+pover(=poor가난하게)+ish(=make하다)

impoverish
v. 가난하게 하다(make poor); 피폐시키다

[impávəriʃ]

ⓔ many countries **impoverished** by a calamity
재앙으로 피폐해진 많은 나라들

ⓟ impoverishment *n.* 빈궁; 피폐(exhaustion)

syn 가난 = poverty; indigence; destitution; penury

---

im(=not안)+promptu(=readiness준비(되어 있는))

impromptu
a. 준비 없는, 즉석의 *ad.* 준비없이, 즉석에서

[imprámptju:]

ⓔ an **impromptu** speech[party] 즉석연설[파티]
deliver a speech **impromptu** 즉석연설을 하다

syn 즉석의 = impromptu; extemporary; extempore;
extemporaneous; offhand; improvised;
off-the-cuff; ad-lib
*play it by ear 임기응변으로 처리하다
think up on the spot 즉석에서 생각해내다

im(=not반대)+provident(선견지명이 있는)

improvident

[imprάvədənt]

a. 선견지명이 없는; 경솔한(hasty); 절약하지 않는

예 an **improvident** wife 낭비가 심한 아내

파 improvidence *n.* 절약정신이 없음

syn 절약하지 않는 = improvident; thriftless; extravagant; wasteful(낭비하는)

---

im(=not안)+punity(=punishment처벌됨)

impunity

[impjú:nəti]

n. 처벌받지 않음(escaping punishment); 무사

예 with **impunity** 벌을 받지 않고, 무사히(scot-free)

*go[get off, escape] scot-free
벌을 면하다[무사히 달아나다]

syn 처벌 = punishment; penalty(형벌, 불이익)
*a well-earned punishment 자업자득

---

1. im(not)+maculate(흠 있는)
   = **immaculate** *a.* 흠 없는, 결점 없는; 깨끗한
2. im(not)+memorial(기억에 남는)
   = **immemorial** *a.* 기억에 없는, 먼 옛날의
3. im(not)+patient(인내심 있는)
   = **impatient** *a.* 성급한, 참을성 없는(impetuous; petulant; rash; quick-tempered); 몹시 ~하고 싶어하는(very eager)
4. im(not)+peccable(죄를 짓기 쉬운)
   = **impeccable** *a.* 죄개[과실이] 없는, 결함 없는(faultless; flawless; immaculate; irreproachable)
5. im(not)+perceptible(지각할 수 있는)
   = **imperceptible** *a.* 지각할 수 없는, 알 수 없는(unnoticeable; indiscernible) *ad.* **imperceptibly** 안 보일정도로(invisibly)

6_ im(not)+**pertinent**(적절한)

  = **impertinent** *a.* 적절하지 못한; 건방진(impudent)

7_ im(not)+**piety**(경건, 신앙심)

  = **impiety** *n.* 신앙심이 없음; 불경, 불손

  (irreverence; profanity; blasphemy)

  a. **impious** *a.* 신앙심이 없는, 불경한(↔ **pious** *a.* 경건한)

8_ im(not)+**potent**(강력한, 효력 있는)

  = **impotent** *a.* 무력한, 허약한 *n.* 성교 불능자

  cf. **portent** *n.* (나쁜 일, 중대한 일의) 조짐, 전조(omen)

9_ im(not)+**practicable**(실행 가능한)

  = **impracticable** *a.* 실행 불가능한; 통행할 수 없는(impassable)

10_ im(not)+**pregnable**(공격[정복]할 수 있는)

  = **impregnable** *a.* 난공불락의(unconquerable; invulnerable;

  invincible), 끄떡없는; 확고부동한

11_ im(not)+**probable**(있음직한, 충분히 가능한)

  = **improbable** *a.* 있음직하지 않은, 사실 같지 않은;

  기발한(smart; fanciful; whimsical)

12_ im(not)+**proper**(적당한)

  = **improper** *a.* 부적당한; 버릇없는; 음란한; 정상이 아닌

13_ im(not)+**prudent**(신중한, 분별 있는)

  = **imprudent** *a.* 경솔한(rash; flippant); 분별없는(indiscreet)

  cf. **impudent** *a.* 뻔뻔스러운; 건방진(impertinent; obtrusive; saucy)

14_ **impede** [impíːd] *v.* 방해하다(hinder; hamper; stunt); 늦추다(retard)

  n. **impediment** 방해(hinderance); 장애

15_ **impugn** [impjúːn] *v.* 이의를 제기하다; 비난공격하다(denigrate)

  a. **impugnable** 비난의 여지가 있는

ir(=not반대)+refutable(반박할 수 있는)

irrefutable

[iréfjutəbəl]

a. 반박할 수 없는, 논박할 수 없는

예 present **irrefutable** evidence of the accident
그 사건의 반박할 수 없는 증거를 제출하다

파 irrefutably *ad.* 반박의 여지가 없이, 두말할 것 없이

syn 반박 = refutation; confutation; contradiction; retort

ir(=not안)+relevant(적절한, 관련된)

irrelevant

[iréləvənt]

a. 적절하지 않은, 엉뚱한; 관계없는

예 an **irrelevant** remark 딴말

be **irrelevant** to the heart of the matter
문제의 핵심과 관계없다

파 irrelevance, irrelevancy *n.* 적절하지 않음, 엉뚱함

syn 부적절한 = irrelevant; impertinent; inappropriate;
unsuitable; unfit; inadequate

ir(=not반대)+reparable(수선할 수 있는)

irreparable

[ìrépərəbəl]

a. 수선[회복]할 수 없는; 돌이킬 수 없는(irreversible)

예 **irreparable**[irrevocable] damage
돌이킬 수 없는 피해

파 irreparably *ad.* 수리[회복]할 수 없을 정도로

syn 회복 = repair; recovery; retrieval(명예의 ~); restoration
(건강, 질서의 ~); rehabilitation(재건); revival(부활)

ir(=not안)+resolute(단호한, 결연한)

irresolute

[irézəlù:t]

a. 결단력이 없는, 우유부단한(hesitant)

예 an **irresolute** person[attitude]
결단력 없는 사람[어정쩡한 태도]

파 irresolution *n.* 결단력이 없음, 우유부단

syn 우유부단한 = irresolute; indecisive; undetermined;
hesitant; uncertain; vacillating; shilly-shally

182

ir(=not안)+reverent(공손한)

irreverent
[irévərənt]

a. 불손한, 불경한, 무례한(disrespectful)

예 an **irreverent** reply[figure] 불손한 대답[인물]

파 irreverence *n.* 불경; 불손한 언행
irreverently *ad.* 불경스럽게, 불손하게

ant 공손한 = reverent; respectful; polite; courteous;
civil; deferential

ir(=not반대)+revocable(취소할 수 있는)

irrevocable
[irévəkəbəl]

cf. **irreparable**
고칠 수 없는
irremediable
치료할 수 없는

a. 취소할 수 없는; 변경할 수 없는; 돌이킬 수 없는

예 **irrevocable** youth 돌아오지 않는 청춘
an **irrevocable** letter of credit
변경할 수 없는 상업 신용장

파 irrevocably *ad.* 돌이킬 수 없게

syn 취소하다 = revoke; cancel; annul; recant; recall;
rescind; retract; withdraw

VOCA PLUS

1. ir(not)+rational(이성적인)
   = **irrational** *a.* 비이성적인; 불합리한(absurd) *n.* 무리수
2. ir(not)+replaceable(대체할 수 있는)
   = **irreplaceable** *a.* 대체할 수 없는(incommutable; unalterable)
3. ir(not)+resistable(저항할 수 있는)
   = **irresistible** *a.* 저항할 수 없는, 돌이킬 수 없는
4. ir(not)+retrievable(회복할 수 있는)
   = **irretrievable** *a.* 회복할 수 없는(irreparable; irrecoverable;
   irremediable)
5. ir(not)+reversibility(가역성, 취소가능)
   = **irreversibility** *n.* 불가역성, 취소불가능

ig(=not안)+noble(고상한, 훌륭한)

ignoble

[ignóubəl]

a. 상스러운, 비열한; 창피스러운; 비천한

🔵 die an **ignoble** death 비열한 죽음을 하다

ignoble parentage 비천한 가문[혈통]

🔵 **ignobly** *ad.* 천하게, 비열하게 **ignore** *v.* 무시하다

parentage
n. 태생, 가문, 혈통

syn 상스러운 = ignoble; indecent; base; coarse;
mean; vulgar; unrefined

비열한　= ignoble; mean; base; nasty; shabby;
sordid; cowardly; slimy; grubby;
despicable; vile

창피스러운 = ignoble; ignominious; shameful;
disreputable; disgraceful

ig(=not안)+nomin(=name평판)+ious(의) → 평판을 더럽히는

ignominious

[ìgnəmíniəs]

a. 불명예스러운, 수치스러운; 경멸할 만한(contemptible)

🔵 an **ignominious** retreat[defeat]
불명예스러운 퇴각[굴욕적인 패배]

🔵 **ignominiously** *ad.* 불명예스럽게; 굴욕적으로
ignominy *n.* 불명예(dishonor); 치욕(disgrace)

syn 불명예스러운 = ignominious; dishonorable;
disgraceful; disreputable; inglorious; shameful

184

Study **11**

Inter- between : 사이에, 중간에, 도중에

inter(=between사이로)+cede(=go(해결하러) 들어가다)

intercede

[ìntərsíːd]

v. 중재하다, 조정하다; 청원하다, 탄원하다(plead)

예 refuse to **intercede** with a person for several reasons 여러 이유로 ~와의 중재를 거절하다

파 intercession *n.* 중재, 조정(mediation); 탄원(entreaty)

syn 중재하다 = intercede; arbitrate; intervene; mediate; intermediate

inter(=between도중에서)+cept(=take빼앗다)

intercept

[ìntərsépt]

v. 도중에서 가로채다; 도청하다; 차단하다; 요격하다

예 **intercept** a pass[retreat]
패스를 가로채다[퇴각로를 차단하다]

파 interception *n.* 가로채기; 차단; 방해; 도청; 요격
interceptor, intercepter *n.* 요격기; 방해자; 차단물

syn 가로채다 = intercept; snap; wrest(비틀어 ~);
usurp(왕위를 ~)

inter(=between사이에서)+dict(=say(하지 말라고) 말하다)

interdict

[ìntərdíkt]

v. (행동, 사용을) 금지하다; 제지하다(restrain); 방해하다

예 **interdict** a person from an unlawful act
~에게 불법행위를 하지 못하게 하다
be **interdicted**[prohibited] 금지당하다

파 interdiction *n.* (통상) 금지; 저지 interdictory *a.* 금지의

syn 금지하다 = interdict; ban; forbid; inhibit; prohibit

inter(=between중간에서)+fere(=strike(서로) 치다)

interfere

[ìntərfíər]

v. 방해하다(intervene); 충돌하다; 간섭하다; 중재하다

㉠ **interfere** with business 업무를 방해하다
interfere in the domestic affairs 내정을 간섭하다

㉤ interference *n.* 방해; 충돌; 간섭, 말참견; 중재, 조정
interfering *a.* 간섭하는, 말참견하는; 방해하는; 충돌하는

syn 간섭하다 = interfere; intervene; meddle; poke;
poke one's nose into

---

inter(=between((행간) 사이에)+line(선(을 그어 넣다))

interline

[ìntərláin]

v. 행간에 글씨를 써넣다; (의류 등에) 심을 넣다

㉠ **interline** a translation in a text
원문에 번역을 써넣다

㉤ interlinear *a.* 행간에 써 넣은

syn 글자 = letter; character; handwriting(필적);
manuscript(원고)

---

inter(=between중간에 하는)+lude(=play연주(곡))

interlude

[íntərlù:d]

n. 간주곡; 막간(극); 짬; 두 사건 사이에 일어난 일

㉠ prelude, **interlude**, and postlude
전주곡, 간주곡, 후주곡

syn 짬 = interlude; leisure; interval; free time

---

inter(=between중간에서)+mediate(중재하다, 조정하다)

intermediate

[ìntərmí:dièit]
[ìntərmí:diət] *a., n.*

v. 중재하다; 중개하다 *a.* 중간의 *n.* 중간물; 중개자

㉠ **(inter)mediate** a quarrel between husband and
wife 부부싸움을 중재하다
an **intermediate** examination[dictionary]
중간고사[중급사전]

㉤ intermediation *n.* 중개; 매개; 중재(mediation)
intermediary *a.* 중간의; 중계의; 매개의 *n.* 중재인; 매개물

syn 중간의 = intermediate; middle; interim(임시의)

inter(=between(멈추게 하려고) 사이로)+mit(=send보내다)

intermit

[ìntərmít]

v. 일시 멈추다, 중단시키다; 단속(斷續)시키다

예 be urged to **intermit** the game
게임을 멈추라고 강요받다

파 intermittent *a.* 간헐적인; 때때로 끊기는
intermittently *ad.* 간헐적으로(by fits and starts)
intermission *n.* 중지, 중단(discontinuance);
휴게시간(interval), 막간

*an intermittent spring[pulse] 간헐천[부정맥]
cf. **geyser** *n.* 간헐천 **geisha** *n.* 게이샤

syn 중단시키다 = intermit; interrupt; suspend;
discontinue; break off

---

inter(=between사이에서)+rog(=ask(따져) 묻다)+ate(=make다)

interrogate

[intérəgèit]

v. 심문하다; 질문하다; 〈컴퓨터〉 ~에 신호를 보내다

예 **interrogate** the suspect relentlessly
용의자를 가차 없이 심문하다

파 interrogation *n.* 심문; 질문; 의문 부호((?))
interrogative *a.* 의문의; 미심쩍어하는
*an interrogative sentence 의문문

syn 질문하다 = interrogate; question
*evade a question 질문을 피하다

---

inter(=between사이로)+rupt(=break막 밀고 들어가다)

interrupt

[ìntərʌ́pt]

v. 가로막다; (말, 진행을) 중단시키다; 방해하다 *n.* 중단, 방해

예 **interrupt** the view[the conduct of business]
시야를 막다[영업행위를 방해하다]

파 interruption *n.* 중단; 방해(hindrance; obstruction)
interrupted *a.* 중단된, 가로 막힌
***interrupt** the program 프로그램을 중단하다
be **interrupted** for a while 잠시 중단되다

syn 가로막다 = interrupt; obstruct; bar; hinder;
barricade; block(길을 ~)

inter(=between사이를)+sect(=cut(가로) 자르다)

intersect
[ìntərsékt]

v. 가로지르다, 횡단하다; (선, 면 등이) 교차하다

⬥ **intersect** the orbit of the Earth
지구 궤도를 가로지르다

⬥ **intersection** *n.* 횡단, 교차; (도로의) 교차점

syn 가로지르다 = intersect; traverse; cross
*cut corners 지름길로 가다

---

inter(=between사이)+urb(=city도시)+an(의) → 도시 사이의

interurban
[ìntərə́:rbən]

a. 도시간의 *n.* 도시간 연락 교통기관

⬥ an **interurban** inequality[railway]
도시간의 불균형[연락 철도]

syn 도시 = city; town; metropolis(대도시);
megalopolis(거대도시)

---

inter(=between사이에)+vene(=come(끼어) 들어오다)

intervene
[ìntərví:n]

v. 사이에 들다; 방해하다; 중재하다; 개입하다

⬥ If nothing **intervenes,** 지장이 없으면,
intervene in a dispute[strike]
분쟁을 중재하다[파업을 조정하다]

⬥ **intervention** *n.* 중재, 조정(mediation); 간섭; 개입
*armed intervention 무력간섭

syn 개입하다 = intervene; interfere; meddle

---

inter(=between사이에서 (서로))+view(=see(만나) 보다)

interview
[ìntərvjù:]

v. 회견하다, 면접하다 *n.* 회견, 면접; 회담; 기자회견

⬥ **interview** the president 대통령과 기자회견하다
an individual[a group] **interview** 개별[집단] 면접
a formal[an informal] **interview** 공식[비공식] 회견

syn 회견 = interview; conference(기자단과의 ~);
parley(담판, 회담, 교섭)

inter(=between사이에 (넣어))+weave(=짜다)

interweave

[íntərwíːv]

v. 짜넣다, 섞어 짜다; 섞다(intermingle) *n.* 섞음; 상호 조화

⬥ **interweave** joy with sorrow 기쁨과 슬픔을 뒤섞다
an **interweave** of Asian and European cultures
아시아 문화와 유럽 문화의 상호 조화

syn 짜다 = weave; inweave; knit=crochet(뜨개질로 ~)

VOCA TIP

Inter-의 변형

자음 l 앞에서는 **Intel-**로 바뀝니다.

---

intel(=between(여럿) 중에서 (바른 것을))+lect(=choose고르는 능력)

intellect

[íntəlèkt]

n. 지성; 지능, 지력; 지식인, 식자

⬥ appeal to the **intellect** 지성에 호소하다
the **intellect**(s) of the age 당대의 지성인들

⬥ **intellection** *n.* 사고(thinking), 이해(understanding)

syn 지식인 = intellect; intellectual; intelligentsia;
highbrow; egghead

---

intel(=between(여럿) 중에서 (바른 것을))+lect(=choose고르는 (능력이))+ual(있는)

intellectual

[ìntəléktʃuəl]

a. 지적인; 지력을 요하는 *n.* 지식인, 두뇌 노동자

⬥ an **intellectual** interest 지적 흥미

⬥ **intellectualize** *v.* 지성적으로 처리하다, 이지적으로 생각하다

syn 지적인 = intellectual; intelligent; intelligential

---

intel(=between(여럿) 중에서 (정확히))+lig(=choose골라내는)+ence(것)

intelligence

[intélədʒəns]

↔ **unintelligent**

n. 지성, 지력, 이해력; 정보; 소식; 보도

⬥ an **intelligence**[aptitude] test 지능검사[적성검사]

⬥ **intelligent** *a.* 이성적인(rational), 이해력 있는; 총명한

syn 지성 = intelligence; intellect; mentality(지력, 심리)

189

intel(=between~중에서)+lig(=choose(쉽게) 고를)+ible(수 있는)

intelligible

[intélədʒəbəl]

a. 알기 쉬운, 이해할 수 있는; 의미가 분명한(clear)

ⓔ intelligible even to children
어린 아이라도 알 수 있는

ⓟ intelligibly *ad.* 알기 쉽게, 명료하게(clearly)

syn 이해할 수 있는 = intelligible; comprehensible;
apprehensible; understandable

VOCA PLUS

1_ **interchange** [ìntərtʃéindʒ] *v.* 서로 주고받다; 번갈아 일어나다
(alternate) *n.* [íntərtʃèindʒ] 상호교환, 입체교차로, 환승역
a. **interchangeable** 호환성이 있는, 교환할 수 있는

2_ **interface** [íntərfèis] *n.* 경계면, 접점; 대화, 의사소통(communication)
v. 조화시키다, 조정하다(mediate)

3_ **interim** [íntərim] *a.* 중간의, 임시의(temporary)
n. 짬, 잠시, 한동안(meantime); 임시조치

4_ **interject** [ìntərdʒékt] *v.* (말 등을) 불쑥 끼워 넣다(insert); 사이에 끼우다

5_ **intermission** [ìntərmíʃən] *n.* (연극, 영화, 수업 등의) 휴식시간(pause;
interval); 중지, 중단(interruption)

6_ **interpose** [ìntərpóuz] *v.* 사이에 넣다(insert); 중재하다(mediate)

7_ **interpret** [intə́:rprit] *v.* 통역하다; 설명하다(explicate)

8_ **intersperse** [ìntərspə́:rs] *v.* 흩뿌리다, 산재시키다(scatter)

9_ **intertwine** [ìntərtwáin] *v.* 서로 뒤엉키게 하다(interweave; interlace;
intertwist; entangle)(↔ **disentangle; unravel; unwind**(긴장을 풀다
(relax)) ***twine** *n.* 꼰 실; 뒤얽힘; 분규(complication) *v.* 꼬다

10_ **intrinsic** [intrínsik] *a.* 본래 갖추어진, 고유의, 내재하는(inherent;
immanent; innate) *an intrinsic attribute 본질적 속성

11_ **intimate** [íntəmit] *a.* 친밀한, 친숙한(cordial); 마음속으로부터의
(heartfelt; hearty) *v.* [íntəmèit] 암시하다, 넌지시 알리다(allude; insinuate)

Intra-

within : ~안의, 내부의
*intra- = intro-

intra(=within~안에)+mur(=wall벽, 울타리)+al(의) → 벽[울타리]안의

intramural

[ìntrəmjúərəl]

a. 구역 안의, 교내(校內)의; 도시 내의; 건물 안의

㉖ an **intramural** athletic meet(ing) 교내 체육대회

syn 건물 = building; edifice; structure; construction

intra(=within내부의)+muscular(=muscular근육의) → 근육내부의

intramuscular

[ìntrəmʌ́skjələr]

a. 근육 내의(within a muscle)

㉖ an **intramuscular** injection 근육 주사

syn 근육 = muscle; sinews; thews *cf.* flesh(살), bone(뼈)

intra(=within내부의)+party(=party당, 정당)

intraparty

[ìntrəpá:rti]

a. 당 내의(within a party)

㉖ an **intraparty** conflict[strife, friction] 정당의 내분

syn 단체 = body; group; organization; party(정당);
corporation(법인); corps(군단)

intra(=within내부의)+state(=state주)

intrastate

[ìntrəstéit]

a. 주 내의(within a state) *cf.* **interstate** *a.* 각 주간의

㉖ **intrastate** transportation[trade] 주내 운송[교역]

syn 주 = state(미국), county(영국), province(캐나다)

intra(=within)+ven(=vein정맥)+ous(의) → 정맥 내의

intravenous

[ìntrəví:nəs]

a. 정맥 내의(inside a vein); 정맥 주사의

㉖ an **intravenous**[an intramuscular, a serum]
injection 정맥[근육, 혈청] 주사

syn 정맥 = vein (↔ artery 동맥)

cf. **blood vessel** 혈관

Macro-

large : 큰 ↔ Micro- = small : 작은

macro(=large큰, 大)+cosm(=universe우주)

macrocosm

[mǽkroukɑ̀zəm]

n. 대우주; 전체; 확대모형(↔ **microcosm** *n.* 소우주)

⑩ regard the state as the **macrocosm** of the family
국가를 가정의 확대모형으로 보다

syn 우주 = universe; cosmos; outer space

macro(=large큰 (개념의))+economics(경제학)

macroeconomics

[mæ̀kroui:kənɑ́miks]

n. 거시 경제학(↔ **microeconomics** *n.* 미시 경제학)

⑩ the subtleties of **macroeconomics**
거시 경제학의 치밀함

syn 절약 = economy; thrift; husbandry; saving

macro(=large크게)+scop(=look at보)+ic(는)

macroscopic

[mæ̀krəskɑ́pik]

a. 거시적인; 육안으로 보이는(↔ **microscopic** *a.* 아주 작은)

⑩ **macroscopic** financial shocks 거시적인 재정 충격

syn 육안 = naked eye; unaided eye

VOCA TIP

Macro-의 반의 접두사

Micro- = "작은, 100만분의 1" → 모음 앞에서는 **Micr-**이 됩니다.

---

micro(=small아주 작은)+film(필름)

microfilm

[mɑ́ikrəfìlm]

n. 초소형 필름 *v.* 마이크로필름에 찍다

⑩ in xerographic or **microfilm** formats
건식사진 복사나 마이크로필름 형태로

syn 초소형의 = micromini=microminiature; subminiature

micro(=small작은)+phone(=sound소리(를 크게 하는 기구))

microphone

[máikrəfòun]

n. 마이크로폰, 마이크(mike)

🔵 an infinity **microphone**[bug] 고성능 마이크[도청기]

syn 소리 = sound; noise(소음); voice(목소리); tone(어조)

---

micro(=small아주 작게)+scop(e)(=look보이)+ic(는)

microscopic

[màikrəskápik]

a. 현미경으로만 보이는; 아주 작은, 초소형의; 미시적인

🔵 a **microscopic** organism 미생물

syn 극미의 = microscopic; ultramicroscopic;
infinitesimal; minute; atomic

cf. **microbe**[máikròub] *n.* 미생물, 세균(germ; bacillus)

---

micro(=small극미한)+wave((소리의) 파동)

microwave

[máikrouwèiv]

cf. gas stove
가스레인지

n. 극초단파; 전자레인지 *a.* 마이크로파의

v. 전자레인지로 조리하다

🔵 a refrigerator, a **microwave**, and a sink
냉장고, 전자레인지, 싱크대

syn 전자레인지 = microwave oven

cf. **range** *n.* 열, 줄; 범위, 한도; 사거리, 사격장
ranger *n.* 방랑자(wanderer); 산림 감시원, 무장 순찰대원

large; great(큰)이란 의미를 가지는 접두사 정리

Grand-, Magn-, Maj-, Mega-, Megalo-, Metro-

---

ag(=to~까지)+grand(=great크게)+ize(=make하다)

aggrandize

[əgrǽndaiz, ǽgrəndàiz]

v. 확대하다, 크게 하다(enlarge); 강화하다

☞ **aggrandize** a power base 세력 기반을 강화하다

☞ aggrandizement *n.* (부, 지위 등의) 증대, 강화

syn 강화하다 = aggrandize; intensify; strengthen;
reinforce; consolidate

---

magn(i)(=great크게)+fy(=make하다)

magnify

[mǽgnəfài]

cf. **stretch**
  v. 잡아 늘이다,
  쭉 펴다;
  왜곡하다

v. 확대하다; 과장하다(exaggerate; overstate)

☞ **magnify** the object ten times
물체를 10배로 확대하다

magnify actual exports 수출 실적을 과장하다

☞ magnification *n.* 확대; 과장(exaggeration); 칭찬
magnificent *a.* 장대한, 장려한(splendid); 훌륭한
magnifier *n.* 확대경, 돋보기(magnifying glass)
magnanimous *a.* 마음이 큰; 관대한(generous)
magnitude *n.* 거대; 중요성(importance); 지진 규모

syn 확대하다 = magnify; enlarge; expand; extend

---

major(과반수의, 대다수의)+ity(임)

majority

[mədʒɔ́(:)rəti, -dʒár-]

↔ **minority**
  n. 소수(당)

n. 과반수, 대다수; 득표차; 다수당; 성년

☞ an absolute **majority** 절대다수
by a large **majority** 큰 표 차이로

☞ major *a.* 보다 큰; 연상의 *n.* 연장자; 전공; 소령; 장조
v. 전공하다(~ in)(specialize)

syn 과반수 = majority; plurality; the greater part

194

mega(=large큰)+phone(=sound소리(를 내는 기구))

megaphone
[mégəfòun]

n. 메가폰, 확성기 *v.* 확성기로[큰소리로] 알리다

예 use a **megaphone** to call out to others
다른 사람에게 큰 소리로 말하기 위해 확성기를 사용하다

syn 확성기 = megaphone; loudspeaker;
bullhorn(휴대용의 ~)

---

megalo(=large아주 큰)+polis(=city도시)

megalopolis
[mègəlápəlis, -lɔ́p-]

n. 거대도시; (몇 개의 위성도시를 포함한) 거대도시권

예 the **megalopolises** of the Pacific coast
태평양 연안의 거대 도시들

파 megalopolitan *a.* 거대도시(권)의 *n.* 거대도시(권)의 주민

syn 거대한 = gigantic; titanic; mammoth; stupendous;
colossal; huge; immense; enormous; massive

---

metro(=mother어머니인; large큰)+polis(=city도시)

metropolis
[mitrápəlis, -trɔ́p-]

*state-of-the-art
a. 최첨단 기술을 사용
한; 최신식의

n. 수도; 주요 도시, 중심 도시; 중심지

예 the economic **metropolis** of America
미국의 경제의 중심지

파 metropolitan *a.* 수도[대도시, 주요 도시]의;
(식민지에 대하여) 본국의

cf. **skysraper** *n.* 초고층 빌딩, 마천루
*endless state-of-the art buildings and skyscrapers
끝없이 이어진 최첨단 빌딩과 초고층 빌딩들

syn 수도 = metropolis; capital (city)

Mal(e)-

bad : 나쁜, 불량한, 부정한

---

mal(=ill나쁜)+adjustment(조절, 조정)

maladjustment

[mæ̀lədʒʌ́stmənt]

n. 조절불량; 조정 이상; 부적응; (경제적) 불균형

⊕ emotional **maladjustment** behavior
정서적 이상 행동

⊕ maladjusted *a.* 조절이 잘 안 되는; 환경에 적응하지 못하는

syn 조정 = adjustment; regulation; modulation;
controlling; tuning(악기의 ~)

---

mal(=badly서투르게)+adroit(솜씨 있는, 재치 있는)

maladroit

[mæ̀lədrɔ́it]

a. 서투른, 솜씨 없는; 요령없는(tactless); 아둔한

⊕ truly **maladroit** diplomacy 정말 서투른 외교

syn 서투른 = maladroit; awkward; clumsy; bungling;
inexpert; unskilled; unskillful; unhandy

---

mal(=bad나쁜 (것을))+ad(<hab=have(몸에) 가지고)+y(있음)

malady

[mǽlədi]

n. (만성적인) 병, 질병(chronic disease); (사회적) 병폐

⊕ an airborne **malady**[disease] 공기 전염병
a social **malady** 사회적 병폐

syn 병 = malady; disease; illness; sickness; affection;
ailment, indisposition(가벼운 ~); trouble(국부적 ~);
disorder; complaint; case(병세)

---

mal(=badly나쁘게)+content(만족한)

malcontent

[mæ̀lkəntént]

a. 불평하는; 불만인; 불온한 *n.* 불평가

⊕ **malcontent** elements of society 사회의 불평분자
a reclusive **malcontent** 세상을 등진 불평가

syn 불평하는 = malcontent(ed); discontent(ed);
complaintive

196

mal(=bad나쁜)+feas(=do행동을)+ance(함)

malfeasance
[mælfíːzəns]

n. 부정행위, 나쁜 짓; (공무원의) 배임[불법] 행위, 독직

ㅇ be accused of **malfeasance**[perjury, tax evasion] 배임 행위[위증죄, 탈세]로 기소되다

ㅇ malfeasant *a.* 나쁜 짓을 하는 *n.* 범죄자

syn 부정행위 = malfeasance; wrongdoing; misconduct

---

mal(=bad나쁜, 사악한)+ice(=will의지, 마음)

malice
[mǽlis]

n. 악의(ill will), 앙심, 적의(enmity); 원한(spite)

ㅇ bear **malice** against[to, toward] (a person for something) (어떤 일로 ~에게) 앙심[원한]을 품다

ㅇ malicious *a.* 악의 있는, 심술궂은; 〈법〉 고의의; 부당한

syn 악의 = malice; malevolence; malignity; spite; grudge; hostility; rancor

---

mal(=ill나쁜)+nutrition(영양(상태))

malnutrition
[mælnjuːtríʃən]

n. 영양실조(poor nourishment; dystrophy), 영양부족

ㅇ **malnutrition**, abdominal pain, dental cavities, and diarrhea 영양실조, 복통, 충치, 설사

syn 영양 = nutrition; nourishment; nutriment; alimentation

cf. **malnourished**[mælnɔ́ːriʃt, -nʌ́r-]
 a. 영양불량의(underfed), 영양실조의

---

mal(=ill나쁜)+odor(냄새가 나)+ous(는)

malodorous
[mælóudərəs]

a. 악취를 풍기는(stinking); 용납될 수 없는

ㅇ **malodorous** sulfur compounds
 악취가 나는 유황 화합물

ㅇ malodor *n.* 악취, 고약한 냄새
 malodorant *a.* 고약한 냄새가 나는

syn 악취 = malodor; effluvium; fetor; stench; stink; mephitis *cf.* Mephistopheles *n.* 악마; 음험한 사람

197

mal(=badly나쁘게)+treat(다루다)

maltreat

[mǽltríːt]

v. (거칠게, 잔인하게) 다루다, 학대하다, 혹사하다

예 be **maltreated**[ill-treated] 학대[구박]받다

파 maltreatment *n.* 학대, 혹사(abuse)

syn. 학대하다 = maltreat; ill-treat; mistreat; abuse; be cruel to

---

VOCA TIP

Mal-의 형태 변화

1. 자음 d, f, v 앞에서는 **Male-**가 됩니다.
2. 자음 g, s 앞에서는 **Mali-**가 됩니다.

---

male(=ill사악한)+diction(말씨, 말하기)

malediction

[mælədíkʃən]

n. 저주, 악담(slander); 비방; 욕

예 utter a **malediction** upon a person
~에게 악담을 하다

파 maledictory *a.* 저주의; 비방의; 욕하는

syn 저주 = malediction; curse; execration; imprecation; anathema

male(=ill나쁘게)+fact(=do; make행동)+ion(함)

malefaction

[mæləfǽkʃən]

n. 악행, 비행, 나쁜 짓(wrongdoing); 범죄(crime)

예 the punishment to the **malefaction**
나쁜 짓에 대한 처벌

파 malefactor *a.* 악인; 범인(criminal)
↔ benefactor *n.* 은인; 후원자

syn 비행 = malefaction; misdeed; misconduct; misdemeanor; malpractice; wrongdoing; delinquency

198

male(=ill나쁘게 (되길))+vol(=wish바라)+ent(는)

malevolent

[məlévələnt]

a. 악의[적의]가 있는(malicious)

ⓔ a **malevolent** hacker[demagogue]
악의적인 해커[민중 선동가]

↔ **benevolent**
a. 자비로운, 인자한

ⓓ malevolence *n.* 악의, 증오
↔ benevolence *n.* 자비심; 선행

ant 자비로운 = benevolent; merciful; compassionate;
humane; kind-hearted

---

mali(=ill나쁘게)+gn(=birth태어)+ant(난)

malignant

[məlígnənt]

a. 해로운, 악의가 있는; 악성의(↔ **benign** *a.* 양성의)

ⓔ a **malignant**[benign] tumor 악성[양성] 종양

malignant influenza[remarks]
악성 인플루엔자[독살스런 말]

*malicious
a. 악의 있는

ⓓ malignity *n.* 악의, 앙심, 증오; (병의) 악성, 불치
malignancy, malignance *n.* 증오; 앙심; 악성 (종양)

syn 해로운 = malignant; harmful; detrimental; injurious

VOCA PLUS

1. **maleficent**[məléfəsnt] *a.* 유해한, 해가 되는(harmful)
   (↔ **beneficent** *a.* 유익한)
2. **malign**[məláin] *a.* 해로운(harmful; detrimental; injurious; noxious;
   nocuous); 악의 있는(malicious; sinister)(↔ **benign** *a.* 길한, 상냥한, 온화한);
   악성의(↔ **benignant** *a.* 인자한; 양성의) *v.* 중상하다(slander)
3. **malformation**[mælfɔːrméiʃən] *n.* (신체의) 기형(deformity); 꼴불견
4. **malfunction**[mælfʌ́ŋkʃən] *n.* (기관 등의) 기능 부전; (기계 등의) 기능 장애
5. **malingery**[məlíŋɡəri] *n.* 꾀병 *v.* **malinger** 꾀병을 부리다(play sick)

Study **12**

prefix 33

Mis-

1) **bad** : 나쁜 　**badly** : 나쁘게
2) **wrong** : 틀린 　**wrongly** : 잘못하여

mis(=badly나쁘게)+behave(행동하다)

misbehave

[mìsbihéiv]

v. 못된 짓을 하다; 품행이 좋지 못하다

- **misbehave** oneself 못되게 굴다(do wrong)
- misbehavior *n.* 나쁜 행실; 버릇없음; 부정행위

syn 행동하다 = act; behave; conduct

mis(=wrong잘못된)+belief(믿음, 신념)

misbelief

[mìsbilíːf]

n. 그릇된 믿음, 그릇된 의견; 이교[사이비] 신앙

- be based on the **misbelief** ~
  　~라는 그릇된 믿음에 근거하다

syn 믿음 = belief; faith(신앙)/ trust; credit; credence

mis(=wrong나쁜)+conduct(행동, 행실, 짓)

misconduct

[miskándʌkt, -kɔ́n-]

n. 비행; 위법 행위; 〈법〉 간통; 직권남용; 잘못된 관리
v. 품행이 나쁘다, 잘못 처리[경영]하다

- allegations of **misconduct** 위법행위에 대한 주장들
  commit **misconduct** with ~ ~와 간통하다

syn 간통 = misconduct; adultery; liaison

mis(=wrongly잘못)+construe(=interpret해석하다)

misconstrue

[mìskənstrúː]

v. 잘못 해석하다(misinterpret): 곡해하다

- Don't **misconstrue** my words!
  　내 말을 곡해하지 마라!
- misconstruction *n.* 그릇된 해석; 곡해(misunderstanding)

syn 곡해하다 = misconstrue; misunderstand

mis(=bad나쁜, 사악한)+deed(행위, 행동)

misdeed

[mìsdíːd]

n. 비행; 악행; 범죄(crime); 못된 짓

예 expose[wink at] **misdeeds**
비행을 폭로하다[눈감아 주다]

syn 범죄 = misdeed; crime; offense; delict; misdemeanor

mis(=wrongly잘못)+fire(발사하다)

misfire

[misfáiər]

v. 불발하다; 점화되지 않다; 실패하다 *n.* 불발; 실패

예 ignition **misfire** 점화 실패

syn 실패 = misfire; failure; flop; washout; breakdown

mis(=bad나쁜)+fortune(운)

misfortune

[misfɔ́ːrtʃən]

n. 불운, 불행(mischance); 역경; 재난; 불행한 일

예 grieve about[over] one's **misfortune**
자신의 불행을 한탄하다

syn 재난 = misfortune; calamity; catastrophe;
adversity; mischance;mishap; disaster

mis(=bad(염려스러운) 나쁜 것을)+giving(줌)

misgiving

[misgíviŋ]

n. (pl.) 의심; 걱정, 불안, 염려

예 dispel[have] **misgivings**
불안을 떨쳐버리다[의혹을 품다]

예 misgive *v.* 의심을 품게 하다; 염려하게 하다

syn 의심 = misgivings; doubt; question; mistrust(불신)

mis(=bad나쁜)+hap(운)

mishap

[míshæp]

n. 불운(bad luck), 불행; 재난; (가벼운) 사고

예 a slight **mishap** 가벼운 사고
a **mishap** to machinery 기계의 고장

syn 불운 = mishap; misfortune; mischance; ill luck

mis(=wrongly잘못)+lay(두다, 놓다)

mislay
[misléi]

v. 잘못 두다; 잘못 두고 잊어버리다, 둔 곳을 잊다

例 **mislay** one's wallet 지갑 둔 곳을 잊어버리다

syn 잘못 두다 = mislay; misplace

mis(=wrongly잘못되게, 나쁘게)+lead(이끌다)

mislead
[mislí:d]

v. 잘못 인도하다, 오도하다; 꾀어 들이다, 속이다(deceive)

例 be **misled** by one's friends into a fast life
친구들에 홀려 방탕한 생활에 빠지다

syn 속이다 = mislead; cheat; deceive; defraud;
swindle; take in

mis(=wrong잘못)+step(디디기)

misstep
[misstép]

n. 헛디디기, 실족; 과실, 실수; 여자가 몸을 그르침

v. 헛디디다; 잘못을 저지르다

例 a fatal **misstep** 치명적인 실수

syn 과실 = misstep; blunder; fault; error; mistake;
oversight

VOCA TIP

Miso- : **hate**(싫어하기) ⇒ 모음 앞에서는 **Mis-**가 됩니다.
↔ **Phil(o) = love**(사랑)

---

mis(=hate싫어하기)+anthrop(=man사람)+ic(의)

misanthropic
[mìsənθrápik, mìz-, -θrɔ́p-]

a. 인간을 싫어하는, 염세적(厭世的)인(pessimistic)

例 a **misanthropic** person 염세적인 사람

派 misanthrope n. 인간을 싫어하는 사람, 염세가

syn 싫어하는 = hateful; loathsome; abominable

↔ **philanthropic** a. 박애의, 인정 많은(benevolent)

miso(=hate싫어하기)+gamy(=marriage결혼)

misogamy

[misǽgəmi, mai-, -sɔ́g-]

n. 결혼을 싫어함(hatred of marriage)

예 an advocate of **misogamy** 결혼 혐오주의자

파 misogamist *n.* 결혼 혐오자

syn 결혼 = marriage; matrimony; wedding

miso(=hate싫어하기)+gyn(=woman여자)+y(함)

misogyny

[misádʒəni, mai-, -sɔ́dʒ-]

n. 여자를 싫어함(↔ **philogyny** *n.* 여자를 좋아함)

예 **Misogyny** is a strong dislike of women.
misogyny는 여자를 정말 싫어하는 것을 말한다.

파 misogynist *n.* 여자를 싫어하는 사람

syn 여자 = woman; female; lady; girl; the weaker sex

cf. **gynecologist** *n.* 부인과 의사

VOCA PLUS

1. **miscarry**[mìskǽri] *v.* (사람, 계획 등이) 실패하다(fail); 유산하다(abort)
2. **mischance**[mistʃǽns, -tʃáːns] *n.* 불운, 불행(misfortune; mishap)
3. **misrule**[misrúːl] *v.* 정치를 잘못하다, 잘못 통치하다 *n.* 실정, 악정; 무질서
4. **misnomer**[misnóumər] *n.* 오칭, 잘못 부르기; 인명 오기[잘못 기재]
5. **misinterpret**[mìsintə́ːrprit] *v.* 오해하다(misunderstand; misapprehend)
6. **misuse**[misjúːz] *v.* 잘못 사용하다; 학대하다(abuse)
   n. [misjúːs] 남용, 오용

203

Neo-

new : 새로운

neo(=new새로운, 新)+colonialism(식민지주의)

neocolonialism

[nì:oukəlóuniəlìzəm]

n. (약소국을 경제적으로 지배하는 강대국의) 신식민지주의

ⓔ critics of **neocolonialism** 신식민지주의 비판자들

syn 식민지 = colony; settlement

neo(=new새로운)+lith(=stone돌 (시대))+ic(의)

neolithic

[nì:oulíθik]

a. 신석기시대의(of the later part of the Stone Age)

ⓔ the **Neolithic** Era[Age] 신석기 시대

syn 돌 = stone; pebble(자갈, 조약돌);
　　　　 boulder(표석; 둥근 돌); rock(바위)

neo(=new새로운, 新)+log(=word낱말)+ism(체계)

neologism

[ni:álədʒìzəm, -ɔ́l-]

n. 신조어, 신어(新語); 신조어의 사용; 〈신학〉 신교리

ⓔ accent, hypercorrection, and **neologism**
　　 강세, 과잉정정, 신조어

ⓟ neologize *v.* 신어를 사용하다[만들다]; 신교리를 채택하다

syn 용어 = term; word; diction; terminology;
　　　　 phraseology; vocabulary(어휘)

VOCA TIP

Neo-의 동의 어근 → Nov- = new

1. **novelty** *n.* 참신함, 새로움; *(pl.)* 이색적인 상품, 새로 고안된 것
2. **novice** *n.* (어떤 활동 분야에서의) 신출내기, 초심자(beginner);
　　　　　　　 미숙한 사람(tyro)
3. **nova** *n.* 〈천문〉 신성(新星) *cf.* **supernova** *n.* 초신성

Non-

부정 : **not** 불(不) ~   비(非) ~

non(=not불)+aggression(침략, 침범)

nonaggression

[nànəgréʃən, nɔ̀n-]

n. 불침략, 불가침

⑨ a **nonaggression** pact[treaty, agreement]
불가침 조약

ant 침략 = aggression; invasion; inroad; encroachment

non(=not비)+combatant(전투원, 투사)

noncombatant

[nànkəmbǽtənt]

n. 비전투원 *a.* 비전투원의

⑨ **noncombatant** troops 비전투부대

syn 전투 = combat; battle; war; engagement(교전);
encounter(교전); skirmish(작은 충돌)

non(=not불)+confidence(신임, 신뢰)

nonconfidence

[nɑnkánfidəns]

n. 불신임

⑨ a vote of **nonconfidence** 불신임 투표

ant 신임 = confidence; credence; trust

non(=not비)+durable(내구력 있는, 오래 견디는)

nondurable

[nàndjúərəbəl]

a. 비내구성의 *n. (pl.)* 비내구재, 소모품

⑨ consumer goods and **nondurable** goods
소비재와 비내구재

syn 내구성 = durability; persistency; endurance

non(=not비)+fiction(소설) → 비소설

nonfiction

[nɑnfíkʃən, nɔn-]

n. (전기, 기행, 탐험기 등의) 논픽션, 실록(實錄)

⑨ the current **nonfiction** bestseller
최근 논픽션 부분 베스트셀러

syn 이야기 = story; tale; account; legend(전설)

non(=not비)+plus(=more더욱 더) → 더욱 더 아닌 상태

nonplus

[nʌnplʌ́s; nɔn-]

n. 당혹, 난처; 궁지 *v.* 난처하게 만들다(perplex)

ex stand at a **nonplus** 진퇴양난에 처하다

syn 당혹 = nonplus; perplexity; embarrassment;
puzzlement; confusion; consternation

non(=not비)+productive(생산적인)

nonproductive

[nʌ̀nprədʌ́ktiv, nɔ̀n-]

a. 비생산적인; 효과가 없는; 비생산 부문의

ex a **nonproductive** enterprise 비생산적인 사업

ant 생산적인 = productive; profitable(이익이 되는);
effective(효과적인); beneficial(이로운)

non(=not비)+resident(거주자, 거주하는)

nonresident

[nʌ̀nrézədənt, nɔn-]

n. 비거주자 *a.* 거주하지 않는; 숙박자 이외의

ex foreign residents and **nonresidents**
재류 외국인들과 비거주자들

ex reside *v.* 거주하다(dwell; inhabit); (성질 등이) 존재하다

ant 거주자 = resident; habitant; inhabitant; dweller

cf. **squatter** *n.* 불법 점거자, 무단입주자

VOCA PLUS

1. **nonchalant**[nʌ̀nʃəlá:nt, nʌ́nʃələnt, nɔ̀n-] *a.* 무관심한(indifferent)
2. **nonconformist**[nʌ̀nkənfɔ́:rmist, nɔ̀n-] *n.* (관행을) 따르지 않는 사람;
비국교도(dissenter)(↔ **conformist** *n.* 순응자, 국교도)
3. **nonflammable**[nʌnflǽməbəl, nɔn-] *a.* 불연성의, 타지 않는
4. **nonlinear**[nʌnlíniər] *a.* 직선이 아닌
5. **nonsense**[nʌ́nsens, nɔ́nsəns, -sens] *a.* 무의미한; 터무니없는
6. **nonviolence**[nʌnváiələns] *n.* 비폭력(주의) *a.* **nonviolent** 평화적인

Ob-

1) 반대, 저항 : **against** ~에 반대하여
2) 방향 : **to, toward** ~쪽으로   **(up)on** 위에서
3) 강조 : **completely** 완전히   **intensively** 강하게

---

ob(강조-너무)+dur(=hard(성격이) 엄격)+ate(한)

obdurate

[ábdʒurit, ɔ́b-]

a. 고집 센, 완고한; 냉혹한, 무정한(cold; hard)

예 an **obdurate** refusal 단호한 거절

syn 고집 센 = obdurate; obstinate; stubborn; bigoted;
unyielding; uncompromising

---

ob(강조-너무)+ese(=eat먹어 (살찐))

obese

[oubíːs]

a. 매우 뚱뚱한, 지나치게 살찐(very fat; corpulent)

예 overweight and **obese** 과체중이고 비만인

파 obesity *n.* 비대, 비만(corpulence)

syn 뚱뚱한 = obese; corpulent; stout; plump(포동포동한)

---

ob(강조-강하게)+lig(=bind의무로 묶)+ate(=make다)

obligate

[ábləgèit]
[ábləgət] *a.*

v. 의무를 지우다(oblige); 담보로 잡히다 *a.* 불가피한, 의무적인

예 Parents are **obligated** to support their children.
부모는 자식을 부양할 의무가 있다.

파 oblige *v.* 억지로 시키다, 의무를 지우다; 은혜를 베풀다
obligation *n.* 의무, 책무(duty); 〈법〉 약정, 계약; 신세
obligatory *a.* 의무적인(compulsory); 필수의(required)

syn 의무 = obligation; duty; liability; responsibility(책임)

---

ob(=against반대로)+liter(=letter글씨(를 쓰))+ate(=make다)

obliterate

[əblítərèit]

v. (문질러) 지우다; 흔적을 없애다(efface)

예 **obliterate** one's sad memories 슬픈 기억을 잊다

파 obliteration *n.* 삭제, 말소; 말살

syn 지워 없애다 = obliterate; erase; blot out; cross out

207

ob(강조-자꾸)+liv(=forget잊어)+(i)ous(버리는)

oblivious
[əblíviəs]

a. 잘 잊어버리는, 건망증이 있는; ~이 안중에 없는

예 be **oblivious** of one's promise 약속을 잊다

파 oblivion *n.* 망각(obliviscence); 건망; 무의식; 〈법〉 사면

syn 잘 잊어버리는 = oblivious; forgetful

cf. **unforgettable** *a.* 기억에 남는

ob(=against~에 거슬리는)+loquy(=speaking말하기)

obloquy
[ábləkwi, ɔ́b-]

n. 비방, 욕설; 오명, 불명예(disgrace)

예 endure **obloquy** 오욕을 참다

syn 욕설 = obloquy; abuse; curse; slander; swearword; calumny(비방)

cf. personal **abuse** 인신공격
curse and swear 욕설을 퍼붓다

ob(=강조-아주)+noxious(유독한, 해로운)

obnoxious
[əbnάkʃəs, -nɔ́k-]

a. 불쾌한, 아주 싫은, 비위 상하는; 미움 받는

예 rude and **obnoxious** behavior
무례하고 불쾌한 행동

파 obnoxiously *ad.* 매우 불쾌하게, 비위에 거슬리게

syn 불쾌한, 아주 싫은 = obnoxious; disagreeable; offensive; repugnant; abominable; loathsome; hateful; detestable

ob(=toward~로 향한)+scene(filth불결, 음탕한 생각) → 불결로 향한

obscene
[əbsí:n]

a. 외설한, 음란한; 더러운(filthy)

예 an **obscene** joke[woman] 야한 농담[더러운 계집]
obscene magazines[phone calls] 음란 잡지[전화]

파 obscenity *n.* 외설, 음란; *(pl.)* 외설 행위

syn 음란한 = obscene; lewd; unchaste; lustful; lascivious; licentious; salacious; wanton; indecent; prurient; indelicate ob(강조-(이상한 생각으로) 꽉)+sess(=sit(둘러싸여) 앉아있)+ion(음)

obsession

[əbséʃən]

n. (망상, 귀신 등에) 사로잡힘; 강박 관념, 망상

예 suffer from an **obsession** 강박관념에 시달리다
have an **obsession** with ~ ~에 집착하다

파 obsessive *a.* 강박 관념의, 망상의; 귀신들린 듯한
obsess *v.* (망상 등이) 사로잡다, 달라붙다(haunt); 괴롭히다

syn 망상 = obsession; delusion; chimera; fantasy

---

ob(=against(못가도록) 방해되게)+sta(=stand서 있는)+cle(것)

obstacle

[ábstəkəl, 5b-]

n. 장애, 방해; 장애물, 방해물

예 an **obstacle** to one's advancement
진보를 가로 막는 것

syn 장해물, 방해물 = obstacle; impediment; hindrance;
obstruction; drag

---

ob(=against대항하여)+stin(=stand서 있)+ate(는)

obstinate

[ábstənit, 5b-]

a. 완고한, 고집 센; (병이) 난치의(intractable)

예 an **obstinate** refusal[headache, fever]
완강한 거부[고질적인 두통, 좀체 내리지 않는 열]

파 obstinacy *n.* 완고; 집요함(stubbornness); (병의) 난치

syn 완고한, 고집 센 = obstinate; stubborn; dogged;
bigoted; intractable; headstrong; mulish;
persistent; pertinacious; tenacious; inflexible

---

ob(=against(못가도록) 방해되게)+struct(=build세우다)

obstruct

[əbstrʌ́kt]

v. (통로를) 막다(block up), 차단하다; (진행을) 방해하다

예 **obstruct** a road[the view, traffic]
길을 막다[전망을 막다, 교통을 방해하다]

파 obstruction *n.* 장애물(obstacle); 방해
obstructive *a.* 방해하는 *n.* 방해물

syn 차단하다 = obstruct; intercept; isolate; quarantine
(격리하다)

ob(=강조-강하게)+trude(=thrust밀고나가다)

obtrude

[əbtrúːd]

*extort *v.* 강요하다; 강취하다(blackmail)

v. (자기 의견을) 강요하다; 쑥 내밀다; 참견하다

예 **obtrude** one's opinion on others
남에게 자기 의견을 강요하다

파 **obtrusion** *n.* 강요, 참견 **obtrusive** *a.* 우격다짐의

syn 강요하다 = obtrude; force; compel; coerce; exact

---

ob(=toward~쪽으로)+vi(=way길을)+ate(make내다)

obviate

[ábvièit, ɔ́b-]

v. (장애 등을) 제거하다; 미연에 방지하다

예 **obviate** danger[an accident]
위험을[사고를] 미연에 방지하다

파 **obviation** *n.* 제거; 회피(evasion; avoidance)

syn 방지하다 = obviate; prevent; preclude; check;
deter; nip in the bud(미연에 ~)

VOCA TIP

Ob-의 형태 변화

1. 자음 c앞에서는 **Oc-**로
2. 자음 f앞에서는 **Of-**로
3. 자음 p앞에서는 **Op-**로
4. 자음 t앞에서는 **Ot-**로
5. 자음 m앞에서는 b가 탈락되어 **O-**가 됩니다.

---

oc(강조-(아무도 모르게) 완전히)+cult(=hide숨은)

occult

[əkʌ́lt, ákʌlt, ɔkʌ́lt]

a. 숨겨진; 불가사의한; 비전적인(esoteric) v. 숨기다

예 fantastic **occult** powers 놀랄 만한 신비스러운 능력

파 **occultation** *n.* 모습을 감추기, 숨기(concealment)
occultism *n.* (강신술 등의) 신비학; 신비주의; 신비요법

syn 불가사의한 = occult; recondite; inexplicable;
mystic(al); magical(신비한)
신비스러운 = occult; miraculous; mysterious;
mystic(al); magical; esoteric

oc(=on~을)+cup(=take차지한)+ant(사람)

occupant
[ákjəpənt, ɔ́k-]

n. 점유자, 거주자(inhabitant); 임차인(tenant)

- **an unlawful[illegal] occupant** 불법 점유자
- occupy *v.* (지위, 일자리를) 차지하다; 종사하다; 점유하다
  occupation *n.* 직업(calling); 점령; 점유; 거주
- *syn* 점유자 = occupant; occupier; possessor; seizer

of(=against(감정이) 상하게)+fend(=strike치다)

offend
[əfénd]

v. 성나게 하다; 감정을 상하게 하다; 위반하다; 죄를 범하다

- **be offended by[at] her blunt speech**
  그녀의 퉁명스런 말에 기분이 상하다
  offend the eye[a statute]
  눈에 거슬리다[법규를] 위반하다
- offense, offence *n.* 위반; 범죄; 모욕, 무례; 공격
  offensive *a.* 불쾌한, 역겨운; 무례한, 모욕적인; 공격적인
- *syn* 성나게 하다 = offend; provoke; enrage; exasperate;
  irritate

of(〈op=work(남의) 일에 (참견)+fic(=do하)+ious(는)

officious
[əfíʃəs]

a. 참견하는(meddlesome), 주제넘게 나서는

- **officious interference** 주제넘은 간섭
  an officious person 잘 참견하는 사람
- *syn* 참견하다 = interfere in; meddle in;
  pose one's nose into

op(=against반대쪽에)+pon(=place있는)+ent(사람)

opponent
[əpóunənt]

n. (논쟁 등의) 적수, 상대; 반대자

a. 반대하는(opposing; antagonistic), 대립하는

- **a political opponent** 정적
  an opponent easy to deal with 홀가분한 상대
- *syn* 적수 = opponent; adversary; antagonist; foe

op(=before((때마침) 바로 앞에)+port(=haven항구가)+une(있는)

opportune

[àpərtjúːn, ɔ́pətjùːn]

a. 시기가 좋은, (때가) 알맞은; 시의적절한(timely)

- **예** an **opportune** time 적절한 시기
- **파** opportunity *n.* 기회, 호기(good chance)
  opportunism *n.* 기회주의, 편의주의
- *syn* 시의적절한 = opportune; timely; favorable;
  propitious; auspicious(길일의)
- *cf.* **ominous** *a.* 불길한, 나쁜 징조의(inauspicious)

op(=upon위에서)+press(내리누르다)

oppress

[əprés]

v. 억압하다; 압박감을 주다; 우울하게 만들다

- **예** **oppress** the weak 약한 사람을 억압하다
  be **oppressed** with tedium 갑갑해 죽을 지경이다
- **파** oppression *n.* 압박, 압제; 탄압; 의기소침; 〈법〉 직권 남용죄
  oppressor *n.* 압제자; 폭군(tyrant; despot)
- *syn* 억압하다 = oppress; suppress; repress; restrain

op(강조-심한)+probrium(=disgrace불명예, 치욕)

opprobrium

[əpróubriəm]

n. 오명, 치욕, 불명예; 비난; 욕설(abuse)

- **예** be put to international **opprobrium**
  국제적인 망신을 당하다
- **파** opprobrious *a.* 모욕적인; 욕을 퍼붓는; 창피한
- *syn* 치욕 = opprobrium; infamy; disgrace; shame;
  humiliation; dishonor

os(=upon~위에)+tens(=stretch(얇게 살짝) 펼쳐)+ible(진)

ostensible

[ɑsténsəbəl, ɔs-]

a. 표면상의; 겉치레의, 외견상의; 분명한(apparent)

- **예** an **ostensible**[a real] reason 표면상의[실제] 이유
- **파** ostensibly *ad.* 표면상으로, 겉으로는
- *syn* 표면상의 = ostensible; superficial; surface;
  seeming; apparent

os(=toward~을 향해)+tent(=stretch(보라는 듯이) 쫙 뻗)+atious(는)

ostentatious
[ὰstentéiʃəs, ɔs-]

a. 허세부리는, 가식적인; 과시하는; 야한; 화려한(flamboyant)

예 an **ostentatious** lifestyle[manner]
허식적인 생활양식[가식적인 태도]

파 ostentatiously *ad.* 허세를 부리고, 이것 보라는 듯이, 과시하여
ostentation *n.* 겉치레(showiness); 과시(showing off)

syn 허세부리는 = ostentatious; pretentious; showy;
boastful; flamboyant

o(=강조-완전히)+mit(=send내보내다)

omit
[oumít]

v. 생략하다, 빼다; 게을리하다, 등한히 하다(neglect)

예 The rest is **omitted**. 이하생략
omit to write one's name 이름 쓰는 것을 빼먹다

파 omission *n.* 생략; 태만, 소홀; 〈법〉 부작위
omissive *a.* 게을리 하는(negligent), 태만한; 빠뜨리는

syn 생략하다 = omit; abbreviate; abridge;
shorten(짧게 하다)

VOCA TIP

반대, 저항(=against) 의미의 접두사 정리

1_ **Ob-**   obtain *v.* 획득하다, 입수하다(come by)
2_ **Anti-**   antipathy *n.* 반감, 혐오(dislike; aversion)
3_ **Ant-**   antonym *n.* 반의어, 반대말
4_ **Contra-**   contradiction *n.* 반박, 부인, 모순
5_ **Contro-**   controvert *v.* 논쟁하다, 반대하다
6_ **Counter-**   counterblow *n.* 역습, 반격
7_ **With-**   withstand *v.* 저항하다, 항거하다

213

1_ **obituary** [oʊbítʃuèri] *n.* 부고, 사망 (광고) *a.* 사망의

2_ **oblong** [áblɔːŋ, -lɑŋ, ɔ́blɔŋ] *a.* 타원형의(oval), 직사각형의 *n.* 타원형

3_ **obeisance** [oʊbéisəns, -bíː-] *n.* 경의, 존경(respect); 인사, 절(bow)

4_ **objurgate** [ábdʒərgèit, ɔ́b-] *v.* 질책하다(reprove; rebuke); 비난하다

5_ **obliquely** [əblíːkli] *ad.* 비스듬히(atilt; tilted; askew);

간접적으로(indirectly)

6_ **obscure** [əbskjúər] *a.* 분명치 않은(indistinct; inapparent; hidden);

모호한(ambiguous) *n.* **obscurity** 불분명, 모호

v. 흐리게 하다(obfuscate); 숨기다(conceal); 가리다(block; hide)

7_ **obsequious** [əbsíːkwiəs] *a.* 아첨하는, 알랑거리는(fawning)

8_ **obsolete** [àbsəlíːt, ɔ́bsəlìːt] *a.* 구식의(outmoded; unfashionable;

out of date)

9_ **Occidental** [àksədéntl] *a.* 서양의, 서양인의(Western) *n.* 서양인

(↔ **Oriental** *a.* 동양의 *n.* 동양인)

prefix 37

Out-

1) **outward, outside** : 밖으로
2) **more than** : ~보다 이상으로(beyond)

out(=more than~보다 더)+grow(자라다)

outgrow

[àutgróu]

v. ~보다 더 커지다, 옷을 못 입게 되다, ~이 없어지다

[예] **outgrow** one's clothes 너무 자라서 옷이 작아지다

[파] outgrowth *n.* 자연적인 소산; 파생물; 성장; 곁가지

syn 자라다 = grow (up); increase(증가하다); gain(늘다)

out(=outside바깥쪽)+land(나라)+ish((풍)의)

outlandish

[autlǽndiʃ]

a. 이국풍의(exotic); 색다른, 기이한; 외딴, 벽지의

[예] **outlandish** clothes[behavior]
색다른 옷[이상한 행동]

[파] outland *a.* 변두리의; 지방의 *n. (pl.)* 시골, 변두리
outlander *n.* 외국인; 이방인; 국외자(outsider); 문외한

syn 기이한 = outlandish; bizarre; grotesque;
queer(기묘한); eccentric(별난)

out(=more than~보다 이상으로)+last(지속하다)

outlast

[àutlǽst, -lá:st]

v. ~보다 오래 가다[계속되다]; ~보다 오래 살다

[예] be expected to **outlast** the other goods
다른 제품보다 오래 갈 것으로 기대되다

syn 살다 = live; outlive(보다 오래 ~); subsist; exist;
revive(소생하다)

out(=outside바깥에)+law(법) → 법 밖으로 벗어나다

outlaw

[áutlɔ̀:]

v. 법의 보호 밖에 두다, 불법화하다; 금지하다; 추방하다

n. 무법자; 불량배(knave; hoodlum; hooligan)

[예] **outlaw** drunken driving 음주운전을 금하다

syn 박탈하다 = outlaw; deprive; strip; divest;
dispossess; take away

out(=outside바깥쪽의)+line(선)

outline
[áutlàin]

n. 외형, 윤곽; 약도; 개요, 줄거리 *v.* 윤곽을[약도를] 그리다

⒞ a broad[clear, indecisive] **outline**
대체적인[뚜렷한, 희미한] 윤곽

syn 윤곽 = outline; sketch; contours

out(=more than~보다 이상으로)+live(살다)

outlive
[àutlív]

v. ~보다 오래 살다; 살아서 ~을 잃다; 견뎌내다

⒞ **outlive** one's children 자식보다 오래 살다
outlive hosts of troubles 수많은 어려움을 견뎌내다

syn 살아남다 = outlive; survive; remain; persist

out(=outside바깥의)+look(모습)

outlook
[áutlùk]

n. 전망, 조망, 경치; 견해; (~에 관한) 전망, ~관; 감시

⒞ a wonderful **outlook** 멋진 경치
a political[an economic] **outlook** 정치[경제] 전망

syn 전망, 조망 = outlook; view; prospect

out(=outside밖으로 (지나감))+mode(유행)+ed(인)

outmoded
[àutmóudid]

a. 유행에 뒤떨어진, 구식의, 낡은(old-fashioned)

⒞ **outmoded** working practices[facilities]
낡은 노동 관행[구식 설비]

*out-of-date
a. 시대에 뒤떨어진

⒟ outmode *v.* 유행에 뒤지게 하다; 시대에 뒤떨어지다

syn 시대에 뒤진 = outmoded; obsolete; outdated

out(=outward바깥으로)+pour(따르다, 붓다; 토로하다)

outpour
[àutpɔ́ːr]
[áutpɔ̀ːr] *n.*

v. ~을 흘려 내보내다; (감정을) 토로하다 *n.* 유출, 토로

⒞ **outpour** one's true feelings without reserve
거리낌 없이 자신의 진심을 토로하다

⒟ outpouring *n.* 유출, 유출물(overflow); (*pl.*) 발로, 분출

syn 유출 = outpour; outpouring; overflow; efflux

216

out(=outward밖으로)+put((만들어)내 놓은 것)

output
[áutpùt]

n. 생산, 산출; 생산고, 산출량; 출력 *v.* 출력하다

예 the daily **output** of cell phones
휴대폰의 하루 생산량

syn 생산 = output; production ↔ consumption 소비

ant **input** *n.* 투입; 입력 *v.* 입력하다

---

out⟨ultra(=beyond(한계를) 넘어선)+rage(사나움; 격노)

outrage
[áutrèidʒ]

n. 불법(행위), 무도; 난폭; 학대; 분개(indignation)

v. 위반하다; 폭행하다; (여자를) 범하다(rape)

예 commit many **outrages** 난폭한 짓을 많이 하다
trigger anger and **outrage**
분노와 경악을 불러일으키다

파 outrageous *a.* 난폭한, 포악한(cruel); 무법의; 엄청난

syn 난폭 = outrage; violence; rampage; recklessness;
rudeness; roughness; rowdiness

---

out(=outside바깥쪽)을+skirt((둘러싸고) 있는 곳)

outskirt
[áutskə̀:rt]

n. (pl.) 변두리, 교외; 한계, 빠듯함

예 on[at, in] the **outskirts** of ~ ~의 변두리에
the **outskirts** of respectability
겨우 품위를 유지하는 것

syn 교외 = outskirts; suburbs; environs

---

out(=outward밖으로)+spoken((솔직히) 말하는)

outspoken
[àutspóukən]

a. 거리낌 없이 말하는; 노골적인, 솔직한

예 **outspoken** criticism[comments] 솔직한 비판[논평]

파 outspokenly *ad.* 기탄없이, 솔직하게(frankly; candidly)
outspeak *v.* 거침없이 말하다, 솔직하게 말하다; 말로 이기다

syn 솔직한 = outspoken; frank; candid; plain;
downright; straightforward

out(=more than~보다 나은)+wit(지혜, 재치(로 이기다))

outwit
[àutwít]

v. ~의 의표를 찌르다; 선수치다; 속이다

⑩ outwit[circumvent] the law 법의 허점을 찌르다

syn 꾀로 이기다 = outwit; ; outsmart; overreach
　　　　　　*outsmart oneself 제 꾀에 자기가 넘어가다

cf. 처부수다 = defeat; beat; triumph

VOCA PLUS

1_ **outburst**[áutbə̀:rst] *n.* (감정의) 폭발, 분출(explosion; eruption)

2_ **outcry**[áutkrài] *n.* 절규, 고함; 떠들썩함(loud clamor)

3_ **outdistance**[àutdístəns] *v.* (경주 등에서) 훨씬 앞서다(outstrip);
　　　　　　　~보다 낫다

4_ **outdo**[àutdú:] *v.* ~보다 뛰어나다, ~을 능가하다(surpass)

5_ **outfit**[áutfìt] *n.* (여행 등의) 채비, 장비(equipment); (군대의) 부대

6_ **outgoing**[áutgòuiŋ] *a.* 나가는, 떠나가는; 사교적인 *n.* 떠나감, 출발; 지출

7_ **outing**[áutiŋ] *n.* (옥외) 산책; 소풍(excursion; picnic; hike)

8_ **outlay**[áutlèi] *n.* 지출(expenditure); 비용, 경비(expenses)

9_ **outlet**[áutlet, -lìt] *n.* 출구; (상품의) 판매점; 방수구(↔ **inlet** *n.* 흡입구)

10_ **outnumber**[àutnʌ́mbər] *v.* ~보다 수적으로 우세하다;
　　　　　　　~를 수로 압도하다

11_ **outplay**[àutpléi] *v.* ~보다 능숙한 플레이를 하다, 이기다(beat)

12_ **outright**[áutràit] *a.* 솔직한, 분명한(obvious) *ad.* 숨김없이, 터놓고

13_ **outstanding**[àutstǽndiŋ] *a.* 눈에 띄는, 현저한, 저명한(striking;
monumental; eminent); 미결제의, 미불의(unpaid);
미해결의(unsettled; pending)

14_ **outstrip**[àutstríp] *v.* ~을 능가하다, ~에 이기다(surpass; exceed)

15_ **outweigh**[àutwéi] *v.* (가치, 중요성이) 보다 중요하다, 능가하다(exceed);
　　　　　　　~보다 무겁다

Study **13**

Over-

1) **over, above** : 위 2) **too much** : 너무 많이
3) **excessively** : 지나치게 4) **across** : 가로질러

---

over(~위에서)+bear((내리 누르며) 행동하다)

overbear

[òuvərbɛ́ər]

v. 위압하다; 제압하다; 중요성에서 앞서다; 애를 많이 낳다

ⓔ try to **overbear** the opposition
반대파를 제압하려하다

ⓟ overbearing *a.* 건방진, 거만한(supercilious); 고압적인

syn 위압하다 = overbear; coerce; overpower; overawe;
browbeat; domineer

---

over(=excessively너무)+confident(자신이 있는)

overconfident

[òuvərkánfədənt, -kɔ́n-]

a. 지나치게 자신하는; 자부심이 강한

ⓔ be **overconfident** of one's abilities
자신의 능력을 과신하다

syn 자부심이 강한 = overconfident; self-conceited;
self-important; self-confident

---

over(=too much너무 많은)+dose((약의) 복용량)

overdose

[óuvərdòus]
[òuvərdóus] *v.*

n. (약의) 과량 복용; 과잉 투여 *v.* 과도하게 투약하다

ⓔ a drug **overdose** 약물 과다복용

syn 투약하다 = dose; medicate; prescribe(처방하다)

---

over(=too much너무 높게)+estimate(평가하다)

overestimate

[òuvəréstəmèit]

v. 과대평가하다 *n.* 과대평가(↔ **underestimate**)

ⓔ **overestimate** a person's talent
~의 재능을 과대평가하다

syn 과대평가하다 = overestimate; overrate; overvalue

over(=excessively지나치게)+generous(관대한)

overgenerous

[òuvərdʒénərəs]

a. 지나치게 관대한; 지나치게 후한

🔘 **overgenerous** welfare programs
너무 후한 복지 정책

syn 관대한 = generous; liberal; magnanimous;
broad-minded

---

over(~위에)+ride(타다; 지배하다)

override

[òuvəráid]

v. 짓밟다; 무시하다; 뒤엎다; 무효로 하다 *n.* (매출) 수수료

🔘 **override** the country 국토를 짓밟다

override the wishes of the people 민의를 무시하다

🔘 overriding *a.* 무엇보다 우선하는; 가장 중요한, 결정적인;
위압적인, 거만한(arrogant; haughty)

syn 짓밟다 = override; overrun; devastate; ravage;
trample on; tread on

---

over(~위에서)+rule(지배하다, 통치하다)

overrule

[òuvərú:l]

v. 억누르다; (결정을) 뒤엎다; 기각하다; 지배하다

🔘 **overrule** the judgment 판결을 뒤엎다

be **overruled** by accumulation of wealth by
illicit means 부정축재에 눈멀다

🔘 overruler *n.* 최고지배자

syn 기각하다 = overrule; reject; dismiss; turn down

---

over(~위에)+shadow(그늘지게 하다)

overshadow

[òuvərʃǽdou]

v. ~을 흐리게 하다; ~을 못해 보이게 하다; 가리다

🔘 **overshadow** a conventional wedding
전통혼례를 못해 보이게 하다

syn 흐리게 하다 = overshadow; overshine; blur;
defocus(초점을 ~)
*My memory is a **blur**.
내 기억이 흐릿하다.

220

over(~위에다)+spread((온통) 뿌리다)

overspread
[ðuvərspréd]

v. ~을 온통 뒤덮다; ~의 위에 온통 흩뿌리다

예 be **overspread** with dark clouds 먹구름이 뒤덮이다

syn 흩뿌리다 = spread; scatter; sprinkle

over(=excessively지나치게)+supply(공급하다)

oversupply
[ðuvərsəplái]
[óuvərsəplài] *n.*

v. 과잉 공급하다 *n.* 과잉 공급

예 a huge **oversupply** 막대한 공급 과잉

syn 공급하다 = supply; furnish; provide

over(=too much너무 많이)+tax(세금을 부과하다)

overtax
[ðuvərtǽks]

v. 과도하게 과세하다[부담을 지우다]; 혹사하다

예 **overtax** one's eyes 눈을 혹사하다

overtax oneself 과로하다

syn 과도하게 = excessively; inordinately; too much;
in excess

over(아래에서 위로 → 뒤집어)+throw(던지다)

overthrow
[ðuvərθróu]
[óuvərθròu] *n.*

v. 뒤엎다; 타도하다; 전복하다 *n.* 전복; 타도

예 **overthrow** a theory 학설을 뒤엎다

overthrow the government 정부를 전복시키다

syn 전복시키다 = overthrow; overturn; subvert; upset

over(위에서)+whelm(압도하다)

overwhelm
[ðuvərhwélm]

v. 압도하다, 제압하다; 괴멸시키다; 당황하게하다

예 be **overwhelmed** by numbers[joy]
수로 압도당하다[기쁨으로 어쩔 줄 모르다]

예 **overwhelming** *a.* 압도적인, 저항할 수 없는(irresistible)

syn 압도하다 = overwhelm; overpower; surpass; crush;
slaughter(대승을 거두다)

1. **overall** [óuvərɔ́:l] *a.* 전체의(whole; total)

   ad. 전체적으로 *n.* (*pl.*) 작업복

2. **overburden** [ðuvərbə́:rdn] *v.* (짐, 부담을) 너무 많이 지우다

   n. [óuvərbə̀:rdn] 과중

3. **overcast** [ðuvərkǽst] *v.* 흐리게 하다(darken)

   a. [óuvərkǽst] 흐린(cloudy), 음침한(gloomy)

4. **overcharge** [ðuvərtʃá:rdʒ] *v.* 부당한 대금을 청구하다, 바가지 씌우다

5. **overcrowd** [ðuvərkráud] *v.* 사람을 너무 많이 들이다,

   초만원이 되게 하다(throng; jam)

6. **overdue** [ðuvərdjú:] *a.* (지불의) 기한이 지난, 늦은(late)

7. **overhang** [ðuvərhǽŋ] *v.* ~위에 걸리다; 돌출하다; 절박하다; 위협하다

8. **overhaul** [ðuvərhɔ́:l] *v.* ~을 철저히 조사하다(investigate);

   따라잡다(overtake) *n.* [óuvərhɔ̀:l] 철저한 조사

   *haul *v.* 세게 당기다; 운반하다(carry); 체포하다(arrest); 소환하다(summon)

9. **overhear** [ðuvərhíər] *v.* 우연히 듣다; 엿듣다;

   도청하다(wiretap; bug; eavesdrop)

10. **overlap** [ðuvərlǽp] *v.* 겹치다; ~와 공통점이 있다

    n. [óuvərlǽp] 중복, 겹침

11. **overload** [ðuvərlóud] *v.* 짐을 너무 많이 싣다, 부담을 너무 지우다

    n. [óuvərlòud] 과중한 짐[부담]

12. **overlook** [ðuvərlúk] *v.* 못보고 지나치다; 너그럽게 봐주다; 내려다 보다

13. **overpower** [ðuvərpáuər] *v.* 제압하다(overwhelm); 억누르다

14. **overpass** [ðuvərpǽs] *v.* 건너다, 통과하다 *n.* [óuvərpǽs] 육교

15. **overtime** [óuvərtàim] *n.* 규정 외 노동시간, 초과 근무수당

16. **overweening** [ðuvərwí:niŋ] *a.* 자부심이 강한, 오만한(hubristic(al))

    *overweening arrogance 거드름 피우는 오만함

17. **overweight** [ðuvərwéit] *a.* 지나치게 뚱뚱한(obese), 중량이 초과된

    v. 지나치게 부담을 주다 *n.* [óuvərwèit] 초과 중량

    v. **overweigh** ~보다 중요하다

Para-

1) 측면 : beside 옆에, 곁에   2) 양쪽 : both sides
2) 모순 : contrary to ～에 반하는

---

para(=both sides양쪽을)+bol(=throw(위로 둥글게) 던진)+a(것)

parabola

[pərǽbələ]

n. 포물선; (안테나 등의) 파라볼라 형(型)의 것

㉠ describe a **parabola** 포물선을 그리다

㉣ parabolic, parabolical *a.* 포물선(모양)의

syn 선 = line; track(궤도); level(기준, 표준); cable(전선)

---

para(=beside곁에서)+digm(=show(사례로) 보여주는 것)

paradigm

[pǽrədim, -dàim]

n. 범례(pattern), 모범(model); 〈문법〉 어형 변화표

㉠ the era of **paradigm** shift 패러다임 변화의 시대

syn 범례 = paradigm; pattern; archetype; model;
example

---

para(=contrary to(정설에) 반하는)+dox(=opinion의견)

paradox

[pǽrədàks, -dɔ̀ks]

n. 역설(逆說), 패러독스; 자가당착의 말; 모순된 일

㉠ the power & **paradox** of physical attractiveness
육체적 매력에 대한 힘과 역설

㉣ paradoxical *a.* 역설의; 자기모순의; (현상, 상태가) 기묘한
paradoxically *ad.* 역설적으로; 역설적으로 들릴지 모르지만
paradoxer; paradoxist *n.* 역설가

syn 모순 = paradox; contradiction; inconsistency;
incongruity; ambiguity(애매모호)

---

para(=beside곁에)+graph(=write쓴 것)

paragraph

[pǽrəgrǽf, -grà:f]

n. (문장의) 절, 단락; 짧은 기사 *v.* 절로 나누다

㉠ the first line of a **paragraph** 절의 첫줄

syn 기사 = article; account/ scoop; beat(특종기사)/
feature(특집기사)

cf. **editorial** *n.* 사설(an editorial article)

para(=beside한쪽 옆을)+lyze(=loosen느슨하게 하다)

paralyze

[pǽrəlàiz]

v. 마비시키다, 무감각하게 하다; 무력하게 만들다

예 be **paralyzed** in both legs 두 다리가 마비되다

파 paralysis *n.* 마비, 불수; 중풍(palsy); 무력
paralyzation *n.* 마비시킴, 마비상태; 무력화
unparalyzed *a.* 마비되지 않은; 감각이 있는

syn 마비시키다 = paralyze; numb; benumb;
anesthetize; narcotize(마취시키다)

---

para(=beside곁에 있는)+meter(=measure측정(의 기준))

parameter

[pərǽmitər]

n. 매개변수, 파라미터; 〈통계〉 모수; 한정요소, 한계

예 consider all the **parameters**
모든 매개변수들을 고려하다

syn 매개 = mediation; intermediation; agency;
instrumentality; intervention(중재, 간섭)

---

para(=beside옆에다 (알기 쉽게 쓰 놓은))+phrase(표현)

paraphrase

[pǽrəfrèiz]

n. 바꾸어 말하기, 의역 *v.* 바꾸어 말하다, 의역하다

예 **paraphrase** a passage 글의 한 구절을 의역하다

syn 말하다 = say; talk; tell; speak; utter; state;
mention; express; remark

---

para(=beside곁에 (붙어서))+site(=food,grain음식(을 먹는 것))

parasite

[pǽrəsàit]

n. 기생충; 기생 동식물; 기식자, 식객

예 a **parasite** living off the community
사회의 기생충
a **parasite** carrier 기생충 보유자

파 parasitic *a.* 기생하는; 기생충에 의한
parasiticide *n.* 구충제

syn 식객 = parasite; hanger-on;
dependent(피부양인, 부양가족)
*an allowance for dependent 부양가족 공제

Para-의 형태 변화

<u>모음 앞에서는</u> a-가 탈락되어 **Par-**가 됩니다.

---

par(=beside~의 옆에)+all(=other다른)+elism → 옆에 나란히 있음

parallelism

[pǽrəlelìzəm]

n. 평행관계, 병행; 유사; 대응; 대구법

예 need a certain **parallelism** of life
　　인생의 어떤 유사성을 필요로 하다
　　ironical **parallelism** 풍자적 대구법

파 parallel *a.* 평행의; 병렬의; 유사한 *v.* 필적하다
　　　　　 n. 평행선; 대비, 비교; 필적; 병렬회로
　　*parallel bars 평행봉

syn 유사 = parallelism; similarity; approximation;
　　　　　 resemblance; likeness; analogy

---

par(=beside옆에서 (따라))+od(=song노래)+y(함)

parody

[pǽrədi]

n. 패러디, (풍자적인) 개작; 모방 *v.* 풍자적으로 모방하다

예 **parody**, burlesque, and caricature
　　패러디, 풍자극, 풍자만화

파 parodist *n.* 패러디 작가

syn 풍자 = satire; innuendo; sarcasm; irony

---

par(병적으로 아주)+oxy(=sharp격심한)+sm(상태)

paroxysm

[pǽrəksìzəm]

n. (감정 등의) 폭발, 격발(fit); 주기적 발작

예 **paroxysms** of rage 격노
　　a short but strong **paroxysm** of grief
　　짧지만 강한 슬픔의 격발

파 paroxysmal *a.* 발작적인, 폭발적인, 격발적인

syn 발작 = paroxysm; attack; fit; stroke; spasm

1_ **paragon** [pǽrəgàn] *n.* 모범, 본보기, 귀감(pattern);

100캐럿 이상의 완전한 다이아몬드

2_ **paramount** [pǽrəmàunt] *a.* 최고의(supreme);

주요한(chief; dominant); 탁월한(prominent)

n. 최고권위자, 수령, 군주, 왕

n. **paramountcy** 최고권

3_ **paramour** [pǽrəmùər] *n.* (기혼자의) 정부(情婦)(mistress);

샛서방(lover), 정부(情夫)

4_ **paranoia** [pæ̀rənɔ́iə] *n.* 편집증(偏執症), 망상증;

(근거 없는) 심한 의심(suspicion)

5_ **parenthesis** [pərénθəsis] *n.* 둥근 괄호

v. **parenthesize** (단어, 구 등을) 삽입하다

6_ **parsimonious** [pɑ̀ːrsəmóuniəs]

a. 인색한, 구두쇠의(stingy; miserly; tightfisted; niggard)

n. **parsimony** 극도의 절약; 인색(stinginess; niggardliness)

*구두쇠 = niggard; miser; tightwad; skinflint

Per-

1) 관통, 통과 : **through** 통과하여
2) 강조 : 완전히, 철저히 3) 방법 : **wrongly** 나쁘게
4) 범위 : **throughout** 널리, 죽

---

per(강조-완전히)+ceive(=take파악하다)

perceive

[pərsíːv]

v. 알아차리다, 지각하다, 이해하다, 파악하다(apprehend)

⟪예⟫ **perceive** intuitively 직감으로 알다
perceive the truth 사실을 깨닫다

⟪파⟫ perception *n.* 지각; 직관(intuition); 〈법〉 취득액; 점유취득
perceptive *a.* 지각할 수 있는; 예민한, 민감한
perceptible *a.* 지각할 수 있는; 알아챌 만한

syn 알아차리다 = perceive; suspect;
become aware[conscious] of

---

per(강조-철저히 (혼자서))+empt(=take꽉 잡)+ory(은)

peremptory

[pərémpətəri]
[pérəmptɔ̀ːri]

a. 단호한; 독단적인, 압제적인; 절대적인, 강제적인

⟪예⟫ a **peremptory** command[order] 단호한 명령

⟪파⟫ peremptorily *ad.* 단호히(imperatively); 거만하게

syn 단호한 = peremptory; decisive; resolute;
determined; stern; firm; drastic
절대적인 = peremptory; imperative; categorical;
obligatory; mandatory

---

per(=wrongly나쁘게)+fid(=faith믿)+ious(는)

perfidious

[pərfídiəs]

*treacherous ice
깨지기 쉬운 얼음

a. 남을 속이는; 배신하는, 불신의; 불성실한

⟪예⟫ a **perfidious** friend 믿지 못할 친구

⟪파⟫ perfidy *n.* 배반(treachery; betrayal); 불성실

syn 속이는 = perfidious; tricky; deceitful; deceptive;
treacherous; double-faced(위선적인)
반역적인 = treacherous; treasonous; rebellious

*be <u>treacherous</u> to one's kin 혈육을 배신하다

per(=through~을 뚫고)+for(=bore구멍)을+ate(=make내다)

perforate

[pə́:rfərèit]

v. 구멍을 내다; 바늘구멍을 송송 내다; 관통하다

bore n. 구멍; 시추공
pore n. 털구멍; 기공

예 **perforate** a target with an arrow
화살로 과녁을 뚫다

파 perforation *n.* 구멍을 냄; 천공; 절취선
perforator *n.* 천공기; (차표 찍는) 개찰 가위

syn 관통하다 = perforate; penetrate; pierce; pass
through; shoot through(총탄이 ~)

---

per(강조−철저히)+funct(=perform(형식적으로) 수행하)+ory(는)

perfunctory

[pərfʌ́ŋktəri]

a. 형식적인, 기계적인, 아무렇게나 하는; 피상적인

예 a **perfunctory** inspection[greeting]
형식적인 검열[무성의한 인사]

파 perfunctorily *ad.* 건성으로, 아무렇게나, 겉치레로

syn 형식적인 = perfunctory; conventional; formal

---

per(=wrongly(사실과 달리) 나쁘게)+jur(=swear맹세)+y(함)

perjury

[pə́:rdʒəri]

n. 위증, 위증죄; 서약을 어김; 새빨간 거짓말

예 the **perjury** of the witness 목격자의 위증

파 perjure *v.* 위증하다, 거짓 서약하다
perjurious *a.* 위증의; 거짓 서약의

syn 위증 = perjury; falsification; false witness

---

per(=through(조금씩) 뚫고)+mea(=pass들어가)+(a)te(=make다)

permeate

[pə́:rmièit]

v. 스며들다, 배어들다; 꽉 들어차다; 퍼지다

예 **permeate** through the soil 땅 속으로 스며들다
permeate the entire nation 나라 전체에 확산되다

파 permeation *n.* 침투, 보급; 충만
permeable *a.* 침투할 수 있는, 투과성의

syn 스며들다 = permeate; penetrate; soak; pervade;
filter; saturate; infiltrate; go through

228

per(강조-철저히)+nici(=injure해치)+ous(는)

pernicious

[pəːrníʃəs]

a. 해로운, 유독한; 파멸적인; 치명적인(fatal)

- 예 a **pernicious** habit 해로운 습관
  pernicious anemia 악성 빈혈
- 파 perniciously *ad.* 해롭게, 치명적으로
- *syn* 해로운 = pernicious; harmful; poisonous; baneful; noxious; nocuous(유독한)

per(=throughout계속 쭉)+pet(=seek추구하)+ual(는)

perpetual

[pərpétʃuəl]

a. 영속하는, 영원한; 끊임없는 *n.* 다년생식물

- 예 **perpetual** snow[noise] 만년설[끊임없는 소음]
- 파 perpetuate *v.* 영속시키다, 불멸하게 하다
  perpetuation *n.* 영속, 영구화; 불후(immortality)
- *syn* 영원한 = perpetual; everlasting; eternal; permanent; immortal; timeless

per(강조-완전히 (헷갈리게))+plex(=fold접어 포개다)

perplex

[pərpléks]

v. 당황하게 하다, 혼란시키다; 뒤얽히게 하다

- 예 a **perplexing** problem 난문제
- 파 perplexity *n.* 당혹(bewilderment); 분규; 난문제
  perplexing *a.* 난처[당황]하게 하는; 복잡한
  perplexed *a.* 당혹한; 복잡한, 뒤얽힌(complicated)
- *syn* 당황하게 하다 = perplex; bewilder; puzzle; confuse; mystify

per(강조-철저히)+secute(=follow뒤쫓아 가 못살게 굴다)

persecute

[páːrsikjùːt]

v. (종교 등의 이유로) 박해하다(oppress); 성가시게 괴롭히다

- 예 be **persecuted** for one's religion
  종교적 이유로 박해받다
- 파 persecution *n.* 박해; 성가시게 괴롭힘, 졸라댐
  persecutive *a.* 박해하는, 괴롭히는
- *syn* 박해하다 = persecute; oppress; torment(괴롭히다)

per(강조-아주)+severe(=strict엄격하게 견뎌내다)

persevere
[pə̀:rsəvíər]

v. 인내하다, 견디어 내다; 끈기 있게 노력하다

⚎ **persevere** in one's efforts 끊임없이 노력하다

⚏ perseverance *n.* 인내, 끈기; 불굴의 노력(tenacity)
perseverant *a.* 불요불굴의, 인내심 강한

syn 인내하다 = persevere; endure; bear; put up with

---

per(=through~을 꿰뚫고)+spect(=look바라보)+ive(는 것)

perspective
[pə:rspéktiv]

n. 원근법, 투시화법; 조망; 견해; 관점; 균형 *a.* 원근 화법의

⚎ see life in a right **perspective** 인생을 바르게 보다

syn 조망 = perspective; prospect; vista; view; outlook

---

per(강조-완전히)+tin(=hold딱 맞게) 붙잡)+ent(은)

pertinent
[pə́:rtənənt]

a. 적절한, 딱 들어맞는; ~와 관련된

⚎ **pertinent** estimation[details] 적절한 평가[관련 항목]

⚏ pertain *v.* (~에) 속하다; 적합하다; (~에) 관계가 있다

cf. ↔ **impertinent**
a. 건방진, 관계없는

syn 적절한 = pertinent; relevant; adequate; proper;
appropriate; fitting; apt

---

per(강조-(마음을) 막)+turb(=stir휘젓다)

perturb
[pərtə́:rb]

v. (마음을) 뒤흔들다, 당황하게[불안하게] 하다

⚎ **perturb** the national conscience
국가적 양심을 뒤흔들다

⚏ perturbation *n.* 마음의 동요, 당황; 혼란

syn 뒤흔들다 = perturb; disturb; stir; agitate

---

per(=throughout온통, 도처에)+vade(=go퍼져나가다)

pervade
[pərvéid]

v. (사상 등이) 온통 퍼지다, 가득 차다; 배어들다

⚎ **pervade** very quickly 매우 빠르게 퍼지다

⚏ pervasion *n.* 골고루 미침; 충만; 침투
pervasive *a.* 퍼지는, 골고루 미치는; 스며드는(permeative)

syn 널리 퍼지다 = pervade; permeate; spread; prevail

Per-의 형태 변화

1. 자음 l 앞에서는 **Pol-**이 됩니다.
2. 자음 d, s와 모음 a 앞에서는 **Par-**가 됩니다.

---

pol(=wrongly잘못)+lu(=wash씻어 (더러워진))+tion(것)

pollution

[pəlúːʃən]

n. 오염, 공해; 불결; 타락(corruption); 〈의학〉 몽정

☞ air[water] **pollution** 대기[수질] 오염
environmental[noise, thermal] **pollution**
환경[소음, 열] 공해

☞ pollute *v.* 더럽히다, 오염시키다; 타락시키다(corrupt)
polluter *n.* 오염자, 오염원   pollutant *n.* 오염 물질; 오염원

syn 오염 = pollution; contamination

---

par(=through(잘못을 눈감고) 통과시켜)+don(=give주다)

pardon

[páːrdn]

v. 용서하다; 눈감아주다; 사면하다 *n.* 용서; 사면

☞ **pardon** a theft[lie] 절도를[거짓말을] 눈감아 주다
ask for a **pardon** 용서를 빌다
(a) special **pardon** 특별사면

☞ pardonable *a.* 용서할 수 있는(excusable; forgivable)

syn 용서하다 = pardon; forgive; condone; overlook;
excuse; pass over

1. **perennial** [pəréniəl] *a.* 연중 계속되는; 영속하는(perpetual)

   n. 다년생 식물

2. **perpendicular** [pə̀ːrpəndíkjələr]

   a. 수직의, 곧추선(erect; upright; vertical)

   n. **perpendicularity** 수직, 직립

3. **perpetrate** [pə́ːrpətrèit] *v.* (나쁜 짓, 과오 등을) 범하다(commit)

4. **perquisite** [pə́ːrkwəzit] *n.* (급료 외의) 부수입; 팁(gratuity; tip)

   cf. **inquest** *n.* 〈법〉 배심, 심리; 검시; 조사

5. **perspicacious** [pə̀ːrspəkéiʃəs] *a.* 통찰력이 있는(shrewd);

   총명한, 예리한(keen)

6. **perspiration** [pə̀ːrspəréiʃən] *n.* 발한(작용); 땀(sweat)

7. **peruse** [pərúːz] *v.* 정독하다(read carefully);

   꼼꼼히 살펴보다(scrutinize; scan)

8. **perverse** [pərvə́ːrs] *a.* 괴팍한, 비뚤어진(fastidious; cranky);

   고집불통인(stubborn; obstinate; obdurate;

   pigheaded)

9. **pervert** [pəːrvə́ːrt] *v.* 오해[곡해]하다(misunderstand; distort);

   악용하다(abuse; misuse); 타락시키다

   n. [pə́ːrvəːrt] 타락자; 배교자; 변절자; 성도착자

Pre-

앞, 전 = before : 앞에; 미리, 이전에

pre(=before미리)+caution(조심함)

precaution

[prikɔ́:ʃən]

n. 예방조치, 사전대책; 조심, 경계 *v.* 경계시키다

cf. prophylaxis
n. (의학적) 예방

예 a safety **precaution** 안전 예방조치
take **precautions** against[to V] ~에 조심하다

파 precautionary *a.* 예방의(preventive); 경계의
precautious *a.* 조심하는, 신중한(cautious; prudent)

syn 예방 = precaution; prevention; protection

pre(=before앞에, 이전에)+ced(=go행해진)+ent(것)

precedent

[présədənt]

n. 전례, 선례, 관례; 판례 *a.* 선행하는, 앞서는

예 be beyond all **precedents** 전혀 선례가 없다

파 precede *v.* ~에 선행하다; ~보다 먼저 일어나다
(↔ succeed *v.* ~의 뒤에 오다, 상속하다, 후임자가 되다)
precedence *n.* 앞섬, 선행; 상위, 우위; 우선권; 우선권

syn 판례 = precedent; case; leading case

pre(=before먼저)+cept(=take(깨달음으로) 받아들이는 것)

precept

[prí:sèpt]

n. 교훈, 가르침; 격언, 금언; 취급규칙; 〈법〉 영장

*aphorism; gnome

예 obey one's parents' **precept** 부모의 가르침에 따르다

파 preceptive *a.* 교훈적인; 명령적인(imperative)

syn 금언, 격언 = precept; maxim; adage; saying

pre(=before앞으로 (떨어지게))+cip(=head머리(를 쑥 내민))+ice(곳)

precipice

[présəpis]

n. 절벽, 낭떠러지(cliff); 위기(crisis), 궁지

예 be on the brink of a **precipice** 위기에 처하다

파 precipitous *a.* 절벽의, 깎아지른(steep), 급경사의
precipitately *ad.* 다급히(urgently); 갑자기; 곤두박질로

syn 절벽 = precipice; cliff; bluff

pre(=before(못 들어오게 문을) 미리)+clude(=shut닫다)

preclude

[priklú:d]

v. 방해하다, 불가능하게 하다; 배제하다(exclude)

◉ **preclude**[prevent] A from ~ing
A가 ~하지 못하게 하다

◍ preclusion *n.* 방해(hindrance); 배제
preclusive *a.* 방해하는, 제외하는

syn 방해하다 = preclude; prevent; hinder; obstruct;
interrupt; impede; disturb

---

pre(=before너무 일찍)+coci(=ripen; cook익)+ous(은)

precocious

[prikóuʃəs]

a. (아이가) 조숙한, 어른스러운; (식물이) 조생의

◉ a **precocious** child 조숙한 아이

◍ precocity *n.* 조숙; 꽃이 일찍 핌

syn 조숙한 = precocious; premature;
prematurely developed

cf. **precautious** *a.* 조심하는(careful), 신중한(prudent;
cautious; circumspect; judicious; deliberate)

---

pre(=before미리)+conceive(생각하다)

preconceive

[prì:kənsí:v]

v. ~을 미리 생각하다, 예상하다

◉ get rid of one's **preconceived** notion
선입견을 버리다

◍ preconception *n.* 선입견, 편견(prejudice); 예상, 예측

syn 생각하다 = conceive; think; meditate; reflect(곰곰이 ~)

---

pre(=before(인생을) 먼저)+cursor(=runner달려간 사람)

precursor

[pri:kə́:rsər, prí:kə:r-]

n. 선구자; 선임자(predecessor); 전조(presage; omen)

◉ a **precursor** of reformation 개혁의 선구자
a **precursor** to recession 불경기의 전조

◍ precursory *a.* 선구의; 전조의, 예비적인(preliminary)

syn 선구자 = precursor; forerunner; harbinger; herald;
outrider(선도차, 전조)

pre(=before앞서)+de(=from~에서)+cess(=go((거쳐) 간)+or(사람)

predecessor
[prédisèsər, príːdisèsər]

n. 전임자, 선배(↔ **successor** *n.* 후임자); 조상(ancestor)

예 one's **predecessor** and successor[replacement]
~의 전임자와 후임자

syn 선배 = predecessor; precursor; senior; superior;
elder; old-timer(고참, 노인)

pre(=before미리)+dic(=say말해야 할 (어려운))+ament(상태)

predicament
[pridíkəmənt]

n. 곤경, 궁지; 범주(category)

예 be in a **predicament** 곤경에 처해있다

a way out of a **predicament**
곤경에서 빠져 나올 수 있는 한 방법

syn 곤경 = predicament; plight; quandary; fix;
dilemma; strait

pre(=before앞서)+domin(=master지배)+ant(하는)

predominant
[pridámənənt, -dɔ́m-]

a. 우월한, 우세한, 지배적인; 주요한; 현저한, 눈에 띄는

예 a female-**predominant** disease
여성이 잘 걸리는 질병

a **predominant** trait 눈에 띄는 특징

파 predominate *v.* 우위를 차지하다; 지배하다(rule)
predominance, predominancy *n.* 우월, 우위; 우세, 지배

syn 우월한 = predominant; predominating; superior;
supreme; preponderant

pre(=before남보다 먼저)+empt(=take잡다)

preempt
[priémpt]

v. (남보다) 먼저 차지하다[손에 넣다], 선취하다; 회피하다

예 **preempt** overseas markets 해외시장을 선점하다

파 preemption *n.* 우선 매수권; 선제공격
preemptive *a.* 선매의; 〈군사〉 선제의
*a preemptive attack 선제공격

syn 차지하다 = take; hold; occupy; capture; seize

pre(=before미리)+fabricate(만들다, 조립하다)

prefabricate

[priːfǽbrikèit]

v. 미리 제조하다; 조립식으로 만들다

- (예) a **prefabricated** house 조립식 주택(a prefab)
- (파) prefabrication *n.* 미리 만들어냄; 조립식 주택의 부분품 제조
  prefab *n.* 조립식 주택 *a.* 조립식의 *v.* 조립식으로 짓다
- *syn* 제조하다 = fabricate; manufacture; make; produce; turn out

---

pre(=before앞에)+fa(=say말하)+tory(는)

prefatory

[préfətɔ̀ːri, -təri]

a. 서문의, 머리말의(introductory)

- (예) **prefatory** remarks 서언
- (파) preface *n.* 서문, 머리말 *v.* 서문을 쓰다; ~의 앞에 두다
- *syn* 서문 = preface; foreword; introduction

---

pre(=before(지위를) 앞으로)+fer(=carry보)+ment(냄)

preferment

[prifə́ːrmənt]

n. 승진, 승급(promotion); 높은 지위

- (예) have a chance of **preferment**[advancement, promotion] 승진의 기회가 있다
- (파) prefer *v.* ~쪽을 더 좋아하다; 승진시키다(promote; advance; upgrade)
  *a **preferred** dividend 우선 배당
- *syn* 승진 = preferment; promotion; advancement; elevation

---

pre(=before(나이보다) 앞서)+mature(성숙한, 익은)

premature

[prìːmətjúər]

a. 조숙한; 시기상조의; 조산의 *n.* 조산아

- (예) a **premature** birth[infant] 조산[조산아]
  be **premature** to V V하기에는 시기상조이다
- (파) prematurely *ad.* 너무 이르게
  prematurity *n.* 조숙; 시기상조
- *syn* 성숙한 = mature; ripe(과일이 ~); full-fledged

236

pre(=before미리)+meditate(숙고하다, 계획하다)

premeditate

[pri:médətèit]

v. 미리 숙고하다, 미리 계획하다

예 premeditate the crime 범죄를 미리 계획하다

파 premeditation *n.* 사전 계획; 〈법〉 예모(豫謀), 고의
premeditative *a.* 계획적인(deliberate; intentional);
사려깊은(thoughtful; deliberate)

syn 계획하다 = plan; project; scheme; design;
contemplate; make a plan

pre(=before앞선)+monition(경고; 통지)

premonition

[prì:məníʃən]

n. 전조(foreboding), 징후; 예감; 예고, 경고

예 have a premonition that ~ ~할 것 같은 예감이 들다

파 premonish *v.* 미리 경고하다
premonitory *a.* 전조의; 〈의학〉 전구적인

syn 예감 = premonition; presentiment; presage;
foreboding; hunch(직감)

pre(=before앞이)+post(=after뒤에 오)+erous(는)

preposterous

[pripástərəs, -pós-]

a. 앞뒤가 뒤바뀐; 불합리한, 터무니없는(ridiculous)

예 a preposterous claim[demand] 터무니없는 요구
preposterous and mysterious
불합리하고 불가사의한

파 preposterously *ad.* 터무니없이(absurdly), 심하게

syn 불합리한 = preposterous; absurd; irrational;
illogical; unreasonable

pre(=before(자신이) 먼저)+rog(=ask요청할 수 있는)+ative(것)

prerogative

[prirágətiv, -rɔ́g-]

n. (지위 등에 딸린) 특권; 특전 *a.* 특권을 가진

예 exercise the prerogative[privilege]
특권을 행사하다

syn 특권 = prerogative; privilege

237

pre(=before(앞일을) 미리)+sage(=perceive감지하다)

presage

[présidʒ]

v. 전조가 되다; 예감이 들다 n. 전조, 조짐; 예감

예 **presage** a large-scale ecosystem collapse
대규모의 생태계 파괴의 전조가 되다
evil[good] **presage** 불길, 흉조[길조]

syn 전조, 예감 = presage; omen; foreboding;
premonition; portent; presentiment

pre(=before미리, 앞서)+sci(=know아는)+ence(것)

prescience

[príːʃəns, préʃjəns]

n. 예지; 선견(foresight), 혜안, 통찰

예 most eerie **prescience** 아주 무시무시한 예지

파 prescient a. 예지하는, 선견지명이 있는(foresighted)

syn 예지, 선견 = prescience; foreknowledge; foresight;
forethought; providence

pre(=before미리)+scribe(=write(~하라고) 쓰다)

prescribe

[priskráib]

v. 규정하다; 지시하다; 처방하다; 〈법〉 취득하다

예 Do what the rules **prescribe**. 규칙대로 하라.
prescribe medicine[drugs] 약을 처방하다

파 prescription n. 규정(prescript), 법규; 처방; (취득) 시효
prescriptive a. 규정하는; 시효에 의해 취득한

syn 규정하다 = prescribe; stipulate; ordain; provide

pre(=before앞에서)+stig(=drawtight(시선을) 꽉 잡아끄)+ious(는)

prestigious

[prestídʒəs]

a. 이름이 난, 명성 있는; 고급의, 일류의

예 a **prestigious** school[newspaper, award]
명문고[권위 있는 신문[상]]

파 prestige n. 위신, 명성(renown; reputation; celebrity)
a. 세평이 좋은, 일류의, 명문의

syn 명성 있는 = prestigious; renowned; noted;
celebrated

pre(=before미리)+sume(=take(생각을) 취하다)

presume

v. 추정하다, 가정하다; 감히 ~하다(dare); 악용하다

[prizúːm]

[예] **presume** to be guilty[innocent]
유죄[무죄]로 추정하다

[파] presumptuous *a.* 주제넘은 presumptive *a.* 추정에 의한
presumption *n.* 추정; 억측(conjecture)
presumably *ad.* 아마(probably)

syn 추정하다 = presume; assume; guess; infer

pre(=before앞으로)+tent(=stretch(잘난 체) 내뻗)+ious(는)

pretentious

a. 자만하는, 우쭐하는; 겉치레뿐인; 과시적인

[priténʃəs]

[예] a **pretentious** manner[attitude] 잘난 체하는 태도

[파] pretend *v.* ~인 체하다(feign), 가장하다
pretension *n.* 권리, 자격; 주장; 자만; 허식; 핑계
pretense *n.* 거짓꾸미기; 가장, ~인 체하기; 핑계

syn 자만 = pretension; self-conceit[admiration]; pride; vanity(허영); boast(자랑, 허풍)

pre(=before미리)+text(=weave짜내어 (이유로 만든 것))

pretext

n. 구실, 핑계(excuse; pretense)

[príːtekst]

[예] on[under] **pretext** of[that] ~ ~을 구실로 삼아
make an **pretext** of ~ ~을 구실로 삼다

*guise *n.* 가장, 변장

syn 구실, 핑계 = pretext; excuse; pretense; plea

pre(=before앞서)+vail(=strong강한) → 더 강함으로 이기다

prevail

v. 이기다, 우세하다; 만연되다, 유행하다; 설득하다

[privéil]

[예] **prevail** against[over] a person ~에게 이기다
prevail on a person to V V하도록 설득하다

[파] prevalence *n.* 널리 행해지고 있음; 유행; 우세
prevalent *a.* 널리 퍼진; 유행하고 있는
prevailing *a.* 널리 퍼진; 우세한, 지배적인; 효과적인

syn 우세하다 = prevail; dominate; predominate; outnumber(수에서 ~); be head and shoulders above pre(=before미리)+view(=look보기)

preview

[prí:vjù:]

n. 시사, 시연; 예고편; 사전검토 v. 시연[시사]하다

🔴 a **preview** of a foreign film 외화의 시사회

syn 예고편 = preview; prevue; trailer

VOCA **PLUS**

1_ **precarious** [prikέəriəs] *a.* 불확실한, 불안정한(uncertain; unstable; insecure); 위험한(hazardous; at risk); 근거가 불확실한(groundless; baseless) *ad.* **precariously** 불확실하게, 불안하게(insecurely)
   *a precarious position[assumption] 불안정한 지위[근거 없는 추측]

2_ **precinct** [prí:siŋkt] *n.* (행정상의) 관구, 학군; (도시의) 지역; *(pl.)* 구내

3_ **predetermine** [prì:ditə́:rmin] *v.* 미리 예정하다(predestine); 운명 짓다

4_ **predicate** [prédikèit] *v.* 단언하다(declare; assert); 단정하다;
   ~를 근거로 하다 *cf.* **predictable** *a.* 예언[예상, 예측]할 수 있는

5_ **predilection** [prì:dəlékʃən, prèd-] *n.* (선입견적) 애호; 편애(preference; partiality)

6_ **predispose** [prì:dispóuz] *v.* (사람을) 쉽게 병에 걸리게 하다,
   ~하는 경향이 생기게 하다(incline; dispose)

7_ **preeminent** [priémənənt] *a.* 우수한, 탁월한(excellent; transcendent(al); outstanding)

8_ **prehistoric** [prì:histɔ́:rik, -tár-, -tɔ́r-] *a.* 유사이전의; 고풍의(antique)

9_ **preliminary** [prilímənèri] *a.* 예비적인, 임시의 *n.* 사전준비; 서두, 서문
   *preliminary expenses 창업비

10_ **premise** [prémis] *n.* 〈논리〉 전제; *(pl.)* (건물의) 구내(precincts), 토지, 부동산 *v.* 전제하다

11_ **prevalent** [prévələnt] *a.* 널리 행해지는, 유행하는(widespread; popular; in fashion[vogue]); 우세한(dominant; superior; ascendant)
   n. **prevalence** 보급, 유포; 유행

12_ **prevision** [pri:víʒən] *n.* 예지; 선견, 예견(divination)

Pre- = before의 동의 접두사 정리

1. **Ante-**   <u>ante</u>cedent *n.* 선례, 전례; *pl.* 전력, 경력
2. **Anti-**   <u>anti</u>cipate *v.* 예상하다, 기대하다; 앞지르다
3. **Fore-**   <u>fore</u>cast *v.* 예상하다, 예보하다; 미리 계획하다
4. **Pro-**   <u>pro</u>vident *a.* 선견지명이 있는, 장래에 대비하는
5. **Ex-**   <u>ex</u>-convict *n.* 전과자

Pre- = before의 반의 접두사 정리 → 모두 뒤(=after)의 뜻입니다.

1. **After-**   <u>after</u>math *n.* (큰 사건의) 여파
2. **Post-**   <u>post</u>script *n.* (편지의) 추신, (책의) 후기
3. **Re-**   <u>re</u>ject *v.* 거절하다, 퇴짜놓다
4. **Retro-**   <u>retro</u>spect *n.* 회고, 회상 *v.* 회고하다

Study **14**

Pro-

1) 앞 : **forth** 앞으로
2) 전 : **before** 미리, 이전에

pro(=forth앞으로)+claim(=cry외치다)

proclaim

[proukléim, prə-]

v. 선언하다; 선포하다; 성명을 내다; 나타내다

⬤ **proclaim** war[an emergency, martial law]
선전포고하다[비상사태를 선언하다, 계엄령을 선포하다]

⬤ proclamation *n.* 선언(declaration);
포고(announcement)
proclamatory *a.* 선언적인, 공포의, 선포의

syn 선언하다 = proclaim; declare; announce;
pronounce; profess

pro(=forth앞으로)+crastin(=tomorrow내일)+ate(=make하다) → 일을 내일로 보내다

procrastinate

[proukrǽstənèit]

v. 늑장부리다, 질질 끌다; 미루다(postpone)

⬤ **procrastinate** at times[to some degree]
때때로[어느 정도] 꾸물거리다

⬤ procrastination *n.* 지연, 연기; 꾸물대는 버릇

syn 늑장부리다 = procrastinate; linger; tarry; retard;
delay; dawdle; dally away

pro(=before(남보다) 미리)+cure(=care for돌보다)

procure

[proukjúər, prə-]

v. 획득하다(acquire), 손에 넣다; 매춘을 알선하다

⬤ **procure** evidence[employment]
증거를 입수하다[직업을 얻다]

⬤ procurement *n.* 획득, 조달; 알선
procurer *n.* 획득자; 매춘부 알선자, 뚜쟁이(pander)

syn 획득하다 = procure; obtain; acquire; win; get

pro(d)(=forth앞으로)+ig(=drive(돈을 뿌리고) 달리는)+al(는)

prodigal

[prádigəl, prɔ́d-]

a. 낭비하는; 방탕한; 풍부한(abundant; opulent)

n. 낭비하는 사람, 방탕한 자식

[예] **prodigal** expenditure[talents] 낭비[풍부한 재능]

[파] prodigality *n.* 방탕, 난봉; 낭비(extravagance); 대범함

syn 낭비하는 = prodigal; extravagant; lavish; wasteful; luxurious(사치스런)

pro(d)(=before앞에서 (크게))+ig(=say말해지)+ious(는)

prodigious

[prədídʒəs]

a. 거대한(huge), 막대한(vast); 비범한, 놀랄만한

[예] a **prodigious** building[research fund, feat]
거대한 빌딩[막대한 연구자금, 놀랄만한 묘기]

[파] prodigy *n.* 비범, 경이(wonder); 천재; 절세의 미인

syn 비범한 = prodigious; extraordinary; rare; uncommon; unusual

pro(=forth앞으로)+fess(=speak(자신 있게) 말하다)

profess

[prəfés]

v. 공언하다, 단언하다; ~인 체하다(pretend); 신앙고백하다

[예] **profess** ignorance[a dislike]
모르는 체하다[싫다고 분명히 말하다]

[파] professed *a.* 공언한; 본업으로 삼는; 자칭 ~
profession *n.* (두뇌를 쓰는) 직업; (the ~) 동업자들; 공언
professional *a.* 직업상의; 전문적인 *n.* 지적 직업인; 전문가
professionally *ad.* 직업상; 전문적으로(말하면)

syn 공언하다 = profess; declare; pronounce; enunciate

pro(=forth앞으로)+ffer(=offer제공하다, 제안하다)

proffer

[práfər, prɔ́fər]

v. 제공하다; 제의하다(propose) *n.* 제공, 제출; 제공물

[예] **proffer** information[an opinion]
정보를 제공하다[의견을 내놓다]

syn 제공하다 = proffer; offer; provide; furnish; tender; sponsor(후원하다)

pro(=forth앞으로)+fic(=make, do(잘) 만들어 내)+(i)ent(는)

proficient

[prəfíʃənt]

*experienced
a. 경험 있는, 노련한

a. 능숙한, 숙달된; 뛰어난 *n.* 숙련자, 대가(expert)

⑩ be **proficient** in[at] ~ ~에 능숙하다[숙달되다]
a biology **proficient** 생물학의 대가

⑩ proficiently *ad.* 능숙하게, 솜씨 좋게(expertly)
proficiency *n.* 숙달(skill), 숙련(expertness)

syn 능숙한 = proficient; skilled; skillful; expert; adept

---

pro(=forth앞으로)+fuse(=pour(넘쳐) 흘러나오는)

profuse

[prəfjúːs]

a. 풍부한, 넘치는; 낭비하는; 아낌없는, 후한

⑩ **profuse** bleeding[hospitality, praise]
엄청난 출혈[극진한 환대, 아낌없는 칭찬]

⑩ profusely *ad.* 아낌없이; 풍부하게
profusion *n.* 풍부(abundance); 마음이 후함; 낭비, 사치

syn 풍부한 = profuse; abundant; ample; affluent;
plentiful; replete; rich; copious

---

pro(=forth앞으로)+geny(=production(자식을) 만들어 낸 것)

progeny

[prάdʒəni, prɔ́dʒ-]

n. (집합적) 자손; 후계자; 결과(outcome)

⑩ her numerous **progeny** 그녀의 수많은 자손

⑩ progenitor *n.* 조상, 선조; (동·식물의) 원종, 선구자

syn 자손 = progeny; descendant; offspring; posterity;
issue, progeniture(집합적 ~)

---

pro(=before미리)+gnostic(=know인식하)+ate(=make다)

prognosticate

[prɑɡnάstikèit, prɔɡnɔ́sti-]

*prognosticator
예언자, 점쟁이

v. 예지하다; 예언하다, 예측하다; ~의 전조가 되다

⑩ **prognosticate** the fortune for the upcoming
year 다가오는 해의 운수를 점치다

⑩ prognostication *n.* 예지, 예언; 전조, 징후
prognostic *a.* 〈병〉 예후의; 전조가 되는 *n.* 예후; 전조

syn 예언하다 = prognosticate; prophesy; foretell;
predict; forecast(예보[예상]하다)

pro(forth앞으로)+Hi(ali(=aliment자양분)을+fic(=make많이 만들어내는)

prolific

[proulífik]

a. 다산의; 열매를 많이 맺는; 비옥한; 풍부한

예 a **prolific** year[writer] 풍년[다작 작가]
the most **prolific** serial killer
가장 많은 희생자를 낸 연쇄 살인범

multiparous
a. 다산의

파 prolificacy *n.* 다산; 풍부(abundance)
proliferate *v.* 급증식하다 *n.* proliferation 급증, 확산

syn 다산의 = prolific; productive; fertile; fruitful; fecund

pro(=forth앞으로)+long(길게 (늘리다))

prolong

[prouló:ŋ, -láŋ]

v. 늘이다, 길게 하다(extend); (기간을) 연장하다

예 **prolong** the session[a line]
회기를 연장하다[선을 길게 하다]

파 prolongation *n.* (시간, 공간적인) 연장(extension); 연기

syn 길게 하다 = prolong; extend; lengthen; make longer

pro(=forth앞으로)+min(=project(툭) 튀어나)+ent(온)

prominent

[prámənənt, próm-]

a. 현저한, 두드러진; 탁월한(eminent); 돌출한

예 a **prominent** figure[nose, position]
거물[높은 코, 우월한 지위]

파 prominency, prominence *n.* 현저, 탁월; 돌출(부); 양각

syn 현저한 = prominent; conspicuous; remarkable;
striking; distinguished; salient

pro(=forth(마음이) 앞으로)+pens(=hang매달린)+ity(상태)

propensity

[prəpénsəti]

n. 경향, 성향; 성벽(bent), 버릇

예 a **propensity** to drink too much
과음하는 경향
have a **propensity** to V[for ~ing]
V[~]하는 버릇[경향]이 있다

syn 경향, 성향 = propensity; tendency; penchant;
trend; inclination; disposition

pro(=forth앞으로)+pon(=put, place(의견을 내) 갖다 놓는)+ent(사람)

proponent

n. 제안자, 제의자; 지지자(advocate)

[prəpóunənt]

(↔ **opponent** *n.* 반대자)

[예] an ardent **proponent** of a creative Korean-style manu 독창적 한국식 메뉴의 열렬한 지지자

[파] propone *v.* 제안하다, 제의하다; 배심원 앞에 제출하다

syn 제안자 = proponent; proposer; suggester

pro(=before미리)+scribe(=write(하지 못하게 글로) 쓰다)

proscribe

v. 금지하다; 법률의 보호를 박탈하다(outlaw); 추방하다

[prouskráib]

[예] **proscribe** smoking[a narcotic] 흡연[마약]을 금하다

[파] proscription *n.* 금지; 법률상 보호의 박탈; 추방

syn 금지하다 = proscribe; prohibit; inhibit; ban; forbid; interdict; enjoin

pro(=forward앞에)+secute(=follow따르다, 좇다)

prosecute

v. 수행하다; 종사하다; 기소하다; 요구하다

[prásəkjùːt, prɔ́-]

cf. **proceed** *v.* 고소하다

[예] **prosecute** a war[investigation] 전쟁을[조사를] 수행하다
be **prosecuted**[indicted] for the violation of election laws 선거법 위반으로 기소되다

[파] prosecution *n.* 소추; (the p–) 검찰당국, 검찰측; 실행
prosecutor *n.* 소추자; 검찰관, 검사; 수행자

syn 기소하다 = prosecute; indict; charge; arraign

pro(=forward앞으로)+trude(=thrust내밀다)

protrude

v. ~을 내밀다(stick out); 튀어나오다, 돌출하다

[proutrúːd]

[예] **protrude** one's tongue 혀를 내밀다
a **protruding** navel[jaw] 튀어나온 배꼽[턱]

[파] protrusion *n.* 돌출, 튀어나옴; 융기; 돌출부
protrudent *a.* 튀어나온, 돌출한(projecting)

syn 돌출한 = protruding; projecting; prominent

pro(=forth앞으로)+voke(=call(화를) 부르다)

provoke
[prəvóuk]

v. 화나게 하다; (사건을) 야기하다; (감정을) 불러일으키다

- be **provoked** by one's behavior[manner]
  ~의 행동[태도]에 화가 나다
  provoke indignation[criticism]
  분노를 자아내다[비판을 불러일으키다]

- provocation *n.* 화나게 함; 도발, 자극(incitement)
  provocative *a.* 화나게 하는(vexing); (성적으로) 자극하는

syn 화나게 하다 = provoke; enrage; exasperate;
  infuriate; offend; vex; irritate; stir up

VOCA TIP

Pro-의 형태 변화

자음 p, v 앞에서는 **Pur-**가 됩니다.

247

pur (=forth(~을 사기 위해) 앞으로)+chase(쫓아가다)

purchase

[pə́ːrtʃəs]

*merchandise
v. 매매하다 n. 상품

v. 구매하다, 사다; 획득하다 n. 구입, 구매; 획득

ⓔ **purchase** freedom[a foreign car]
자유를 쟁취하다[외제차를 구입하다]

ⓓ **purchaser** n. 구매자(buyer); 취득자
purchasable a. 살 수 있는; 뇌물이 통하는

syn 구매하다 = purchase; buy

---

pur(=forth(뜻을) 앞으로)+port(=carry전달하다)

purport

[pərpɔ́ːrt, pə́ːrpɔːrt]
[pə́ːrpɔːrt] n.

*purportless
a. 의미가 없는

v. 의미하다, ~을 취지로 하다; ~라 일컫다

n. 의미, 취지(meaning; tenor; gist)

ⓔ the e-mail **purporting** that ~ ~라는 취지의 이메일
communicate the **purport** to the authorities
concerned 취지를 관계당국에 전달하다

ⓓ **purported** a. (~라고) 소문난; 의심을 받고 있는(rumored)
purportedly ad. 소문에 의하면

syn 의미하다 = purport; mean; import; signify; imply

---

pur(=forth앞으로)+view(=look볼 수 있는 범위)

purview

[pə́ːrvjuː]

n. 시야, 시계; (활동 등의) 범위, 영역, 권한; 〈법〉 조항

ⓔ within[outside] the **purview** of international
law 국제법의 범위 안에[밖에]

syn 범위 = purview; scope; sphere; province; range;
limits; bounds

---

por(=forth(일어날 일을 미리) 앞으로)+tend(=stretch쭉 펼치다)

portend

[pɔːrténd]

v. 전조가 되다, 예고하다(forebode; herald)

ⓔ **portend** death[a storm, some conflicts]
죽음[폭풍우가 일 것, 갈등]을 예고하다

ⓓ **portent** n. (주로 나쁜 일의) 전조, 징조, 조짐(omen)
portentous a. 불길한(ominous), 흉조의; 놀랄 만한

syn 전조 = portent; omen; sign; presage; foreboding;
premonition; precursor

1_ **proclivity** [prouklívəti] *n.* 성향, 성벽(disposition); 성질, 기질; 경향(tendency)

2_ **profane** [prəféin, prou-] *a.* 불경스런(impious; ungodly); 사교의(heathen; pagan)

   v. 악용[오용]하다(misuse; misapply)

3_ **profound** [prəfáund] *a.* 깊은, 심원한(deep; bottomless; fathomless); 난해한(recondite); 뿌리 깊은(deep-rooted); 충심의(cordial)

   n. **profundity** 깊음, 심오; 심연

   cf. **propound** *v.* 제출하다, 제의하다

4_ **progeny** [prádʒəni, prɔ́dʒ-] *n.* 자손(descendant; offspring)

5_ **promiscuous** [prəmískjuəs]

   a. (성행위 등이) 난잡한, 뒤섞인(disorderly; miscellaneous); 마구잡이의(indiscriminate)

6_ **promising** [prámisiŋ, prɔ́m-]

   a. 전도유망한, 장래가 촉망되는(hopeful; encouraging)

7_ **propitious** [prəpíʃəs] *a.* 행운의, 길조의(auspicious); (날씨 등이) 알맞은(favorable)

8_ **proportional** [prəpɔ́ːrʃənəl]

   a. 비례하는; 균형 잡힌(symmetrical; commensurate)

9_ **prospective** [prəspéktiv] *a.* 예상되는(anticipated), 장차의(future)

   (↔ **retrospective** *a.* 회고의); 가망 있는(promising)

10_ **prosperous** [práspərəs, prɔ́s-] *a.* 번영하고 있는(thriving)

   v. **prosper** 번영하다 *n.* **prosperity** 번영; *(pl.)* 호황

11_ **prostrate** [prástreit, prɔstréit] *v.* 쓰러뜨리다; 쇠약하게 하다; 엎드리게 하다 *a.* 엎드린(prone)

12_ **provenance** [právənəns] *n.* 기원, 유래(origin)

Post-

after : 이후에, 지나서
↔ Ante- = before : 미리, 이전에

post(=after(실제보다) 늦은)+date(날짜를 적다)

postdate

[pòustdéit]

v. 실제보다 날짜를 늦추어 적다; (시간적으로) 뒤에 일어나다

❶ precede, **postdate**, or coincide
(시간적으로) 먼저 일어나든가 뒤에 일어나든가 또는
동시에 일어나다

ant 앞선 날짜로 하다 = antedate; predate(빨리 발생시키다)

post(=after뒤에)+graduate(졸업(의))

postgraduate

[póustgrǽdʒuit, -èit]

a. 대학 졸업 후의, 대학원의 *n.* 대학원생; 연구생

❶ the **postgraduate** course 대학원 과정
a **postgraduate** internship
대학 졸업 후의 직업 연수 제도

syn 대학 = university; collage
*a national university 국립대학

post(=after이후의)+hum(=earth; ground땅)+ous(~한, ~의) → 땅 속에 묻힌 후의

posthumous

[pástʃuməs, pɔ́s-]

a. 사후의; 유복자로 태어난; 사후에 출판된

❶ a **posthumous** work[manuscript, child, name]
유작[유고, 유복자, 시호]

❷ posthumously *ad.* 죽은 후에, 사후에

syn 사후의 = posthumous; postmortem
(↔ **antemortem** *a.* 죽기 전의)

post(=after뒤에)+meridian(=meridian정오)

postmeridian

[pòustmərídiən]

a. 오후의, 오후에 일어나는(↔ **antemeridian** *a.* 오전의)

❶ under the **postmeridian** sun 오후의 태양 아래

syn 오후 = afternoon; p.m. ↔ forenoon; a.m. 오전

post(=after후에)+mort(em)(=death죽음)

postmortem

[poustmɔ́ːrtəm]

a. 사후의; 검시의 *n.* 검시, 부검; 사후 검토

예 carry out a **postmortem** on the body
시신을 부검하다

syn 검시 = postmortem; autopsy;
necropsy; inquest(검시관(coroner)이 행하는 ~)

post(=after(날짜를) 뒤로 미뤄)+pone(=put, place놓다)

postpone

[poustpóun]

v. 연기하다, 뒤로 미루다; (평가에서) 차위에 두다

예 **postpone** a class reunion indefinitely
동창회를 무기연기하다
postpone A to B A보다 B를 앞세우다

파 postponement *n.* 연기(delay)

syn 연기하다 = postpone; defer; adjourn; prolong;
delay; suspend(중지하다); put off

post(=after(편지, 책의) 맨 끝에)+script(=write쓰여진 글)

postscript

[póustskrìpt]

n. (편지의) 추신(P.S.); (책의) 후기, 발문

예 annex a **postscript** to a business letter
상용문에 추신을 덧붙이다
a **postscript** by the editor 편집 후기

syn 추신 = postscript; added note

VOCA PLUS

posterior[pɑstíəriər, pɔs-] *a.* (위치가) 뒤의(↔ **anterior** *a.* 앞의);
(시간, 순서가) 뒤에 오는, 이어지는(later; subsequent; following;
ensuing; succeeding) *n.* (몸의) 후부

*a **posterior** head muscle 후두근
posterior to the year 2009 2009년 이후의

Proto-

first : 첫 번째로, 최초의, 주요한
⇒ 모음 앞에서는 **Prot-**가 됩니다.

---

prot(=first가장 중요한)+agon(=combat싸움을 하는)+ist(사람)

protagonist
[proutǽgənist]

n. (연극, 소설 등의) 주역, 주인공; (사상, 운동 등의) 주창자

ⓔ **protagonist** & antagonist 주인공과 적[상대]
the **protagonists** of their countries' integration
국가통합의 주역들

syn 주인공 = protagonist; hero; heroine(여자)

---

proto(=first맨 처음)+col(<coll=glue(문서에) 붙인 것)

protocol
[próutəkɑ̀l, -kɔ̀:l, -kɔ̀l]

n. 원안; 조약안; 의정서; (외교상의) 의전; 실험계획안

ⓔ the Kyoto **Protocol** on Global Warming
지구온난화에 관한 교토 협약
a **protocol** of on-the-spot inspection
현장 검증 조서

syn 조약 = treaty; pact; agreement; convention

---

proto(=first(세포에) 처음 (생긴 물질의))+plasm(=form형태)

protoplasm
[próutəplæ̀zəm]

n. 원형질(原形質)

ⓔ a mass of **protoplasm** containing chromosomes
염색체를 포함하고 있는 원형질 덩어리

syn 물질 = matter; material; substance; stuff

---

proto(=first최초의)+type(형태)

prototype
[próutoutàip]

n. 원형(archetype), 시제품; 원전; 모범(model), 표준

ⓔ build a **prototype** for the next generation of
fighters 차세대 전투기의 원형[모델]을 제작하다
prototypes of something new
새로운 어떤 것의 본보기들

syn 원형= prototype; archetype; original

VOCA TIP

Ptoto-(=first)의 동의 어근

Prim-, Prin-, Prior- = first

prim(=first최초의 (상태))+itive의 (사람))

primitive

a. 원시의; 태고의; 근본의; 원색의 *n.* 원시인; 원색

[prímətiv]

[예] **primitive**[feudal, modern, contemporary] society 원시[봉건, 근대, 현대] 사회
a **primitive** man[life, weapon] 원시인[원시생활, 원시적인 무기]

[파] primitively *ad.* 원래, 본래; 원시적으로

syn 태고의 = primitive; ancient; primitive; primeval; immemorial; primordial(원초의)

prin(=first(중요해서) 가장 먼저)+cip(=take잡)+al(은)

principal

a. 주요한, 중요한 *n.* (단체의) 장; 교장; 원금

[prínsəpəl]

[예] a **principal** cause[factor] 주요 원인[주요인]
principal and interest 원금과 이자

[파] principally *ad.* 주로(chiefly; mainly); 대체로, 대개
principality *n.* 공국(公國), 속국; 공국 군주의 지위

syn 주요한 = principal; chief; leading; foremost; staple; essential; important

cf. **principle** *n.* 원리, 원칙; 주의, 근본 방침; 원소

prior(=first제일 먼저)+ity((차지) 함)

priority

n. 우선; 우선권; (시간, 순서가) 먼저임(↔ **posteriority**)

[praiɔ́:rəti]

[예] give **priority** to national interests 국익을 우선하다
the top foreign policy **priority** 최우선 외교 과제

[파] prior *a.* (시간, 순서가) 이전의, 앞의; ~보다 중요한
*prior to ~에 앞서, 먼저

Pseudo-

false : 거짓의
⇒ <u>모음 앞에서는 **Pseud-**가 됩니다.</u>

pseudo(=false거짓의)+morph(=form형상, 모습)

pseudomorph

[súːdəmɔ̀ːrf]

n. 〈지질〉 비정규형, 위형(deceptive form);
〈광물〉 가상, 가정

예 a pyrrhotite[píərətàit] **pseudomorph**
자황철광의 가상

파 pseudomorphic *a.* 비정규형의, 헛꼴의

syn 비정규의 = irregular

ant 정규의 = regular; formal *legal; legitimate(합법적인)

pseud(=false거짓의)+onym(=name이름)

pseudonym

[súːdənim]

n. (작가의) 필명(pen name), 아호; 익명, 가명

예 be published under the **pseudonym** of Mark
Twain 마크 트웨인이란 필명으로 출판되다

파 pseudonymous *a.* 필명의, 필명을 쓴

syn 익명 = pseudonym; anonym; anonymity;
cryptonym

VOCA **PLUS**

genuine *a.* (물건이) 진짜의, 정말인(real; authentic);
(마음이) 성실한, 진심의(sincere); (혈통이) 순수한(pure)
*a genuine love 참사랑

genuinely *ad.* 순수하게, 진심에서 우러나서

prefix 46
Psycho-

spirit : 정신
soul : 영혼

psycho(=spirit정신, 마음)에 관계된+logy(=science학문)

psychology

n. 심리학; 심리, 심리상태; 심리작전

[saikálədʒi, -kɔ́l-]

ⓔ applied[clinical, criminal] **psychology**
응용[임상, 범죄] 심리학

*psychologist
n. 심리학자

the **psychology** of adolescence 사춘기의 심리

ⓟ psychological *a.* 심리학(상)의; 정신적인(mental); 심리적인

syn 심리 = psychology; mentality; (the) mind

psycho(=spirit정신)+path(=sufferer병자, 환자)

psychopath

n. 정신병자(mental patient); (반사회적) 성격 이상자

[sáikoupæθ]

ⓔ the **psychopath**, known as a serial killer
연쇄살인범으로 알려진 반사회적 성격장애자

ⓟ psychopathic *a.* 정신병의; 정신병에 걸려 있는 *n.* 정신병자
psychopathy *n.* 정신병; 정신 요법(psychotherapy)

syn 정신병자 = psychopath; phycho; psychopathic;
lunatic; insane person

psycho(=spirit정신 (장애 치료를 위한 뇌))+surgery(수술)

psychosurgery

n. (뇌수술로 정신적 장애를 치료하는) 정신외과

[sàikousə́:rdʒəri]

ⓔ **psychosurgery**, psychotherapy, and psychic
trauma 뇌수술, 정신요법과 정신적인 외상

syn 수술 = surgery; operation

psycho(=spirit정신, 심리)+technology(공학, 과학기술)

psychotechnology

n. 정신공학, 심리공학; 정신기법(psychotechnics)

[sàikouteknálədʒi, -nɔ́l-]

ⓔ a **psychotechnology** research institute
정신공학연구소

*morale
n. 사기, 근로의욕

syn 정신적인 = spiritual; mental(↔ physical); moral(도덕상의)

255

Study **15**

Re-

1) **again** : 다시, 또 2) **back** : 뒤로, 뒤에
3) 강조 : 강하게, 완전히, 아주

re(=again자꾸)+cept(=take받아들이)+ive(는)

receptive

[riséptiv]

a. 잘 받아들이는, 수용하는; 수용력이 풍부한

📗 **receptive** and productive English vocabulary
잘 받아들여지고 생산적인 영어 어휘

*receive
v. 받다; 맞아들이다

📘 reception *n.* 수령; 영접; 환영회
receptionist *n.* 접수계원   receipt *n.* 영수증; 수령
recipient *n.* 수령인, 수취인(receiver)

syn 받아들이다 = receive; accept; take; introduce(도입하다)

re(=back되돌려 주려고)+com(=with함께)+pense(=weigh달다)

recompense

[rékəmpèns]

v. 보답하다(requite; reward); 보상하다 *n.* 보답; 보상

📗 **recompense** a person for his loses
손실에 대해 ~에게 보상하다
without **recompense**[remuneration] 무보수로

syn 보상하다 = recompense; compensate; reward;
remunerate; indemnify; make amends

re(=against~에 맞선)+crimination(비난, 고소)

recrimination

[rikrìmənéiʃən]

n. 맞비난; 맞고소, 반소(反訴)(counterclaim)

📗 pernicious mutual **recrimination**
치명적인 상호 맞비난

📘 recriminate *v.* 맞받아 비난하다; 맞고소하다(countercharge)
recriminatory, recriminative *a.* 비난하는, 반박하는; 반소의

syn 비난 = crimination; criticism; blame;
condemnation; reproach; denunciation

re(=again자꾸)+fract(=break부수고 나오)+ory(는)

refractory
[rifrǽktəri]

a. 다루기 힘든, 말 안 듣는; (병이) 난치의; 내화성의

ⓔ a **refractory** daughter[disposition]
말 안 듣는 딸[성질]
a **refractory**[an incurable] disease 난치병

ⓓ refractorily *ad.* 고집세게, 완강하게; 반항적으로
refractoriness *n.* 고집 셈, 반항성; (병의) 난치, 고질

syn 난치의 = refractory; obstinate; incurable
불치의 = fatal; irrecoverable

re(=again다시)+habil(=hold(일을) 잡게)+itate(하다)

rehabilitate
[rìːhəbílətèit]

v. (범죄자 등을) 사회 복귀시키다; 회복시키다; 복구하다

ⓔ **rehabilitate** juvenile delinquents
비행청소년을 갱생시키다
the efforts to **rehabilitate** the economy
경제를 회복시키려는 노력

syn 복직시키다 = rehabilitate; restore; reinstate

re(=back뒤로, 되돌려)+im(=in)+burse(=purse지갑) → 지갑에 되돌려 주다

reimburse
[rìːimbə́ːrs]

v. 갚다, 상환하다; 배상하다, 변상하다(compensate)

ⓔ **reimburse** travel expenses 여행 경비를 상환해 주다

ⓓ reimbursement *n.* 상환; 변제(repayment)

syn 상환하다 = reimburse; indemnify; repay; refund;
redeem; amortize

re(=again다시)+in(=in~에)+force(힘(을 주다))

reinforce
[rìːinfɔ́ːrs]

v. 강화하다(strengthen), 증강하다; 보강하다

ⓔ **reinforce** a garrison[a wall with mud]
수비대를 증강하다[진흙으로 벽을 보강하다]
***reinforced** concrete 철근 콘크리트

ⓓ reinforcement *n.* 증강, 강화; *(pl.)* 증원부대; 보강재; 철근

syn 강화하다 = reinforce; strengthen; fortify; invigorate

re(=again거듭)+iterate(되풀이하다)

reiterate
[riːítərèit]

v. 되풀이하다, 반복하다; 반복하여 말하다

🔵 **reiterate** the request for food aid
식량원조 요구를 되풀이하다

🔵 reiteration *n.* 반복; 중언부언; 〈인쇄〉 뒷면 인쇄
reiterative *a.* 반복하는(repetitious) *n.* 중복어

syn 되풀이하다 = reiterate; iterate; repeat; recapitulate;
restate(다시 말하다)

re(=again다시)+juven(=young젊게)+ate(=make하다)

rejuvenate
[ridʒúːvənèit]

v. 다시 젊어지게 하다; 활기차게 하다(refresh)

🔵 restore, **rejuvenate**, and energize one's body
and mind
심신을 회복시키고, 젊어지게 하고, 활기차게 하다

*rejuvenating drink
원기회복 음료

🔵 rejuvenation *n.* 젊어짐, 회춘(回春); 원기회복

syn 활기차게 하다 = rejuvenate; refresh; restore;
renew; energize

re(=back뒤쪽에 (있는 낮은 자리로))+leg(=send보내)+ate(다)

relegate
[réləgèit]

v. 좌천시키다, 격하하다; (일, 사건을) 이관하다, 위임하다

🔵 be **relegated** to a less important post
한직으로 좌천되다

🔵 relegation *n.* 좌천, 격하; 추방; 위탁

syn 좌천시키다 = relegate; demote; degrade; downgrade

re(강조−조금도, 전혀)+lent(=soft, mild관대하지)+less(않은)

relentless
[riléntlis]

a. 무자비한, 냉혹한(pitiless); 완고한(inflexible)

🔵 **relentless** criticism[denouncement,
persecution] 가차 없는 비판[규탄], 무자비한 박해

*relentingly *ad.* 부드
럽게; 불쌍히 여겨

🔵 relent *v.* (마음이) 누그러지다(soften); 동정심을 갖게 되다

syn 무자비한 = relentless; pitiless; merciless; ruthless;
heartless; cruel

258

re(=again다시)+lev(=raise(적절히) 들어올)+ant(린)

relevant
[réləvənt]

a. 적절한(pertinent); (당면한 문제와) 관련된; ~에 상당하는

⬤ **relevant** information[government agencies]
관련 정보[관련 정부기관]

⬤ relevancy, relevance *n.* 적절함; (당면한 문제와의) 관련성

syn 적절한 = relevant; pertinent; proper; appropriate;
suitable; adequate

ant 부적절한 = irrelevant; impertinent; improper;
inappropriate; unsuitable; inadequate

---

re(=back되돌려)+min(=remember(지난 일을) 상기시키키)+isce(다)

reminisce
[rèmənís]

v. 회상하다, 추억에 잠기다

⬤ **reminisce** the good old days sometimes
때때로 그리운 옛날을 회상하다

⬤ reminiscence *n.* 회상, 추억(remembrance; recollection)
reminiscent *a.* 상기시키는; 회상하게 하는(remindful)

syn 회상하다 = reminisce; retrospect; remember;
recall; call to mind; look back on

---

re(=back(일을) 뒤로)+miss(=sent(밀어) 보낸)

remiss
[rimís]

*delinquent
a. 태만의, 체납의
n. 비행 소년

a. (일 등에) 태만한; 성의 없는; 무책임한; 무기력한

⬤ be **remiss**[negligent] in one's work[duties]
자기 일[직무]에 태만하다

⬤ remissly *ad.* 태만하게; 성의 없게

syn 태만한 = remiss; negligent; neglectful; indolent

---

re(=back뒤에)+mn(=remain남아 있는)+ant(것)

remnant
[rémnənt]

*leftovers
n. 식사찌꺼기

n. 나머지, 잔여물, 찌꺼기; 잔존물, 자취(relic) *a.* 나머지의

⬤ one's **remnant** existence 여생
remnants of the defeated troops 패잔병

syn 찌꺼기 = remnant; remainder; residue(화학 ~);
dregs(음료 ~); lees(술 ~); grounds(커피 ~)

re(=again거듭)+monstr(=show((자기 의견을) 제시하)+ate(다)

remonstrate

v. 간언하다, 충고하다; 항의하다, 이의를 제기하다

[rimánstreit, rémənstrèit] ☞ **remonstrate** with someone about something
…에 대해 ~에게 간언하다[이의를 제기하다]
remonstrate with one's superior
상관에게 항의하다

☞ remonstration, remonstrance *n.* 간언, 충고; 항의
remonstrant *a.* 간언하는, 충고하는; 항의의 *n.* 충고자; 항의자

syn 간언하다 = remonstrate; expostulate; admonish

---

re(강조-강하게)+neg(=deny(믿음을) 부정하는)+ade(사람)

renegade

n. 변절자, 배신자; 배교자 *a.* 변절한 *v.* 배반하다

[rénigèid] ☞ a **renegade** spy 변절한 스파이
a **renegade** breakaway group 변절한 이탈 단체

syn 변절자 = renegade; traitor; apostate; turncoat;
backslider; defector(탈당자, 배신자)

---

re(=back뒤로 (물러앉겠다고))+nounce(=announce발표하다)

renounce

v. (공식으로) 포기하다; (습관을) 버리다; 의절하다

[rináuns] ☞ **renounce** nuclear weapons[bad habits,
friendship] 핵무기를 포기하다[악습을 버리다, 의절하다]

☞ renouncement *n.* 포기(abandonment), 단념; 의절

syn 의절하다 = renounce; repudiate; disown; break with
포기하다 = renounce; abandon; relinquish;
surrender; forsake(버리다); give up; do away with

---

re(=again다시)+nov(=new새롭게)+ate(=make하다)

renovate

v. 새롭게 하다(renew); 수선하다; 혁신하다

[rénəvèit] ☞ **renovate** an old house[a gymnasium]
집[체육관]을 개조하다

☞ renovation *n.* 수리; 혁신, 쇄신; 원기 회복

syn 수리하다 = renovate; repair; mend; fix; refit

re(=back(싫어서) 뒤로)+pell(=drive, push몰아내)+ent(는)

repellent

[ripélənt]

a. 물리치는, 쫓아버리는; 혐오감을 주는 *n.* 방충제

🄰 a water-**repellent** garment 방수복
an insect[a mosquito] **repellent** 해충약[모기약]

🄿 repel *v.* 격퇴하다(repulse), 쫓아버리다; 불쾌하게 하다
repellency *n.* 반발성, 격퇴성

syn 혐오감을 주는 = repellent; disgusting; abhorrent;
obnoxious, disagreeable(불쾌한)

re(=again다시)+plen(=full, fill가득 채우)+ish(=make다)

replenish

[ripléniʃ]

v. 다시 채우다(refill); 보충하다(↔ **deplenish** *v.* 비우다)

🄰 **replenish** the car with gasoline periodically
차에 휘발유를 주기적으로 보급하다

🄿 replenishment *n.* 다시 채우기; 보충
repletion *n.* 충만; 포식; 〈병〉 다혈증

syn 채우다 = fill; fulfill(기한을 ~); satisfy, gratify(욕심을 ~)

re(=again다시)+plet(=full, fill가득 채워 넣)+e(은)

replete

[riplí:t]

a. 가득 찬, 충만한(filled); 포식한; 완비된

🄰 be **replete** with all modern conveniences
[useful information] 온갖 현대적 편의 시설들이
완비되다[유용한 정보가 가득 차다]

syn 가득 찬 = replete; full; crammed; brimful; stuffed

re(=again다시 똑같이)+plic(=fold접은)+a(것)

replica

[réplikə]

n. 복제(품), 복사(품); 원작의 모사; 〈음악〉 반복

🄰 a full-scale **replica** 실물크기의 복제품
replicas of famous buildings 유명한 건물의 모형

🄿 replicate *v.* 모사하다; 부본을 뜨다; (잎 등을) 뒤로 접다

syn 복제, 복사 = replica; reproduction; duplicate; copy;
facsimile; transcript(성적증명서)

re(=back뒤에서)+prehens(=take잡아 당길)+ible(만한)

reprehensible

[rèprihénsəbəl]

a. 비난할 만한(blameworthy), 괘씸한(scandalous)

예 an uncivilized and **reprehensible** practice
야만적이고 비난받을 만한 관습

파 reprehend *v.* 나무라다; 비난하다(blame; censure)
reprehension *n.* 질책, 책망, 비난(reproof)

syn 비난할 만한 = reprehensible; blameworthy;
censurable; reprovable
괘씸한 = reprehensible; shameful; deplorable;
execrable; detestable; scandalous; disgusting

re(=back뒤에서 (보복하려고))+pris(=take확 잡아당김)+al(김)

reprisal

[ripráizəl]

n. 보복 행위; 앙갚음; (적국 재산의) 보복적 나포

예 in[by way of] **reprisal** for insurgent troops'
attacks 반란군의 공격에 대한 보복으로

*insurgent *a.* 반란을
일으킨 *n.* 반란자

prevent **reprisal** insurgent attacks
저항세력의 보복공격을 막다

syn 보복 = reprisal; revenge; vengeance; retaliation;
retribution

cf. **reprise** *v.* 되풀이 되다 *n.* (*pl.*) 연간 필요 경비

re(강조–매우)+pud(=ashamed수치스러워 (거부, 부인))+iate(하다)

repudiate

[ripjú:dièit]

v. 거부하다; 부인하다; 인연을 끊다; 이혼하다

예 **repudiate** a claim[son]
요구를 거부하다[아들과 의절하다]

파 repudiation *n.* 부인, 거절; 이혼(divorce);
(채무 등의) 지불거부

syn 거부하다 = repudiate; reject; deny; disclaim; veto;
refuse; disapprove(찬성하지 않다);
turn down
부인하다 = repudiate; reject; deny; disclaim;
disown; disavow; negate; say no

262

re(=again(싫어서) 자꾸)+pugn(=fight싸우)+ant(는)

repugnant
[ripʌ́gnənt]

a. 아주 싫은, 질색인; ~에 반대하는; 모순되는

예 a **repugnant** smell 아주 불쾌한 냄새
repugnant behavior 옳지 않은 행동

파 repugnance, repugnancy *n.* 질색; 반감(disgust); 모순

syn 아주 싫은 = repugnant; detestable; disgusting; abominable

---

re(=again다시)+put(=think생각할)+able(만한 (인품을 지닌))

reputable
[répjətəbəl]

a. 평판이 좋은, 존경할 만한; (말씨 등이) 표준적인

예 a **reputable** company 평판이 좋은 회사

파 repute *n.* 평판(reputation); 명성 *v.* ~로 평하다
reputed *a.* 평판이 좋은; 유명한(noted)

syn 존경할 만한 = reputable; laudable; admirable; estimable; commendable; praiseworthy

---

re(=강조–반드시)+quisit(=ask요구되)+e(는)

requisite
[rékwəzit]

a. 꼭 필요한, 필수의 *n.* 필수품; 필요조건

예 **requisites** for success 성공의 필수 조건
a **prerequisite** to establishing diplomatic relations 외교관계 수립을 위한 선행조건

*require v. 요구하다;
필요로 하다

파 requirement *n.* 필요조건, 요건, 자격; 요구; 필수품

syn 필수의 = requisite; indispensable; mandatory; necessary; essential; compulsory

---

re(=back뒤로)+scind(=cut잘라서 버리다)

rescind
[risínd]

v. (법률 등을) 폐지하다, 파기하다; 취소하다

예 **rescind** an agreement[a supply contract]
협정[공급계약]을 파기하다

파 rescission *n.* 폐지, 파기; 무효; 취소(cancellation)
rescissible *a.* 폐지할 수 있는; 취소할 수 있는

syn 파기하다 = rescind; annul; nullify; cancel; quash

re(=back(너무 분해) 되돌려 주겠다고)+sent(=feel느끼는)+ment(것)

resentment

n. 분개, 분노; 원망, 원한(grudge; rancor)

[rizéntmənt]

᠁ hatred, **resentment**, and frustration
증오, 분개, 그리고 좌절

resent *v.* 분개하다

᠁ resentful *a.* 분개하고 있는(furious), 원망하는

syn 분개 = resentment; indignation; wrath; rage; fury

---

re(=back뒤에 (남겨져)+sid(=sit앉아 있는)+ue(것)

residue

n. 나머지, 잔여(remainder); 찌꺼기; 잔재

[rézidjùː]

᠁ regulations regarding pesticide **residues** on
imported food 수입식품에 대한 잔류 농약에 관한 규정

residuary *a.* 잔여
재산의; 나머지의

᠁ residual *a.* 나머지의, 남아 있는 *n.* 나머지; *(pl.)* 후유증

syn 나머지 = residue; remainder; remnant; leftovers
(남은 음식); surplus(잉여); balance(잔금)

---

re(=again다시)+sili(=leap튀어 오르)+ent(는)

resilient

a. 되튀는; 원상으로 돌아가는; 곧 회복하는; 쾌활한

[rizíljənt, -liənt]

᠁ for one's more **resilient** 40's
좀 더 탄력 있는 40대를 위하여
resilient people 쾌활한 사람들

᠁ resilience, resiliency *n.* 되튐; 탄력; 신속한 회복력
resile *v.* 되튀다; 곧 기운을 회복하다; 쾌활해지다

syn 쾌활한 = resilient; jovial; jolly; cheerful; cheery;
sprightly; vivacious; buoyant

---

re(=back뒤로)+solu(=loose(풀리게) 느슨하게)+tion(함)

resolution

n. 해결, 분해; 결심, 결단; 결의, 결의안

[rèzəlúːʃən]

᠁ the **resolution** of a question 문제의 해결
New Year('s) **resolution** 새해 결심

cf. **solution** *n.* 해결;
용액; 물약; 녹임

᠁ resolve *v.* 결심하다; 결의하다; 분해하다
resolute *a.* 굳게 결심한, 단호한(determined; firm)

syn 결심 = resolution; determination; resolve

264

re(=again나중에 다시)+spit(e)(=looking보려고 (연기함))

respite

[réspit]

n. 연기; (사형의) 집행유예; 일시적 중단; 휴식

ⓔ a **respite** for payment 지불 유예
work for hours without a moment's **respite**
잠시도 쉬지 않고 몇 시간 동안 일하다

syn 연기 = respite; postponement; deferment;
adjournment; delay; prolongation

re(강조–아주)+splend(=shine빛나)+ent(는)

resplendent

[rispléndənt]

a. 눈부시게 빛나는; 화려한(brilliant), 찬란한

ⓔ a **resplendent** and splendid summer festival
화려하고 눈부신 여름 축제

ⓟ resplendence, resplendency *n.* 눈부심, 빛남

syn 화려한 = resplendent; splendid; brilliant;
magnificent; gorgeous; sumptuous; dazzling

re(=back뒤로)+strict(=draw tight세게 잡아당기다)

restrict

[ristríkt]

*restrain
v. 제한하다, 제지하다

v. 제한하다; 한정하다; (활동 등을) 금지하다

ⓔ **restrict** expenses[the water supply]
경비[급수]를 제한하다

restrict an unlawful assembly 불법집회를 금지하다

ⓟ restriction *n.* 제한, 한정 restrictive *a.* 제한하는

syn 제한하다 = restrict; confine; limit; circumscribe

re(=back뒤로 잡아 당겨)+tard(=slow늦추다)

retard

[ritá:rd]

v. (성장 등을) 지체시키다, 방해하다(hinder) *n.* 지체; 방해

ⓔ **retard**[promote] the growth[progress]
발육을[진보를] 방해하다[돕다]

ⓟ retardation *n.* 지연, 지체; 지능 발달의 지체
retarded *a.* 지능 발달이 늦은

ant 촉진시키다 = accelerate; promote; hasten;
expedite; speed up

265

re(=back뒤에 (계속))+tent(=hold잡고)+ive(있는)

retentive

[riténtiv]

a. 보유[간직]하는, 유지력이 있는; 기억력이 좋은

📖 be **retentive** of moisture 수분을 잘 유지하는
a **retentive**[good] memory 좋은 기억력

📘 retain *v.* 계속 지니다; 잊지 않고 있다
retention *n.* 유지, 보존; 기억(력)

syn 보유 = retention; possession; holding

re(=back뒤에서)+tic(=silent침묵)+ent(하는)

reticent

[rétəsənt]

a. 입이 무거운, 말수가 적은, 과묵한

📖 a **reticent**[talkative] man 과묵한[말 많은] 남자

📘 reticency, reticence *n.* 과묵; 억제

syn 과묵한 = reticent; tacit; taciturn; reserved

ant 말 많은 = talkative; wordy; loquacious; garrulous;
chatty; prattling

re(=back뒤쪽을)+trench(=cut off잘라내다)

retrench

[ritréntʃ]

v. 줄이다, 삭감하다; 삭제하다(omit; delete)

📖 **retrench** expenditures drastically
경비를 대폭 줄이다

📘 retrenchment *n.* 단축, 축소; (비용의) 삭감

syn 삭감하다 = retrench; curtail; reduce; slash;
pare down; cut down

re(=again계속)+vile(나쁜) → 계속 나쁜 말을 하다

revile

[riváil]

v. ~을 욕하다, 욕설을 퍼붓다; ~을 매도하다

📖 be **reviled** by one's friends
친구들로부터 욕먹다

📘 revilement *n.* 욕, 매도, 비방(abuse; aspersion)

syn 욕하다 = revile; abuse; slander; swear;
vituperate; disparage; traduce; speak ill of;
call a person names

266

Re-의 형태 변화

1. 모음 앞에서는 re-의 e가 탈락되어 **R-**가 됩니다.
2. 모음 앞에 자음 d가 첨가되어 **Red-**
   자음 d 앞에서 **Ren-**으로 되는 경우도 있습니다.

---

r(〈re=again다시)+ally(=join, bind결연[연합]하다)

rally

[ræli]

v. 불러 모으다; 결집하다; 회복하다; 반등하다

n. 집회; 회복, 반등

ⓔ **rally** one's comrades 동지들을 불러 모으다
a pan-national **rally** 범민족대회
a **rally** in stocks 주가의 반등

syn 집회 = rally; gathering; assembly; congregation;
convention(대회); conference(회의)

---

red(again자꾸)+ol(=smell냄새가 나)+ent(는)

redolent

[rédələnt]

a. ~의 냄새가 나는; 향기로운; ~을 연상시키는

ⓔ be **redolent** of garlic[one's home town]
마늘 냄새가 나다[고향을 연상시키다]

ⓟ redolency, redolence *n.* 방향, 향기(fragrance)

syn 향기로운 = redolent; fragrant; aromatic; odorous

---

red(=again자꾸)+und(=wave(넘치려고) 출렁거리)+ant(는)

redundant

[ridʌ́ndənt]

a. 넘칠 정도의; 여분의; 장황한; 과잉의, 과다한

ⓔ a **redundant**[terse] expression 장황한[간결한] 표현
redundant[superfluous] population 과잉인구

ⓟ redundancy *n.* 과잉, 여분; 군더더기 말, 장황함
redundantly *ad.* 장황하게; 가외로(additionally)

syn 장황한 = redundant; diffuse; tedious; verbose;
wordy; lengthy; long-winded

ren(=back되돌려)+der(〈dat=give주다〉)

render

[réndər]

*verdict *n.* (배심원
의) 평결; 판정, 판단

v. 돌려주다, 갚다; 표현[번역, 제출, 판결]하다

ⓔ render evil for good 선을 악으로 갚다
render a bill[verdict]
청구서를 제출하다[판결을 내리다]

ⓓ rendition *n.* (독자적인 해석에 따른) 연주, 연출; 번역

syn 갚다 = render; return; requite; recompense;
reciprocate; repay(은혜를 ~)

cf. 원수를 갚다 = revenge; avenge; retaliate
*retaliate by doing the same
똑같은 방법으로[똑같이 함으로써] 복수하다

268

1_ **rebuke**[ribjúːk] *v.* 비난하다, 꾸짖다(reprove; reprimand; reproach; berate; condemn; denunciate; censure; criminate); *n.* 비난, 힐책

2_ **recall**[rikɔ́ːl] *v.* 상기하다, 생각해내다(recollect; remember; call back; ring a bell); (물건을) 회수하다; (명령 등을) 취소하다(recant; countermand); (대사를) 소환하다 *n.* 회상, 상기; 취소, 철회; (결함 제품의) 회수(callback); 소환

3_ **recant**[rikǽnt] *v.* (주장 등을) 취소하다, 철회하다(rescind; retract; revoke; withdraw); 부인하다(disown; disclaim; repudiate; negate; deny)
recant one's views 자신의 견해를 취소하다

4_ **reciprocal**[risíprəkəl] *a.* 상호간의(mutual); 답례의
*reciprocal gifts 답례품

5_ **reclaim**[rikléim] *v.* 개간하다, (땅을) 간척하다(recover; exploit); 교정하다(rectify); (폐물을) 재생하다(recycle); 길들이다(tame; domesticate); (자원을) 이용하다(exploit; harness) *n.* 개간; 매립; 재생이용; 교정, 교화
n. **reclamation** 개간, 간척; 교정, 교화

6_ **recuperate**[rikjúːpərèit] *v.* (병, 경제적 손실 등에서) 회복하다, 재기하다(recover) *n.* **recuperation** 회복, 만회, 재활

7_ **recur**[rikɔ́ːr] *v.* (본래의 화제로) 되돌아가다(return; go back); (사건이) 재발하다(relapse), 되풀이 하다; ~에 호소하다

8_ **recycle**[riːsáikəl] *v.* 재생하여 이용하다(reclaim); 개조하다(remodel; reconstruct; rebuild) ***recycling** *n.* 재생

9_ **redemption**[ridémpʃən] *n.* (몸값을 내고) 사람을 빼내기(ransom); 구제; 상환; (약속의) 이행 *v.* **redeem** ~을 되찾다; 보완하다(complement)
*beyond[past] redemption 회복할 가망이 없는, 구제하기 어려운

10_ **redress**[ridrés] *v.* (부정 등을) 바로잡다(correct); (불균형을) 시정하다; (폐해를) 없애다, 제거하다(get rid of); (손해 등을) 배상하다 *n.* 배상, 보상(compensation; restitution); 시정, 교정(correction) ***redress** social abuses[the balance] 사회악을 제거하다[균형을 회복하다]

11_ **refine**[rifáin] *v.* 정제하다, 순화하다(purify) *a.* refined 정제된,
세련된; 미묘한; 엄밀한 *n.* **refinement** 정제, 순화

12_ **refrain**[rifréin] *v.* 그만두다(stop; quit); 삼가다, 자제하다(abstain;
forbear) *n.* 후렴, 반복구(burden; chorus)

13_ **regenerate**[ridʒénərèit] *v.* 갱생시키다; 재생시키다
a. [ridʒénərət] 새 생명을 얻은, 갱생한

14_ **rehearse**[rihə́:rs] *v.* 예행연습을 하다(practice; exercise; try out)
n. **rehearsal** 예행연습

15_ **relinquish**[rilíŋkwiʃ] *v.* 포기하다, 단념하다(yield; surrender; give up);
양도하다(transfer)

16_ **reluctant**[rilʌ́ktənt] *a.* 마음 내키지 않는, 마지못해 하는(unwilling)
ad. **reluctantly** 마지못해

17_ **remorse**[rimɔ́:rs] *n.* 후회(regret);
양심의 가책(the pang of conscience)

18_ **remuneration**[rimjùːnəréiʃən] *n.* 보수, 보상(pay; reward;
recompense; compensation); 급여(salary)
v. **remunerate** 보수를 주다, 보상하다
a. **unremunerative** 보수가 있는, 수지맞는
(↔ **unremunerative** *a.* 벌이가 되지 않는)

19_ **repeal**[ripíːl] *v.* (법률 등을) 무효로 하다, 폐지하다, 폐기하다(cancel;
abolish; abrogate; rescind; annul; nullify; quash; do away with)
n. 폐지, 폐기; 취소, 철회

20_ **repress**[riprés] *v.* ~을 억제하다(suppress; check);
(폭동 등을) 진압하다(subdue)

21_ **reproduction**[rìːprədʌ́kʃən] *n.* 재생(regeneration); 복제, 모조;
생식, 번식; *v.* **reproduce** 재생하다; 복사[복제]하다; 번식시키다

22_ **repulsive**[ripʌ́lsiv] *a.* 불쾌한(unpleasant), 혐오감을 일으키는
(disgusting; loathsome; repellent); (태도 등이) 쌀쌀맞은(repellent);
냉정한(cold; cold-hearted; stony-hearted)
n. **repulsion** 격퇴; 반박; 반발; 반감(aversion); 혐오(hatred)

23_ **respiration** [rèspəréiʃən] *n.* 호흡 *v.* **respire** 호흡하다(breathe)

24_ **restitution** [rèstətjúːʃən] *n.* 반환, 상환; 복직; 회복, 원상회복; 손해배상
   *force[power] of restitution] 복원력

25_ **resumption** [rizʌ́mpʃən] *n.* 되찾음, 회수; (중단 후의) 재개(reopening)
   v. **resume** 다시 시작하다, 다시 차지하다; (건강 등을) 되찾다(regain;
   retake; recover; retrieve; take back)

26_ **resurrection** [rèzərékʃən] *n.* 부흥, (그리스도의) 부활(rebirth); 재유행
   v. **resurrect** 부흥시키다, 부활시키다(revive; resuscitate);
   (시체를) 도굴하다(exhume)

27_ **retail** [ríːteil] *n.* 소매(↔ **wholesale** 도매)
                    v. 소매하다(↔ **wholesale** *v.* 도매하다)

28_ **retaliate** [ritǽlièit] *v.* 복수하다, 보복하다(revenge)
   cf. **vengeance** *n.* 복수

29_ **retribution** [rètrəbjúːʃən] *n.* 응보, 보복(vengeance); 천벌
   ***retribution** for one's sin 죄의 응보
    the day of **retribution** 최후의 심판

30_ **retrieve** [ritríːv] *v.* 되찾다, 회수하다(recover; regain; get back);
   (손해를) 메우다; 부활시키다(rehabilitate); 구출하다(rescue; salvage)
   n. **retrieval** 회복, 복구, 만회; 구조; 검색 *a.* **retrievable** 회복할 수 있는
   (↔ **irretrievable** *a.* 회복할 수 없는)
   *information retrieval 정보검색

31_ **revulsion** [rivʌ́lʃən] *n.* (극도의) 혐오감, 반감(aversion; repugnance;
   repulsion; abhorrence; antipathy); (감정 등의) 격변(convulsion)

Study 16

prefix 48

Retro-

1) **back** : 뒤로 **backward** : 뒤쪽으로
2) **back towards the past** : 과거로 거슬러 올라가

retro(=backward과거로 거슬러 올라가)+active(효력이 있는)

retroactive

a. (법률 등이) 소급력이 있는, 소급하는

[rètrouǽktiv]

예 apply the law **retroactive** to October 1
법률을 10월 1일로 소급해서 적용하다

파 retroact *v.* 이전으로 소급하다; 거꾸로 작용하다; 반동하다

syn 소급력이 있는 = retroactive; retrospective

retro(=back뒤로 되돌아)+grade(=go, step가다)

retrograde

v. 후퇴[역행, 퇴화]하다 *a.* 후퇴하는; 퇴화하는; 역추진의

[rétrəgrèid]

예 **retrograde** at a brisk pace 빠른 속도로 후퇴하다

파 retrogradation *n.* 후퇴; 쇠퇴, 퇴보; 역행
retrogress *v.* 후퇴하다; 퇴보하다, 퇴화하다 *n.* retrogression

syn 역행하다 = retrograde; retrogress; retrocede

retro(=backward되돌아)+spect(=look보다)

retrospect

v. 회고하다, 회상하다 *n.* 회고, 회상

[rétrəspèkt]

예 **retrospect** on the past 지난날을 회고하다

파 retrospection *n.* 회고, 회상 retrospective *a.* 회고하는

syn 회고하다 = retrospect; recollect; look back upon

retro(=backward뒤쪽으로)+vert(=turn구부러)+ed(진)

retroverted

a. 뒤로 휜, 후굴(後屈)한(turned backward)

[rétrəvə̀:rtid]

예 a **retroverted** uterus 뒤로 휜 자궁

파 retrovert *v.* 뒤로 구부리다; (자궁을) 후굴시키다

syn 휘어지다 = get bent[curved; crooked]

Se-

분리, 이탈 : apart 떨어져서

---

se(=apart따로 떨어져)+cede(=go나가다)

secede

[sisíːd]

v. (교회, 정당, 동맹 등에서) 탈퇴하다, 탈당하다

- **secede** from the ruling[opposition] party
  여당[야당]을 탈퇴하다

- secession n. 탈퇴, 탈당; 분리, 이탈
  secessionist n. 탈퇴(론)자, 분리(론)자

- *syn* 탈퇴하다 = secede; withdraw; leave; break away

---

se(=apart따로 떼어)+clude(=shut문을 닫아 가두다)

seclude

[siklúːd]

v. ~에서 떼어놓다, 격리하다; ~에 틀어박히다

*a policy of
seclusion 쇄국정책
(seclusionism)

- **seclude** the boy from a problem child
  그 소년을 문제아에게서 떼어놓다

- secluded a. 외딴 곳에 있는; 은둔한, 틀어박힌
  seclusion n. 격리; 은둔, 은퇴
  seclusive a. 은둔적인, 틀어박히기를 좋아하는

- *syn* 격리하다 = seclude; isolate; segregate; quarantine;
  separate; shut off

---

se(=apart떨어진)+cure(=care걱정; 돌봄) → 걱정으로부터 떨어진

secure

[sikjúər]

a. 안전한; 확고한, 안정된, 확실한 v. 안전하게 하다

- the barracks **secure** from a surprise attack
  불의의 습격으로부터 안전한 막사
  a **secure** job[foundation, victory]
  안정된 직업[튼튼한 토대, 확실한 승리]

- securely ad. 안전하게; 틀림없이, 확실히(certainly)
  security n. 안전, 무사; 담보, 저당(mortgage; pledge)

- *syn* 안전한 = secure; safe; be free from danger;
  sound(견실한, 충분한)

273

se(=apart따로 떼어)+greg(=flock무리지우)+ate(=make다)

segregate

[ségrigèit]

v. 분리[격리]하다(isolate; separate); 인종차별하다

  segregate handicapped children[colored
  people] 장애아들을 분리하다[유색인종을 차별하다]

  segregated *a.* (인종) 차별적인(segregative); 특정 인종용의
  segregation *n.* 분리, 격리; 인종차별
  segregationist *n.* (인종) 차별주의자

  ant 인종차별을 폐지하다 = desegregate; integrate

se(=apart떨어져 (꾀어 옆길로))+duce(=lead이끌다)

seduce

[sidjúːs]

v. 유혹하다; 나쁜 길로 이끌다(lead astray); 농락하다

  seduce a pretty girl with fair words
  달콤한 말로 예쁜 소녀를 꾀다

  seduction, seducement *n.* 유혹; *(pl.)* 매혹(attraction)
  seductive *a.* 유혹적인, 눈길을 끄는(attractive)

  syn 유혹하다 = seduce; entice; lure; allure; tempt

VOCA TIP

se-의 형태 변화

⇒ Sed-

sed(=apart(질서, 안정에서) 이탈해)+it(=go나가게)+ion(함)

sedition

[sidíʃən]

*itinerant *a.* 순회하
는 *n.* 순방자

n. (반정부적인) 선동; 치안 방해; 〈법〉 난동 교사죄

  put down the **sedition** 선동을 진압하다
  be arrested on the charge of **sedition**
  난동교사죄로 체포되다

  seditionist *n.* 선동자 seditious *a.* 치안 방해의; 선동적인
  seditionary *a.* 선동적인 *n.* 치안 방해자; 난동교사자

  syn 선동적인 = seditious; incendiary; inflammatory;
           agitative; demagogic(al)

274

prefix 50

Sub-

1) **under** : 아래(에)   2) **secondary** : 하위, 부~
3) **in place of ~** : ~대신에

sub(=under(의식) 아래서)+con(with함께)+sci(=know알아)+ous(는)

subconscious

[sʌbkánʃəs, -kɔ́n-]

a. 잠재의식의(subliminal), 어렴풋이 의식하고 있는

n. 잠재의식

예 have a **subconscious** desire to V
V하고 싶은 잠재적인 욕망을 가지고 있다
subconscious reliance on the supernatural
초자연적인 것에 관한 잠재적인 의지
the realm of the **subconscious** 잠재의식의 영역

파 subconsciousness *n.* 잠재의식

syn 잠재적인 = subconscious; latent; dormant; potential

sub(=under아래에)+jug(=yoke멍에를 씌어 두)+ate(=make다)

subjugate

[sʌ́bdʒugèit]

v. 정복하다(conquer; vanquish); 복종시키다

예 **subjugate** a neighboring tribe 이웃 부족을 정복하다
subjugate the whole world 천하를 평정하다

파 subjugation *n.* 정복; 복종; 종속 subjugator *n.* 정복자

syn 복종시키다 = subjugate; subdue; subject; submit;
subordinate *vanquish(정복하다)

sub(=under아래로)+miss(=send보내)+ive(진)

submissive

[səbmísiv]

a. 복종하는, 순종하는, 고분고분한

예 a **submissive** husband
순종적인 남편[엄처시하의 남편]

파 submission *n.* 복종, 굴복, 항복; 순종(obedience)
submit *v.* 복종[굴복]시키다[하다](jackboot);
제출하다(present; tender)

syn 고분고분한 = submissive; meek; obedient; pliable;
docile; yielding; gentle(온순한, 부드러운)

275

sub(=under~보다 아래)+ordin(=order계급, 순서)+ate(인)

subordinate

a. 하위의, 하급의; 부차적인 n. 부하 v. 종속시키다

[səbɔ́:rdənit]
[səbɔ́:rdənèit] v.

예 a subordinate position[state] 하위의 지위[속국]
order one's subordinates 부하들에게 명령하다

syn 부하 = subordinate; follower; henchman;
following; one's men[people](총칭)
종속적인 = subordinate; subordinary; subject;
subsidiary; dependent; secondary; auxiliary(보조의)

sub(=under아래에)+sequ(=follow뒤따라 일어나)+ent(는)

subsequent

a. 그 후의, ~에 뒤이어 일어나는; (순서가) 다음인

[sʌ́bsikwənt]

예 subsequent events 그 후의 일어난 일[사건]
the subsequent generation 후속 세대

파 subsequently ad. 후에(later), 이어서, 바로 뒤에
subsequence n. 뒤이어 일어남, 연속; 뒤따라 일어나는 사건

syn 뒤이어 일어나는 = subsequent; succeeding;
following; consequent(결과로서 생기는)

sub(=under아래에서)+serv(=serve(굽실거리며) 시중드)+ient(는)

subservient

a. 비굴한; (목적 달성에) 도움이 되는; 부차적인

[səbsə́:rviənt]

예 a subservient manner 비굴한 태도

파 subserviently ad. 비굴하게; 도움이 되도록
subservience, subserviency n. 아첨, 비굴; 도움이 됨

syn 비굴한 = subservient; obsequious; servile; mean

sub(=under아래에)+sid(=sit놓여)+iary(있는)

subsidiary

a. 보조의; 부채[종속]적인 n. 자회사; 보조자

[səbsídièri]

예 a subsidiary occupation[issue]
보조 직업[부차적인 문제]

*a subsidiary
company 자회사

파 subsidy n. (국가가 개인의 사업에 교부하는) 보조금, 장려금
subsidize v. 보조금을 지급하다; 매수하다(bribe)

syn 보조의 = subsidiary; auxiliary; supplementary

276

sub(=under(여전히) 아래에)+sist(=stand서 있다)

subsist

[səbsíst]

v. 존재하다, 존속하다; 생존하다(exist), 살아나가다

囫 subsist by hunting and fishing
사냥과 고기잡이로 살아나가다

囵 subsistence *n.* 생존; 부양; 생계(livelihood)
subsistent *a.* 존립하는; 타고난, 고유의(inherent)

syn 생존하다 = subsist; live; outlive; exist; survive

---

sub(=under아래에)+stant(=stand제대로 서 있)+ial(는)

substantial

[səbstǽnʃəl]

a. 실질적인, 알찬, 충실한; 상당한; 근본적인

囫 make **substantial** progress 실질적 진보를 이루다
a **substantial** contribution 상당한 공헌

*substance
n. 물질; 재료

囵 substantially *ad.* 본질적으로; 대체로, 요점은; 충분히
substantiate *v.* 실체화[구체화]하다; 실증하다(prove)

syn 알찬 = substantial; solid; practical(실용적인)

> ### VOCA TIP
>
> #### Sub-의 형태 변화
>
> 1. 자음 c 앞에서는 Suc-   2. 자음 f 앞에서는 Suf-
> 3. 자음 g 앞에서는 Sug-   4. 자음 m 앞에서는 Sum-
> 5. 자음 p 앞에서는 Sup-   6. 자음 r 앞에서는 Sur-
> 7. 자음 c, p, t 앞에서는 Sus-가 됩니다.

---

suc(=under아래로)+cinct(=gird허리띠를 바짝 졸라맴)

succinct

[səksíŋkt]

a. 간결한(concise; terse), 간명한(brief)

囫 succinct, clear, and to the point
간결하고 명확하고 요령 있는

囵 succinctly *ad.* 간결하게(concisely; briefly; tersely)

syn 간결한 = succinct; concise; brief; terse; laconic

suc(=under아래에)+cumb(=lie down눕다, 굴복하다)

succumb

[səkʌ́m]

v. 굴복하다; (유혹에) 넘어가다; (병으로) 쓰러지다

ⓔ **succumb** to temptation[avian influenza]
유혹에 넘어가다[조류독감으로 쓰러지다]

syn 굴복하다 = succumb; yield; submit; surrender;
cave in; give in[way]

suf(=under아래)+foc(=throat목구멍)+ate(=make하다) → 목구멍 아래를 막히게 하다

suffocate

[sʌ́fəkèit]

v. 질식(사)시키다; 숨 막히게 하다; 억누르다

ⓔ be **suffocated** by[with] grief
슬픔으로 목이 메다

ⓓ suffocation *n.* 질식(asphyxiation)
suffocatingly *ad.* 숨 막힐 듯이

syn 질식(사)시키다 = suffocate; choke; smother; stifle;
strangle; strangulate; asphyxiate

suf(=under아래서)+frag(e)(=loud applause크게 박수 치는 (소리))

suffrage

[sʌ́fridʒ]

n. 선거권, 참정권; 찬성(표); 〈교회〉 기도

ⓔ universal[woman] **suffrage**
보통 선거권[여성 참정권]

ⓓ suffragist *n.* 여성 참정권론자(suffragette)

syn 선거권 = suffrage; franchise; the right to vote

sug(=under아래에서)+gest(=carry(의견을) 가지고)+ion(감)

suggestion

[səgdʒéstʃən]

*overture
n. 교섭, 제의
v. 제출하다, 제안하다

n. 제안(proposal), 제의; 암시; 연상; 기미, 기색

ⓔ make[accept] a **suggestion**
제안하다[제안을 받아들이다]
a **suggestion** of tears 눈물의 기미

ⓓ suggest *v.* 제안하다; 넌지시 비치다(imply), 암시하다
suggestive *a.* 암시적인, 넌지시 비치는; 연상시키는

syn 제안 = suggestion; proposal; proposition; motion

278

sum(=under(어디로 나오라고) 아래에)+mon(=warn통고하다)

summon
[sʌ́mən]

v. 소환하다, 호출하다; 소집하다(convoke); (용기 등을) 내다

- **예** summon parliament[as a witness]
  의회를 소집하다[증인으로 소환하다]
- **파** summons n. 소환장(subpoena); 소집 v. 법정에 소환하다
- syn 소환하다 = summon; cite; subpoena

sup(=아래에)+plant((~ 대신) 심다, 앉히다)

supplant
[səplǽnt, -plάːnt]

v. 대신 들어앉다, 대신하다; 밀어내다; 찬탈하다(usurp; seize)

- **예** supplant the traditional culture
  전통문화를 밀어내다
- **파** supplantation n. 대체; 찬탈, 탈취 supplanter n. 찬탈자
- syn 대신하다 = supplant; replace; substitute;
  supersede; take the place of

sup(=under아래에)+ple(=fill up(다시 더) 채워 넣)+ment(음)

supplement
[sʌ́plmənt]

n. 보충; (책의) 증보; 부록 v. 보충하다; 증보하다

- **예** a calcium supplement with vitamin C
  비타민 C 함유 칼슘 보충제
  a separate-volume[detachable pullout]
  supplement 별책 부록
- **파** supplementary a. 보완하는; 증보의; 부록의
- syn 보충 = supplement; replenishment; complement

sup(=under아래에서 (사정하며))+plic(=fold(무릎을) 구부리)+ate(=make다)

supplicate
[sʌ́pləkèit]

v. 탄원하다, 간청하다, 애원하다(entreat)

- **예** supplicate the king for mercy
  왕에게 자비를 탄원하다
- **파** supplication n. 탄원, 애원(entreaty)
  supplicant, suppliant n. 탄원자 a. 탄원하는
- syn 탄원하다 = supplicate; entreat; implore; beseech;
  solicit; appeal; petition(청원하다)

279

sup(=under아래에)+position((생각을 임시로) 둠)

supposition

n. 가정, 가설; 추정, 추측(conjecture)

[sʌ̀pəzíʃən]

- ⓒ on the **supposition** that ~ ~으로 가정하고

- ⓓ suppose *n.* 가정하다(assume); 상상하다; 추측하다
  supposed *a.* 상상된, 가정의; ~하기로 되어 있는
  supposedly *ad.* 추측컨대, 아마도(presumably)

- *syn* 가정 = supposition; assumption; presumption;
  postulation

sup(=under아래로)+press(내리누르다)

suppress

v. 억제하다; 진압하다; 숨기다; 공표하지 않다

[səprés]

- ⓒ **suppress** one's feelings[temper, laughter]
  감정을 억제하다[화를, 웃음을 참다]

  suppress a revolt[riot] 반란[폭동]을 진압하다

*revolt *n.* 반란, 폭동;
불쾌, 반감

- ⓓ suppression *n.* 억제, 억압; 진압; 은폐; 발매 금지
  suppressive *a.* 억누르는, 은폐하는; (약이) 대증 요법의

- *syn* 억제하다 = suppress; repress; constrain; restrain;
  control; inhibit
  억압하다 = suppress; oppress; restrain; check;
  press; sit on; keep[put] down

sur(=under아래에서)+rept(=seize(몰래) 붙잡)+itious(는)

surreptitious

a. 은밀한, 비밀의; 부정한, 무허가의(unauthorized)

[sə̀:rəptíʃəs, sʌ̀r-]

- ⓒ cast a **surreptitious** glance at ~
  ~을 슬쩍 훔쳐보다

  surreptitious snapshots
  몰래카메라 스냅사진

- ⓓ surreptitiously *ad.* 은밀하게; 부정하게

- *syn* 은밀한 = surreptitious; secret; confidential; covert;
  private; stealthy; clandestine
  은밀하게 = surreptitiously; secretly; confidentially;
  covertly; privately; stealthily; clandestinely

280

sur(=under아래서)+rog(=ask(대리로) 요청)+ate(=make하다)

surrogate

[sə́:rəgèit, sʌ́r-]
[sə́:rəgèit, -git] *n., a.*

v. ~의 대리 노릇을 하다, 대신하다 *n.* 대리인 *a.* 대리의

⑳ be borne by a **surrogate** mother
대리모에게서 태어나다

syn 대리인 = surrogate; agent; deputy; representative;
substitute; proctor; proxy; procurator(소송 대리인)

sus(=under아래에서)+cept(=take(영향) 받기)+ible(쉬운)

susceptible

[səséptəbəl]

a. 느끼기[감염되기] 쉬운, 민감한; ~할 여지가 있는

⑳ **susceptible** to flu[flattery]
독감에 걸리기 쉬운[아부에 약한]
susceptible to various interpretations
여러 가지 해석이 가능한

⑳ susceptibility *n.* 감수성; 민감; 감염되기 쉬움

syn 민감한 = susceptible; sensitive; susceptive

sus(=under아래로)+(s)pic(=spici=look(의심을 가지고 보는)+ion(것)

suspicion

[səspíʃən]

n. 의심, 혐의; 미심적은 생각; ~의 조금[기미]

⑳ harbor[fuel] **suspicion** 의심을 가지다[불러일으키다]
a **suspicion** of a smile 희미한 웃음

⑳ suspect *v.* 의심쩍게 여기다; ~이 아닌가 하고 생각하다
suspicious *a.* 의심스러운, 수상쩍은; 의심하고 있는

syn 의심 = suspicion; doubt; question; distrust; mistrust

sus(=under아래에서)+ten(=hold(삶을) 떠받치는)+ance(것)

sustenance

[sʌ́stənəns]

n. 생계(의 수단); 음식(food); 영양(물); 유지, 지탱

⑳ **sustenance**, support, and well-being
생계유지, 부양 그리고 복지

*sustain *v.* 지탱하다;
유지하다; 부양하다

⑳ sustainedly *ad.* 지속적으로, 끊임없이, 한결같이
sustainable *a.* 지탱할 수 있는, (자원이) 이용할 수 있는

syn 영양 = sustenance; nutrition; nutriment;
nourishment; alimentation

1. **subdivide** [sʌ̀bdiváid] *v.* 세분하다(divide into smaller parts)
   n. **subdivision** 세분
2. **sublime** [səbláim] *a.* 웅대한, 숭고한; 고상한(noble); 터무니없는(absurd; exorbitant; preposterous) *n.* **sublimity** 장엄, 웅대(grandeur)
3. **subliminal** [sʌblímənəl] *a.* 의식되지 않는, 잠재의식의(subconscious)
4. **submerge** [səbmə́ːrdʒ] *v.* 물속에 잠기다, 가라앉다
   (sink; immerse; subside)
5. **subscribe** [səbskráib] *v.* 기부하다(contribute); 서명하다(sign); 예약구독하다; 찬성하다(agree)
6. **subterranean** [sʌ̀btəréiniən] *a.* 지하의, 지하에 있는(underground); 숨은, 비밀의(hidden or secret) *a subterranean cable 지하 통신선
7. **subversive** [səbvə́ːrsiv] *a.* 전복시키는(rebellious); 파괴적인(destructive)
   n. 파괴활동분자, 위험인물, (정부 등의) 전복 계획자
   *be subversive of social order 사회질서를 파괴하다
8. **succulent** [sʌ́kjələnt] *a.* (과일 등이) 즙이 많은(juicy); 물기가 많은(moist; watery); 신선한(fresh); 바람직한(reasonable); 흥미진진한(exciting)

Study **17**

prefix 51

Super-

1) 위 : **over** ~의 위에, ~의 위로
2) 초월 : **beyond** ~을 넘어서, ~이상으로

super(=over위에서)+cili(=eyelid눈꺼풀 (아래로 내려보))+ous(는)

supercilious

[sùːpərsíliəs]

a. 거만한, 건방진; 사람을 내려다보는; 거드름 피우는

📖 a **supercilious** attitude 거만한 태도

📖 **superciliously** *ad.* 거만하게, 건방지게(arrogantly)

syn 거만한 = supercilious; arrogant; haughty; insolent;
overbearing; perky; saucy; sassy; stuck-up

super(=over위에)+fic(=face표면)+ial(있는) → 표면위에 살짝 있는

superficial

[sùːpərfíʃəl]

a. 피상적인, 천박한; 엉성한(cursory); 외견상의; 면적의

📖 a **superficial** view[wound, change]
피상적인 견해[외상, 표면적인 변화]

📖 **superficially** *ad.* 표면적으로, 피상적으로; 천박하게
superficiality *n.* 표면적임, 피상, 천박

syn 피상적인 = superficial; shallow; surface; half-learned

super(=over~위로)+flu(=flow흘러넘치)+ous(는)

superfluous

[suːpə́ːrfluəs]

a. 여분의, 과잉의; 필요이상의, 불필요한

📖 **superfluous** wealth[words]
남아도는 부[불필요한 말]

superfluous[excess, overflowing] **population**
과잉 인구

📖 **superfluity** *n.* 여분; 과다; 남아돎(superabundance)

syn 여분의 = superfluous; extra; spare; surplus;
redundant; excessive(과잉의)

283

super(=over위에서)+in(=on~로 (눈길을))+tend(=stretch뻗다)

superintend

[sù:pərinténd]

v. (일, 종업원들을) 감독하다; 관리하다(manage)

예 **superintend**[supervise] workers 근로자를 감독하다

파 superintendent *n.* 감독자; 교장; 교육장 *a.* 감독하는
superintendence *n.* 감독, 관리, 지휘

syn 감독하다 = superintend; supervise; oversee; direct

---

super(=beyond~을 초월한)+natural(자연의)

supernatural

[sù:pərnǽtʃərəl]

a. 초자연의; 불가사의한 *n.* (the −) 초자연적 존재

예 **supernatural** powers[beings]
초자연적인 능력[존재]

파 supernaturally *ad.* 초자연적으로; 불가사의하게
supernaturalism *n.* 초자연성; 초자연주의

syn 초자연의 = supernatural; preternatural

---

super(=over~위에)+sede(=sit(대신) 앉다)

supersede

[sù:pərsí:d]

v. 대신하다, 대체하다; 경질하다, 교체하다

예 be **superseded** by ~ ~로 대체되다
supercede A with B A를 B로 교체하다

파 supersession *n.* 대체; 교체, 경질, 면직; 폐지

syn 대신하다 = supersede; replace; displace; supplant;
substitute(대리하다)

---

super(=over저 너머에 (현실과 달리))+stit(=stand서 있는)+ion(것)

superstition

[sù:pərstíʃən]

n. 미신(적 행위); 맹신; (미지의 것에 대한) 두려움

예 be enchained by[do away with] vulgar
[popular] **superstitions**
세속적[민간의] 미신에 얽매이다[미신을 타파하다]

파 superstitious *a.* 미신의, 미신적인, 미신에 사로잡힌

syn 두려움, 공포 = superstition; fear; dread; horror;
terror; fright *cf.* freight(운송화물)

super(=over위에서 (계속 이어 내려))+vene(=come오다)

supervene
v. ~에 잇달아 일어나다; 결과로서 일어나다(ensue)

[sù:pərví:n]

에 Heated discussions **supervened**[ensued].
격론이 벌어졌다

outbreak *n.* 돌발

파 supervention *n.* 속발, 병발; 추가, 부가

syn 일어나다 = happen; occur; arise; take place;
break out

super(=over위에서 (살펴))+vise(=see보다)

supervise
v. (일 등을) 감독하다(superintend), 지휘하다

[sú:pərvàiz]

에 **supervise** mechanics[relief activities]
기계공[구호활동]을 감독하다

파 supervision *n.* 감독, 관리, 지휘
supervisor *n.* 감독자, 관리인

syn 지휘하다 = supervise; command; direct; order; lead;
head; marshal(정렬시키다)

VOCA TIP

Super-의 변형

⇒ Sur-/Supr-

sur(=over지나치게)+feit(=do, make하다)

surfeit
v. 과식[과음]하다; 물리게 하다(satiate) *n.* 과식; 과다(excess)

[sə́:rfit]

에 **surfeit** oneself with sushi
스시를 물리도록 많이 먹다
a **surfeit** of preaching
넌더리 날 정도의 설교

syn 과식하다 = surfeit; overeat; overfeed

sur(=over위로)+mise(=send(짐작으로) 보내다)

surmise

[sə*r*máiz, sə́:*r*maiz]

v. 짐작하다, 추측하다 *n.* 짐작, 추측

[예] **surmise** from one's looks
~의 모습으로 추측하다
sheer **surmise** 순전한 추측

syn 짐작 = surmise; guess; conjecture

sur(=over(곤란을) 넘어)+mount(=climb오르다)

surmount

[sə*r*máunt]

v. 극복하다; 오르다; ~위에 위치하다; 얹다(cap)

[예] **surmount** all difficulties 온갖 어려움을 극복하다
peaks **surmounted** with snow 눈 덮인 봉우리들

[파] surmountable *a.* 극복할 수 있는(conquerable)

syn 극복하다 = surmount; overcome; conquer;
vanquish; subjugate(정복하다)

sur(=over(필요) 이상으로)+plus(여분의 것)

surplus

[sə́:*r*plʌs, -pləs]

n. 잉여, 여분; 잉여금, 초과액(↔ **deficit** *n.* 부족액); 흑자
a. 여분의, 잉여의; 과잉의

[예] a nine-billion-dollar trade **surplus**
90억 달러의 무역 흑자
surplus fat[value] 군살[잉여 가치]

syn 잉여 = surplus; overplus(과잉)/
remainder=residue(나머지, 잔여)

sur(=over위에서)+veill(=watch지켜 보)+ance(기)

surveillance

[sə:*r*véiləns, -ljəns]

n. 감시, 망보기; 감독(supervision)

[예] be placed under **surveillance** 엄중한 감시를 받다
around-the-clock **surveillance** 24시간 감시

[파] surveillant *a.* 망보는, 감시하는 *n.* 감시자; 사찰, 정찰
surveil *v.* 감시하다, 감독하다

syn 감시하다 = surveil; watch; observe;
keep an eye on; keep (a) watch on

suprem(super(상위의)의 최상급)

supreme
[səprí:m]

a. 최고의; 최상의; 극도의 *n.* 최고의 것[상태]

@ the **supreme** commander 최고 사령관
the **supreme**[absolute] power 최고[절대] 권력

@ supremacy *n.* 최고; 최고위; 우위; 주권; 지배권

syn 최고의 = supreme; superlative; maximum;
the highest

VOCA PLUS

1. **superb**[supə́:rb] *a.* 훌륭한, 뛰어난(excellent);
장엄한(grand; majestic)

2. **superior**[səpíəriər, su-] *a.* ~보다 높은[나은, 고급의](higher in rank,
quality, or value, etc.)

3. **superlative**[səpə́:rlətiv, su:-] *a.* 최고의, 최상의(supreme); 최상급의;
과장된(bombastic)

4. **supremacy**[səpréməsi] *n.* 최고, 우월; 패권, 주도권(mastery)
*contend[vie] for supremacy 자웅을 겨루다

5. **surpass**[sərpǽs, -pá:s] *v.* ~보다 낫다, ~을 능가하다(excel; exceed;
outdo); 초월하다(transcend)

6. **supernal**[su:pə́:rnl] *a.* 하늘의, 천상의(heavenly); 고매한

7. **supersonic**[sù:pərsánik, -sɔ́n-] *a.* 초속속의, 초음파의
*supersonic[ultrasonic] waves 초음파

8. **surname**[sə́:rnèim] *n.* 성(family name; last name)
cf. 이름(first[given, Christian] name)

287

Syn-

1) together : ~와 함께, 같이
2) at the same time : 동시에

syn(동시)+chron(=time시간에 (발생))+ize(=make하다)

synchronize

[síŋkrənàiz]

*anachronism *n.*
시대착오, 시대에 뒤
진 사람; 날짜의 오기

v. 동시에 발생하다, 동시성을 가지다; 동일 시간으로 맞추다

📖 abilities to **synchronize**, communicate, and
survive
동시성을 가지고, 의사소통을 하고 살아남는 능력
synchronized swimming 수중 발레

📖 synchronization *n.* 동시발생; 〈영화〉 동시녹음
synchronous *a.* 동시에 일어나는; 〈물리〉 동위상의

syn 동시에 = synchronously; simultaneously;
concurrently; at the same time

syn(함께)+dic(=justice; say공평(하게 사업을 결합한))+ate(것)

syndicate

[síndikit]
[síndikèit] *v.*

n. 기업연합; 채권인수은행단; 조직 폭력단

v. 동시에 많은 신문에 공급하다; 인수단을 결성하다

📖 form a **syndicate** 신디케이트를 조직하다
an international crime **syndicate** 국제 범죄조직

syn 기업 = enterprise; corporation; business
*undertaking(사업)

syn(동시에)+drome(=run; course(확) 퍼지는 (현상))

syndrome

[síndroum, -drəm]

n. 증후군(signs coming together at the same time)

📖 adaptation[chronic fatigue] **syndrome**
적응[만성피로] 증후군
Acquired Immune Deficiency **Syndrome**
후천성 면역결핍증후군(AIDS)

📖 syndromic *a.* 증후군(症候群)의

syn 징후 = sign; indication; omen; token; foretoken;
symptom(증상)

syn(=together, with함께)+ops(=eye, see(짧게) 보기 위해 만든)+is(것)

synopsis

[sinápsis, -nɔ́p-]

n. (소설 등의) 줄거리, 개요, 요약; 일람, 요강

예 a brief **synopsis** of the play
그 희극의 간단한 줄거리

파 synoptic *a.* 요약의, 개관적인 *a synoptic chart 기상도

syn 개요 = synopsis; summary; epitome; gist; résumé;
condensation

---

syn(=together(문장을) 같이)+tax(=arrange 배열한 것)

syntax

[síntæks]

n. 구문론(syntactics), 통사론; 체계, 구성

예 invalid[incorrect] **syntax** 잘못된 구문
the **syntax** of a language 언어의 체계

파 syntactic *a.* 문장 구성상의; 통어론의, 문장론의

syn 구성 = syntax; composition; constitution;
organization(조직); formation(형성)

---

syn(=together함께)+thes(=put, place(모아) 놓은)+is(것)

synthesis

[sínθəsis]

n. 종합; 합성(↔ **analysis** *n.* 분해); 〈외과〉 접골

예 additive and subtractive **synthesis** 가감 합성
the **synthesis** of vitamin C 비타민 C 합성

파 synthetic *a.* 종합적인; 합성의; 인조의(artificial) *n.* 합성섬유
↔ analytic *a.* 분석적인, 분해의; 정신분석의
*a synthetic[neutral] detergent 합성[중성] 세제
synthesizer *n.* 음의 합성 장치; 합성하는 것

syn 종합하다 = synthesize; integrate; generalize;
colligate(논리); put together

Syn-의 변형

1. <u>자음 l</u> 앞에서는 **Syl-**이 됩니다.
2. <u>자음 m, p, b</u> 앞에서는 **Sym-**이 됩니다.
3. <u>자음 s</u> 앞에서는 **Sys-**가 됩니다.

---

syl(=with(뜻을) 함께)+lab(=hold, seize붙잡은)+le((작은) 것)

syllable

[síləbəl]

n. 음절; (a ~) 말 한마디 *v.* 음절로 나누다

예 **syllable**, passage, and paragraph
음절, 구절 그리고 단락

파 syllabic *a.* 음절의 syllabary *n.* 음절(문자)표

syn 말 = word; tongue; talk/ chat=gossip(잡담)/
remark=statement(진술)

---

syl(=with함께)+log(=reason; word논증하는)+ism(체계)

syllogism

[síləd3ìzəm]

n. 삼단논법; 연역법(deduction)

예 reason by **syllogisms** 삼단논법으로 논하다

파 syllogistic *a.* 삼단논법의 syllogize *v.* 삼단논법을 쓰다

syn 논법 = argument; logic; reasoning

cf. a major[minor] premise 대[소]전제

---

sym(=together같이 더불어)+bio(=life생활히)+sis(기)

symbiosis

[sìmbaióusis, -bi-]

n. 공생, 공동생활(↔ **parasitism** *n.* 기생생활); 협력 관계

예 a **symbiosis** between management and labor
노사간의 공생
a consumer-company[human-machine]
symbiosis 소비자와 기업[인간과 기계]의 공생

파 symbiotic *a.* 공생의, 공생하는 symbiont *n.* 공생자

syn 공생 = symbiosis; commensalism

sym(=together함께)+bol(=throw(눈에 잘 띄게) 던져보낸 것)

symbol

[símbəl]

n. 상징, 표상; 기호, 부호 *v.* 상징하다(symbolize)

예 a **symbol** of peace[salvation] 평화[구원]의 상징
a phonetic[chemical, mathematical] **symbol**
발음[화학, 수학] 기호

파 symbolic *a.* 상징적인(emblematic) *ad.* symbolically
symbolism *n.* 상징화; 상징주의; 기호 체계

syn 상징 = symbol; emblem

---

sym(=together서로 같은)+metr(=measure치수; 측정)+y(임)

symmetry

[símətri]

n. 대칭, 균형(↔ **asymmetry** *n.* 비대칭); 조화

예 bilateral **symmetry** 좌우대칭
the planes of **symmetry** 대칭면

cf. **equilibrium**
 n. 평형, 균형

파 symmetrical *a.* 대칭적인, 균형이 잡힌(balanced)
symmetrize *v.* 대칭적으로 하다, 균형 잡히게 하다

syn 균형 = symmetry; balance; poise; equipoise

---

sym(=together서로 같은)+path(=feel(기분을) 느)+y(낌)

sympathy

[símpəθi]

n. 공감, 찬성; 동정, 연민; 조문; 위문

예 feel **sympathy** 공감을 느끼다
go on a **sympathy** strike 동정파업을 하다

*in sympathy with
~ ~에 찬성[동정]하여,
~와 일치하여

파 sympathetic *a.* 동정적인; 찬성하는 *n.* 교감신경
sympathize *v.* 동정하다(commiserate); 공감하다

syn 동정 = sympathy; pity; compassion; commiseration

---

sym(=together함께)+phon(=sound소리를 내)+y(기)

symphony

[símfəni]

n. 교향곡, 심포니; 교향악단; 조화(harmony)

예 the second movement of the Pastoral
Symphony 전원 교향곡 제 2악장

파 symphonic, symphonious *a.* (음이) 조화를 이루는
symphonize *v.* 조화시키다[하다](harmonize)

syn 조화 = symphony; harmony; accord; agreement

sym(=together함께 (토론하며))+pos(=drink마시)+ium(기)

symposium

[simpóuziəm]

n. 주연, 향연; (특정 문제에 대한) 토론회, 심포지엄; 논문집

- 예 hold a **symposium** on air pollution[politics]
  대기오염[정치문제]에 관한 토론회를 개최하다
- 파 symposiast *n.* 토론회 참가자[기고자]
- *syn* 주연 = symposium; feast; banquet; carousal; revel

sym(=together함께)+pt(=fall(어떤 조짐이) 떨어)+om(짐)

symptom

[símptəm]

n. 징후, 징조, 조짐; (병의) 증후, 증상

- 예 a prominent[typical, sinister] **symptom**
  현저한[전형적인, 불길한] 징후
  subjective[allergic] **symptoms**
  자각증세[알레르기 증상]
- 파 symptomatic(al) *a.* 징후적인, 조짐의; ~을 나타내는
- *syn* 조짐 = symptom; signs; indications

sys(=together함께)+tem(⟨sta=stand(질서 있게) 서 있는 것)

system

[sístəm]

n. 체계, 조직, 계통; 제도; 조직망; 방식, 방법

- 예 a disorder of the digestive **system**
  소화기 계통의 질병
  a communications[railroad] **system** 통신망[철도망]
- 파 systematically *ad.* 조직적으로, 체계적으로
  systematize *v.* 체계화하다(organize)
- *syn* 방법 = system; method; way; process; manner

VOCA PLUS

synergy[sínərdʒi] *n.* 상승작용, 협력 작용

cf. Zero-Sum Game → 누군가가 이익을 보면 누군가는 그만큼의 손실을 보게
되는 경우

Win-Win Game → 경쟁상대끼리 모두 이익이 되는 경우

Study **18**

prefix 53

Tele-

far; distant : 먼, 멀리서

tele(=far멀리)+cast(=throw(전파를) 던지다)

telecast

[téləkæst, -kɑ̀ːst]

v. 텔레비전 방송을 하다 *n.* 텔레비전 방송

예 a live satellite relay **telecast** 위성생중계
cf. a filmed TV broadcast 녹화방송

syn 방송 = broadcast; hookup(중계방송)

cf. be being telecast; be on air 방송중이다

tele(=far멀리 (소식을))+gram(=write; letter써서 (보내는 법))

telegram

[téləgræm]

n. 전보(a message that is sent by telegraph)

예 send a congratulatory **telegram** 축전을 보내다
cf. by telegram[cable, E-mail]
전보로[전신으로, 이메일로]

syn 소식 = news; tidings; report(소문); information(정보)

tele(=far멀리)+graph(=write글을 써서 (보내는 것))

telegraph

[téləgræf, -grɑ̀ːf]

n. 전신, 전보; 전신기; (T-) ~통신

v. 타전하다(wire), 돈을 부치다

예 a **telegraph** slip[form, blank] 전보용지
telegraph fifty dollars by wireless
전신환으로 50달러를 부치다

syn 타전하다 = telegraph; wire; radio; wireless(무선전신으로 ~); cable(해저 전선으로)

tele(=far멀리 떨어져서)+metry(=measuring측정하기)

telemetry

[təlémətri]

n. 원격측정법; 원격 계측기로 얻은 자료

에 satellite **telemetry** studies 위성 원격측정법 연구

파 telemeter *n.* 원격계측기; 거리측정기

syn 원격의 = remote; distant; far

cf. remote control 원격 제어[조종]

tele(=far멀리서)+path(=feel; suffer(서로) 느)+y(낌)

telepathy

[təlépəθi]

n. 텔레파시(psychomancy), 정신감응, 이심전심

에 communicate by **telepathy** 텔레파시로 전하다

파 telepathic *a.* 정신감응의, 이심전심의
telepathize *v.* 텔레파시로 전하다

syn 정신 = spirit; mind; mentality; will(의지, 결단)

tele(=far먼 곳에 있는 (물체를))+scope(=see보는 (기구))

telescope

[téləskòup]

n. 망원경 *v.* 끼워 넣다; 포개지다; 단축하다

에 peer[look] through a binocular **telescope**
쌍안경으로 보다

cf. microscope 현미경   periscope 잠망경
stethoscope 청진기   binoculars 쌍안경
magnifying glass 확대경, 돋보기

VOCA PLUS

1. **telecommute**[téləkəmjùːt] *v.* (컴퓨터를 이용하여) 재택근무하다

2. **telecommunication**[tèləkəmjùːnəkéiʃən] *n.* 원격[원거리]통신

3. **teleconference**[téləkànfərəns, -ikɔ̀n-] *n.* 원격지간의 회의

3. **telephotograph**[tèləfóutəgræf, -təgràːf] *n.* 망원사진; 전송사진
v. 망원렌즈로 촬영하다

Trans-

1) 횡단 : **across** 가로질러 **through** ~을 관통하여
2) 위, 초과 : **over** ~위에 **beyond** ~을 넘어서
3) 변화 : **change** 다른 상태로 (변화시키다)

---

trans(=through(일을) 끝까지 쭉)+act(=drive밀고 나)+ion(감)

transaction

[trænsǽkʃən, trænz-]

n. (사무 등의) 처리; 거래(dealings); *(pl.)* 업무; 회보

예 the **transaction** of business 업무처리
carry on **transactions** with ~ ~와 계속 거래하다

파 transact *v.* 처리하다; 집행하다(perform); 거래하다

syn 처리 = transaction; handling; treatment;
administration; management; settlement

---

trans(=over저쪽으로)+fer(=carry나)+ence(름)

transference

[trænsfɔ́:rəns, trǽnsfər-]

n. 옮김, 이전; 전학, 전임; 양도; 〈의학〉 전이

예 the **transference**[handover] of power 정권 이양
generation **transference** 세대간 전이

*cession
n. (영토의) 할양

파 transfer *v.* 옮기다; 양도하다; 전학하다; 갈아타다
n. 이전; 갈아타기; 양도; 대체
transferable *a.* 양도할 수 있는; 옮길 수 있는

syn 양도 = transference; transfer;
conveyance(부동산의 ~);
assignment(권리의 ~); negotiation(어음의 ~)

---

trans(=change변화시키다)+form(형태)

transform

[trænsfɔ́:rm]

v. 변형시키다; 다른 물질로 만들다; 〈전기〉 변압하다

예 **transform** the world into a better place
세계를 더 나은 곳으로 변모시키다
copy, **transform**, and transfer the data
데이터를 복사하고, 변형하고, 전송하다

파 transformation *n.* 변형(metamorphosis); 〈곤충〉 변태

syn 변형시키다 = transform; transmute; transfigure;
metamorphose; convert(변환시키다); change

trans(=across, over넘어)+gress(=step, go가다)

transgress

v. (한도를) 넘다, 초과하다; (법규 등을) 위반하다

[trænsgrés, trænz-]

📝 **transgress** the limits of one's patience
인내의 한계를 넘다

transgress[violate] Natural Law 천륜을 어기다

📕 **transgression** *n.* 위반(violation); (종교, 도덕적인) 죄(sin)

syn (한도를) 넘다 = transgress; transcend(초월하다);
exceed; overstep; go beyond
위반하다 = transgress; violate; break; infringe;
contravene; infract

---

trans(=across가로질러)+it(=go지나감)

transit

n. 통과, 통행; 운송(conveyance); 변화, 변천

[trǽnsit, -zit]

📝 the **transit** authorities 교통당국
be damaged[get lost] in **transit**
운송 중에 파손되다[분실되다]

*mass transit
대중교통

📕 **transition** *n.* 변화, 변천; 과도기; 〈유전〉 변이
transitional *a.* 과도적인; 변천하는
transient *a.* 덧없는(transitory); 일시의

syn 통행 = transit; passing; passage; traffic

---

trans(=across(다른 말로 바꿔) 가로질러)+late(=carry나르다)

translate

v. 번역하다; 해석하다(interpret); 바꾸다, 변형하다

[trænsléit, trænz-]

📝 **translate** English sentences into Korean
영문을 한국어로 번역하다
translate emotion into action
감정을 행동으로 나타내다
translate into big bucks 큰 수입을 가져오다

📕 **translation** *n.* 번역; 〈법〉 재산 양도
*literal translation 직역
translative *a.* 번역의; 이행의; 〈법〉 재산양도의

syn 해석하다 = translate; interpret; construe

296

trans(=across가로질러)+mit(=send(넘겨) 보내다)

transmit

v. 보내다, 전달하다; 발송하다; 발신하다

[trænsmít, trænz-]

예 **transmit** electricity[a radio wave; a signal]
전기[전파, 신호]를 보내다
transmit a tradition to posterity
전통을 후세에 전하다

파 transmitter *n.* 송달자; 송신기, 송화기, 발신기
transmission *n.* 전달, 전송, 전도, 전염; 변속기

syn 발송하다 = transmit; forward; dispatch(급송하다);
send out[forth]; remit(송금하다)

trans(=across가로질러)+mute(=change변화시키다)

transmute

v. (성질, 형상 등을) 변화시키다; 변하게 하다

[trænsmjúːt, trænz-]

예 **transmute** raw materials into finished products
원료를 완제품으로 변화시키다

파 transmutation *n.* 변형, 변성; (DNA의) 변성돌연변이
transmutative *a.* 변화하는, 변성의, 변형의

syn 변화 = change; mutation; variation; alteration(변경)

trans(=through~을 통과하여)+par(=appear보이)+ent(는)

transparent

a. 투명한; (직물이) 비쳐 보이는; 명백한(evident; manifest)

[trænspέərənt]

예 a **transparent** glass door 투명한 유리문
a **transparent** lie[trick, motive]
빤한 거짓말[얄팍한 수작, 명백한 동기]

파 transparency *n.* 투명(도); 투명화; 슬라이드

syn 투명한 = transparent; transpicuous; pellucid;
crystalline; clear

cf. **translucent** *a.* 반투명의; 명백한(evident; patent;
obvious; manifest)

Trans-의 형태 변화

1. 자음 q, s 앞에서 s가 탈락되어 **Tran-**이 됩니다.
2. 자음 d, j, v 모음 i 앞에서는 **Tra-**가 됩니다.
3. 자음 p, t 모음 o 앞에서는 **Tres-**가 됩니다.

---

tran(강조-완전히)+qui(=quiet조용한)+lity(상태)

tranquility

[trǽŋkwíləti]

n. 평온; 고요함, 잔잔함(serenity); 평화(peace)

◍ regain usual **tranquility** 평온을 되찾다
the Sea of **Tranquility** (월면의) 고요의 바다

◍ tranquil *a.* 조용한, 고요한; 평온한(calm; placid)
tranquil(l)ize *v.* 조용하게 하다; 안정시키다
tranquil(l)izer *n.* 진정제, 신경 안정제

syn 평온 = tranquility; serenity; calmness; quiet

---

tran(=beyond~의 범위를 넘어)+scend(=climb오르다)

transcend

[trænsénd]

v. (이해력 등의 범위를) 초월하다; 능가하다(excel)

◍ **transcend** the limits of knowledge[thought]
지식[사고]의 한계를 뛰어넘다

◍ transcendence, transcendency *n.* 탁월; (신의) 초월성
transcendental *a.* 초월적인; 탁월한(prominent)
transcendentalism *n.* 선험철학; 초월주의; 탁월성

syn 초월하다 = transcend; surpass; excel; be superior to

---

tran(=through~을 통해 (밖으로))+spire(=breathe내쉬다)

transpire

[trænspáiər]

v. 발산하다; 누설하다; (사건 등이) 일어나다; 배출하다

◍ It **transpired** that S + V ~ ~임이 드러나다

◍ transpiration *n.* 발산; 증발; (애정의) 발로; 누설

syn 발산하다 = transpire; emit; diffuse; exhale;
evaporate; give out[off]; send forth

tran(=over저쪽에서)+scribe(=write(똑같이 베껴) 쓰다)

transcribe

[trænskráib]

v. 베끼다, 복사하다, 바꿔 쓰다; 편곡하다; 녹음방송하다

예 **transcribe** a sentence into phonetic signs
문장을 발음 기호로 바꿔 쓰다

파 transcription *n.* 필사; 복사; 녹음[녹화] 방송
transcript *n.* 베낀 것, 사본, 등본; 성적 증명서

syn 복사하다 = transcribe; copy; duplicate; reproduce

tra(=across(잘못을) 꿰뚫어)+duce(=lead이끌어내다)

traduce

[trədjúːs]

v. 비방하다, 중상하다; (법 등을) 무시하다

예 be **traduced** by a newspaper[the press]
신문에서[언론에서] 얻어맞다

파 traducement *n.* 비방, 중상(slander; aspersion)
traducer *n.* 중상자, 비방하는 사람

syn 비방하다 = traduce; slander; asperse; malign;
defame; calumniate; denigrate

tra(=over~위에)+vest(=dress(우습게) 옷을 입힌)+y(것)

travesty

[trǽvəsti]

n. 희화화; 익살스럽게 고친 개작(parody); 어이없는 일
v. (작품을) 우스꽝스럽게 만들다; 서툴게 흉내내다

예 a **travesty** of justice
정의의 어설픈 시늉

syn 풍자 = satire; sarcasm; squib; innuendo; lampoon

tres(=across(남의 것 안으로) 가로질러)+pass(지나가다)

trespass

[tréspəs, -pæs]

v. 불법침해하다; 폐를 끼치다 *n.* 불법침해[침입]

예 **trespass** on[upon] a person's privacy
남의 사생활을 침해하다

파 trespasser *n.* 불법 침입자

syn 침해하다 = trespass on; encroach on; infringe on;
trench on; violate; disturb

1. **transplant**[trænsplǽnt, -plɑ́:nt] *v.* 옮겨 심다, 이식하다(graft; naturalize); ～을 옮기다 *n.* **transplantation** 이식, 이주

2. **traverse**[trǽvə:*r*s, trəvə́:*r*s] *v.* 가로지르다(cross); 반대하다; 부인하다
   cf. **transverse** *a.* 가로의(crosswise; horizontal); 횡단의(transversal)

3. **transceiver**[trænsí:və*r*] *n.* 휴대용 소형 무선전화기, 라디오 송수신기

Un-

1) 부정 : **not** ~이 아닌
2) 반대행위 : 반대로 (행하다)   3) 무(無) ~

---

un(=not안)+abridged(줄인, 단축한)

unabridged

[ʌ̀nəbrídʒd]

a. 생략하지 않은, 완전한(complete)

📝 an **unabridged** edition[dictionary]
무삭제판[완본사전]

syn 생략하다 = abridge; abbreviate; shorten; omit

cf. **abridge** *v.* 요약하다, 단축하다; 약화시키다
   a. **abridged** 요약된 *n.* **abridgment** 요약본

---

un(=not안)+biased(치우친, 편견을 지닌)

unbiased

[ʌ̀nbáiəst]

a. 치우치지 않은, 편견이 없는, 공평한

📝 an **unbiased** estimation[opinion]
공평한 평가[의견]
an efficient and **unbiased** administration
효율적이고 공정한 운영

📝 unbiasedly *ad.* 편견없이, 공평하게

syn 공평한 = unbiased; fair; just; disinterested;
         equitable; impartial; unprejudiced

---

un(=not무(無))+concern(관심, 걱정)

unconcern

[ʌ̀nkənsə́:rn]

n. 무관심(indifference); 걱정하지 않음, 태연함

📝 interest, **unconcern**, apathy, and anxiety
관심, 무관심, 냉담, 근심

📝 unconcerned *a.* 무관심한; 태연한; 관계가 없는
unconcernedly *ad.* 무관심하게; 아랑곳 없이; 태연히

syn 무관심한 = unconcerned; indifferent; incurious;
         apathetic; nonchalant; callous

cf. **concern** *n.* 관심(사) *v.* 관계시키다; 걱정시키다

301

un(=not반대)+deceive(속이다) → '속이다'의 반대

undeceive
[ʌndisíːv]

v. ~의 그릇된 생각[오해]을 깨우쳐 주다; 진실을 깨닫게 하다

⚙ **undeceive** a person on that point
그 점에 대해서 ~의 오해를 풀다

⚙ **undeceived** *a.* 현혹되지 않은(disillusioned),
속고 있지 않은

syn 잘못 = mistake; fault; error; slip(작은 ~); blunder(큰 ~)

un(=not안)+due(정당한, 당연한)

undue
[ʌndjúː, -djúː]

a. 부당한, 부적당한; 과도한, 심한; 기한이 되지 않은

⚙ **undue** influence[interference, haste]
부당한 압력[간섭, 너무 조급함]

syn 부당한 = undue; unfair; unjust; unreasonable;
wrongful; improper

un(=not안)+just(올바른, 공평한)

unjust
[ʌndʒʌ́st]

a. 부정한; 불공평한, 부당한(unfair)

⚙ **unjust** enrichment[fine, disbursement]
부정축재[부당한 벌금, 지출]

⚙ **unjustly** *ad.* 부정하게; 부당하게(unfairly)

syn 부정한 = unjust; unfair; unlawful; iniquitous; foul

un(=not반대)+nerve(기력을 북돋우다)

unnerve
[ʌnnə́ːrv]

v. 기력을[용기를] 잃게 하다, 낙담시키다; 마음을 뒤흔들다

⚙ Nothing could **unnerve** their will towards the
independence.
그 무엇도 독립을 향한 그들의 의지를 꺾을 수 없었다.

syn 마음을 뒤흔들다 = unnerve; upset; disturb; stir;
agitate
용기를 잃게 하다 = unnerve; dishearten; discourage

cf. **nerve** *v.* 용기를 북돋우다 *n.* 신경; 용기

302

un(=not반대)+precedented(전례가 있는)

unprecedented

[ʌ̀nprésədèntid]

a. 전례 없는, 공전의, 전대미문의; 새로운

⬥ an **unprecedented** achievement[event, disaster] 전대미문의[전례 없는] 위업[사건, 재해]

syn 전례 없는 = unprecedented; unheard-of; unexampled; record-breaking; epoch-making

un(=not 반대)+questionable(의심의 여지 있는)

unquestionable

[ʌ̀nkwéstʃənəbəl]

a. 의심의 여지없는, 확실한; 완전한(perfect)

⬥ **unquestionable** evidence
움직일 수 없는[확실한] 증거

⬥ unquestionably *ad.* 의심할 여지없이, 확실하게(certainly)

syn 의심 = doubt; question; suspicion(혐의); mistrust = distrust(불신)
의심 없이 = unquestionably; doubtlessly; no doubt; without[beyond] doubt[question]

un(=not반대)+quenchable(끌 수 있는)

unquenchable

[ʌ̀nkwéntʃəbəl]

a. 끌 수 없는; 억누를 수 없는; 충족시킬 수 없는

⬥ **unquenchable** carnal appetite[thirst]
채워지지 않는 성욕[욕망]

syn 억누를 수 없는 = unquenchable; inextinguishable; irresistible; irrepressible; uncontrollable

un(=not반대)+ravel(얽히게 하다)

unravel

[ʌ̀nrǽvəl]

v. (얽힌 실 등을) 풀다(disentangle); 타개하다, 해결하다

⬥ **unravel** tangled thread[a situation, a mystery]
얽힌 실을 풀다[국면을 타개하다, 수수께끼를 풀다]

syn 타개하다 = unravel; break; solve; tide over

cf. **breakthrough** *n.* 타개(책); 돌파(구); 업적
*a **breakthrough** in negotiation 협상의 돌파구

303

un(=not 반대)+rest(안정; 안심; 평온)

unrest

[ʌnrést]

n. (사회적인) 불안, 불온 (상태); 근심, 불안

📋 political[social] **unrest** 정치[사회] 불안
cause[hold down, put down] **unrest**
소요사태를 야기하다[억누르다, 진압하다]

syn 불안 = unrest; insecurity; uneasiness; fear;
apprehension(염려)

un(=not반대)+scramble(마구 뒤섞다)

unscramble

[ʌnskrǽmbəl]

v. 뒤섞인 것을 다시 정리하다; (송신을) 또렷하게 하다

📋 **unscramble** the signal sent out by satellite
위성 송출 신호를 또렷하게 하다

syn 정리하다 = arrange; adjust; put in order

un(=not안)+selfish(이기적인; 자기본위의)

unselfish

[ʌnsélfiʃ]

a. 이기적이 아닌, 사리사욕이 없는(disinterested)

📋 an **unselfish** life[love]
욕심 없는 삶[이타적인 사랑]

ant 이기적인 = selfish; egoistic; egotistic
욕심 없는 = unselfish; disinterested

cf. **uninterested** *a.* 이해관계가 없는; 무관심한, 관계없는

un(=not안)+settled(안정된)

unsettled

[ʌnsétld]

a. 불안(정)한; 미해결의; (거주지가) 일정치 않은

📋 **unsettled** weather[times] 불안정한 날씨[시대]
be left **unsettled** 미결인 채로 남아있다

📋 unsettle *v.* (안정된 것을) 뒤흔들다; 동요시키다

syn 불안정한 = unsettled; unstable; insecure;
precarious(불확실한)
미해결의 = unsettled; unfinished; incomplete

cf. **outstanding** *a.* 미불의(unpaid); 미해결의; 두드러진

304

un(=not반대)+shackle(족쇄를 채우다)

unshackle
[ʌnʃǽkəl]

v. 족쇄를[속박을] 풀어주다; 자유롭게 하다

⑨ unshackle the proletariat from bondage
노동자를[무산계급을] 속박에서 자유롭게 하다

syn 족쇄 = shackles; fetters/ cuffs; handcuffs;
manacle(수갑)

un(=not안)+wary(주의 깊은; 신중한)

unwary
[ʌnwɛ́əri]

a. 부주의한; 경솔한; 속기 쉬운(gullible)

⑨ an unwary chauffeur[investor]
부주의한 자가용 운전사[투자자]

⑩ unwarily *ad.* 부주의하게; 경솔하게(rashly; hastily)

syn 경솔한 = unwary; rash; hasty; flippant; careless;
thoughtless; imprudent

cf. **impudent** *a.* 뻔뻔한, 건방진, 무례한, 경솔한

un(=not안)+wholesome(건강에 좋은; 건전한)

unwholesome
[ʌnhóulsəm]

a. 건강에 나쁜(unhealthful); 환자 같은; 불건전한

⑨ unwholesome food[pastimes, behavior]
몸에 해로운 음식[불건전한 오락[행위]]

⑩ unwholesomeness *n.* 건강에 해로움; 건강하지 못함

ant 건강에 좋은 = wholesome; healthful; salubrious

cf. **healthy** *a.* 건강한 **sound** *a.* 건전한

un(=not안)+worthy(가치가 있는)

unworthy
[ʌnwə́:rði]

a. 가치가 없는; 시시한; (명성 등에) 어울리지 않는

⑨ an unworthy person[son] 가치 없는 사람[불초소생]
be **unworthy** of a gentleman 신사답지 않다

syn 가치가 없는 = unworthy; worthless; rubbishy;
trashy; of no value

1. **unbecoming** [ʌ̀nbikʌ́miŋ] *a.* 어울리지 않는(unseemly); 보기 흉한

2. **unconscious** [ʌ̀nkánʃəs, -kɔ́n-] *a.* 의식을 잃은, 의식 불명의; 알지 못하는(unaware); 무의식적인

3. **uncontrolled** [ʌ̀nkəntróuld] *a.* 억제되지 않은, 자유로운(free)

4. **uncouth** [ʌnkú:θ] *a.* 어색한(awkward); 무례한; 세련되지 않은(unpolished)

5. **undaunted** [ʌ̀ndɔ́:ntid] *a.* 겁내지 않는, 두려워하지 않는 (fearless; intrepid; valiant)

6. **undo** [ʌ̀ndú:] *v.* (묶인 것을) 풀다(unfasten; untie); 망치다(spoil)

7. **unduly** [ʌ̀ndjú:li] *ad.* 과도하게(excessively); 부당하게(unfairly)

8. **uneven** [ʌ̀ní:vən] *a.* 평탄하지 않은, 울퉁불퉁한(rough); 고르지 않는

9. **unexpurgated** [ʌ̀nékspərgèitid, ʌ̀nekspə́:r-] *a.* 삭제되지 않은(uncut; uncensored) ***expurgate** *v.* 불온한 부분을 삭제하다

   an **unexpurgated[uncut, uncensored, a full-length] film 무삭제 영화

10. **unfamiliar** [ʌ̀nfəmíljər] *a.* 잘 모르는, 생소한(strange; unusual)

11. **unfavorable** [ʌ̀nféivərəbəl] *a.* 비판적인; 불리한(adverse); 〈무역이〉 역조의

12. **unfold** [ʌ̀nfóuld] *v.* 펴다, 펼치다(spread; open); (생각을) 표명하다(disclose), 털어 놓다(reveal)

13. **uninterested** [ʌ̀níntərəstid] *a.* 무관심한, 냉담한(indifferent; aloof)

14. **unkempt** [ʌnkémpt] *a.* 깔끔하지 못한, 너저분한(untidy; slovenly; grubby)(↔ **tidy; neat; sleek; smart**); 머리를 빗지 않은

15. **unload** [ʌ̀nlóud] *v.* 짐을 내리다; (총에서) 총알을 빼내다; (마음의) 짐을 덜다(get a load off one's mind)

16. **unlock** [ʌ̀nlák, -lɔ́k] *v.* 자물쇠를 풀다; (비밀, 속내를) 털어놓다(disclose)

17. **unlucky** [ʌ̀nlʌ́ki] *a.* 불행한, 불운한(unfortunate)

18_ **unobtrusive** [ʌnəbtrúːsiv] *a.* 주제넘지 않은; 겸손한(modest; humble)

(↔ **obtrusive** *a.* 주제넘은, 참견하고 나서는(blatant; impertinent; impudent; presumptuous); 눈에 거슬리는)

19_ **unoccupied** [ʌnákjəpàid, -ɔ́k-] *a.* 소유자[점유자]가 없는(vacant; empty); 한가한, 놀고 있는(idle)

20_ **unpolluted** [ʌnpəlúːtid] *a.* 오염되지 않은(↔ **polluted** *a.* 오염된, 더럽혀진) *n.* **pollution** 오염, 공해

21_ **unreal** [ʌnríːəl] *a.* 비현실적인; 공상의(fantastic); 상상의(imaginary)

a. **unrealistic** 비현실적인

22_ **unrelenting** [ʌnriléntiŋ] *a.* 가차 없는, 무자비한(merciless; relentless; inexorable) *ad.* **unrelentingly** 가차 없이, 무자비하게

23_ **unreliable** [ʌnriláiəbəl] *a.* 믿을 수 없는(untrustworthy; incredible)

24_ **unremitting** [ʌnrimítiŋ] *a.* 끊임없는(continuous), 부단한(constant; steady) *unremitting efforts 부단한 노력

25_ **unscrupulous** [ʌnskrúːpjələs] *a.* 비양심적인(conscienceless); 사악한, 파렴치한(infamous; shameful)

26_ **untimely** [ʌntáimli] *a.* 때 아닌(unseasonable); 시기가 나쁜(ill-timed); 공교로운(inopportune)

27_ **untouched** [ʌntʌ́tʃt] *a.* 손대지 않은; 손상되지 않은; 언급되지 않은(unmentioned)

28_ **unwilling** [ʌnwíliŋ] *a.* 마지못해 하는, 마음 내키지 않는(reluctant) *ad.* **unwillingly** 마지못해, 본의 아니게(reluctantly)

29_ **unwitting** [ʌnwítiŋ] *a.* 알지 못하는, 의식하지 못하는(unconscious); 고의가 아닌(unintentional; inadvertent); 부주의한(inattentive)

ad. **unwittingly** 모르는 사이에; 고의가 아닌

(↔ **wittingly** *ad.* 고의로, 일부러(intentionally))

Study **19**

prefix 56

Uni-

1) **one** : 하나의, 하나로 된
2) **single** : 단 하나의 ⇒ 모음 앞에서는 **Un-**이 됩니다.

uni(=one하나로 (같게))+fic(=do, make만)+ation(됨)

unification

[jùːnəfikéiʃən]

n. 통일, 통합, 결합, 단일화(uniformity; union)

ㆍ the **unification** of North and South 남북통일
the **unification** of various organizations
[complicated procedures]
여러 기구[복잡한 절차]의 단일화

ㆍ unify *v.* 통일하다, 통합하다(unite), 일체화하다

syn 통일 = unification; unity; oneness; singleness

---

uni(=single단 하나의)+form(형태)

uniform

[júːnəfɔ́ːrm]

a. 똑같은, 한결같은; 일정한 *n.* 제복 *v.* 균일화하다

*across-the-board
a. 전반적인, 전면적인

ㆍ a **uniform** wage 동일 임금
an official[a school, a military] **uniform**
관복[교복, 군복]

ㆍ uniformly *ad.* 한결같이, 일률적으로(across the board)
uniformity *n.* 한결같음, 획일성; 일정불변; 균등성

syn 일정한 = uniform; regular; fixed; established(확립된, 기정의); standardized(획일화된)

---

uni(=one하나의)+later(=side측면)+al(의)

unilateral

[jùːnəlǽtərəl]

a. 한쪽만의, 일방적인; (계약이) 편무적인

ㆍ **unilateral** foreign aid programs 일방적인 대외원조
a **unilateral**[bilateral] contract[agreement]
편무[쌍무] 계약[협정]

syn 일방적인 = unilateral; one-sided; one-way; lopsided

uni(=one하나)+que(의)

unique

[juːníːk]

a. 유일한(single); 독특한; 비길 데 없는; 진기한

예 a **unique** artist[opportunity, cultural identity]
이색적인 화가[좋은 기회, 독특한 문화적 정체성]

syn 독특한 = unique; peculiar; characteristic; original;
uncommon; idiosyncratic

uni(=one하나로 (똑같은)+son(=sound소리(를 냄))

unison

[júːnəsən, -zən]

n. 제창; 음의 완전 일치; 조화(harmony), 화합

예 sing the national anthem in **unison**
애국가를 제창하다
in **unison**[chorus] 한 목소리로

파 unisonant *a.* 동음의, 음이 조화하는

syn 조화 = unison; harmony; agreement; symphony

uni(=one(생각이) 하나의 (중심으로))+vers(=turn도)+al(는)

universal

[jùːnəvɔ́ːrsəl]

a. 보편적인, 일반적인; 전 세계의; 우주의

예 a **universal** truth[trend]
보편적인 진리[일반적인 경향]
universal validity[gravitation]
보편타당성[만유인력]

파 universally *ad.* 보편적으로, 전반적으로; 도처에
universe *n.* 우주(cosmos), 은하계; 천지만물; 전 세계

syn 보편적인 = universal; catholic; general;
omnipresent; ubiquitous *n.* **ubiquity** 편재

cf. 놀랄만한, 경이적인 = phenomenal; marvellous;
wonderful; surprising; curious(묘한)

un(=one(모두) 한)+anim(=mind마음)+ity(임)

unanimity
[jùːnəníməti]

n. 만장일치, 전원합의

예 with practical **unanimity** 거의 만장일치로
unanimity of opinion
의견의 일치(consensus; accord)

파 unanimous *a.* 만장일치의, 전원합의의; 이의 없는
(agreed; concurrent)

syn 일치 = unanimity(만장일치); agreement; accord;
sequence(시제의 ~); unity(통일); harmony(조화)

VOCA **PLUS**

1. **unicorn**[júːnəkɔ̀ːrn] *n.* 일각수(a mythical creature resembling a horse and having a single horn in the center of its forehead)

2. **unisex**[júːnəsèks] *a.* (복장 등이) 남녀 공용인[구별이 없는]
n. 남녀 공동, 남녀 평등화

3. **unity**[júːnəti] *n.* 통일(성)(unification); 일관성(coherence); 단일성;
조화(harmony)

4. **univocal**[juːnívəkəl, jùːnəvóu-] *a.* 한 가지 의미만 가지는,
모호하지 않은(unambiguous)

cf. **equivocal, multivocal** *a.* 애매한(ambiguous)

Under-

1) **below** : 〜아래의[에], 〜의 바로 밑에
2) **insufficient(ly)** : 불충분한(하게)

---

under(=blew아래의)+brush(덤불)

underbrush

[ʌ́ndərbrʌ̀ʃ]

n. (큰 나무 밑에서 자라는) 덤불(undergrowth)

㉤ pass through dense **underbrush**
빽빽한 덤불속을 지나오다

syn 덤불 = underbrush; underbush; undergrowth;
brush; bush; shrub; thicket; scrub;
jungle(밀림, 위험한 곳)

---

under(=insufficiently불충분하게)+developed(발달한)

underdeveloped

[ʌ̀ndərdivéləpt]

a. 저개발의; 발육부전의; 〈사진〉 현상 부족의

㉤ aid **underdeveloped** countries
저개발 국가들을 원조하다

cf. a developing country 개발도상국
an advanced[a developed] country 선진국

㉣ underdevelopment *n.* 저개발; 〈사진〉 현상부족

syn 개발 = development(발전); advancement(진보);
reclamation(개간); enlightenment(계발)

---

under(=below아래에)+graduate(졸업생) → 졸업생보다 아래인 학생

undergraduate

[ʌ̀ndərgrǽdʒuit, -èit]

n. 학부재학생, 대학생; 신출내기 *a.* 학부재학생의

㉤ **undergraduate** and graduate students
대학생과 대학원생들
in one's **undergraduate** days 대학시절에

syn 신출내기 = undergraduate; novice; newcomer;
cub; beginner; recruit; greenhorn; rookie

cf. <u>post</u>graduate *a.* 대학원의 *n.* 대학원생
after+(대학) 졸업생, 대학원생
v. 졸업하다; 자격을 얻다; 진전하다

underlie

[ʌ̀ndərlái]

v. 〜의 아래에 있다, 기초가 되다; 〜에 잠재하다

☞ an **underlying** principle[motive]
기본적인 원칙[잠재적인 동기]

㉫ underlying *a.* 아래에 깔려 있는, 숨어 있는; 기반을 이루는

syn 기초 = foundation; base; basis; groundwork(초석)

undermine

[ʌ̀ndərmáin]

v. 〜의 밑에[을] (갱도를) 파다; 해치다(weaken; sap)

☞ **undermine** one's health[confidence]
건강을 해치다[명예를 손상하다]

syn 파다 = mine; dig; excavate / bore=drill(구멍을 뚫다)

underpayment

[ʌ̀ndərpéimənt]

n. 저임금, 박봉; 〈조세〉 과소납부

☞ nonpayment, overpayment, **underpayment**
미불, 초과 지불, 저임금
real estate speculation and **underpayment** of
inheritance taxes
부동산투기와 상속세 과소납부

㉫ underpay *v.* 임금을[급료를] 충분히 지급하지 않다
underpaid *a.* 저임금의, 박봉의

syn 급료 = salary; wages; pay; remuneration

cf. **allowance** *n.* 수당

underprivileged

[ʌ̀ndərprívəlidʒd]

a. 권익을 누리지 못하는; 혜택 받지 못한, 불우한

☞ poor and **underprivileged** people[countries]
가난하고 불우한 사람들[나라]

syn 불우한 = underprivileged; unfortunate; ill-starred;
ill-fated/ adverse; unlucky(불운한)

under(=below~밑에 (강조하려고))+line(줄을 긋다)

underline

[ʌ̀ndərláin]

v. 밑줄을 치다; 강조하다; 여실히 보여주다

예 **underline** the terms and conditions of transaction 거래조건을 강조하다

syn 강조하다 = underline; underscore; emphasize; accentuate; stress

under(=below아래로)+rate(평가하다)

underrate

[ʌ̀ndəréit]

v. 낮게[과소] 평가하다, 얕보다(underestimate)

예 **underrate** another's ability
다른 사람의 능력을 과소평가하다

syn 과소평가하다 = underrate; underestimate; belittle
ant 과대평가하다 = overrate; overestimate; overvalue

under(=below~밑에 (강조하려고))+score(선을 긋다)

underscore

[ʌ̀ndərskɔ́ːr]

v. 밑줄을 치다; 강조하다(emphasize) *n.* 밑줄

예 **underscore** the international community's cooperation 국제사회의 협력을 강조하다

syn 밑줄을 치다 = underscore; underline

under(=below(정가보다) 아래로)+sell(팔다)

undersell

[ʌ̀ndərsél]

v. 싸게[헐값으로] 팔다; 소극적으로 선전하다

예 A is trying to **undersell** B
A는 B보다 싸게 팔려고 하다

syn 팔다 = sell; vend(행상하다); deal in

under(=below~아래에)+signed(서명된)

undersigned

[ʌ̀ndərsáind]

cf. sign *v.* 서명하다

a. 아래에 서명[기명]한 *n.* (the ~) 서명자

예 the **undersigned** and the deceased 서명자와 고인

파 undersign *v.* (편지 등의) 끝에 서명하다; 승인하다

syn 서명 = signature; autograph

under(=below낮춰서)+statement(말하기)

understatement

[ʌ̀ndərstéitmənt]

n. 삼가서[억제해서] 말하기, 줄잡아 말하기

예 the **understatement** of the year
아주 삼간[억제된] 표현

파 understate *v.* 삼가서 말하다, 줄잡아 말하다

syn 억제하다 = restrain; constrain; suppress; repress;
control; inhibit

---

under(=below~아래서 (대신))+study(연습하다)

understudy

[ʌ̀ndərstʌ̀di]

v. 대역을 하다; 대역으로서 연습하다 *n.* 대역

예 the **understudy** of a leading actor
주연배우의 대역

syn 대역 = understudy; double; stand-in; substitute

---

under(=below아래에서)+take(맡다; 잡다)

undertake

[ʌ̀ndərtéik]

v. (일 등을) 떠맡다; 착수하다; ~할 의무를 지다

예 **undertake** a great task 대임을 맡다
undertake a difficult task 어려운 일에 착수하다
undertake the reform 개혁에 착수하다

파 undertaking *n.* 사업, 기업; 떠맡은 일; 인수; 보증
undertaker *n.* 장의사(mortician); 인수인; 청부인

syn 떠맡다 = undertake; take care of; take over

---

under(=insufficiently불충분하게)+work(작동시키다)

underwork

[ʌ̀ndərwə́:rk]

v. ~을 충분히 일 시키지 않다; 충분히 일하지 않다

n. 허드렛일, 잡무; 비밀 행동; 토대, 기초구조

예 **underwork**[overwork] the personnel
직원을 충분히 일시키지 않다[과도하게 부려먹다]

syn 충분히 = sufficiently; adequately; fairly; enough/
copiously= plentifully(풍부하게)
*to the brim[full] 철철 넘치도록

under(=below~아래에)+write((이름을) 써서 (동의하다))

underwrite

[ʌndəráit, ʌ́ndəràit]

v. 서명 승낙하다; 비용부담을 동의하다; 인수하다

㉔ underwrite an engineering project
공사 프로젝트에 서명하다

㉕ underwriter n. (해상) 보험업자; 증권인수인, 인수업자

syn 승낙하다 = consent[assent; agree] to; approve

VOCA PLUS

1. **undergo**[ʌndərgóu] *v.* 경험하다(experience; go through);
(수술 등을) 받다(suffer); (고난 등을) 견디다(endure)

2. **underground**[ʌ́ndərgràund] *a.* 지하의; 비밀의(secret; clandestine);
숨은(hidden)

3. **underhand**[ʌ́ndərhæ̀nd] *a.* 밑으로 던지는 *ad.* 비밀리(secretly;
stealthily); 음흉하게(slyly) *a.* **underhanded** 비밀의(secret; clandestine;
confidential; classified); 일손이 부족한(shorthanded)

4. **underneath**[ʌndərníːθ] *a. ad.* 아래의[에], 바로 밑의[에]
p. ~의 아래에(under; beneath)

5. **undervalue**[ʌndərvǽljuː] *v.* ~을 낮게 평가하다(value too low);
경시하다(despise; make little of)

6. **underwater**[ʌ́ndərwɔ̀ːtər, -wɑ́t-] *a.* 수면 밑의, 수중의
*an underwater park 수중공원

7. **underwear**[ʌ́ndərwɛ̀ər] *n.* 속옷, 내의(underclothes)
cf. **outerwear** *n.* 외투 / **outwear** *v.* 닳아빠지게 하다; ~보다 오래 살다

8. **underworld**[ʌ́ndərwɜ̀ːrld] *n.* 하층사회, 암흑가; 지하세계;
저승, 지옥(hell)

315

Up-

1) **up** : ~위로, ~위에
2) **upward** : 위(쪽으)로 향한

up(위에 (곧))+coming(다가오는)

upcoming

[ʌ́pkʌ̀miŋ]

a. 다가오는; 곧 닥칠; 이번의

⑩ the **upcoming** election[inspection, directors' meeting] 다가오는 선거[곧 있을 감사[중역회의]
incoming, outgoing, and **upcoming**
들어오는, 나가는, 그리고 곧 있을

syn 다가오는 = upcoming; forthcoming; coming up

up(위에 (가장 최근))+data(날짜를 기입하다)

update

[ʌpdéit]

v. 최신의 것으로 하다, 새롭게 하다; 갱신하다(↔ **outdate**)

n. 새롭게 함; 갱신, 개정; 최신정보

⑩ **update** information[a copy of the media]
정보를 갱신하다[미디어 복사본을 업데이트하다]
receive training, maintenance **updates**, and replacement parts
교육, 최신 정비기술, 그리고 교체부품들을 제공받다

syn 갱신 = update; renewal; renovation; innovation

up(위로)+grade((품질의) 등급을 매기다)

upgrade

[ʌ́pgrèid]

v. (품질을) 향상시키다, 개량하다; 승진시키다

n. 업그레이드; 오르막길; 증가, 상승

⑩ **upgrade** the quality of education
교육의 질을 향상시키다

upgrade and replace the current installation
현 설비를 업그레이드하고 교체하다
be on the **upgrade** 증가하고 있다

syn 개량하다 = upgrade; improve; better; ameliorate; reform

up((갑자기) 위로)+heave((확) 들어올리다)

upheave

[ʌphíːv]

v. 들어 올리다; 융기시키다; 대변동을 일으키다

예 **upheave** the surface of the earth
지표면을 융기시키다

파 upheaval *n.* 들어 올림, (지표의) 융기; 대변동, 격변

syn 들어 올리다 = upheave; lift; uplift; raise; hold up

up(위에서 (계속))+keep(유지[보존]함)

upkeep

[ʌ́pkìːp]

n. (기계 등의) 유지, 보존; 부양; 유지비; 수리비

예 the **upkeep** and management of all data
모든 데이터의 유지와 관리

spend a lot of money for **upkeep**
유지비가 많이 들다

syn 보존 = upkeep; maintenance; preservation;
conservation

up(~위로)+right(똑바로, 일직선으로 (선))

upright

[ʌ́pràit, ʌpráit]

a. 직립한, 곧추선; 정직한 *n.* 수직 *ad.* 곧추

예 an **upright** tree[life, person]
곧은 나무[고결한 삶, 품행이 단정한 사람]

walk **upright**[erect] 직립보행하다

syn 정직한 = upright; righteous; candid; frank;
ingenuous; sincere; straightforward

up(위로)+root(뿌리(를 완전히 뽑다))

uproot

[ʌprúːt]

v. 뿌리째 뽑다, 근절하다; (집, 토지 등에서) 몰아내다

예 take steps to **uproot** poverty[tuberculosis,
social evils] 빈곤을 타파할[결핵을 퇴치할, 사회악을
뿌리 뽑을] 대책을 강구하다

syn 근절하다 = uproot; eradicate; exterminate;
annihilate; extirpate; root out

up((아래가) 위로 (오게))+set(놓다)

upset

[ʌpsét]

v. 뒤엎다, 전복시키다; 엉망으로 만들다; 당황케 하다, 화나다

n. 전복, 전도(overturn); 패배; 혼란; 이상, 불편

a. 뒤집힌, 전복된(capsized); 엉망진창인; 기분이 상한

⑩ **upset** a theory[a boat, the balance, one's expectation]
학설을 뒤엎다[보트를 전복시키다, 균형을 깨뜨리다, 예상을 뒤엎다]
cause constipation and a stomach **upset**
변비와 위장장애를 일으키다
I am very **upset**. 나 정말 화났어.

syn 전복시키다 = upset; overthrow; overturn; capsize(배의 ~)

up(위로 (지위, 재산이)+start(갑자기 뛰어오른 사람)

upstart

[ʌ́pstáːrt]

n. 벼락 출세자, 벼락부자 *a.* 갑자기 출세한

⑩ a B2B **upstart** 기업 간 전자상거래의 벼락부자
an **upstart** vice-president 갑자기 출세한 부사장

syn 벼락부자 = upstart; parvenu; mushroom; overnight millionaire; the new-rich

up(위로 (뒤집히게))+turn(돌리다)

upturn

[ʌptə́ːrn]
[ʌ́ptəːrn] *n.*

v. 뒤집어 엎다; 혼란시키다 *n.* 상승, 향상; 전복; 혼란; 격변

⑩ a gradual **upturn** in the economy
[living standards]
경제의 완만한 상승[생활수준의 점차적인 향상]
downturn, **upturn**, and overturn
하강, 상승, 그리고 전복

⑩ upturned *a.* 끝이 위로 향한; (시선이) 치뜬; 뒤집힌

syn 혼란 = upturn(대혼란); disorder; chaos; pell-mell; confusion

318

1. **upbeat** [ʌ́pbì:t] *a.* 낙관적인(optimistic); 행복한; 희망에 찬(hopeful)

2. **upbraid** [ʌpbréid] *v.* (신랄하게) 비난하다(rebuke; reproach; denounce; blame); 비판하다(criticize)

3. **upbringing** [ʌ́pbrìŋiŋ] *n.* 교육(education), 훈육; 양육(rearing; fostering)

4. **uplift** [ʌplíft] *v.* 들어 올리다; (사기를) 더 높이다
   n. [ʌ́plìft] 향상(elevation); 융기

5. **uprise** [ʌpráiz] *v.* 일어나다(get up); (태양이) 떠오르다; 폭동[반란]을 일으키다 *n.* 해돋이, 상승; 입신출세
   n. **uprising** (지역적인) 반란, 봉기(revolt)

6. **uproar** [ʌ́pròːr] *n.* 소란, 소동(tumult); 야단법석(bustle; fuss)

7. **upside-down** [ʌ́psaiddáun] *a.* 거꾸로의(topsy-turvy); 뒤집힌(overturned); 혼란한(disordered)

8. **upstream** [ʌ́pstrí:m] *a.* 상류의; 흐름을 거슬러 올라가는

9. **upward** [ʌ́pwərd] *a.* 위로 향한, 올라가는 *ad.* 위쪽으로, ~보다 이상

10. **up-to-date** [ʌ́ptədéit] *a.* 최근의, 최신식의(streamlined); 〈사람이〉 현대적인(modern)

With-

1) 반대, 저항 : against 반항[대항]하여
2) 방향 : back 뒤쪽으로

with(=back뒤로)+draw(끌어당기다)

withdraw

[wiðdrɔ́ː, wiθ-]

*withdrawal
symptoms
(마약 등의) 금단증상

v. 뒤로 물리다(draw back); 철수[자퇴]시키다; 철회하다
인출하다(take out); 움츠리다, (시선을) 딴 데로 돌리다

예 **withdraw** a complaint 고소를 취하하다
withdraw troops[one's resignation]
군대를 철수시키다[사의를 철회하다]
withdraw all one's savings 예금 전부를 인출하다

파 withdrawal *n.* 물러남; 탈퇴, 자퇴; 취소; 인출; 철수
withdrawn *a.* 인가에서 떨어진(secluded); 집에 틀어박힌

syn 철회하다 = withdraw; retract; recall; repeal; recant;
take back

with(=back(하지 못하게) 뒤로)+hold(꽉 잡고 있다)

withhold

[wiðhóuld, wiθ-]

v. 보류하다; 억제하다, 제지하다; 원천징수하다

예 **withhold** one's payment[consent]
지불[승낙]을 보류하다
withhold the fact from a person for the time
being 당분간 그 사실을 ~에게 알리지 않다
a **withholding** tax 원천과세(pay-as-you-earn)

syn 보류하다 = withhold; reserve; hold back

with(=against~에 대항하여)+stand(맞서다)

withstand

[wiðstǽnd, wiθ-]

v. 저항하다(resist), 버티다; (물건 등이) 견디어 내다

예 **withstand** an attack[a temptation, hardships]
공격에 저항하다[유혹을, 고난을 견디어내다]

syn 저항하다 = withstand; resist; defy; confront;
antagonize; oppose; stand against

ant 항복하다 = surrender; capitulate; give in; hang the
white flag; lay down one's arms

Practice makes perfect.
연습으로 완벽해진다.

Chapter 2

어근
Root

어근(Root)은 **접미사**(Suffix)나 **접두사**(Prefix)가 붙은 부분을 제외하고 남은 부분으로, **다른 단어가 파생되는 기본 요소**입니다.

접두사	어근	파생어	접두사	어근	파생어
inter between 사이에서	**+view** see 보다	> **inter**view 회견(하다), 면접(하다)	**e** out 밖으로	**+vade** go (피해) 가다	> **evade** 피하다, 벗어나다
pre before 미리	**+view** see 보다	> **preview** 미리 보기, 사전 검토	**in** into 안으로	**+vade** go 밀고 들어가다	> **invade** 침입하다, 침공하다
re again 다시	**+view** see 보다	> **review** 복습(하다), 재조사(하다)	**per** through 두루	**+vade** go 퍼지다	> **pervade** 퍼지다, (세력이) 미치다

어근은 그 의미를 알면, 어근에서 파생된 단어를 이해하기가 쉽고,
여기에 접미사나 접두사의 의미만 추가하면
새로운 단어의 뜻을 유추할 수 있어 어휘 학습에 효과적입니다.

접두사	단어 또는 어근	접미사	파생어
ex	**ceed**		**exceed**
beyond	go		초과하다
~을 넘어서	가다		
in	**cred**	**ible**	**incredible**
not	believe	~할 만한	믿어지지 않는
안	믿을		

Study **20**

root 1

act

act : 행동하다, 수행하다, 작용하다; 법령(law)

---

act(=do행동하다)

act

[ækt]

v. 행동하다; 대리를 하다; 수행하다; 연기하다

n. 행위(deed); (연극의) 막; 판결; 법률; 조례; 증서

◉ **act** one's age 나이에 걸맞게 행동하다

act on what one believes 소신껏 행동하다

*inaction
n.* 무활동, 게으름
*activity
n.* 활동, 활약; 활기

▣ action *n.* 행동, 활동; 연기; 작용; 전투; 조치; 소송
active *a.* 활동적인(↔ inactive a. 활동하지 않는, 나태한);
　　　　현역의(↔ retired a. 퇴역한); 유효한
actively *ad.* 활발하게(briskly; lively);
　　　　적극적으로(positively)
actual *a.* 현실의, 실제상의; 현행의, 현재의(current)
actually *ad.* 실지로(in fact); 사실은; 정말로(really)
actualize *v.* 현실화하다, 실현하다; 사실적으로 묘사하다
*actualization *n.* 현실화
actuate *v.* ~에 작용하다(act upon); 행동하게 만들다

syn 행동하다 = act; behave (oneself); conduct oneself;
　　　　move(움직이다, 이사하다, 감동시키다)
　　행동 = action; behavior; conduct; movement(움직임)

---

co(=together함께)+act(활동하다)

coact

[kouǽkt]

v. 함께 일하다(work together); 협력하다

◉ **coact** with one's friends 친구들과 함께 일하다

▣ coaction *n.* 협력, 공동작업; 상호작용; 강제(compulsion)
coactive *a.* 공동작업의; 강제하는(coercive)

syn 협력하다 = coact; collaborate; cooperate;
　　　　pull[work] together

counter(=against반대로)+act(작용하다)

counteract
[kàuntərǽkt]

v. 방해하다(hinder); 좌절시키다; (약이) 중화하다

◎ **counteract** his plan 그의 계획을 방해하다

counteract the effects of the poison
독의 효력을 중화시켜버리다

⬚ counteraction *n.* 방해; (약의) 중화작용(neutralization)

syn 좌절시키다 = counteract; frustrate
좌절되다 = collapse; fall through; be upset;
get frustrated[ruined]; break down

---

en(=make만들다)+act(=act법률)

enact
[enǽkt]

v. 법률을 제정하다, 법규화하다; 상연하다; 연기하다

◎ reach an agreement to **enact** a new constitution
새 헌법을 제정하기로 합의하다

⬚ enactment *n.* 법률의 제정, 입법(화); 법령(decree); 상연

syn 제정하다 = enact; establish; institute

---

ex(=out밖으로)+act(=drive(강제로) 내몰다)

exact
[igzǽkt]

v. 강요하다, 강제하다; ~을 (긴급히) 필요로 하다(need)

a. 정확한(accurate), 정밀한(close); 엄격한(strict)

↔ **inexact**
a. 부정확한,
엄밀하지 못한
n. **inexactitude**
부정확

◎ **exact** much money from the victims
피해자들로부터 많은 돈을 강취하다

exact utmost patience and effort
극도의 인내와 노력을 필요로 하다

an **exact** translation[instrument]
정확한 번역[정밀한 기계]

*exacting labor
고된 노동

⬚ exactly *ad.* 정확하게, 엄밀하게; 바로 (말씀 대로입니다)
exaction *n.* 강요; 강제징수(extortion), 착취; 혈세
exacting *a.* 엄하게 구는; 〈일이〉 고된(arduous); 강요적인
exactitude *n.* 정확함, 정밀도(precision; accuracy); 엄격

syn 강요하다 = exact; force; compel; extort;
demand(무리하게 요구하다)

325

inter(=between사이에서)+act(작용하다)

interact

[ìntərǽkt]

v. 상호작용하다; 교제[교류, 소통]하다

예 interact with world-class faculty
세계적인 교수진과 교류를 나누다

파 interaction *n.* 상호작용[영향](interplay)
the **interaction** between people and the
environment 인간과 환경의 상호작용

syn 교제 = association; company; society; intercourse;
acquaintance

over(=too much너무 지나치게)+act(행동하다)

overact

[òuvərǽkt]

v. 지나치게 행동하다; 과장하여 연기하다

예 overact in one's role as Hamlet
햄릿 역할에서 과장되게 연기하다

파 overaction *n.* 과도한 행동; 연기의 과장
overactive *a.* 지나친 활동을 하는

syn 지나치게 = excessively; immoderately; unduly;
to excess

re(=back되돌아, 거꾸로)+act(작용하다)

react

[riːǽkt]

v. 반작용하다; 반응하다; 반대[반발]하다; 역행하다

예 react unfavorably[sharply, with activity]
부정적으로[날카롭게, 활발하게] 반응하다

파 reaction *n.* 반작용; 반발; 반동; 역행; 화학변화, 반응
*an emotional **reaction** 감정적 대응
a chilly **reaction** 냉담한 반응

syn 반작용 = reaction; counteraction

trans(=through처음부터 계속)+act((업무를) 수행하다)

transact
[trænsǽkt]

v. (업무 등을) 처리하다, 행하다; 거래하다(truck); 교섭하다

- **transact**[conduct] business with dispatch
사무를 신속히 처리하다
  transact business with many discount stores
많은 할인점과 거래하다
- **transaction** *n.* 처리, 취급, 집행; 업무; 거래; (*pl.*) 회보

syn 처리하다 = transact; treat; handle; manage;
take care of; deal with

under(=insufficiently불충분하게)+act(연기하다)

underact
[ʌndərǽkt]

v. 소극적으로 연기하다, 연기가 부족하다(underplay)

- **underact** the title role in Macbeth slightly
맥베스의 역을 다소 소극적으로 연기하다

syn 연기하다 = act; play; perform

cf. **performance** *n.* 연기, 연주, 상연, 공연; 실행; 성과
*a ham performance 서투른 연기
a benefit performance 자선 공연
a regular review of employee performance
정기 직원실적평가

act	⋯	coact	⋯	counteract	⋯	enact	⋯	exact
행동하다		함께 일하다		방해하다		법률을 제정하다		강요하다

interact	⋯	overact	⋯	react	⋯	transact	⋯	underact
상호작용하다		지나치게 행동하다		반작용하다		거래하다		소극 연기하다

alter

other : 다른, 상이한; 그 밖의

alter(=other다른 것으로 (바꾸다))

alter

[ɔ́:ltər]	*v.* 바꾸다, 변경하다(change; modify); 바뀌다, 변하다
	ⓔ **alter** one's life style 생활양식을 바꾸다
	ⓟ **alteration** *n.* 변경; 개조(modification)
cf. **altar** *n.* 제단	*syn* 변경하다 = alter; change; shift; amend(수정하다)

alter(=other다르게 (번갈아))+n+ate(=make하다)

alternate

[ɔ́:ltərnèit]	*v.* 번갈아 하다[일어나다]; (전류가) 교류하다
[ǽltərnit] *a. n.*	*a.* 번갈아 하는; 상호간의 *n.* 대리인, 교체자
	ⓔ **alternate** between hope and despair
	희망과 절망 사이를 오락가락하다
	work on **alternate** days 격일로 일하다
cf. **altercation**	ⓟ **alternation** *n.* 교대; 하나 건너뜀
n. 언쟁, 논쟁	**alternately** *ad.* 교대로, 번갈아(by turns); 하나 걸러
	syn 번갈아 = alternately; by turns; in turn;
	one after another(차례로)

alter(=other(둘 중의) 다른 (한 쪽을 고르))+native(기)

alternative

[ɔːltə́ːrnətiv]	*n.* 양자택일(choice); 달리 취할 방책, 대안
	a. 양자택일의, 달리 취해야 할; 대신하는
	ⓔ There is no **alternative** but to V
	V하는 것 이외에 달리 방도가 없다
	an **alternative** plan[energy] 대안[대체 에너지]
	ⓟ **alternatively** *ad.* 양자택일적으로, 선택적으로
	syn 선택 = alternative; choice; option; selection
	cf. **altruistic** *a.* 이타적인(unselfish)(↔ egoistic; selfish)

alti-

high : 높은, 높은 곳 *alti- = alto-

---

alti(=high높이 위치한)+tude(상태)

altitude

[ǽltətjùːd]

cf. aptitude 적성
attitude 자세
latitude 위도
longitude 경도

n. 높이, 고도; 해발, 표고; (*pl.*) 높은 곳, 고지

예 fly at an **altitude** of 30,000 feet
3만 피트 고도로 비행하다

the **altitude** of the top of the mountain
산 정상의 고도

파 altitudinal *a.* 고도의, 표고의

syn 높이 = altitude; height; elevation

cf. 너비 = width; breadth 길이 = length
넓이 = area; extent; dimensions=bulk=volume(부피)
*해발 = above sea level

---

alti(=high높이(를 재는))+meter(계량장치)

altimeter

[æltímitər]

n. (항공기의) 고도계; 고도 측정기

예 a clinical thermometer and a barometric
altimeter 체온계와 기압 고도계

syn 측정하다 = measure; gauge;
calibrate(총의 구경을 ~); survey(토지를 측량하다)

cf. barometer 기압계; 지표   odometer 주행거리계
seismometer 지진계 [seimo : earthquake]
orometer 산악 고도계 [oro : mountain]

---

alto(=high 높은)의 뜻에서

alto

[ǽltou]

n. 남성 최고음; 알토 가수 *a.* 알토의 *ad.* 알토로

예 sing an **alto** solo at the charity concert
자선 음악회에서 알토 독창으로 노래하다

syn 가수 = singer; songster; vocalist; crooner

love : 사랑, 연애, 애호
*am = ami = amic

am(=love~을 좋아)+ate(=make하는)+ur(사람)

amateur

[金mətʃûər]

*dilettante
n. 예술의 애호가

n. 아마추어; 비전문가 *a.* 비전문가의(nonprofessional)

📖 an **amateur** photographer 아마추어 사진가
a rank **amateur** 순수[순전한] 아마추어

📕 amateurish *a.* 직업적인 아닌; 아마추어 티가 나는; 미숙한
amateurism *n.* 아마추어 정신[자격](↔ professionalism)

syn 애호가 = amateur; lover; fan; devotee

am(=love연애)+ative(의)

amative

[金mətiv]

a. 연애의; 다정다감한; 호색적인

📖 have an **amative** feeling to the woman
그 여자에게 연애 감정을 느끼다

syn 호색적인 = amative; amatory; amorous; lusty;
lustful; lecherous

am(=love사랑)을+orous((풍기)는)

amorous

[金mərəs]

a. 호색적인; 반해 있는; 성적 매력을 풍기는, 요염한

📖 cast an **amorous** glance at a voluptuous beauty
관능적인 미인에게 추파를 던지다

syn 요염한 = amorous; voluptuous; coquettish;
bewitching; enchanting

ami(=love사랑(하기에))+able(알맞은)

amiable

[éimiəbəl]

a. 상냥한; 남에게 호감을 주는; 친절한(↔ **unamiable**)

📖 an **amiable** character 상냥한 성격

📕 amiability *n.* 남에게 호감을 줌; 상냥함, 친절

syn 상냥한 = amiable; affable; agreeable; pleasing;
kind; kind-hearted; nice; gentle; sweet; tender

amic(=love사랑을)+able(주는)

amicable
[ǽmikəbəl]

a. 우호적인, 호의적인(benevolent; warm-hearted)

🔘 keep **amicable** relations 우호적 관계를 유지하다

in an **amicable** manner 우호적으로(amicably)

🔘 amicability *n.* 우호, 친선(friendship)

syn 우호적인 = amicable; fraternal; cordial;
friendly(↔ unfriendly 비우호적인)

en(=make만들다)+amor(=love사랑)

enamor
[inǽmər]

v. 매혹하다, 반하게 하다(charm); 열중하게 하다

🔘 be[become] **enamored** of ~ ~에 반해[빠져] 있다

🔘 enamored *a.* 홀딱 반한, 매혹된(charmed; captivated)

syn 매혹하다 = enamor; charm; captivate; fascinate;
bewitch; enchant

in(안에서 (몰래))+am(=love사랑을)+orata(나누는 사람)

inamorata
[inæmərá:tə]

n. (여자) 애인; 정부(mistress)

🔘 bid one's **inamorata** farewell[good-bye]
정부와 헤어지다

keep an **inamorata** 첩을 두다

syn 애인 = inamorata, love(여자); lover(남자);
sweetheart; flame; truelove; one's
steady[beloved]

cf. **inamorato** *n.* (남자) 애인

am(=love(다른 사람과) 연애)+our(하기)

amour
[əmúər]

n. 연애사건, 바람피우기; 정사, 밀통; 난봉

🔘 have an **amour** with a beautiful woman in
one's late years
한 아름다운 여인과 늦바람을 피우다

syn 연애사건 = amour; romance; love affair

par(=by(배우자) 곁의)+am(=love(사랑)하는)+our(사람)

paramour

[pǽrəmù*ə*r]

n. (특히 기혼자의) 정부(情婦); 정부(情夫)(lover); 애인

ⓔ walk arm in arm with one's **paramour**
정부와 팔짱을 끼고 걷다

syn 정부(情婦) = paramour; inamorata; mistress; fancy
woman[lady]; one's girl; sweetheart; sweetie

amateur	⋯⋯▸	amative	⋯⋯▸	amorous	⋯⋯▸	amiable	⋯⋯▸	amicable
애호가		연애의		호색적인		상냥한		우호적인

enamor	⋯⋯▸	inamorata	⋯⋯▸	amour	⋯⋯▸	paramour
매혹하다		(여자) 애인		연애사건, 정사		애인, 정부

anim

mind, spirt : 마음, 정신
life : 생명

---

anim(=life생명을)+ate(=make만들어 주다)

animate

[ǽnəmèit]
[ǽnəmət] *a.*

*cartoon
n. (시사) 만화;
(신문의) 연속만화;
만화영화

v. ~에 생명을 주다; ~을 활발하게 하다; 고무하다

a. 살아 있는(alive; living), 생명이 있는; 생기 있는, 기운찬

예 **animate** a person to more efforts
~을 더욱 분발하게 하다

an **animated** cartoon 동화(動畵), 만화영화

파 animation *n.* 생기, 활기; 고무, 격려; 동화, 만화영화

syn 활발하게 하다 = animate; brisk; activate; energize;
pep up; jazz up

---

in(=not안)+animate(생명이 있는)

inanimate

[inǽnəmit]

a. 생명이 없는(lifeless), 무생물의; 비정한; 생기 없는

예 an animate[**inanimate**] being[thing]
생물[무생물]

be bored with the **inanimate** conversation
맥 빠진 대화에 지루해 하다

파 inanimation *n.* 생명이 없음; 비정; 무기력

syn 생기 없는 = inanimate; dull; lifeless; spiritless

---

re(=again다시)+animate(생명을 주다)

reanimate

[rìːǽnəmèit]

*seize *v.* 붙잡다;
이해하다;
(병 등이) 엄습하다

v. 되살리다, 소생시키다; 기운을 북돋우어 주다

예 **reanimate** the man who was seized with
cerebral hemorrhage
뇌출혈로 쓰러진 사람을 소생시키다

파 reanimation *n.* 소생(resuscitation; revival);
격려(encouragement; urging)

syn 소생시키다 = reanimate; revive; resuscitate;
bring ~ to life

333

equ(=equal똑같은)+anim(=mind마음)+ity(임)

equanimity

[ìːkwənímǝti]

n. 평온, 침착(composure); 냉정(self-possession)

- 📵 face death with great **equanimity**
  아주 침착하게 죽음을 맞이하다

- 📵 equanimous *a.* 평온한, 냉정한, 차분한(calm; tranquil)

- *syn* 평온 = equanimity; calmness; quietness; serenity;
  tranquillity; equilibrium

---

magn(=great큰)+anim(=mind마음)+ity(임)

magnanimity

[mǽgnǝnímǝti]

n. 관대, 도량이 큼; 관대한 행위(a magnanimous act)

- 📵 an air of **magnanimity**[dignity]
  관대한[근엄한] 태도

- 📵 magnanimous *a.* 마음이 큰, 아량이 있는;
  관대한(generous; liberal)

- *syn* 관대한 = magnanimous; generous; liberal;
  broad-minded; lenient; permissive

---

un(<uni=one(모두가) 한)+anim(=mind마음)+ity(임)

unanimity

[jùːnǝnímǝti]

n. 만장일치, 전원합의

- 📵 pass the bill by **unanimity**[with no revision]
  만장일치로[무수정으로] 법안을 통과시키다

- 📵 unanimous *a.* 전원합의의, 만장일치의(consentient)
  unanimously *ad.* 전원 이의없이, 만장일치로, 하나같이

- *syn* 만장일치로 = unanimously; with one accord;
  by an unanimous vote

---

anim(=mind(마음(이 복수심으로))+osity(가득 참)

animosity

[ǽnǝmásǝti]

n. 적의, 적개심, 증오심; 악의, 원한(grudge; enmity)

- 📵 bear[harbor, have] (an) **animosity** against ~
  ~에게 적의를[적개심을] 품다

- 📵 animus *n.* 적의(hatred), 악의(spite), 원한(animosity)

- *syn* 적의 = animosity; hostility; enmity; antipathy(반감)

334

anim(=life생명(이 있는))+al(것(의))

animal

[ǽnəməl]

*ruminant
a. 되새김질하는*

n. 동물, 짐승; 망나니 *a.* 동물의; 짐승 같은(bestial)

예 a ruminant **animal** 반추[되새김질] 동물

파 animalism *n.* 동물성, 수성(獸性)(animality)

syn 짐승 같은 = animal; brutal; beastly; bestial

animate ⋯➤	inanimate ⋯➤	reanimate ⋯➤	equanimity
생명을 주다	생명이 없는	되살리다	평온, 침착, 냉정

magnanimity ⋯➤	unanimity ⋯➤	animosity ⋯➤	animal
관대; 관대한 행위	만장일치, 전원합의	적의, 적개심	망나니

ann(u)

year : 해, 년
*ann(u) = enn(i)

---

annu(=year해(마다))+al(의)

annual

[ǽnjuəl]

a. 해마다의; 1년에 한 번의 *n.* 연보, 연감; 1년생 식물

예 hold[call] an **annual** general meeting
연례 총회를 개최하다[소집하다]

파 annually *ad.* 해마다, 매년(yearly)
annum *n.* 연, 해(year)

syn 해마다 = annually; yearly; every year;
from year to year; year after year

---

bi(=two두)+annual(1년에 1번의) → 1년에 두 번의

biannual

[baiǽnjuəl]

a. 연 2회의(semiannual); 반년마다의(half-yearly)

예 a **biannual** event[exhibition, symposium]
1년에 두 번 열리는 행사[전시회, 토론회]

파 biannually *ad.* 연 2회로, 반년마다

syn 전시회 = exhibition; show; display; exposition(박람회)

---

semi(=half반)+annual(해마다의)

semiannual

[sèmiǽnjuəl]

a. 반년마다의, 연 2회의(half-yearly); 반년생의

예 a **semiannual** stock dividend 연 2회의 주식 배당

파 semiannually *ad.* 반년마다, 1년에 2회

syn 회 = time; round(권투, 경기의 회); inning(야구의 회)

---

annu(=year해(마다 (돈으로) 주는))+ity(것)

annuity

[ənjúːəti]

n. 연금, (해마다 배당금이 있는) 적립금; 연금 수령권

예 live on one's **annuity** 연금으로 생활하다

파 annuitant *n.* 연금 수령인

syn 연금 = annuity; pension

anni(=year해마다 (기억하도록))+vers(=turn돌아오는)+ary(것)

anniversary
[ǽnəvə́:rsəri]

n. 기념일; 기일(忌日); 기념제 *a.* 기념일의; 해마다의

⊕ celebrate one's wedding[the company's
fiftieth] **anniversary**
~의 결혼기념일[회사 창립 50 주년]을 축하하다

syn 기념일 = anniversary; memorial[commemoration] day

ann(=year해(마다 일어난 일을 기록해 놓은))+als(것)

annals
[ǽnəlz]

n. 연대기(chronicle); 연보; 사료(史料), 역사적 기록

⊕ the **Annals** of the Joseon Dynasty 조선왕조실록
go down in the **annals** of Korean history as a
great leader
대한민국 역사에 위대한 지도자로 기록되다

syn 연대기 = annals; chronicle; chronology(연표)

bi(=two2)+enni(=year년(마다))+al(의)

biennial
[baiénniəl]

a. 2년마다의; 2년생의 *n.* 2년마다의 행사; 2년생 식물

⊕ a **biennial**[an annual] party convention
격년[연례] 전당대회

syn 행사 = event; function; observance; ceremony(의식)

per(=through쪽)+enni(=year년)+al(의) → 매년 쭉 계속되는

perennial
[pərénniəl]

a. 영구적인, 영원한; 다년생의

n. 다년생 식물(a perennial plant)

⊕ a **perennial** title holder 영구 타이틀 보유자
rack one's brains over the **perennial** problem
그 끊임없이 반복되는 문제 때문에 골치를 앓다

⊕ perennially *ad.* 영속적으로; 끊임없이; 1년 내내

syn 영원한 = perennial; lasting; everlasting; eternal;
permanent; perpetual

cent(=hundred100)+enni(=year년)+al(의)

centennial

[senténiəl]

a. 100년(째)의; 100년 기념의; 100년 계속되는

n. 100 년제

예 parade along the street to celebrate the **centennial** anniversary
100주년을 경축하여 시가행진을 벌이다

*celebrate
v. 축하하다, 경축하다

파 centenary *n.* 100년제; 100년
            a. 100년(간)의, 100년마다의

syn 백년제 = centennial; centenary; centennial anniversary[celebration]

cf. **millennium** *n.* 밀레니엄, 천년지복, 황금시대

annual	⋯→	biannual	⋯→	semiannual	⋯→	annuity	⋯→	anniversary
해마다의		연 2회의		반년마다의		연금		기념일, 기념제

annals	⋯→	biennial	⋯→	perennial	⋯→	centennial
연대기		2년마다의		영구적인, 영원한		100년 기념의

arm

arm : 무장시키다[하다]; 무기, 군사, 팔

arm(무기; 무장하다)

arm

[ɑːrm]

*warhead
n. (미사일 등의) 탄두

v. 무장시키다; ~을 갖추다 *n.* 팔; (*pl.*) 무기, 병기, 전투

ⓔ **arm** a missile with a nuclear warhead
미사일에 핵탄두를 장착하다
carry[appeal to] **arms**
무기를 휴대하다[무력에 호소하다]

ⓟ armful *n.* 한 아름(의 분량), 두 팔 가득한 양
armed *a.* 무장한, (생물이) 껍질로 덮혀 있는

syn 무기 = arms; weapon
무장하다 = arm; equip; militarize;
take up[bear] arms

dis(=apart, away분리)+arm(무장하다) → 무장을 떼어내다

disarm

[disɑ́ːrm]

*mugger *n.* 강도;
배우, 코미디언
*mug shot (범죄용의
자의) 얼굴사진

v. 무장을 해제하다; 군비를 축소하다; 적개심을 없애다

ⓔ **disarm** the mugger of his weapons
노상강도에게서 무기를 빼앗다

ⓟ disarmament *n.* 무장해제, 군비축소
*a disarmament conference 군축회의
disarming *a.* 적개심[의혹]을 없애는; 애교있는

syn 해제하다 = disarm, demilitarize(무장을 ~);
revoke, rescind(계약을 ~); lift(봉쇄를 ~)

re(=again다시)+arm(무장시키다)

rearm

[riːɑ́ːrm]

v. 재무장시키다[하다]; 신형무기를 갖추게 하다; 재무장하다

ⓔ watch thirstily for a chance to **rearm**
호시탐탐 재무장할 기회를 노리다

ⓟ rearmament *n.* 재무장, 재군비
syn 재무장시키다 = rearm; remilitarize

un(=not, the opposite of반대로)+arm(무장하다)

unarm

[ʌnάːrm]

*a demilitarized
zone 비무장지대
(DMZ)

v. 무장을 해제하다(disarm); 무기를 압수하다

㉮ walk alone and **unarmed** into the enemy's
camp 혼자 무기도 없이 적의 진영으로 들어가다

㉯ unarmed *a.* 비무장의; (동·식물이) 방호기관이 없는

syn 압수하다 = seize; confiscate; capture; take over

cf. **demilitarize** *v.* (국경 지대 등을) 비무장화하다; ~에서 군
사적 색체를 없애다 **demilitarization** *n.* 비무장화

---

fore(=before미리)+arm(무장하다)

forearm

[fɔːrάːrm]
[fɔ́ːrὰːrm] *n.*

v. 미리 무장하다; 미리 대비하다 *n.* 팔뚝; 전박(前膊)

㉮ be **forearmed** against emergencies
비상사태에 미리 대비해 두다

syn 대비하다 = forearm; provide against; prepare for;
be ready for

---

under(=beneath아래의)+arm(팔)

underarm

[ʌ́ndərὰːrm]

n. 겨드랑이 밑

a. 겨드랑이 밑의; 팔을 밑으로 하여 던지는

㉮ suffer from anxiety about one's **underarm**
odor 액취 문제로 고민하다

㉯ underarmed *a.* 군비가 불충분한, 군비 부족의

syn 겨드랑이 = armpit; axilla; armhole(옷의 ~)

---

arm(무기; 무장한)+ament(상태)

armament

[άːrməmənt]

n. 군비, 군사력(military strength); 무기, 병기, 장비

㉮ an **armament** race 군비경쟁
an **armament**[arms] reduction 군축

syn 병기 = arms; weapons; ordnance(대포)
*conventional weapons 재래식 병기

cf. **disarmament** *n.* 군비축소; 무장해제 [dis- : not]
rearmament *n.* 재무장, 재군비 [re- : again]

340

arm(무장한)+ada(것) → 무장한 군대

armada

[ɑːrmáːdə]

n. 함대(fleet of warships); (비행기 등의) 대편제 부대

예 the (Invincible) **Armada** (스페인의) 무적함대

syn 부대 = unit; force; troops; corps;
                    contingent, detachment(파견대, 분견대)
        *regular troops 상비군
        shock troops 기습부대, 돌격대
        a civil defense corps 민방위대

arm(무기를)+i+st(=stand세워)+ice(둠)

armistice

[áːrməstis]

n. (일시적인) 휴전, 정전(truce)

*commission
n. 위원회; 임무; 위임;
수수료

예 sign the **armistice** agreement
     휴전협정에 서명하다

     the Military **Armistice** Commission
     군사 정전 위원회(MAC)

syn 휴전 = armistice; cease-fire; truce
*truce talks 휴전회담
declare[violate, denounce] a truce
정전을 선언하다[위반하다, 무시하다]
the United Nations Command 유엔군 사령부(UNC)

arm(무장하는)+or(것)

armor

[áːrmər]

n. 갑옷, 갑주; (탱크 등의) 장갑; 기갑 부대; 방호복

예 **armor** and helmet 갑옷과 투구

     heavy **armor** 중장비

     armored forces 기갑부대(armors; panzers)

파 armorer *n.* 갑옷 제작인; 병기 제조업자; (군대의) 무기 담당자
   armory *n.* 병기고, 병기 공장

syn 갑옷 = (a suit of) armor; a coat of mail(쇠사슬 ~);
           panoply(갑옷, 투구 한 벌)

cf. **armature** *n.* 갑옷, 갑주; 〈생물〉 (가시 등의) 방호기관

arm(무기로 무장한)+y(집단)

army

[áːrmi]

*the Navy 해군
the Air Force 공군
the Marine Corps
해병대

n. 군대; 육군; 집단, 단체; ~의 다수, 대군(大群)

📝 a regular[standing; reserve] **army**
정규[상비; 예비]군

join the **army** 입대하다

syn 단체 = army; body; party; group; band; company;
organization; corporation(법인체)
*ROKMC = the Republic of Korea Marine
Corps 대한민국해병대

---

al(⟨ad=to~으로⟩)+arm(무기) → 무기를 들어라

alarm

[əláːrm]

*widespread
a. 널리 퍼진;
광범위한

n. 경보, 비상 신호; 놀람; 불안; 경보기, 자명종

v. ~에게 경보를 발하다; 놀라게 하다

📝 an air defense **alarm** 공습 경계경보

cause widespread public **alarm**
광범위한 사회적 불안감을 조성하다

📝 alarming *a.* 놀라운, 불안하게 하는; (사태 등이) 급박한
alarmism *n.* 기우, 쓸데없는 걱정; 세상을 소란케 함
alarmist *n.* 인심을 소란케 하는 사람; 군걱정 하는 사람

syn 비상 = emergency; exigency; contingency

---

arm ⋯▸	disarm ⋯▸	rearm ⋯▸	unarm
무장시키다	무장을 해제하다	재무장시키다	무장을 해제하다

forearm ⋯▸	underarm ⋯▸	armament ⋯▸	armada
미리 무장하다	겨드랑이 밑	군비, 군사력	함대

armistice ⋯▸	armor ⋯▸	army ⋯▸	alarm
휴전, 정전	갑옷, 방호복	군대, 집단	경보, 신호

342

Study **21**

root 7

astro

star : 별, 천체, 점성술

---

astro(=star별, 천체(에 관련된))+biology(생물학)

astrobiology

[ǽstroʊbaiɑ́lədʒi]

n. 우주 생물학(exobiology)

 show a keen interest in **astrobiology**
우주 생물학에 큰 관심을 나타내다

syn 우주 = universe; cosmos; space;
outer space(대기권 밖의 ~)

cf. **biochemistry** *n.* 생화학 [bio : life]

---

astro(=star별, 천체(에 관련된))+chemistry(화학)

astrochemistry

[ǽstroʊkémistri]

n. 우주 화학, 천체 화학

 major in **astrochemistry** at the university
대학에서 우주 화학을 전공하다

syn 학문 = science(학술); learning, study(학업);
knowledge(학식)

*accumulate[store up] **knowledge** 학식을 쌓다

---

astro(=star별, 천체(를 관측하기 위한))+dome(건물)

astrodome

[ǽstrədòʊm]

n. 천체 관측실, 천측창; (A-) 둥근 지붕이 있는 경기장

 build a new **astrodome** at the top of the
mountain
그 산의 정상에 새로운 천체 관측실을 세우다

syn 경기장 = arena; stadium; sports ground[field]

cf. **dome** *n.* (반구형의) 둥근 지붕[천장]
domicile *n.* 주거; 주소 [dom : house]

343

astro(=star별, 천체(로 점치는))+logy(=science학문)

astrology
[əstrálədʒi]

n. 점성술(horoscopy); (고대의) 천문학(uranology)

🔵 take a growing interest in **astrology**
점성술에 관심이 높아지다

🔷 astrologer *n.* 점성술사, 점성가

syn 점성가 = astrologer; astrologist; horoscoper

astro(=star별, 천체)를+naut(=sailor항해하는 사람)

astronaut
[ǽstrənɔːt]

n. 우주 비행사 *cf.* **astronautess** *n.* 여성 우주 비행사

🔵 want to become the most famous **astronaut** in
the world 세계최고의 우주 비행사가 되길 원하다

🔷 astronautical *a.* 우주 항행의, 우주 비행(사)의
astronautics *n.* 우주 항법[항행술], 우주 비행학

syn 비행사 = aviator; aviatrix(여류 비행사); pilot; flier

cf. **cosmonaut** *n.* (특히 러시아의) 우주 비행사

astro(=star별, 천체의)+nomy(=law법칙(을 연구하는 학문))

astronomy
[əstránəmi]

n. 천문학

*astronomer
n. 천문학자

🔵 know a lot about **astronomy**
천문학에 대해 많이 알다

🔷 astronomical *a.* 천문학(상)의; 어마어마한, 천문학적인

syn 엄청난 = astronomical; enormous; huge; vast;
exorbitant; colossal; stupendous

cf. **anomy, anomie** *n.* 아노미, 사회적 혼돈상태
antinomy *n.* 모순(contradiction); 이율배반
agronomy *n.* 농학(agriculture), 농경학

astrobiology	⋯▸	astrochemical	⋯▸	astrodome
우주 생물학		우주 화학		천체 관측실

astrology	⋯▸	astronaut	⋯▸	astronomy
점성술		우주 비행사		천문학

aud(i)

hear : 듣다, 들리다

---

aud(=hear들을)+ible(수 있는)

audible

[ɔ́:dəbl]

a. 들을 수 있는, 귀에 들리는(↔ **inaudible** *a.* 들리지 않는)

예 the **audible** range 가청 범위

파 audibility *n.* 들을 수 있음 audibly *ad.* 들을 수 있게

syn 듣다 = hear; listen; eavesdrop=overhear(엿듣다)

---

audi(=hear듣)+ence(기)의 뜻에서 → 들으려고 모인 사람

audience

[ɔ́:diəns]

n. 관중, 관객; 청중; 청취자(listener); 시청자; 공식회견

예 have a large **audience** 관중이 많다

syn 청중 = audience; attendance; crowd; hearers

---

audi(=hear듣)+tion(기)

audition

[ɔːdíʃən]

cf. **audit** *n.* 회계 감사
   v. 검사하다

n. 듣기; 청력; (연예인의) 오디션 *v.* (연기 등을) 시청하다

예 give an **audition** to a new actress
   신인 여배우에게 오디션을 받게 하다

파 auditory *a.* 청력의, 청각의

syn 심사 = examination; inspection; screening(선발)

---

audi(=hear듣는)+torium(=place장소)

auditorium

[ɔ̀:ditɔ́:riəm]

n. (극장 등의) 청중석, 관객석; 강당; 대강의실; 회관

예 hold a great concert in the **auditorium**
   그 강당에서 대형 콘서트를 개최하다

syn 자리 = seat(좌석); room; space; place(장소);
        position, post(지위)

---

audible ⋯	audience ⋯	audition ⋯	auditorium
들을 수 있는	관중, 시청자	듣기, 청력	청중석, 강당

bat

beat : 치다, 때리다

bat(=beat치다, 때리다)의 뜻에서 ⇒ 치다; 배트

bat

[bæt]

n. (야구 등의) 배트, 타구; 막대기, 곤봉, 채찍; 박쥐

v. 배트로 치다; 쳐서 (주자를) 진루시키다; 타율을 얻다

예 make four hits in five at **bat** 5타수 4안타를 치다
  a **batting** eye[order] 선구안[타순]

파 batter *v.* 연달아 때리다, 때려 부수다 *n.* 타자; 〈요리〉 반죽
  battery *n.* 한 벌의 장치; 전지; 포대; (야구의) 투수와 포수

syn 막대기 = stick; bar; rod; baton(지휘봉); club(곤봉)

com(=together서로)+bat(=beat때리다)

combat

[kámbæt]

*noncombatant troops 비전투부대

v. 싸우다; 강력히 반항하다 *n.* 싸움; 전투; 실전; 논전

예 **combat** with the rough and tumble of life
  인생의 풍파와 싸우다
  a **combat** troop[unit] 전투부대(fighting forces)

파 combatant *n.* 투사(fighter); 전투원(↔ noncombatant 비
  전투원(의)) *a.* 싸우는; 호전적인(belligerent: bellicose)
  combative *a.* 투쟁적인, 싸우기 좋아하는(pugnacious)

syn 싸움 = combat, fight, battle, action, engagement;
  war, warfare(전쟁); skirmish(소전투); close combat,
  hand-to-hand fighting(백병전); dispute, argument,
  controversy, polemic(논쟁); quarrel(언쟁)

bat(=beat(서로) 때리기를)+tle(반복함)

battle

[bætl]

n. 싸움; 전투; 교전 *v.* 싸우다

예 do **battle** for liberty 자유를 위해 싸우다

파 battlefield *n.* 전쟁터(battleground); 투쟁의 장
  battleship *n.* 전함(戰艦) *cf.* warship *n.* 군함

syn 싸우다 = battle; fight; combat; strive; struggle

a(〈ad-=to~로)+bate(=beat때려 (줄어들게 하다))

abate

[əbéit]

*sign *n.* 기미, 조짐; 신호; 표지

n. 줄이다; 제거하다(eliminate); 누그러지다; 각하하다

🔵 abate half of the price 가격을 반으로 깎다

show no signs of abating
누그러질 기미가 조금도 보이지 않다

🔵 abatement *n.* 감소; 경감, 완화(alleviation); (가격, 세금 등의) (경)감액; 폐지, 제거

syn 줄이다 = abate; diminish; lessen; reduce; decrease; shorten; curtail(삭감하다); abbreviate; abridge(축소하다); let up(약해지다)

cf. **bate** *v.* 줄이다, 약하게 하다; 억제하다(hold back); 누그러지다(go down)

de(=강조-(말로 누가 옳은지 따져가며))+bate(=beat싸우다)

debate

[dibéit]

v. 토론하다; 숙고하다(deliberate) *n.* 토론, 토의; 숙고

🔵 debate on the current economic policy
현 경제 정책에 대해 토론하다

heated[quibbling] debates 열띤[시끄러운] 논쟁

syn 토론하다 = debate; discuss; dispute; argue; contend

bat	⋯⋯→	combat	⋯⋯→	battle	⋯⋯→	abate	⋯⋯→	debate
치다		싸우다		싸움, 전투		줄이다		토론하다

root 10

cap(t)

take : 붙잡다, (손에) 가지다

cap(=take(손으로 마음대로) 잡을)+able(수 있는)

capable

[kéipəbəl]

a. ~할 수 있는(able); 유능한, 가능한; 무슨 짓이든 할

예 a **capable** professor[statesman]
유능한 교수[역량 있는 정치가]
an opera house **capable** of seating three thousand
3,000명을 수용할 수 있는 오페라 극장

파 capability *n.* 능력, 재능(ability); 적성, 소질; (*pl.*) 가능성

*can *aux.*

syn ~을 할 수 있다 = be capable of ~ing; be able to V

cap(=take잡을 수[받아들일 수 있는])+acity(힘)

capacity

[kəpǽsəti]

n. 수용능력, 정원; 용적, 용량; 재능; 가능성; 자격
a. 더 이상 수용할 수 없는, 최대한의(maximum)

예 a seating **capacity** 수용 능력
the **capacity** to do the job 그 일을 할 능력

*capacity[freight] tonnage 적재 톤수

파 capacitate *v.* ~할 수 있게 하다(enable); 자격을 주다
capacious *a.* (용량이) 큰; 널찍한(spacious); 도량이 넓은

syn 재능 = capacity; capability; ability; talent; faculty; gift; aptitude

cap(=take잡힌)+tive(상태의)

captive

[kǽptiv]

a. 포로가 된; 매혹된(captivated), 사로잡힌; 전속의
n. 포로, 죄수; 사랑에 빠진 사람, ~에 반한 사람

예 a **captive** breeding program
포획 동물 사육 프로그램
be held[taken] **captive** 포로가 되다

파 captivity *n.* 포로; 속박 capture *v.* 포획하다; 사로잡다
captivate *v.* 마음을 사로잡다 captivation *n.* 매혹; 매력

syn 매혹하다 = captivate; fascinate; charm; bewitch

root 11

ced(e)

go : 가다, 진행되다, 떠나다
***ced(e) = ceed = cess**

ac(<ad-=to~에게로 (생각이))+cede(=go따라가다)

accede

[æksíːd]

*term *n.* 기간; 학기; 용어; *(pl.)* 조건; (친한) 사이, (교제) 관계

v. ~에 동의하다, 응하다; (관직에) 앉다; (조약에) 가맹하다

- **accede** to demand[the terms]
  요구를 받아들이다[조건에 동의하다]
  accede to the governorship 지사에 취임하다
- accession *n.* (자격 등의) 취득; 취임, 즉위; 동의; 가입; 첨부
- *syn* 동의하다 = accede[consent; assent; agree] to; approve; acquiesce(묵종하다)

ante(=before~보다 앞에)+cede(=go가다)

antecede

[æntəsíːd]

*gastroenteric
a. 위장의

v. ~에 앞서다, 선행하다(precede; predate)

- **antecede** the times 시대에 앞서다
  antecede gastroenteric trouble
  위장장애보다 먼저 일어나다
- antecedent *a.* 앞선, ~에 선행하는(preceding)
  n. 전례; (관계사의) 선행사; *(pl.)* 조상, 선조; 경력
- *syn* 선행하다 = antecede; precede; forego; be ahead of

con(=together서로 (조금씩))+cede(=go(물러)가다)

concede

[kənsíːd]

*mutual
a. 서로의, 상호의

v. 양보하다; 인정[시인]하다(admit); (특권 등을) 주다

- promise to understand and **concede** each other
  서로 이해하고 양보하기로 약속하다
  concede defeat 패배를 인정하다
- concession *n.* 양보; 면허, 이권; 영업허가; 토지 사용권
  *mutual concessions 상호 양보
- *syn* 양보하다 = concede; cede; yield;
  make a concession to; give way to

inter(=between(해결하러) 사이로)+cede(go가다)

intercede
[ìntərsíːd]

v. 중재하다, 조정하다; ~을 탄원하다(plead)

- **intercede** with the son-in-law for one's daughter
  자신의 딸을 위해 사위에게 좋게 말해주다
- intercession *n.* 중재; 알선; 탄원

syn 중재하다 = intercede; intervene; arbitrate; mediate

pre(=before앞에, 먼저)+cede(=go가다)

precede
[priːsíːd]

v. ~에 선행하다, 앞서다; ~에 우선하다

- George W. Bush **preceded** Barack Obama as president of the US.
  조지 부시는 버락 오바마보다 먼저 미국 대통령을 지냈다.
- precedent *a.* 이전의; 앞서는(preceding) *n.* 관례; 판례
  precedence *n.* 선행; 상위, 우선(priority); 우선권; 석차

ant ~의 뒤에 오다 = follow; succeed; accompany(수반하다)

re(=back뒤로)+cede(=go(물러) 가다)

recede
[riːsíːd]

v. 물러가다, 후퇴하다; 손을 떼다, 철회하다; 감소하다

- **recede** from the shore[one's opinion]
  (배가) 해안에서 멀어져 가다[자기 생각을 철회하다]
- recession *n.* 후퇴, 철수; 경기후퇴; 쑥 들어간 부분
  recess *n.* 휴식, 휴게, 휴회; 후미진 곳; (*pl.*) 오지, 으슥한 곳

syn 후퇴하다 = recede; retreat; retrocede; retrograde

retro(=backward되돌아)+cede(=go가다)

retrocede
[rètrəsíːd]

v. 되돌아가다; 물러가다; 되돌려주다, 반환하다

- **retrocede** to Kennedy airport owing to nasty weather 악천후 때문에 케네디 공항으로 되돌아가다
  retrocede the territory 영토를 반환하다
- retrocession *n.* 후퇴, 퇴각; (특히 영토의) 반환, 돌려줌

syn 되돌아가다 = retrocede; return; go back; turn back

se(=apart떨어져)+cede(=go나가다)

secede
[sisí:d]

v. (정당, 연맹 등에서) 탈퇴하다(withdraw), 탈당하다

ⓔ **secede** from the federation 연방에서 탈퇴하다

ⓓ **secession** n. 탈퇴, 이탈, 분리(separation)

syn 탈퇴하다 = secede; withdraw; leave; break away

ex(=beyond~의 범위를 넘어서)+ceed(=go가다)

exceed
[iksí:d]

v. 초과하다, ~의 한계를 넘다; ~을 능가하다(surpass)

ⓔ **exceed** the budget[one's authority]
예산을 초과하다[월권하다]

ⓓ **exceeding** a. 과도한 **exceedingly** ad. 대단히, 몹시

syn 초과하다 = exceed; be in excess; go beyond

pro(=forth 앞으로)+ceed(=go나아가다)

proceed
[prousí:d]

*process
n. 과정; 공정

v. 나아가다; 계속하다; 소송을 제기하다 n. (pl.) 수익(금)

ⓔ **proceed** step by step 단계를 밟아 나아가다
the **proceeds** from ticket sales 입장료 수익금

ⓓ **proceeding** n. 절차; 처리; (pl.) 소송(절차); 의사록; 회보
procedure n. 절차, 순서; 방식; 소송절차

syn 소송 = legal proceedings; suit; lawsuit; litigation

suc(<sub-=under(바로 뒤따라) 아래로)+ceed(=go가다)
suc(<sub-=under~아래서)+ceed(=go(일을 잘 해 나)가다)

succeed
[səksí:d]

*success n. 성공

v. 뒤를 잇다; 계승하다, 상속하다(~ to); 성공하다(~ in)

ⓔ **succeed** to one's father's occupation 가업을 잇다
succeed in passing the civil-service examination
공무원 시험에 합격하다

ⓓ **succession** n. 잇달아 일어남, 연속; 승계, 상속; 양도
successive a. 연속적인 **successively** ad. 연속적으로
successful a. 성공한 **successfully** ad. 성공적으로
successor n. 후임자, 후계자; 상속인(heir)

syn 상속하다 = succeed to; inherit; fall heir to

ac(<ad−=to~에)+cess(=going(접근해) 가기)

access

[ǽkses]

n. 접근; 통로; 입구; (감정의) 폭발(outburst); (병의) 발작

예 a woman of difficult access 접근하기 어려운 여인
in an access of rage[sorrow] 격분한[애통한] 나머지

파 accessible *a.* 접근하기 쉬운(approachable)
(↔ inaccessible; unreachable *a.* 접근하기 어려운)
accession *n.* 접근; 가입; 취득; 승인, 승낙; 〈법〉 첨부

syn 접근 = access; approach; proximity;
approximation(근사)

ex(=out밖으로)+cess(=going(넘쳐) 나간 (상태)

excess

[iksés]

*get rid of ~
~을 제거하다,
벗어나다, 없애다

n. 과잉, 과다; 과도; 초과 **a.** 과도한, 여분의, 초과한

예 be kind to excess 지나치게 친절하다
get rid of excess salt 과잉 염분을 배출하다

파 excessive *a.* 과도한; 부당한(unjust; unreasonable)
excessively *ad.* 과도하게; 극단적으로; 부당하게
exceed *v.* 초과하다; 능가하다
exceedingly *ad.* 대단히(very)

syn 과다 = excess; overplus; surplus; superfluity;
superabundance; plethora

pro(=before앞으로)+cess(=going진행되어가는 (과정))

process

[práses]

*decomposition
n. 분해, 해체; 부패

n. 과정, 공정; 작용; (일의) 진행, 경과 **v.** ~을 가공하다

예 the process for making steel 강철 제조 공정
the process of decomposition[digestion]
부패[소화] 작용
in process of time 시간이 흐름에 따라

파 procession *n.* 행렬(march; parade)
cf. **matrix** *n.* (수학의) 행렬
proceed *v.* 앞으로 나아가다, 진행하다(advance)

syn 과정 = process; course; curriculum(교육과정)

re(=back뒤로)+cess(=going(쉬러)감)

recess

[ríːses, risés]

*for a while 잠시

n. 휴식; (회의의) 휴회, 휴업; 후미진 곳

예 be in **recess** 휴회 중이다
*be in session 개회 중이다
take a **recess** for a while 잠시 휴식을 취하다

파 recession *n.* 퇴거, 후퇴, 철수; (경기의) 후퇴, 불경기
recede *v.* 물러나다, 후퇴하다; ~을 철회하다

syn 휴식 = recess; rest; repose; relaxation; respite;
cessation(중지, 휴지)

accede ⋯	antecede ⋯	concede ⋯	intercede ⋯	precede
동의하다	선행하다	양보하다	중재하다	선행하다

recede ⋯	retrocede ⋯	secede ⋯	exceed ⋯	proceed
물러가다	되돌아가다	탈퇴하다	초과하다	나아가다

succeed ⋯	access ⋯	excess ⋯	process ⋯	recess
뒤를 잇다	접근, 발작	과잉, 과도	과정, 진행	휴식, 휴회

Study **22**

ceiv(e)

take, seize : 잡다, 가지다, 받아들이다
***ceiv(e) = cip**

con(=together함께)+ceive(=take(생각을) 가지다)

conceive

[kənsíːv]

v. 마음 속에 품다; 상상하다; 임신하다, 자식을 얻다

  📖 **conceive** a married life without love
    사랑 없는 결혼생활을 생각해보다

  📝 conception *n.* 개념, 착상; 고안(design); 임신
    conceit *n.* 자만(심), 자부심(=self-conceit)
    conceited *a.* 자만하는; 변덕스러운

  syn 상상하다 = conceive; imagine; fancy; guess,
    surmise, presume, speculate, conjecture(추측하다)

de(=off(몰래) 떨어져서)+ceive(=take잡다)

deceive

[disíːv]

v. (~을) 속이다, 기만하다; 현혹시키다)(hoodwink)

  📖 **deceive** a person into going ~을 속여서 가게 하다

  📝 deception *n.* 속임, 기만(cheat; fraud; artifice)
    deceit *n.* 속임, 사기(swindle; trick; imposture)
    deceptive *a.* 남을 속이는, 믿을 수 없는(misleading)

  syn 속이다 = deceive; cheat; defraud; swindle; trick;
    play a trick; take in

per(=thoroughly철저히)+ceive(=take(이해하고) 잡다)

perceive

[pərsíːv]

v. 알아차리다, 인지하다; 이해하다(apprehend)

  📖 **perceive** the truth[difficulties]
    사실을 알아차리다[어려움을 이해하다]

  📝 perception *n.* 지각(percept), 이해; 직관(intuition)
    perceptive *a.* 지각력 있는; 예민한(keen)

  syn 인지하다 = perceive; know; recognize

re(=again다시 (되돌려))+ceive(=take 받다)

receive

[risíːv]

v. ~을 받다, 받아들이다; 수령하다; ~을 접견하다

예 **receive** the Nobel Peace Prize 노벨 평화상을 받다

파 **receiver** *n.* 수령인; 수신기; 수납원   **receipt** *n.* 영수증
reception *n.* 수령; 환영회   **receptionist** *n.* 접수계원

syn 수령하다 = receive; accept; take; be in receipt of

---

anti(⟨ante-=before미리)+cip(=take(앞을 내다보고) 잡)+ate(=make다)

anticipate

[æntísəpèit]

v. 예상하다, 기대하다; 선수 치다, 미리 대응하다(forestall)

예 **anticipate** a good vacation 멋진 휴가를 기대하다
anticipate the enemy's strategy
적의 전략의 의표를 찌르다

as (was) **anticipated**[expected] 예상[기대] 대로

파 **anticipation** *n.* 예상, 예측; 기대(expectation)

syn 예상하다 = anticipate; expect; forecast

---

e(⟨ex-=out.그만)+man(=hand손)+cip(=take붙잡)+ate(=make다) → 손에서 놓아주다

emancipate

[imǽnsəpèit]

v. (사람을) 해방하다, 자유롭게 하다; ~을 끊다

예 **emancipate** slaves 노예들을 해방하다
emancipate oneself from one's bad habits
나쁜 습관을 끊다

*the Emancipation
Proclamation
노예 해방 선언(1862)

파 **emancipation** *n.* 해방(liberation)

syn 해방하다 = emancipate; manumit; free; liberate;
release; extricate; disengage

---

parti(=part 부분을)+cip(=take차지하)+ate(=make 다)

participate

[pɑːrtísəpèit]

v. 참가하다; 한몫 끼다(share; partake); 관여하다

예 **participate** in the national administration
국정에 참여하다

파 **participation** *n.* 참가, 관여, 가입; (이익 등에) 한몫 끼기
participant *n.* 참가자, 관여자; 한 패거리 *a.* 관여하는

*join; enter 참가하다

syn 참가하다 = participate in; partake in; take part in

cept

take, seize : 잡다, 가지다, 받아들이다

---

ac(<ad-=to~에)+cept(=take받아들이다)

accept

[æksépt]

*agree[assent;
consent; accede]
to(동의하다)

v. (~을) 받아들이다; 수락하다, 인정하다(approve)

  accept one's proposal[offer, invitation]
   ~의 구혼을[제안을, 초대를] 받아들이다

  acceptable *a.* 받아들일 수 있는; 마음에 드는(agreeable)
   acceptance *n.* 수락, 용인(approval); 채용; (어음의) 인수

  syn 받아들이다 = accept; receive; introduce(도입하다)

---

con(=together함께)+cept(=take(생각을) 잡은 (것))

concept

[kánsept]

n. 개념(generalized idea), 관념(notion); 구상

  concrete[abstract, directly-opposed] concepts
   구체적인[추상적인, 상반된] 개념들

  conception *n.* 개념, 착상; 고안(design); 임신

  syn 임신 = conception; pregnancy; fetation; gravidity

---

contra(=against반대로)+cept(=take(아이를) 갖)+ion(기)의 뜻에서

contracept

[kàntrəsépt]

v. 피임하다(prevent conception)

  want to **contracept** very badly 피임을 몹시 원하다

  contraceptive *n.* 피임기구, 피임약 *a.* 피임용의
   contraception *n.* 피임(법)(birth control)

  syn 피임하다 = contracept; prevent conception

---

ex(=out밖으로 (따로))+cept(=take끄집어내다)의 뜻에서

except

[iksépt]

cf. **excepting**
   p. ~을 제외하고

p. ~을 제외하고 *v.* 제외하다; 면제하다(exempt); 반대하다

  except against violent protests
   폭력시위에 반대하다

  exception *n.* 예외, 제외(exclusion); 이의(demur)
   exceptional *a.* 예외의; 이상한(unusual)

  syn 제외하다 = except; exclude; leave out; exempt

inter(=between중간에서)+cept(=take잡다)

intercept

v. 도중에서 붙잡다[빼앗다], 가로채다; 가로막다; 봉쇄하다

[ìntərsépt]

[예] **intercept** a pass 편지를 중간에서 가로채다
intercept the enemy's retreat 적의 퇴로를 차단하다

[파] interception *n.* 도중에서 붙잡기[빼앗기], 가로채기
interceptor, intercepter *n.* 방해자; 차단기; 요격기

*usurp(왕위를 ~)

syn 가로채다 = intercept; snatch; grab; interrupt(말을 ~)

cf. **incept** *v.* 섭취하다; 시작하다 *n.* **inception** 시초, 발단

pre(=before미리)+cept(=take(가르침으로) 받아들인 것)

precept

n. 교훈, 가르침; 훈계, 금언(maxim); 〈법〉 영장(writ)

[príːsept]

[예] follow[practice] **precepts**
교훈에 따르다[교훈을 실천하다]

cf. perceptive
a. 지각력 있는

[파] preceptive *a.* 교훈의, 교훈적인(instructive)

syn 교훈 = precept; lesson; instruction; moral; teachings

sus(<sub-아래로)+cept(=take받아들일)+ible(수 있는)

susceptible

a. ~에 영향 받기 쉬운, ~에 약한; 받아들일 수 있는

[səséptəbəl]

[예] be **susceptible** to flattery 아첨에 약하다
be **susceptible** to different interpretations
여러 가지 해석이 가능하다

[파] susceptibility *n.* (병 등에) 걸리기 쉬움; 민감함
susceptive *a.* 감수성이 강한, 영향 받기 쉬운, 민감한

syn 영향 받기 쉬운 = susceptible; vulnerable

accept →	concept →	contracept →	except
받아들이다	개념, 관념	피임하다	제외하다
intercept →	percept →	precept →	susceptible
가로채다	지각(된 것)	교훈, 금언	영향 받기 쉬운

cern

sift : (체로 쳐서) 가려내다

con(=together함께 (뒤섞어))+cern(=sift체질하다)

concern

[kənsə́ːrn]

cf. concernedly
ad. 걱정스럽게
concerning
p. ~에 관하여
(regarding)

v. ~에 관계하다, 관여시키다; 걱정시키다(trouble)

n. 관계; 이해관계; 중요성; 관심사; 볼일; 걱정; 사업; 회사

ⓔ To Whom It May **Concern**.
〈서류〉 관계자 제위, 관계 당사자 앞
be **concerned** with the crime
그 범죄와 관계가 있다
be **concerned** about her safety
그녀의 안전이 걱정되다
Mind your own **concerns**[business].
(참견 말고) 네 일이나 해라.

ⓔ concerned *a.* 관계하고 있는; 걱정스러운; 정치의식이 높은
*the parties concerned 이해 관계자, 당사자
as[so] far as I'm concerned 나에 관한 한, 나로서는

syn 관계, 관련 = concern; connection; relation

dis(=apart따로)+cern(=sift가려내다)

discern

[disə́ːrn]

v. 분간하다, 식별하다; 알아보다, 분명히 이해하다

ⓔ **discern** the difference between the two
둘의 차이점을 식별하다
discern good and[from] bad 선악을 분별하다

ⓔ discernible, discernable *a.* 인식[분간]할 수 있는
discerning *a.* 식별력이 있는; [the ~] 안식이 있는 사람들
discernment *n.* 식별, 인식; 통찰력, 안식(discrimination)

syn 분간하다 = discern; discriminate; distinguish;
tell A from B

concern	⋯▸	discern
관계하다		식별하다

charge

load a wagon : 수레에 짐을 싣다

charge(=load짐을 싣다; impose부과하다)

charge

[tʃɑːrdʒ]

v. 채우다; 장전하다; 비난하다, 고발하다; 청구하다

n. 충전; 장전; 짐; 책임; 비용; 위탁; 비난; 고발; 외상

*at one's own
charge 자비로

ⓔ be **charged** with fraud and misappropriation
사기와 횡령 혐의로 고발당하다

ⓓ chargeable *a.* (세금이) 부과되어야 할; (책임을) 져야 할

syn 장전하다 = charge; load; feed

dis(반대로)+charge((짐을) 싣다)

discharge

[distʃɑːrdʒ]

v. 짐을 내리다; 면제하다; 방면하다; 해고하다; 발사하다

n. 짐부리기, 하역; 발사; 방출; 해고; 석방; 면제; 방전

ⓔ **discharge** a cargo 화물을 내리다

syn 면제하다 = discharge; exempt; excuse; release

counter(=against역으로)+charge(공격하다)

countercharge

[kàuntərtʃɑːrdʒ]
[káuntərtʃàːrdʒ] *n.*

v. 반박하다, 반론하다; 반격하다; 〈법〉 반소하다

n. 반박, 반론; 역습, 반격(counterattack); 반소, 맞고소

ⓔ **countercharge** a person ~을 맞고소하다

syn 반박하다 = countercharge; contradict; confute;
refute; retort; gainsay

over(지나치게)+charge(청구하다, 싣다)

overcharge

[ðuvərtʃɑːrdʒ]
[óuvərtʃàːrdʒ] *n.*

v. 부당 청구하다, 바가지 씌우다; 지나치게 싣다

n. 지나친 값의 청구, 바가지; 적하 초과; 과충전

*rip off
바가지 씌우다;
뜯어내다

ⓔ **overcharge** a person for fixing the car
~에게 차 수리 요금을 바가지 씌우다

syn 바가지 씌우다 = overcharge; make undue profits

359

re(=again다시)+charge(충전하다)

recharge

[ri:tʃá:rdʒ]

v. 재충전하다; 재장전하다 n. 재충전; 재고소; 역습

@ **recharge** one's batteries 재충전하다; 휴가를 가다

syn 역습 = recharge; counterattack; counteroffensive

super(=beyond초과하여)+charge(채우다)

supercharge

[sú:pərtʃà:rdʒ]

*at a supercharged
pace 매우 빠른 속도
로

v. (엔진 등에) 과급하다; (에너지 등을) 지나치게 들이다

@ **supercharge** human capability
인간의 능력을 최대화시키다

syn 지나치게 = excessively; immoderately; unduly;
inordinately; too much

sur(<super-=over지나치게)+charge(싣다, 장전하다)

surcharge

[sə́:rtʃà:rdʒ]

*usury(고리대금)

v. 지나치게 싣다; 과충전하다; 추가비용을 청구하다

n. 과적; 과충전; 추가요금; 폭리; 할증금; 추징금 부과

@ be **surcharged** for the extra shipment
추가 선적분의 대금을 추징 받다

syn 폭리 = surcharge; profiteering; excessive profit

under(아래로)+charge(청구하다)

undercharge

[ʌ̀ndərtʃá:rdʒ]
[ʌ́ndərtʃà:rdʒ] *n.*

v. 정당한 가격 이하로 청구하다; 과소 충전을 하다

n. 정당한 대금 이하의 청구; 충전[장전] 불충분

@ **undercharge** a person for the book
~에게 정가 이하로 책값을 청구하다

syn 정당한 = right; just; proper; lawful; reasonable

charge ⋯→	discharge ⋯→	countercharge ⋯→	overcharge
짐을 싣다	짐을 내리다	반소하다, 반격하다	부당 청구하다

recharge ⋯→	supercharge ⋯→	surcharge ⋯→	undercharge
재충전하다	과급하다	추가 청구하다	이하로 청구하다

chiro hand : 손

---

chiro(=hand손으로)+graphy(=writing쓰기) ⇒ 필적

chirography

[kairágrəfi]

n. 필적, 서체; 서도 *cf.* **chirograph** n. 증서, 자필 증서

📖 imitate one's **chirography**. ~의 필체를 흉내 내다

syn 서체 = chirography; handwriting; penmanship(서법)

---

chiro(=hand손(으로 말하는))+logy(=science기술) ⇒ 수화법

chirology

[kairálədʒi]

*gossip(뒷말)

n. 수화법(dactylology), 수화(sign[finger] language)

📖 learn **chirology** 수화를 배우다

syn 대화 = conversation; dialog(ue); talk; chat(잡담)

---

chiro(=hand손으로)+mancy(=divination점보기)

chiromancy

[káirəmænsi]

n. 수상술(palmistry), 손금 보기

📖 a great master of **chiromancy** 수상술의 대가

📕 chiromancer n. 수상가, 손금 보는 사람(palmist)

syn 수상술 = chiromancy; palmistry; palm reading

---

chiro(=hand손(으로))+pody(=foot발(의 치료))

chiropody

[kərápədi, kai-]

n. 발 치료(podiatry)

📖 undergo **chiropody** 발 치료를 받다

📕 chiropodist n. 발 치료 전문 의사

syn 발 치료 = chiropody; podiatry; pedicure

---

chiro(=hand손으로)+practic(=practice(척추에) 실시하다)

chiropractic

[kàirəpræktik]

n. 척추 지압 요법, 카이로프랙틱

📖 acquire a good command of **chiropractic**
척추 지압 요법을 완전히 익히다

syn 척추 = backbone; vertebra; spine;
spinal[vertebral] column

361

cid

fall : 떨어지다, 넘어지다, 무너지다

---

ac(<ad-=to~에게)+cid(=fall(뜻밖에) 떨어진)+ent(일)

accident

n. (뜻밖의) 사건, 사고; 우발적인 일; 재난; 우연

[ǽksidənt]

- **예** cause[have] a car **accident**
  교통사고를 일으키다[당하다]

- **파** accidental *a.* 우연한; 우발적인(incidental); 비본질적인

syn 사건, 사고 = accident; incident; mishap; happening;
event; crash(충돌 사고)
우연히 = accidentally; incidentally; casually;
by accident[chance]

---

in(=in, on~에)+cid(=fall(갑자기) 떨어진)+ent(것)

incident

n. (우발) 사건; 부수조건; 분쟁 *a.* 부수해서 일어나는

[ínsədənt]

- **예** have nothing to do with the **incident**
  그 사건과 관련이 없다

  a religious **incident** 종교 분쟁

- **파** incidental *a.* ~에 부수하여 일어나는; 우발의
  n. 부수적인 일; (*pl.*) 잡비
  incidentally *ad.* 우연히(accidentally), 부수적으로; 그런데
  incidence *n.* (영향 등의) 범위; 발생률; (세금 등의) 부담

syn 분쟁 = incident; trouble; strife; dispute; discord

---

co(<com-=together함께)+in(=on ~에)+cid(=fall떨어)+ent(진)

coincident

a. 일치하는, 부합하는; 동시에 일어나는 *n.* 경제적 지표

[kouínsədənt]

- **예** the **coincident** economic indicators
  일치하는 경제지표들

- **파** coincide *v.* 동시에 일어나다; 부합하다(correspond)
  coincidence *n.* 동시발생; 동시존재; (우연의) 일치
  *What a coincidence! 참으로 우연의 일치군!

syn 일치 = agreement; accord; accordance; harmony

Oc(<ob-=toward~쪽으로)+cid(=fall(해가) 떨어지는)+ent(곳)

Occident

[ǽksədənt]

n. 서양, 구미; 서구(the West)

📖 the Orient and the **Occident** 동양과 서양

have a strong flavor of the **Occident**
서양 냄새가 물씬 나다

📕 Occidental *a.* 서양인의(Western); 서구의, 서양의
Occidentalize *v.* 서양식으로 만들다, 구미화하다
Occidentalism *n.* 서양 정신, 서양 문화, 서양인 기질

*imbue
v. 스며들게 하다

*She is thoroughly imbued with **Occidentalism**.
그녀는 서양 물이 푹 들어 있다.

syn 서양 = the Occident; the West; Europe (and America)

de(=down아래로)+cid(=fall(잎이) 떨어지)+uous(는)

deciduous

[disídʒuəs]

a. (잎 등이) 탈락성인, 낙엽성인; 영속하지 않는; 덧없는

📖 a temperate **deciduous** forest 온대 낙엽수림

a **deciduous** tooth 젖니(milk[baby, calf's] tooth)

ant 상록의 = evergreen; indeciduous

syn 덧없는 = ephemeral; evanescent; fleeting;
momentary; transient; transitory(일시적인)

accident	⋯►	incident	⋯►	coincident	⋯►	Occident	⋯►	deciduous
사건, 사고		사건, 분쟁		일치하는		서양, 서구		탈락성인

cide

kill : 살해, 죽이기

eco(=environment; house환경)+cide(=kill죽이기)

ecocide

[í:kousàid]

cf. **ecology** 생태학

n. (자연) 환경 파괴, 생태계 파괴

🔵 genocide, **ecocide**, and colonization
대량학살, 환경파괴, 그리고 식민지화

🔵 ecocidal *a.* 생태계[환경] 파괴의

syn 파괴 = havoc; destruction; ruin; demolition; ravage

cf. **genocide** *n.* (어떤 인종, 국민에 대한 계획적인) 대량학살

herbi(=grass풀을)+cide(=kill죽이는 것)

herbicide

[hə́:*r*bəsàid]

cf. **herbivore**
초식성 동물

n. 제초제(weedicide; weedkiller)

🔵 avoid the use of **herbicides** if possible
가급적이면 제초제를 사용을 피하다

syn 풀 = grass; plant(식물); weed(잡초); pasture(목초)

home(=man사람을)+cide(=kill죽이는 행위)

homicide

[hámǝsàid]

n. 살인 행위[죄]; 살인자[범]

🔵 be prosecuted for **homicide** 살인죄로 기소되다

syn 살인 = homicide; murder(의도적인); manslaughter(과실에 의한); slaughter, massacre, carnage(대학살); holocaust(불에 의한 대학살)

infanti(=infant유아)+cide(=kill죽이기)

infanticide

[infǽntǝsàid]

n. 유아 살해; 유아 살해자 *cf.* **prolicide** 영아[태아] 살해

🔵 **infanticide** hitherto unknown
지금까지 알려지지 않은 유아 살해(범)

syn 유아 = infant; tot; toddler; nursling(젖먹이)

cf. **infantry** *n.* 보병(foot)
***hitherto** *ad.* 지금까지(till now)

insecti(=insect벌레)+cide(=kill죽이는 것)

insecticide

[inséktəsàid]

n. 살충제(pesticide) *cf.* **insectifuge** 구충제(parasiticide)

ⓔ dust the garden trees with **insecticide**
정원 나무에 살충제를 뿌리다

syn 벌레 = insect; bug; worm; vermin(해충)

magni(=great중요한 (사람))+cide(=kill죽이기)

magnicide

[mǽgnəsàid]

n. 요인(要人) 살해

ⓔ be agitated by the news of **magnicide**
요인 암살 소식에 술렁이다

syn 요인 = a key[leading] person;
a VIP(very important person)

matri(=mother어머니)+cide(=kill죽이기)

matricide

[méitrəsàid, mǽt-]

n. 모친 살해 (행위), 모친 살해범

ⓔ two **matricides** committed by female minors
여자 미성년자에 의해 저질러진 2건의 모친 살해 행위

syn 어머니 = mother; mom; mam(m)a; mammy;
stepmother(계모)

cf. **matriculate** *v.* ~에게 입학을 허가하다; 입학하다

patri(=father아버지)+cide(=kill죽이기)

patricide

[pǽtrəsàid]

n. 부친 살해, 부친 살해범

ⓔ seize the **patricide** 그 부친 살해범을 체포하다

syn 아버지 = father; dad; daddy; papa; poppa; pop;
stepfather(계부); father-in-law(시아버지, 장인)

cf. **patrilineal** *a.* 부계(父系)(제)의(paternal;
on the paternal[father's, spear] side)
matrilineal *a.* 모계(母系)의, 외가의(maternal;
on the maternal[mother's, distaff] side)

365

regi(=king왕)+cide(=kill죽이기)

regicide

n. 국왕 시해(죄), 대역죄; 왕을 죽인 사람

[rédʒəsàid]

*asylum *n.* 피난(처);
망명; 보호시설;
정신병원

ⓔ the **regicide** asking for political asylum
정치적 망명을 요구하는 국왕 시해범

syn 왕 = king; ruler(통치자); monarch(군주); sovereign

rodenti(=rodent설치류; 쥐)+cide(=kill죽이는 (약))

rodenticide

n. (특히) 쥐약; 설치류 동물을 죽이는 약

[roudéntəsàid]

ⓔ attempt suicide by taking **rodenticide**
쥐약을 먹고 자살을 꾀하다

syn 쥐 = rat; mouse(*pl.* mice 생쥐) *mole(두더지)

sui(=of oneself자기 스스로)+cide(=kill죽기)

suicide

n. 자살, 자살(행위)

[súːəsàid]

ⓔ mass **suicide** 집단 자살

commit **suicide** 자살하다(kill oneself)

syn 자살하다 = commit suicide; kill oneself

uxori(=wife 아내)+cide(=kill죽이기)

uxoricide

n. 아내 살해, 아내 살해범

[ʌksɔ́ːrəsàid]

ⓔ the harsh **uxoricide** 그 무자비한 아내 살해범

syn 아내 = wife(*pl.* wives); one's better half; spouse
cf. **uxorious** *a.* 아내를 극진히 사랑하는

ecocide	⋯→	herbicide	⋯→	homicide	⋯→	infanticide
환경파괴		제초제		살인 행위		유아 살해
insecticide	⋯→	magnicide	⋯→	matricide	⋯→	patricide
살충제		요인 살해		모친 살해		부친 살해
regicide	⋯→	rodenticide	⋯→	suicide	⋯→	uxoricide
국왕 시해		쥐약		자살 (행위)		아내 살해

circu(l)

round : 둥근 (것), 원; 도는
*circl(u) = circle

circu(=round빙 돌아)+it(=go가기, 가는 것)

circuit

[sə́:rkit]

n. 순회 (여행); 〈전기〉 회로; 우회(로); 리그 *v.* 순회하다

🔞 make a **circuit** of the town 시내를 한 바퀴 돌다
break[close] the **circuit** 회로를 열다[닫다]

🔟 circuitous *a.* 우회로의(roundabout); 에두르는(indirect)

syn 순회 = circuit; round; patrol; tour(순회공연)

circul(=round둥근 모양)+ar(의)

circular

[sə́:rkjələr]

a. 원(형)의, 둥근; 순회의; 우회적인, 간접적인

n. 회보(bulletin); 회람장, 안내장

🔞 a **circular** arena[cone] 원형 경기장[원뿔]
send out a **circular** (letter) 회람장을 돌리다

🔟 circularize *v.* ~에 회람을 돌리다; 둥글게 하다

syn 둥근 = circular; round; globular(구형의)

circul(=round빙 돌아) 가+ate(=make다)

circulate

[sə́:rkjəlèit]

v. 순환하다; (화폐가) 유통하다; (소문이) 퍼지다

*periodically

ad. 주기적으로,
정기적으로,
간헐적으로

🔞 **circulate** periodically[repeatedly]
주기적으로[반복적으로] 순환하다

circulate a false rumor 헛소문을 퍼뜨리다

🔟 circulation *n.* (혈액의) 순환; (화폐의) 유통, 유포; 보급;
발행부수; 시청자수, 시청률
circulatory *a.* (혈액 등이) 순환하는
*the **circulation** of blood 혈액의 순환
be in **circulation** 유통[유포]되고 있다
the circulatory system 순환계

syn 순환하다 = circulate; cycle; rotate; revolve(회전하다)

367

circle

[sə́:rkl]

*square *n.* 정사각형
v. 일치하다; 청산하다

n. 원, 고리; 바퀴; 순환, 일주; 범위; (*pl.*) ~계, 서클

v. ~을 둥글게 에워싸다; ~을 피하여 가다, 우회하다

⓵ be caught in the vicious **circle** of poverty
빈곤의 악순환에 빠지다

square the **circle** 불가능한 일을 꾀하다

syn 에워싸다 = circle; encircle; enclose; surround; hem

en(=make만들다)+circle(원) → 원으로 둘러싸다

encircle

[ensə́:rkl]

v. 둘러싸다, 에워싸다(surround); 일주하다

⓵ the mansion **encircled** by old trees
고목들로 둘러싸인 대저택

syn 일주하다 = encircle; circuit; circumnavigate;
make a round

circuit	⋯▸	circular	⋯▸	circulate	⋯▸	circle	⋯▸	encircle
순회, 회로		원형의; 둥근		순환하다		원, 순환		둘러싸다

cis(e)

cut : 자르다, 잘라내다, 새기다

circum(=around((남자의 포피) 둘레를)+cise(=cut자르다)

circumcise

[sə́ːrkəmsàiz]

v. 할례를 베풀다; (남자의) 포피를 잘라내다

⬤ **circumcise** a baby boy 사내아기에게 할례를 하다

⬤ circumcision *n.* 할례, 포피 절제; 심신 정화

syn 자르다 = cut; chop; sever(절단하다); slice(얇게 썰다);
hash, mince(고기 등을 잘게 썰다);
shear, clip, snip(가위로 자르다)

con(강조–(군더더기를) 모두)+cise(=cut잘라낸)

concise

[kənsáis]

a. 간결한, 간명한(succinct)

⬤ a **concise** style[statement] 간결한 문체[간명한 진술]

⬤ concisely *ad.* 간결하게, 간명하게(succinctly; tersely)
concision *n.* 간명, 간결(conciseness)

syn 간결한 = concise; succinct; laconic; terse; brief;
pithy; compact; short

ant 장황한 = diffuse; lengthy; long-winded; redundant;
tedious; wordy

ex(=out(불필요한) 바깥쪽을)+cise(=cut잘라내다)

excise

[iksáiz]
[éksaiz] *n.*

*hemorrhoids
n. 치질(piles), 치핵

v. (문장을) 삭제하다; (환부를) 잘라내다(exscind)

n. 소비세, 물품세; 면허세 *v.* 소비세를 부과하다

⬤ **excise** a part of the letter 편지의 일부를 삭제하다
excise hemorrhoids 치질을 절제하다
an **excise** tax on tobacco 담배의 국내 소비세

⬤ excision *n.* 삭제, 제거; (환부의) 절제, 적출; 추방, 파문

syn 삭제하다 = excise; delete; eliminate; erase;
expunge; cross out

ex(강조-강하게)+(er)cise(=restrain억누르다)

exercise
[éksərsàiz]

*take[do] exercise
운동하다

v. 훈련시키다; 운동시키다; (권리 등을) 행사하다

n. 운동; 훈련; 연습; (직권의) 행사; 실행; (pl.) 의식

ⓔ **exercise** one's veto 거부권을 행사하다
a preliminary **exercise** 예행 연습

ⓓ exercisable a. 행사할 수 있는, 실행할 수 있는
exercitation n. (능력 등의) 행사, 발휘; 훈련; 참배

syn 훈련 = exercise; training; practice; drill; discipline
cf. **exorcise, exorcize** v. (귀신을) 내쫓다; ~을 몰아내다

---

in(=into안으로)+cise(=cut(파서) 새기다)

incise
[insáiz]

*incisor n. 앞니
(front tooth;
foretooth)

v. 새기다, 조각하다(carve; engrave; etch); 베다, 째다

ⓔ be **incised** with a phoenix 불사조가 새겨져 있다
incise the affected part 환부를 절개하다

ⓓ incised a. 벤; 새긴 자국이 있는
incisive a. 예리한(sharp), 날카로운; 통렬한; 명민한
incision n. 벤 상처(gash); 새긴 자국(notch); 〈의학〉 절개

syn 조각하다 = incise; sculpture; carve; engrave; etch

---

pre(=before미리 (정확하게))+cise(=cut잘라낸)

precise
[prisáis]

a. 정확한, 정밀한; 명확한(definite); 꼼꼼한(meticulous)

ⓔ **precise** figures[instruments]
정확한 숫자[정밀 기계]

ⓓ precisely ad. 정확히; 명확히; 〈대답〉 바로 그렇소
precision n. 정밀, 정확(accuracy); 엄격 a. 정확한, 정밀한
*as precisely as a square 자로 잰 것처럼

syn 정확한 = precise; accurate; exact; correct

---

circumcise	⋯→	concise	⋯→	excise
할례를 베풀다		간결한		삭제하다

exercise	⋯→	incise	⋯→	precise
운동시키다		새기다		정확한, 정밀한

370

cit(e)

call : 부르다, 불러내다
arouse : ~을 불러 일으키다

cite(=call부르다)의 뜻에서

cite

[sait]

v. 인용하다(quote); (사례를) 들다(mention); 소환하다

예 **cite a precedent[a reason, an example]**
판례를 인용하다[이유[예]를 들다]

파 citation *n.* 인용, 예시; 표창장, 감사장; 소환장

syn 소환하다 = cite; summon; subpoena

ex(=out밖으로)+cite(=call(감정을) 불러내다)

excite

[iksáit]

v. 흥분시키다; 자극하다(stimulate); (감정을) 일으키다

예 **excite curiosity[public opinion]**
호기심을 자극하다[여론을 들끓게 하다]

*exciter *n.* 흥분제
(stimulant)

파 excited *a.* 흥분한 exciting *a.* 흥분시키는
excitement *n.* 흥분, 자극(agitation)

syn 흥분시키다 = excite; stimulate; stir up

in(=in(마음) 속에)+cite(=arouse(감정을) 불러일으키다)

incite

[insáit]

v. 자극하다; 고무하다, 격려하다; 선동하다

예 **incite anger[the gambling spirit]**
분노를 일게 하다[사행심을 조장하다]

파 incitation *n.* 자극, 선동 incitement *n.* 자극, 선동

syn 고무하다 = incite; encourage; inspire; inspirit;
stimulate; arouse

re(=again거듭해서, 자꾸)+cite(=call부르다)

recite

[risáit]

v. 암송하다, 낭독하다; (자세히) 이야기하다

예 **recite a poem** 시를 낭송하다

파 recital *n.* 독주회; 낭송 recitation *n.* 암송, 낭송; 설명

syn 낭독하다 = recite; declaim; read loud

Study **23**

claim

claim : 크게 외치다, 소리치다, 큰소리로 부르다

claim(=cry소리치다, 부르짖다)의 뜻에서

claim
[kleim]

v. 요구하다, 청구하다; 주장하다 *n.* 요구, (배상의) 청구

- **claim** damages 손해배상을 요구하다
  allow a **claim** 요구를 인정하다
- claimant *n.* (권리의) 요구자, 청구인;
  (배상 등의) 원고(plaintiff)
- *syn* 요구하다 = claim; demand; request;
  make a demand; call for

ac(<ad-=toward~을 향해)+claim(=cry소리치다)

acclaim
[əkléim]

v. 환호하다; 갈채를 보내다; 호평 받다 *n.* 갈채, 환호, 호평

- **acclaim** win wide **acclaim** among critics
  비평가들 사이에서 크게 호평 받다
- acclamation *n.* 대 갈채, 환호; 발성 투표
- *syn* 환호하다 = acclaim; cheer; hurrah; shout for joy
  *give a standing ovation 기립박수를 치다

counter(=against~에 반대하여)+claim(고소하다, 요구하다)

counterclaim
[kàuntərkléim]
[káuntərklèim] *n.*

v. ~에 반소하다; 반소하여 청구하다 *n.* 반대 요구; 반소

- plead a **counterclaim** against a plaintiff
  원고에게 반소를 제기하다
- counterclaimant *n.* 반소자; 반대 요구인
- *syn* 반소하다 = counterclaim; countercharge;
  bring a cross action

de(=completely완전히)+claim(=cry큰 소리로 부르다)

declaim
[dikléim]

v. 낭독하다; 연설하다; 열변을 토하다; 격렬하게 비난하다

㉠ **declaim** epic[lyric] poems
서사시[서정시]를 낭독하다

㉤ declamation *n.* 낭독; 열변 declamatory *a.* 연설투의

syn 비난하다 = declaim; criticize; denounce; decry;
blame; reproach

dis(=not안)+claim((권리로서) 요구하다) → 권리를 안 요구하다

disclaim
[diskléim]

v. (권리를) 포기하다; (책임을) 부인하다; 거부하다

㉠ **disclaim** all rights to the house
그 집에 대한 모든 권리를 포기하다

㉤ disclamation *n.* 부인; (권리 등의) 포기; (요구 등의) 거부

syn 포기하다 = disclaim; abandon; renounce; waive;
surrender; give up

ex(=out밖으로)+claim(=cry크게 소리치다)

exclaim
[ikskléim]

v. (감탄적으로) 외치다; 큰 소리로 말하다; 절규하다

㉠ **exclaim** in shock[delight]
충격에 휩싸여[기뻐서] 소리치다

㉤ exclamation *n.* 외침, 절규; 외치는 소리; 감탄의 말

syn 절규하다 = exclaim; shout; scream; ejaculate;
cry out

pro(=forth앞으로)+claim(=cry외치다)

proclaim
[proukléim]

v. 선언하다; 포고하다, 성명하다; (공공연히) 나타내다

㉠ **proclaim**[lift] martial law 계엄령을 선포[해제]하다

㉤ proclamation *n.* 선언, 포고; 선언서, 성명서
*a **proclamation**[declaration] of war 선전포고

syn 선언하다 = proclaim; pronounce; declare;
announce; profess

re(=again다시 (잘 이용하자고))+claim(=cry외치다)

reclaim
[rikléim]

v. 개심시키다; 재생이용하다; 개간[간척, 매립]하다

n. 교정, 교화; (폐물의) 재생이용; 개간, 개척, 매립

- **예** **reclaim** iron from scrap
  고철에서 철을 재생이용하다
- **파** reclamation *n.* 개간; 간척; 매립; 갱생, 교화; 재생(이용)
- *syn* 재생이용하다 = reclaim; recycle
  *a reclaimed land 매립지

clam(or)(=cry크게 소리치다)+ous(는)

clamorous
[klǽmərəs]

a. 시끄러운, 소란스러운, 떠들썩한

- **예** a **clamorous** noise[protest]
  시끄러운 소리[떠들썩한 항의]
- **파** clamor *a.* 외치는 소리; (여론의) 아우성 소리
  v. 시끄럽게 요구하다
- *syn* 시끄러운 = clamorous; vociferous; boisterous;
  uproarious; loud; noisy

acclaim	⟶	counterclaim	⟶	declaim	⟶	disclaim
환호하다		반소하다		맹비난하다		포기하다

exclaim	⟶	proclaim	⟶	reclaim	⟶	clamorous
크게 외치다		선언하다		개간하다		소란스러운

374

clin(e)

bend : 구부리다, 구부러지다
slope : 경사지다

de(=down(고개를) 아래로)+cline(=bend구부리다)

decline

[dikláin]

v. 거절하다; 기울다; 쇠퇴하다(deteriorate)

n. 쇠퇴, 저하; 내리막 경사; (인생의) 만년, 황혼; 폐병

🔑 decline with thanks 좋은 말로 거절하다
  a sharp decline in prices 물가의 폭락

🔗 declination *n.* 경사; 쇠퇴; (정중한) 거절; 정식사퇴

syn 거절하다 = decline; refuse; reject; rebuff; deny

in(=toward(하고 싶어 마음을) ~쪽으로)+cline(=bend구부리다)

incline

[inkláin]

v. ~하고 싶어지게 하다; ~하는 경향이 있다; 기울다

n. 경사(slant; slope); 기울기; 비탈(길)

🔑 incline toward conservatism 보수적인 경향이다

*a steep incline
가파른 경사면

🔗 inclined *a.* ~할 마음이 내키는(disposed); ~하는 경향의
  inclination *n.* 경향(tendency), 성향; 기호; 경사(slant)

*propensity *n.* 성향

syn 경향 = inclination, tendency, trend; disposition

clin(=bend구부리다)의 뜻에서

clinch

[klintʃ]

v. 두드려 구부리다; 단단히 고정시키다; 결말을 내다

n. 못 끝을 두드려 구부림; 〈권투〉 클린치; 포옹

cf. clench
  v. (주먹 등을)
  꽉 쥐다;
  (이를) 악물다

🔑 clinch a heated controversy 열띤 논의를 결말짓다
  be locked in a tight clinch 뜨겁게 포옹하고 있다

🔗 clincher *n.* 결정적 수단, 결정적 요인; 구부려 박는 도구

syn 물건을 구부리다 = bend; crook; curve; twist

decline	⋯⋙	incline	⋯⋙	clinch
거절하다		~하고 싶어지게 하다		두드려 구부리다

clos(e)

close : 닫다, 덮다, 막다

close(=shut닫다)

close

[klouz]
[klous] *a. ad.*

cf. **closet** *n.* 헛간;
벽장; 찬장; 사실
*of the closet
공리공론의,
실제적 지식이 없는

v. 닫다, 폐쇄하다(shut); 끝내다, 끝맺다(discontinue)

a. 가까운; 밀집한; 엄밀한; 닫힌 *ad.* 가까이에; 친밀하게

예 a **close** friend[copy] 친한 친구[정밀한 사본]
a **close** call[shave; thing] 구사일생

파 closely *ad.* 조밀하게, 꽉, 단단히; 가까이; 세심하게
closed *a.* 밀폐한, 닫힌; 비공개의, 비밀의; 금지의
closing *n.* 종결; 폐쇄; 〈회계〉결산, 〈증권〉종장 시세
closure *n.* 종지, 종결(conclusion); 종료, 끝(end)

syn 끝내다 = close; end; finish; discontinue; conclude;
get through; wind up

dis(반대로)+close(닫다) → 닫은 것을 벗기다

disclose

[disklóuz]

*betray *v.* 누설하다

v. (숨은 것을) 드러내다, 밝혀내다; 알리다(reveal)

예 **disclose** the real facts of the case
사건의 진상을 밝히다

파 disclosure *n.* 발각, 탄로; 폭로, 적발; 발표

syn 드러내다 = disclose; expose; reveal; show; bare

en(=in안을)+close((빙 둘러) 닫다, 막다)

enclose

[enklóuz]

v. 둘러싸다, 에워싸다(surround); (용기에) 넣다, 동봉하다

예 **enclose** a check with a letter
편지에 수표를 동봉하다

파 enclosure *n.* 둘러싸기, 포위; 구내; 울타리

syn 끼워 넣다 = insert; stuff; put in; set in; squeeze into

close	⋯→	disclose	⋯→	enclose
닫다, 끝내다		드러내다		둘러싸다

root 25

clud(e)

shut : 닫다, 잠그다, 가두다

---

con(=completely완전히)+clude(=shut닫다)

conclude

[kənklúːd]

v. (~을) 끝내다, 결말짓다; (최종) 결심하다; 체결하다

예 **conclude** with uncertainty 불확실하게 끝을 맺다

conclude a nonaggression pact
불가침 조약을 맺다

*make up one's
mind 결심하다

파 conclusion *n.* 종결, 결말; (최후) 결정(decision)
conclusive *a.* 결정적인(decisive), 종국의(final)
conclusively *ad.* 최종적으로(finally; once and for all)

syn 결심하다 = conclude; resolve; determine

---

ex(=out밖으로 (빼내고))+clude(=shut닫다)

exclude

[iksklúːd]

v. 제외하다, 배제하다; 차단하다; 몰아내다, 제명하다

예 **exclude** the air 공기를 차단하다

exclude the possibility of doubt
의문의 여지를 없애다

파 exclusion *n.* 제외 exclusive *a.* 배타적인, 독점적인
exclusively *ad.* 오로지, 독점적으로(solely)

syn 배제하다 = exclude; remove; oust; foreclose;
eliminate; shut out; rule out

---

in(=in안에)+clude(=shut가두다)

include

[inklúːd]

v. 포함하다, 포괄하다(enclose); 포함시키다

예 **include** all meals and round-trip air
모든 식비와 왕복 항공료를 포함하다

*all charges
included
비용 일체를 포함하여

파 inclusion *n.* 포함(물), 함유(물)(↔ exclusion 제외, 배제)
inclusive *a.* 포함한(including), 포괄적인(↔ exclusive)
inclusively *ad.* 총괄적으로, 포함하여(↔ exclusively)

syn 포함하다 = include; contain; comprehend;
comprise; cover; embrace; implicate(연루시키다)

377

oc(<ob-=against~에 대하여)+clude(=shut닫다)

occlude
[əklúːd]

v. (통로, 구멍을) 막다(block); 차단하다, 가두어 넣다

예 occlude the aperture[passage] 틈을[통로를] 막다

파 occlusion *n.* 폐색, (윗니와 아랫니의) 교합

syn 차단하다 = occlude; block; intercept; check; stop

pre(=before미리 (못 들어오게))+clude(=shut닫다)

preclude
[priklúːd]

v. 배제하다, 제외하다(exclude); 불가능하게 하다

예 be **precluded** from the meeting 모임에서 제외되다
preclude the gathering 집회를 불가능하게 하다

파 preclusion *n.* 배제, 제외; 방지, 저지(prevention)
preclusive *a.* 배제하는, 제외하는; 방해하는

syn 방해하다 = preclude; hinder; prevent; obstruct;
disturb; interrupt

se(=apart따로 떼어 놓고)+clude(=shut닫다)

seclude
[siklúːd]

v. 떼어놓다, 격리하다; 은둔시키다(sequester)

예 seclude a problem student from his friends
문제 학생을 친구들에게서 떼어놓다
seclude oneself from society for several years
수년 동안 사회에서 은둔하다

파 seclusion *n.* 격리, 차단; 은퇴, 은둔; 외딴 곳
secluded *a.* 격리된; 외딴, 한적한, 후미진(retired)

syn 떼어놓다 = seclude; isolate; separate; set apart

conclude	⋯▸	exclude	⋯▸	include
결말짓다		제외하다		포함하다

occlude	⋯▸	preclude	⋯▸	seclude
(구멍을) 막다		배제하다		격리하다

cord

heart : 마음, 심정

---

ac(<ad–=to~에)+cord(=heart마음(을 합치시키다))

accord
[əkɔ́ːrd]

v. 일치하다, 조화하다; 주다(grant; give)

n. 일치, 조화(concord); (외교) 협정(agreement)

⬚ accord the treatment of a national guest
국빈대우를 하다

*in accordance
with ~ ~와 일치하여

with one **accord** 만장일치로(unanimously)

⬚ accordant *a.* 일치하는(agreeing), 맞는, 합당한
accordance *n.* 일치(agreement), 합치

syn 일치하다 = accord; agree; correspond; harmonize

---

con(=together서로 같은)+cord(=heart마음임)

concord
[kánkɔːrd]

n. 일치, 조화; 협약, 협정; (국가 간의) 우호관계

⬚ family concord 집안의 화목

solve the problem in **concord** with each other
서로 화합하여 문제를 풀다

*in concord with ~
~와 화합[조화]하여

⬚ concordant *a.* 일치한, 합치한; 조화된(harmonious)
concordance *n.* 일치(agreement); 조화(harmony)

syn 협정, 협약 = concord; accord; agreement;
convention; pact; treaty; arrangement

---

dis(=not안)+cord(=heart(같은) 마음)

discord
[dískɔːrd]

n. 불일치, 불화(disagreement); 다툼; 불협화음

⬚ be in **discord** with actual circumstances
실상과 다르다 *family discord 가정불화

an apple of **discord** 분쟁의 씨(dragon's teeth)

*a marital discord
부부간의 불화

⬚ discordance *n.* 불일치; 불화, 알력(conflict)
discordant *a.* 일치하지 않는, 잘 맞지 않는; 귀에 거슬리는

syn 불일치 = discord; discordance; disagreement;
disparity; dissonance; disharmony

379

re(=again다시)+cord(=heart마음(에 새기다))

record

[rikɔ́ːrd]
[rékərd] *n.*

*off-the-record
a., ad. 비공개의[로];
비공식의[으로]; 기록
에 남기지 않고

v. 기록하다, 적어두다; 녹음하다; 등록하다(register)

n. 기록, 등록; 경력, 이력; 전과; 음반; 증언

⑩ record one's new songs on a record[disk]
신곡을 취입하다

better[establish] a new world record
세계신기록을 갱신하다[수립하다]

a criminal record[a previous conviction] 전과

⑩ recorder *n.* 기록 담당자; 자동 기록기
recording *n.* 기록[등록]하기; 녹음(하기) *a.* 기록하는

syn 등록하다 = record; register; enroll; put on record

cord(=heart마음(으로부터))+ial(의)

cordial

[kɔ́ːrdʒəl]

umbilical a. 배꼽의;
밀접한 관계의(closely
connected)

a. 진심의; 우정이 담긴(friendly) *n.* 강장용 음료

⑩ a cordial welcome 따뜻한 환영

⑩ cordially *ad.* 마음속으로부터, 진심으로(heartily)
cordiality *n.* 진정, 진심; 성실(sincerity)

syn 진심의 = cordial; hearty; heartfelt; sincere

cf. **cord** *n.* 끈, 밧줄   the spinal cord 척추
the umbilical cord 탯줄

accord	⟶	concord	⟶	discord	⟶	record	⟶	cordial
일치하다		일치		불일치		기록, 경력		진심의

cosmo

universe : 우주
world : 세계

cosmos(=universe우주; order질서)

cosmos

[kάzməs]

*cosmogony
n. 우주기원론

n. (정연한 질서로서의) 우주; 조화된 체계; 질서, 조화

예 **macrocosmos** and **microcosmos**
　　대우주와 소우주(macrocosm and microcosm)

파 cosmic *a.* 우주의; 광대무변의(vast; grandiose); 보편적인
　　cosmically *ad.* 우주 법칙에 따라서; 대규모로, 무한히
　　cosmology *n.* 우주론　cosmism *n.* 우주진화론

syn 질서 = cosmos; order; discipline(규율); system(체계)

ant 혼돈, 무질서 = chaos; disorder; confusion; anarchy
　　　　　　　(정치·사회적 혼란); anomie(도덕적 무질서)

cf. **cosmetic** *n.* 화장품
　　　　　　 a. 수박 겉핥기의(shallow; superficial)

cosmos(universe우주)+logy(science론, 학)

cosmology

[kɑzmάlədʒi]

n. 〈철학, 천문〉 우주론(통일적 조직체로서 우주를 다룸)

예 formulate **cosmology** 우주론의 체계를 세우다

파 cosmological *a.* 우주론의; 우주 철학의
　　cosmologist *n.* 우주론자

syn 우주 = cosmos; universe; space; outer space

cosmo(=universe우주)+naut(=sailor항해사)

cosmonaut

[kάzmənɔ̀:t]

n. (특히 러시아의) 우주 비행사(astronaut)

예 a veteran Russian **cosmonaut** and flight
　　attendants 노련한 러시아 우주비행사와 승무원들

파 cosmonette *n.* 여성 우주 비행사(astronautess)

syn 비행사 = pilot; airman; flier; flyer; aviator; aviatrix

cf. **cosmodrome** *n.* 러시아의 인공위성·우주선의 발사기지

381

cosmopolitan(국제적인)+metropolis(대도시)

cosmopolis
[kɑzmápəlis]

n. 국제적인 대도시

예 make a strategic foothold of the **cosmopolis**
그 국제적인 대도시를 전략 거점으로 삼다

syn 도시 = city; town; metropolis; megalopolis
cf. **megalopolis** *n.* 거대도시(권)(몇 개의 대도시와 그 주변)
metropolis *n.* 주요도시, 중심도시; 중심지; 수도
acropolis *n.* 성채(citadel); (the A-) 아크로폴리스
necropolis *n.* (고대의) 매장 유적; 대규모의 공동묘지

cosmo(=world세계)+politan(=citizen시민)

cosmopolitan
[kɑ̀zməpálətən]

a. 전 세계의, 국제적인; 세계주의의; 국제적 사고의

n. 세계인(cosmopolite), 세계주의자(internationalist)

예 a **cosmopolitan** ideal[outlook]
세계주의적 이상[견해, 감각]

a highly **cosmopolitan** city 고도로 국제적인 도시

파 cosmopolitanism *n.* 세계주의, 사해동포주의
cosmopolite *n.* 사해동포주의자; 전 세계 분포 동식물

syn 국제적인 = cosmopolitan; international; universal

cosmos	···→	cosmology	···→	cosmonaut
우주, 질서		우주론		우주 비행사
cosmopolis		···→	cosmopolitan	
국제적인 대도시			세계인	

382

courage

courage : 용기
***cour = heart : 마음**

courage(=bravery용기)

courage

[kə́:ridʒ]

***Dutch courage**
술김에 내는 용기

n. 용기, 담력, 담대(bravery; pluck)

📘 lose **courage** 낙담하다
have the **courage** to V V할 용기가 있다

📗 courageous *a.* 용기 있는, 용감한(valiant), 대담한(bold)
courageously *ad.* 용기 있게, 대담하게(bravely, valiantly)

syn 용기, 담력 = courage; bravery; pluck; prowess;
valor; boldness

dis(=not무(無))+courage(용기) → 용기를 없애다

discourage

[diskə́:ridʒ]

v. 용기를 잃게 하다, 낙담시키다; 단념시키다(deter)

📘 **discourage** one's daughter from travelling
alone 딸이 혼자서 여행하는 것을 단념시키다

📗 discouragement *n.* 실의, 낙담(depression); 지장, 방해
discouraging *a.* 낙담시키는, 기를 꺾는(disheartening)

syn 용기를 잃게 하다 = discourage; dishearten; deject;
depress; unnerve

en(=make)+courage(용기) → 용기를 만들어 주다

encourage

[enkə́:ridʒ]

v. 용기를 북돋우다; 격려하다; 장려하다; 촉진하다

📘 **encourage** a student to study hard
학생을 격려하여 열심히 공부하게 하다

📗 encouragement *n.* 격려
encouraging *a.* 장려하는, 격려하는

syn 용기를 북돋우다 = encourage; hearten; cheer up

courage	⋯▸	discourage	⋯▸	encourage
용기, 담력		용기를 잃게 하다		용기를 북돋우다

cour

run : 달리다, 흐르다   *cour=cur

course(=run달리다, 달리기)의 뜻에서

course

[kɔːrs]

n. 진행, 진로, 방향; 추이; 과정, 방침; 강좌; (식사의) 일품

v. 진로를 따라 나아가다; 뒤쫓다; 추적하다

*in due course of
  time 때가 되면
*a four-course
  dinner
  4품 요리 식사

💬 leave a thing to take its own **course**
될 대로 되게 내버려두다
pay sharp attention to the **course** of events
사태의 추이를 예의 주시하다
a **course** of study[action] 학습과정[행동방침]
institute a new **course** 새로운 강좌를 실시하다

syn 진행 = course; progress; advance

con(=together함께)+course(=run달림)

concourse

[kánkɔːrs]

n. (하천 등의) 합류, 집합; 중앙홀[광장]; 가로수길

💬 the main **concourse** at Seoul Station
서울역 중앙 홀
the pedestrian **concourse** 보행자 길

syn 광장 = square; plaza; circus; agora
    *agoraphobia 광장공포증

cf. **concours** *n.* 콩쿠르, 경연(competition), 경기(contest)

dis(=away멀리)+course(=run(이야기를) 하러 달려감)의 뜻에서

discourse

[dískɔːrs]

n. 담화, 강연; 이야기; 설교(sermon); 논문(dissertation)

v. 이야기하다, 담화하다(converse); 논하다; 강연하다

💬 an instructive[a tedious] **discourse**
교육적인[따분한] 강연
discourse on the nature of culture
문화의 본질에 대해 강연하다

syn 강연 = discourse; talk; speech; lecture(강의)

inter(=between서로 사이에)+course(=run이어지는 것)

intercourse
[íntərkɔ̀ːrs]

n. 교제; (사상 등의) 교환; 통상; 성교(sexual intercourse)

例 develop the cultural **intercourse** between the
two nations 양국 간의 문화교류를 확대하다
diplomatic[social, sexual] **intercourse**
외교[사교, 성교]

syn 교제 = intercourse; association; company;
acquaintance

---

re(=back(기대려고) 뒤로)+course(=run달려감)

recourse
[ríːkɔːrs]

n. (~에) 의지, 의지하기; 의지가 되는 것; 〈법〉 상환청구권

例 without **recource** to litigation
소송에 기대지 않고, 소송 없이

*without recourse
to ~ ~을 의지하지 않
고, ~없이

*have **recourse** to ~
~에 의지하다; ~을 수단으로 사용하다

syn 의지 = recourse; resort; prop(버팀목); support(원조)

---

course ⋯▸ concourse ⋯▸ discourse ⋯▸ intercourse ⋯▸ recourse
진행, 과정   합류, 중앙홀   담화, 강연   교제, 교환   의지(하기)

cracy

government : 정치; 통치(rule)

---

aristo(=best최상의 (사람들에 의한))+cracy(=government정치)

aristocracy

[æ̀rəstákrəsi]

n. 귀족정치; (the a-) 귀족계급; 상류사회; 특권계급

- the **aristocracy** of wealth in the world
  세계의 손꼽히는 부호들

- aristocrat *n.* 귀족(nobleman); 일류 문화인[지식인]
  aristocratic *a.* 귀족정치의; 귀족의, 상류계급의

- *syn* 귀족계급 = the aristocracy[nobility, peerage]

---

auto(=self(통치자) 독단의)+cracy(=government정치)

autocracy

[ɔːtákrəsi]

n. 독재정치, 전제정치; 독재정부; 독재권

- be discontented with **autocracy**
  독재정치에 불만을 가지다

- autocrat *n.* 독재군주, 전제군주(dictator); 독재자
  autocratic *a.* 독재적인, 전제의(dictatorial)

- *syn* 독재 = autocracy; despotism; dictatorship;
  absolute rule

---

bureau(관료[관리](에 의한))+cracy(=government정치)

bureaucracy

[bjuərákrəsi]

n. 관료정치[주의, 사회]; 관료(officialdom); 번거로운 절차

- the **bureaucracy** surrounding getting a visa
  비자 발급을 둘러싼 번거로운 절차

- bureaucrat *n.* 관료주의자; 관료
  bureaucratic *a.* 관료적인, (관료적으로) 절차가 복잡한

- *syn* 관료주의 = bureaucracy; bureaucratism;
  officialdom; officialism

- *cf.* red-tape *a.* 관청식의, 관료적 형식주의의
  red-tape formalities 번거로운 절차
  *a **red-tape** mind 규칙만 내세우는 융통성 없는 사고방식

demo(=people국민(에 의한))+cracy(=government정치)

democracy

[dimákrəsi]

n. 민주정치; 민주주의 국가; 민중; (D–) (美) 민주당

- **예** liberal[national, parliamentary] **democracy**
  자유[민족적, 의회] 민주주의

- **파** democrat *n.* 민주정체론자, 민주주의자; (D–) (美) 민주당원
  democratic *a.* 민주정치의, 민주주의의; 평민적인
  democratize *v.* 민주화하다
  democratization *n.* 민주화

- *syn* 민중 = the democracy; the people; the populace;
  the multitude; the masses; the grassroots

- *cf.* **demagogy** *n.* 선동(demagoguery)
  demography *n.* 인구통계학

geronto(=old man노인)+cracy(=government정치)

gerontocracy

[dʒèrəntάkrəsi]

n. 노인정치, 장로정치; 노인지배; 노인사회

- **예** go from conservative to liberal,
  from **gerontocracy** to youth culture 보수에서
  자유로, 노인사회에서 젊은이의 문화로 흘러가다

- **파** gerontocratic *a.* 노인정치의, 노인정부의

- *syn* 노인 = old man; aged man; senior citizen;
  graybeard; 〈집합적〉 the old; the aged;
  old folks; the elderly

gyneco(=woman여성(에 의한))+cracy(=government정치)

gynecocracy

[gàinikάkrəsi]

n. 여인정치; (경멸적으로) 여성천하

- **예** make cynical remarks on **gynecocracy**
  여인정치에 대해 비꼬아 말하다

- **파** gynecocrat *n.* 여인정치론자
  gynecocratic *a.* 여인정치의

- *syn* 정치 = politics; political affairs; government

- *cf.* **gynecology** *n.* 부인과 의학
  obstetrics *n.* 산과학, 산파술(midwifery)

merito(=merit공과(에 의해))+cracy(=rule지배되는 사회)

meritocracy
n. 능력주의사회, 실력사회; 엘리트교육제도; 엘리트들

[mèritákrəsi]

🔘 claim to stand for **meritocracy**
능력주의사회를 표방하다

🔘 meritocrat *n.* 엘리트; (문벌 아닌) 실력으로 올라온 사람

syn 능력 = ability; capability; competence; faculty;
power; capacity(성능)

cf. **merit system** 실적제, 능력제 **merit rating** 인사고과

---

mobo(=mob폭도(들이 하는))+cracy(=government정치)

mobocracy
n. 폭민정치(← 민주정치를 나쁘게 일컫는 말); 중우정치

[mɑbákrəsi]

cf. ochlocracy
  n. 폭민정치,
  중우정치

🔘 a safety valve against **mobocracy**
폭민정치를 막는 안전판

syn 폭도 = mob; mobster; rioter; insurgent; mutineer

cf. **mob** *n.* 폭도; 하층민; 패거리; (the M−) 마피아
  nepotism *n.* 친족등용, 족벌정치
  nepotic *a.* 연고자 등용의

---

pluto(=wealth돈(으로 하는))+cracy(=government정치)

plutocracy
n. (이권과 강하게 결부되어 이루어지는) 금권정치

[plu:tákrəsi]

🔘 put an end to **plutocracy** 금권정치를 종식시키다

🔘 plutocrat *n.* 금권주의자; 부호
  plutocratic *a.* 금권정치의, 재벌의

syn 부 = wealth; riches; fortune; opulence; mammon

cf. **tycoon** 실업계의 거물 **upstart** 벼락부자(parvenu), 졸부

---

techno(=art기술 (중심의))+cracy(=rule지배)

technocracy
n. 기술자 지배[정치]; 기술자주의; 기술주의 국가

[teknákrəsi]

🔘 a blind spot of **technocracy** 기술자 정치의 맹점

🔘 technocrat *n.* 기술자 출신의 고급 관료; 전문기술자

syn 기술자 = technician; engineer; expert, specialist

388

theo(=god신(의 대리자가 하는))+cracy(=government정치)

theocracy

[θiːákrəsi]

n. 신권정치; 신정국가

- **㉠** found[overthrow] a **theocracy**
  신정국가를 세우다[전복시키다]

- **㉤** theocrat *n.* 신권정치가 theocratic *a.* 신정의

- *syn* 신 = God; the Almighty; the Divinity; the Creator
  *monarchy *n.* 전제정치, 군주제

---

thalasso(sea바다의)+cracy(=rule지배)

thalassocracy

[θǽləsákrəsi]

n. 제해권

*pelagic fishery
원양어업

- **㉠** secure the **thalassocracy** of the Pacific Ocean
  태평양의 제해권을 잡다

- **㉤** **thalassic** *a.* 해양의; 연안의, 내해의

- *syn* 제해권 = thalassocracy; naval supremacy;
  the command of the sea

- *cf.* **pelagic** *a.* 원양의, 심해의 [pelag : sea]
  archipelago *n.* 군도, 다도해

VOCA TIP

1. **archy** = government(정치, 정부)
   <u>an</u>archy 무정부(상태)   <u>olig</u>archy 과두정치   <u>poly</u>archy 다두정치
   without   few   many

2. "**-cracy** ~정치
   ⇒ **-crat** ~주의자
   ⇒ **-cratic/-cratical** ~주의의"로 규칙변화 합니다.

craft

craft : 기능, 특수기술, 항공기

craft(=skill기술; aircraft비행기)의 뜻에서

craft
[kræft]

n. 특수기술, 기교; (수)공예; 동업조합; 교활; 비행기

🔵 metal **craft** 금속공예   by **craft** 술책으로

🔴 crafty *a.* 교활한(sly; cunning)
craftsman *n.* 숙련공, 장인(artisan)
craftily *ad.* 교활하게(cunningly; slyly; wilily)

syn 수공업 = craft; handicraft (manufacturing);
manual industry

air(하늘(을 나는))+craft(비행기)

aircraft
[ɛ́ərkræft]

n. 항공기(비행기, 비행선, 헬리콥터 등의 총칭)

🔵 an unidentified **aircraft** 미확인 항공기

syn 항공기 = aircraft; airplane;
spaceship, spacecraft(우주선)

cf. **aviation** *n.* 비행(술), 항공(술)

camp(야영장, 캠프장)+craft(기술)

campcraft
[kǽmpkræft]

n. 야영술, 캠프법

🔵 achieve a complete mastery of **campcraft**
야영술을 완전히 습득하다

syn 야영 = camping; camp-out; encampment; bivouac

hand(손)+craft(기술)

handicraft
[hǽndikræft]

n. 손재주(manual skill); (*pl.*) 수공예, 수예(품)

🔵 exhibit artistic **handicrafts** 수공예품을 전시하다

🔴 handicraftsman *n.* 수공업자, 수공예자, 수예가

syn 재주 = talent, gifts(재능); skill, dexterity(솜씨);
endowment(천부의 재능)

kingcraft

[kíŋkræft]

n. (왕의) 통치술, 왕도(王道), 치국책

⬛ extoll his **kingcraft** 그의 통치수완을 칭송하다

syn 통치 = rule; reign; government; trusteeship(신탁통치)

space(우주)+craft(항공기)

spacecraft

[spéiskræft]

n. 우주선(spaceship) *cf.* space shuttle 우주 왕복선

⬛ an unmanned **spacecraft** 무인 우주선

syn 탈것 = vehicle(육상의 ~); vessel(해상의 ~);
aircraft(공중의 ~), spacecraft(우주의 ~)

stage(연극(연출))+craft(기술)

stagecraft

[stéidʒkræft]

n. 극작법; 연출법; 각색법

⬛ put the play on the stage with one's own
stagecraft
자신만의 연출법으로 연극을 무대에 올리다

syn 연출 = production; direction; presentation(상연, 공연)

state(국가(를 운영하는))+craft(기술)

statecraft

[stéitkræft]

n. 정치술, 정치적 수완; 국정 운영의 기술

⬛ be lacking in political **statecraft**
정치적 수완이 부족하다

syn 정치술 = statecraft; statesmanship; political ability

witch(마녀(가 지닌))+craft(기술)

witchcraft

[wítʃkræft]

n. 마술, 마법, 요술; 남을 호리는 힘, 마력(charm)

⬛ learn how to exercise **witchcraft** freely
자유자재로 마법을 구사하는 법을 배우다

syn 마술 = witchcraft; witchery; magic; sorcery

cf. **witch** *n.* 마녀(sorceress); 여자 마법사
wizard *n.* 남자 마법사(sorcerer)

391

Study **24**

root 32

cred(it)

credit : 믿음, 신뢰
believe : 믿다

---

credit(=belief신용)

credit

[krédit]

n. 신용; 명성, 신망; 명예; 외상, 신용대부; 이수 학점

v. 신용하다(believe); ~에 돌리다; 학점을 주다

- ⓔ gain[lose] one's **credit** 신용을 얻다[잃다]

*on credit
=on the cuff
외상으로

- ⓓ creditable *a.* 칭찬할 만한(laudable); 명예가 되는; 훌륭한
- *cf.* **credible** *a.* 신뢰할 수 있는(↔ **incredible** 믿어지지 않는)
- *syn* 신용, 신뢰 = credit; credence; confidence; trust;
            faith; reliance; belief

---

ac(<ad-=to~에 대해)+credit(신용하다)

accredit

[əkrédit]

v. 신용하다; 신임장을 주어 파견하다; ~에게 돌리다

- ⓔ **accredit** one's success to good luck
        자신의 성공을 행운으로 돌리다

*accredited milk
품질 보증 우유

- ⓓ accredited *a.* 인정받은; 품질이 인정된; (신앙이) 정통의
- *syn* ~의 탓으로 돌리다 = accredit; attribute; ascribe;
                assign; impute

---

dis(=not안)+credit(신용하다)

discredit

[diskrédit]

v. 신용하지 않다, 의심하다; 신용을 손상하다

n. 의심, 의혹(disbelief; doubt); 불명예(disgrace)

*a discredit to our
family 우리 집안의
망신거리

- ⓔ suffer **discredit** for graft 뇌물수수 의혹을 받다
- ⓓ discreditable *a.* 신용을 떨어뜨리는; 불명예스러운
    discreditably *ad.* 남부끄럽게도, 불명예스럽게
- *syn* 의심하다 = discredit; disbelieve; doubt; suspect

cred(=believe(너무) 믿는)+ul+ous(경향인)

credulous
[krédʒələs]

a. 경솔하게[쉽게] 믿어버리는; 쉽사리 잘 속는

📝 be **credulous** and get swindled
쉽사리 믿어 사기를 당하다

📖 credulity *n.* 쉽게 믿어버리는 성질, 경신; 잘 속음

syn 잘 속는 = credulous; gullible; dupable

---

in(=not안)+credulous(믿어버리는)

incredulous
[inkrédʒələs]

a. 쉽게 믿으려 하지 않는, 의심 많은(doubting)

📝 an **incredulous** look[smile]
의심의 눈초리[의심하는 듯한 미소]

📖 incredulity *n.* 잘 믿지 않음; 의심 많음, 불신

syn 의심 많은 = incredulous; distrustful; doubting

---

in(=not안)+cred(=believe믿음)+ible(만한)

incredible
[inkrédəbəl]

a. 믿어지지 않는(unbelievable); 믿어지지 않을 만큼의

cf. **discreditable**
a. 신용을 떨어뜨리는, 망신스러운

📝 an **incredible** story 믿을 수 없는 이야기
an **incredible** amount of money 엄청난 돈
an **incredible** experience[hit]
놀라운 경험[선풍적인 인기]

📖 incredibly *ad.* 믿어지지 않을 정도로; 놀라울 정도로

syn 믿어지지 않는 = incredible; unbelievable; doubtful

---

credit	⋯→	accredit	⋯→	discredit
신용, 외상		신용하다		신용하지 않다

credulous	⋯→	incredulous	⋯→	incredible
쉽게 믿는		의심 많은		믿어지지 않는

cre(ate)

make : 만들다
grow : 자라다

create(=make만들다)의 뜻에서

create

[kriéit]

v. (신이) 창조하다; (자연이) 만들어내다; 야기하다

예 **create** the heavens and the earth 천지를 창조하다
create a sensation[stir] 파문을 일으키다

*stir
n. 혼란, 동요, 자극
v. 휘젓다, 자극하다

파 creation *n.* 창조(물); 생성; 창작, 창안; 창설
creative *a.* 독창적인(originative)
creativity *n.* 창조력 creator *n.* 창조자, 창설자
creature *n.* 창조물; 동물; 사람; 노예
*a creature of circumstances[habit, impulse]
환경[습관, 충동]의 노예

syn 만들다 = create; manufacture; brew(양조하다); coin

pro(=forth앞으로)+create((아이를) 만들어내다)

procreate

[próukrièit]
*birthrate 출산율
maternity leave
출산 휴가

v. (자손을) 낳다; (남자가) 자식을 보다(beget)

예 **procreate** offspring[an heir]
자손을 낳다[후계자를 보다]

파 procreation *n.* 출산(child birth; delivery), 생식
procreative *a.* 출산의, 생식의; 생식력이 있는

syn 낳다 = procreate; bear; have; give birth to; breed

re(=again다시)+create((기운을) 만들어내다)

recreate

[rékrièit]

v. 기운 나게 하다(refresh); 휴양하다; 즐겁게 하다

예 **recreate** oneself after work with waterskiing
일과 후 수상스키를 타며 휴양을 하다

파 recreation *n.* 오락, 놀이, 레크리에이션; 휴양
recreative *a.* 원기를 회복시키는(refreshing); 오락이 되는

syn 즐겁게 하다 = recreate; entertain; please; amuse;
delight

cf. **re-create** *v.* 다시 만들다; 개조하다; 재생하다

de(=down아래로)+crease(=grow자라다)

decrease

[dikríːs]
[díːkriːs] *n.*

v. 감소하다; 줄다 *n.* 감퇴, 감소; 감소액[량]

예 decrease[increase] in quantity 수량이 줄다[늘다]
a **decrease** in quantity 수량의 감소

파 decreasing *a.* 감소하는, 점점 주는
decreasingly *ad.* 차츰 줄어서, 점감적으로

syn 감소하다 = decrease; diminish; drop; dwindle;
lessen; reduce

in(=on~위에 더하여)+crease(=grow자라다)

increase

[inkríːs]
[ínkriːs] *n.*

*increasingly
ad.* 점점 더, 더욱 더

v. 늘다, 증대하다; 늘리다, 증대시키다 *n.* 증가(액)

예 **increase** international competitive power
국제 경쟁력을 증대시키다

a steady **increase** in crime[suicide]
범죄[자살]의 꾸준한 증가

파 increasing *a.* 점점 더 느는; 증대[증가]하는

syn 증가하다 = increase; augment; grow; swell

con(=together함께 (단단하게))+crete(=grow되다)

concrete

[kánkriːt, káŋ-]

v. 굳어지다; 콘크리트로 바르다; 구체화하다(embody)

a. 실재하는; 구체적인; 특수한 *n.* 결합체, 응고물; 콘크리트

예 **concrete** the sidewalk 보도를 콘크리트로 포장하다
give a **concrete** example 구체적인 예를 들다

파 concretely *ad.* 구체적으로(in the concrete)
concretion *n.* 구체화; 응결; 응고물; 〈의학〉 결석(calculus)

syn 굳어지다 = concrete; stiffen; harden; consolidate

create	···▶	procreate	···▶	recreate
야기하다		(자손을) 낳다		기운 나게 하다

decrease	···▶	increase	···▶	concrete
감소하다		증대하다		굳히다, 구체적인

cret(e)

separate : 분리하다
distinguish : 구별하다

dis(=apart따로따로)+crete(=separate분리된)

discrete

[diskrí:t]

a. 분리되어 있는; 별개의; 불연속의 *n.* 부품(parts)

예 the three **discrete** cases 3개의 별개 사건들

파 discretely *ad.* (따로) 떨어져서; 별개로(distinctly)

syn 별개의 = discrete; distinct; different(다른); separate

ex(=out밖으로)+crete(=separate(배설물을) 떼어내 보내다)

excrete

[ikskrí:t]

v. (노폐물을) 배설하다, 배출하다

예 **excrete** the waste products of metabolism
신진대사에 의한 노폐물을 배설하다

*metabolism
n. 신진대사
*excretory organs
배설기관
*dung *n.* (가축의) 똥

파 excretion *n.* 배설, 배설작용; 배설물(excrement)
excretory *n.* 배설의; 배설기능이 있는
excreta *n.* (오줌, 대변, 땀 등의) 노폐물(excretions)
excrement *n.* 배설물; (*pl.*) 대변(feces)

syn 배설하다 = excrete; discharge; evacuate

cf. **execrate** *v.* 저주하다, 악담하다; 혐오하다(abominate)

se(=apart따로 떼어)+crete(=separate분리하다)

secrete

[sikrí:t]

v. 숨기다, 비밀로 하다; 〈생리〉 분비하다

예 **secrete** stolen goods 장물을 감추다
secrete hormones[saliva] 호르몬[타액]을 분비하다

*in secret
=by stealth
=behind the
  curtain 비밀리에

파 secret *n.* 비밀, 기밀; 불가사의, 신비 *a.* 비밀의; 은밀한
secretly *ad.* 비밀리에, 남몰래(stealthily; furtively)
secrecy *n.* 비밀; 비밀 엄수; 비밀주의; 과묵(reticence)
secretion *n.* 숨기기, 은닉; 〈생리〉 분비(작용); 분비물[액]
secretive *a.* 숨기는 경향이 있는; 터놓지 않는, 비밀주의의
secretory *a.* 분비 (작용)의, 분비물의 *n.* 분비기관[선]

syn 숨기다 = secrete; hide; conceal; shelter; harbor

secret(비밀이)+ary(맡겨진 사람)

secretary

[sékrətèri]

n. 비서(관); 서기(관); (회의) 간사; 장관

예 a confidential **secretary** 심복 비서

the **Secretary** of Defense[State, the Treasury]
(미) 국방[국무, 재무] 장관

파 secretarial *a.* 비서의; 서기의; 장관의
secretariat *n.* 사무국, 서기국; (the S-) (유엔) 사무국

syn 비밀의 = secret; private; confidential; classified

dis(=apart따로따로)+creet(=distinguish분리해내는)

discreet

[diskríːt]

a. 신중한; (말, 행위가) 분별 있는; 조심스러운

예 be **discreet** in one's speech and behavior
언행을 삼가다[언행에 신중하다]

파 discreetly *ad.* 신중하게(deliberately; prudently)
discretion *n.* 자유재량; 결정권; 분별; 신중

syn 신중한 = discreet; prudent; circumspect; cautious;
judicious; deliberate

discrete	⋯▸	excrete	⋯▸	secrete	⋯▸	secretary	⋯▸	discreet
별개의		배설하다		숨기다		비서, 서기		신중한

crimin

crime : 죄, 범죄
sift : 체로 쳐서 가려내다

---

crimin(=crime범죄)+al(의)

criminal

[krímənəl]

*a criminal
 operation 낙태 수술
*misdemeanor
 n. 경범죄

a. 범죄의, 형사의; 죄악의(sinful) *n.* 범인, 죄인

ⓔ have a long list of **criminal** acts
온갖 범죄를 저지르다
a habitual **criminal** 상습범(recidivist)

ⓟ criminally *ad.* 형사상; 범죄적으로, 법을 어겨
criminality *n.* 범죄성, 유죄(guiltiness); (*pl.*) 범행
criminalize *v.* ~을 금하다; 유죄로 하다(incriminate)

syn 범죄 = crime; offense; delict; delinquency

---

crimin(=crime죄를)+ate(=make만들다) ⇒ 죄를 씌우다

criminate

[krímənèit]

v. 죄를 씌우다(incriminate; inculpate), 기소하다

ⓔ **criminate** oneself 자신을 유죄로 만들다

ⓟ crimination *n.* 고소(accusation); 격렬한 비난
criminative *a.* 죄를 씌우는; 비난을 담은

syn 기소하다 = criminate; charge; indict; prosecute

---

dis(=apart따로)+crimin(=sift가려)+ate(내다)

discriminate

[diskrímənèit]

v. 구별하다, 분간하다; 차별(대우)하다(segregate)

ⓔ **discriminate** between truth and falsehood
진위를 구별하다
discriminate against race[foreigners]
인종[외국인]을 차별하다

ⓟ discrimination *n.* 구별; (인종[남녀]) 차별; 차별대우
discriminative *a.* 특징적인(distinctive); 차별적인
discriminating *a.* 구별하는; 차별적인

syn 구별하다 = discriminate; distinguish; tell A from B

cf. **indiscriminate** *a.* 무차별의; 난잡한(disorderly; wanton)

in(=in, into~에게)+criminate(죄를 씌우다)

incriminate

[inkrímənèit]

v. 죄를 씌우다; ~의 유죄를 증명하다; 연루시키다

예 a secret document **incremating** a prosecutor
원고에게 죄를 씌우는 비밀문서

incriminate many friendly rivals
많은 선의의 경쟁자들을 말려들게 하다

파 incrimination *n.* 죄를 씌움; 죄의 증명이 되는 것
incriminatory *a.* 죄를 씌우는; 유죄를 증명하는

syn 연루 = implication; involvement; complicity

re(=back되받아)+criminate(비난하다)

recriminate

[rikrímənèit]

v. 되받아 비난하다, 맞비난하다; 맞고소[반소]하다

예 **recriminate** against the counterpart
상대방을 되받아 비난하다

파 recriminative, recriminatory *a.* 되받아 비난하는
recrimination *n.* 맞비난; 맞고소
*mutual recrimination 상호 맞비난

syn 맞고소 = recrimination; counteraction;
counterclaim; cross action

---

criminal ···▶ criminate ···▶ discriminate ···▶ incriminate ···▶ recriminate
범인   죄를 씌우다   구별하다   죄를 씌우다   맞비난하다

cur

run : 달리다; 흐르다(flow)

con(=together함께)+cur(=run달리다, 행해지다)

concur

v. 동시에 일어나다; 같이 작용하다, 협력하다; 일치하다

[kənkə́:r]

- **ⓔ** **concur** with my girlfriend's birthday
  내 여자친구의 생일과 겹치다

- **ⓟ** concurrence *n.* 동시 발생; 동시 작용, 협력; 의견의 일치
  concurrent *a.* 동시에 일어나는; 협력하는; 같은 의견인
  concurrently *ad.* 동시에; 함께, 공동으로

- *syn* 동시에 일어나다 = concur; coincide; synchronize;
  co-occur; accompany

in(=into안으로)+cur(=run달려들다)

incur

v. (손해, 비난 등을) 초래하다, 자초하다, 뒤집어쓰다

[inkə́:r]

cf. incursion
  n. 침입, 침략
  incurrent
  a. (물이) 흘러드는

- **ⓔ** **incur** hatred[ridicule, grudge]
  미움을 자초하다[비웃음[원한]을 사다]
  incur a heavy loss 큰 손실을 입다

- **ⓟ** incurrence *n.* 초래함, 뒤집어 씀

- *syn* 초래하다 = incur; cause; effect; invite; bring about

- *cf.* **incurious** *a.* 무관심한(indifferent); 재미없는(dull)

oc(<ob-=against~에로)+cur(=run달려가다)

occur

v. 일어나다, 발생하다; 출현하다; 마음에 떠오르다

[əkə́:r]

- **ⓔ** **occur** frequently[in succession]
  빈번히[계속해서] 발생하다
  suddenly **occur** to me 내게 문득 생각나다

- **ⓟ** occurrence *n.* 일어남, 발생(happening); 사건(incident)
  occurrent *a.* 현재 일어나고 있는(current); 우연의

- *syn* 발생하다 = occur; happen; appear; arise; originate;
  break out; take place; come into existence[being]

re(=back뒤로)+cur(=run달려가다)

recur

[rikə́:r]

v. 되돌아가다; 재발하다; 다시 떠오르다; ~에 호소하다

- unexpectedly **recur** to one's mind
  문득 마음속에 다시 떠오르다
  recur to arms[violence] 무력[폭력]에 호소하다
- recurrence *n.* (본래의 화제로) 되돌아감; 재발; 회상, 추억
  recurrent *a.* 재발하는; 주기적으로 되풀이되는
- *syn* 재발하다 = recur; return; relapse

cur(r)(=run(지금) 흐르고, 달리고)+ent(있는)

current

[kə́:rənt]

a. 현재의, 지금의; 현행의, 현재 유통하는

n. 흐름(flow); 조류, 기류; 해류; 전류; 경향

- be well-informed of **current** affairs 시사에 밝다
  go with the **current** of the times 시류에 영합하다
- currently *ad.* 일반적으로, 널리; 지금, 목하; 손쉽게
  currency *n.* 통화; (화폐의) 유통, 통용; 유포, 유행
- *syn* 경향 = current; tendency; leaning; drift; trend

cur(=run서둘러)+sory(하는)

cursory

[kə́:rsəri]

a. 서두르는; 마구잡이의; 겉핥기의, 엉성한; 피상적인

- cast a **cursory** glance at 한번 쫙 훑어보다
  a **cursory** investigation 엉성한 수사
- cursorily *ad.* 마구잡이로; 겉핥기로; 피상적으로

*피상적인 = cursory;
shallow; surface;
superficial

- *syn* 마구잡이의 = cursory; random; haphazard;
          unplanned; careless
- *cf.* **cursive** *a.* 초서체의; 필기체의 *n.* 초서체; 필기체 활자

---

concur ⋯▶	incur ⋯▶	occur ⋯▶	recur ⋯▶	cursory
동시에 일어나다	초래하다	발생하다	되돌아가다	서두르는

current ⋯▶	concurrent ⋯▶	incurrent ⋯▶	occurrent ⋯▶	recurrent
현재의	동시에 일어나는	흘러드는	일어나고 있는	재발하는

cur(e)

| cure : 치료하다 |
| care : 돌보다; 근심, 관심사 |

cure(고치다, 치료하다)

cure

[kjuər]

*cureless *a.* 치료법
이 없는, 불치의
(incurable)

v. (병, 환자를) 치료하다; (장애를) 고치다 *n.* 치료, 고침

- be **cured** of cancer[a disease] 암[병]이 낫다
  a spontaneous[psychical] **cure** 자연치유[심리치료]
- curable *a.* 치료가 가능한, 낫는(↔ incurable *a.* 불치의)
  cure-all *n.* 만병통치약, 만능약(panacea; elixir)
- *syn* 치료 = cure; remedy; (medical) treatment; therapy

mani(=hand손)+cure(치료, 교정)

manicure

[mǽnəkjùər]

n. 미조술; 손톱화장 *v.* (손톱) 손질을 하다

- have a **manicure** once a month
  1달에 한 번 매니큐어를 하다
- *syn* 화장 = makeup; toilet; dressing; beauty care

pedi(=foot발)+cure(치료, 교정)

pedicure

[pédikjùər]

*hoof *n.* 발굽

n. 발 치료; 페디큐어(발톱미용술); 발 치료 의사

v. (발의 티눈 등을) 치료하다; (발톱에) 페디큐어를 하다

- the **pedicure** for the corn 티눈 치료
- *syn* 발 = foot; paw(개, 고양이의 ~); arms(오징어의 ~)
- *cf.* **watercure** *n.* 물 치료 요법; 물 먹이는 고문

pro(=before미리)+cure(=care(자신이) 돌보다)

procure

[proukjúər]

v. 획득하다; 조달하다; (매춘부를) 주선하다

- a book difficult to **procure** 구하기가 어려운 책
  procure vegetables 야채를 조달하다
- procurement *n.* 획득(acquirement); 조달(supply)
- *syn* 획득하다 = procure; get; obtain; acquire

se(=apart떨어져서)+cure(=care걱정) → 걱정에서 벗어난

secure

[sikjúər]

*foundation
n. 토대, 기초;
창설; 재단

a. 안전한; 안정된, 걱정 없는; 확실한; (건물 등이) 튼튼한

v. 확보하다; 안전하게 하다; (담보로) 지불보증하다

📗 a secure victory 확실한 승리

secure foodstuffs 식량을 확보하다

📘 securely ad. 안전하게(safely); 확실하게; 단단히
security n. 안전; 경비, 보안; 안보; 보증; (pl.) 유가증권

syn 안전한 = secure; safe; fail-safe; be free from danger

in(=not안)+secure(안전한, 안심되는, 확실한)

insecure

[ìnsikjúər]

a. 불안정한, 흔들리는; 불안한; 불확실한(uncertain)

📗 feel helpless and insecure
무력하고 불안하게 느끼다

face an insecure future 불안정한 미래에 직면하다

📘 insecurity n. 불안정; 위험; 불확실(uncertainty)
insecurely ad. 불안정하게; 흔들흔들(shakily)

syn 불안정한 = insecure; unstable; shaky; precarious

sine(=without없는)+cure(=care 근심) → 근심할 것이 없는 자리

sinecure

[sáinikjùər]
*sine die 무기한으로
sine mora 지체 없이

n. 한직; 명목만으로도 보수를 받을 수 있는 자리

📗 be relegated to a sinecure 한직으로 좌천되다

📘 sinecurist n. 한직에 있는 사람

syn 한직 = sinecure; easy post; leisurely post

ac(<ad-=to~에)+cur(=care(매우) 주의를 기울)+ate(인)

accurate

[ǽkjərit]

*figure n. 숫자; 계산;
형태; 모습; 인물

a. 정확한, 정밀한; 확실한; 옳은(correct)(↔ inaccurate)

📗 be quick and accurate at figures
계산이 빠르고 정확하다

📘 accuracy n. 정확, 정밀, 정밀도(exactness)
accurately ad. 정확하게, 정밀하게(precisely)

syn 정밀한 = accurate; precise; exact; minute

403

cur(=care돌보는)+ate(사람)

curate

[kjúərit]

n. 목사보, 부목사; 사제보: 보좌 신부(an assistant priest)

🔟 the **curate's** egg
부분적으로만 좋은 것, 좋은 점도 있고 나쁜 점도 있는 것

syn 보조의 = assistant; subsidiary; auxiliary;
supplementary; adjuvant

cur(=care돌보는 일을)+at(=make하는)+or(사람)

curator

[kjuəréitər]

n. (박물관, 미술관 등의) 관리자, 관장; 감독, 지배인

🔟 the **curator** of the National Folklore Museum
국립 민속 박물관 관장

syn 관장 = curator; superintendent; director

cur(i)(=care관심이)+ous(많은)

curious

[kjúəriəs]

a. 호기심 강한, 캐기 좋아하는; 호기심을 끄는; 묘한

🔟 steal a **curious** look (at)
호기심에 찬 눈빛으로 슬쩍 엿보다

*curio
 n. 골동품, 진품

a **curious** sight[fellow]
이상한 광경[별난 사람, 괴짜]

🔟 curiosity *n.* 호기심; 진기한 것, 골동품
curiously *ad.* 호기심에서(inquisitively);
기묘하게도(strangely; queerly)

syn 호기심 강한 = curious; inquisitive; be full of curiosity

ant **incurious** *a.* 호기심이 없는; 무관심한(indifferent)

cure	⸱⸱⸱⸱⟶	manicure	⸱⸱⸱⸱⟶	pedicure	⸱⸱⸱⸱⟶	procure	⸱⸱⸱⸱⟶	secure
치료하다		미조술		발 치료		획득하다		안전한

sinecure	⸱⸱⸱⸱⟶	accurate	⸱⸱⸱⸱⟶	curate	⸱⸱⸱⸱⟶	curator	⸱⸱⸱⸱⟶	curious
한직		정확한		목사보		관장, 관리자		호기심 강한

404

cuss

strike : 치다
shake : 흔들다

con(=intensively강하게)+cuss(=shake흔들다)

concuss

[kənkʌ́s]

*trauma
  n. 정신적 충격

v. ~에 충격을 주다; 뇌진탕을 일으키게 하다

예 be **concussed** by sudden shocks
갑작스런 충격으로 뇌진탕을 입다

파 concussion *n.* 충격, 격동(shock); 뇌진탕
concussive *a.* 충격의; 충격을 주는

syn 충격 = concussion; percussion; shock; impact

dis(=apart(문제를) 따로따로)+cuss(=shake흔들다)

discuss

[diskʌ́s]

*summit *n.* 정상,
  꼭대기; 꼭짓점;
  수뇌회담

v. 논의하다; 토론하다; 천천히 맛있게 먹다

n. 논의, 토론; 심의; 〈법〉 변론; (음식을) 맛봄

예 **discuss** the world situation at the summit
conference 정상회담에서 세계정세를 논하다

파 discussion *n.* 토론, 토의(debate)

syn 논의하다 = discuss; debate, argue, dispute,
contend(논쟁하다)

per(=intensively강하게)+cuss(=strike치다)

percuss

[pəːrkʌ́s]

v. 치다, 두드리다, 쳐서 울리다; 〈의학〉 타진하다

예 **percuss** the patient's chest
(의사가) 환자의 가슴을 타진하다

파 percussion *n.* 충격, 충돌; (총의) 격발; 타진; 타악기
*a percussion[wind, string] instrument
타악기[관악기, 현악기]

syn 타진하다 = percuss; examine by percussion; tap

concuss	⋯▸	discuss	⋯▸	percuss
충격을 주다		논의하다		두드리다

Study **25**

dain

worthy : 훌륭한, ~의 가치가 있는

dain(=worthy가치 있는; 훌륭한)

dainty

[déinti]

cf. dignity
  n. 위엄; 위풍
  indignant
  a. 분개한

a. 우아한; 가냘픈(slim); 맛좋은; 까다로운; 음식을 가리는

n. (*pl.*) 맛있는 음식, 진미(delicacy)

ⓔ a small, **dainty** woman 작고 가냘픈 여인
   a **dainty** tooth 까다로운 식성

ⓟ daintily *ad.* 우아하게; 맛있게; 까다롭게; (음식을) 가려서

syn (성격이) 까다로운 = dainty; fastidious; fussy;
                        overnice; particular; choosy

dis(=not안)+dain(=worthy가치가 있는) → 가치가 없는 (그래서)

disdain

[disdéin]

*a look of disdain
경멸의 표정

v. 경멸하다; ~하기를 떳떳하지 않게 여기다

n. 경멸, 모멸, 멸시(contempt; scorn)

ⓔ **disdain** liars 거짓말쟁이를 경멸하다
   disdain quarrelling the poor
   가난한 사람과 싸우는 것을 떳떳하지 않게 여기다

ⓟ disdainful *a.* 경멸적인(scornful)

syn 경멸하다 = disdain; scorn; despise; look down on

deign(=worthy훌륭한)의 뜻에서

deign

[dein]

*flame
  n. 불꽃; 정열; 애인

v. 황송하게도 ~해 주시다; 몸을 낮추어 ~하다

ⓔ **deign** to see the old flame
   자존심을 버리고 옛 애인을 만나다

syn 몸을 낮추어 ~하다 = deign; condescend

406

dem(o)

people : 사람, 민중

---

en(=in(병 등이) 지역)+dem(=people사람들)+ic(의)

endemic

[endémik]

*vernacular
a. 풍토의; 지방의;
제 나라의*

a. 풍토병의, 유행병의; 특산의(↔ **exotic** *a.* 외국산의)

n. 풍토병, 유행병; 지방 고유의 동물[식물]

예 an **endemic** disease to the tropics
열대지방 특유의 풍토[유행]병

파 endemicity, endemism *n.* 풍토성, 한 지방의 특유성

syn 풍토병 = endemic; local[vernacular] disease

cf. **endermic** *a.* 피부에 바르는, 피부에 침투하여 작용하는

---

epi(=among사이에)+dem(=people사람들)+ic(의)

epidemic

[èpədémik]

*a flu epidemic
유행성 독감*

*an epidemic
ophthalmia
유행성 안염*

a. (병이) 유행성의, 전염성의; 유행하고 있는(prevalent)

n. 유행병, 전염병; 유행, (사상 등의) 보급(prevalence)

예 **epidemic** hemorrhagic fever 유행성 출혈열
an **epidemic** of terrorism 빈발하는 테러리즘

파 epidemiology *n.* 유행병학, 역학

syn 전염성의 = epidemic; infectious; contagious; catching

cf. **epitaph** *n.* 묘비명
epitome *n.* 요약 *v.* **epitomize** 요약하다

---

pan(=all모든)+dem(=people사람들)+ic(하는)

pandemic

[pændémik]

a. (병이) 전국적[세계적]으로 유행하는; 일반적인

n. 전국적 유행병; 세계적 유행병

예 a global **pandemic** that can kill millions of people
수백 만 명의 목숨을 앗아갈 수 있는 세계적 유행병

syn 일반적인 = pandemic; general; generic; common;
usual; ordinary; universal(보편적인)

cf. **pandemonium** *n.* 대혼란; (P~) 복마전; 지옥

dem(=people민중을)+agog(ue)(=lead이끌고 가는 (사람))

demagog(ue)

n. 선동(연설)자, 선동정치가; (고대의) 민중지도자

[démɔɡɔ̀ːg]

예 a seditious **demagogue** 반정부적 민중 선동가

*seditious
a. 선동적인

파 demagogy, demagoguery *n.* 민중 선동; 데마, 악선전
demagogic, demagogical *a.* 선동자의; 선동적인

syn 선동적인 = demagogic(al); seditious; inflammatory;
incendiary

cf. **pedagog(ue)** *n.* 현학자, 학문티를 내는 사람; 교사

demo(=people민중(에 의한))+cracy(=rule통치)

democracy

n. 민주주의; 민주정치; 민주국가; (the ~) 민중

[dimάkrəsi]

예 **democracy** versus communism
민주주의 대 공산주의

*inherent *a.* 고유의,
본래부터의; 타고난
(inborn)

restore[fight for] **democracy**
민주주의를 회복하다[위해 투쟁하다]

an inherent sense of **democracy** 타고난 평등 의식

파 democrat *n.* 민주주의자; 민주정체론자; (D-) 민주당원
democratic *a.* 민주주의의; 민주정치의; 일반 대중의
democratize *v.* 민주화하다   democratization *n.* 민주화

syn 민주국가 = democracy; democratic state

cf. **demotic** *a.* 민중의, 인민의; 통속적인(popular)

[참고] **mutate** *v.* 돌연변이하다(sport) *n.* **mutation** 돌연변이
*mutating virus 돌연변이를 일으킨 바이러스

---

endemic ⋯▸	epidemic ⋯▸	pandemic ⋯▸	demagog(ue) ⋯▸	democracy
풍토병	유행병	세계적 유행병	선동정치가	민주주의

derm

skin : 피부, 껍질, 가죽

---

derm(=skin피부)+al(의)

dermal

[də́ːrməl]

*cutaneous
  a. 피부의;
  피부를 침범하는

a. 피부의(cutaneous); 피부에 관한

예 make light of **dermal** abnormalities
  피부의 이상을 가볍게 보아 넘기다

파 derma *n.* 진피(dermis; corium; cutis); 피부
  dermatitis *n.* 피부염 dermatology *n.* 피부과학
  dermatologist *n.* 피부병 전문의; 피부병 학자

syn 껍질 = skin(피부 ~); bark(나무의 ~);
          rind(오렌지, 멜론의 ~); husk(콩의 ~);
          shell(콩, 굴의 ~); nutshell(호두 등의 ~)

---

epi(=upon~의 표면에)+derm(=skin피부)+al(의)

epidermal

[èpədə́ːrməl]

a. 표피의(epidermic)

예 suffer severe damage to the **epidermal** tissue
  표피조직이 큰 손상을 입다

파 epidermis *n.* 표피, 상피

syn 표면 = surface; face; the exterior; the outside(외부)

---

taxi(=arrangement정리, 배열)+derm(=skin피부)+al(의)

taxidermal

[tæ̀ksidə́ːrməl]

a. 박제술의(taxidermic)

예 hand down the **taxidermal** secrets to his best
  pupil 수제자에게 박제술의 비법을 전수하다

파 taxidermy *n.* 박제술 taxidermist *n.* 박제사

syn 박제하다 = stuff; mount
  *a stuffed[monuted] eagle 박제한 독수리

cf. **taxonomy** *n.* 분류(classification); 분류학
  taxonomist *n.* 분류학자(systematist)
  *systematization *n.* 조직화, 계통화, 체계화

hypo(=under아래쪽)+derm(=skin피부)+ic(의)

hypodermic

[hàipədə́:rmik]

a. 피하의, 피하에 주입하는, 피하주사의

n. 피하주사; 피하주사기

[예] a **hypodermic** injection 피하주사

[파] hypodermis *n.* 〈식물〉 하피; 〈동물〉 표피

syn 피하의 = hypodermic; subcutaneous; under the skin

cf. **hypocaust** *n.* 온돌; 바닥 밑 난방 [caust : burn]
hypocenter *n.* (핵폭발의) 폭심지; (지진의) 진원지

xero(=dry건조한)+derm(=skin피부)+a(증)

xeroderma

[zìərədə́:rmə]

n. 건피증, 피부 건조증

[예] be troubled with **xeroderma** 건피증으로 고생하다

cf. **xeric** *a.* (토양이) 건조 상태의; (식물이) 내건성의
xerophthalmia *n.* 안구 건조증 [ophthalm : eye]
xerophyte *n.* 건생(乾生) 식물 [phyt : plant]
Xerox *n.* 제록스(건식 복사기의 일종) *v.* 제록스로 복사하다

dermal	→	epidermal	→	taxidermal
피부의		표피의		박제술의

hypodermic	→	xeroderma
피하의		피부 건조증

VOCA TIP

[**Hygro-** : wet] hygrometer 습도계 hygrophyte 습생식물
[**Hydro-** : water] hydraulic 수력의; 수압의 hydrophyte 수생식물

root 42

dexter

right : 오른쪽의
*dexter = dextr(o)

---

dexter(=right오른쪽의)의 뜻에서

dexter

[dékstər]

a. 오른쪽의(right); 운이 좋은, 길한(auspicious)

예 the **dexter** side of the building 건물의 오른쪽

파 dextral *a.* 오른쪽의; 오른손잡이의
(↔ sinistral *a.* 왼손의, 왼손잡이의)

syn 길한 = dexter; auspicious; propitious; fortunate; lucky

ant 불길한 = sinister; inauspicious; unlucky; ominous

---

dexter(=right오른 (손을 사용))+ity(함)의 뜻에서

dexterity

[dekstérəti]

n. 솜씨 좋음; 손재주 있음; 민첩함; 오른손잡이

예 show off one's **dexterity** with a pistol
권총 다루는 솜씨를 과시하다

manual[physical] **dexterity** 손재주[몸놀림]

파 dexterous *a.* 솜씨 좋은; 능란한; 빈틈없는; 오른손잡이의
dexterously *ad.* 솜씨 있게; 능란하게; 기민하게

syn 솜씨 = dexterity; skill; tact; deftness; performance

---

ambi(=both양쪽 다)+dexter(=right오른손)+ity(임)

ambidexterity

[æmbidekstérəti]

*ambidexter
n. 양손잡이;
두 마음이 있는 사람

n. 양손잡이; 비상한 손재주; 표리부동(duplicity)

예 be disgusted with her **ambidexterity**
그녀의 표리부동함에 치가 떨리다

파 ambidextrous *a.* 양손잡이인; 손재주가 비상한; 표리부동한

syn 표리부동한 = ambidextrous; double-faced;
treacherous; deceptive; duplicitous

---

dexter	⋯	dexterity	⋯	ambidexterity
오른쪽의, 길한		오른손잡이, 솜씨 좋음		양손잡이, 손재주

411

root 43

dic

say : 말하다
proclaim : 선언하다

ab(=away멀리 떠나겠다고)+dic(=proclaim 선언)+ate(=make하다)

abdicate

[ǽbdikèit]

v. (왕위를) 버리다, 퇴위하다; 사임하다, 포기하다

[예] **abdicate** the throne in favor of his son
왕자에게 왕위를 물려주다

[파] abdication *n.* 포기, 기권; 퇴위, 사임

syn 포기하다 = abdicate; renounce; abandon; give up; throw up

de(강조–강하게)+dic(=proclaim(바치겠다고) 선언하)+ate(=make다)

dedicate

[dédikèit]

v. 헌신하다, 바치다(consecrate); 전념하다; 봉헌하다

[예] **dedicate** the book to the spirit of the departed
책을 고인의 영전에 바치다
dedicate one's time to business 사업에 전념하다

[파] dedication *n.* 봉헌; 헌납식; 헌정(사); 전념
dedicatory, dedicative *a.* 헌납의, 헌정의
dedicated *a.* ~에 몰두하고 있는; 열심인; 헌신적인

syn 헌신하다 = dedicate; devote; sacrifice(희생하다)

in(=in, to~을 가리켜)+dic(=say말하)+ate(=make다)

indicate

[índikèit]

v. 가리키다, 표시하다; 암시하다; ~의 조짐이다

[예] **indicate** with one's chin 턱으로 가리키다
Fever **indicates** illness.
열이 나는 것은 병의 조짐이다.

[파] indication *n.* 지시하는 것; 표시; 징조, 조짐(omen; symptom)
indicative *a.* 가리키는, 나타내는; 〈문법〉 직설법의
indicator *n.* 표시기; 표지; 경제지표; 반응지시약

syn ~의 조짐이다 = indicate; betoken; portend; forebode

pre(=before앞서)+dic(=say(자신 있게) 말하)+ate(=make다)

predicate

[prédikèit]
[prédikit] *a., n.*

v. 단언[단정]하다; ~에 기초를 두다

a. 술부[술어]의, 서술하는 *n.* 술부, 술어

🔘 **predicate** the rumor to be groundless
풍문이 근거 없는 것이라고 단언하다

*predicament
n. 곤경, 궁지

🔘 **predicative** *a.* 단정적인; 서술적인 *n.* 서술어

syn 단언하다 = predicate; declare; affirm; assert;
asseverate; avouch; aver; state positively

syn(=with같이)+dic(=say(기업하기로) 말)+ate(함)

syndicate

[síndikit]
[síndikèit] *v.*

n. 기업연합; (채권의) 인수단; 조직 폭력단

v. ~ 사업을 위해 인수단을 결성하다; (신문에) 동시 발표하다

🔘 international crime **syndicates** 국제 범죄조직

be **syndicated** throughout the world
(칼럼 등이) 전 세계에서 동시에 게재되다

syn 기업 연합 = syndicate; cartel   *trust(기업 합동)

vin(=force힘(있게))+dic(=say말하)+ate(=make다)

vindicate

[víndəkèit]

v. 주장[옹호]하다; 정당함을 입증하다; 복수하다

🔘 **vindicate** one's right to the real estate
그 부동산에 대한 자기의 권리를 주장하다

*estate
n. 소유지, 재산
real estate 부동산

🔘 **vindication** *n.* 옹호, 변호; 변명; 입증; 설욕
vindicative *a.* 옹호하는, 변호하는; 변명적인
vindictive *a.* 복수심 있는, 앙심 깊은; 보복적인

syn 옹호하다 = vindicate; support; safeguard; back up

abdicate	⋯▸	dedicate	⋯▸	indicate
퇴위하다		헌신하다		가리키다

vindicate	⋯▸	syndicate	⋯▸	predicate
주장하다		기업연합		단언하다

root 44

dict

say : 말하다
***dic = dict**

dict(=say말하)+ion(기)의 뜻에서

diction

[díkʃən]

n. 말씨, 말투, 어법; 어조(elocution); 발성법

[예] poor[refined] **diction** 서투른[점잖은] 말씨

[파] dictionary *n.* 사전, 자전 *a.* 사전의; 딱딱한(bookish; formal)

syn 어법 = diction; wording; phraseology; usage; grammar; expression(표현)

cf. **dictation** *n.* 받아쓰기, 구술(시험); 명령, 지시

cf. **dictum** *n.* (전문가의) 의견, 격언

ad(=to~에 대해)+dict(=say(자꾸자꾸) 말)+ion(함)

addiction

[ədíkʃən]

n. (마약 등의) 중독, 상용; (나쁜 버릇에) 빠짐, 탐닉

[예] drug[alcohol, gambling] **addiction**
마약[알코올, 도박] 중독

[파] addicted *a.* (나쁜 버릇 등에) 빠져 있는; 열중해있는
addict *v.* 빠지게 하다 *n.* 마약 상용자; 열중자
*a fishing[drug, an opium] addict
낚시광[마약[아편] 중독자]

syn 중독 = addiction; poisoning; toxication; opiumism(아편중독)
*lead[mercurial; gas; alcoholic] poisoning
납[수은, 가스, 알코올] 중독

*gamble
n. 노름, 도박
v. 노름하다; 투기하다

bene(=good좋게)+dict(=say말)+ion(하기)

benediction

[bènədíkʃən]

n. 축복; 축복기도; (식사 전후의) 감사기도(grace)

[예] pronounce a **benediction** for a pauper
가난뱅이를 위해 축복기도를 올리다

[파] benedictory *a.* 축복의(benedictional)

syn 축복 = benediction; blessing; blessedness(행복)

cf. **benefaction** *n.* 자선(charity); 선행; 은혜를 베풀기

*pauper *n.* 빈민, 거지; 가난뱅이

contra(=against반대하여)+diction(말하기)

contradiction
[kὰntrədíkʃən]

n. 부정, 부인; 반박, 반대; 모순, 자가당착

a glaring[clear, flat] contradiction
심한[분명한, 완전한] 모순

an idea in **contradiction** to the company's
policy 회사 정책과 상반된 아이디어

contradictious *a.* 논쟁을 좋아하는(contentious)
contradictory, contradictive *a.* 모순된, 양립하지 않는

syn 모순 = contradiction; conflict; discrepancy;
inconsistency; repugnancy

*contradict
v. 부정하다; 반박하다
(gainsay); 모순되다

---

inter(=between사이에 (들어가))+diction((하지 말라고) 말함)

interdiction
[ìntərdíkʃən]

n. 금지; 통상금지; 〈법〉 금치산 선고; 〈군사〉 저지, 봉쇄

interdiction of lunacy 정신병에 의한 금치산 선고

maritime **interdiction** of weapons of mass
destruction 대량 살상무기의 해상 봉쇄

interdict *v.* 금지하다, 막다; (폭격 등으로) 수송을 방해하다
n. 금지 (명령); 파문; 금치산자(incompetent)
interdictory *a.* 금지의, 금제의(prohibitive)

syn 금지 = interdiction; prohibition; inhibition; ban;
embargo(입출항금지)

*destruction n. 파
괴; (대량) 살인; 멸망

---

juris(=law법을)+diction(말하는 것)

jurisdiction
[dʒùərisdíkʃən]

n. 사법(권), 재판권; 권한(범위); 관할 구역

summary jurisdiction 즉결 재판권

have[exercise] **jurisdiction** over ~을 관할하다

within[outside, beyond] the **jurisdiction**
관할 내의[관할 밖의]

jurisdictional *a.* 사법권의, 재판권의; 재판 관할상의
*a **jurisdictional** dispute 관할권 분쟁

syn 권한 = jurisdiction; authority; power

male(=bad나쁘게)+diction(말하기)

malediction

n. 저주; 험담(slander), 욕(abuse); 중상

[mæ̀lədíkʃən]

@ utter **maledictions** upon us habitually
습관적으로 우리들에게 악담을 내뱉다

*anathema *n.* 저주;
아주 싫은 것;
(교회의) 파문

@ maledictory *a.* 저주의; 저주할, 싫은; 욕하는(abusive)

syn 저주 = malediction; curse; anathema; execration;
imprecation; damnation(신의 ~)

per(=before미리)+diction(말하기)

prediction

n. 예언, 예보

[pridíkʃən]

@ a rosy[gloomy, pessimistic] **prediction**
밝은[어두운, 비관적] 예측

@ predictive *a.* 예언적인(prophetic); 전조가 되는
predict *v.* 예언하다(prophesy); 예보하다(foretell)

syn 예언 = prediction; prophecy; forecast

vale(=farewell작별을)+diction(말하기)

valediction

n. 작별, 고별; 작별인사, 고별사(a farewell address)

[væ̀lədíkʃən]

@ go away without a **valediction**
작별인사도 없이 가버리다

@ valedictory *a.* 작별의, 고별의 *n.* 작별인사, 고별사
valedictorian *n.* (고별 연설을 하는) 졸업생 대표

syn 작별 = valediction; farewell; leave-taking

in(=in(법정)에서)+dict(=say분명하게 말)+ment(함)

indictment

n. 기소, 고발(accusation); 기소장; 비난, 공격

[indáitmənt]

@ be under **indictment** for assault
폭행죄로 기소되어 있다

@ indict *v.* 기소하다, 고발하다; 비난하다, 공격하다
indictor *n.* 기소자(prosecutor)(↔ indictee *n.* 피기소자)

syn 기소 = indictment; prosecution; legal proceeding

cf. **indite** *v.* (시, 글 등을) 짓다, 쓰다(compose)

dict(=say말로)+ate(=make~하게 하다)

dictate
[díkteit]

*mandatory
  a. 명령의; 강제의,
    의무의

v. 명령하다, 지시하다; 받아쓰게 하다 *n.* 명령, 지시, 지령

예 dictate a letter to one's secretary
비서에게 편지를 받아 적게 하다

파 dictation *n.* 구술; 받아쓰기; 명령, 지시(command)
dictator *n.* 지배자, 독재자(autocrat); 구술자
dictatorship *n.* 독재권, 절대권력; 독재정권; 독재국가

cf. **verdict**[vɔ́:rdikt] *n.* (배심원이 재판장에게 제출하는) 평결;
판정, 판단(judgement); 의견(opinion)
*deliver[reverse] a verdict of "guilty"
유죄평결을 내리다[취소하다]

syn 지시하다 = dictate; command; direct; order;
instruct; give directions

diction	⋯▸	addiction	⋯▸	benediction	⋯▸	contradiction
말씨, 말투		몰두, 중독		축복, 축도		반박, 모순

interdiction	⋯▸	jurisdiction	⋯▸	malediction	⋯▸	prediction
금지, 정지		사법권, 관할		저주, 험담		예언, 예보

valediction	⋯▸	indictment
작별, 고별		기소, 고발

domin master : 지배하다, 정복하다

domin(=master지배)+ate(=make하다)

dominate

[dámənèit]

v. 지배하다; 억누르다; 우위를 차지하다; 우뚝 솟다

예 **dominate** the world[one's husband]
세계를[남편을] 지배하다

a female-**dominated** society 여성 우위 사회

파 domination *n.* 지배, 통제(control); 우월, 우세
domineer *v.* 독재적으로 다스리다, 못살게 굴다(bully)
domineering *a.* 거만한, 오만한(arrogant; overbearing)

syn 지배하다 = dominate; rule; govern; control

con(=together함께)+domin(=master지배)+ate(하는)

condominate

[kəndámənit]

a. 공동 지배의, 공동 통치의

예 the two **condominate** countries 그 두 공동 통치국

파 condominium *n.* 공동주권(joint sovereignty); 분양 아파트

syn 공동의 = joint; common; public(공공의)

pre(=before~보다 앞서)+dominate(지배하다)

predominate

[pridámənèit]

v. 우세하다; 지배하다(rule); 탁월하다; 두드러지다

예 no longer **predominate** over the sphere of
cloning 더 이상 복제 분야에서 세력을 떨치지 못하다

파 predominance, predominancy, predomination
n. 탁월, 지배
predominant *a.* 우세한, 지배적인; 두드러진(conspicuous)
predominantly *ad.* 우세하게, 지배적으로

syn 우세하다 = predominate; preponderate;
be superior; be head and shoulders above

dominate	⋯▸	condominate	⋯▸	predominate
지배하다		공동 지배의		우세하다

root 46

dorm

sleep : 잠자다

dorm(=sleep잠자는 (장소))의 뜻에서

dorm

[dɔːrm]

n. 〈구어〉 기숙사(dormitory; a residence hall)

💬 live in a **dorm** 기숙사 생활을 하다

syn 잠자다 = sleep; fall asleep; take a nap(낮잠자다)

dorm(=sleep잠자)+ant(는)

dormant

[dɔ́ːrmənt]

a. 자고 있는; 잠복 중인(latent); 동면중인: 휴면중인

💬 a **dormant**[an extinct, an active] volcano
휴화산[사화산, 활화산]

📙 dormancy *n.* 휴면(상태); 정지상태(quiescence)

syn 동면하고 있다 = lie dormant; be in hibernation

ant 활동적인 = active; dynamic; energetic; rustling

dorm(=sleep잠자는)+it+ory(=place장소)

dormitory

[dɔ́ːrmətɔ̀ːri]

n. 기숙사, 합숙소; 교외주택지(dormitory suburb)

💬 a superintendent of a **dormitory** 기숙사 사감

syn 주택 = house; home; dwelling; residence; housing

dor(〈dorm=sleep잠자는)+mouse(쥐)

dormouse

[dɔ́ːrmàus]

n. 겨울잠쥐; 〈비유〉 잠꾸러기 (*pl.* **dormice**)

💬 find **dormice** in the cave
동굴에서 겨울잠쥐를 발견하다

syn 잠꾸러기 = dormouse; slugabed; sleepyhead

cf. **hibernate** *v.* 동면하다; 겨울을 나다(winter); 칩거하다
aestivate, estivate *v.* 여름잠을 자다; 피서하다(summer)

dorm	⋯⋗	dormant	⋯⋗	dormitory	⋯⋗	dormouse
기숙사		자고 있는		기숙사, 합숙소		겨울잠쥐

419

dress

dress : 옷을 입다[입히다]

dress(=make straight, arrange가지런히 하다: 준비하다)

dress

[dres]

v. 옷을 입(히)다; 요리하다; (상처를) 동여매다 *n.* 의복, 옷

📵 be **dressed** in one's (Sunday) best
나들이옷을 입고 있다

📵 dressed *a.* 옷을 입은; 끝손질을 한 dressing *n.* 끝손질

syn 옷 = dress; clothes; clothing; uniform; costume;
underwear; business suit(양복); full dress(정장)

re(=again다시)+dress(=make straight똑바로하다)

redress

[ridrés]
[rí:dres] *n.*

v. (부정을) 바로잡다; 시정하다 *n.* 바로잡기, 시정

📵 **redress** the trade imbalance
무역 불균형을 시정하다

syn 배상 = redress; compensation; reparation; indemnity

un(반대–반대로)+dress(옷을 입히다)

undress

[ʌndrés]
cf. nude(나체의)

v. 옷을 벗기다; 장식을 떼다; 붕대를 풀다 *n.* 평복; 잠옷

📵 be in near **undress** 거의 알몸 상태이다

📵 undressed *a.* 옷을 벗은; 붕대를 감지 않은; 소스를 치지 않은

syn 옷을 벗기다 = undress; unclothe; disrobe; strip

over(지나치게)+dress(옷을 입히다)

overdress

[ðuvərdrés]
[óuvərdrès] *n.*

v. 옷치장을 지나치게 하다 *n.* (얇은) 겉옷

syn 지나치게 = excessively; immoderately; unduly;
to excess

under(~이하로)+dress(옷을 입다)

underdress

[ʌndərdrés]
[ʌndərdrès] *n.*

v. 지나치게 간소하게 옷을 입다 *n.* 속옷, 내복; 속치마

syn 속옷 = underdress; underwear; underclothes

Study **26**

duc(e)

lead : 이끌다, 데려가다
*duc(e) = duct

con(=together함께 (힘이 되어))+duce(=lead이끌다)

conduce

[kəndjúːs]

v. 도움이 되다, 공헌하다; 이끌어가다(lead)

예 **conduce** to health 건강에 좋다

파 conducive *a.* 도움이 되는, 공헌하는(contributive)

syn 공헌하다 = conduce; contribute; make a contribution

de(=down아래로 (결론을))+duce(=lead이끌어내다)

deduce

[didjúːs]

v. 추론하다; 연역하다; (유래를) 밝히다(↔ **induce**)

예 **deduce** consequences from a hypothesis
가설에서 결과를 추론해 내다

파 deduction *n.* 추론; 연역법; 차감, 공제

syn 추론하다 = deduce; educe; infer; reason

in(=into(~하도록) 안으로)+duce(=lead이끌다)

induce

[indjúːs]

dissuade ↔

v. 설득하여 ~하게 하다; 유발하다; 귀납하다

예 **induce** sleep 졸음을 유발하다

파 inducement *n.* 유도, 유인; 권유, 자극; 동기(motive)

syn 설득하여 ~하게 하다 = induce; persuade

intro(=into, inward안쪽으로)+duce(=lead인도하다)

introduce

[ìntrədjúːs]

v. 소개하다; 도입하다; (처음으로) 발표하다(release)

예 **introduce** the new technology 새 기술을 도입하다

파 introduction *n.* 소개; 도입; 서론; 도입부; 입문(서)
introductory, introductive *a.* 소개의; 서두의; 서론의

syn 소개하다 = introduce; present; make an introduction

pro(=forward앞으로 (물건을))+duce(=lead이끌어 내놓다)

produce

[prədjúːs]
[prádjuːs] *n.*

v. 생산하다; 꺼내다; 연출하다 *n.* (집합적) 농산물; 생산물

☜ **produce** 9,000 cars a week
매주 9천대의 자동차를 생산하다

the staple agricultural **produce** 주요 농산물

☞ producer *n.* 제조자; 생산자(↔ **consumer**); 연출자

syn 생산하다 = produce; make; manufacture; turn out

re(=back뒤로 (낮게))+duce(=lead이끌다)

reduce

[ridjúːs]

v. 줄이다, 낮추다; 몰락시키다; 진압하다

☜ **reduce** one's weight by 10 pounds
체중을 10파운드 줄이다

☞ reduction *n.* 축소, 삭감; 할인; 격하; 〈수학〉 약분
reductive *a.* 축소의, 감소의; 환원하는; 복원하는

syn 줄이다 = reduce; diminish; lessen; decrease;
curtail; shorten

se(=apart옆길로 빠지게)+duce(=lead이끌다)

seduce

[sidjúːs]

v. 유혹하다, (여자를) 유혹하여 농락하다; 꾀다(lure; allure)

☜ **seduce** the girl with sugared words
소녀를 달콤한 말로 유혹하다

☞ seduction *n.* 유혹; 부추기기; (*pl.*) 매력; 부녀 유괴
seductive *a.* 유혹적인(enticing); 눈길을 끄는(attractive)

syn 유혹하다 = seduce; attract; entice; tempt; fascinate

cf. **seditious** *a.* 치안 방해의; 선동적인(incendiary; inflammatory)

ab(=away멀리)+duct(=lead데려가다)

abduct

[æbdʌ́kt]

v. 유괴하다, 납치하다

☜ be **abducted** by gunmen wearing camouflage
uniforms 위장복을 입은 무장괴한에게 납치되다

☞ abduction *n.* 유괴, 납치 abductor *n.* 유괴자

syn 유괴하다 = abduct; kidnap; shanghai; carry off

422

con(=together같이)+duct(=lead데리고 가다)

conduct

[kəndʌ́kt]
[kʌ́ndʌkt] *n.*

*exemplary
a.* 본이 되는,
모범적인; 징계의

v. 안내하다; 지휘하다; 행동하다; 수행하다; 전도하다

n. 행위, 품행; 지도, 지시; 안내(guidance); 관리, 처리

ⓔ **conduct** oneself with care 신중하게 처신하다
frivolous[honorable, exemplary] **conduct**
경박한[훌륭한, 본보기가 될 만한] 행동

ⓓ conduction *n.* (물을 관 등으로) 끌어들임; 유도;
〈열, 전기〉 전도
conductor *n.* 안내자(guide); 차장

syn 안내하다 = conduct; induct; usher;
show(길을 가리켜주다)

---

de(=down(금액, 값을) 아래로)+duct(=lead 끌어내리다)

deduct

[didʌ́kt]

*Grade A
제 1급의, 최고급의

v. 빼다, 공제하다; (가치를) 떨어뜨리다; 연역하다

ⓔ **deduct** the earned income tax of Grade A
from a person's salary
봉급에서 갑근세를 공제하다

ⓓ deduction *n.* 빼기, 공제(액); 추론; 연역(법)
deductive *a.* 연역적인(↔ inductive *a.* 귀납적인)
*the basic **deduction** 기초공제

syn 공제하다 = deduct; subtract; exempt(면제하다)

---

in(=into안으로)+duct(=lead이끌어 가다)

induct

[indʌ́kt]

*novice
n.* 풋내기, 무경험자

v. 안내하다; 취임시키다, 임명하다; (비법을) 가르치다

ⓔ be **inducted** as chairman 의장에 취임하다
induct a novice into the secrets of the trade
신출내기에게 장사 비결을 가르쳐 주다

ⓓ inductive *a.* 귀납적인; 〈전기〉 유도의, 감응의
induction *n.* 유발, 유도; 〈전기〉 유도; 귀납법; 취임식

syn 취임하다 = take[assume] office; get into office;
be inaugurated[installed]
취임 = inauguration; installation

pro(=forward(만들어서) 앞으로)+duct(=lead내놓은 (것))

product

[prádəkt]

*labor productivity
노동생산성

n. 제품, 생산품, 산출물; 생산(고); 소산; 곱셈(multiplication)

예 residual[aquatic, dairy, domestic, crafted, flagship] **products**
부산물[수산물, 유제품, 국산품, 공예품, 중요 제품]

파 production *n.* 생산(↔ consumption 소비); 제작, 연출
productive *a.* 생산적인; 비옥한(fertile); 이익을 낳는
productivity *n.* 생산성; 다산, 풍요

syn 성과 = product; outcome; result; fruit

---

aque(=water물)+duct(관; 통로)

aqueduct

[ǽkwədʌkt]

*aqueous rocks
수성암

n. (물을 대는) 수로, 물길; 〈해부〉 도관(canal)

예 be watered via an underground **aqueduct**
지하수로를 통해 물을 공급받다

syn 물 = water; liquid, fluid(액체); sap(수액); flood(홍수)

cf. **aqueous** *a.* 물의, 수성의(watery)

---

via(=way(길을) 거쳐)+duct(지나가는 통로)

viaduct

[váiədʌkt]

n. (산골짜기 등의) 구름다리, 고가교, 고가도; 육교

예 construct a **viaduct** over the valley
그 골짜기에 구름다리를 놓다

syn 다리 = bridge; viaduct(구름다리); overpass(육교);
suspension bridge(현수교)

---

conduce	⋯▸	deduce	⋯▸	induce	⋯▸	introduce	⋯▸	produce
도움이 되다		추론하다		유발하다		소개하다		생산하다

reduce	⋯▸	seduce	⋯▸	abduct	⋯▸	conduct	⋯▸	deduct
줄이다		유혹하다		유괴하다		안내하다		공제하다

induct	⋯▸	product	⋯▸	aqueduct	⋯▸	viaduct
취임시키다		제품, 생산품		물길, 수로		구름다리

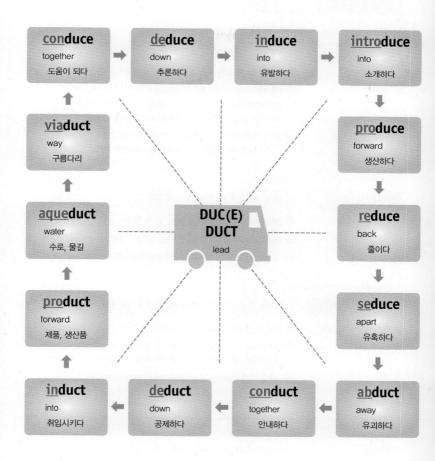

conduce
together
도움이 되다

deduce
down
추론하다

induce
into
유발하다

introduce
into
소개하다

viaduct
way
구름다리

produce
forward
생산하다

DUC(E)
DUCT
lead

aqueduct
water
수로, 물길

reduce
back
줄이다

product
forward
제품, 생산품

seduce
apart
유혹하다

induct
into
취임시키다

deduct
down
공제하다

conduct
together
안내하다

abduct
away
유괴하다

425

dur(e)

last : 지속하다, 계속하다

---

en(강조-꿋꿋이)+dure(=last지속하다)

endure

[endjúər]

v. (사람이) 견디다, 참다; (물건이) 견디다(last)

⦿ **endure** many hardships 많은 고난을 견뎌내다

⦿ endurance *n.* 인내(력), 참을성; 내구력, 지구력
  endurable *a.* 참을 수 있는, 견딜 수 있는(bearable)
  enduring *a.* 오래 가는; 불후의(immortal); 참을성 있는

syn 참다 = endure; stand; bear; forbear; tolerate;
  persevere; put up with; stand for

---

per(=through끝까지)+dure(=last지속하다)

perdure

[pəːrdjúər]

v. 오래 지속하다; 영속하다; 지탱하다

⦿ **perdure** forever 영원히 변치 않다

⦿ perdurable *a.* 영원한, 영구한; 불멸의, 불후의

syn 지속하다 = perdure; continue; last; maintain

---

dur(=last계속되는)+ation(것)

duration

[djuəréiʃən]

n. 지속; 존속기간 *cf.* **induration** *n.* 단단하게 됨; 냉혹

⦿ the **duration** of registration 등록 기간

⦿ durable *a.* 오래 견디는; 영속성 있는 *n.* (*pl.*) 내구재
  durably *ad.* 영속적으로 durability *n.* 내구력

syn 지속 = duration; sustenance; persistence

---

ob(강조-끝까지)+dur(=last계속)+ate(하는)

obdurate

[ábdʒurit]

a. 완고한, 고집 센; 단호한; 냉혹한, 무정한

⦿ an **obdurate** old man[refusal]
  완고한 노인[단호한 거절]

⦿ obduracy *n.* 고집(stubbornness), 완고; 냉혹(coldness)

syn 완고한 = obdurate; obstinate; stubborn; bigoted;
  dogged; pigheaded; headstrong; unyielding

426

empt

take : 잡다, 취하다
buy : 사다

ex(=out(의무, 고통) 밖으로)+empt(=take끄집어내다)

exempt

[igzémpt]

v. (의무 등을) 면제하다; (고통 등을) 없애주다

a. 면제된(free; immune); ~이 없는 *n.* 면제자; 면세자

예 be **exempted** from taxation 면세되다

*taxation
n. 과세, 징세; 세제

exempt from a value-added tax
부가가치세가 면제된

파 exemption *n.* 면제; (소득세의) 공제대상항목; 공제(액)
*exemption for dependents 부양가족 공제

syn 면제하다 = exempt; release; discharge; remit; excuse

cf. **example** *n.* 예, 실례(exemplum); 본보기, 모범; 교훈

pre(=before남보다 먼저)+empt(=take가지다)

preempt

[priémpt]

v. 선취하다; 선제하다; (TV 정규 프로를) 바꾸다

예 **preempt** the plaza 광장을 먼저 차지하다

파 preemption *n.* 우선매수권; 선제공격
cf. coemption *n.* (가격 조작을 목적으로 한) 매점
preemptive *a.* 우선권이 있는; 선제의
*a preemptive attack 선제공격

syn 선취하다 = preempt; preoccupy; take first

per(=entirely완전히)+empt(=take옮겨쥐)+ory(는)

peremptory

[pərémptəri]

a. 단호한, 절대적인; 독단적인; 〈법〉 강제적인

예 in a **peremptory** tone of voice 단호한 어조로

파 peremptorily *ad.* 단호히(imperatively); 거만하게;
독단적으로(arbitrarily)

syn 단호한 = peremptory; firm; resolute; flat;
determined; decisive
*a flat refusal[denial] 단호한 거절[부인]

re(d)(=back되돌려)+eem(〈emt=buy사다)

redeem

[ridí:m]

*prisoner
n. 죄수, 포로
(captive)

v. 되사다; 되찾다; 상환하다; (결점 등을) 메우다;
(약속 등을) 이행하다; (상품권을) 상품으로 바꾸다;
(명예 등을) 회복하다; (몸값을 주고) 구조하다(ransom)

🔘 **redeem** a foreign loan[one's duty, a prisoner]
외채를 상환하다[의무를 이행하다, 몸값을 내고 포로를
구해내다]

🔘 redemption *n.* 도로 찾아냄; 속전을 내어 석방시킴
redemptive, redemptory *a.* 되사는; 도로 찾는; 속죄의
redeemable *a.* 되살 수 있는; 상환할 수 있는
(↔ irredeemable *a.* 되살 수 없는, 상환되지 않는)
redeeming *a.* 보충하는; 벌충하는(compensatory)

syn 변제하다 = redeem; repay; reimburse; liquidate;
discharge; pay off

empt(take모두 가져가 버)+y(린)

empty

[émpti]

*stomach
n. 위, 복부;
식욕(appetite)

a. 빈; 사람이 없는; 결여된; 공허한 *v.* 비우다; 흘러들다

🔘 an **empty** stomach[bottle, talk] 공복[빈병, 빈말]
empty a glass 잔을 비우다
empty itself into the sea (강이) 바다로 흘러들다

🔘 emptiness *n.* 공허, 무의미; 공복(hunger)
emptily *ad.* 멍하게(absentmindedly); 공허하게(voidly)

syn 빈 = empty; vacant; blank(공백인); void(공허한);
unoccupied(차지하지 않은)

exempt	⋯▸	preempt	⋯▸	peremptory	⋯▸	redeem	⋯▸	empty
면제하다		선취하다		단호한, 강제적인		되찾다		빈, 공허한

428

equ(i)

equal(ly) : 같은, 같게

equal(같은)의 뜻에서

equal
[íːkwəl]

a. 같은, 동등한; 필적하는, 감당하는 *v.* ~과 같다; 필적하다

㉠ **equal** pay for equal work 동일 노동에 동일 임금
be **equal** to the task 그 일을 감당할 수 있다

㉯ equally *ad.* 똑같게, 평등하게, 균일하게(uniformly)
equality *n.* 같음, 평등, 대등; 평온; 균일성(↔ inequality)

syn 동등한 = equal, equivalent; identical, the same(동일한)

co(=together서로)+equal(=equal같은, 동등한)

coequal
[kouíːkwəl]

a. (지위, 가치 등이) 동등한, 동격의 *n.* 동등한 것

㉠ be **coequal** with one's partner 파트너와 동등하다

㉯ coequality *n.* 동등, 동격

syn 동등 = coequality; equivalence; parity; par

equ(=equal같은, 동등한)+ity(상태)

equity
[ékwəti]

n. 공평, 공정; 소유권, 이권; (*pl.*) 보통주, 주식; 주주 지분

㉠ a society based on **equity** and justice
공평과 정의에 입각한 사회

*equity capital
주식 자본

the world **equity** market 세계 주식시장

㉯ equitable *a.* 공정한, 공평한, 정당한(↔ inequitable)

syn 공평 = equity; fairness; justice; impartiality

in(=not안)+equality(같음; 평등)

inequality
[ìnikwáləti]

n. 불평등, 불균형, 불균등; 부등식; 부적당

㉠ take measures to rectify social **inequalities**
사회적 불평등을 시정할 대책을 세우다

㉯ unequal *a.* 동등하지 않은; 불공평한; 한결같지 않은

syn 불평등 = inequality; discrimination; unfairness

429

equ(=equal같게)+ate(=make하다)

equate

[ikwéit]

v. 같게 하다, 균등하게 하다; 동등시 하다

ⓔ **equate** superstition with religion
미신을 종교와 같다고 여기다

ⓟ **equator** *n.* 적도
equatorial *a.* 적도 (지방)의; 매우 무더운

syn 같게 하다 = equate; equalize; assimilate(동질화하다)

ad(=to～에)+equate(같게 하다)

adequate

[ǽdikwit]

a. 충분한; 알맞은(proper); 적당한(suitable)

ⓔ **adequate** foreign exchange reserves
충분한 외환 보유고

adequate measures 합당한 조치

ⓟ **adequately** *ad.* 적당히, 충분히(enough; sufficiently)
adequacy *n.* 충분(함), 적당(함)(suitability)

syn 충분한 = adequate; sufficient; enough; ample

equ(=equal같게)+at(=make하)+ion(기)

equation

[ikwéiʒən, -ʃən]

n. 균등화; 균형; 〈수학〉 방정식; 〈천문〉 오차

ⓔ a linear[quadratic, cubic, algebraic] **equation**
1차[2차, 3차, 대수] 방정식

ⓟ **equational** *a.* 방정식의; 등식의; 균등한

syn 균형 = equation; equilibrium; balance; poise

equi(=equal같은)+val(=value, worth가치)+ent(의)

equivalent

[ikwívələnt]

a. 동등한, 대등한; 상당하는; 등가의 *n.* 동등한 것; 상당어구

ⓔ a bonus **equivalent** to four months' pay
월급 4개월 분의 보너스

*equivalence
n. 등가, 동량

graduation from a university or the **equivalent**
대학 졸업 또는 동등한 학력

syn 해당하다 = be equivalent to; correspond to;
come[fall] under

equi(=equal같은)+librium(=balance균형)

equilibrium
[ì:kwəlíbriəm]

n. (세력의) 균형, 평형; (마음의) 평정(equanimity)

예 an **equilibrium** between work and relaxation
일과 휴식 사이의 균형

파 equilibration *n.* 평형, 균형
equilibrist *n.* 줄 타는 사람; 곡예사

syn (마음의) 평정 = equilibrium; equanimity; equability;
tranquility; composure; serenity; calm

equi(=equal같은)+voc(=voice목소리)+al(의) → 구별이 안 되므로

equivocal
[ikwívəkəl]

a. 애매한, 몇 가지 뜻으로 해석할 수 있는; 미심쩍은

예 an **equivocal** reply[attitude]
애매한 답변[어정쩡한 태도]

파 equivocally *ad.* 애매하게(ambiguously); 여러 가지 뜻으로

*halfhearted
a. 성의 없는,
마음이 내키지 않는

syn 애매한 = equivocal; multivocal; ambiguous;
noncommittal; obscure; vague

ant. **unequivocal** *a.* 명백한; 솔직한(candid)

cf. **univocal** *a.* 의미가 명료한(distinct); 하나의 뜻밖에 없는
multivocal *a.* 모호한, 뜻이 다양한
ad. multivocally 모호하게

equal	⋯	coequal	⋯	equity	⋯	inequality	⋯	equate
같은		동등한		공평, 공정		불평등		같게 하다

adequate	⋯	equation	⋯	equivalent	⋯	equilibrium	⋯	equivocal
충분한		균등, 균형		동등한		균형, 평형		애매한

face

face : 얼굴, 표면, 정면; 정면으로 맞서다

face(얼굴; 표면)

face

[feis]

*abject
 a. 비열한, 비참한

*gloomy
 a. 어두운, 우울한

n. 얼굴; 표정; 외관; 앞면; 표면(surface); 면목; 뻔뻔스러움

v. ~에 정면으로 맞서다(confront); ~을 향하다

- a **face**-to-face confrontation 정면 대결
  the **face** of the earth 지표면
  have the **face** to make such an abject apology
  뻔뻔스럽게도 그런 비열한 변명을 하다
  face the gloomy future 암울한 미래에 맞서다

- facial *a.* 얼굴의, 안면의
  facet *n.* 국면, 상(aspect; phase)

- *syn* 외관 = face; appearance; externals

de(=away떨어져나가)+face(얼굴, 표면(이 흉해지다))

deface

[diféis]

*epitaph
 n. 비명, 비문

v. ~의 외관을 손상시키다; (손상시켜) 읽지 못하게 하다

- **deface** an epitaph 비문을 훼손하다

- defacement *n.* 오손, 파손; 오손물, 파손물
  defaceable *a.* 더럽혀지고 손상되기 쉬운

- *syn* 외관을 손상하다 = deface; disfigure; mar

ef(<ex-=out밖으로)+face(표면(에서)) → 문질러 표면 밖으로 보내다

efface

[iféis]

v. 문질러 없애다, 삭제하다, 지우다; 표면에 나서지 않다

- **efface** all the memory of her ex-husband
  그녀의 전 남편에 대한 모든 기억을 지우다
  want to **efface** oneself 표면에 나서지 않길 원하다

- effacement *n.* 말소, 삭제(elimination)

- *syn* 문질러 없애다 = efface; scrub; erase;
                    rub off[away, out]

out(밖에 내놓고)+face(정면으로 맞서다)

outface

[àutféis]

v. 대담하게 맞서다; 노려보다; 안중에 두지 않다

⊙ outface one's opponent without being cowed
겁먹지 않고 상대에게 대담하게 맞서다

syn 맞서다 = outface; confront; defy; face; stand up to

re(=again다시)+face(표면(을 손보다))

reface

[ri:féis]

v. (건물 등의) 겉을 새로 고치다[칠하다]; 개장하다

⊙ reface the outer walls of the apartment
그 아파트의 외벽들을 새로 칠하다

syn 개장하다 = reface; renovate; redecorate; remodel

sur(<super-=above, over~위의)+face(면, 외관)

surface

[sə́:rfis]

n. (물체, 액체의) 표면, 수면, 외면; 겉보기, 외관

a. 표면의; 피상적인(superficial); 지상의; 수상의

v. ~의 표면을 마무리하다; 떠오르다; 겉으로 드러나다

*the eleventh hour
막바지 시간, 최후의
순간

⊙ a shiny[rough, harsh, an even] **surface**
반질반질한[울퉁불퉁한, 거친, 평평한] 표면
a **surface**[superficial] view 피상적 견해
surface at the eleventh hour
마지막 순간에 나타나다

syn 표면(상)의 = surface; superficial; ostensible;
outward; external; seeming

face	⋯→	deface	⋯→	efface
얼굴, 앞면		손상시키다		문질러 없애다
outface	⋯→	reface	⋯→	surface
대담하게 맞서다		겉을 새로 고치다		표면; 피상적인

Study **27**

fect

make : 만들다, 만들어내다
do : ～하다 *fect = fac(t) = fic

af(<ad-=to ～에)+fect(=make～을 만들어 주다)

affect

[əfékt]

*affecting a. 감동적인,
애처로운(touching)

v. ～에 영향을 미치다; (병이) 침범하다; ～인 체하다

🔘 **affect** one's business 사업에 영향을 주다
affect composure 침착한 체하다

🔘 affection *n.* 애정; 감동; 영향; 병 affectation *n.* 가장; 허식
affectionate *a.* 애정이 깊은, 상냥한; 친애하는(dear)
affectionately *ad.* 자애롭게(lovingly)

syn 영향을 미치다 = affect; influence; have an effect on

con(=together함께 (섞어))+fect(=make만들다)

confect

[kənfékt]

v. 조합하여 만들다, 조제하다; (구실을) 만들어내다

🔘 **confect** the plot of a novel 소설의 줄거리를 짜다

🔘 confection *n.* 과자, 캔디; 설탕절임; (약 등의) 조제
confectionery *n.* 과자 공장; 제과점; 과자류

syn 조제하다 = confect; concoct; compound; mix

de(=from～로부터 멀리)+fect(=do하다)

defect

[difékt]

v. (국가 등을) 버리다; 변절하다 *n.* 결점, 단점; 결핍, 부족

🔘 be blind to one's **defects** 자신의 결점을 모르다
the **defect** of one's qualities
장점에 따른 결점, 옥에 티

🔘 defection *n.* 배신, 변절; 탈퇴(desertion); 태만; 결함
defective *a.* 결점이 있는 *n.* 정신장애자; 불량품

syn 변절하다 = defect; apostatize; backslide;
tergiversate; change sides[one' coat]

434

ef(<ex-=out밖으로)+fect(=make만들어내다)

effect
[ifékt]

v. 초래하다; 달성하다 *n.* 결과; 영향; 효과; 취지

예 take **effect** 효력을 나타내다; (법이) 시행되다, 발효되다
have a reverse[an adverse] **effect** 역효과를 내다

파 effective *a.* 유효한, 효과적인(↔ ineffective)
effectively *ad.* 효과적으로(with effect)

syn 결과 = effect; consequence; result; outcome;
fruit(성과)

---

in(=into안으로)+fect(=make만들어 넣다)

infect
[infékt]

v. 감염시키다; 오염시키다; 도덕적으로 타락시키다

예 be **infected** with malaria[the virus]
말라리아[바이러스]에 감염되다

파 infection *n.* 감염, 전염; 오염; 영향; 전염병
infectious *a.* 전염성의 *cf.* contagious *a.* 접촉 전염성의

syn 병에 걸리다 = be infected with; catch; contract

---

per(강조-완전하게)+fect(=make만들다)

perfect
[pəːrfékt]
[páːrfikt] *a.*

v. 완전하게 하다; 끝내다 *a.* 완벽한; 더할 나위 없는

예 have a **perfect** command of Chinese
중국어를 완벽하게 구사하다

파 perfection *n.* 완전; 숙달(proficiency; mastery)
perfectly *ad.* 완전히, 더할 나위 없이

syn 완벽한 = perfect; flawless; complete; impeccable

---

pre(=before~보다 앞서게)+fect(=make만든 것)의 뜻에서

prefect
[príːfekt]

n. (프랑스의) 지사, 장관; 감독생, 반장(monitor)

예 be appointed **Prefect** of Police of Paris
파리 경찰국장으로 임명되다

파 prefecture *n.* 지사의 직[관할권]; 도, 현; 지사 관사

syn 지사 = prefect; governor; nomarch(그리스의 ~)

re(=again다시)+fect(=make(기운 나게) 만들다)

refect
[rifékt]

v. (음식물로) 기운 나게 하다; 휴양하다, 기분전환하다

- refect oneself with a nice meal
  멋진 식사로 기분전환을 하다
- refection *n.* 원기 회복; 휴양; 간단한 식사(repast)
  refectory *n.* (대학, 수도원 등의) 식당, 휴게실
- *syn* 기분전환 = refection; pastime; distraction;
  diversion; relaxation; recreation

fact(=do행해진 (일))의 뜻에서

fact
[fækt]

n. 사실, 실제, 현실; 진상; (the ~s) 〈법〉 범행(사실)

- distinguish fact from fiction
  사실과 허구를 구별하다
- factual *a.* 실제의, 사실의(real) *ad.* factually 실제로
  faction *n.* 당파, 파벌 factor *n.* 요소; 인자; 〈수학〉 인수
- *syn* 사실 = fact; reality; actuality; the truth(진상)

arti(=art기술로)+fact(=make만들어 낸 (것))

artifact
[á:rtəfækt]

*bequest
n. 유증, 유품

n. (자연물에 대한) 인공물; 공예품; 문화유물

- the exhibition of ancient Egyptian artifacts
  고대 이집트 유물전
- *syn* 유물 = artifact; remains; relic; legacy(유산)
- *cf.* artifice *n.* 교묘한 책략; 교활한 수단; 농간; 교묘함

bene(=well,good좋게)+fact(=do행)+ion(함)

benefaction
[bènəfǽkʃən]

n. 선행; 자선(charity); 은혜를 베풀기; 기부금

- make benefactions to aid the disaster victims
  이재민을 돕기 위해 기부하다
- benefactor *n.* 후원자, 기부자; 은혜를 베푸는 사람
- *syn* 자선 = benefaction; charity; benevolence;
  beneficence; philanthropy(박애)

436

male(=bad, ill나쁜(짓을))+fact(=do행)+ion(함)

malefaction
[mæ̀ləfǽkʃən]

n. 악행, 비행(wrongdoing); 죄악, 범죄(crime)

◍ his flagrant[hideous] **malefaction**
그의 극악무도한 악행

◍ malefactor *n.* 범죄인(criminal), 흉악범(felon)

syn 죄악 = malefaction; crime; vice; sin(종교, 도덕상의)

---

satis(=enough충분히)+fact(=make만)+ion(듦)

satisfaction
[sæ̀tisfǽkʃən]

n. 만족(contentment); (의무의) 이행, (빚의) 상환

◍ feel great **satisfaction** 크게 만족하다
consumer **satisfaction** 고객만족

*to one's
satisfaction 실컷

◍ satisfactory *a.* 만족스러운(gratifying), 충분한(enough)
satisfied *a.* 만족한, 흡족한(content(ed)); gratified)
satisfy *v.* 만족시키다, 충족시키다; (요구에) 응하다

syn 만족 = satisfaction; contentment; gratification

---

tume(=swell부풀어 오르게)+fact(=make만)+ion(듦)

tumefaction
[tjùːmifǽkʃən]

n. 부어오름(swelling); 종창

*mucous
a. 점액을 분비하는

◍ the **tumefaction** of the mucous membrane
점막의 부어오름

*membrane
n. 막, 세포막

◍ tumefy *v.* 부어오르게 하다; 붓다(swell)

syn 종창 = tumefaction; intumescence; swelling; boil
*tumor *n.* 종양, 종기 tumid *a.* 부어오른; 과장된
tumult *a.* 법석, 소동 tumultuous *a.* 소란스러운; 사나운

---

manu(=hand 손으로)+fact(=make만)+ure(듦)

manufacture
[mæ̀njəfǽktʃər]

n. 제조(업), 제작; 제품 *v.* (대규모로) 제조하다; 날조하다

◍ **manufacture** some excuses to leave
떠날 핑계를 만들다

◍ manufacturer *n.* 제조업자[회사]; 제작자; 공장주
manufactory *n.* 제조소, 공장(factory; workshop)

syn 날조하다 = manufacture; fabricate; fake; forge

de(=from;down(표준보다) 못미치게)+fic(=do, make만)+(i)ent(든)

deficient

[difíʃənt]

a. 불충분한, 부족한(↔ **sufficient**); 결함있는(defective)

ⓔ be **deficient** in common sense 상식이 부족하다

ⓓ deficiency *n.* 부족, 결핍(insufficiency); (심신의) 결함

deficit *n.* 결손, 부족(액); 적자(↔ surplus *n.* 흑자)

syn 불충분한 = deficient; insufficient; inadequate;
　　　　　　　unsatisfactory

---

ef(<ex-=out밖으로)+fic(=make(잘) 만들어내)+(i)ent(는)

efficient

[ifíʃənt]

a. 유능한, 실력있는; 효과 있는(effective); 능률적인

ⓔ an **efficient** secretary 유능한 비서

ⓓ efficiently *ad.* 능률적으로, 유효하게(validly)

efficiency *n.* 능력; 능률(competency); 효율

syn 유능한 = efficient; able; capable; competent

cf. **efficacious** *a.* 효험이 있는; (약이) 잘 듣는; 효과 있는

---

magni(=great크게)+fic(=make만)+(i)ent(든)

magnificent

[mægnífəsənt]

a. 웅장한(imposing), 장엄한; 화려한; 멋진; 숭고한; 최고의

ⓔ a **magnificent** view[palace] 웅장한 경치[궁전]

this **magnificent** opportunity 절호의 기회

ⓓ magnificence *n.* 장엄, 웅장(splendor; grandeur); 훌륭함

magnify *v.* 확대하다(enlarge); 과장하다(exaggerate)

syn 장엄한 = magnificent; grand; majestic; impressive;
　　　　　　　solemn; stately; sublime

*reward
n. 보상, 보답; 사례금

*magnifier *n.* 확대경
(magnifying glass)

---

pro(=forward앞으로 척척)+ fic(=make만들어나가)+(i)ent(는)

proficient

[prəfíʃənt]

a. 숙달된, 능숙한(skilled) *n.* 숙달자, 대가(expert)

ⓔ be **proficient** in English 영어에 능숙하다

a biology **proficient** 생물학 대가

ⓓ proficiency *n.* 숙달, 숙련(expertness)

syn 숙련된 = proficient; adept; experienced; expert;
　　　　　　　skilled; versed

438

suf(<sub-=under아래(까지))+fic(=make만들어놓)+(i)ent(은)

sufficient
[səfíʃənt]

a. 충분한(enough; adequate), 족한 *n.* 충분

㉦ receive a **sufficient** pension 충분한 연금을 받다

㉿ sufficiently *ad.* 충분하게(enough) suffice *v.* 충분하다
sufficiency *n.* 충분, 충족; 충분한 양, 대량, 다수

ant 부족한 = insufficient; inadequate; deficient;
lacking; scanty; wanting

---

arti(=art인공적으로)+fic(=make만)+ial(든)

artificial
[àːrtəfíʃəl]

a. 인공의, 인조의; 모조의; 부자연스러운, 꾸민

㉦ an **artificial** planet[tooth, smile]
인공행성[의치, 억지웃음]

*fake=bogus
a. 모조의

㉿ artificiality *n.* 인공, 인위 artifice *n.* 교묘한 책략

syn 인조의 = artificial; man-made; synthetic

---

bene(=well; good잘, 좋게)+fic(=do해주)+ial(는)

beneficial
[bènəfíʃəl]

a. 유익한, 득이 되는; 도움이 되는(helpful)

㉦ be more injurious than **beneficial** 백해무익이다

㉿ beneficiary *n.* (보험금 등의) 수취인, (신탁 등의) 수익자
beneficence *n.* 선행; 은혜, 자선(charity); 기부
beneficent *a.* 친절한, 인정 많은; 이익이 되는(lucrative)

syn 유익한 = beneficial; profitable; useful; serviceable

---

super(=above위에)+fic(=face표면)+ial(의)

superficial
[sùːpərfíʃəl]

a. 표면의; 피상적인(shallow); 천박한; 엉성한; 외견상의

㉦ a **superficial** change[wound, idea]
표면적 변화[얕은 상처, 생각]

㉿ superficies *n.* 표면; 외관
superficiality *n.* 피상, 천박
superficially *ad.* 표면적으로; 피상적으로; 천박하게

syn 천박한 = superficial; shallow; vulgar

439

fac(=do하기)+il(=easy쉽게 (해주는))+ity(것)

facility

[fəsílәti]

n. 편의; 재능, 솜씨, 능력; (pl.) 설비, 시설, 기관; 화장실

예 convenient[monetary, transportation, research] **facilities** 편의시설[금융기관, 운송기관, 연구시설]

have a startling **facility** with figures
놀라운 계산 능력을 지니다

*transportation
n. 수송, 운송; 운송료;
〈법〉 추방형

파 facilitate v. ~을 용이하게 하다; 촉진하다(expedite)
facile a. 손쉬운(easy); 경쾌한; 솜씨좋은, 능란한

syn 설비 = facility; equipment; conveniences;
accommodations; installation

affect	⋯▸	confect	⋯▸	defect	⋯▸	effect	⋯▸	infect
영향을 미치다		조제하다		변절하다		초래하다		감염시키다

perfect	⋯▸	prefect	⋯▸	refect	⋯▸	fact	⋯▸	artifact
완전하게 하다		장관, 사령관		기운나게 하다		사실, 진상		인공물, 공예품

benefaction	⋯▸	malefaction	⋯▸	satisfaction	⋯▸	tumefaction
선행, 자선		악행, 비행		만족, 흡족		팽창, 부품

manufacture	⋯▸	deficient	⋯▸	efficient	⋯▸	magnificent
제조, 제작		불충분한		유능한		장대한, 화려한

proficient	⋯▸	sufficient	⋯▸	artificial	⋯▸	beneficial
숙달된		충분한		인공의, 인조의		유익한, 득이 되는

superficial	⋯▸	facility
표면의, 피상적인		편의, 설비

[참고] factitious[fæktíʃəs] a. 인위적인(artificial); 부자연스러운
fictitious[fiktíʃəs] a. 가상의, 가공의, 상상의(imaginary); 허구의
factious[fǽkʃəs] a. 당파적인; 당쟁을 일삼는(given to party squabbles)

fend

strike : 치다, 때리다, 공격하다

de(=away(적을) 멀리)+fend(=strike쳐내다)

defend
[difénd]

v. 지키다, 막다, 방어하다; 옹호하다; 항변하다

- **defend** one's right[country] 권리를[조국을] 지키다

  defend the title[constitution]
  타이틀을 방어하다[헌정을 옹호하다]

- defense, defence *n.* 방어 (수단), 방위, 변호; 항변
  defendant *n.* 피고 (↔ plaintiff 원고) *a.* 피고측의
  defender *n.* 방어자(↔ challenger 도전자), 옹호자
  defensive *a.* 방어의(↔ offensive 공세의), 수비의
  defensible *a.* 방어할 수 있는; 변호[옹호]할 수 있는

syn 방어하다 = defend; protect; safeguard;
　　　　　　　　bulwark; shield(보호하다)

of(<ob-=against~에 거슬리게 막)+fend(=strike치다)

offend
[əfénd]

v. 화나게 하다; (감정 등을) 해치다, 상하게 하다; 위반하다

- be **offended** with one's girlfriend
  여자친구 때문에 화나다

  offend the ear[eye] 귀[눈]에 거슬리다

  offend a negative statute 금지령을 위반하다

- offense, offence *n.* 위반(transgression); 모욕; 공격
  offender *n.* 범죄자
  *a first[chronic] offender 초범자[상습범]
  offensive *a.* 공세의, 공격적인;
  　　　　　　　불쾌한, 거슬리는(unpleasant)
  offensively *ad.* 공격적으로, 공세로(aggressively)

syn 화나게 하다 = offend; enrage; irritate; provoke; vex

defend	⋯▸	offend
지키다, 방어하다		화나게 하다, 위반하다

fer

carry : 나르다, 가져가다
bear : 낳다; 나르다, 가져가다

---

con(=together함께 (의견을))+fer(=carry나르다)

confer

[kənfə́:r]

v. 협의하다; 수여하다; (명령형으로) 비교하다(*cf.*)

⑩ **confer** with one's colleagues 동료들과 협의하다

⑩ conference *n.* 회의, 회담 conferment *n.* 수여

syn 수여하다 = confer; grant; bestow; award(상을 ~)

---

de(=down(날짜를) 나중으로)+fer(=carry가져가다)

defer

[difə́:r]

cf. deferential
a. 공손한(respectful)

v. 연기하다, 뒤로 미루다(procrastinate); (~에) 따르다

⑩ be **deferred** for a month 1달 연기되다

⑩ deference *n.* 복종; 존경 deferment *n.* 연기; 유예
deferred *a.* 연기된(postponed); (지불 등이) 거치한

syn 연기하다 = defer; postpone; delay; adjourn;
suspend; put off

---

dif(<dis-=apart따로따로 다르게)+fer(=bear가져가다)

differ

[dífər]

*toto caelo
아주, 극도로

v. 다르다, 틀리다; 생각이 다르다(disagree)

⑩ **differ** toto caelo 엄청나게 다르다

⑩ difference *n.* 차이, 다름 different *a.* 다른; 갖가지의; 별난
differential *a.* 구별의; 차별적인 differentiate *v.* 구별짓다

syn 다르다 = defer from; vary from; be dissimilar to;
be different from

---

in(=into(의미를) 안으로)+fer(=carry나르다)

infer

[infə́:r]

v. 추론하다, 추단하다; 결론짓다; 암시하다(imply)

⑩ **infer** a result from a fact
어떤 사실에서 결과를 추론하다

⑩ inference *n.* 추론 inferential *a.* 추론(상)의; 추단한

syn 추론하다 = infer; deduce; reason; ratiocinate

pre(=before앞으로)+fer(=carry나르다)

prefer
[prifə́:r]

v. ~을 더 좋아하다; (소송 등을) 제기하다, 신청하다

예 **prefer** to read rather than (to) watch TV
TV보는 것보다 책을 읽는 것을 더 좋아하다

파 **preference** *n.* 선호, 선택; 우선(권)(priority); 특혜
preferential *a.* 우선적인; 우대하는; 특혜의(favorable)
preferably *ad.* 오히려(rather), 차라리, 되도록이면

syn 제기하다 = prefer; present; institute; file; lodge;
raise; bring up

re(=back뒤로)+fer(=carry가져가다)

refer
[rifə́:r]

v. ~에(게) 돌리다; ~에게 알아보다; 언급하다; 참조하다

예 **refer** to a conference[dictionary]
회의에 자문하다[사전을 찾아보다]

refer to the matter again
그 문제를 다시 언급하다

파 **reference** *n.* 언급; 참조, 참고 문헌; 문의; 위탁
referential *a.* 참고의, 참조의; 관련 있는; 지시하는

syn ~에게 돌리다 = refer; attribute; ascribe; assign;
impute; accredit

suf(<sub-=under아래에서)+fer(=bear견디다)

suffer
[sʌ́fər]

v. (고통, 손해를) 경험하다, 겪다; 견디다, 참다

예 **suffer** losses[a fracture]
손실을 입다[골절상을 당하다]

suffer from arthralgia[a hangover]
관절통을 앓다[숙취로 고생하다]

파 **sufferance** *n.* 인내력(endurance); 묵인, 용인, 관용
suffering *n.* 고통, 고생; (*pl.*) 재해, 수난; 손해
sufferable *a.* 참을 수 있는, 견딜 수 있는(endurable)

syn 경험하다 = suffer; experience; undergo; go through

trans(=over저편으로)+fer(=carry나르다)

transfer

[trǽnsfə́:r]

v. 옮기다, 운반하다; 전근시키다; 양도하다; 갈아타다

n. 이전; 전학, 전근; 양도; 환승; 갈아타는 곳

🔘 be **transferred** to another branch
다른 지점으로 전임되다

transfer from a bus to a subway
버스에서 지하철로 갈아타다

🔘 transference *n.* 옮김, 이전; 양도, 매도; 전이(change)
transferable *a.* 옮길[양도할] 수 있는
transferee *n.* 양수인

syn 운반하다 = transfer; transport; carry

inter(=between사이에 (끼어들어가))+fere(=strike치다)

interfere

[ìntərfíər]

v. 간섭하다, 참견하다; 방해하다; (이해가) 충돌하다

🔘 **interfere** in another's private life
남의 사생활에 간섭하다

🔘 interference *n.* 간섭, 참견; 방해; 〈통신〉 혼신
interfering *a.* 간섭하는, 참견하는(officious); 방해하는

syn 간섭하다 = interfere; intervene; meddle;
step in; cut in; butt in

confer	⋯→	defer	⋯→	differ	⋯→	infer
협의하다		연기하다		다르다		추론하다

prefer	⋯→	refer	⋯→	suffer	⋯→	transfer
더 좋아하다		언급하다		경험하다		옮기다

root 56

fid

trust : 믿음, 확신; 믿다

con(=completely완전히)+fid(=trust믿)+ence(음)

confidence

[kánfidəns]

*confide
v. 신임하다;
비밀을 털어놓다

n. 신임, 신뢰; 자신; 비밀; 대담함; 뻔뻔스러움

예 a **confidence** trick 신용 사기(con)

self-**confidence** 자신, 자만

파 confident *a.* 확신하는; 자신만만한; 자부심이 강한

confidently *ad.* 자신 있게, 확신하여; 대담하게

confidential *a.* 심복의; 기밀의(secret); 속 이야기를 터놓는

syn 신임 = confidence; trust; belief; credit(신용)

dif(=not안)+fid(=trust확신)+ence(함)

diffidence

[dífidəns]

n. 자신이 없음; 소심; 수줍음(shyness); 겸양

예 with nervous **diffidence** 머뭇거리며

파 diffident *a.* 자신이 없는; 숫기 없는, 암띤(bashful; shy)

diffidently *ad.* 자신 없이, 쭈뼛쭈뼛

fid(=trust신뢰)+el+ity(함)

fidelity

[fidéləti]

n. 충실, 충성; (부부간의) 정절(↔ **infidelity** *n.* 부정)

예 political[marital] **fidelity** 정치적 지조[부부간 정절]

파 high-fidelity *a.* 충실도가 높은(hi-fi), 고품위의

syn 정절 = fidelity; faithfulness; chastity; virtue

in(=not안)+fid(=trust믿)+el+ity(음)

infidelity

[ìnfidéləti]

n. 무신앙; 불신; 불성실(disloyalty); 배신; 부정, 간통

예 the rumor of her husband's **infidelity**

그녀의 남편이 바람을 피운다는 소문

파 infidel *n.* 신을 믿지 않는 사람(atheist); 이교도(pagan)

syn 불성실 = infidelity; insincerity; disloyalty;
dishonesty; unfaithfulness

445

fin(e)

limit : 한계를 정하다, 제한하다
end : 끝내다; 끝, 한계

---

fine(=end궁극; 극치; 끝)의 뜻에서

fine

[fain]

a. 훌륭한; 좋은; 섬세한, 미세한 *v.* 벌금을 과하다

n. 벌금, 과료(penalty; mulct); 연체료; [fíːnei] (악곡의) 종지

> ⓔ have a **fine** sense of beauty
> 섬세한 미적 감각을 지니고 있다

> ⓟ finely *ad.* 훌륭하게, 멋지게; 정교하게, 미세하게(minutely)
> fineness *n.* 훌륭함; 우량; 순도
> finesse *n.* 예리함; 솜씨; 술책

> *syn* 섬세한 = fine; delicate; subtle; exquisite

---

re(=again다시)+fine(깨끗이 하다)

refine

[rifáin]

v. 정제하다(purify); 불순물을 제거하다; 세련되게 하다

> ⓔ **refine** one's manners 태도를 품위 있게 하다

> ⓟ refined *a.* 정제된; 순화된(purified); 세련된; 정교한
> refinement *n.* 정련, 정제; 세련 refinery *n.* 정제소

---

over(지나치게)+refine(세밀히 구분하다)

overrefine

[ðuvərifáin]

v. 지나치게 정제하다[세밀하게 구별하다]

> ⓔ **overrefine** oil out of carelessness
> 부주의로 석유를 지나치게 정제하다
> *syn* 세밀하게 = minutely; closely; in detail

---

super(=beyond표준 이상으로)+fine(좋은, 가느다란)

superfine

[sùːpərfáin]

a. 최고급의, 특급의; 지나치게 세밀한[미세한]

> ⓔ purchase **superfine** glassware
> 최고급품의 유리 식기류를 사다
> *syn* 최고급의 = superfine; choicest; first-rate; top-level

con(강조-완전히)+fine(=limit제한하다, 한정하다)

confine
[kənfáin]

v. 제한[한정]하다; 감금하다 n. (pl.) 경계, 국경; 범위, 영역

예 **confine** one's remarks to the subject
발언을 주제에만 국한하다

파 confined a. 갇힌; 해산에 들어간
confinement n. 제한; 감금; 해산

syn 제한하다 = confine; limit; restrict; define(범위를 ~)

de(=off분리해서)+fine(=limit(의미를) 한정하다)

define
[difáin]

v. 정의하다, 명확히 하다; (경계, 범위를) 한정하다

예 **define** A as B A를 B라고 정의하다

*definitive
a. 결정적인, 최종적인

파 definition n. 정의; 한정; 해상력
definite a. 명확한; 확정된; 한정된
definitely ad. 명확하게(certainly)

syn 정의를 내리다 = define; give[lay down] a definition of

fin(=limit한계가)+ite(있는)

finite
[fáinait]

a. 유한한; 한정된(limited)(↔ **infinite** a. 무한한; 막대한)

예 **finite** natural resources 한정된 천연자원
a country with **infinite** potentialities
무한한 가능성을 지닌 나라

파 infinitely ad. 무한히; 대단히, 몹시; 훨씬(far and away)

syn 유한한 = finite; limited; definite(한정된)

ant 무한한 = infinite; unlimited; limitless; boundless

fin(=end끝, 최후)+al(의)

final
[fáinəl]

a. 마지막의, 최종적인(conclusive) n. (pl.) 결승전; 기말시험

예 the **final** outcome 최종 결과

파 finality n. 최종임; 결정적인 일   finally ad. 마침내; 결국
finalize v. 완결시키다, 완성하다   finale n. 종곡, 종막; 대단원

syn 최종의 = final; last; ultimate

cf. **finish** v. 끝내다; 완성하다 n. 종결; 끝손질; 최후

Study **28**

strong : 튼튼한, 강건한
strengthen : 튼튼하게 하다

firm(=strong; strengthen)의 뜻에서

firm

[fəːrm]

a. 견고한; 단호한; 안정된 *n.* 회사, 상사; 의료팀

🔵 take **firm** measures 단호한 조처를 취하다

🔵 firmly *ad.* 견고[확고, 단호]하게 firmness *n.* 확고부동

syn 회사 = firm; company; corporation; enterprise

af(<ad-=to~에 대해)+firm(확실히 (말)하다)

affirm

[əfə́ːrm]

v. 단언하다, ~이라고 주장하다, 우겨대다

🔵 I **affirm** the above to be true in every
   particular. 상기와 같이 상위 없음.

avouch *v.* 단언하다

🔵 affirmation *n.* 단언, 긍정 affirmative *a.* 긍정적인

syn 단언하다 = affirm; assert; aver; allege; asseverate

con(강조-완전히)+firm(확고히 하다)

confirm

[kənfə́ːrm]

v. 확인하다; 입증하다, 확증하다; 비준하다(ratify)

🔵 **confirm** one's reservations 예약을 확인하다

🔵 confirmed *a.* 확인된; 승인된; 상습적인; 만성인(chronic)
   confirmation *n.* 입증, 확인; 승인; 확립; 증거; 비준

syn 확인하다 = confirm; ascertain; identify; make sure

in(=not부정)+firm(=strong튼튼한)

infirm

[infə́ːrm]

a. 허약한, 연약한; 우유부단한, 결단력이 없는(irresolute)

🔵 an **infirm** constitution[person] 허약한 체질[사람]

🔵 infirmity *n.* 병약, 허약; 질병 infirmary *n.* 진료소, 병원

syn 허약한 = infirm; weak; feeble; frail; sickly

448

flat(e)

blow : 공기를 불어 보내다
smooth : 평탄하게 하다

de(=down반대로)+flate(=blow(공기를) 불어넣다)

deflate

[difléit]

v. 공기를 빼다; (통화를) 수축시키다; (희망 등을) 꺾다

🔵 **deflate[inflate] a tire** 타이어의 공기를 빼다[넣다]

🔺 deflation *n.* 공기를 빼기; 수축; 통화수축, 디플레이션

syn 수축시키다 = deflate; constrict; contract; shrink

in(=into안으로)+flate(=blow(공기를) 불어넣다)

inflate

[infléit]

*inflation n. 팽창; 폭등

v. 부풀게 하다; (통화를) 팽창시키다; 우쭐거리게 하다

🔵 **inflate the vanity** 허영심을 부채질하다

🔺 inflated *a.* 팽창한; 폭등한; 우쭐해 하는; 과장한(bombastic)
inflationary *a.* 인플레이션을 유발하는

re(=again다시)+flate(=blow(공기를) 불어넣다)

reflate

[rifléit]

v. (수축된 통화를) 다시 팽창시키다; 재팽창하다

🔵 **reflate the global economy**
세계 경기를 다시 팽창시키다

🔺 reflation *n.* (통화 수축 후의) 통화 재팽창, 리플레이션

flat(=smooth평탄하게 하다, 매끄럽게 하다)의 뜻에서

flat

[flæt]

a. 평평한; 균일한; 단호한; 맥 빠진; (공기가) 빠진; 불황의

ad. 꼭, 정확히; 딱 잘라서; 무이자로 *n.* 바람 빠진 타이어

🔵 **a flat** land[denial, lecture]
평지[단호한 거절, 재미없는 강의]

🔺 flatly *ad.* 단호하게; 단조롭게 flatten *v.* 무미건조하게 하다
cf. **flatter** *v.* 아첨하다, 추켜세우다 **flattering** *a.* 알랑거리는
flattery *n.* 아첨(adulation) **flatterer** *n.* 아첨꾼(sycophant)

syn 아첨하다 = flatter; adulate; apple-polish; butter up to;
curry favor with; fawn on; toady to

449

flect

bend : 굽히다, 구부리다
***flect = flex**

---

de(=from~로부터 (멀리 벗어나))+flect(=bend구부러지다)

deflect

[diflékt]

v. 빗나가다, 빗나가게 하다; (생각 등이) 편향하다; 구부리다

@ **deflect** from its set course 정해진 코스를 벗어나다
deflect public criticism 대중의 비판을 불식시키다

@ deflection *n.* 빗나감; 치우침; (빛의) 굴절; 편차
deflective *a.* 빗나가는; 편향적인; 휘어진(bent; curved)

syn 빗나가다 = deflect; deviate; digress; diverge; swerve

---

in(=into안으로)+flect(=bend구부리다)

inflect

[inflékt]

v. 안으로 굴곡시키다; 변화시키다; 조절하다(modulate)

@ **inflect** a noun 명사를 어미 변화시키다

@ inflection *n.* 굴곡, 만곡; 억양(intonation); 굴절
inflectional *a.* 굴곡의; 어미 변화의; 억양의
inflective *a.* 굴곡하는; (음이) 억양이 있는
inflected *a.* (어형이) 굴절되는; (어미가) 변화된
*inflected languages 굴절어

syn 구부리다 = curve; bend; crook; twist(비틀어 ~)

cf. **infract** *v.* (법률 등을) 위반하다(infringe; violate)

---

re(=back되돌려)+flect(=bend구부리다)

reflect

[riflékt]

v. 반사하다; 반영하다; 반성하다; 곰곰이 생각하다

@ **reflect** light[heat] 빛[열]을 반사하다
reflect on one's merits and demerits
장단점을 곰곰이 생각하다

@ reflection *n.* 반사; 영상; 반영; 숙고; 반성; 비난
reflective *a.* 반사하는; 반성하는; 숙고하는; 사려깊은
reflector *n.* 반사경; 숙고자; 반성자 reflex *n.* 반사

syn 반사하다 = reflect; mirror; reverberate; throw back

flex(=bend구부리다)

flex

[fleks]

v. (관절을) 구부리다; (근육을) 수축시키다

예 **flex** one's muscles to intimidate a tough guy
우락부락한 녀석을 겁주기 위해 알통을 만들다

파 flexion *n.* (관절의) 굴곡(작용)(flection)

syn 관절 = joint; articulation

flex(=bend구부릴)+ible(수 있는)

flexible

[fléksəbəl]

a. 구부리기 쉬운; 유연한; 유순한; 융통성 있는(versatile)

예 a **flexible** twig[tariff]
잘 휘어지는 나뭇가지[신축관세]

flexible policies 유연한 정책

*flextime
[flexible+time]

a **flexible** work schedule 근무시간 자유 선택제

*tractable *a.* 유순한

파 flexibility *n.* 구부리기 쉬움; 유연성; 유순함; 융통성

syn 유연한 = flexible; pliant; pliable; soft

in(=not부정)+flex(=bend구부릴)+ible(수 있는) → 구부릴 수 없는

inflexible

[infléksəbəl]

a. 확고한, 불굴의; 완고한; 변경할 수 없는; 융통성 없는

예 **inflexible** rules 변경할 수 없는 규칙

inflexible political posture[labor markets]
경직된 정치적 자세[노동 시장]

*an inflexible will
불굴의 의지

파 inflexibility *n.* 불요불굴; 단호한 태도

syn 확고한 = inflexible; firm; resolute; determined
불요불굴의 = inflexible; unyielding; indomitable;
indefatigable; unflinching; dauntless

deflect	⋯	inflect	⋯	reflect
빗나가다		굴곡시키다		반사하다
flex	⋯	flexible	⋯	inflexible
구부리다		유연한, 유순한		확고한, 경직된

root 61

flict

bend : 굽히다, 구부리다
strike : 치다, 때리다

af(<ad-=to~에게)+flict(=strike치다, 때리다)

afflict

[əflíkt]

v. (정신적, 육체적으로) 괴롭히다; 고통을 주다

[예] be **afflicted** with vast debts 막대한 빚에 시달리다

[파] afflicted *a.* 괴로워하는, 고민하는(agonizing)
affliction *n.* 고통; 괴로움 afflictive *a.* 고통을 주는; 쓰라린

syn 괴롭히다 = afflict; distress; bug; torment; harass; torment(고문하다)

con(=together서로)+flict(=strike치다)

conflict

[kənflíkt]
[kάnflikt] *n.*

v. 싸우다, 다투다; 충돌하다; 모순되다(contradict)

n. (이해 등의) 충돌, 대립; 다툼; 알력; 투쟁; 갈등

[예] **conflict** with international laws 국제법과 충돌하다
the **conflict** between old and new ideas
신구사상의 충돌

[파] confliction *n.* 싸움, 충돌 conflictive *a.* 상반하는, 모순되는
conflicting *a.* 서로 다투는; 모순되는(contradictory)

syn 충돌 = conflict; friction; crash; collision; strife(투쟁)

in(=on~을 (아프게))+flict(=strike치다)

inflict

[inflíkt]

v. (벌 등을) 주다; (고통 등을) 가하다; (싫은 것을) 강요하다

[예] **inflict** punishment[a wound] upon a person
~에게 벌을 주다[상처를 입히다]
inflict great mischief on the society
사회에 큰 해악을 끼치다

[파] infliction *n.* (고통 등을) 가함; 고통, 시련; 형벌; 폐

syn 가하다 = inflict; harm(위해를); press(압력을); spur(박차를); apply(열을)

flu

flow : 흐르다, 유출하다
*flu = flux = flow

---

flu(=flow(말 등이) 물 흐르듯)+ent(한)

fluent

[flú:ənt]

a. 유창한; 부드러운; 유연한; 유동성의(fluid)

예 fluent and polished English 유창하고 세련된 영어

파 fluently *ad.* 유창하게, 거침없이 **fluency** *n.* 유창, 능변

syn 유창한 = fluent; glib; smooth; flowing;
              facile(잘 지껄이는)

---

af(<ad-=to~에)+fluent((돈이 넘쳐) 흐르는)

affluent

[ǽfluənt]

a. 부유한, 유복한; 풍부한, 풍족한 *n.* (강의) 지류(tributary)

예 an affluent society[realtor]
      풍요로운 사회[부유한 부동산 업자]

파 affluence *n.* 부유(wealth); 풍족(abundance); 쇄도(influx)

syn 부유한 = affluent; rich; wealthy; opulent; well-off;
              well-to-do

---

con(=together함께)+fluent(흐르는)

confluent

[kánfluənt]

a. 합류하는, 합쳐지는 *n.* 합류하는 하천; 지류

예 confluent love
      합류적 사랑(각자의 정체성을 존중하는 사랑)

파 confluence, conflux *n.* 합류(점)(junction); 인파(crowd)

syn 지류 = confluent; affluent; tributary; branch stream

---

ef(<ex-=out밖으로)+fluent(흐르는)

effluent

[éfluənt]

a. 유출[방출, 발산]하는 *n.* 유출수; 유출 오수, 폐수; 하수

예 effluents from factories 공장들에서 유출되는 오수

파 effluence *n.* (액체, 광선 등의) 방출, 발산; 유출물

syn 유출 = effluence; outflow; drain; extrusion; efflux

in(=into안으로)+fluent(흐르는)

influent

[ínfluənt]

a. 흘러 들어가는, 유입하는 *n.* 지류; 유입(물)

🅔 industrial waste **influents** into the river
강으로 흘러들어오는 산업 폐기물

🅟 influenza *n.* 인플루엔자, 유행성감기, 독감(flu; grippe)

syn 유입 = influent; influx; afflux; inflow; indraft

re(=back뒤로)+fluent(흐르는)

refluent

[réfluənt]

a. (조류, 혈액 등이) 역류하는; 빠지는(ebbing)

🅔 the **refluent** tide 썰물, 퇴조(the ebbing tide)

🅟 refluence *n.* 역류; 퇴조 reflow *v.* (조수가) 빠지다; 역류하다

syn 썰물 = refluent tide; ebb; ebb(ing) tide;
falling[low] tide
밀물 = rising[incoming] tide; flood tide; high tide

flu(=flow흐르는)+id(것)

fluid

[flú:id]

n. 유체, 유동체(liquid); 분비물 *a.* 유동성의; 변하기 쉬운

🅔 **fluid** capital[assets] 유동 자본[자산]

🅟 fluidity *n.* 유동성; 가변성 fluidify *v.* 유동화하다(fluidize)

syn 변하기 쉬운 = fluid; variable; changeable; fickle;
unsettled

flu(=flow(갑자기) 흘러나오게)+sh(=make하다)

flush

[flʌʃ]

v. (물을) 왈칵 흘리다; 흥분시키다; (얼굴이) 확 붉어지다

n. 홍조(blush) *a.* 물이 가득 찬; 풍부한; 아낌없이 쓰는

🅔 **flush** the toilet after stool
용변 후 화장실 물을 내리다

a **flush** toilet 수세식 화장실(water closet)

🅟 flusher *n.* 가로 살수차(sprinkler truck); 하수도 청소부

syn 붉어지다 = flush; be red[flushed]; blush; turn red;
redden

flux(=flow흐르다)의 뜻에서

flux

[flʌks]

cf. **afflux** 유입, 쇄도
efflux 유출, 발산
influx 유입; 쇄도
reflux 역류; 썰물

n. 흐름, 유동; 밀물; 〈의학〉 이상 유출; 〈물리〉 유량

v. 흐르다; 녹(이)다; (조수가) 밀려들다; 변화하다(vary)

🔘 the **flux** and reflux of the tides 조수의 간만

🔘 fluxion *n.* 유출, 유동; 이상 배설; 부단한 변화

syn 흐름 = flux; flow; flowing; current; lapse, passage

fluctu(=wave; flow파도처럼 움직)+ation(임)

fluctuation

[flʌktʃuéiʃən]

n. 변동, 오르내림; 동요; (*pl.*) 흥망성쇠

🔘 the constant **fluctuation** in stock prices
주가의 끊임없는 변동

🔘 fluctuate *v.* (시세 등이) 오르내리다; 동요하다

syn 흥망성쇠 = fluctuations; vicissitudes; rise and fall;
ups and downs

super(=over위로 넘쳐)+flu(=flo 흐르)+ous(는)

superfluous

[suːpə́rfluəs]

a. 여분의(redundant), 과잉의(excessive); 불필요한

🔘 **superfluous** population 과잉 인구

🔘 superfluity *n.* 과잉(excess); 여분의 것; (*pl.*) 사치품

syn 불필요한 = superfluous; unnecessary; redundant

in(=into안으로)+flow(흘러듦)

inflow

[ínflòu]

n. 유입(influx); 유입물; 유입량

🔘 the big **inflow** of refugees 대규모 난민 유입

syn 난민 = refugees; displaced persons; boat people

out(밖으로)+flow(흐름)

outflow

[áutflòu]

n. 유출, 유출물, 유출량; (감정 등의) 격발

🔘 an **outflow** of gold from the country
금의 해외 유출

syn 격발 = outflow; outburst; agony; blaze; fit; riot

455

force

force : 억지로 시키다, 강요하다; 힘, 세력

force(〈fort=strong강한〉의 뜻에서

force
[fɔːrs]

v. 억지로 ~시키다; 강요하다 *n.* 힘; 폭력; 무력; (*pl.*) 군대

ⓔ resort to **force** 폭력에 호소하다

ⓓ forced *a.* 강요된; 부자연스러운 forceful *a.* 강력한

syn 강요하다 = force; enforce; compel; exact; extort;
                   coerce

counter(=against~에 반항하는)+force(세력)

counterforce
[káuntərfɔ̀ːrs]

n. 대항세력, 반대세력; 저항력; 선제 핵무기 공격

ⓔ a **counterforce** to the conservative forces
    보수 세력의 대항세력

syn 세력 = force; strength; power; might; influence

en(=in~에)+force(~을 강요하다, 억지로 시키다)

enforce
[enfɔ́ːrs]

v. 강요하다, 강제하다; 시행하다; 강력히 주장하다

ⓔ **enforce** a law to the letter 법을 엄격히 시행하다

ⓓ enforcement *n.* (법률 등의) 시행, 집행; 강제

syn 시행하다 = enforce; carry[put] into effect

cf. **take effect** 시행되다; 효력을 나타내다

re(=again다시)+in(=in~에)+force(힘을 싣다)

reinforce
[rìːinfɔ́ːrs]

*by perforce
억지로, 무리하게

v. 강화하다, 증강하다; 보강하다; 증진시키다(reenforce)

ⓔ **reinforce** violence in society 사회폭력을 조장하다

ⓓ reinforcement *n.* (군대의) 증강, 증원; 강화; (*pl.*) 증원군

syn 강화하다 = reinforce; strengthen; intensify;
                   consolidate

cf. **perforce** *ad.* 강제로(by force); 부득이, 필연적으로
                   n. 강제; 필연

form

form : 모양, 형태; 만들다, 형성하다

form(=form꼴, 형태)의 뜻에서

form

[fɔ:rm]

n. 모양; 형식; 신청용지 *v.* 형태를 이루다; (습관을) 붙이다

예 fill in[out] a **form** 용지에 기입하다

파 formal *a.* 형식적인; 의례적인; 딱딱한 *n.* 야회복
formally *ad.* 정식으로, 공식으로; 형식상; 딱딱하게
formation *n.* 형성, 편성; 형태 format *n.* 체제; 형
formulate *v.* 체계적으로 나타내다, 공식화하다

syn 모양 = form; shape; looks(용모)

con(=together함께)+form(형성하다)

conform

[kənfɔ́:rm]

v. ~에 따르다, 순응하다; (풍속 등에) 맞게하다

예 **conform** to social manners and customs
사회풍습에 순응하다

파 conformity *n.* 준수; 적합
conformation *n.* 형태, 구조; 적합
conformable *a.* 닮은, 비슷한; (습관 등에) 합치한, 적합한

syn ~에 순응하다 = confirm; adapt; accommodate;
adjust; accept

cf. **confirm** *v.* 확인하다, 확증하다; 승인하다(approve)

de(=from; away(일부를) 떼어내어)+form((모양)을 나쁘게 하다)

deform

[difɔ́:rm]

v. 볼품없게 하다; 불구로 만들다(maim); 변형시키다

예 **deformed** fish in the polluted lake
오염된 호수의 기형 물고기들

파 deformity *n.* 기형, (신체의) 불구; 신체장애자; 결함
deformation *n.* 모양을 망침; 추함; 기형; 변형
deformed *a.* 모양이 일그러진; 기형의, 불구의(crippled)

syn 불구 = deformity; disability; cripple;
the handicapped[disabled](집합적)

in(=in~안에)+form((소식, 정보를) 형성하다)

inform

[infɔ́:rm]

v. 알리다, 통지하다; ~에 정통하다; 밀고하다

예 I am to **inform** you that ~
~임을 알려드리는 바입니다

파 information n. 정보; 안내처
informative a. 교육적인(instructive)
informant n. 통지자, 정보 제공자; 밀고자(betrayer)
informed a. 소식통의; 박식한(learned; erudite); 교양있는

syn 통지하다 = inform; notify; report; let a person know

per(강조-완전히)+form(〈four=furnish공급하다〉)

perform

[pərfɔ́:rm]

v. 이행하다, 실행하다; 성취하다; 연기하다; 상연하다

예 **perform** a contract 계약을 이행하다
perform surgery 외과수술을 하다

파 performance n. 실행; 성과; 연기
performer n. 연기자, 연주자

syn 이행하다 = perform; fulfil; execute; carry out;
make good; put into practice

re(=again다시 (더 좋게))+form(만들다)

reform

[ri:fɔ́:rm]

v. 개선[개량, 개혁]하다 n. 개선, 개량, 개혁, 쇄신; 교정

예 **reform** the educational system from top to
bottom 교육 제도를 철두철미하게 개혁하다

파 reformation n. 개선, 개혁, 쇄신; (the R~) 종교개혁
reformative a. 개선하는, 쇄신하는; 개혁적인

syn 개선하다 = reform; improve; better; make ~ better

multi(=many많은)+form(형태)

multiform

[mʌ́ltifɔ̀:rm]

cf. alga
n. 해조, 바닷말

a. 다양한; 여러 형태의

예 **multiform** marine algae 다양한 해조들

파 multiformity n. 다양성(↔ uniformity 획일성)

syn 다양한 = multiform; multifarious; diverse; various

458

trans(=across; over저쪽으로)+form(형태를) 만들다

transform
[trænsfɔ́ːrm]

v. 변형시키다; 일변시키다; 변환하다; 변압하다; 변태하다

예 **transform** electricity into mechanical energy
전기를 기계 에너지로 바꾸다

파 transformation *n.* 변형(metamorphosis); 변태
transformer *n.* 변압기, 트랜스; 변화시키는 것

syn 변형시키다 = transform; metamorphose; transmute

uni(=one한 가지)+form(형태)의 뜻에서

uniform
[júːnəfɔ̀ːrm]

a. 같은 형태의; 한결같은; 균일한; 일정한; 획일적인

n. 제복, 군복; 유니폼; (the ~) 군인 *v.* 균일화하다, 통일하다

예 **uniform** temperature[velocity, wage]
등온[등속도, 동일 임금]

파 uniformly *ad.* 균등하게; 획일적으로(across the board)
uniformity *n.* 한결같음, 일정불변; 균일성; 획일, 일률

syn 균일한 = uniform; even; equal; regular, constant
균등하게 = uniformly; equally; evenly

vari(=various여러 가지)+form(모양)의

variform
[vɛ́ərəfɔ̀ːrm]
*vary *v.* 바꾸다,
다양하게 하다

a. 갖가지 모양의, 여러 가지 형태의

예 the **variform** birds in the aviary
새장 속의 갖가지 새들

파 variformly *ad.* 가지가지 모양으로

syn 가지가지 = variform; varied; various kinds of;
all sorts of; of every kind

form	⋯	conform	⋯	deform	⋯	inform	⋯	perform
형성하다		~에 따르다		볼품없게 하다		알리다		이행하다

reform	⋯	transform	⋯	multiform	⋯	uniform	⋯	variform
개선하다		변형시키다		다양한		일정한		갖가지 모양의

459

Study 29

root 65 fort

strong : 튼튼한; 강건한
strength : 힘

fort(=strong강한)의 뜻에서

fort

[fɔːrt]

n. 성채, 보루, 요새; (변경 지대의) 교역 시장

[예] guard the entrance of the **fort** 요새 입구를 지키다

[파] fortress *n.* 요새, 성채 *v.* 요새로 방어하다

syn 요새 = fort; fortress; stronghold; fortifications

cf. **forte** *n.* 장점, 특기(strong point); 〈음악〉 강하게

com(강조-크게)+fort(=strength힘(이 되어주다))

comfort

[kʌ́mfərt]

v. 위안하다, 위로하다(console); 편하게 하다

n. 위로, 위안; 안락(↔ **discomfort** *n.* 불쾌, 불안)

[예] **comfort** oneself with alcohol 술로 마음을 달래다

[파] comfortable *a.* 기분이 좋은; 편안한; 안락한(at ease)
comfortably *ad.* 안락하게, 기분 좋게; 부족함이 없이
comforter *n.* 위안을 주는 사람; 두꺼운 이불(eiderdown)

syn 위안하다 = comfort; console; solace; soothe(달래다)

ef(<ex-=out 밖으로)+fort(=strength힘(을 쏟음))

effort

[éfərt]

n. 애씀, 노력; (노력의) 성과, 역작(achievement)

[예] **efforts** to no purpose; blank efforts 헛된 노력
with a convulsive **effort** 사력을 다해
make every **effort** to curb inflation
인플레이션을 잡기 위해 모든 노력을 다하다

[파] effortless *a.* 노력하지 않는; 수월한(easy)

syn 노력 = effort; endeavor; exertion; labor; pains

fort(=strong강하게)+ify(=make만들다)

fortify
[fɔ́ːrtəfài]

v. 강화하다, 튼튼히 하다; 요새화하다; 영양가를 높이다

- **fortify** the defense of the borders
  국경 수비를 강화하다
  buy **fortified** milk 강화우유를 구입하다

- fortification *n.* (영양가 등의) 강화; 축성; (*pl.*) 방어 공사
  fortifier *n.* 강화하는 사람[것]; 강장제(tonic; pick-me-up)

syn 강화하다 = fortify; strengthen; intensify; reinforce

fort(=strong(어려움을 이겨내는) 강한)+i+tude(상태)

fortitude
[fɔ́ːrtətjùːd]

n. (역경 등을 참는) 꿋꿋함, 불굴의 정신, 견인불발

- show invincible **fortitude**
  불굴의 꿋꿋한 정신을 보여 주다
  with **fortitude** 의연하게(resolutely)

- fortitudinous *a.* 불굴의 정신을 지닌

syn 불굴 = fortitude; unyieldingness; invincibleness;
indomitability

fort	⋯	comfort	⋯	effort	⋯	fortify	⋯	fortitude
성채		위안하다		노력, 성과		강화하다		꿋꿋함

root 66

found

pour : 쏟다, 붓다
bottom : 바닥

found(=bottom~의 바닥을 놓다)의 뜻에서

found

[faund]

v. 기초를 세우다; 설립[창건]하다; ~의 근거로 하다

- **예** be **founded** on sufficient evidence
  충분한 증거에 입각하다

- **파** foundation *n*. 토대; 근거; 창설; 재단; 기초화장품
  founder *n*. 창설자; 발기인 *v*. 침몰하다; 함몰하다

- *syn* 설립하다 = found; establish; institute; organize

con(=together함께)+found(=pour(뒤섞어) 붓다)

confound

[kənfáund]

*confoundedly
ad. 지독하게,
형편없이; 엄청나게

v. 혼동하다(confuse); 당황하게 하다; 좌절시키다

- **예** **confound** a means with an end
  수단과 목적을 혼동하다

- **파** confounded *a*. 당황한, 어리둥절한(bewildered); 괘씸한

- *syn* 당황하게 하다 = confound; embarrass; perplex;
  bewilder; puzzle; upset

dumb(말도 못할 정도로 (놀라게))+found(=pour붓다)

dumbfound

[dʌ́mfáund]

v. 깜짝 놀라게 하다; 아연하게 하다(amaze)

- **예** be **dumbfounded** by the news
  그 소식에 어안이 벙벙하다

- *syn* 깜짝 놀라게 하다 = dumbfound; surprise; astonish;
  amaze; shock; startle; astound; stun; take aback

pro(=forward앞으로)+found(=bottom밑바닥) → 밑바닥보다 더 깊은

profound

[prəfáund]

*deep *a*. 심오한, 깊은

a. 심오한, 난해한; (학식이) 깊은 n. 깊은 곳; 심해

- **예** with **profound** fear 격심한 공포로

- **파** profoundly *ad*. 깊게 profundity *n*. 깊음; 심원함

- *syn* 심오한 = profound; abstruse; recondite; esoteric

462

front

forehead : (물건의) 앞부분, 이마
front : 앞; 맞서다

front(=forehead앞부분, 전면)의 뜻에서

front
[frʌnt]

n. 앞; 정면; 최전선; 명목상 우두머리; 체면; 뻔뻔함

a. 정면의; 표면에 내세우는 *v.* ~을 향하다; 맞서다

예 have the **front**[impudence] to ask more money
뻔뻔스럽게도 돈을 더 요구하다

파 frontal *a.* 정면의; 이마의 frontier *n.* 변경(border)
frontispiece *n.* (책의) 권두화; 〈건축〉 정면(facade)

syn 정면 = front; frontage; facade

fore(=before앞의)+front(앞부분)

forefront
[fɔ́:rfrʌnt]

n. 맨 앞; 선두, 최전선, 최전면; 주목; 활동의 중심

예 come to the **forefront** 세상의 주목을 받다

syn 선두 = forefront; van; vanguard; head; top;
lead; first

af(<ad-=to~에)+front(앞(에서 창피를 주다))

affront
[əfrʌnt]

v. 창피를 주다, 모욕하다; ~에 맞서다 *n.* 모욕; 무례한 언동

예 suffer an **affront**[insult] 모욕을 당하다

파 affronted *a.* 모욕을 당한, (모욕을 당하여) 분한

syn 모욕 = affront; insult; slight

con(=together함께)+front(이마(를 맞대다))

confront
[kənfrʌnt]

v. (~에) 직면하다, 맞서다(affront); ~의 눈앞에 들이대다

예 **confront** the danger boldly 대담하게 위험에 맞서다

파 confrontation *n.* 직면; 대치; 대결; 대조

syn 직면하다 = confront; face;
be confronted[faced] with

fus(e)

pour : 쏟다, 붓다, 따르다

---

fuse(=melt녹이다, 용해하다)

fuse

[fju:z]

v. 녹(이)다, 용해[융합]시키다[하다] *n.* 도화선; 신관

- blow one's **fuse** 몹시 화내다
- fusion *n.* 용해, 융해; 원자핵의 융합(↔ fission *n.* 핵분열)
  *fusion bomb 수소폭탄 fission bomb 원자폭탄
- *syn* 녹이다 = fuse; melt; smelt; dissolve; liquefy; thaw

---

circum(=around둘레에)+fuse(=pour붓다)

circumfuse

[sə̀:rkəmfjú:z]

v. (빛, 액체 등을[으로]) 주위에 쏟다, 둘러싸다

- her face **circumfused** with a spotlight
  집중조명을 받은 그녀의 얼굴
- circumfusion *n.* 주위에 쏟아 부음; 살포
- *syn* 주위 = circumference; environs; vicinity

---

con(=together함께)+fuse(=pour(뒤섞어) 붓다)

confuse

[kənfjú:z]

v. 혼란시키다, 혼동하다; 당황하게 하다

- be **confused** by the sudden change
  갑작스런 변화에 당황해하다

*disconcert
v. 당황하게 하다

- confusion *n.* 혼동; 뒤죽박죽; 혼미, 당황; 정신착란
  confused *a.* 혼란스러운; 당황한, 어리둥절한(perplexed)
- *syn* 당황하게 하다 = confuse; bewilder; confound

---

dif(<dis-=apart따로 떨어져 나가게)+fuse(=pour쏟다)

diffuse

[difjú:z]
[difú:s] *a.*

v. 확산[방산]시키다; 보급시키다; 유포하다

a. 널리 퍼진(widespread); 장황한(verbose)

- **diffuse** heat 열을 발산하다
- diffusion *n.* 방산; 확산 diffusive *a.* 산만한, 장황한(prolix)
- *syn* 확산시키다 = diffuse; spread; proliferate; disseminate

ef(<ex-=out밖으로)+fuse(=pour쏟아 붓다)

effuse | *v.* 발산하다; 내뿜다(pour out); 스며나오게 하다

[efjúːz]

[예] **effuse** through a membrane
얇은 막을 통해 발산하다

[파] effusive *a.* 심정을 토로하는; 〈지질〉 분출암의
effusion *n.* (감정의) 토로, 분출; (액체의) 유출; 분산

syn 발산하다 = effuse; emit; exhale; radiate; give forth[out; off]; send forth

in(=into안으로)+fuse(=pour부어넣다)

infuse | *v.* 주입하다, 불어넣다; 붓다; (약 등을) 우리다

[infjúːz]

[예] **infuse** the youth with the spirit of patriotism
젊은이들에게 애국심을 고취하다

[파] infusion *n.* 주입, 고취 infusible *a.* 주입할 수 있는

syn 주입하다 = infuse; inspire; instill; imbue; inject(주사를 ~); pour into

inter(=between사이로)+fuse(=pour붓다)

interfuse | *v.* 스며들다[스며들게 하다]; 침투시키다; 혼합하다

[ìntərfjúːz]

[예] **interfuse** through the cracks
틈을 통해 물이 스며들다

[파] interfusion *n.* 혼입; 혼합; 침투

syn 스며들다 = interfuse; penetrate; filter; go[soak] through; sink into

per(=through~을 두루)+fuse(=pour쏟아 붓다)

perfuse | *v.* (물 등을) 흩뿌리다, 살포하다, 좍 끼얹다

[pərfjúːz]

[예] **perfuse** the seedlings with water
묘목에 물을 흩뿌리다

[파] perfusion *n.* 흩뿌리기; 살포; 살수; 〈의학〉 관류

syn 흩뿌리다 = perfuse; strew; sprinkle; scatter; spread

pro(=forth앞으로)+fuse(=pour(넘치게) 쏟아내는)

profuse

[prəfjúːs]

a. 풍부한, 넘치는; 헤픈(lavish), 낭비하는

⑩ shed **profuse** tears at the news
그 소식을 듣고 눈물을 펑펑 흘리다

❿ profusion *n.* 다량, 풍부; 낭비, 사치(extravagance)

syn 풍부한 = profuse; abundant; plentiful; affluent; opulent; copious; ample; exuberant(넘쳐흐르는)

re(=back(맘에 안 들어) 뒤로)+fuse(=pour쏟아 붓다)

refuse

[rifjúːz]
[réfuːs] *n.*

v. (요구 등을) 거절하다; 거부하다; 퇴짜놓다

n. 쓰레기, 폐물; 인간말짜 *a.* 폐물의, 무가치한

⑩ **refuse** one's demand point-blank
~의 요구를 딱 거절하다

*point-blank
ad.* 단도직입적으로,
딱 잘라

❿ refusal *n.* 거절; 사퇴; 우선권 refuser *n.* 거절자, 사퇴자

syn 거절하다 = refuse; reject; rebuff; deny; decline; turn down

suf(<sub−=under아래에)+fuse(=pour(쫙) 쏟아 붓다)

suffuse

[səfjúːz]

v. 온통 뒤덮다, 채우다, 가득하게 하다(cover)

⑩ her eyes **suffused**[filled] with tears
눈물이 글썽글썽한 그녀의 눈

❿ suffusion *n.* 뒤덮음, 충일; (얼굴의) 홍조, 확 달아오름

syn 뒤덮다 = suffuse; overspread; cover with

trans(=across가로질러)+fuse(=pour붓다)

transfuse

[trænsfjúːz]

v. 옮겨 붓다; 수혈하다; (사상 등을) 불어 넣다

⑩ **transfuse** a person's blood into a patient
~의 피를 환자에게 수혈하다

❿ transfusion *n.* 옮겨 붓기; 주입; 〈의학〉 수혈

syn 불어넣다 = transfuse; infuse; instill; inspire; imbue; inoculate; indoctrinate

466

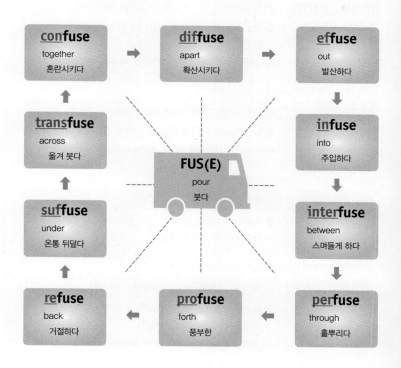

confuse
together
혼란시키다

diffuse
apart
확산시키다

effuse
out
발산하다

transfuse
across
옮겨 붓다

infuse
into
주입하다

FUS(E)
pour
붓다

interfuse
between
스며들게 하다

suffuse
under
온통 뒤덮다

perfuse
through
흩뿌리다

refuse
back
거절하다

profuse
forth
풍부한

gamy

marriage : 결혼

mono(=single일대일의)+gamy(=marriage결혼)

monogamy

[mənɑ́gəmi]

*wedding *n.* 결혼식

⑩ the merits and demerits of **monogamy**
일부일처제의 장단점

n. 일부일처(주의), 단혼(單婚); 〈동물〉 일웅일자

syn 결혼 = marriage; matrimony; union; wedlock

bi(=two(상대가) 둘인)+gamy(=marriage결혼)

bigamy

[bígəmi]

n. 이중 결혼, 중혼(double marriage)

⑩ be charged with **bigamy** 이중 결혼으로 기소되다

syn 이중의 = double; dual; duplex; duplicate; twofold

poly(=many다수의)+gamy(=marriage결혼)

polygamy

[pəlígəmi]

n. 복혼, 일부다처 또는 일처다부

⑩ prefer monogamy to **polygamy**
복혼보다 단혼을 우선하다

endo(=within(구역) 안의)+gamy(=marriage결혼)

endogamy

[endɑ́gəmi]

n. 족내혼, 동족혼(↔ **exogamy** *n.* 족외혼)

⑩ forbid **endogamy** strictly
족내혼을 엄격하게 금지하다

syn 동족 = consanguinity; the same race[tribe; blood]

exo(=outside(구역) 밖의)+gamy(=marriage결혼)

exogamy

[eksɑ́gəmi]

n. 족외혼, 이족혼

⑩ couldn't marry her owing to the custom of
exogamy 족외혼 관습으로 인해 그녀와 결혼할 수 없었다

syn 종족 = race; tribe; stock; phylon

miso(=hate혐오하다)+gamy(=marriage결혼)

misogamy

[misǽgəmi]

n. 결혼 혐오, 결혼을 싫어함

예 homogamy, heterogamy and **misogamy**
동형배우자 생식, 이형배우자 생식, 그리고 결혼 혐오

파 misogamist *n.* 결혼 혐오자

syn 혐오 = aversion; abomination; abhorrence; hatred; antipathy; dislike; repugnance

monogamy	⋯⋯▸	bigamy	⋯⋯▸	polygamy
일부일처		이중 결혼		복혼

endogamy	⋯⋯▸	exogamy	⋯⋯▸	misogamy
족내혼		족외혼		결혼 혐오

gen(er)

birth : 출생, 발생   kind : 종류
produce : 생기게 하다

---

gener(=birth출생; 발생)+ate(=make시키다)

generate

[dʒénərèit]

v. 발생시키다(produce); (아이를) 낳다(beget)

- **generate** heat[electricity] 열[전기]를 발생시키다
- **generation** *n.* 세대; 발생 **generator** *n.* 발전기(dynamo)
  generative *a.* 생식의, 생식력 있는(procreative); 발생의
- *syn* 발생시키다 = generate; produce; cause;
  bring ~ into existence

---

de(=down(지금보다) 나쁘게)+generate(발생시키다)

degenerate

[didʒénərèit]
[dídʒénərət] *n.*

cf. **regenerate**
  v. 재생시키다;
  재현하다

v. 퇴보하다, 나빠지다; 타락하다; 〈생물〉 퇴화하다
a. 타락한; 퇴보한, 퇴화한 *n.* 타락자; 성도착자(pervert)

- a **degenerate** person[society]
  타락한 사람[퇴보한 사회]
- **degeneration** *n.* 타락, 퇴보, 악화(deterioration); 퇴화
  degenerative *a.* 퇴화적인, 퇴행성의; 타락적인(corrupt)
- *syn* 퇴보하다 = degenerate; retrograde; deteriorate

---

gener(=kind(어떤 종류(에 일반적))+al(인))

general

[dʒénərəl]

a. 일반적인, 보편적인; 종합적인 *n.* 육군대장(full general)

- **general** election[strike, anesthesia, hospital]
  총선거[총파업, 전신마취, 종합병원]
- **generally** *ad.* 대체로(in general), 보통(usually)
  generalize *v.* 일반화하다 **generalization** *n.* 일반화
- *syn* 일반적인 = general; universal; common; ordinary

---

generate ···▸	degenerate ···▸	regenerate ···▸	general
발생시키다	퇴보하다	재생시키다	일반적인

gest

carry : 나르다, 운반하다; 전하다

---

con(=together함께 (뒤섞어))+gest(=carry나르다)

congest

[kəndʒést]

v. 혼잡하게 하다; 정체시키다; ~로 충만시키다

- ⓔ be expected to **congest** the traffic
  교통을 혼잡하게 할 것으로 예상되다

- ⓓ congested *a.* 붐비는, 혼잡한; 정체한; 충혈된
  congestion *n.* (인구의) 밀집; 과로; (교통) 혼잡; 충혈
  *traffic congestion[jam] 교통체증

- *syn* 혼잡하게 하다 = congest; overcrowd; confuse; jam;
  throng(우글거리다)

---

di(<dis-=apart잘게 잘라서)+gest(=carry나르다)

digest

[didʒést, dài-]

v. 소화하다; 이해하다; 요약하다 *n.* 요약(본)

- ⓔ **digest** food[a poem, a book]
  음식을 소화하다[시를 음미하다, 책을 요약하다]

- ⓓ digestion *n.* 소화[작용], 소화력; 이해; 동화흡수
  digestive *a.* 소화를 돕는, 소화를 촉진하는 *n.* 소화제

- *syn* 요약하다 = digest; summarize; epitomize; abstract;
  condense; brief; abridge; sum up

---

in(=into안으로)+gest(=carry나르다)

ingest

[indʒést]

v. (음식 등을 체내에) 섭취하다, 취하다

- ⓔ be poisonous if **ingested** too much
  과다 섭취하면 해롭다

- ⓓ ingestion *n.* 섭취(intake) ingestive *a.* 섭취의
  ingesta *n.* 섭취한 영양물, 섭취물(↔ egesta *a.* 배설물)

- *syn* 섭취하다 = ingest; incept; imbibe; absorb; swallow;
  take (in)

- *cf.* **egest** *v.* 배출하다, 배설하다(excrete)
  egestion *n.* 배출(evacuation), 배설(excretion)

suggest

v. 제의하다, 제안하다, 권하다; 암시하다; 연상시키다

[səgdʒést]

⑩ be ready to **suggest** some proposals
몇 가지 제안이 준비되다

⑩ suggestion *n.* 제안, 제의; 암시, 시사; 김새, 기색
suggestive *a.* 암시적인(thought-provoking)
suggestively *ad.* 암시적으로, 의미심장하게

syn 암시하다 = suggest; intimate;insinuate; allude;
imply; hint

gest(=carry(몸짓으로) 나)+ure(름)

gesture

n. 몸짓, 손짓, 몸짓하기; (형식적인) 의사표시

[dʒéstʃər]

⑩ a derogatory[provocative, lewd] **gesture**
경멸적[도발적, 음란한] 몸짓

⑩ gesticulate *v.* 몸짓[손짓]으로 나타내다[말하다]

syn 음란한 = lewd; obscene; lustful; lascivious;
lecherous; licentious; salacious; incontinent;
bawdy; dissolute; lubric(i)ous; goatish

gest(=carry(아이, 생각을) 날라 오)+ate(=do; make다)

gestate

v. 잉태하다; 구상하다, (계획 등을) 마음 속에 가다듬다

[dʒésteit]

⑩ be **gestated** for donkey's years
아주 오랫동안 구상되다

*태아

embryo(8주)
fetus(9주 이후)
neonate(신생아)
infant(유아)

*donkey's years[ears] 아주 오랫동안

⑩ gestation *n.* 잉태(pregnancy); 구상
*a gestation period 잉태 기간

syn 구상하다 = gestate; plot; conceive; squeeze out an
idea; shape one's ideas; rack[beat] one's brains

congest	⋯→	digest	⋯→	ingest	⋯→	suggest
혼잡하게 하다		소화하다		섭취하다		제안하다

Study **30**

grad(e)

step : 단계(level)
go : (나아)가다

grade(=step하나씩 밟아 나감)의 뜻에서

grade
[greid]

n. 등급; 학년; 성적, 평가 *v.* 등급을 매기다; 채점하다

📖 a middle-**grade** executive 중간 간부
an outstanding **grade** 우수한 성적

syn 등급 = grade; rank; degree; class; position(지위)

de(=down아래로)+grade(등급을 매기다)

degrade
[digréid]

v. 강등[퇴화]시키다; 품위를 떨어뜨리다; 면목을 잃게 하다

📖 **degrade** economic structures
경제구조를 나쁘게 하다

*degree
n. 등급(grade); 학위

📕 degradation *n.* 좌천(demotion); 저하; 타락, 퇴폐; 퇴보
degraded *a.* 떨어진; 타락한

syn 강등시키다 = degrade; demote; relegate(좌천시키다)

retro(=backward뒤쪽으로)+grade(=go가는)

retrograde
[rétrəgrèid]

a. 후퇴하는; 반대의; 퇴행적인 *v.* 후퇴하다; 소급하다

📖 a **retrograde** step[order] 퇴행적인 조치[역순으로]

📕 retrogress *v.* 되돌아가다; 역행하다; 퇴보하다

syn 후퇴하다 = retrograde; retrocede; recede; go back

up(=upward위쪽으로)+grade(등급을 매기다)

upgrade
[ʌ́pgrèid]

v. 승격[승진]시키다; 개량하다 *a.* 오르막의 *n.* 오르막; 향상

📖 be **upgraded** to personnel manager
인사부장으로 승진하다

syn 승진시키다 = upgrade; promote; advance; raise

centi(=hundred100)+grade(등급)

centigrade

[séntəgrèid]

a. 백분도의, 100도 눈금으로 된; 섭씨의(Celsius)

예 a **centigrade** thermometer 섭씨 온도계

syn 온도계 = thermometer; mercury(수은, 수은주)

grad(u)(=step단계를 밟아)+ate(=do; make나가다)

graduate

[grǽdʒuèit]
[grǽdʒət] *n.*

v. 졸업하다, 졸업시키다; ~에 등급을 두다

n. 졸업생 *a.* 졸업한; 대학원생의

예 **graduate** from Yale with honors
예일 대학을 우등으로 졸업하다

파 graduation *n.* 졸업; 학위 취득; 졸업식; 눈금 (매기기)

syn 졸업장 = diploma; parchment; sheepskin

under(아래에)+graduate(대학 졸업생)

undergraduate

[ʌndərgrǽdʒuit]

n. 대학생, 학부 재학생 *a.* 학부 재학생인

예 an **undergraduate** at Harvard University
하버드대생

syn 대학생 = undergraduate; collegian

post(=after~이후에)+graduate(대학 졸업)

postgraduate

[póustgrǽdʒuit]

n. 대학원생; 연구과 학생 *a.* 대학 졸업 후의; 대학원의

예 the **postgraduate** course 대학원 과정

syn 대학원생 = postgraduate; graduate student

gradu(=step단계(적으로 나아가))+al(는)

gradual

[grǽdʒuəl]

a. 점진적인, 점차적인, 단계적인, 조금씩 나아가는

예 make **gradual** progress in one's studies
학업이 점차적으로 발전해 나가다

파 gradually *ad.* 점진적으로   gradualism *n.* 점진주의
gradient *n.* (도로의) 기울기; 경사도(grade); 언덕

syn 점진적으로 = gradually; step by step; by degrees

474

gress

step : 단계, 걸음
go : (나아)가다

ag(<ad-=toward~을 향해)+gress(=go(싸우려고) 가다)

aggress

[əgrés]

v. 공격하다; 공세를 취하다, 싸움을 걸다

예 **aggress** against the Government party
여당을 공격하다

파 aggression *n.* 침략, 공격; 침해; 호전성, 공격성
aggressive *a.* 침략적인(invasive); 공격적인; 적극적인

syn 공격하다 = aggress; attack; make an attack; assail

con(=together함께)+gress(=go(모임에) 가다)

congress

[kəngrés]
[káŋgris] *n.*

v. 모이다, 회합하다(assemble together) *n.* 의회, 국회

예 the hawks and the doves in **Congress**
의회의 매파(강경파)와 비둘기파(온건파)

파 congressman *n.* (C-) 국회[하원]의원 *senator 상원의원

syn 의회 = Congress(미국); Parliament(영국);
the National Assembly(한국); the Diet(일본)

di(<dis-=aside옆으로 벗어나)+gress(=go가다)

digress

[daigrés, di-]

v. (주제에서) 벗어나다; 빗나가다; 탈선하다

예 **digress** from the main subject 주제에서 벗어나다

파 digression *n.* 주제에서 벗어나기; 여담; 탈선
digressive *a.* 지엽으로 흐르는

syn 벗어나다 = digress; diverge; deviate; deflect; stray

e(<ex-=out 밖으로)+gress(=go가다)

egress

[í:grés]
[í:gres] *n.*

v. 밖으로 나가다(go out) *n.* 밖으로 나감; 출구(exit)

예 ingress and **egress** 출입(entrance and exit)

파 egression *n.* 나감, 퇴거 egressive *a.* 물러나는, 퇴거의

syn 탈출하다 = egress; escape; flee; get out of

in(=into안으로)+gress(=go들어가다)

ingress

[íngres]

n. 들어감, 진입; 입구; 입장의 자유, 입장권

예 the **ingress** of a foul odor into rooms
악취가 방으로 들어옴

파 ingression n. 들어감, 진입 ingressive a. 들어가는

syn 진입 = ingress; approach(접근); admission(입장);
entry(가입)

pro(=forward앞으로)+gress(=go나아가다)

progress

[prəgrés]
[prágres] n.

v. 전진하다, 진척되다; 발전하다, 향상하다

n. 전진, 진척; 진보, 발달; 경과(↔ **regress** n. 퇴보)

예 make gradual **progress** 점차 좋아지다
a barrier to **progress** 진보의 장애물

파 progression n. 진행, 전진; 발달, 진보; 경과
progressive a. 진보적인, 혁신적인
(↔ conservative a. 보수적인)

syn 전진하다 = progress; advance; proceed;
move forward; go ahead

re(=back뒤로 (되돌아))+gress(=go가다)

regress

[ri:grés]
[rí:gres] n.

v. 되돌아가다(go back), 복귀하다; 퇴보하다

n. 후퇴; 귀환, 복위; 퇴보(↔ **progress** n. 진보)

예 **regress** to the former policy
이전의 정책으로 되돌아가다

파 regression n. 복귀; 퇴보 regressive a. 후퇴하는

syn 퇴보하다 = regress; retrograde; retrocede;
degenerate; deteriorate

retro(=backward뒤쪽으로)+gress(=go가다)

retrogress
v. 되돌아가다, 후퇴하다; 역행하다; 쇠퇴[퇴화]하다

[rétrəgrès]

예 be **retrogressing** increasingly
점점 더 나빠지고 있다

파 retrogressive *a.* 후퇴하는, 역행하는; 퇴화하는
retrogression *n.* 후퇴; 역행; 퇴화; 쇠퇴(decline)
*the retrogression of civilization 문명의 퇴보

syn 되돌아가다 = retrogress; relapse; revert; return;
go back

trans(=beyond범위를 넘어)+gress(=go가다)

transgress
v. (한도를) 넘다; (법률 등을) 위반하다, 어기다

[trænsgrés]

예 **transgress** the limits of my patience
인내의 한계를 넘다

transgress the moral law 천륜[인륜]을 어기다

*moral law 도덕률

파 transgression *n.* 위반(violation; infringement), 범죄
transgressor *n.* (종교, 도덕상의) 죄인; 위반자
transgressive *a.* 법을 위반하기 쉬운; 초월하는, 초월적인

syn 위반하다 = transgress; break; infract; infringe;
violate; contravene

aggress	⋯→	congress	⋯→	digress	⋯→	egress	⋯→	ingress
공격하다		모이다		벗어나다		나가다		진입, 입구

progress	⋯→	regress	⋯→	retrogress	⋯→	transgress
전진하다; 전진		되돌아가다		후퇴하다		위반하다

writing : 쓴 것
*graph = write 쓰다

---

bio(=life일생, 생애(에 대해))+graphy(=writing쓴 것)

biography

[baiágrəfi]

n. 전기, 일대기; 전기 문학

ⓐ biographical *a.* 전기의
biographer *n.* 전기 작가

syn 문학 = literature; letters

---

auto(=self자신의)+biography(일대기)

autobiography

[ɔ̀:təbaiágrəfi]

n. 자서전

ⓐ autobiographic(al) *a.* 자서전의

syn 책 = book; volume(권); work(작품); tome(큰 책)
*in volume 대량으로(in quantity; in bulk)

---

caco(=bad; ill나쁜)+graphy(=writing필적)

cacography

[kækágrəfi]

n. 악필; 오기(誤記)(↔ **orthography** *n.* 바른 철자법)

ⓐ cacographic(al) *a.* 악필의; 철자가 틀리는

syn 오기 = cacography; miswriting; an error in writing

---

calli(=beautiful아름다운)+graphy(=writing필적)

calligraphy

[kəlígrəfi]

n. 달필; 서예, 서법; 서도; 습자법

ⓐ calligraphic(al) *a.* 달필의; 서예의

syn 서예 = calligraphy; penmanship

---

carto(=chart(바다) 지도)+graphy(=writing기록법)

cartography

[ka:rtágrəfi]

n. 지도 제작법

ⓐ cartographic(al) *a.* 지도 제작(상)의

syn 지도 = map; atlas(지도책); chart(해도)
*a contour map 등고선 지도

crypto(=secret; hidden비밀)+graphy(=writing기록법)

cryptography

[kriptágrəfi]

n. 암호 표기법; 암호 해독법; 암호문

⊕ cryptographic(al) *a.* 암호의; 암호 표기법의

syn 암호 = cryptograph; cryptogram; (secret) code;
cipher; password, watchword(군호)

epi(=upon(돌) 위의)+graphy(=writing쓴 것(을 연구하는 학문))

epigraphy

[epígrəfi]

n. 비명학, 금석학; (집합적) 비문, 금석문

⊕ epigraph *n.* (무덤 등의) 비명, 비문; (책머리의) 제사
epigraphic(al) *a.* 비명의; 금석학의, 비명 연구의

syn 비문 = epigraphy; epigraph; inscription

geo(=earth 땅, 지구(에 대해))+graphy(=writing기록해 놓은 것)

geography

[dʒiːágrəfi]

n. 지리학; (특정 지역의) 지리, 지형; 화장실의 위치

⊕ geographic(al) *a.* 지리학(상)의, 지리(학)적인

syn 지리 = geography; topography;
geographical features(지세)

litho(=stone돌(에 하는))+graphy(=writing기록법)

lithography

[liθágrəfi]

n. 석판(인쇄)술, 석판 인쇄

⊕ lithographic(al) *a.* 석판의, 석판 인쇄의
lithograph *n.* 석판(화)

syn 인쇄 = printing; typography; presswork;
stenochromy

mytho(=myth신화(에 대해))+graphy(=writing쓴 것)

mythography

[miθágrəfi]

n. 신화집; (회화 등의) 신화 예술

⊕ mythologic(al) *a.* 신화의; 지어낸 이야기의(fabulous)

syn 신화 = myth; mythology(집합적); mythography(신화집)

ortho(=straight; right올바른)+graphy(=writing서법)

orthography
[ɔːrθágrəfi]

n. 정자법(正字法), 정서법; 철자법

🔘 orthographic(al) *a.* 정자법의, 철자법이 바른

syn 철자법 = orthography; spelling

phono(=sound 소리(나는 대로))+graphy(=writing 쓰기)

phonography
[founágrəfi]

n. 표음식 표기법; 표음식 철자법, 표음 속기법[술]

🔘 phonographic(al) *a.* 표음 속기법의; 축음기의
phonograph *n.* 축음기(gramophone: record player)

syn 음 = sound; note; tone; pronunciation(발음)

photo(=light빛(으로))+graphy(=writing기록하는 것)

photography
[fətágrəfi]

n. 사진(촬영)술; 사진촬영

🔘 photograph *n.* 사진 *v.* 사진을 찍다, 사진에 찍히다
photographic(al) *a.* 사진의, 사진술의

syn 촬영 = photographing; shot; shooting; location
cf. **photogenic** *a.* 사진을 잘 받는; 발광성의(luminiferous)

porno(=whore창부(에 대해))+graphy(=writing쓴 것)

pornography
[pɔːrnágrəfi]

n. 포르노(porno); 외설문학; 포르노 영화[책, 그림]

🔘 pornograph *n.* 포르노 pornographic *a.* 춘화의(obscene)
pornographer *n.* 춘화가; 도색 작가; 에로문학자

syn 외설한 = pornographic; indecent; obscene; filthy;
lewd; nasty; bawdy

radio(=ray방사선; 광선)+graphy(=writing기록법)

radiography
[rèidiágrəfi]

n. 방사선 사진술, X선 촬영(법), 뢴트겐 사진술

🔘 radiograph *n.* X선[뢴트겐] 사진; 방사선 사진

syn 방사선 = radiation; radioactive rays;
radial[radiant] rays
방사능 = radioactivity
*radioactive contamination 방사능 오염

480

steno(=narrow단축된)+graphy(=writing서법)

stenography

[stənágrəfi]

n. 속기, 속기술(shorthand; quick writing)

🔟 stenograph *n.* 속기 문자 *v.* 속기로 쓰다
stenographic(al) *a.* 속기의, 속기술의

syn 속기법 = stenography; shorthand; quick writing

tele(=far멀리 보내기 위한)+graphy(=writing기록법)

telegraphy

[təlégrəfi]

n. 전신; 전신술; 전신법

🔟 telegraph *n.* 전신, 전보; 전신기 *v.* 전보를 치다
telegraphic(al) *a.* 전신의, 전보의; 간결한

syn 전신 = telegraphy; telegraph; telegram; wire;
cable; cablegram(해외전보)

xero(=dry건조성의)+graphy(=writing기록법)

xerography

[zirágrəfi]

n. 건식 복사, 건식 인쇄(술)

🔟 xerographic *a.* 건식 복사의

syn 건조한 = dry; parched; arid
cf. Xerox *n.* 〈상표명〉 제록스(서류 복사기)
v. (x-) 제록스로 복사하다

graph(=write쓰다, 기록하다)

graph

[græf]

n. 도표, 도식; 선 그래프 *v.* 도표로 나타내다

🔟 graphic *a.* 도표의; 생생한; 글자의, 기호의
graphically *ad.* 생생하게, 그림을 보는 것 같이;
도표로; 글자로

syn 도식 = graph; diagram; scheme; schema(도표)

VOCA TIP

-graph의 변화

-graph ⇒ **-graphy** ⇒ **-grapher**
~을 쓰다   쓴 것   ~을 쓰는 사람

Study **31**

root 75

grat(i)

pleasing : 기쁘게 하는, 만족스러운
thank(ful) : 감사(하는)

---

grat(=pleasing기쁘게)+ify(=make하다)

gratify

[grǽtəfài]

gratification
  n. 만족

v. 만족시키다; 기쁘게 하다(please)

예 **gratify** one's curiosity[carnal appetite]
  호기심[성욕]을 채우다

파 gratifying *a.* 만족을 주는; 만족스러운(satisfactory)

syn 만족시키다 = gratify; satisfy; content; please; indulge

---

grat(e)(=thanks감사로)+ful(가득 찬)

grateful

[gréitfəl]

a. 고맙게 여기는, 감사하는; 기분 좋은, 쾌적한

예 a **grateful** letter[breeze] 감사의 편지[쾌적한 바람]

파 gratefully *ad.* 감사하여(thankfully), 기꺼이

syn 감사하는 = grateful; thankful; appreciative

---

grat(i)(=thankful고마운)+tude(것에 대한 표시)

gratitude

[grǽtətjùːd]

n. 감사(하는 마음), 사의(thankfulness)

예 in token of one's **gratitude** 감사의 표시로

syn 감사 = gratitude; gratefulness; appreciation

---

in(=not안)+gratitude(감사함)

ingratitude

[ingrǽtətjùːd]

n. 배은망덕, 망은(忘恩)

예 return a kindness with **ingratitude**
  은혜를 원수로 갚다

파 ungrateful *a.* 배은망덕한, 은혜를 모르는

syn 배은망덕 = ingratitude; ungratefulness

482

in(=into~에(게))+grat(i)(=please기쁘게)+ate(=make 하다)

ingratiate

[ingréiʃièit]

v. ~의 비위를 맞추다; 환심을 사다, 영합하다

㉠ **ingratiate** oneself with one's superior
윗사람의 비위를 맞추다

㉡ ingratiating *a.* 알랑거리는(flattering); 영합하는
ingratiation *n.* 남의 비위를 맞추기(flattery), 영합

syn 비위를 맞추다 = ingratiate; flatter; fawn; propitiate;
court; please; curry favor with

grat(u)(=thankful고마워서 (주는))+ity(것)

gratuity

[grətʃúːəti]

n. 행하, 팁(tip), 사례금; 선물; 공로 특별 상금; 하사금

㉠ No **gratuities**[tips] accepted. 팁은 일체 사절
take illegal **gratuities** from the munitions
company 군수회사로부터 불법 사례금을 수수하다

syn 팁 = gratuity; tip; perquisite(부수입)

grat(uit)(=thankful고마워서 (거저 주))+ous(는)

gratuitous

[grətʃúːətəs]

*Entrance is
gratis. 입장 무료.

a. 무료의; 무상의(↔ **onerous** *a.* 유상의); 까닭 없는

㉠ **gratuitous** service[conveyance]
무료 봉사[무상 양도]

㉡ gratuitously *ad.* 무료로, 무상으로; 까닭 없이; 불필요하게
gratis *a.* 무료의(free), 공짜의 *ad.* 무료로, 공짜로

syn 무료의 = gratuitous; gratis; free; for nothing(무료로)

con(=together함께)+grat(ul)(=pleased기뻐)+ate(=make하다)

congratulate

[kəngrǽtʃəlèit]

*celebration *n.* 축하

v. 축하하다, 축하의 말을 하다(felicitate)

㉠ I **congratulate** you on your promotion.
당신의 승진을 축하합니다.

㉡ congratulatory *a.* 축하의(congratulant)

syn 축하 = congratulations; felicitations; rejoicings

root 76

greg

flock : 떼, 무리

ag(<ad-=to~에)+greg(=flock떼 짓게)+ate(=make하다)

aggregate

v. 모으다; 집합하다; 모이다; 총계 ~이 되다(amount to)

[ǽgrigèit]
[ǽgrigit] *a., n.*

a. 집합적인, 총계의(total) *n.* 집합(체); 총계; 골재(자갈 등)

[예] purchase an **aggregate** of 1,000 shares
주식 총 1,000주를 구입하다
sand, cement, and **aggregate**
모래, 시멘트, 그리고 골재

[파] aggregation *n.* 집합, 집성; 집합체, 집단
aggregative, aggregatory *a.* 집합하는; 집단적인

syn 모으다 = aggregate; gather; bring together

*round up
(가축을) 몰아 모으다;
(범인 일당을) 검거하다

con(=together함께)+greg(=flock무리를 짓)+ate(=make다)

congregate

v. 모이다, 모으다; 소집하다(summon; convene)

[káŋgrigèit]
[káŋgrigət] *a.*

a. 모인(collected; assembled); 집단적인(collective)

[예] **congregate** at a hotel to discuss the issue
그 문제를 논의하기 위해 호텔에 모이다

[파] congregation *n.* 집합; 〈종교〉 회중

syn 모이다 = congregate; flock; gather; crowd; swarm

*congregational
a. 집회의

se(=apart따로따로)+greg(=flock무리 짓게)+ate(=make하다)

segregate

v. 분리하다, 격리하다; (인종, 성별 등에 의해) 차별하다

[ségrigèit]

[예] **segregate** the patient from the others
그 환자를 다른 환자들과 격리하다
segregate colored people 흑인을 차별하다

[파] segregation *n.* 분리, 격리; 인종[성별]차별 대우
segregationist *n.* 분리주의자; 인종[성별] 차별주의자
segregative *a.* 인종[성별] 차별적인; 화합되지 않는

syn 격리하다 = segregate; isolate; insulate; quarantine

de(=down반대로)+segregate(차별하다) → 차별을 없애다

desegregate
[diːségrigèit]

v. 인종차별대우를 폐지하다

⬥ enter a lawsuit to **desegregate** schools
학교에서의 인종차별을 철폐하기 위하여 소송을 제기하다

⬥ desegregation *n.* 인종 차별 대우 폐지;
흑인 차별 폐지(integration)
desegregationist *n.* 흑인 차별 폐지론자

syn 인종차별을 없애다 = desegregate; integrate

greg(=flock떼지어)+ari+ous(있는)

gregarious
[grigɛ́əriəs]

a. 군거성의, 떼지어 사는; 집단을 좋아하는; 사교적인

⬥ be highly **gregarious** 군거성이 강하다
a **gregarious** animal. 군집성 동물

⬥ gregariously *ad.* 군거하여, 군생하여; 집단적으로

syn 사교적인 = gregarious; social; sociable; clubby
떼 = cluster; group; crowd; throng; flock(새);
swarm(벌레); herd(소); school(물고기, 고래)
cf. **be a good[bad] mixer** 사교성이 있다[없다]

aggregate	⋯⟶	congregate	⋯⟶	segregate	⋯⟶	desegregate
모으다		모이다, 모으다		분리하다		차별을 폐지하다

hale

breathe : 호흡하다; 발산하다

ex(=out밖으로)+hale(=breathe숨을 쉬다)

exhale

[eksʜéil]

v. 숨을 내쉬다; 발산하다; (격정 등을) 폭발시키다

🔘 inhale deeply and then **exhale** slowly
숨을 크게 들이쉰 다음 천천히 내쉬다

🔘 exhalation *n.* (숨, 증기 등을) 내쉬기, 내뿜기, 방출
exhalant, exhalent *a.* 발산의, 방출용의 *n.* 배출관

syn 발산하다 = exhale; emit; diffuse; transpire;
give off; send forth

in(=in안으로)+hale(=breathe숨을 쉬다)

inhale

[inʜéil]

v. 숨을 들이쉬다; (담배 연기를) 흡입하다; 먹다(eat)

🔘 smoke but never **inhale**
담배는 피우나 결코 들이마시지는 않다

🔘 inhalation *n.* 흡입, 빨아들이기; 흡입제
inhalant *a.* 빨아들이는, 흡입용의 *n.* 흡입기(inhaler)
inhaler *n.* 흡입기(inhalator); (인공) 호흡기(respirator)

syn 빨아들이다 = inhale; breathe in; draw in; absorb,
sponge(액체를 ~)

hale(=healthy, sound건강한)의 뜻에서

hale

[heil]

a. (노인이) 강건한, 정정한, 원기왕성한

🔘 be **hale** and hearty 정정한, 원기왕성한

syn 강건한 = hale; robust; vigorous; hardy; sturdy

[more] 단숨에 = at a breath; at a stretch
숨 가쁘게 = out of breath; breathlessly
숨을 죽이고 = with bated breath
숨이 가쁘다 = breathe hard
숨을 돌리다 = take breath
숨 막히다 = be choky[stifling]

her(e)

stick : 들러붙다, 부착하다

---

ad(=to~에)+here(=stick들러붙다)

adhere
[ædhíər]

v. 들러붙다, 부착하다; 고수하다; 집착하다

ⓒ adhere to neutrality[the basic]
중립[기본]을 고수하다

ⓓ adherence *n.* 집착, 고집(obstinacy); 충실(fidelity)
adherent *n.* 추종자, 지지자, 신봉자 *a.* 점착하는; 지지하는
adhesion *n.* 점착, 부착; 충실, 애착(attachment); 유착
adhesive *a.* 집착하는; 끈적거리는 *n.* 접착제; 반창고

syn 들러붙다 = adhere; stick; cling; cleave

---

co(=together서로)+here(=stick들러붙다)

cohere
[kouhíər]

v. 결합하다, 밀착[응집]하다(hold together); 논리정연하다

ⓒ cohere together 긴밀히 결합하다

do not cohere 조리가 닿지 않는다

ⓓ coherent *a.* 서로 밀착된; 시종일관한, 논리적인(logical)
cohesive *a.* 결합력이 있는, 응집력이 있는
coherence, coherency *n.* 밀착, 일관성; 일치
cohesion *n.* 점착, 결합; 단결, 유대; 응집력

syn 논리 정연한 = coherent; logical; consistent

---

in(=in(날 때부터) 안에)+here(=stick들러붙어 있다)

inhere
[inhíər]

v. (성질 등이) 본래 갖추어져 있다, 내재하다

ⓒ inhere in human nature 인간성에 내재하다

ⓓ inherent *a.* 본래 갖추어져 있는, 고유의, 타고난
inherence, inherency *n.* 고유, 내재, 타고남

syn 내재하는 = inherent; immanent
타고난 = inherent; innate; inborn; born; constitutional

cf. **inherit** *v.* 물려받다, 상속하다 **inheritance** *n.* 유산, 상속
*inherit a fortune 재산을 물려받다

hib(it)

have : 가지다
hold : 잡다

---

ex(=out밖으로)+hibit(=have가진 것을 (내보이다))

exhibit

[igzíbit]

v. 전시[진열]하다; 내보이다; 나타내다; 제시하다

n. 전시회; 공시; 제출(물), 제시(물); 증거물

- ⓔ be **exhibited** at an art gallery 화랑에 전시되다
- ⓓ exhibition *n.* 전람회, 전시회; 전시; 제시; 표현; 발휘
  exhibitionism *n.* 자기 과시벽; 〈정신의학〉 노출증
- *syn* 전시하다 = exhibit; display; show

---

in(=in안에)+hibit(=hold꽉 눌러) 잡다)

inhibit

[inhíbit]

v. (감정 등을) 억제하다; 방해하다, 금지하다(prevent)

- ⓔ **inhibit** one's desire to possess 소유욕을 억제하다
  inhibit the transfer of funds and technology

*inhibition

n. 억제, 금지, 방해

자금과 기술의 이전을 금지하다

- ⓓ inhibitory, inhibitive *a.* 억제하는, 방지하는, 금지의
  inhibited *a.* 억제된, 방해된; 내성적인, 자신을 억제하는
- *syn* 억제하다 = inhibit; restrain; repress; suppress;
  check; constrain; curb

---

pro(=before앞에서)+hibit(=hold억누르다)

prohibit

[prouhíbit]

v. (법률 등에서) 금지하다; 방해하다(hinder)

- ⓔ **prohibit** drinking[gambling, going out]
  음주를[도박을, 외출을] 금하다

cf. **habit** *n.* 습관
inhabit
v. 거주하다
cohabit
v. 동거하다

- ⓓ prohibition *n.* 금지, 금제; 금지령
  prohibitive, prohibitory *a.* 금지의; (값이) 터무니없는
  prohibitively *ad.* 엄두를 못 낼 만큼, 엄청나게
- *syn* 금지하다 = prohibit; forbid; interdict; ban
  터무니없는 = prohibitive; thumping; whopping;
  preposterous; exorbitant

488

go : 가다; 가기; 진행

ex(=out밖으로)+it(=go나가기)

exit
[égzit, éksit]

n. 출구; 나감; 퇴출, 퇴거; (배우의) 퇴장; 사망

🔘 make for the nearest **exit** 가장 가까운 출구로 향하다

syn 출구 = exit; way out; gateway(출입구); outlet(방출구)

trans(=across가로질러)+it(=go가기)

transit
[trǽnsit, -zit]

n. 통과, 통행; 운송; 변천 *v.* 가로지르다, 횡단하다

🔘 mass **transit** 대중교통 **transit** expenses 교통비

🔘 transition *n.* 변천; 과도기
transitional *a.* 변천하는; 과도기의
transitory *a.* 일시적인(temporary);
덧없는, 무상한(fleeting; transient)

syn 통과 = transit; passage; passing

vis(=see보러)+it(=go가다)

visit
[vízit]

v. 방문하다; 시찰하러 가다; (재해가) 덮치다; 갚다

n. 방문; 시찰; 왕진; 체류(sojourn), 숙박; 잡담

🔘 be **visited** by a heavy snow 폭설이 덮치다

🔘 visitation *n.* 방문; 순시 visitant *n.* 방문자; 철새

syn 덮치다; visit; catch; hit; overtake; sweep over[across]

amb(=about여기저기)+it(=go(꿈을 안고) 돌아다니다)+ion(님)

ambition
[æmbíʃən]

n. 야망, 포부, 대망, 열망; 활동 의욕 *v.* 야심을 품다

🔘 realize one's lifelong **ambition**
평생의 소망을 이루다

🔘 ambitious *a.* 야심적인, 대망을 품은; 갈망하는(yearning)

syn 야망 = ambition; aspiration; hankering(갈망)

ject

throw : 던지다, 내던지다

---

ab(=away멀리)+ject(=thrown내팽겨쳐진)

abject
[ǽbdʒekt]

a. 비참한, 절망적인; 천한, 비열한(mean; low)

📝 live in **abject** poverty
비참한 가난 속에서 살아가다

📝 abjection *n.* 비천함; 비굴 abjectly *ad.* 비천[비열]하게

syn 비참한 = abject; miserable; pitiable; tragic;
wretched

---

de(=down(사람의 기분을) 아래로)+ject(=throw던지다)

deject
[didʒékt]

v. ~의 기를 꺾다, 낙심시키다(discourage)

📝 be **dejected** by her failure in the examination
시험에 떨어져서 낙심하다

📝 dejected *a.* 의기소침한, 낙담한
dejection *n.* 낙심; 〈생리〉 배설

syn 낙담한 = dejected; depressed; discouraged;
disheartened; dispirited; glum(침울한)
대소변을 보다 = relieve oneself[nature]; ease
oneself[nature]; do one's needs

---

e(<ex-=out밖으로)+ject(=throw내던지다)

eject
[idʒékt]

v. 내쫓다, 추방하다; 해고하다(dismiss); 탈출하다

📝 eject[evict] a tenant from the house
세입자를 내보내다

📝 ejective *a.* 내뿜는; 분출하는
ejection *n.* 추방; 배출; 방출; 분출물
*the accident due to the ejection system
배기장치로 인해 생긴 사고

syn 추방하다 = eject; expel; banish; deport; exile;
purge; expatriate; ostracize

in(=into안으로)+ject(=throw던져 넣다)

inject

[indʒékt]

v. 주사하다; ~을 주입하다; 도입하다; 끼워 넣다

예 get **injected** for one's lumbago
허리가 아파서 주사를 맞다

파 injection *n.* 주사; 주입; (연료 등의) 분사
injector *n.* 주사기, 주입기

syn 주사하다 = inject; inoculate; syringe;
give [administer] an injection
주사 = injection; shot; inoculation,
vaccination(예방 접종)

ob(=against~에 반대해)+ject(=throw던지다)

object

[əbdʒékt]
[ábdʒikt] *n.*

v. 반대하다; 싫어하다(hate) *n.* 물체; 대상; 목표

예 if you don't **object** 이의가 없으시다면

파 objection *n.* 이의, 반대(dissension); 반대하는 근거
objective *a.* 객관적인(↔ subjective 주관적인) *n.* 목적, 목표

syn 반대하다 = object(to); oppose; be opposed to;
be against
목표 = object; aim; purpose; goal; end;
target, mark(표적)

pro(=forth앞으로)+ject(=throw(생각을) 던지다)

project

[prədʒékt]
[prádʒekt] *n.*

v. 계획[기획]하다(plan); 영사[발사]하다

n. 기획; (대규모의) 계획사업

예 design a new **project** 신사업을 구상하다

under sign the **project** 그 계획을 승인하다

파 projection *n.* 돌출; 영사; 추정; 계획
projecting *a.* 돌출한, 튀어나온(prominent)
projective *a.* 투사의; 투영법의 projector *n.* 투사기
projectile *n.* (탄환 등의) 발사체 *a.* 발사되는;
튀어나온(protruding)

syn 계획하다 = project; plan; make a plan; scheme;
design; contemplate

re(=back뒤로)+ject(=throw던지다)

reject

[ridʒékt]
[ríːdʒekt] *n.*

v. 거절하다, 퇴짜놓다; 거부반응을 일으키다

n. 불합격자; 불량품(inferior goods)

㉤ reject a suitor[complaint]
구혼자를 퇴짜놓다[고소를 기각하다]

㉤ rejection *n.* 거절, 각하; 구토; 폐기물; 거부반응
rejectamenta *n.* 폐물, 쓰레기(refuse);
배설물(excrement)

syn 거절하다 = reject; refuse; decline; deny; rebuff;
snub; turn down

sub(=under아래로)+ject(=throw던져)의 뜻에서

subject

[səbdʒékt]
[sʌ́bdʒikt] *n.*

v. 지배하다, 복종시키다 *a.* 지배하에 있는; (~을) 받기 쉬운

n. 주제, 화제; 논제; 과목; 신하; 피실험자

㉤ be subjected to severe criticism 혹평을 받다

a compulsory[confidential] **subject**
필수과목[심복 신하]

㉤ subjection *n.* 복종, 굴복(submission), 종속
subjective *a.* 주관적인(↔ **objective** 객관적인); 개인적인

syn 지배하다 = subject; govern; rule; dominate; control;
sway

con(<com-=together함께)+ject(=throw(대충) 던진)+ure(것)

conjecture

[kəndʒéktʃər]

n. 추측, 억측, 짐작; 억설 *v.* 추측하다, 짐작하다(guess)

㉤ be a mere conjecture 억측에 지나지 않다

㉤ conjectural *a.* 추측의, 억측상의; 확정적이 아닌

syn 짐작 = conjecture; guess; surmise; estimation(추정)

abject	⋯	deject	⋯	eject	⋯	inject	⋯	object
비참한		낙심시키다		추방하다		주사하다		반대하다

492

join : 잇다, 결합하다, 인접하다

join=connect(결합하다)의 뜻에서

join

[dʒɔin]

v. 결합하다, 합류하다; 참가하다; ~와 인접하다

예 **join** hands with a person ~와 손을 잡다, 협력하다

파 joint n. 접합 부분; 관절; 마디 a. 공동의, 합동의 v. 접합하다

syn 결합하다 = join; connect; combine; link; unite

ad(=to~에)+join(인접하다)

adjoin

[ədʒɔin]

v. ~에 인접하다, 이웃하다(neighbor); ~에 결부시키다

예 **adjoin** each other 서로 인접하다

파 adjoining a. 인접해 있는(bordering; contiguous)
adjacent a. 부근의, 근방의(near); 이웃한, 인접한

syn 인접하다 = adjoin; be adjacent to; be close to;
border on; abut on

con(=together서로)+join(결합하다)

conjoin

[kəndʒɔin]

v. 결합하다[시키다]; 연합하다[시키다]

예 her ability to **conjoin** left and right hand
barrages 좌우연타를 연결시키는 그녀의 능력

파 conjoint a. 결합[연합]한(associated); 공동의, 합동의

syn 연합하다 = conjoin; unite; combine; league;
associate; consociate; merge; confederate

dis(=apart따로따로 떼어)+join(잇다)

disjoin

[disdʒɔin]

*segregate

v. 분리하다;
차별대우를 하다

v. (~을) 떼어내다, 분리하다; 분리되다, 떨어지다

예 **disjoin** the two villages 두 마을을 갈라놓다

파 disjoint v. 관절을 삐게 하다, 탈구시키다; 해체하다

syn 분리하다 = disjoin; separate; detach; divide

en(=in~에)+join((의무를) 결부시키다)

enjoin

[endʒɔ́in]

*advertisement

n. 광고

v. (~을) 명하다(demand), 이르다, 지우다; 금지하다*

例 **enjoin** unquestioning obedience
무조건 복종하라고 명하다

enjoin the company from putting the dazzling advertisement in newspapers
그 회사에 대하여 신문 과장광고를 금지시키다

派 enjoinment *n.* ~을 부과함, 명령함; 금지함

syn (의무를) 지우다 = enjoin; impose; oblige

---

re(=again다시)+join(결합하다)

rejoin

[riːdʒɔ́in]

v. 재결합시키다, 합류하다; 재가입하다; 대답하다

例 **rejoin** the group in the time-honored palace
고궁에서 일행과 다시 합류하다

派 rejoinder *n.* (특히 버릇 없는) 대답; 말대꾸(retort)

syn 대답하다 = rejoin; reply; answer; make an answer; respond(응답하다)

---

sub(=under아래에)+join((덧붙여) 결합하다)

subjoin

[səbdʒɔ́in]

*subjunction

n. 첨가(물); 증보

v. 추가하다(append), 부언하다, 부기하다

例 **subjoin** a postscript to one's letter
편지 말미에 추신을 덧붙이다

派 subjoinder *n.* 추가(의 말), 부언, 부기

syn 추가의 = additional; supplementary; complementary(보충의)

---

join	⋯▸	adjoin	⋯▸	conjoin	⋯▸	disjoin
결합하다		~에 인접하다		결합하다		~을 떼어내다

enjoin	⋯▸	rejoin	⋯▸	subjoin
~을 명하다		합류하다		추가하다

494

journ

day : 날

---

ad(=to~로)+journ(=day날짜(를 미루다))

adjourn

[ədʒə́ːrn]

*sine die 무기한

v. (모임 등을) 연기하다; 휴회시키다[하다]

예 **adjourn** the meeting sine die
회의를 무기한 연기하다

파 adjournment n. 연기(postponement); 산회, 휴회

syn 연기하다 = adjourn; postpone; procrastinate; delay;
　　　　suspend; put off

---

so(<sub-=under~아래에서)+journ(=day며칠 묵다))

sojourn

[sóudʒəːrn]

v. 일시 머무르다, 체류하다 n. (일시적인) 체재, 체류

예 **sojourn** at the beach for ten days
열흘 동안 해변에 머물다

syn 체류하다 = sojourn; stop over; make a stay

---

journ(=day매일의(일을 기록한))+al(것)

journal

[dʒə́ːrnəl]

*journalist
n. 신문[잡지] 기자

n. 일지, 항해일지; 잡지; 일간신문; 정기간행물(periodical)

예 a monthly[quarterly, scholarly] **journal**
월간[계간, 학술] 잡지

파 journalism n. 신문 잡지계, 언론계; (집합적) 신문잡지

syn 일지 = journal; diary *cf.* magazine(잡지); cartoon(만화)

---

journ(=day하루(의 여정))의 뜻에서

journey

[dʒə́ːrni]

*journeyman
n. 날품팔이 장인

n. 여행; 여정; 진전; 도정 v. 여행하다(travel)

예 have capital fun on one's **journey**
여행 중에 아주 재미있는 일을 겪다

파 journeywork n. 하청일; 품팔이 일

syn 여행 = journey; travel; trip; tour(관광여행); voyage

root 84	law : 법
just	right : 올바른

just(=law법)의 뜻에서

just

[dʒʌst]

a. 올바른; 공정한, 공평한(fair); 정확한; 정당한 근거가 있는

ad. 정확히, 바로; 가까스로; 방금; 단지; 참으로, 정말

ⓔ a **just** decision[balance, claim]
올바른 결정[정확한 저울, 정당한 요구]

syn 올바른 = just; righteous; upright; straight;
straightforward; honest

ad(=to~에)+just(=right바르게 (되게 하다))

adjust

[ədʒʌst]

v. 조정하다, 조절하다; ~에 맞추다(fit; adapt)

ⓔ **adjust** the price[focus]
가격을 조정하다[초점을 맞추다]

ⓟ adjustment *n.* 조절; 조정; 적응; 지불 보험금액의 결정

syn 조절하다 = adjust; regulate; control; modulate;
tune(조율하다)

re(=again다시)+adjust(조정하다)

readjust

[rìːədʒʌst]

v. 재조정하다, 재정리하다; (회사의) 재정을 바로잡다

ⓔ **readjust** the won-dollar exchange rate
원-달러 환율을 재조정하다

*take the wheel
운전하다, 핸들을 잡다

readjust one's car seat before taking the
wheel 운전 전에 좌석을 다시 조절하다

ⓟ readjustment *n.* 재조정, 재정리

syn 조정 = adjustment; regulation; control; modulation;
coordination

mal(=bad; ill나쁜)+adjustment(적응; 조절)

maladjustment

[mæ̀lədʒʌ́stmənt]

n. 〈심리〉 부적응; 부조화; 조절 불량

- **예** a phenomenon of **maladjustment** to a new environment 새 환경에의 부적응 현상
  *phenomenon *n.* 현상; 비범한 인물, 천재
- **파** maladjusted *a.* 조절[조절] 불량의; 환경에 적응 못하는

syn 불량 = badness; inferiority(질 ~);
delinquency(품행 ~)

---

just(=right정당한 것으로)+ify(=make만들다)

justify

[dʒʌ́stəfài]

v. 정당화하다, (행위, 주장을) 옳다고 주장하다

- **예** be hard to **justify** the end
  목적을 정당화하기가 어렵다
- **파** justification *n.* 정당화, 변명, 변호; 〈컴퓨터〉 조정

syn 정당화하다 = justify; warrant

---

just(=right옳은)+ice(것)

justice

[dʒʌ́stis]

n. 정의, 공정; 정당성; 처벌; 사법, 재판; 법관, 판사

- **예** fast in the cause of **justice** 정의를 위해 단식하다
  demand the resignation of the Chief **Justice** of the Supreme Court
  대법원장의 사임을 요구하다

syn 정의 = justice; right; righteousness

---

just	···▸	adjust	···▸	readjust
올바른		조정하다		재조정하다

maladjustment	···▸	justify	···▸	justice
부적응; 조절 이상		정당화하다		재판, 판사

junct

join : 결합하다, 잇다; 접합하다

junct(=join결합)+ion(함)

junction

[dʒʌ́ŋkʃ∂n]

n. 접합, 연결, 결합; 환승역; (도로의) 교차점; (강의) 합류점

@ the **junction** of two rivers 두 강의 합류점

@ juncture *n.* (중대한) 시점, 시기; 중대한 국면; 연결; 이음매
  *at this juncture 차제에; 이 중대한 시기에

syn 연결 = junction; adjunction; connection; linking;
         coupling

ad(=to~에)+junction(결합, 접합함)

adjunction

[ədʒʌ́ŋkʃ∂n]

n. 부가; 부속; 〈수학〉 첨가

@ be opposed to any **adjunction** to the
  celebration
  축하연에 다른 행사들을 끼워 넣는 것을 반대하다

@ adjunct *n.* 부가물, 첨가물; 조수(assistant) *a.* 부속의; 보조의
  adjunctive *a.* 부가의, 부속의; 보조의(auxiliary)

syn 부가 = adjunction; addition; annexation; supplement

con(=together서로)+junction(결합, 접합함)

conjunction

[kəndʒʌ́ŋkʃ∂n]

n. 결합, 연결함; 공동, 연대; 관련, 결부; 접속사

@ run the company in **conjunction** with his
  fiancée 약혼녀와 공동으로 회사를 운영하다

*fiancée *n.* 약혼녀

@ conjunctive *a.* 결합하는; 합동의
  conjunct *a.* 결합한; 밀접한 관계에 있는
  conjuncture *n.* 얽힘, 위기
  conjunctiva *n.* 결막
  *conjunctivitis *n.* 결막염

syn 결합 = conjunction; combination; union; cohesion;
         docking(두 우주선의 ~)

dis(=apart따로 떼어)+junction(결합, 접합함)

disjunction

[disdʒʌ́ŋkʃən]

n. 분리(separation), 분단, 분열; 〈논리〉 선언적 판단

⊚ the **disjunction** of the company 회사의 분리

⊕ disjunctive *a.* 분리하는, 분리성의; 구별을 하는; 선언적인
disjunct *a.* 분리된, 떨어진

syn 분리 = disjunction; separation; detachment;
isolation(차단, 절연)

cf. **dysfunction** *n.* 기능 장애; 역기능 *v.* 기능 장애를 일으키다

---

in(=in(~하도록) 안에)+junction(붙여 놓은 것)

injunction

[indʒʌ́ŋkʃən]

*parental *a.* 부모(로
서)의, 어버이의

n. 명령; 지령, 훈령, 지시; (법원이 내리는) 금지[이행] 명령

⊚ lay **injunctions** upon a person to do
~에게 …하도록 명령하다

parental injunctions 어버이의 지시

⊕ injunct *v.* 금지하다, 못하게 하다

syn 명령 = injunction; order; command; direction;
bidding

---

sub(=under아래로 (가정해서))+join(연결하는)+ive(것)의 뜻에서

subjunctive

[səbdʒʌ́ŋktiv]

cf. addictive
a. (약이) 중독성의

n. 가정법 *a.* 가정법의

⊚ the **subjunctive**[indicative] mood 가정법[직설법]

cf. subjunction *n.* 첨가, 추가(addition); 첨가물(additive)

syn 가정하다 = assume; presume; suppose;
hypothesize

---

junction	⋯	adjunction	⋯	conjunction
접합, 결합		부가, 첨가		결합, 접속사

disjunction	⋯	injunction	⋯	subjunction
분리, 분단		(금지)명령, 지시		첨가, 추가

jur(e)

swear : 맹세하다
law : 법

---

ab(=away멀리 (하기로))+jure(=swear맹세하다)

abjure

[əbdʒúər]

dissipation
n. 무절제

v. (맹세하고) 버리다, 포기하다

🔵 resolve to **abjure** one's life of dissipation
방탕한 생활을 청산하기로 결심하다

🔵 abjuration *n.* 맹세하고 그만둠; (고국, 국적의) 포기

syn 포기하다 = abjure; abandon; renounce; relinquish;
give up
*an abandoned mine 폐광

---

ad(=to~에게)+jure(=swear(엄숙히) 맹세시키다)

adjure

[ədʒúər]

*defendant *n.* 피고

v. 엄명하다; 간청하다(entreat)

🔵 **adjure** the defendant to answer truthfully
피고인에게 성실하게 대답할 것을 엄명하다

🔵 adjuration *n.* 엄명; 권고; 간청, 탄원(earnest entreaty)
adjuratory *a.* 엄명의; 간청의(entreating; supplicating)

syn 간청하다 = adjure; entreat; beg; beseech;
supplicate; solicit; implore

---

con(=together함께)+jure(=swear맹세하다)

conjure

[kándʒər]

v. 마법을 걸다; (마법으로) 불러내다; 떠오르게 하다

🔵 **conjure** away an serious illness
마법으로 중병을 고치다

🔵 conjuration *n.* 주문, 주술; 마법(incantation), 마력
conjurer, conjuror *n.* 마술사, 마법사; 요술쟁이

syn 요술쟁이 = conjurer; juggler; illusionist;
magician; wizard; witch(여자);
sorcerer; sorceress(여자)
*the sorcerer's stone (해리포터 시리즈의) 마법사의 돌

in(=not부정不)+jure(=law법) → 불법을 저지르다

injure

[índʒər]

v. (감정, 명예를) 해치다, 손상하다; 다치게 하다

예 injure one's health by excessive drinking
과음으로 건강을 해치다

파 injured *a.* 상처 입은; 피해 입은; 기분이 상한
injury *n.* 상해(harm), 부상(wound); 손상; 모욕; 침해
injurious *a.* 해로운(harmful; mischievous); 모욕적인;
　　　　　　　무례한(rude; impolite; insolent)

*wounded
a. (총, 칼로) 부상당한

syn 해치다 = injure; hurt; harm; impair; spoil; ruin;
　　　　mar(훼손하다)

cf. **jury** *n.* 배심(원단); 심사위원회 **juror** *n.* 배심원(juryman)
　　 jurisdiction *n.* 사법권; 지배(권); 관할권

per(=wrongly(사실과) 틀리게)+jure(=swear맹세하다)

perjure

[pə́:rdʒər]

v. 위증하다(give false evidence)

예 perjure oneself
위증죄를 저지르다(commit perjury)

파 perjured *a.* 위증의; 위증죄를 범한
perjurer *n.* 위증자; 서약을 어긴 자
perjury *n.* 위증; 위증죄; 서약을 어김
*be accused of **perjury** = be charged with **perjury**
위증죄로 기소되다

syn 위증하다 = perjure; forswear; give false evidence;
　　　　bear false witness; testify falsely; swear falsely

abjure	⋯→	adjure	⋯→	conjure	⋯→	injure	⋯→	perjure
버리다		엄명하다		마법을 걸다		해치다		위증하다

labor

work : 일하다, 근무하다

labor(=work일하다)의 뜻에서

labor

[léibər]

*laboratory
n. 실험실, 연구소

v. 노동하다, 일하다; 애쓰다; 고생하다; 상세히 논하다

n. 노동, 근로; 애씀, 수고; 노동계급; 직무; 해산, 분만

🔘 go into **labor** 진통을 시작하다

🔘 laboring *a*. 고생하는; 산고로 괴로워하는

syn 일하다 = labor; work; toil; serve(근무하다)

col((com-=together함께)+labor(=work일)+ate(=make하다)

collaborate

[kəlǽbərèit]

v. 협력[협동]하다; 공동으로 일하다; (적국에) 협력하다

🔘 **collaborate** on the book
공동으로 그 책을 집필하다

🔘 collaboration *n*. 협동; 합작; 공동연구; 공저; 이적행위

syn 협력하다 = collaborate; cooperate; work together

e(<ex-=thoroughly철저히) +labor(=work일)+ate(하다)

elaborate

[ilǽbərèit]
[ilǽbərət] *a*.

v. 애써 만들다; 정교하게 만들다; 상세히 설명하다

a. 공들인; 정교한; 복잡한(complicated)

🔘 an **elaborate** preparation 공들인 준비

🔘 elaboration *n*. 공들여 만듦; 애써 마무름; 퇴고; 노작
elaborately *ad*. 공들여; 정교하게(delicately)

syn 애쓰다 = endeavor; exert oneself; take pains;
sweat one's guts out

labor(일(이 힘드))+i+ous(는)

laborious

[ləbɔ́ːriəs]

*laboriously
ad. 힘들여

a. 힘든, 고된; 공들인; 부지런한(industrious)

🔘 a very **laborious** task 무척이나 힘든 일

syn 힘든 = laborious; arduous; exacting; stiff;
strenuous; toilsome; tough

502

lap(se)

slip : 미끄러지다; 실수
fall : 떨어지다, 넘어지다

lapse(=slip실수, 미끄러져 넘어짐)의 뜻에서

lapse

[læps]

n. 실수, 잘못; (시간의) 경과(passage); 타락; 짧은 시간

v. (정도를) 벗어나다; ~에 빠지다; (시간이) 경과하다

🔵 the **lapse** of the tongue 실언(a slip of the tongue)
lapse into a state of coma 혼수상태에 빠지다

*coma *n.* 혼수상태

syn 실수 = lapse; mistake; blunder; slip; bungle; error

col(<com−=completely완전히)+lapse(=fall넘어지다)

collapse

[kəlǽps]

v. (건물 등이) 무너지다; 좌절되다; 쇠약해지다; 접다

n. 붕괴, 와해; 좌절(failure); 폭락; (건강의) 쇠약

🔵 the **collapse** of the securities market
증권시장의 붕괴

syn 무너지다 = collapse; crumble; come down;
fall down; give way; cave in

e(<ex−=away멀리)+lapse(=slip(시간이) 미끄러져 가다)

elapse

[ilǽps]

v. (시간이) 경과하다; 지나다, 흘러가다 *n.* 경과; 짧은 시간

🔵 Years have **elapsed** since the accident.
사고 이후로 여러 해가 흘러갔다.

syn 경과하다 = elapse; pass; go by; slip by[away]

pro(=forth앞으로)+lapse(=slip(자궁, 직장이) 미끄러지다)

prolapse

[proulǽps]

v. (자궁, 직장이) 탈출하다 *n.* (신체 기관의) 탈출

*proptosis
n. 안구 돌출(증)

🔵 a **prolapsed** womb 탈출된 자궁

syn 자궁 = womb; uterus; matrix

cf. **relapse** re(=back되돌아)+lapse(=slip미끄러져 가다)
v. (나쁜 상태로) 되돌아가다; (병이) 재발하다 *n.* 재발; 퇴보

503

lect

choose : 선택하다   gather : 모으다
read : 읽다

---

col(<com-=together함께)+lect(=gather모으다)

collect

[kəlékt]

v. 모으다; (생각을) 집중하다; 징수하다 a. 수취인 지불의

🔵 **collect** evidence[taxes]
증거를 모으다[세금을 징수하다]

cf. **recollect**
v. 회상하다(ring a bell)

🔵 collection *n.* 수집; 수금; 징세
collectively *ad.* 집단적으로; 총괄하여 (↔ individually)

syn 모으다 = collect; assemble; gather; get together

---

e(<ex-=out밖으로)+lect(=choose(사람을) 골라내다)

elect

[ilékt]

*landslide
n. 대승리; 산사태

v. 선거하다, 선출하다(select); 선택하다 a. 선정된; 당선된

🔵 **be elected** to the National Assembly by a
landslide 압도적인 다수로 국회의원에 당선되다

🔵 electioneer *v.* 선거 운동을 하다 *n.* 선거 운동원

syn 선택하다 = elect; select; pick (out)

---

neg(=not안)+lect(=gather모으다)

neglect

[niglékt]

v. 게을리 하다; 무시하다 n. 무시, 경시, 소홀(disregard)

🔵 **neglect** one's studies 학업을 게을리 하다

🔵 neglectful *a.* 태만한; 무관심한 negligence *n.* 태만; 과실
negligent *a.* 태만한; 부주의한 negligible *a.* 하찮은

syn 무시하다 = neglect; ignore; disregard; bypass

---

se(=apart따로)+lect(=choose골라내다)

select

[silékt]

*selection *n.* 선택;
정선품; 도태

v. 고르다, 선택하다; 선출하다 n. (*pl.*) 정선품, 극상품

a. 가려낸(chosen); 정선한, 극상의; 입회 조건이 까다로운

🔵 **select** by examining their career papers
서류전형으로 뽑다

syn 정선한 = select; choice; well-chosen; picked

dia(=between(지역 사람들) 사이에서)+lect(=talk(쓰는) 말)

dialect

[dáiəlèkt]

*dialogic *a.* 대화체의
  (interlocutory)

n. 방언, 사투리; 은어(cant); 고유한 말씨(phraseology)

예 speak in a broad **dialect** 심한 사투리로 말하다

파 dialectal *a.* 방언의 *cf.* dialectic *n.* 변증법; 대립, 상극

syn 사투리 = dialect; (provincial) accent; provincialism;
        brogue; patois

---

intel(<inter-=among여럿 중에서)+lect(=choose선별(할 수 있는 힘))

intellect

[íntəlèkt]

*intelligentsia
n. (집합적) 지식계급,
  인텔리겐치아

n. 지성, 지력; 이해력, 이지; (*pl.*) 지식인, 식자

예 appeal to the **intellect** more than the emotion
   감정보다는 지성에 호소하다

파 intellection *n.* 사고; 이해
   intellective *a.* 지력의; 이지적인
   intellectual *a.* 지적인 *n.* 지식인
   intellectually *ad.* 지적으로

syn 지력 = intellect; mentality; mental capacity[faculty]

---

pre(=before(수강생) 앞에서)+lect(=read읽다)

prelect

[prilékt]

v. (대학의 강사로서) 강의하다(lecture), 강연하다

예 **prelect** at a college 대학에서 강의하다

파 prelection *n.* (대학 강사로서) 강의
   prelector *n.* 강사(lecturer)

syn 강의하다 = prelect; lecture; give a lecture[course]

---

lect(=read(사람들 앞에서) 읽)+ure(기)

lecture

[léktʃər]

n. 강의, 강연; 설교, 훈계 *v.* 강의하다; 훈계하다, 꾸짖다

예 get a **lecture** from one's mother
   어머니로부터 훈계를 듣다

파 lecturer *n.* 강연자, 강사; 훈계자
   lectern *n.* 성서 낭독대; 강의대

syn 훈계 = lecture; admonition; exhortation;
         remonstrance

send : 보내다, 내쫓다

de(=away(뽑아서) 멀리)+leg(=send보내)+ate(=make다)

delegate

[déligèit]
[déligit] *n.*

v. (대표자로) 파견하다, 임명하다; (권한 등을) 위임하다

n. (회의에 파견하는) 대표, 대리인(deputy)

cl **delegate** three members to the general meeting
총회에 회원 3명을 대표로 파견하다

*authority *n.* 권한

delegate one's authority to the committee
권한을 특별 위원회에 위임하다

the top U.S. **delegate** to the six-party talks
미국 측 6자회담 수석대표

ct delegation *n.* 대표 임명; (집합적) 대표단(deputation); 위임

syn 위임하다 = delegate; entrust; authorize;
commission

re(=away멀리)+leg(=send보내)+ate(=make다)

relegate

[réləgèit]

v. 좌천시키다, 격하하다; 쫓아보내다; 이관하다

cl be **relegated** to the inferior post
하위직으로 좌천되다

*hooligan
n. 불량배, 건달

relegate the hooligans 불량배들을 추방하다

ct relegation *n.* 좌천; 추방, 쫓아냄; 위탁; 이관

syn 좌천시키다 = relegate; demote; degrade

delegate	···▶	relegate
파견하다, 위임하다		좌천시키다, 격하하다

lig

choose : 선택하다, 고르다

---

di(<dis-=apart(부지런히) 따로)+lig(=choose골라(모으))+ent(는)

diligent

[dílədʒənt]

a. 근면한, 부지런한; 공들인(painstaking; elaborate)

- 예 the fruits of **diligent** study 형설의 공

- 파 diligently *ad.* 부지런히; 공들여서
  diligence *n.* 근면, 부지런함

syn 부지런한 = diligent; industrious; hardworking;
　　　　　　　　assiduous; sedulous

ant 게으른 = idle; lazy; indolent; slothful; sluggish

---

intel(<inter-=between~중에서)+lig(=choose(바르게) 선택하)+ent(는)

intelligent

[intélədʒənt]

a. 지적인; 총명한; 이해력 있는; (조명 등이) 종합조정되는

- 예 an **intelligent** pupil[question]
  총명한 학생[재치 있는 질문]

- 파 intelligently *ad.* 지적으로, 총명하게
  intelligence *n.* 지력; 정보(information)
  intelligential *a.* 지적인; 정보를 주는
  intelligible *a.* 알기 쉬운(comprehensible)

syn 총명한 = intelligent; bright; brilliant; smart;
　　　　　　　perspicacious; sagacious; intellectual(지적인)

---

neg(=not안)+lig(=gather모으)+ent(는)

negligent

[néglidʒənt]

a. 태만한(neglectful); 둔한한, 무관심한; 부주의한

- 예 be **negligent** of one's duty 직무를 태만히 하다
  negligent handling 부주의한 취급, 취급 부주의

- 파 negligence *n.* 태만, 나태; 무관심; 부주의
  negligible *a.* 무시해도 좋은; 하찮은(trivial; insignificant)

syn 부주의한 = negligent; careless; heedless;
　　　　　　　inadvertent; inattentive; remiss

e(<ex-=out밖으로)+lig(=choose뽑힐)+ible(수 있는)

eligible

[élidʒəbəl]

a. 적임의, 뽑힐 자격이 있는; 결혼상대로 알맞은

n. 적임자, 유자격자

예 be **eligible** to join[for joining] 참가 자격이 있다

파 eligibility n. 적임, 적격

syn ~할 자격이 있다 = be eligible to[for]; be entitled to; be qualified for

e(<ex-=out밖으로)+leg(=choose(멋지게) 뽑)+ant(힌)

elegant

[éləgənt]

*carriage
n. 행동거지, 태도

a. 우아한(graceful); 세련된(polished); 멋진(smart)

예 have an **elegant** carriage 몸가짐이 우아하다
an **elegant** style of writing 세련된 문체

파 elegance n. 우아, 고상, (pl.) 우아한 태도[말씨]
elegantly ad. 우아하게, 고상하게(refinedly; elevatedly)

syn 세련된 = elegant; dainty; exquisite; refined; urbane

ant **inelegant** a. 멋없는, 세련되지 못한
(unrefined; unfinished)

diligent	⋯▶	intelligent	⋯▶	negligent	⋯▶	eligible	⋯▶	elegant
부지런한		이성적인		게으른, 태만한		적임의		우아한, 세련된

508

limin

threshold : 문턱, 입구, 발단, 시초

e(<ex-=out밖으로)+limin(=threshold문지방)+ate(=make) → 문지방 밖으로 보내다

eliminate
[ilímənèit]

v. 제거하다, 배제하다; 삭제하다; 탈락시키다; 배출하다

> **예** **eliminate** waste[waste matter]
> 낭비를 제거하다[노폐물을 배출하다]

> **파** elimination *n.* 제거; 배설; 예선
> eliminator *n.* 제거자; 배제 장치

> *syn* 제거하다 = eliminate; remove; exclude; eradicate;
> clear; rid; get rid of; weed out

pre(=before(앞에)+limin(=threshold문턱)+ary(의)

preliminary
[prilímənèri]

a. 예비의, 준비적인; 서두의 *n.* 예비 단계[수단, 시험]; 예선

> **예** make a **preliminary** investigation 예비 조사를 하다
> without **preliminaries**
> 단도직입적으로(point-blank; straightforwardly)

> **파** preliminarily *ad.* 예비적으로(preparatorily)

> *syn* 예비의 = preliminary; preparatory; introductory(서두의)

sub(=under아래에)+limin(=threshold문턱)+al(의)

subliminal
[sʌblímənəl]

a. 잠재의식의(subconscious); 의식되지 않는; 식역하의

> **예** stress the importance of **subliminal** learning
> 잠재 학습의 중요성을 강조하다
> **subliminal** advertising
> 식역하 광고(잠재의식에 남도록 하는 아주 짧은 광고)

> *syn* 잠재의식의 = subliminal; subconscious; involuntary

> *cf.* **sublime** *a.* 장엄한(magnificent; solemn); 최고의
> *v.* 승화시키다 *n.* 장엄; 숭고한 것; 극치

> **sublimate** *a.* 승화한, 고상하게 된
> *v.* 승화시키다; 고상하게하다

509

Study **33**

lingu

tongue : 말, 말씨; 언어

lingu(=tongue말, 언어)+al(의)

lingual

[líŋgwəl]

*inflammation

  n. 염증, 점화; 격노

a. 말의, 언어의(linguistic); 혀의; 설음의

- **lingual** inflammation[defect]
  혀의 염증[결함(언어 장애)]
- linguist *n.* 언어학자; 외국어에 능통한 사람

syn 말 = tongue; word; remark; statement(진술);
      chat(잡담); talk=conversation(대화)

mono(=one1개)+lingual(언어의)

monolingual

[mànəlíŋgwəl]

a. n. 하나의 언어를 사용하는 (사람)

- **monolingual** business cards in English
  영어 하나로만 된 명함
- monologist *n.* 대화를 독점하는 사람;
        (연극에서) 독백하는 사람

syn 언어 = language; speech; tongue

bi(=two2개)+lingual(말의, 언어의)

bilingual

[bailíŋgwəl]

a. 두 개 언어를[로] 말하는[쓴]

n. 두 개 언어를 구사하는 사람

- **bilingual** in German and Spanish
  독일어와 스페인어 모두 구사하는 사람
- bilinguist *n.* 2개 국어 상용자(bilingual)

syn 구사하다 = command; have a command of
  *command a distant view of Mt. Dobong
  멀리 도봉산이 바라보이다

tri(=three3개)+lingual(언어의)

trilingual
[trailíŋgwəl]

a. 3개 언어를 사용하는 *n.* 3개 언어로 쓴 비문

예 publish a **trilingual** journal
3개 국어로 쓰인 잡지를 발간하다

syn 잡지 = journal; magazine; periodical(정기간행물)

multi(=many여러)+lingual(언어의)

multilingual
[mʌltilíŋgwəl]

a. 여러 언어를 말하는; 여러 언어에 의한

n. 여러 언어를 말하는 사람(polyglot)

예 develop a **multilingual** on-line database
다국어 온라인 데이터베이스를 개발하다

syn 다수의 = many; multiple; multifarious; manifold;
numerous; innumerable

cf. **polyglot** *a. n.* 여러 언어로 쓴;
여러 언어를 할 줄 아는 (사람)

lingu(=tongue말(에 대해서 연구하는))+ist(사람)

linguist
[líŋgwist]

n. 언어학자; 외국어에 능통한 사람

예 a **linguist** and playwright 언어학자겸 극작가

파 linguistic(al) *a.* 말의, 언어의; 언어학의
linguistically *ad.* 언어학상으로
linguistics *n.* 언어학, 어학

syn 학자 = scholar; learned man; erudite(박식한 사람)

lingual	⋯▸	monolingual	⋯▸	bilingual
말의, 언어의		1개 언어를 사용하는 ~		2개 언어를 ~

trilingual	⋯▸	multilingual	⋯▸	linguist
3개 언어를 ~		여러 언어를 ~		언어학자

loc

place : 장소; 놓다, 두다

loc(=place장소)+al(의)의 뜻에서

local

[lóukəl]

*localism
n. 지방주의, 향토색

a. 장소의; 지방의; 국부적인; 완행의; 편협한 *n*. 보통열차

예 a **local** anesthetic 국부 마취제

파 localize *v*. ~에 지방색을 부여하다; 어떤 지역에 국한하다

syn 지방의 = local; provincial; sectional(국지적인)

loc(=place(어떤) 장소에 놓)+ate(=make다)

locate

[loukéit]

v. (사무소 등을) ~에 정하다; 위치하다; 위치를 알아내다

예 **locate** the remains of the treasure ship
보물선의 잔해를 찾아내다

파 location *n*. 장소, 위치; 야외 촬영(지); 배치; 임대

syn 위치 = location; position; situation; place(장소)

al(<ad-=to(각자)에게)+locate((몫을) 정해주다)

allocate

[æləkèit]

v. 할당하다(assign); 배분하다; 배치하다(arrange)

예 **allocate** memories for initialization
초기화를 위해 메모리를 할당하다

파 allocation *n*. 배당(액); 배급; 할당(assignation); 배치

syn 할당하다 = allocate; assign; allot; prorate; apportion

con(=together함께)+locate(장소에 두다)

collocate

[káləkèit]

v. ~을 함께 두다; ~을 일정한 순서로 배열하다

예 **collocate** books on a bookshelf
책들을 서가에 배열하다

파 collocation *n*. 배치, 배열; 병치; 연결; 연어(連語) 관계

syn 배열하다 = arrange; array; dispose; put in order

cf. **dislocate** *v*. 탈구시키다; 뒤죽박죽되게 하다
dislocation *n*. 탈구; 혼란

logy

science : 학문, 기술, 지식체계

agro(=field토지(에 관한))+logy(=science학문)

agrology

[əgrálədʒi]

n. 농업과학, 농업[응용] 토양학

ⓓ agrologist *n.* 농업 토양학자 agrologic *a.* 농업 토양학의

syn 농업 = agriculture; farming

cf. **anthropology** *n.* 인류학
 a. **anthropological** 인류학의
 n. **anthropologist** 인류학자

archaeo(=ancient고대의 (것에 관한))+logy(=science학문)

archaeology

[àːrkiálədʒi]

n. 고고학

ⓓ arch(a)eologist *n.* 고고학자
 arch(a)eological *a.* 고고학적인

syn 고대의 = ancient; antique; of ancient times;
 of antiquity

cf. **archivist** *n.* 기록[공문서] 보관인
 archive *n.* 공문서의 보관소
 archaic *a.* 고대의, 오래된, 낡은

astro(=star별(로 점을 치는))+logy(=science기술)

astrology

[əstrálədʒi]

n. 점성술 *cf.* **constellation** *n.* 성좌, 별자리

ⓓ astrologer *n.* 점성술사, 점성가 astrologic(al) *a.* 점성술의

syn 점 = fortune-telling; divination
 *부적 = amulet; charm; talisman

bio(=life생물(에 관한))+logy(=science학문)

biology

[baiálədʒi]

*biological parent
 생부모

n. 생물학; 생태학(ecology); 생태

ⓓ biologist *n.* 생물학자
 biological *a.* 생물학상의; 피가 연결된

syn 생물 = organism; creature; life(집합적 ~)

cardio(=heart심장(에 관한))+logy(=science학문)

cardiology
[kà:*r*diáləd3i]

n. 심장(병)학

ⓓ cardiologist *n.* 심장(병)학자 cardiological *a.* 심장(병)학의

syn 심장마비 = heart failure; heart attack;
cardiac paralysis

climato(=climate기후(에 관한))+logy(=science학문)

climatology
[klàimətáləd3i]

n. 기후학, 풍토학

ⓓ climatologist *n.* 기후학자 climatologic(al) *a.* 기후학(상)의

syn 기후 = climate; weather(날씨)

cf. **acclimate, acclimatize**
v. (새로운 풍토, 환경에) 순응시키다[하다]

chrono(=time시간, 시대(에 관한))+logy(=science학문)

chronology
[krənáləd3i]

n. 연대학; 연대기; 연표

ⓓ chronologist *n.* 연대[연표]학자
chronologic(al) *a.* 연대학의; 연대순의
chronologize *v.* ~의 연표를 만들다, 연대순으로 배열하다

syn 연대기 = chronology; chronicle; annals

crimino(=crime범죄(에 관한))+logy(=science학문)

criminology
[krìmənáləd3i]

n. 범죄학, 형사학

ⓓ criminologist *n.* 범죄학자, 형사학자
criminological *a.* 범죄학(상)의

syn 범죄 = crime; offense; delict; delinquency; guilt;
misdemeanor(경범죄)

culturo(=culture문화(에 관한))+logy(=science학문)

culturology
[kʌ̀ltʃəráləd3i]

n. 문화학

ⓓ culturologist *n.* 문화학자 culturological *a.* 문화학(상)의

syn 문화 = culture; civilization(문명)

dactylo(=finger손가락(으로 말하는))+logy(=science기술)

dactylology

[d`æktəláləd`ʒi]

n. (청각 장애자가 사용하는) 수화법[술]

🎓 dactylological *a.* 수화법의

syn 대화 = conversation; dialogue; talk; chat

dermato(=skin피부(병에 관한))+logy(=science학문)

dermatology

[də`ːr`mətáləd`ʒi]

n. 피부병학; 피부과

🎓 dermatologist *n.* 피부병 학자, 피부병 전문의
dermatological *a.* 피부병학상의

syn 피부병 = skin[cutaneous] disease; dermatosis

dialecto(=dialect방언(에 관한))+logy(=science학문)

dialectology

[dàiələktáləd`ʒi]

n. 방언학, 방언 연구

🎓 dialectologist *n.* 방언학자

syn 방언 = dialect; provincialism(지방색)

eco(=house생활 환경(에 관한))+logy(=science학문)

ecology

[iːkáləd`ʒi]

n. 생태학(bionomics); 생태, 생태 환경

🎓 ecologist *n.* 생태학자
ecologic(al) *a.* 생태학의, 생태학적인

syn 환경 = environment; circumstances; surroundings

cf. **ecosystem** *n.* 생태계
ecodoom *n.* 생태계의 대규모 파괴

entomo(=insect곤충(에 관한))+logy(=science학문)

entomology

[èntəmáləd`ʒi]

n. 곤충학

🎓 entomologist *n.* 곤충학자 entomological *a.* 곤충학상의

syn 곤충 = insect; bug

cf. **entomic** *a.* 곤충의, 곤충에 관한
entomophagous *a.* 식충성의(insectivorous)

ethno(=nation민족(에 관한))+logy(=science학문)

ethnology

[eθnálədʒi]

n. 민족학; 인종학

🔘 ethnologist *n.* 민족학자 ethnologic(al) *a.* 민족학(상)의

syn 민족 = ethnos; ethnic group; race; nation;
          a people

cf. **ethnic** *a.* 인종의, 민족의; 소수민족의
       ethic(al) *a.* 윤리적인, 도덕상의

etho(=character성격; 품성(에 관한)) +logy(=science학문)

ethology

[eθálədʒi, iθ-]

n. (동물) 행동학, 행동 생물학; 인성학, 품성론

🔘 ethologist *n.* 행동 생물학자; 인성학자

syn 행동 = behavior; conduct; action; doings;
          operations(군사 ~)

etio(=cause원인(에 관한))+logy(=science학문)

etiology

[ì:tiálədʒi]

n. 병인학; 병인; 원인학, 인과관계 연구

🔘 etiologist *n.* 병인학자 etiological *a.* 병인학적인

syn 원인 = cause; factor(요인); source(근원)

cf. **etiolate** *v.* (식물을 빛을 차단하여) 희게 하다

etymo(=true(말의) 본래의 뜻(에 관한))+logy(=science학문)

etymology

[ètəmálədʒi]

n. 어원학; 어원 연구; (말의) 기원, 어원

🔘 etymologist *n.* 어원학자
    etymologic(al) *a.* 어원의; 어원학(상)의

syn 연구 = study; research; investigation(조사)

futuro(=future미래(에 관한))+logy(=science학문)

futurology

[fjùːtʃərálədʒi]

n. 미래학

🔘 futurologist *n.* 미래학자
    futurological *a.* 미래학의

syn 미래 = future; futurity; time[days] to come

gastro(=belly위(에 관한))+logy(=science학문)

gastrology

[gæstrálədʒi]

*good liver 미식가

n. 위학, 위병학; 요리학

⊞ gastrologist *n.* 위 전문 의사

syn 요리 = cooking; cookery; cuisine; dish(음식)

*gastritis *n.* 위염   [-itis : inflammation 염증]
gastronome *n.* 미식가(epicure; gourmand; gourmet)

geo(=earth땅, 토지(에 관한))+logy(=science학문)

geology

[dʒìːálədʒi]

*real estate 부동산

n. 지질학; (어떤 지방의) 지질

⊞ geologist *n.* 지질학자   geologic(al) *a.* 지질학(상)의

syn 땅 = earth; land; ground; territory(영토)

cf. **topography** *n.* 지형학, 지세도   [top : place]

litho(=stone돌(에 관한))+logy(=science학문)

lithology

[liθálədʒi]

n. 암석학; 〈의학〉 결석학

⊞ lithologist *n.* 암석학자 lithologic *a.* 암석학의

syn 암석 = stone(돌); rock(바위); crag

cf. **megalith** *n.* 거석 *a.* **megalithic** 거석의 [mega : great]
    Paleolithic *a.* 구석기 시대의   [paleo : ancient]
    petrology *n.* 암석학 **petroleum** *n.* 석유 [petro : rock]

meteor(대기현상(에 관한))+logy(학문)

meteorology

[mìːtiərálədʒi]

*meteorite *n.* 운석

n. 기상학; (특정한 지방의) 기상

⊞ meteorologist *n.* 기상학자
    meteorologic(al) *a.* 기상(학상)의

syn 기상통보 = weather news[report; bulletin]

cf. **meteor** *n.* 별똥별, 유성(shooting star); 운석

oto(=ear귀(에 관한))+logy(=science학문)

otology

[outálədʒi]

cf. **ontology** *n.* 존재론

n. 이과학 *cf.* **otorhinolaryngology** *n.* 이비인후과학

⊞ otologist *n.* 이과 의사

syn 귀 = ear; auricle(외이, 귓바퀴); hearing(청력)

517

pedo(=child아동(에 관한))+logy(=science학문)

pedology
[pi:dálədʒi]

n. 아동학, 육아학; 소아과 의학; 토양학

ⓜ pedologist *n.* 아동학자, 육아학자; 토양학자

syn 아동 = child; kid; juvenile(소년소녀, 청소년)

peno(=punishment형벌(에 관한))+logy(=science학문)

penology
[pi:nálədʒi]

n. 행형학; 교도소 관리학

ⓜ penologist *n.* 행형학자 penological *a.* 행형학의

syn 교도소 = prison; jail; gaol; penitentiary

petro(=rock암석(에 관한))+logy(=science학문)

petrology
[pitrálədʒi]

n. 암석학(lithology)

ⓜ petrologist *n.* 암석학자 petrologic(al) *a.* 암석학의

syn 암석이 많은 = rocky; craggy

pharmaco(=drug약물(에 관한))+logy(=science학문)

pharmacology
[fàːrməkálədʒi]

*tonic *n.* 강장제

n. 약리학, 약물학

ⓜ pharmacologist *n.* 약리학자, 약물학자

syn 약 = medicine; medication; drug; specific(특효약)

phone(=voice음성(에 관한))+logy(=science학문)

phonology
[founálədʒi]

n. (한 언어의) 음운론; 음성학(phonetics)

ⓜ phonologist *n.* 음운학자; 음성학자(phonetician)

syn 소리 = voice(목소리); sound(음향); noise(소음);
note(새의 울음소리); chirp(새, 곤충의 울음소리 – 짹짹)

philo(=loving사랑하기)+logy(=word 말) → 말을 사랑(하는 학문)

philology
[filálədʒi]

n. 문헌학; 언어학(linguistics)

ⓜ philologist *n.* 문헌학자; 언어학자

syn 문헌 = literature; documents

phraseo(=phrase말씨, 문체)+logy(=science지식체계)

phraseology

[frèiziálədʒi]

n. 말씨, 어법, 문체; 전문어; 어구(phrases)

- phraseologist *n.* 어법 전문가
  phraseological *a.* 말씨의, 어법(상)의

  syn 말씨 = phraseology; diction; wording;
  expression(표현)

physio(=nature생리적 욕구(에 관한))+logy(=science학문)

physiology

[fìziálədʒi]

n. 생리학; 생리 (기능)

- physiologist *n.* 생리학자
  physiologic(al) *a.* 생리학(상)의; 생리적인
  *a monthly physiological leave 생리휴가

  syn 생리현상 = physiological phenomena

psycho(=soul, spirit마음(에 관한))+logy(=science학문)

psychology

[saikálədʒi]

n. 심리학; 심리 (상태)

- psychologist *n.* 심리학자
  psychologic(al) *a.* 심리학(상)의, 심리학적인

  syn 심리 = psychology; mentality

seismo(=earthquake지진(에 관한))+logy(=science학문)

seismology

[sàizmálədʒi]

n. 지진학

- seismologist *n.* 지진학자 seismological *a.* 지진학의

  syn 지진 = earthquake; temblor;
  seismic[terrestrial] tremor *epicenter(진앙)

socio(=society사회(에 관한))+logy(=science학문)

sociology

[sòusiálədʒi]

n. 사회학; 군집 생태학(synecology)

- sociologist *n.* 사회학자
  sociologic(al) *a.* 사회(학)의; 사회 문제의

  syn 사회 = society; community

techno(=art기술(에 관한))+logy(=science지식체계)

technology

[teknálədʒi]

n. 과학기술; 공업기술; 기술체계; 공학; 응용과학

ⓜ technologist *n.* 과학 기술자, 공학자
technologic(al) *a.* 과학 기술의

syn 기술 = technique; art; skill; technology(과학기술)

theo(=god신(에 관한))+logy(=science학문)

theology

[θi:álədʒi]

n. 신학; 신학 체계; 종교 심리학

ⓜ theologist *n.* 신학자(theologian)
theologic(al) *a.* 신학(상)의; 성경에 입각한

syn 종교 = religion; cult(사이비 ~); faith(신앙)

venereo(=venereal성병에 관한)+logy(=science(학문)

venereology

[vənìəriálədʒi]

n. 성병학

ⓜ venereologist *n.* 성병과 의사
venereological *a.* 성병의
venereal *a.* 성교에 의한; 성병의
*a venereal disease 성병(VD) [ven : love]

syn 병 = disease; sickness; illness; complaint;
disorder; trouble; affection; malady(만성병);
indisposition, ailment(경증)

cf. AIDS(=acquired immune deficiency syndrome)
후천성 면역 결핍증
syphilis [sífəlis] *n.* 매독

VOCA TIP

-logy(학문)에 어근만 붙이면 <u>어근에 해당하는</u> 학문명이 되며,
"-logy(~학) ⇒ -logist(~학자) ⇒ -logic(al)(~학의, ~학적인)"으로
규칙변화 합니다.
ex. theo**logy** 신학 ⇒ theo**logist**(신학자) ⇒ theo**logic(al)**(신학의)

Study **34**

loqu

speak : 말하다, 담화하다

---

col(<com−=together서로)+loqu(=speak말)+y(함)

colloquy

[kάləkwi]

*a fireside chat
노변담화

n. 담화, 회화; 자유 토의

예 the **colloquy** on 'New Capitalism'
'신자본주의'에 관한 대담

파 colloquial *a.* 구어체의(↔ **literary** *a.* 문어적인)
colloquialism *n.* 구어체, 회화체
colloquium *n.* 세미나(seminar); 전문가 회의

syn 담화 = colloquy; talk; conversation

cf. **collogue** *v.* 밀담하다; 공모하다

---

ob(=against~에 반대하여 (나쁘게))+loqu(=speak말)+y(함)

obloquy

[άbləkwi]

*flirt *n.* 바람둥이

n. 욕설, 악평, 비방; 오명, 불명예

예 heap **obloquy** upon a **flirt**
바람둥이에게 욕설을 퍼부어 대다

syn 비방 = obloquy; abuse; slander; libel; calumny;
aspersion

cf. **oblique** *a.* 비스듬한(slanting; tilted)

---

soli(=alone혼자서)+loqu(=speak말하)+y(기)

soliloquy

[səlíləkwi]

n. 혼잣말; (연극 등의) 독백(monologue)

예 mutter a **soliloquy** without a pause
혼잣말을 끊임없이 지껄이다

파 soliloquist *n.* 독백하는 사람
soliloquize *v.* 혼잣말을 하다; 독백하다

syn 독백 = soliloquy; monologue; aside(방백)

e(<ex-=out밖으로)+loqu(=speak말)+ence(함)

eloquence

[éləkwəns]

n. 웅변, 능변; 유창한 화술; 설득력

⑩ speak with fiery **eloquence** 열변을 토하다

⑭ eloquent *a.* 웅변의; 감동시키는
elocution *n.* 웅변술, 연설법

cf. **locution** *n.* 말씨

syn 웅변 = eloquence; oratory; fluency(능변, 유창)

cf. **grandiloquence** *n.* 호언장담(rodomontade);
허풍(fanfaronade; bragging)

grandiloquent *a.* 과장된(bombastic; grandiose);
호언장담하는(pompous)

colloquy	⋯▸	obloquy	⋯▸	soliloquy	⋯▸	eloquence
담화, 토의		욕설, 불명예		혼잣말, 독백		웅변, 설득력

lud(e)

play : 연기(하다), 행동하다, 희롱하다, ~처럼 굴다

---

al(<ad–=to ~에게)+lude(=play희롱조로 (말하다))

allude

[əlúːd]

v. 넌지시 말하다, 암시하다, 언급하다(mention)

- **allude** to a historical event 고사를 넌지시 언급하다
- allusion *n.* 암시, 언급; 인용 allusive *a.* 암시하는

syn 넌지시 말하다 = allude; hint; drop a hint; refer to

---

col(<com–=together함께 (짜고)+lude(=play행동하다)

collude

[kəlúːd]

cf. **collide** *v.* 충돌하다
*dope *n.* 환각제

v. 결탁하다, 담합하다, 공모하다(conspire)

- **collude** with the dope peddlers
  마약 밀매매자들과 결탁하다
- collusion *n.* 결탁, 공모(conspiracy); 〈법〉 통모
  collusive *a.* 공모의, 미리 결탁한(complicit; complicitous)

syn 공모하다 = collude; conspire; plot

---

de(=from; away떨어져서)+lude(=play~처럼 굴다)

delude

[dilúːd]

cf. self-delusion
  n. 자기기만

v. 현혹시키다; 속이다(mislead; deceive)

- be **deluded** by a fortune-teller's predictions
  점쟁이 말에 현혹되다
- delusion *n.* 현혹, 기만; 잘못된 생각, 망상; 착각
  delusive *a.* 미혹시키는, 기만적인(deceptive); 망상적인

syn 현혹시키다 = delude; daze; dazzle

---

e(<ex–=out밖으로)+lude(=play적당히 다루다))

elude

[ilúːd]

v. 교묘하게 피하다; 벗어나다; 이해되지 않다

- **elude** the police nimbly 경찰을 재빠르게 따돌리다
- elusion *n.* 회피(evasion), 도피; 속임수; 핑계
  elusive *a.* 파악하기 어려운; 교묘히 잘 빠지는

syn 피하다 = elude; evade; avoid; avert; dodge

523

interlude

[íntərlùːd]

n. 간주(곡); (연극의) 막간; (두 사건) 중간에 생긴 일

예 a brief **interlude** of happiness between the couple 그 부부의 짧은 행복의 순간

syn 막간 = interlude; interval; intermission(휴식시간)

prelude

[prélʲuːd]

n. 전주곡, 서곡; (사건 등의) 전조; 도입부

v. ~의 전조가 되다

*earthshaking

a. 경천동지할
(world-shaking),
뿌리부터 뒤흔드는

예 a **prelude** to the earthshaking event
경천동지할 사건의 서곡

파 prelusive *a.* 서곡의; 서막의; 전조가 되는

syn 서곡 = prelude; overture   *cf.* **prologue**(서두 대사)

postlude

[póustluːd]

n. 후주곡; 종말부; (문학 작품의) 결미; 끝맺는 말

예 have a great **postlude** 결말이 멋지다

파 postludium *n.* 후주곡(postlude)

syn 결미, 종말 = close; end; conclusion; finale

illusion

[ilúːʒən]

n. 환영, 환각; 착각; 환상, 미망(delusion)

예 live in the pursuit of **illusions** through life
평생 환상을 쫓으며 살다

파 illusive *a.* 착각을 일으키는; 현혹시키는(illusory)

syn 환영 = illusion; vision; phantom; phantasm

allude	⋯	collude	⋯	delude	⋯	elude	⋯	interlude
암시하다		결탁하다		속이다		피하다		간주, 막간

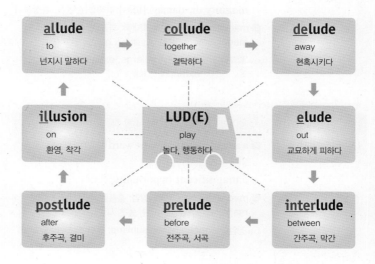

allude to 넌지시 말하다	**col**lude together 결탁하다	**de**lude away 현혹시키다
illusion on 환영, 착각	**LUD(E)** play 놀다, 행동하다	**e**lude out 교묘하게 피하다
postlude after 후주곡, 결미	**pre**lude before 전주곡, 서곡	**inter**lude between 간주곡, 막간

525

root 98

magn(i)

great : 큰, 거대한
*magn(i) = major = maxi

---

magni(=great크게)+fy(=make만들다)

magnify

[mǽgnəfài]

v. 확대하다; 크게 보이게 하다; 과장하다(exaggerate)

ⓔ magnify an object ten times
물체를 10배로 확대하다

magnify the damage[loss] 피해를[손실을] 과장하다

ⓟ magnification *n.* 확대; 확대력; 과장; 찬미
magnifier *n.* 확대경(magnifying glass), 돋보기

syn 확대하다 = magnify; enlarge; expand;
extend(확장하다)

---

magni(=great크게 (잘))+fic(=make만)+ent(든)

magnificent

[mægnífəsənt]

a. 웅대한, 장엄한; 훌륭한; 비할 데 없는(superb)

ⓔ a **magnificent** view[reward]
웅대한 경치[막대한 보상]

a **magnificent** opportunity 절호의 기회

ⓟ magnificence *n.* 장려, 장엄; 훌륭함; 기품; (M-) 각하
magnifico *n.* 고귀한 사람, 높은 사람(magnate)

syn 장엄한 = magnificent; sublime; impressive; grand;
solemn

---

magni(=great큰, 중요한)+tude(상태, 성질)

magnitude

[mǽgnətjùːd]

n. 크기; 큼, 거대함; 중대, 중요성; (항성의) 광도

ⓔ grasp the **magnitude** of the problem
그 문제의 중요성을 이해하다

a nova with a **magnitude** of 1.00
광도 1의 신성

syn 크기 = magnitude; size; dimensions; bulk(부피)

magni(=great큰소리 치며)+loqu(=speak말)+ent(하는)

magniloquent
[mægnílǝkwǝnt]

a. 호언장담하는, 허풍떠는(bombastic); 과장하는

🔵 be full of **magniloquent** talk 허풍으로 가득 차다

🔵 magniloquence *n.* 호언장담(grandiloquence), 허풍

syn 허풍떨다 boast; brag; swagger; talk big[tall];
        tell a tall tale

majes(=greater(magn의 비교급)~보다 더 위대)+ty(함)

majesty
[mǽdʒisti]

n. 위엄; 장엄; (the ~) 주권; 왕족; (M−) 폐하

🔵 swear to tell the truth with **majesty**
     진실을 말할 것을 엄숙히 맹세하다

     His **Majesty's** hotel 감옥(prison)

🔵 majestic *a.* 위엄 있는(august), 당당한; 장엄한

syn 위엄 = majesty; dignity; stateliness

major(=greater더 큰)+ity(것)의 뜻에서

majority
[mǝdʒɔ́:rǝti]

cf. **minority**
  n. 소수(파); 소수당;
  미성년

n. 대다수; 과반수; 다수당; (차점자와의) 득표차; 성년

🔵 be passed by a **majority** decision
     다수결로 통과되다

     a **majority** leader 다수당 원내총무

🔵 major *a.* 대다수의; 주요한; 전공의 *n.* 성인; 전공과목
        v. 전공하다(specialize)(↔ minor *v.* 부전공하다)

syn 과반수 = majority; plurality

maxi(=greatest(magn의 최상급) 최대한)+mum(임)

maximum
[mǽksǝmǝm]

cf. **maxim** *n.* 격언,
  금언(adage)

n. 최대량, 최대수, 최고점(↔ **minimum**) *a.* 최고의, 최대의

🔵 achieve the **maximum** of efficiency at the
     minimum of effort
     최소의 노력으로 최대의 효과를 올리다

🔵 maximize *v.* 최대로 하다(↔ minimize), 최대로 존중하다

syn 극한 = maximum; extremity; limit

527

mand

order : 명령하다
entrust : 맡기다

---

com(강조-강하게)+mand(=order명령하다)

command

[kəmǽnd]

v. 명령하다; 지휘하다; 지배하다; (경치를) 내려다보다

n. 명령; 지휘; 지배력; (언어의) 구사능력; 조망; 사령부

예 command a regiment[a fine prospect]
연대를 지휘하다[전망이 좋다]

cf. **commend**
  v. 칭찬[추천]하다

파 commanding *a.* 당당한; 전망이 좋은
commandment *n.* 명령; 계명, 계율

*****commander**
  n. 지휘자, 사령관

syn 명령하다 = command; order; direct; bid

---

counter(=against반대로)+mand(=order명령하다)

countermand

[kàuntərmǽnd]

v. (명령이나 주문을) 취소하다, 철회하다 *n.* 철회; 주문취소

예 countermand the order for a fridge
냉장고 주문을 취소하다

*****rescind** *v.* 취소하다

syn 취소하다 = countermand;cancel; revoke; recall; retract

---

de(강조-강하게)+mand(=entrust(책임을) 맡기다)

demand

[dimǽnd]

v. 요구하다; 필요로 하다 *n.* 요구; 수요(↔ **supply** *n.* 공급)

예 demand evacuation[troop withdrawal(s)]
철군을 요구하다

파 demanding *a.* 큰 노력을 요구하는; 요구가 지나친

syn 요구하다 = demand; make a demand; request;

---

re(=back되돌려 (보내라고))+mand(=order명령하다)

remand

[rimǽnd]

v. 송환하다, 돌려보내다; 반송하다; 재구류하다

n. 송환; 반송

예 remand the serial killer to his country
그 연쇄살인범을 본국으로 송환하다

syn 송환하다 = remand; repatriate; send back

med(i)

middle : 중앙, 중간

medi(=middle(다투는) 중간에)+ate(=make서다)

mediate
[mí:dièit]

v. 조정하다, 중재하다; 화해시키다 *a.* 간접의(↔ **immediate**)

- **예** **mediate** a dispute[quarrel]
  분쟁을 조정하다[싸움을 중재하다]

- **파** mediation *n.* 조정, 중재; 중개; 화해
  mediator *n.* 조정자; 중개자

- *syn* 조정하다 = mediate; arbitrate; reconcile; intervene

- *cf.* **meditate** *v.* 숙고하다(deliberate); 계획하다(plan)

inter(=between사이에서)+mediate(조정하다)

intermediate
[ìntərmí:di:èit]
[ìntərmí:diət] *a.*

v. 중재하다, 중개하다; 사이에 들어가다(intervene)

a. 중간의(intermediary)*n.* 중간물; 매개; 중간시험

- **예** help **intermediate** between bankers and investors
  은행업자들과 투자자들의 중개를 돕다

*ballistic *a.* 탄도의;
격노한(angry)
*go ballistic 울컥하다

an **intermediate** range ballistic missile
중거리 탄도탄

- **파** intermediation *n.* 중개, 중재, 매개
  intermediator *n.* 중개자, 매개자
  intermediary *a.* 중간의; 중재의 *n.* 중개자; 매개물

- *syn* 중간의 = intermediate; intermediary; mean;
  median; middle; halfway; interim

im(<in-=not 안)+mediate(중간의) → 중간을 거치지 않는

immediate
[imí:diət]

a. 즉각의, 당장의; 직접의(direct); 당면한(present; urgent)

- **예** have an **immediate** effect 즉효가 나타나다

- **파** immediately *ad.* 곧, 즉시로(at once); 직접(directly)

- *syn* 즉각의 = immediate; instant; prompt; ready(즉석의);
  on-the-spot

medi(=middle중간)+ev(=age시대)+al(의)

medieval

[mìːdíːvəl]

a. 중세의, 중세적인, 중세풍의; 매우 오래된, 낡은; 구식의

🔊 the picture of **medieval** peasants
중세 농부들의 사진

syn 시대 = age; era; epoch; period; times

cf. **primeval** *a.* 원시 시대의, 태고의(primitive)

---

medi(=middle중간 높이의)+ocre(=hill언덕)

mediocre

[mìːdióukər]

a. 평범한, 보통의, 좋지도 나쁘지도 않은; 2류의

🔊 **mediocre** qualities[workers] 평범한 자질[근로자들]

whether talented or **mediocre** 재능이 있건 평범하건

🔊 mediocrity *n.* 평범, 보통; 범인(凡人)

syn 평범한 = mediocre; common; commonplace;
ordinary; humdrum

cf. **monotonous; tame** *a.* 단조로운, 지루한

---

med(=middle중간의)+ium(상태; 것)

medium

[míːdiəm]

*range
n. 사정 (거리); 범위

n. 중간, 중용; 매개물; 매체; 배양기 (*pl.* **media**)

a. 중간의; 중용의; 보통의; 〈스테이크〉 중간 정도[알맞게] 구운

🔊 a **medium** of advertisement 광고매체

a **medium** range ballistic missile 중거리 탄도탄

syn 매개물 = medium; agency; vehicle

cf. **midday** 한낮, 정오 **midnight** 한밤중, 자정
midsummer 한여름, 성하

---

mediate	⋯▸	intermediate	⋯▸	immediate
중간의		중재하다, 조정하다		직접의, 즉각의

medium	⋯▸	mediocre	⋯▸	medieval
중간, 중용		평범한, 보통의		중세의, 중세적인

530

mens

measure : 측정, 치수; 재다

com(=together같은)+mens(ur)(=measure치수)+ate(인)

commensurate
[kəménʃərit]

a. (분량 등이) 같은; 균형이 잘 잡힌; 어울리는

🔹 attractive remuneration **commensurate** with qualification 자격에 맞는 만족할 만한 급여

🔸 commensuration *n.* 동등; 균등
commensurable *a.* 균형이 잡힌(proportionate)

syn 동등한 = commensurate; equivalent; equal

di(<dis-=apart따로)+mens(=measure측정한)+ion(것)

dimension
[diménʃən]

n. 치수; 차원; (*pl.*) 크기, 부피, 체적; 규모; 중요성

🔹 the world of three **dimensions** 3차원의 세계
realize the **dimensions** of the problem
문제의 중요성을 깨닫다

🔸 dimensional *a.* 치수의; ~차원의
3-D[=three-dimensional] *a.* 3차원의; 입체 (영화)의
n. 3차원
*a three-dimensional film 입체 영화

syn 부피 = dimension; bulk; volume; size

im(⟨in-=not불⟩+mens(e)(=measure측정) → 측정 불가한

immense
[iméns]

a. 거대한, 막대한; 굉장한(striking; splendid; imposing)

🔹 an **immense** fortune[land]
막대한 재산[광대한 토지]

🔸 immensely *ad.* 광대하게, 막대하게; 몹시, 굉장히
immensity *n.* 광대, 거대; 헤아릴 수 없음, 무한(infinity)

syn 거대한 = immense; enormous; huge; colossal;
gigantic; tremendous; vast

531

ment

mind : 마음, 정신, 지성

---

ment(=mind마음, 정신)+al(의)

mental

[méntl]

a. 마음의, 정신의(↔ **physical** *a.* 육체의); 정신병의

⑩ physical and **mental** health 육체적, 정신적 건강 상태

⑩ mentality *n.* 정신력; 사고방식
  mentally *ad.* 정신적으로; 마음 속으로

syn 정신의 = mental; spiritual *cf.* **menticide** 정신 살해

---

a(<ab-=away멀리)+ment(=mind정신(이 빠져 나간))+ia(증상)

amentia

[eiménʃiə, ə-]

n. (선천성) 정신박약; 백치(idiocy); 건망증(oblivion)

⑩ a congenital **amentia** child 선천적 정신박약아

⑩ ament *n.* (선천성) 정신박약아

syn 박약한 = feeble; weak; flimsy

---

de(=away from멀리)+ment(=mind정신(이 나간))+ia(상태)

dementia

[diménʃiə]

n. (후천성) 치매; 광기 *cf.* **imbecility** *n.* 저능, 바보짓, 허약

⑩ suffer from senile **dementia** 노인성 치매를 앓다

⑩ demented *a.* 치매증에 걸린; 미친(mad)

*lunacy *n.* 정신이상

syn 광기 = dementia; madness; craziness; insanity

---

com(강조-깊이 (생각한 후))+ment(=mind의견(을 말한 것))

comment

[kámənt]

n. (시사 문제 등의) 논평, 비평; 설명 *v.* 비평하다(criticize)

⑩ decline to **comment** on the matter
  그 문제에 대해 논평을 거부하다

cf. documentary
  a. 문서의
  n. 기록영화

⑩ commentary *n.* 논평; 해설; (*pl.*) 회고록
  commentate *v.* ~을 논평하다
  commentator *n.* 시사 해설자

syn 논평 = comment; criticism(비평); review(평론)

cf. **mention** *n.* 언급, 진술

merg(e)

sink : 가라앉히다   plunge : 던져넣다
dip : 담그다

---

merge(=sink(함께) 가라앉히다, 잠기게 하다)

merge

[mə:rdʒ]

*merger and
acquisition
인수 합병(M&A)

v. 몰입시키다, 녹아들게 하다; 합병하다

⑩ be **merged** into the conglomerate
대기업에 합병되다

⑩ merger n. (회사 등의) 합병

syn 합병하다 = merge; affiliate; amalgamate; annex;
            coalesce; combine; unite

cf. **conglomerate** n. (거대) 복합기업; 집합; 〈지질〉 역암

---

e(<ex-=out~밖으로)+merge(=plunge잠기다) → 물 밖으로 나오다

emerge

[imə́:rdʒ]

v. 나타나다; 드러나다; (빈곤 등에서) 벗어나다

⑩ manage to **emerge** from poverty
간신히 빈곤에서 벗어나다

⑩ emergence n. 출현   emergency n. 비상사태

syn 나타나다 = emerge; appear; turn up; show up

---

im(<in-=in안으로)+merge(=dip담그다)

immerge

[imə́:rdʒ]

*immersion
n. 담금; 몰두

v. (물 속에) 뛰어들다; 가라앉다; (~가) 사라지다

⑩ **immerge** into the cold water
차가운 물속으로 뛰어들다

⑩ immerse v. 잠그다(plunge; dip); 몰두시키다

syn 가라앉다 = immerge; sink; go down

---

sub(=under(물) 아래로)+merge(=plunge가라앉히다)

submerge

[səbmə́:rdʒ]

*submergence
n. 수몰; 침몰; 침수

v. 가라앉히다; 물에 잠그다; 잠수하다, 잠항하다; 침몰하다

⑩ be **submerged** in the sea 바다 속에 잠기다

⑩ submerged a. 수몰된(submersed); 숨겨진(hidden)

syn 잠수하다 = submerge; dive; make a dive

533

Study **35**

meter

measure : 재다; 측정, 계량(장치)

meter(=measure측정(기구))

meter
[míːtər]

n. 계량기; 미터; 박자 *cf.* **metric** *a.* 미터(법)의; 계량(용)의

syn 재다 = meter; measure; gauge;
sound, fathom(깊이를 ~); survey(측량하다)

cf. **symmetry** *n.* 대칭; 균형
asymmetry *n.* 비대칭 [a : not]

alti(=height높이를)+meter(=measurer재는 장치)

altimeter
[æltímitər]

n. 고도계

ⓟ altitude *n.* 고도; 해발, 표고; (*pl.*) 높은 곳, 고지
syn 고도 = altitude; height

baro(=weight(대기의) 무게를)+meter(=measurer재는 장치)

barometer
[bərámitər]

n. 기압계, 청우계; (여론 등의) 지표, 바로미터

ⓔ a **barometer** of public opinion 여론의 지표
ⓟ barometry *n.* 기압 측정법 barometric(al) *a.* 기압(계)의
syn 여론 = public[general] opinion; the popular voice;
vox populi

chrono(=time시간을)+meter(=measurer재는 장치)

chronometer
[krənámitər]

n. 정밀 시계[계시기], 크로노미터(경도 측정용 시계)

ⓟ chronometry *n.* 시간 측정(법)
syn 시계 = clock; watch; wristwatch(손목시계); timekeeper
cf. **chromosome** *n.* 염색체
chromatics *n.* 색체론

534

dia(=across가로질러)+meter(=measure잰 길이)

diameter
[daiǽmitər]

n. 직경, 지름; (렌즈의) 배율 *cf.* **radius** *n.* 반경, 반지름

㊟ diametric(al) *a.* 직경의; 정반대의
diametrically *ad.* 정반대로; 완전히

syn 배율 = diameter; magnification

---

geo(=earth땅을)+meter(=measurer측정하는 사람)

geometer
[dʒi:ámitər]

n. 기하학자; 〈곤충〉 자벌레(measuring worm)

㊟ geometry *n.* 기하학
geometric(al) *a.* 기하학의, 기하학적인

syn 기하학자 = geometer; geometrician

---

hygro(=wet습기를)+meter(=measurer재는 장치)

hygrometer
[haigrámitər]

n. 습도계(higroscope)

㊟ hygrometry *n.* 습도 측정
hygroscopic *a.* 검습기의; 습기 차기 쉬운

syn 습기 = humidity; moisture; dampness; wetness

cf. **hydraulic** *a.* 수압의, 수력을 이용하는

---

passi(=pass승차권 (판매 숫자를 재는))+meter(=measurer계량기)

passimeter
[pæsímitər]

n. 승차권 자동판매기; 보수계(걸음의 수를 재는 기구)

syn 자동판매기 = (automatic) vending machine;
slot machine; automat

cf. **passage** *n.* 통행; 통로; (문장 등의) 한 절
parameter *n.* 매개변수

---

pedo(=foot걸음(의 수를))+meter(=measurer재는 장치)

pedometer
[pidámitər]

n. 보수계, 보측계(步側計)

syn 걸음 = pace; step; stepping; walking(걷기)

cf. **pedestrian** *n.* 보행자, 도보 여행자
equestrian *n.* 승마자 [equ : horse]

photo(=light빛(의 세기를))+meter(=measurer재는 장치)

photometer

[foutámitər]

n. 광도계; (사진의) 노출계

🔵 photometry *n.* 광도 측정
photometric(al) *a.* 광도계의; 광도 측정의

syn 광도 = luminosity; brightness; magnitude;
intensity of light

cf. **photogenic** *a.* 촬영하기에 알맞은; 사진을 잘 받는

seismo(=earthquake지진(의 강도를))+meter(재는 장치)

seismometer

[saizmámitər]

n. 지진계(seismograph)

syn 지진계 = seismometer; seismograph;
earthquake recorder

cf. **earthquake** *n.* 지진
epicenter *n.* 진앙 **seismic intensity** 진도

speedo(=speed속도를)+meter(=measurer재는 장치)

speedometer

[spi:dámitər]

n. (자동차 등의) 속도계; 주행 기록계(odometer)

syn 속도 = speed; velocity; pace

cf. **acceleration** *n.* 가속도
enhance the mileage and <u>acceleration</u> by 25%
연비와 가속도를 25퍼센트 향상시키다

thermo(=heat열, 온도를)+meter(=measurer재는 장치)

thermometer

[θərmámitər]

n. 온도계; 지표

🔵 a clinical **thermometer** 체온계
a **thermometer** of public opinion 여론의 지표

🔵 thermometric(al) *a.* 온도계상의
thermometry *n.* 온도 측정(학)

syn 온도계 = thermometer; mercury(수은);
pyrometer(고온계)

cf. **thermos** *n.* 보온병(thermos bottle)
thermostat *n.* 자동 온도 조절 장치

536

migr

move : 이동하다, 이사하다

---

migr(=move이동, 이사)+ate(=make하다)

migrate

[máigreit]

v. 이주하다; (새 등이) 철따라 이주하다, 이동하다

예 **migrate** to warmer regions
따뜻한 지방으로 이주하다

파 migration *n.* 이주, 이동
migratory *a.* 이주하는; 방랑벽이 있는
migrant *a.* 이주성의 *n.* 철새; 계절적 이동 노동자

syn 이주하다 = migrate; emigrate(타국으로);
immigrate(타국에서); move

cf. 철새 = migrant; migratory[passage] bird

---

e(<ex-=out밖으로)+migrate(이주하다)

emigrate

[émagrèit]

v. (타국으로) 이주하다, 이민하다

예 get one's affairs straight to **emigrate** to
Australia 호주로 이민가기 위해 모든 것을 정리하다

파 emigration *n.* (타국으로의) 이주, 이민; 이민(단)
emigrant *a.* (타국으로) 이주하는 *n.* 이민, 이주자

syn 이민 = emigration; immigration

---

im(<in-=into안으로)+migrate(이주하다)

immigrate

[ímagrèit]

v. (타국에서) 이주하다; (이주지에) 들어가 살다, 이주시키다

예 **immigrate** to Korea form Thailand
태국에서 한국으로 이민오다

파 immigrant *a.* 이주해 오는 *n.* 이민; 귀화식물; 외래동물
immigration *n.* 입국; 이민자
*the Immigration Bureau 출입국 관리국

syn 거주하다 = inhabit; reside (in); live (in); dwell (in)

537

min

project : 돌출하다, 내밀다

e(<ex-=out밖으로)+min(=project돌출)+ent(한)

eminent

[émənənt]

a. 저명한; (신분이) 높은; 훌륭한; 현저한; 우뚝 솟은

㉠ an **eminent** choreographer[physicist]
저명한 안무가[물리학자]

㉫ eminently *ad.* 두드러지게, 현저히(remarkably)
eminence *n.* 고위; 저명(celebrity); 탁월; (E-) 전하

syn 저명한 = eminent; prominent; renowned;
celebrated; distinguished; illustrious;
notable; noted; famous; well-known

im(=upon바로 위에)+min(=project툭 튀어나)+ent(온)

imminent

[ímənənt]

a. (위험 등이) 절박한; 곧 닥칠 것 같은(threatening)

㉠ be in **imminent** peril[danger]
절박한 위험에 처하다

㉫ imminently *ad.* 절박하여, 급박하여(urgently)
imminence, imminency *n.* 절박, 촉박; 위급, 급박

syn 절박한 = imminent; impending; overhanging;
pressing; urgent; exigent

pro(=forth앞으로)+min(=project튀어나)+ent(온)

prominent

[prámənənt]

a. 현저한, 두드러진; 탁월한; 유명한; 돌기한, 튀어나온

㉠ a **prominent** figure[symptom, position, nose]
출중한 인물[현저한 징후, 우월한 지위, 오뚝한 코]

㉫ prominently *ad.* 눈에 띄게
prominence, prominency *n.* 탁월; 돌출

syn 현저한 = prominent; eminent; salient; conspicuous;
remarkable; striking; distinguished;
outstanding

min(i)

small : 작은, 소형의
less : (보다) 작은

di(<dis-=apart분리하여)+min(=small작게)+ish(=make하다)

diminish

[dəmíniʃ]

v. 줄이다; 적게 하다; 축소되다(↔ **augment** *v.* 증대하다)

🔘 slowly **diminish** over a long period of time
오랜 세월에 걸쳐 서서히 약화되다

🔘 diminution *n.* 감소, 축소
diminutive *a.* 훨씬 작은; 조그마한(tiny)

syn 줄이다 = diminish; decrease; reduce; lessen;
abbreviate; shorten; curtail(삭감하다); dwindle

min(=small작게)+ce(하다)

mince

[mins]

v. 잘게 썰다; 완곡하게 말하다 *n.* 잘게 저민 고기

🔘 buns stuffed with well-**minced** meat and
vegetables 잘 다진 고기와 야채로 속을 넣은 만두

syn 잘게 썰다 = mince; hash; chip; julienne; chop up

min(=less보다 작은)+or(것의)

minor

[máinər]

cf. **major** *a.* 보다 큰;
성년의; 전공의

a. 더 작은[적은]; 미성년의; 부전공의 *n.* 미성년자; 부전공

🔘 a **minor** injury[wound] 경상

🔘 minority *n.* (과반수에 대하여) 소수; 소수 민족; 미성년

syn 작은 = minor; small; little; tiny

min(=small작게)+ute(만든)의 뜻에서

minute

[mainjúːt]
[mínit] *n.*

a. 사소한, 시시한; 상세한 *n.* 분; 순간; (*pl.*) 회의록

🔘 **minute** differences[reports]
사소한 차이[상세한 보고]

🔘 minutely *ad.* 상세히, 면밀하게; 1분마다, 끊임없이

syn 사소한 = minute; trifling; trivial; petty; insignificant;
slight

minim(=smallest가장 적은)+um(상태)

minimum

[mínəməm]

n. 최저한도, 최소량[수, 액]; 극소 *a.* 최소의, 가장 작은[적은]

예 the **minimum** wage system[cost of living]
최저 임금제[생계비]

파 minimize *v.* 최소로 하다, 극소화하다
(↔ maximize *v.* 극대화하다)

syn 최소의 = minimum; lowest; lowermost

ant **maximum** *n.* 최대량[수]; 최고점; 극한 *a.* 최대의; 극대의

---

mini(=small작게 만든)+a+ture(것)의 뜻에서

miniature

[mínʌətʃər]

n. 축소모형; 축도; 세밀화 *a.* 소형의, 소규모의; 세밀화의

예 be a **miniature** of one's mother
자기 어머니의 축소판이다

파 miniaturize *v.* 소형화하다, 소형으로 제작하다

syn 축소 = miniaturization; reduction; curtailment;
retrenchment; abridgment

---

mini(=small작은 (일을))+ster(하는 사람)

minister

[mínistər]

n. 성직자, 목사; 장관; 외교사절 *v.* 섬기다; (의식을) 거행하다

예 the **Minister**[Secretary] of Foreign Affairs
외무장관

minister to the sick[one's vanity]
환자를 돌보다[허영심을 만족시키다]

*a man of the cloth
성직자

파 ministerial *a.* 목사의; 정부 측의; 대리의, 보좌의

syn 성직자 = minister; churchman; clergyman; cleric

cf. **administer** *v.* 관리하다, 다스리다; (약을) 투여하다

---

diminish	⋯	mince	⋯	minor	⋯	minute
줄이다		잘게 썰다		더 작은[적은]		사소한, 상세한

minimum	⋯	miniature	⋯	minister
최소한도		축소모형		목사, 장관, 공사

540

root 108

mir

wonder : 감탄하다, 놀라다; 경탄할 만한 것

---

ad(=to~에)+mir(e)(=wonder감탄하다)

admire

[ædmáiər]

*insight
n. 통찰력; 식견

v. 감탄하다, 탄복하다; 숭배하다; 칭찬하다

📖 **admire** the depth of a person's insight
~의 깊은 통찰력에 탄복하다

📝 admiration *n.* 감탄; 동경; 찬양; 칭찬
admirable *a.* 칭찬할 만한; 훌륭한, 우수한(excellent)

syn 숭배하다 = admire; adore; worship; venerate;
make an idol of

cf. **admiral** *n.* 해군 대장, 제독; 어선[상선] 대장

---

mir(=wonder신기하게 생각되는)+a+cle(작은 것)

miracle

[mírəkəl]

n. 기적, 이적; 경이(marvel), 불가사의

📖 escape death by **miracle** 기적적으로 죽음을 모면하다

📝 miraculous *a.* 기적같은, 초자연적인(supernatural)

syn 기적 = miracle; wonder; theurgy; marvel(경이)

---

mir(=wonder신기하게 보이는)+age(것)

mirage

[mirá:ʒ]

n. 신기루; 공중누각, 망상; 환각(hallucination)

📖 pursue the **mirage** of world peace
세계 평화라는 환상을 쫓다

syn 망상 = mirage; delusion; chimera

---

mirr(=wonder(놀랍게) 보는)+or(것)

mirror

[mírər]

*a rearview mirror
n. (자동차의) 백미러

n. 거울; 반사경; 모범, 귀감 *v.* 비추다; 반영하다

📖 be reflected in a **mirror** 거울에 비치다

a **mirror** of chivalry[filial piety] 기사도[효도]의 귀감

syn 모범 = mirror; paragon; example; model

cf. **speculum** *n.* 〈의학〉 검경; (반사 망원경 등의) 반사경

541

root 109

mit

send : 보내다, 전달하다

ad(=to~로)+mit(=send(들여) 보내주다)

admit

v. 허락하다; 인정하다; (입장, 입회를) 허락하다

[ædmít]

[예] be **admitted** to the party[bar]
파티에 입장이 허용되다[변호사 자격을 얻다]

[파] admission *n.* 입장 (허락), 입학; 승인; 고백
admittance *n.* 입장

syn 허락하다 = admit; permit; allow; approve(승인하다)

com(=together함께)+mit(=send보내다)

commit

v. 위탁하다; (죄 등을) 저지르다; 전념하다; 약속하다

[kəmít]

[예] **commit** the budget supplement bill to the standing committee
추가경정 예산안을 상임위원회에 회부하다
commit a crime[a traffic violation]
죄를 저지르다[교통위반을 범하다]
commit suicide by taking poison 음독자살하다

[파] commitment *n.* 위탁; 투옥; 약속; 전념
commission *n.* 위임; 임무; 수수료
commissioner *n.* 위원; 감독관

syn 위탁하다 = commit; entrust; consign; confide

*supplement
n. 추가, 보충
v. 보충하다

*committee
n. 위원회

de(=down아래로)+mit(=send가게 하다)

demit

v. 사직하다; 해고하다(fire; lay off; give the shake)

[dimít]

[예] **demit** from the government service on the ground of illness 신병을 이유로 관직에서 물러나다

[파] demission *n.* 사직, 퇴위; 해고, 면직(dismissal)

syn 사직하다 = demit; resign; quit office; step out[down]

*on the ground of
~ ~라는 이유로

e(<ex-=out밖으로)+mit(=send보내다)

emit

[imít]

v. (열 등을) 내뿜다, 발산하다; 토로하다; 공포하다

예 **emit** fragrance[fetor; superheat]
향기[악취, 고열]를[을] 내뿜다

파 emission n. 방사, 방출; 배출; 사정(ejaculation)

syn 내뿜다 = emit; spout; spurt; give out; gush out;
belch out(가스, 연기 등을 ~)

*fragrance
n. 향기(aroma)
fetor n. 강한 악취

---

inter(=between사이로)+mit(=send보내다)

intermit

[intərmít]

v. 일시적으로 멈추다; 일시적으로 가라앉다

예 **intermit** torture on the suspect
피의자의 고문을 일시 중단하다

파 intermission n. 중지(pause), 중단; 막간, 휴식시간
intermittent a. 단속적인(spasmodic), 간헐적인

syn 멈추다 = intermit; cease; stop; halt; discontinue

*intermittently
ad. 간헐적으로

---

intro(=inward안으로)+mit(=send보내다)

intromit

[intrəmít]

v. 들여보내다(admit); 삽입하다(insert)

예 **intromit** the hobo into one's house
떠돌이를 집으로 들이다

파 intromission n. 입장[가입] 허가; 삽입(insertion)

syn 삽입하다 = intromit; insert; interpose; interpolate;
put in

*hobo n. 떠돌이 (노동
자), 부랑자

---

manu(=hand지배로부터)+mit(=send(떠나) 보내다)

manumit

[mǽnjəmít]

v. (노예 상태로부터) 해방하다; 석방하다

예 **manumit** a downtrodden slave
혹사당하는 노예를 해방시켜주다

파 manumission n. 해방(liberation; emancipation)

syn 해방하다 = manumit; emancipate; liberate;
disengage; release; set free

o(<ob-=to~으로)+mit(=send(빼어) 보내다)

omit

[oumít]

v. 생략하다; ~을 빠뜨리다; 게을리하다

㉠ be **omitted** from the list 명단에서 누락되다

㉡ omission *n.* 생략; 누락, 탈락;
태만(negligence; delinquency; default)

syn 생략하다 = omit; abbreviate; leave out

per(=through통과시켜)+mit(=send보내다)

permit

[pə:rmít]

v. 허락하다; ~의 여지가 있다(leave room for)

n. 허가, 면허(license)

㉠ if weather[time] **permits**
날씨가 좋으면[시간이 있으면]
without a **permit**[license] 무허가로

㉡ permission *n.* 허락, 허가; (정식) 승인, 동의

syn 여지 = margin; room; space; leeway; blank(여백)

preter(=past지나쳐)+mit(=send보내다)

pretermit

[pri:tərmít]

*offense
n. 범죄, 위반, 반칙

v. 불문에 붙이다, 간과하다; 소홀히 하다; 중단하다

㉠ **pretermit** his offense[one's studies]
그의 범행을 불문에 부치다[학업을 소홀히 하다]

㉡ pretermission *n.* 묵과(connivance; overlook); 중단

syn 불문에 부치다 = pretermit; overlook; disregard;
lay aside; wink at; connive at; take no notice of

re(=back뒤로)+mit(=send(돈을) 보내다)

remit

[rimít]

v. 송금하다; 용서하다; 면제하다; 완화하다(mitigate)

㉠ **remit** the deposit on the on-line system
계약금을 온라인으로 송금하다

㉡ remittance *n.* 송금 remission *n.* 용서, 사면; 면제; 완화
remissible *a.* 용서[면제]할 수 있는(forgivable)

syn 용서하다 = remit; forgive; condone; pardon

544

sub(=under아래로)+mit(=send보내다)

submit
[səbmít]

v. 제출하다; 제시하다; 복종시키다; 감수하다(swallow)

submit a petition to the mayor
시장에게 청원서를 제출하다

submit tamely to an insult 모욕을 감수하다

submission n. 복종, 항복; 온순
submissive a. 복종하는; 유순한

syn 제출하다 = submit; present; tender; offer;
file(고소, 서류를 ~);
send in; hand in; give in

trans(=across~을 가로질러)+mit(=send보내다)

transmit
[trænsmít]

v. (지식, 물건, 신호를) 전(달)하다, 보내다; 전염시키다

transmit public morals to posterity
미풍양속을 후세에게 전하다

*posterity n. 후세
(future generations)

be **transmitted** via physical contact
신체접촉에 의해 감염되다

transmission n. 전달; 전동장치; 변속기
transmitter n. 송달자; 전달 장치

syn 전달하다 = transmit; deliver; forward; convey;
communicate(뉴스 등을 ~)

admit	⋯➤	commit	⋯➤	demit	⋯➤	emit	⋯➤	intermit
허락하다		위탁하다		사직하다		발산하다		일시 멈추다

miss

send : 보내다, 전달하다
***miss = mise = mit**

---

mess(〈miss=send보내는〉+age(것)

message

[mésidʒ]

*courier
n. 급사, 특사;
여행안내원

| n. 메시지, 통신; 전갈, 전언; 교훈, 의도 v. 메시지를 보내다 |

send[receive] a message
메시지를 보내다[받다]
a presidential **message** 대통령의 교서
do[go on] a **message** 심부름가다
messenger n. 심부름꾼, 사자; 배달부
syn 전갈하다 = send a message; send word

---

miss(=send; throw던져 보내는)+ile(것)의 뜻에서

missile

[mísəl]

*raid
n. 습격; 공습(air raid);
불시 단속

| n. 미사일; 날아가는 무기 a. 유도탄의 |

a guided[heat-seeking] missile
유도탄[열 추적 미사일]
arm a **missile** with a nuclear warhead
미사일에 핵탄두를 장착하다
syn 무기 = weapon; arms; ammunition(탄약)
cf. **mission** n. 사절단, 재외사절단; 사명, 임무(duty); 전도

---

miss(〈mut=change바뀌다〉의 뜻에서

miss

[mis]

*tip
n. 예상; 정보; 조언;
비결; 끝; 첨단; 정점

| v. 빗맞히다; 놓치다; 그리워하다; 실패하다; 결석하다 |
| n. 실수, 실패(failure); 없어서 아쉬움; 누락, 탈락 |

miss the target[one's tip]
과녁에 빗나가다[예상이 틀리다]
miss the last chance 마지막 기회를 놓치다
missing a. 없어진, 분실한; 행방불명인
syn 그리워하다 = miss; long for; pine for; yearn for;
be sick for; have a hankering for

dis(=away멀리)+miss(=send보내다)

dismiss
[dismís]

*appeal
n. 항소; 탄원; 매력

v. 해고[면직]하다; 퇴거시키다; 기각하다; 해산하다

예 be **dismissed** without notice 갑자기 해고되다
dismiss[reject] an appeal 항소를 기각하다

파 dismissal n. 해고(layoff), 면직; 퇴학; 퇴거; 기각; 해산
dismissive a. 물리치는; 각하하는; 거만한, 경멸적인

syn 해고하다 = dismiss; discharge; fire; lay off; turn off;
kiss off; give the sack to

---

re(=back(일을) 뒤로)+miss(=send보낸)

remiss
[rimís]

a. 태만한, 게으른; 부주의한; 무기력한(lethargic)

예 be terribly **remiss** in one's duties
자기 직무에 지독하게 태만하다

syn 태만한 = remiss; neglectful; negligent; delinquent;
derelict; inattentive

---

com(=together함께)+promise(약속하다)

compromise
[kámprəmàiz]

v. 타협하다, 화해하다; 손상하다(impair) n. 타협; 절충

예 **compromise** one's career[the national dignity]
자신의 경력에 오점을 남기다[국위를 손상시키다]

do one's best to reach a **compromise**
타협을 이루기 위해 최선의 노력을 다하다

syn 타협하다 = compromise; make a compromise;
come to terms with; meet ~ halfway

---

pre(=before(미리) 앞으로)+mise(=send보내다)

premise
[primáiz]
[prémis] n.

cf. syllogism
n. 삼단논법

v. (~이라는 것을) 전제로 하다, 서두에 두다

n. 전제; (pl.) (건물의) 구내, 대지; 점포, 건물

예 a major[minor, basic, faulty] **premise**
대[소, 기본, 잘못된] 전제

enter the **premises** 구내에 들어가다

syn 전제 = premise; presupposition; assumption

pro(=before미리)+mise(=send(~하겠다고) 보내다)

promise
[prámis]

v. 약속하다; ~의 가망이 있다 *n.* 약속; 계약; 조짐; 가망

⬥ **promise** never to be late
절대 늦지 않겠다고 약속하다

a new researcher full of **promise**
앞날이 촉망되는 신입 연구원

⬥ promising *a.* 전도유망한
*a promising recruit 장래가 촉망되는 신입사원

syn 약속하다 = promise; undertake; pledge(맹세);
make a promise; make an appointment

---

re(=back뒤로)+mise(=send보내다)

remise
[rimáiz]
*hesitation
n. 망설임, 주저

v. (재산 등을) 양도하다, 포기하다(abandon)

⬥ **remise** the large property without hesitation
망설임 없이 그 막대한 재산을 포기하다

syn 양도하다 = remise; alienate; transfer;
negotiate(어음을 ~); assign; release

---

sur(<super-=over위로)+mise(=send(생각을) 보내다)

surmise
[sərmáiz]

v. 짐작하다, 추측하다(conjecture) *n.* 짐작, 추측

⬥ **surmise** from her looks[attitude]
그녀의 모습[태도]으로 짐작하다

syn 추측하다 = surmise; conjecture; guess; suppose;
speculate; infer

cf. **demise** *n.* 서거, 사망(death; decease); 권리양도; 왕위계승
v. 양도하다; 사망하다(die)
*inevitable demise 피할 수 없는 죽음

---

message	⟶	missile	⟶	miss	⟶	dismiss	⟶	remiss
전갈, 전언		미사일		그리워하다		해고하다		태만한, 게으른

compromise	⟶	premise	⟶	promise	⟶	remise	⟶	surmise
타협하다		전제로 하다		약속하다		양도하다		짐작하다

Study 36

mod

measure : 척도, 측정
manner : 방법, 방식

com(=together함께)+mod(=measure척도(를 맞춘))+ity(것)

commodity

[kəmádəti]

*skyrocket
v. 급등하다,
급등시키다

n. 상품; 생산품; (*pl.*) 일용품, 필수품; 재화

🔵 skyrocket the prices of **commodities**
물가를 급등시키다

🔵 commodious *a.* 넓고 편리한, 널찍한(roomy; spacious)

syn 일용품 = commodities; daily necessaries;
supplies(필수품)

ac(<ad-=to~에)+com(=함께)+mod(=measure척도를 (맞춤))+ate(=make주다)

accommodate

[əkámədèit]

*(돈을) 빌려주다

v. 편의를 도모하다; 수용하다; 숙박[적응]시키다

🔵 can **accommodate** 200 guests
200명의 손님을 수용할 수 있다

accommodate oneself to new circumstances
새로운 환경에 순응하다

🔵 accommodation *n.* 편의; 적응; 화해; 융통; (*pl.*) 숙박설비

syn 숙박시키다 = accommodate; lodge; billet; put up at

mod(er)(=measure척도에)+ate(맞는)

moderate

[mádərət]
[mádərèit] *v.*

*temperance
n. 절주, 금주

a. 알맞은; 적당한; 온화한; 온건한; 절제 있는

v. 완화시키다(mitigate; alleviate; allay)

🔵 **moderate** prices[exercise, winter]
알맞은 가격[적당한 운동, 온화한 겨울]

🔵 moderately *ad.* 알맞게, 적당하게; 온건하게
moderation *n.* 적당; 중용; 온건; 온화; 절제

syn 절제 있는 = moderate; temperate(온화한)

modus(=manner방식)+operandi(=operating운용) ⇒ 운용방식

modus operandi

[móudəs àpərǽndi:]

n. 일을 하는 방식, 처리방식, 운용법; 수법

예 the **modus operandi** of the playwright
그 극작가의 수법

syn 수법 = modus operandi; technique; method; style;
way; trick(속임수)

cf. **modus vivendi** *n.* 일시적 타협(compromise), 잠정 협정;
생활방식(a way of life; lifeway)

---

commodity ···▸	accommodate ···▸	moderate ···▸	modus operandi
상품, 생산품	편의를 도모하다	알맞은, 온화한	(일의) 처리방식

mon (1)

general : 공통의, 보통의

com(=together함께)+mon(=serving봉사하는) → 서로 도움이 되는

common

[kámən]

*trend
n. 추세, 동향;
시대풍조

a. 공통의, 공동의; 보통의; 흔히 있는 *n.* (*pl.*) 공유지; 평민

囲 a **common** interest[trend]
공동의 이해관계[일반적인 추세]

파 **commonly** *ad.* 일반적으로; 싸구려로; 상스럽게

syn 일반적인 = common; general; usual; universal

common(=ordinary보통의, 평범한)+place(것의)

commonplace

[kámənplèis]

a. 흔해빠진; 진부한(trite) *n.* 흔한 일[것]; 진부한 문구

囲 a **commonplace** affair[event]
흔한 일[대단찮은 사건]

syn 진부한 = commonplace; trite; stale; platitudinous;
hackneyed; hack; banal; antiquated;
stereotyped; old-fashioned; worn-out

common(일반적인)+sense(상식, 감각(의))

common-sense

[kámənséns]

a. 상식적인; 명백한(evident; obvious)

囲 a **common-sense** approach to the problem
그 문제에 대한 상식적인 접근

파 common sense *n.* 상식, 양식; 일반인 공통의 감각

syn 상식적인 = common-sense; ordinary; average

common(공동의)+weal(복리, 번영, 행복)

commonweal

[kámənwì:l]

*contribution
n. 기여, 공헌

n. 공공복지, 사회복지(public welfare)

囲 make a great contribution to the promotion of
the **commonweal** 공공복지 증진에 크게 기여하다

syn 복지 = commonweal; (public) welfare; well-being

cf. **commonwealth** *n.* 공화국; 연방; 단체; 주(state)

root 113

mon (2)

warn : 경고하다 advise : 충고하다
remind : 생각나게 하다

ad(=to~에게)+mon(=warn경고)+ish(=make하다)

admonish

v. 훈계하다; 충고[권고]하다; 촉구하다; 경고하다

[ædmániʃ]

[예] **admonish** earnestly[again and again]
잘[거듭] 타이르다

*admonishingly
ad. 타이르듯이

[파] admonition *n.* 훈계; 충고 admonitior *n.* 훈계자
*admonitory *a.* 훈계의; 충고의; 경고하는

syn 훈계하다 = admonish; lecture; exhort; caution

sum(<sub-=under~아래로 (나오라고))+mon(=remind상기시키다)

summon

v. 소환하다, 출두를 명하다; (의회 등을) 소집하다

[sʌ́mən]

[예] **summon** a witness[special session of the National Assembly]
목격자에게 출두하라고 명하다[임시 국회를 소집하다]

[파] summons *n.* 소환장, 출두 명령서; 호출명령; 소집

syn 소환하다 = summon; cite; subpoena

mon(it)(=advise충고하는)+or(사람)

monitor

n. 충고자; 반장; 검출기 *v.* 청취하다; 감시하다

[mánitər]

[예] be chosen class **monitor** 반장으로 뽑히다

[파] monitory *a.* 훈계[경고]를 주는, 충고가 되는(admonishing)

syn 충고자 = monitor; adviser; counselor

mon(u)(=remind상기시켜 주는)+ment(것)

monument

n. 기념물; 기념[탑]; 유물; 경계표(landmark)

[mánjəmənt]

[예] erect a **monument** 기념비를 세우다

[파] monumental *a.* 기념비의; 불후의, 역사적인; 대단한

syn 기념물 = monument; remembrance; memorial; souvenir; trophy(전승 ~)

mot

move : 움직이다, 동요시키다, 진행하다

---

mot(=move움직)+ion(임)

motion

n. 움직임, 운동; 동작; 동의; 배변 *v.* (몸짓으로) 신호하다

[móuʃən]
*move *v.* 움직이다;
이사하다; 감동시키다

- **an up-and-down motion** 상하운동
  an urgent motion 긴급동의
- motionless *a.* 정지한
- *syn* 신호하다 = motion; gesture; signal; beckon

---

com(=together함께)+motion((강하게, 혼란스럽게) 움직임)

commotion

n. 격동; 소란(fuss); 동란, 격변(convulsion); 동요, 흥분

[kəmóuʃən]

- **be in commotion at the news** 그 소식에 동요하다
- commove *v.* 뒤흔들다(agitate), 격동시키다; 교란하다
- *syn* 동요 = commotion; disturbance; stir; upheaval

---

de(=down아래로)+motion((계급 · 지위가) 이동함)

demotion

n. 강등, 좌천(relegation)(↔ **promotion** *n.* 승진)

[dimóuʃən]

- **interpret this appointment as a demotion**
  이번 발령을 좌천으로 생각하다
- demote *v.* (계급 등을) 낮추다; 강등시키다(relegate)
- *syn* 강등 = demotion; degradation; relegation(좌천)

---

e(<ex-=out밖으로)+motion((마음이) 움직임)

emotion

n. 감정, 정서; 감동(시키는 것)

[imóuʃən]

- **betray[fan] one's emotions**
  감정을 드러내다[부추기다]
- emotional *a.* 감정의, 정서적인
  emotionless *a.* 감정을 나타내지 않는
  emotionalize *v.* 감정에 호소하다; 감정적으로 취급하다
- *syn* 감정 = emotion; feeling; sentiment

pro(=forward앞으로)+motion((지위가) 이동함)

promotion

[prəmóuʃən]

*seniority n. 연공순
위; 근속연수; 선임

n. 승진, 승격, 진급; 촉진, 증진; 주창(advocacy); 판촉

⟨예⟩ an unearned[exceptional, unprecedented]
promotion
저절로 된[이례적인, 파격적인] 승진

⟨파⟩ promote v. 승진시키다; 촉진하다; 발기하다
promoter n. 촉진자; 주최자

syn 승진 = promotion; advancement; elevation(향상)

---

re(=away멀리)+motion(이동함)

remotion

[rimóuʃən]

n. 이동(removal); 제거; 해임; 멀리 떨어져 있음

⟨예⟩ cannot bear her **remotion** any longer
그녀와 떨어져 지내는 것을 더 이상 견디지 못하다

⟨파⟩ remove v. 제거하다(get rid of); 벗다(take off)
remote a. 먼; 외딴(secluded); 먼 후일의

syn 제거 = remotion; removal; exclusion; elimination

---

mot(=move움직이는)+ive((원인이) 되는 것)

motive

[móutiv]

*mercenary
a. 보수가 목적인
n. 용병

n. 동기; 목적; 주제 *a.* 움직이는 힘이 있는; 동기의

v. ~에게 동기를 부여하다; ~에게 자극을 주다(stir)

⟨예⟩ mercenary[ulterior, dishonest] **motives**
금전적[숨은, 불순한] 동기

syn 동기 = motive; incentive; inducement; motivation
cf. **locomotion** n. 운동, 이동 **locomotive** n. 기관차

---

motiv(=motive동기를)+ate(=make만들어 주다)

motivate

[móutəvèit]

*motivity n. 원동력

v. ~에 동기를[자극을] 주다(incite; impel; motive)

⟨예⟩ **motivate** the staff to raise productivity
생산성 향상을 위해 직원들을 동기 부여시키다

⟨파⟩ motivation n. 동기부여; 자극, 유인(inducement)
cf. **motor** n. 원동기; 원동력 *a.* 움직이는

mount

mount : 오르다(rise), 올라가다(ascend; climb)

mount(=mountain산(으로 올라가다))

mount

[maunt]

*mountaineer
n. 등산자 v. 등산하다
*mountebank
n. 약장수; 협잡꾼

v. 오르다; (말에) 태우다; 설치하다 *n.* 언덕(hill), 산; 오르기

@ **mount[ride] a horse** 말에 올라타다
mount a warship with five cannons
군함에 5문의 포를 탑재하다

@ mounted *a.* (대포 등을) 장치한
mountainous *a.* 산이 많은; 거대한(gigantic)

syn 올라가다 = mount; climb; ascend; go up

a(<ad–=to~로)+mount(=mountain산) → 산의 정점에 이르다

amount

[əmáunt]

v. 총계 ~이 되다, ~에 달하다; ~과 같다(be equivalent)

n. 총계, 합계; 양(quantity), 액(sum); 요지

@ **amount to a colossal amount**
엄청난 액수에 달하다

syn 합계 = amount; sum; total; gross(총계)

de(=off분리)+mount(대, 대판) → 대에 올린 것을 분리하다

demount

[di:máunt]

*rip off; strip off
떼어내다

v. (대 등에서) 떼어내다, 뜯어내다; 분해하다

@ **demount a motor from the cultivator**
경운기에서 모터를 떼어내다

@ demountable *a.* 떼어낼 수 있는(detachable)

syn 떼어내다 = demount; detach; bare; tear down

dis(반대로)+mount(오르다)

dismount

[dismáunt]

*break up 분리하다

v. 내리다; 떼어내다, 분해하다 *n.* 하마, 하차; 분해

@ **dismount from one's cherished horse**
자신의 애마에서 내리다

syn 분해하다 = dismount; dismantle; disjoint

para(=beside옆의 (높은))+mount(산)보다 더 높은

paramount
[pǽrəmàunt]

a. 최고의; 가장 중요한; 최고의 권위를 가지는

n. 최고 지배자(monarch)

예 a duty **paramount** to all 최우선 임무

파 paramountcy *n.* 가장 중요함, 최고

syn 최고의 = paramount; supreme; superlative; prime; the highest

re(=again다시)+mount(=climb오르다)

remount
[ri:máunt]
[rí:màunt] *n.*

v. 다시 오르다; 다시 타다; 갈아 끼우다*n.* 새 말; 교대용 말

예 **remount** a tall ladder thrillingly
긴 사다리를 아슬아슬하게 다시 오르다

syn 다시 = again; over again; once more; repeatedly(되풀이해서)

sur(〈super-=above(어려움) 위로 타고)+mount(올라가다)

surmount
[sərmáunt]

v. (곤란을) 극복하다; (산에) 오르다; ~에 얹다(cap)

예 **surmount** a lot of difficulties
숱한 어려움을 극복하다

파 surmountable *a.* 이겨낼 수 있는(vincible);
타파할 수 있는(conquerable)

syn 극복하다 = surmount; overcome; weather;
cope with; get over; tide over

mount	⋯⋙	amount	⋯⋙	demount	⋯⋙	dismount
오르다		~에 달하다		떼어내다		~에서 내리다

paramount	⋯⋙	remount	⋯⋙	surmount
최고의		다시 오르다		극복하다

mun

common : 공동의, 공통의
duty : 의무

com(=together서로 (마음을))+mune(=common공통(으로 나누다))의 뜻에서

commune

v. 친하게 사귀다, 이야기하다 n. 환담; 친교; 교류

[kəmjúːn]
[kámjuːn] n.

예 relax and **commune** with nature
자연을 벗 삼아 편히 쉬다

파 communism n. 공산주의
communist n. 공산주의자
communize v. 공유화[국유화]하다; 공산화하다

syn 교제하다 = commune; associate;
keep company with; make friends with

com(=together함께)+mun(=common공동으로)+ion(함)

communion

n. 공유; 친교, 교류; 환담; 종파; (C~) 성찬식

[kəmjúːnjən]

예 the **communion** of heart with heart
마음과 마음의 교류, 이심전심

live in **communion** with nature
자연을 벗 삼아 살다

syn 교류 = communion(마음의 교류); interchange;
exchange

com(=together함께 (살면서))+mun(=duty의무를 지는)+ity(것)

community

n. (지역) 공동체, 지역사회; ~계; (종파의) 교단; 공유

[kəmjúːnəti]

예 have an invaluable experience
as a **community** volunteer
지역사회 자원봉사자로서 값진 경험을 하다

community of property[interests]
재산의 공유[이해의 일치]

syn 공동체 = community; communal society
운명공동체 = groups sharing a common destiny

com(=together서로)+mun(=common(정보를) 공유)+ic+ate(=make하다)

communicate

[kəmjúːnəkèit]

v. (정보 등을) 전달하다; 전염시키다; 의사소통하다; 통신하다

🔵 **communicate** with each other by E-mail
이메일로 서로 연락하다

🔵 communicable *a.* 전달할 수 있는
(↔ incommunicable *a.* 전달할 수 없는)
communication *n.* 전달; 전염; 통신; 연락; (*pl.*) 보도기관

syn 전달하다 = communicate; deliver; forward; convey

ex(=out밖으로)+communicate(전달해 내보내다)

excommunicate

[èkskəmjúːnəkèit]
[èkskəmjúːnəkit]
n., a.

v. (교회가) 파문하다, 제명하다; 추방하다, 쫓아내다

n. 파문[제명, 추방]당한 사람 *a.* 파문[제명, 추방]당한

🔵 be **excommunicated** from the church
교회에서 제명당하다

🔵 excommunication *n.* 파문(선고); 제명
excommunicator *n.* 파문 선고자

syn 파문하다 = excommunicate; curse; expel(추방하다)

inter(=between사이에서)+communicate(알리다)

intercommunicate

[ìntərkəmjúːnəkèit]

v. 서로 통신[왕래]하다; (방 등이) 서로 통하다

🔵 have slight difficulty (in) **intercommunicating**
with each other
서로 간 의사소통에 약간의 어려움을 겪다

🔵 intercommunication *n.* 상호 통신[왕래]; 연락

syn 연락 = intercommunication; communication;
correspondence; exchange of letters[messages]

commune	⋯▸	communion	⋯▸	community
친하게 사귀다		공유, 친교		공동체, 지역사회

communicate	⋯▸	excommunicate	⋯▸	intercommunicate
전달하다, 통신하다		(교회가) 파문하다		서로 통신하다

558

Study **37**

root 117

nect — tie : 묶다; 연결하다

con(=together함께)+nect(=tie묶다)

connect
[kənékt]

*faucet
n. (수도 등의) 꼭지, 주둥이

v. 잇다, 연결하다; 관련시키다; 전화로 연결하다

예 **connect** a hose to the faucet
수도꼭지에 호스를 연결하다

be **connected** with the bribery scandal
그 뇌물사건에 관련되다

파 connection n. 연결; 결합; 연락; 접속; 관련; 친척;
거래처; 연줄(pull)

syn 연결하다 = connect; join; link; couple

dis(=not반대로)+connect(연결하다)

disconnect
[dìskənékt]

v. (접속을) 끊다; ~의 전원을 끊다; 연락을 끊다; 분리하다

예 **disconnect** and reconnect the electricity
전기를 끊었다 다시 연결하다

파 disconnection n. 단절; 분리
disconnected a. 접속이 끊어진; 일관성 없는

syn 끊다 = disconnect; shut off; switch off; turn off

inter(=between상호간에)+connect(연결하다)

interconnect
[ìntərkənékt]

v. 서로 연결[연락]하다 a. 공동 전화망으로 연결된

예 **interconnect** tightly[extensively]
긴밀하게[광범위하게] 상호 연결되다

파 interconnection n. 상호 연결, 상호 연락

syn 서로 = mutually; reciprocally;
one another; each other

559

nomy

science : ~학
law : 법칙, 규칙

agro(=field논밭(에 관련된))+nomy(=science학문)

agronomy

[əgránəmi]

n. 농학, 농경학, 농업 경제학, 작물학

- agronomist *n.* 농업 경제학자, 농경가
- *syn* 농경 = farming; agriculture; cultivation; tillage
- *cf.* **agronomics** *n.* 농업경영학, 작물학

astro(=star별, 항성(에 관련된))+nomy(=science학문)

astronomy

[əstránəmi]

n. 천문학

- astronomical *a.* 천문학적인, 방대한(enormous)
  astronomer *n.* 천문학자 *cf.* **astrologer** *n.* 점성가
- *syn* 하늘 = the sky; the blue; the heavens; the air(공중)
- *cf.* **astronautics** *n.* 우주 항행학[술]
  aeronautics *n.* 항공학[술](aviation)

taxo(=arrange배열하는)+nomy(=science학문)

taxonomy

[tæksánəmi]

n. 분류학(taxology); (동식물의) 분류(classification)

- taxonomic(al) *a.* 분류(학)의
  taxonomist *n.* 분류학자
- *syn* 분류 = taxonomy; classification; assortment

anti(=against~을 거슬러)+nomy(=law법칙) → '법칙을 거스르다' 의 뜻에서

antinomy

[æntínəmi]

n. (법칙 등의) 자기모순; 자가당착; 이율배반

- show **antinomy** by fortifying government
  interference
  정부가 간섭을 강화함으로 인해 이율배반을 보여주다
- antinomic *a.* 모순된(contradictory; inconsistent)
- *syn* 자기모순 = antinomy; self-contradiction

auto(=self스스로 (다스리는))+nomy(=law법칙)

autonomy

[ɔːtánəmi]

n. 자치; 자치권; 자치제; 자치 단체

- ⓔ enlarge **autonomy** over local affairs
  지역 문제에 대한 자치를 확대하다

- ⓓ autonomous *a.* 자치의; 자치권을 가진; 자율적인
  autonomist *n.* 자치주의자

- *syn* 자치 = autonomy; self-government;
  self-administration; self-rule

eco(=house집, 가정(을 관리하는))+nomy(=law법칙)

economy

[ikánəmi]

n. 경제; (나라의) 경제상태; 절약, 검약; 하늘의 섭리

- ⓔ self-supporting[vertiginous] **economy**
  자립경제[불안정한 경제]

  economy of time and labor
  시간과 노력의 절약

*vertiginous
a. 불안정한;
  빙빙 도는;
  어지러운;
  어지럽게 변하는

*business
administration
경영학

- ⓓ economic *a.* 경제(학상)의; 실용상의(practical)
  economics *n.* 경제학 *cf.* finance *n.* 재정학
  economical *a.* 경제적인; 절약하는, 알뜰한(frugal)
  economize *v.* 검약하다(spare; save)

- *syn* 절약 = economy; frugality; saving; husbandry; thrift

- *syn* 알뜰한 = economical; thrifty; frugal; saving;
  provident; prudent

gastro(=belly식욕, 위에 관계된)+nomy(=law법)

gastronomy

[gæstránəmi]

n. 요리법(recipe; cooking); 미식법, 식도락

- ⓓ gastronomic(al) *a.* 요리법의
  gastronomist *n.* 미식가, 식도락가(gastronome(r);
                 epicure; gourmet; gourmand)

- *syn* 식도락 = gastronomy; epicurism; epicureanism;
  gourmandism

- *cf.* **gastrology** *n.* 요리학; 위병학

561

norm

rule : 규범, 표준(standard); 상례

---

norm(=rule표준)+al((적)인)

normal

[nɔ́ːrməl]

normally
ad. 정상적으로; 보통

a. 표준적인, 정규의; 평균의; 정상의 *n.* 표준; 전형; 평균

⑩ get the company into the **normal** orbit
회사를 정상 궤도로 올려놓다

⑩ normalize *v.* 표준화[정상화]하다

syn 정규의 = normal; formal; regular; proper

---

ab(=away from~에서 떨어져)+normal(정상의) → 정상에서 벗어난

abnormal

[æbnɔ́ːrməl]

abnormally
ad. 비정상적으로

a. 비정상의(unusual); 이상한; 변태적인; 지나치게 큰

⑩ an **abnormal** appetite 비정상적인 식욕
abnormal sexuality 변태성욕

⑩ abnormality *n.* 이상, 변칙, 기형

syn 이상한 = abnormal; uncommon; unusual; queer;
odd; strange; weird; extraordinary

---

sub(=under~의 아래에)+normal(보통의)

subnormal

[sʌbnɔ́ːrməl]

a. 보통[표준, 정상] 이하의; 저능의(IQ 70이하) *n.* 저능아

⑩ keep **subnormal** temperatures
평년보다 낮은 기온을 유지하다

syn 저능한 = subnormal; retarded; imbecile; moronic

---

super(=above~을 넘는)+normal(보통의)

supernormal

[sùːpərnɔ́ːrməl]

supernatural a. 불
가사의한(mysterious)

a. 보통이 아닌, 비범한; 인지로 헤아릴 수 없는(paranomal)

⑩ a **supernormal** judo man 범상치 않은 유도인

syn 비범한 = supernormal; prodigious; uncommon;
unusual; extraordinary

cf. **enormous** *a.* 거대한, 막대한(colossal; stupendous)
superpower *n.* 초강대국; 막강한 힘

not

mark : 표시하다, 적어두다
know : 알다

---

note(=mark표시하다)

note

[nout]

*notion *n*. 개념; 견해

n. 메모; 주목; 지폐; 어음 *v*. 메모하다; 주목하다

예 a brief[forged] **note** 간단한 편지

파 noted *a*. 유명한(well-known; famous)
cf. notorious *a*. 악명 높은(infamous)
noteworthy *a*. 주목할 만한, 현저한(remarkable)

syn 메모하다 = note (down); take notes; jot down

---

con(=together함께)+note(=mark표시하다)

connote

[kənóut]

*relaxation
n. 휴양, 휴식; 이완

v. 언외에 내포하다, 의미하다(mean), 암시하다; 수반하다

예 **connote** comfort and relaxation
안락함과 휴식이란 의미를 내포하다

파 connotation *n*. 함축(implication); 내포

syn 내포하다 = connote; contain; imply; involve(포함하다)

---

de(강조-잘 보이게)+note(=mark표시하다)

denote

[dinóut]

v. 나타내다, 표시하다; 지시하다(indicate); ~의 표시이다

예 **denote** an approaching typhoon
태풍이 몰려오리라는 표시이다

파 denotation *n*. 표시; 명칭

syn 표시하다 = denote; connote; indicate; show

---

not(=know알게)+ify(=make하다)

notify

[nóutəfài]

v. ~을 알리다, 통지하다, 보고하다; 신고하다(report)

예 **notify** a price hike 가격인상을 통지하다

파 notification *n*. 통지, 연락; 고시; 신고; 통지서, 공고문

syn 알리다 = notify; inform; tell; let a person know

cf. **notice** *n*. 통지; 예고 *v*. 알아채다 *a*. **noticeable** 두드러진

563

nounce

say, speak : 말하다
report : 보고하다

---

an(<ad–=to~에게)+nounce(=report보고하다)

announce

[ənáuns]

v. 발표하다, 공포하다; 알리다; 방송하다

㉠ announce a statement 성명서를 발표하다

㉮ annunciate *v.* 고지하다, 발표하다(make public)

syn 공포하다 = announce; proclaim; promulgate

---

de(=down아래로 (깎아내려)+nounce(=speak말하다)

denounce

[dináuns]

v. 헐뜯다, 비난하다; 고발하다(accuse); 탄핵하다(impeach)

㉠ denounce maladministration[a heresy]
정부실정을 규탄하다[이교를 탄핵하다]

*criticize; censure
비난하다

㉮ denunciation *n.* 비난(decrial); 탄핵
denunciatory *a.* 비난하는; 경고적인

syn 헐뜯다 = denounce; decry; disparage; slander;
defame; vilify; vilipend; impeach; condemn

---

pro(=forward앞을 향해)+nounce(=say(분명히) 말하다)

pronounce

[prənáuns]

v. 단언[선언]하다; 선고하다; 발음하다(articulate)

㉠ pronounce the death sentence on the murderer
살인자에게 사형을 선고하다

*pronouncement
n. 판결; 공고, 선언

㉮ pronounced *a.* 분명한; 결연한(decided)

syn 단언하다 = pronounce; affirm; assert; asseverate

---

re(=back뒤로 (버리겠다고)+nounce(=say말하다)

renounce

[rináuns]

v. 포기하다(abandon), 단념하다, ~와의 인연을 끊다

㉠ renounce the world 세상을 등지다

㉮ renunciation *n.* 포기, 단념; 자제; 부인
renunciatory *a.* 포기하는; 부인하는

syn 인연을 끊다 = renounce; disown; repudiate

onym   **name : 이름, 명칭**

---

an(=without없는)+onym(=name이름)

anonym

[ǽnənìm]

**an anonymous
letter 투서*

n. 익명; 가명; 익명자(incognito); 작자불명 저작물

⚐ get absurd letters from an **anonym**
한 익명의 사람으로부터 황당한 편지를 받다

⚑ anonymity *n.* 익명; 작자 불명; 무명
anonymous *a.* 익명의(↔ onymous *a.* 이름을 밝힌)

syn 익명 = anonym; anonymity; cryptonym

---

ant(〈anti-=against반대의)+onym(=name이름)

antonym

[ǽntənìm]

n. 반의어, 반대어

⚐ learn English **antonyms** by heart
영어 반의어를 암기하다

⚑ antonymous *a.* 반의어의

syn 반대의 = opposite; contrary; adverse

---

syn(=with; together서로 (비슷한)+onym(=name이름)

synonym

[sínənim]

n. 동의어, 유의어; 별칭

⚐ discriminate between **synonyms** and
antonyms 동의어와 반의어를 구별하다

⚑ synonymous *a.* 동의어인
synonymize *v.* 동의어로 바꾸어 말하다

syn 같은 = equal; identical(동일한); equivalent(동등한)

---

acr(=at the top~의 꼭대기에, 위쪽에)+onym(=name이름)

acronym

[ǽkrənìm]

n. 두문자어 *SARS = Severe Acute Respiratory Syndrome

⚐ a word composed of the first letters of the word
in a phrase 구를 이루는 단어의 첫 글자로 구성된 단어
*SARS 중증 급성 호흡기 증후군

aut(=self자기 자신의)+onym(=name이름)

autonym

[ɔ́:tənìm]

n. 본명, 실명(↔ **pseudonym** n. 가명)

🅔 use one's **autonym** on the Internet
인터넷상에서 실명을 사용하다

syn 이름 = name; given[first; Christian; personal] name
성 = surname; family name

crypt(=hidden; secret숨겨진; 비밀의)+onym(=name이름)

cryptonym

[kríptənìm]

*veiled; close
a. 숨겨진

n. 익명(anonymity) *cf.* **cryptogram** n. 암호(문)

🅔 give an interview on condition of **cryptonym**
익명의 조건으로 인터뷰하다

🅜 cryptonymous *a.* 익명의

syn 숨겨진 = crypto; hidden; recondite; concealed

heter(=other다른)+onym(=name이름)

heteronym

[hétərənìm]

*misspell
v. 철자를 잘못 쓰다

n. 동철 이음 이의어(a word with identical spellings,
but different meanings and pronunciations)

***tear**[tíər] *n.* 눈물 − [téər] *v.* 찢다

syn 철자 = spelling; orthography(정자법)

hom(=same같은)+onym(=name이름)

homonym

[hámənìm]

n. 동음이의어; 동명이인(namesake)

🅔 pole(장대, 봉) - pole(극, 전극)

🅜 homonymous *a.* 동음이의어의(homonymic); 뜻이 애매한

syn 동명이인 = homonym; namesake

pseud(=false가짜의, 거짓의)+onym(=name이름)

pseudonym

[súːdənìm]

n. 필명, 아호; 익명; 가명(alias)

🅔 under the **pseudonym** of ~ ~라는 필명으로

🅜 pseudonymous *a.* 필명의; 필명을 쓴

syn 필명 = pseudonym; pen name; nom de plume

566

Study 38

opt

choose : 선택하다

opt(=choose선택하다)

opt

[ɑpt]

*make choice of ~
~을 선택하다

v. 선택하다(choose), 고르다; ~에서 손을 떼다

🔵 **opt** for the independent candidate
무소속 후보를 뽑다

🔵 co-opt *v.* (새회원을) 선임하다; 조직에 흡수하다

syn 선택하다 = opt; choose; select; elect; pick out

opt(=choose선택)+ion(함, 하기)

option

[ápʃən]

n. 취사선택(choice); 선택권; (자동차 등의) 옵션

🔵 have no **option** but to attend the party
파티에 참석할 수밖에 없다

🔵 optional *a.* 선택 자유의, 임의의(elective; discretionary)

syn (취사)선택 = option; choice; selection; adoption

ad(=to~으로)+opt(=choose선택하다)

adopt

[ədápt]

v. 채택하다, 채용하다; 받아들이다; 양자로 삼다

🔵 **adopt** an independent foreign policy
자주적인 외교 정책을 채택하다

adopt one's nephew as a son
조카를 양자로 들이다

*an adoptive
[a foster] father
양부

🔵 adoption *n.* 채택, 채용; 양자 입양
adopted *a.* 양자가 된; 채택된 adoptive *a.* 채택하는

syn 채택하다 = adopt; select; pick up

cf. **adapt** *v.* 적응시키다(adjust) **adept** *a.* 숙달된 *n.* 숙련자
inapt *a.* 부적당한(unfit); 서투른(↔ **apt** *a.* 능숙한(adept))

567

or

mouth : 입
speak : 말하다, 연설하다

or(=mouth입)+al(의)의 뜻에서

oral

[ɔ́:rəl]

*hygiene *n*. 위생,
위생상태, 위생법

a. 구두의, 구술의; 입의; 경구의 *n*. 구술시험

🔵 take special care of **oral** hygiene
구강 위생에 각별히 신경을 쓰다

🔵 **orally** *ad*. 구두로(verbally); 입을 통하여

syn 구두의 = oral; spoken; verbal

or(=speak연설)+at(e)(=make하)+ion(기)

oration

[ɔːréiʃən]

*oratory
n. 웅변(술); 미사여구

n. 연설; 식사(formal address); 웅변 (대회); 화법

🔵 deliver a funeral **oration** 추도사를 하다

🔵 **orate** *v*. 연설하다 **orator** *n*. 연설자; 웅변가
oratorical *a*. 연설의; 수사적인(rhetoric)

syn 연설 = oration; address; speech

or(=speak(신께서) 말씀하시는)+a+cle(작은 것)

oracle

[ɔ́:rəkl]

n. 신탁, 신의 계시; 예언자, 현인

🔵 work the **oracle** 술책으로 성공하다, 죄를 씌우다

🔵 **oracular** *a*. 신탁의; 예언자적인; 수수께끼 같은; 불길한

syn 계시 = oracle; apocalypse; revelation

ad(=toward~을 향해)+ore(=speak말하다)

adore

[ədɔ́:r]

v. 숭배하다; 흠모하다; 아주 좋아하다

🔵 **adore** each other for good 영원히 서로 흠모하다

🔵 **adoring** *a*. 흠모하는 **adorable** *a*. 숭배할 만한
adoration *n*. 숭배; 동경

syn 숭배하다 = adore; admire; worship; idolize

cf. **perorate** *v*. 장황하게 연설하다
peroration *n*. 장광설(tirade; harangue)

ordin

order : 순서, 등급, 질서

---

co(<com-=together같이)+ordin(=order등급)+ate(=make하다) → 등급을 같게 하다

coordinate

[kouɔ́:rdnèit]
[kouɔ́:rdənit] *a.*

v. 대등하게 하다; 조정하다; 균형 잡히게 하다; 조화하다

a. (지위, 중요성 등이) 동등한; 대등한 *n.* 〈수학〉 좌표

🔵 **coordinate** new item release dates
신상품 출시 일자를 조정하다

an associate **coordinate** in position with me
나와 같은 지위의 동료

cf. ordinate
  n. 세로좌표

🔵 coordination *n.* 대등 관계; 조정

syn 대등하게 하다 = coordinate; equalize; level

---

in(=not안)+ordin(=order질서)+ate(한)

inordinate

[inɔ́:rdənət]

a. 무질서한, 무절제한(intemperate); 지나친

🔵 lead an **inordinate** life 무절제한 생활을 하다

🔵 inordinately *ad.* 무질서하게; 무절제하게; 터무니없이
  inordinacy *n.* 지나침, 과도; 지나친 행위; 무질서, 혼란

syn 무질서한 = inordinate; disorderly; chaotic; anarchic

---

sub(=below아래)+ordin(=order등급)+ate(인)

subordinate

[səbɔ́:rdənit]
[səbɔ́:rdənèit] *v.*

a. 하급의, 하위의; 부차적인(secondary); 비굴한; 종속의

n. 부하, 하급자(↔ **principal** *n.* 우두머리; 주역; 교장)

v. 하위에 두다; 종속[복종]시키다(subdue)

🔵 a **subordinate** position[problem]
예속적 지위[부차적인 문제]

subordinate furies to reason
이성으로 격분을 억제하다

🔵 subordination *n.* 하위; 종속; 복종
  subordinative *a.* 종속적인; 하위의

syn 하위의 = subordinate; inferior; low-ranking

569

ordinary

[ɔ́:rdənèri]

a. 통상적인, 보통의, 평범한; 정례의, 상임의 *n.* 예사, 상례

- 例 an **ordinary** practice[deposit, composition, meeting] 통례[보통예금, 평범한 작문, 정례회의]
  at the cost of more than **ordinary** efforts
  보통 이상으로 노력하여

- 派 ordinarily *ad.* 보통, 대개, 통례적으로(usually)
  ordinance *n.* 법령, 포고(decree); 조례; (종교상의) 의식
  cf. ordnance *n.* (집합적) 포, 대포(cannon); 무기; 군수품

- *syn* 통상적인 = ordinary; usual; common; normal;
  general; regular(대체적인)

- *cf.* **ordinal** *a.* 순서를 나타내는 *n.* 서수(↔ **cardinal**)

extraordinary

[ikstrɔ́:rdənèri]

a. 비상한, 보통이 아닌; 임시의; (명사 뒤에서) 특명의

*plenipotentiary
a. 전권을 위임받은

- 例 her **extraordinary** talent 그녀의 보기 드문 재능
  an ambassador **extraordinary** and
  plenipotentiary 특명전권대사

- 派 extraordinarily *ad.* 비상하게, 특별히; 몹시, 엄청나게
  extraordinariness *n.* 비상함; 터무니없음
  extraordinaire *a.* 이례적인, 비범한

- *syn* 비상한 = extraordinary; exceptional; uncommon;
  unusual; remarkable

coordinate ···→	inordinate ···→	subordinate
동등한, 대등한	무질서한	하급의, 하위의

ordinary ···→	extraordinary
통상적인	비상한, 특명의

orn

adorn : 꾸미다, 장식하다
furnish : 설비하다; 공급하다

---

ad(=to~에)+orn(=furnish설비하다; 공급하다)

adorn

[ədɔ́ːrn]

v. 꾸미다, 장식하다; ~ 에 광채를 더하다

⑩ be **adorned** with streamers 리본으로 장식되다

⑩ adornment *n.* 장식(decoration), 장식품

syn 장식하다 = adorn; deck; decorate; dress;
        embellish; ornament; trim

---

sub(=under아래에)+orn(=furnish(뇌물을) 제공하다)

suborn

[səbɔ́ːrn]

v. ~을 매수하다; ~을 교사하다; 위증시키다

⑩ spend much money **suborning** an industrial
    spy 산업스파이를 매수하기 위해 많은 돈을 쓰다

⑩ subornation *n.* 매수; 위증시킴

syn 매수하다 = suborn; bribe; corrupt; fix; buy off[over]

---

orn(=adorn장식)+ate(한)

ornate

[ɔːrnéit]

↔ **inornate**
a. 꾸미지 않은, 간소한

a. 화려하게 장식한; (문체가) 화려한, 수사적인

⑩ the new building's **ornate** interior
    그 새 건물의 화려한 실내 장식

⑩ ornately *ad.* 공들여 꾸며; 화려하게; 수사적으로

syn 화려하게 = ornately; splendidly; gorgeously; sumptuously

---

orn(=adorn장식하는)+a+ment(것)

ornament

[ɔ́ːrnəmənt]

*ornamental plants
 관상식물

n. 장식품, 장신구; 장식 *v.* 장식하다(deck)

⑩ be **ornamented** with fragrant flowers
    향기로운 꽃으로 장식되다

⑩ ornamental *a.* 장식용의 *n.* 관상식물
    ornamentation *n.* 장식; 장식품

syn 장식 = ornament; decoration; adornment

par

prepare : 준비하다, 채비를 갖추다
*par(e) = pair

par(=prepare(먹을 수 있도록) 준비하다)의 뜻에서

pare

[pɛər]

v. 껍질을 벗기다; 깎아 다듬다(trim); 삭감하다(whittle)

ⓔ **pare** an apple[a nail]
사과 껍질을 벗기다[손톱을 깎다]

pare down running expenses 경상비를 삭감하다

syn 껍질을 벗기다 = pare(칼로 ~); peel(손으로 ~);
shell(삶은 달걀, 밤의 ~); skin(가죽을 ~);
flay(동물, 나무의 ~)

pre(=before미리)+pare(=prepare준비하다)

prepare

[pripɛ́ər]

v. 준비하다[시키다], 채비를 갖추다; 조리[조제]하다

ⓔ **prepare** for the worst 최악의 사태에 대비하다

ⓟ preparation *n.* 준비; 예습; 조제약
preparatory *a.* 준비의(preparative)
preparatorily *ad.* 예비적으로, 준비로서

syn 준비하다 = prepare; arrange; provide for

re(=again다시 (더 좋게))+pair(=prepare준비하다)

repair

[ripɛ́ər]

v. 수리[수선]하다; 회복하다; 보상하다; (자주) 가다(frequent)

n. 수리, 수선; 보상; (*pl.*) 수선작업; 수선비

ⓔ **repair** damage[one's strength]
손해를 배상하다[기력을 회복하다]

repair to a **repair** shop for vehicle maintenance
차량정비를 위해 정비공장에 가다

ⓟ reparation *n.* 수리, 수선; 배상(compensation); (*pl.*) 배상금
reparable *a.* 수선할 수 있는(repairable); 보상할 수 있는

syn 수리하다 = repair; mend; fix; make[do] repairs on

se(=apart따로 떼어)+par(=prepare준비하)+ate(=make다)

separate

[sépərèit]
[sépərət] *a.*

v. 분리하다; (사람을) 떼어놓다; 헤어지다(part)

a. 분리된, 떨어진; 독립된(distinct)

㉑ separate politics from religion
정치와 종교를 분리하다

a **separate** livelihood 딴살림

separate taxation 분리과세

separate garbage collection 쓰레기 분리수거

㉺ separately *ad.* 따로따로; 단독으로
separation *n.* 분리, 이탈; 별거

syn 분리하다 = separate; divide; part; detach; keep apart

---

ap(<ad-=to~으로)+ par(=prepare준비된)+a+tus(것)

apparatus

[æpəréitəs]

n. (한 벌의) 기구; 장치; (정치) 기구; 〈생리〉 기관

㉑ a maternity[telephoto] **apparatus**
분만 기구[사진 전송장치]

the digestive **apparatus** 소화기관

syn 기구 = apparatus; appliance; equipment;
        implement; instrument; utensil; tool

---

par(=prepare준비하는)+ade(동작, 과정)

parade

[pəréid]

n. 행렬, 행진; 열병식; 과시 *v.* 행진하다; 과시하다

㉑ a fancy **parade** 가장행렬

parade in columns 열 지어 행진하다

parade one's knowledge[learning]
자신의 학식을 과시하다

syn 행렬 = parade; procession; queue(물건 살 때 대기행렬)

---

pare	⋯▸	prepare	⋯▸	repair	⋯▸	separate
껍질을 벗기다		준비하다		수리하다		분리하다

Study **39**

root 128

part

part : (부분으로) 나누다, 헤어지다; 부분

part(=part조각을 내다)

part

v. 나누다, 분리하다; 헤어지다 *n.* 부분, 일부; 부품; 몫; 역할

[pɑːrt]

- **⑩** play an important **part**[role] in the project
  그 연구에서 중요한 역할을 하다

cf. **portion**
  n. 몫, 부분

- **⑩** parted *a.* 조각난; 갈라진(divided); 분리된(separated)
  partly *ad.* 부분적으로, 일부분은(in part); 얼마간은
  partake *v.* 참가하다; 함께 하다(share)

- *syn* 일부 = part; portion; section(구역)

a(<ad-=to~으로)+part(부분, 조각)의 뜻에서

apart

ad. 산산이; 떨어져; 따로따로; ~을 제쳐놓고

[əpɑ́ːrt]

- *a.* 별개의(separate); 독특한(distinctive)

- **⑩** take a letter **apart** 갈기갈기 찢다
  jesting **apart** 농담은 그만두고

- **⑩** apartment *n.* 공동주택, 아파트(flat);
  방; (*pl.*) 셋방(rooms to let)

- *syn* 산산이 = apart; to pieces; to atoms; scatteredly

com(=together서로)+part((부분으로) 나누다)

compart

v. 구획하다(subdivide), 칸을 막다(partition)

[kəmpɑ́ːrt]

- **⑩** **compart** the large office into ten rooms
  큰 사무실을 10개의 방으로 나누다

- **⑩** compartment *n.* (칸막이된) 구획; 칸막이 방; (열차의) 특실

- *syn* 구획하다 = compart; partition; divide; subdivide

de(=away떨어져)+part(=part헤어지다)

depart

[dipá:rt]

department
n. 과, 부, 성, 국; 학부

v. 떠나다, 출발하다; 죽다(pass away); 벗어나다

예 **depart** at regular intervals 일정한 간격으로 출발하다

파 departed *a.* 죽은(deceased); 지나간 *n.* [the ~] 고인

syn 떠나다 = depart; start; leave; set out; sneak off

part(부분, 일부)+ial(의)

partial

[pá:rʃəl]

a. 일부의, 부분적인; 불공평한, 편파적인; 편애하는

예 **partial** paralysis[judgment] 반신불수[편파 판정]

파 partially *ad.* 편파적으로, 불공평하게; 부분적으로(partly)
partiality *n.* 불공평, 편파적임; 편애(favoritism); 편견

syn 불공평한 = partial; biased; unfair; unjust

part(부분, 일부)+i+cle(작은 것)

particle

[pá:rtikl]

n. 미량, 소량, 작은 조각; 입자, 소립자

예 a minute[an elementary] **particle** 미립자[소립자]

파 particular *a.* 독특한(peculiar); 개개의; 까다로운; 상세한

syn 조각 = particle; piece; strip; scrap; slip; slice; bit

part(나누어)+ing(짐, 지기)

parting

[pá:rtiŋ]

n. 이별; 사별; 분리; 가르마(part) *a.* 이별의, 떠나가는; 임종의

예 a **parting** kiss 이별의 키스

a bittersweet **parting** 달콤 씁쓸한 이별

syn 이별 = parting; separation; farewell; divorce(이혼)

part(한 쪽(에 치우친))+i+san(사람)

partisan

[pá:rtəzən]

n. 도당, 일당; 유격병(guerrilla) *a.* 당파심이 강한; 유격대의

예 play **partisan** politics 당리당략을 일삼다

파 partisanship *n.* 당파심(partisanism)

bipartisan
a. 초당파적인

syn 일당 = partisan; gang; ring; bunch; clique(도당)

cf. **partition** *n.* 분배; 분할; 칸막이 *v.* 분배[분할]하다; 칸막이하다

575

(1)

pass

pass : 통과하다, 지나가다
step : 걷다; 발걸음

---

pass(=step나아가다)

pass

[pæs]

*passenger
n. 승객; 통행인

v. 지나가다; 합격하다; ~로 통하다 *n.* 통과; 합격; 위기

🔞 be **passed** by a narrow margin
아슬아슬하게 통과되다

🔞 passing *a.* 통과하는; 일시적인(transient) *n.* 통행; 통과
passer-by *n.* 지나가는 사람, 통행인

syn 통과 = pass; passing; passage; transit

---

com(=together함께 (살펴보며))+pass(=step나아가다; 발걸음)

compass

[kámpəs]

cf. **compassion**
n. 동정

v. 순회[일주]하다; 둘러싸다(surround); 성취하다

n. 나침반; 주위; 지역; 범위; 한계; 순회; 컴퍼스

🔞 **compass** one's ends 목적을 달성하다

syn 순회하다 = compass; circuit; make a tour; circle

cf. **encompass** *v.* 포함하다(contain; include; comprise)

---

re(=back되돌아; again다시)+pass(지나가다)

repass

[ri:pǽs]

v. 되돌아오다[가다]; 다시 지나가게 하다[통과시키다]

🔞 pass and **repass** in front of the tavern
선술집 앞을 왔다 갔다 하다

syn 되돌아오다 = repass; come[turn] back; boomerang

---

sur(<super-=over~보다 위로)+pass(지나가다)

surpass

[sərpǽs]

v. (능력 등에서) ~보다 낫다, 능가하다; 초월하다

🔞 **surpasses** a person in strength
힘에 있어 ~를 능가하다

🔞 surpassing *a.* 출중한, 뛰어난; 비상한, 놀라운

syn 능가하다 = surpass; exceed; excel; outdo;
outshine; outstrip; transcend

tres(<trans-=across(무단으로) 가로질러)+pass(통과하다)

trespass

[tréspəs]

v. 침해하다; 불법 침입하다   *n.* 불법 침해[침입]

예 trespass on one's privacy
~의 사생활을 침해하다

파 trespasser *n.* 불법 침입자(intruder)

syn 침해하다 = trespass on; encroach on; infringe on;
trench on; violate

---

pass(지나갈)+able(수 있는)

passable

[pǽsəbəl]

a. 통행할[건널] 수 있는; 가결될 수 있는; 쓸 만한

예 passable legislation[knowledge]
가결 가능한 법안[상당한 지식]

파 passably *ad.* 상당한 정도로, 꽤(tolerably), 그런대로

syn 쓸 만한 = passable; fair; good; nice; fine

cf. **passible** *a.* 감수성이 있는, 쉽게 감동하는

---

im(=not반대)+passable(지나갈 수 있는)

impassable

[impǽsəbəl]

a. 통과할 수 없는; 극복할 수 없는(invincible)

예 impassable disparity in character
극복할 수 없는 성격 차이

파 impasse *n.* 막다른 골목(blind alley); 난국(deadlock)

**a political
impasse
정치적 난국*

syn 극복하다 = overcome; weather; surmount;
get over; tide over

cf. **impassible** *a.* 아픔을 느끼지 않는(impassive); 무감각한

---

pass(지나가는)+age(행위)

passage

[pǽsidʒ]

n. 통행; 항해; 통로; 경과, 진행; (문장의) 한 구절

예 a secret[an obscure] passage
비밀 통로[애매한 구절]

파 passageway *n.* 통로(aisle); 복도(corridor); 오솔길(trail)

syn 경과 = passage; lapse; expiration(기한의 만료)

pass(통과)+port(=haven항구) → 항구를 통과시켜 주는 것

passport

[pǽspɔ̀ːrt]

n. 여권; 통행증; (~을 얻기 위한) 보장, 수단

예 apply for[get] a **passport**
여권을 신청하다[발급받다]

a **passport** to her favor 그녀에게 환심을 사는 수단

syn 보장 = passport; guarantee; security

cf. **visa** n. 사증 *a tourist visa 관광비자

---

pass(통과(시켜 주는))+word(말)

password

[pǽswə̀ːrd]

n. (적과 자기편을 분간하는) 암호(말); 군호

예 enter the wrong **password**
잘못된 암호를 입력하다

syn 암호 = password; watchword; cipher; cryptogram

---

pas(=pass보내다)+time(시간) → '(즐겁게) 시간을 보내다' 의 뜻에서

pastime

[pǽstàim]

n. 소일거리, 심심풀이; 여가선용; 오락; 기분전환

예 chat with a girl as[for] a **pastime**
심심풀이로 한 소녀와 채팅을 하다

syn 기분전환 = pastime; change; distraction; diversion;
recreation; relaxation

---

pass	⋯	compass	⋯	repass	⋯	surpass
지나가다		순회하다		되돌아오다		능가하다

trespass	⋯	passable	⋯	impassable	⋯	passage
침해하다		통행할 수 있는		통과할 수 없는		통행, 경과

passport	⋯	password	⋯	pastime
여권, 통행증		암호, 군호		소일거리

pass (2)

feel : 느끼다
suffer : 겪다 **endure** : 견디다

---

pass(=suffer고통을 겪는)+ion(것) → '강한 감정'의 뜻에서

passion

[pǽʃən]

n. 격정, 열정; 연모; (*pl.*) 욕정; 애착; 열중; 격노

⦿ his burning **passion** for her
그녀를 향한 그의 불타는 열정

⦿ passionless *a.* 정열이 없는; 감동이 없는; 냉정한

syn 열정 = passion; ardor; fervor

---

im(<in-=into안으로)+passion(열정(을 불어넣다))

impassion

[impǽʃən]

v. 깊이 감동시키다; 흥분시키다, 자극하다(incite)

⦿ make an **impassioned** plea for mercy
자비를 간절하게 탄원하다

⦿ impassioned *a.* 열렬한(ardent); 감동한(touched)

syn 감동시키다 = impassion; touch; move; affect

---

passion(격정, 열정)+ate(적인)

passionate

[pǽʃənit]

a. 정열적인, 열렬한; 강렬한; 호색의; 성미가 급한

⦿ **passionate** love[hatred]
정열적인 사랑[심한 증오]

⦿ passionately *ad.* 열렬히, 격심하게; 격노하여

syn 열렬한 = passionate; ardent; fervent; enthusiastic

---

com(=together함께)+passion(감정을 느끼)+ate(는)

compassionate

[kəmpǽʃənit]
[kəmpǽʃənèit] *v.*

*compassionately
ad. 동정하여

a. 인정이 많은; 특별 배려한 *v.* 측은하게 여기다

⦿ **compassionate** conservatism[allowance]
온정적 보수주의[특별 수당]

⦿ compassion *n.* 측은히 여김, 동정

syn 인정이 있는 = compassionate; warm; warmhearted;
                    kindhearted; tenderhearted; humane

579

dis(=not안)+passionate(격한, 성급한)

dispassionate

[dispǽʃənit]

a. 감정에 좌우되지 않는, 냉정한; 편견 없는(impartial)

@ assume a **dispassionate** attitude
냉정한 태도를 취하다

@ dispassionately *ad.* 냉정하게, 편견 없이
(unprejudicedly)

syn 편견 없는 = dispassionate; unprejudiced;
unbiased; impartial

---

pass(=suffer참고 견디다)+ive(는)

passive

[pǽsiv]

a. 수동적인, 소극적인; 무저항의; 무이자의, 수동태의

@ take a **passive** attitude toward the problem
그 문제에 대하여 수동적인 태도를 취하다

@ passively *ad.* 수동적으로; 거스르지 않고
passivity *n.* 수동성, 소극성

syn 수동적인 = passive; inactive(↔ active *a.* 능동적인)

---

im(=not안)+pass(=feel느끼)+ive(는)

impassive

[impǽsiv]

a. 무감각한; 무감동의, 무표정한; 인사불성의

@ an **impassive** countenance
감정을 드러내지 않는 표정

*countenance
n. 표정, 안색; 냉정

@ impassively *ad.* 무감동한 태도로; 냉정하게, 태연히
impassible *a.* 고통을 느끼지 않는(impassive); 무감각한

syn 무감각한 = impassive; impassible; senseless;
insensible; numb; anesthetic

---

passive →	compassionate →	dispassionate
정열적인	동정심이 많은	냉정한, 편견 없는

pathy

feeling : 느낌, 감정, 동정심

a(=without없는)+pathy(=feeling감정, 느낌)

apathy

[ǽpəθi]

n. 무감정, 무감동; 무관심, 냉담(indifference)

- political[social, educational] **apathy**
  정치적[사회적, 교육적] 무관심
- apathetic(al) *a.* 무감각한; 냉담한(indifferent)

syn 냉담 = apathy; indifference; unconcern;
nonchalance; callousness; lukewarmness

anti(=against반대하는)+pathy(=feeling감정)

antipathy

[æntípəθi]

n. 반감, 싫어함, 혐오; (지긋지긋하게) 싫은 것

- have a deep **antipathy** against a flirt
  바람둥이는 질색이다
- antipathetic(al) *a.* 반감을 품고 있는; 성미에 맞지 않는

syn 혐오 = antipathy; abhorrence; dislike; disgust;
aversion; hatred; abomination; repugnance

sym(=together같은)+pathy(=feeling감정, 느낌)

sympathy

[símpəθi]

n. 공감, 동감; 호감; 동정심; 조위, 조문; 〈물리〉 공명

- feel **sympathy** 공감을 느끼다

  make a call to express one's **sympathy**
  문상을 가다
- sympathetic *a.* 동정적인; 호의적인; 공명[공진]하는
  sympathize *v.* 동정하다, 측은히 여기다(commiserate)

syn 조문 = sympathy; condolence

apathy	⋯	antipathy	⋯	sympathy
무감정, 무감동		반감, 혐오		공감, 동감

581

ped(i)

foot : 발

bi(=two두)+ped(=foot발)

biped

[báiped]

n. 두발동물 *a.* 두 발의

syn 동물, 짐승 = animal; creature; brute; beast

cf. **quadruped** *n.* 네발짐승 [quadr : four]
centipede *n.* 지네 **millipede** *n.* 노래기

ped(=foot발(로 밟는))+al(것)

pedal

[pédl]

n. 페달(treadle), 발판 *v.* 페달을 밟다, 자전거를 타다

🅟 pedestrian *n.* 보행자; 도보 여행자 equestrian *n.* 승마자
pedestal *n.* 받침대; 기초(foundation) peddler *n.* 행상인

syn 밟다 = step; tread; slip(헛디디다); follow(뒤를 밟다);
hit[step on] the brake(브레이크를 밟다)

ped(i)(=foot발)+cure(=care돌봄, 치료)

pedicure

[pédikjùər]

n. (발의 티눈 등의) 발 치료 (의사); 발톱의 매니큐어술

🅒 treat oneself to a **pedicure** 발을 돌보다

syn 발 치료 = pedicure; podiatry; chiropody(손발 치료)

cf. **pedigree** *n.* 가계(genealogy; lineage); 족보, 가계도

ex(=out밖으로)+ped(=foot발)을 내딛))+ite(다)

expedite

[ékspədàit]

cf. **impede**
v. 지체시키다,
방해하다

v. 촉진하다; 신속히 처리하다; 발송하다; 급파하다

🅒 **expedite** the progress of natural science
자연과학의 진보를 촉진시키다

🅟 expedition *n.* 원정, 탐사여행, 탐험; 원정대; 신속함
expeditious *a.* 급속한, 신속한(quick; speedy; swift)
expedient *a.* (목적 달성에) 도움이 되는; 편의주의의

syn 촉진하다 = expedite; facilitate; accelerate;
promote; hasten; speed up

root 133

pel

drive : 몰다, 몰아대다; 재촉하다; 쫓아내다

---

com(강조―마구)+pel(=drive(~하도록) 몰다)

compel

[kəmpél]

v. 강요[강제]하다, 억지로 ~시키다; 굴복시키다

- **예** be **compelled**[obliged] to resign[confess]
  어쩔 수 없이 사임하다[자백하다]

*compelling *a.* 강제
적인; 주목할 만한

- **파** compulsion *n.* 강제, 강요(coercion)
  compulsive, compulsory *a.* 강제적인(forceful)

syn 억지로 (~)시키다 = compel; impel; force; coerce

---

dis(=away멀리)+pel(=drive몰아내다)

dispel

[dispél]

v. 쫓아버리다; (근심 등을) 없애다; 흩어지게 하다

- **예** **dispel** boredom 지루함을 떨쳐버리다

syn 흩어지게 하다 = dispel; disperse; dissipate; scatter

---

ex(=out밖으로)+pel(=drive몰아내다)

expel

[ikspél]

v. 쫓아내다; 추방[제명]하다; ~을 배출하다(emit; eject)

- **예** be **expelled** from the school[country]
  학교에서 퇴학당하다[나라에서 추방되다]

- **파** expellant,expellent *a.* 쫓아내는 *n.* 구충제(insectifuge)
  expulsive *a.* 배제하는 expulsion *n.* 배제; 제명, 추방

syn 쫓아내다 = expel; oust; fire, dismiss; evict; eject

---

im(〈in-=on~을)+pel(=drive내몰다, 재촉하다)

impel

[impél]

v. 재촉하다, 몰아대다, 억지로 ~하게 하다; 추진하다

- **예** be **impelled** by strong emotions
  격한 감정에 휩싸이다

*on the spur of the
moment 충동적으로

- **파** impellent *n.* 추진력 impulse *n.* 충격; 충동
  impulsive *a.* 충동적인(impetuous); 추진하는

syn 재촉하다 = impel; urge; hasten; hurry

583

pro(=forward앞으로)+pel(=drive몰다; 움직이다)

propel

[prəpél]

v. 추진시키다, 나아가게 하다; 재촉하다, 몰아대다(press)

- **예** be **propelled** towards a civil war 내전으로 치닫다
- **파** propellant *n.* (로켓) 추진제 *a.* 추진하는
  propulsion *n.* 추진, 추진력
  propulsive *a.* 추진하는, 추진력이 있는(driving)
- *syn* 추진시키다 = propel; drive forward; promote

---

re(=back뒤로)+pel(=drive몰아내다)

repel

[ripél]

*save[lose] one's
face 체면이 서다[체
면을 잃다]

v. 격퇴하다, 물리치다; 불쾌감을 느끼게하다(disgust)

- **예** **repel** all the offers of help to save one's face
  체면 때문에 도와주겠다는 모든 제의를 물리치다
- **파** repellent, repellant *a.* 물리치는; 혐오감을 주는 *n.* 방충제
  repulse *n.* 반박; 거절 *v.* 격퇴하다; 퇴짜놓다
  repulsive *a.* 매정한(callous) repulsion *n.* 격퇴; 반발력
- *syn* 격퇴하다 = repel; repulse; drive back

---

pulse(=drive몰다, 몰아치다)

pulse

[pʌls]

*pulsimeter
n. 맥박계

n. 맥박; 박자(beat); 의향; 동향 v. 맥이 뛰다, 고동치다

- **예** feel[take] a person's **pulse**
  ~의 맥을 짚어보다, ~의 의중을 떠보다
- **파** pulsate *v.* 맥박치다; 진동하다(vibrate)
  pulsation *n.* 맥박; 파동, 진동
- *syn* 맥박 = pulse; pulsation; sphygmus
- *cf.* **impulse** *n.* (물리적인) 충동, 추진력; 자극; 일시적인 감정

VOCA TIP

ⓥ-**pel** → ⓝ-**pulsion** → ⓐ-**pulsive**로 변합니다.

Study **40**

root 134
pend

hang : 매달다, 걸다
weigh : 무게를 달다   *pend = pens(e)

pend(=hang매달다)의 뜻에서

pend
[pend]

v. 미해결인 채로 있다, 결정을 미루다; 매달리다

예 be still **pending** in court 아직도 법원에 계류 중이다

파 pending *a.* 미정의, 현안의; 임박한(impending)

syn 미해결의 = pending; unsettled; unsolved; outstanding

cf. **pensive** *a.* 생각에 잠긴(meditative); 슬픈(rueful)
pensile *a.* 매달린(hanging)

ap(<ad-=to~에)+pend(=hang매달다)

append
[əpénd]

v. ~에 덧붙이다, 첨부하다; ~에 매달다(hang on)

예 **append** one's signature to the statement
성명서에 서명을 하다

*appendicitis
n. 맹장염, 충수염

파 appendant, appendent *a.* 첨가된; 부수하는 *n.* 부수물
appendix *n.* 부록(supplement); 추가; 충수

syn 덧붙이다 = append; attach; fix; affix(첨부하다)

de(=down아래)+pend(=hang매달리다)

depend
[dipénd]

v. 의지하다, 믿다, 신뢰하다; ~에 달려 있다(hinge on)

예 have no relative to **depend** upon in this world
이 세상에 의지할 친척이 한 사람도 없다

↔ undependable
a. 의지할 수 없는

파 dependable *a.* 믿음직한, 신뢰할 만한(trustworthy)
dependent *a.* 의지하고 있는; 종속한; ~에 의해 결정되는
dependency, dependancy *n.* 종속관계; 속국, 보호령

syn 신뢰하다 = depend; rely; trust; confide

ex(=out밖으로)+pend(=weigh재다, 무게를 달다)

expend

[ikspénd]

*preparedness
n. 전시대비, 군비

v. (돈, 시간, 노력 등을) 쓰다, 소비하다; 다 소모하다*

⬤ **expend** the nation's resources on military
  preparedness 국가 재원을 군비에 쏟아 붓다

⬤ expenditure *n.* 지출, 세출; 소비; 비용(expense)
  expense *n.* 비용; (*pl.*) 경비; 희생
  expensive *a.* 고가의, 값비싼(costly)

syn 소비하다 = expend; spend; consume

---

im(=on바로 위에)+pend(=hang걸리다)

impend

[impénd]

v. 임박[절박]하다, 일어나려 하다; ~위에 걸리다*

⬤ immediately sense the **impending** danger
  임박한 위험을 곧바로 감지하다

⬤ impending *a.* 절박한(impendent); 떨어질 듯이 걸려 있는

syn 임박하다 = impend; approach; be imminent;
  draw near; be close at hand

---

s(<ex-=out밖으로)+pend(=weigh재다, 무게를 달다)

spend

[spend]

v. 소비하다, 다 소모하다(consume); ~하는 데 쓰다*

⬤ **spend** a profitable day 유익한 하루를 보내다

⬤ spent *a.* 낭비된, 다 써버린(used up); 지쳐버린; 산란한
  spendthrift *a.* 낭비하는(prodigal) *n.* 낭비자, 방탕아

syn 소모하다 = spend; exhaust; dissipate(낭비하다)

---

sus(<sub-=under아래로)+pend(=hang매달다)

suspend

[səspénd]

*a suspension
  bridge 현수교

v. 일시 정지[중지]하다; 보류하다; 정학시키다*

⬤ be **suspended** from school for cheating
  부정행위로 정학을 당하다

⬤ suspension *n.* 매달기; 정지; 보류; 정학
  suspense *n.* 불안, 걱정; (권리의) 정지

syn 정지하다 = suspend; cease; stop
*suspended animation 가사 상태(syncope; coma)

dis(=apart따로따로)+pense(=weigh무게를 달아 (나누다))

dispense
[dispéns]

v. 분배하다; 시행하다; 조제하다; 면제하다(exempt)

- **dispense** alms to the poor
  가난한 사람들에게 구호품을 나누어주다

- dispensation *n.* 분배; 조제; 시행; 신의 섭리
  dispensary *n.* 조제실, 약국; 양호실; 진료소(clinic)

- *syn* 분배하다 = dispense; distribute; share; divide;
  give out

pre(=before사전에)+pense(=weigh무게를 달아 본)

prepense
[pripéns]

a. (명사 뒤에서) 미리 숙고한 뒤의, 예모한; 고의의

- **do** violence of malice **prepense**
  살의를 품고 폭행을 가하다

- *syn* 예모한 = prepense; aforethought; premeditated

sus(<sub-=under아래로)+pense(=hang매달려 (있음))

suspense
[səspéns]

n. 불안, 걱정; 서스펜스; 미정; 불안정; (권리의) 정지

- keep us in **suspense** 우리를 마음 졸이게 하다

  wait in anxious **suspense** for her arrival
  그녀가 도착하길 조바심하며 기다리다

- suspension *n.* 매달기; (일시적) 정지; 보류; 정학, 정직
  suspensive *a.* 정지[중지]한; 불안정한; 마음을 애타게 하는

- *syn* 불안 = suspense; anxiety; unrest; uneasiness

re(=again다시)+com(=with함께)+pense(=weigh무게를 달다)

recompense
[rékəmpèns]

v. 보답하다; 답례하다(reward); 보상[배상]을 하다

n. 답례, 보답(repayment; requital), 보은; 보상, 배상

- **recompense** good with evil 선을 악으로 갚다

  work hard without **recompense**[remuneration]
  무보수로 열심히 일하다

- *syn* 보답하다 = recompense; repay; requite; return

com(=with, together함께)+pens(=weigh무게를 달)+ate(=make다)

compensate
[kámpənsèit]

v. 보상[배상]하다; 보충하다, 상쇄하다(make up for)

- **compensate** him for his loss
  그에게 손실을 보상해주다
- compensatory, compensative *a.* 보상의, 배상의; 보충의
- *syn* 보상하다 = compensate; recompense; remunerate;
  reward; recoup; atone for; make amends for

com(=together함께 (간단히))+pens(=weigh무게를 잰)+ium(것)

compendium
[kəmpéndiəm]

n. 요약, 대의, 개론; 명세서, 일람표

- supply a **compendium** of useful information
  to the boss every morning
  매일 아침 유용한 정보를 요약해서 사장에게 제공하다
- compendious *a.* (책 등이) 간명한(laconic; succinct)
- *syn* 요약 = compendium; summary; synopsis;
  epitome; précis; résumé; recapitulation

pend(=hang매달려 있는)+ant(것)

pendant
[péndənt]

*pendulum
n. 진자, 추

n. (목걸이 등의) 늘어뜨린[매단] 장식, 펜던트; 샹들리에

- wear a beautiful necklace with a sapphire
  pendant 사파이어 장식의 멋진 목걸이를 하다
- pendent *a.* 매달린; 미결의, 현안의(pending)
- *syn* 장식 = ornament; decoration; adornment; trinket

pens(=weigh무게를 달아 (지급하는))+ion(것)

pension
[pénʃən]

n. 연금; 장려금(bounty); 하숙식 호텔 *v.* 연금을 주다

- live on one's retirement **pension**
  퇴직연금으로 생활하다
- pensionary *n.* 연금 수령자; 고용인, 부하(hireling)
  pensioner *n.* 연금 수령자(annuitant); 고용인; 하숙생
- *syn* 연금 = pension; annuity *cf.* **insurance** 보험

plic

fold : 접다, 겹치다
*plic = plex = ple

---

ap(<ad–=to~에)+plic(=fold잡아매)+ation(기)

application

[æplikéiʃən]

n. 적용, 응용; (약을) 붙이기, 바르기; 신청; 전념

㉮ make an **application** either in writing or by word of mouth 서면이나 구두로 신청하다

㉠ apply *v.* 적용하다; 신청하다
applicant *n.* 지원자, 신청자; 응모자
applicable *a.* 적용할 수 있는; 적절한(suitable)
appliance *n.* 기구, 설비

syn 신청 = application; request; entry(참가의 ~)

---

com(=together함께)+plic(=fold접어 포)+ation(갬)

complication

[kàmpləkéiʃən]

n. 복잡화; 복잡한 사태, 골칫거리; 분규; 합병증

㉮ be involved in **complications** 분규에 휘말리다
a **complication** affected by pregnancy and childbirth 임신, 출산으로 인한 합병증

㉠ complicate *v.* 뒤얽히게 하다
complicated *a.* 복잡한(complex)
complex *a.* 합성의, 복합의; 복잡한 *n.* 종합빌딩; 강박관념
complicity *n.* 공모, 공범, 연루 accomplice *n.* 공범자

syn 복잡함 = complication; complexity; complicacy

cf. **compliant** *a.* 고분고분한 **complaint** *n.* 불평; 고소

---

du(=two두 겹으로)+plic(=fold접)+ation(음)

duplication

[djù:pləkéiʃən]

cf. clone *n.* 복제 생물

n. 이중, 두 배로 하기; 중복; 복사, 복제

㉮ **duplication** of equipment investment
설비 투자의 중복

㉠ duplicate *v.* 2배로 하다; 복사하다 *a.* 이중의 *n.* 복제(품); 사본
duplicity *n.* 겉 다르고 속 다름, 두 마음, 표리부동

syn 복사 = duplication; copy; replica; reproduction(재생)

ex(=out밖으로)+plic(=fold접)+ation(음) → 밖으로 펼쳐보임

explication

[èkspləkéiʃən]

n. 설명(explanation), 해설; 전개

예 tell a plausible **explication** 그럴 듯하게 말하다

파 **explicate** *v.* 상술하다(explain in detail)
explicatory *a.* 해설적인(explanatory)
explicit *a.* 명백한, 뚜렷한; 숨김없는(↔ implicit *a.* 암묵의)

syn 설명 = explication; explanation; elucidation;
interpretation(해석, 통역); description(기재사항, 인상착의)

---

im(⟨in-=into안으로)+plic(=fold겹쳐 넣)+ation(음)

implication

[ìmpləkéiʃən]

n. 연루(involvement), 관련; 함축, 함의; 암시

예 the **implication** of prominent figures in the
bribery case 거물들의 뇌물사건 연루

the full **implications** of the new policy
새로운 정책이 내포하는 모든 의미

파 **implicate** *v.* (사건 등에) 휩쓸리게 하다; 함축하다(imply)
implicative *a.* 함축성 있는(implicit; pregnant)
implicit *a.* 암묵의; 맹목적인; 내재하는
imply *v.* 함축하다 **implied** *a.* 함축된
impliedly *ad.* 암암리에, 넌지시(indirectly)

syn 연루 = implication; involvement; complicity
*by implication 넌지시(indirectly)

---

multi(=many여러 번)+plic(=fold겹쳐 접)+ation(음)

multiplication

[mʌ̀ltəplikéiʃən]

n. 증가, 증대; 증식, 번식; 곱셈 (↔ **division** *n.* 나눗셈)

*multiply *v.* 증가시키
다; 곱셈하다

예 addiction, subtraction, **multiplication**, and
division 덧셈, 뺄셈, 곱셈, 나눗셈

파 **multiple** *a.* 다양한; 복합의(multiplex)
multiplicative *a.* 증가하는; 곱셈의
multiplicity *n.* 다양성; 다수(multitude)

syn 증가 = multiplication; increase; increment;
augmentation; growth

590

re(=back뒤로)+plic(=fold(똑같게) 접)+ation(음)

replication

n. (DNA 등의) 복제; 사본, 모사; 응답, 답변; 반향

[rèpləkéiʃən]

⑩ modify the **replication** scope
복제 범위를 수정하다

*replica
n. 모사화; 복제품

⑩ replicate *v.* 복제[모사]하다; 뒤로 접다
replicable *a.* 복제할 수 있는, 반복할 수 있는

syn 복사하다 = copy; duplicate; facsimile; manifold

sup(<sub-=under아래에서)+plic(=fold무릎을 꿇고)+ation(빔)

supplication

n. 간청, 애원; 탄원(petition)

[sʌ̀pləkéiʃən]

⑩ turn a deaf ear to her earnest **supplication**
그녀의 간절한 애원에 조금도 귀를 기울이지 않다

⑩ supplicate *v.* 간청하다, 탄원하다; 신에게 기원하다
suppliant, supplicant *n.* 애원자(implorer) *a.* 애원하는

syn 간청 = supplication; entreaty; solicitation; request

com(=together함께)+plex(=fold접은)

complex

a. 복잡한(complicated), 뒤얽힌; 합성의, 복합의

[kəmpléks]
[kámpleks]

n. 복합체, 종합빌딩; 강박관념, 콤플렉스; 공포, 혐오

⑩ do away with **complex** procedures
번잡한 절차를 없애다

*complexity
n. 복잡성

⑩ complexion *n.* 안색; 외관(appearance)

syn 복잡한 = complex; complicated; intricate; tangled

per(강조-완전히)+plex(=fold(복잡하게) 접다)

perplex

v. 당황하게 하다, 헷갈리게 하다; 복잡하게 하다

[pərpléks]

⑩ be **perplexed** with the impeachment scandal
탄핵 스캔들로 난처해 하다

*impeachment
n. 탄핵; 비난, 고발

⑩ perplexity *n.* 당혹, 곤혹(bewilderment; confusion); 분규
perplexed *a.* 당혹한(puzzled); 뒤얽힌
perplexedly *ad.* 당혹하여, 난감하여

syn 당황하게 하다 = perplex; bewilder; confuse

591

dis(반대로)+play(=fold접다) → 접힌 것을 펼치다

display
[displéi]

v. 전시하다, 진열하다; 게양하다; 발휘하다; 과시하다

n. 전시, 진열(exhibition); 과시(ostentation); 발휘

⑩ be **displayed** in the show window
쇼윈도에 진열되다

syn 과시하다 = display; parade; flaunt; flourish;
brandish; show off

---

ex(=out밖으로)+plo(it)(=fold접다) → (이용하기 위해) 펼치다

exploit
[iksplɔ́it]
[éksplɔit] *n.*

*exploitative
a. 착취적인

v. 착취하다; (남을) 이용하다; 개발하다 *n.* 공훈, 위업(feat)

⑩ **exploit** his men for his own end
자신의 목적을 위해 부하들을 이용해 먹다

brilliant **exploits** 혁혁한 공훈

⑩ exploitation *n.* 착취; 개발; 선전, 판촉
unexploited *a.* 개발되지 않은, 미개척의(fallow)

syn 착취하다 = exploit; extort; squeeze; sweat

---

sim(=once한번만)+ple(=fold접은)

simple
[símpəl]

*simplicity
n. 간단, 단순; 검소

a. 단순한, 간단한; 수수한; 순진한; 하찮은(trivial; petty)

⑩ be **simple** and innocent 천진난만하다

⑩ simply *ad.* 간단히; 수수하게; 단지; 아주, 완전히
simplify *v.* ~을 단순화하다; 간소화하다

syn 간단한 = simple; plain; brief; short(간결한)

---

com(=completely완전히)+plete(=fill채우다)

complete
[kəmplíːt]

v. 완성하다, 마무리 짓다(finish); ~을 모두 갖추다

a. 완전한, 완벽한; 완성된; 전부 갖추어진; 철저한

⑩ **complete** combustion[disregard] 완전 연소[무시]

⑩ completely *ad.* 완전히 completion *n.* 완성; 성취

syn 완전한 = complete; perfect; entire; whole;
consummate; integral

592

de(=down반대로)+plete(=fill채우다) → 비우다

deplete

[diplí:t]

v. ~을 비우다(empty); ~을 고갈시키다; 방혈하다

예 deplete one's inventory 재고를 바닥내다

파 depletion *n.* 고갈, 소모(exhaustion); 방혈; 체액 감소
depletive *a.* 고갈시키는; 혈액[체액]을 감소시키는

syn 고갈시키다 = deplete; exhaust; drain

com(=together함께)+ple(=fill채우는)+ment(것)

complement

[kámpləmənt]

cf. **compliment**
 n. 찬사; 경의

n. 보충[보완]물; 보어; 승무원 정원, 직원 정수 *v.* 보충하다

예 a **complement** to farming innovation
 농업혁신에 대한 보완책

파 complementary *a.* 보충적인
 cf. **complimentary** *a.* 인사의; 무료의(free)

syn 보충하다 = complement; supplement; replenish

im(=in~속에)+ple(=fill채우는)+ment(것)

implement

[ímpləmənt]

n. 도구, 용구; 수단(means); 앞잡이 *v.* 이행하다

예 farming[kitchen, gardening] implements
 농기구[주방 용구, 원예기구]

 implements of tyranny 폭정의 앞잡이들

파 implemental *a.* 도구의; 수단이 되는
 implementation *n.* 이행, 실행; 성취

syn 앞잡이 = implement; agent; cat's-paw; instrument;
 limb; pawn; tool

sup(<sub-=under아래에)+ple(=fill덧붙여) 채)+ment(움)

supplement

[sʌ́pləmənt]

*supplementary
 lessons 보충수업

n. 보충; 추가; 증보, 부록 *v.* 보충하다, 추가하다

예 supplement a budget 예산에 추가하다
 a separate-volume **supplement** 별책 부록

파 supplementary *a.* 보완하는, 보충의
 syn 증보하다 = supplement; enlarge

plor(e)

weep : 울다, 울부짖다
cry : 외치다

de(강조—몹시)+plore(=weep울부짖다)

deplore
[diplɔ́:r]

v. 몹시 한탄[후회]하다; 비탄하다, 애통해 하다

ⓔ cannot but **deplore** such a terrible defeat
그런 참담한 패배를 한탄하지 않을 수 없다

ⓓ deplorability *n.* 한탄스러움, 비통
deplorable *a.* 통탄스러운; 비참한
deplorably *ad.* 비통하게(lamentably), 애처롭게(pitifully)

syn 한탄하다 = deplore; grieve; lament; regret; sigh;
sorrow

ex(=out밖으로)+plore(=cry(사냥감을 발견하여) 외치다)

explore
[iksplɔ́:r]

v. 탐험하다, 답사하다; 탐구하다; 검진하다(probe)

ⓔ **explore** an uninhabited island[a historic site]
무인도를 탐험하다[고적을 답사하다]

ⓓ exploration *n.* 탐험, 답사; (우주의) 개발; 탐구; 검진
explorer *n.* 탐험가; 조사자; 검사장치
exploratory *a.* 탐험의; 예비적인

syn 탐험하다 = explore; make an exploration;
make an expedition

im(<in-=in~에게)+plore(=weep울며 (사정하다))

implore
[implɔ́:r]

v. (원조, 자비 등을) 애원하다, 간청하다, 탄원하다

ⓔ **implore** the judge for mercy
판사에게 자비를 탄원하다

ⓓ imploration *n.* 탄원, 애원
imploratory *a.* 애원하는, 탄원하는

syn 탄원하다 = implore; beseech; entreat; plead; beg

594

Study **41**

root 137

pon

put : 두다, 놓다; 배치하다

---

com(=together함께)+pon(=put놓여 있)+ent(는)

component
[kəmpóunənt]

a. 구성하는, 구성요소를 이루는 *n.* 구성요소; 성분

🔵 add[remove] shared **components**
공유 구성요소를 추가하다[제거하다]

🔵 componential *a.* 성분의, 구성 요소의

syn 구성하는 = component; constituent

---

ex(=out밖으로)+pon(=put(알기 쉽게 펼쳐) 놓는)+ent(사람)

exponent
[ikspóunənt]

n. 설명자; 대표자, 주창자; 연주자; 지수 *a.* 설명적인

🔵 an **exponent** of free trade 자유 무역의 주창자

🔵 expound *v.* 상세히 설명하다, 해설하다

syn 주창자 = exponent; advocate; pioneer

---

op(<ob-=against~에 대항하여)+pon(=put놓인)+ent(사람)

opponent
[əpóunənt]

cf. **antagonist;**
adversary *n.* 적

n. 상대, 적수, 반대자 *a.* 적대하는, 반대하는(opposing)

🔵 beat one's last **opponent** 마지막 상대를 꺾다
beat the **opponent** team 상대 팀을 이기다

🔵 opponency *n.* 반대, 적대 oppose *v.* 반대하다, 대항하다

syn 상대 = opponent; competitor; match; rival

---

pro(=forth앞으로)+pon(=put(의견을) 내놓는)+ent(사람)

proponent
[prəpóunənt]

n. 제안자, 발의자; 지지자; 유언 검인 신청자

🔵 a **proponent** of women's rights 여권 지지자

🔵 propone *v.* (변명 등을) 꺼내다; 제의하다(propound)

syn 제안자 = proponent; proposer; suggester

popul

people : 사람들, 민중
*popul = publ

popul(=people사람들; 민중)+ar(의)

popular

[pápjələr]

a. 민중의(demotic), 대중의; 인기 있는; 통속적인

☜ the **popular** opinion[voice] 민중의 소리, 여론

☜ popularity *n.* 인기; 유행(vogue) populace *n.* 대중, 민중

*popularize *v.* 대중
화하다; 보급시키다

syn 대중 = the public[populace, masses, multitude];
the grass roots

popul(=people사람들(이 모두 모인))+ation(상태)

population

[pàpjəléiʃən]

*populate
v. ~에 살다

n. 인구; (한 지역의) 전 주민; 〈생태〉 개체군

☜ an explosive increase of **population**
인구의 폭발적 증가

☜ populous *a.* 인구가 많은; 사람이 들끓는, 번화한

syn 주민 = the population; the populace; inhabitants;
residents; dwellers

publ(=people사람들)+ic(의)의 뜻에서

public

[pʌ́blik]

*publicity
n. 선전, 홍보

a. 공공의, 공중의; 공적인; 널리 알려진 *n.* (the p–) 대중

☜ promote **public** welfare 공공복지를 증진하다

☜ publicly *ad.* 공개적으로(openly); 공적으로
publicize *v.* 공표하다; 선전[광고]하다

syn 공공의 = public(↔ private 사적인); common; communal

re(=thing것)+public(공공의, 공중의) → '국민의 것'의 뜻에서

republic

[ripʌ́blik]

*publication *n.* 출판

n. 공화국, 공화정체; (공통의 목적을 가진) 단체, ~계

☜ a democratic **republic** 민주 공화국
the **republic** of art 미술계

☜ republican *a.* 공화국의 *n.* 공화주의자; (R–) 공화당원

syn 단체 = republic; organization; body; party; group

port

carry : 나르다, 운반하다, 처신하다
port : 항구

---

com(=together함께)+port(=carry나르다; 처신하다)

comport
[kəmpɔ́ːrt]

v. (보통 바람직스럽게) 행동하다; 일치하다, 조화하다

예 **comport** oneself with dignity 당당하게 행동하다

파 comportment *n.* 태도, 행동거지(behavior)

syn 행동하다 = comport; behave; conduct; act

---

de(=away(사람을) 멀리 (내쫓아))+port(=carry보내다)

deport
[dipɔ́ːrt]

v. (국외로) 추방하다; 강제이송하다; 행동하다

예 **deport** dangerous aliens
위험한 거류 외국인들을 국외로 추방하다

*deport oneself
행동하다

파 deportation *n.* 국외 추방; 이송
deportment *n.* 처신, 품행(demeanor)

syn 추방하다 = deport; banish; expel; exile; purge

cf. **depart** *v.* 떠나다, 출발하다(↔ **arrive** *v.* 도착하다)

---

dis(=away(일로부터) 멀리)+port(=carry나르다)

disport
[dispɔ́ːrt]

v. 기분풀이하다, 놀다; 즐기다 *n.* 기분풀이, 오락

예 **disport** oneself in an amusement park
유원지에서 즐겁게 보내다

syn 기분풀이 = disport; diddly-bop; relaxation;
diversion; laughs

---

ex(=out밖[외국]으로)+port(=carry(상품을) 실어 나르다)

export
[ikspɔ́ːrt]
[ékspɔːrt] *n.*

v. 수출하다; (사상 등을) 밖으로 전하다 *a.* 수출의, 수출용의

n. 수출(exportation); 수출품; (*pl.*) 수출액

예 ban the **export** of arms to troubled parts of the
world 분쟁 지역에 무기 수출을 금지하다

syn 수출하다 = export; ship abroad

im(=into안으로)+port(=carry(상품을) 들여오다)

import

[impɔ́:rt]
[ímpɔ:rt] *n.*

v. 수입하다; 의미하다; 개입시키다 *n.* 수입; 의미

예 import one's feelings into evaluation
평가에 자신의 감정을 개입시키다

파 importation *n.* 수입, 수입품
importance *n.* 중요(성); 의미; 거드름

syn 의미하다 = import; mean; represent; signify

---

pur(<pro–=forward앞으로)+port(=carry(뜻을) 전달하다)

purport

[pərpɔ́:rt]
[pɔ́:rpɔ:rt] *n.*

v. 의미하다; (~라고) 칭하다 *n.* 의미, 취지, 요지(gist)

예 the purport of the question[address]
질문[연설]의 요지

파 purported *a.* ~라고 소문난(rumored)
purportedly *ad.* 소문에 의하면

syn ~라고 칭하다 = purport; name; call; designate;
denominate

---

re(=back뒤로)+port(=carry(소식을) 나르다)

report

[ripɔ́:rt]

v. 보고하다, 보도하다; 신고하다 *n.* 보고(서); 소문;

예 report the incident to the police
그 사건을 경찰에 신고하다

파 reportedly *ad.* 보도에 따르면; 소문에 의하면

syn 보도하다 = report; cover; inform(통지하다)

---

sup(<sub–=under아래에서)+port(=carry(떠받치고) 나르다)

support

[səpɔ́:rt]

v. 떠받치다, 지탱[유지, 지지, 부양]하다 *n.* 지탱; 부양

예 support one's family[the political party]
가족을 부양하다[그 정당을 지지하다]

*supporter *n.* 지지자 **파 supportive** *a.* 지탱하는; 격려하는; 보조적인

syn 떠받치다 = support; bolster; prop up;
stand up for(지지하다)

trans(=across가로질러)+port(=carry나르다)

transport
[trænspɔ́:*r*t]
[trǽnspɔ̀:*r*t] *n.*

v. 수송하다, 나르다; 추방하다(banish) *n.* 수송, 운송

예 **transport** iron ore to the port
철광석을 항구로 수송하다

파 transportation *n.* 수송(conveyance); 수송기관; 운임
transportable *a.* 수송할 수 있는; 유형에 처해 마땅한

syn 나르다 = transport; transfer; convey; carry; ferry

port(=harbor항구)

port
[pɔ:*r*t]

n. 항구, 항만; 피난처(refuge); 공항(airport)

예 search the vessels in **port**
입항해 있는 선박들을 수색하다

파 portable *a.* 휴대용의
cf. potable *a.* 마실 수 있는(drinkable) *n.* (*pl.*) 음료

syn 항구 = port; seaport; harbor; haven

cf. **portal** *n.* 문, 현관; 입구; (*pl.*) 시작
porter *n.* 짐꾼; 수위(janitor); 청소부
portrait *n.* 초상화; 구경거리; 꼭 닮은 것

air(비행기의)+port(항구)

airport
[ɛ́ə*r*pɔ̀:*r*t]

n. 공항

예 touch down at the **airport** 공항에 착륙하다

syn 착륙 = landing(↔ takeoff 이륙); touchdown;
alighting; blast-down(로켓의)

sea(=sea바다의)+port(항구)

seaport
[síːpɔ̀:*r*t]

n. 항구, 해항; 항구도시

예 the largest **seaport** in the world
세계에서 가장 큰 항구도시

syn 항구도시 = seaport; port town[city]

cf. **portfolio** *n.* 장관(의 직); 서류보관함; 투자목록

pos(e)

put : 놓다, 두다
place : 놓다, 배치하다

pose(=put(잠시 몸을 멈춰) 두다)

pose

[pouz]

v. 자세를 취하다; (문제를) 내다, 일으키다 *n.* 포즈, 자세

- **pose** a serious threat to the security
  안전을 심각하게 위협하다
- poser *n.* 포즈를 취하는[점잔빼는] 사람; 어려운 문제
- *syn* 자세 = pose; posture; position; attitude(태도)

ap(<ad-=to~에)+pose(=put(나란히) 놓다)

appose

[æpóuz]

v. 나란히 놓다; 덧붙이다; (도장을) 찍다

- **appose** a spoon and chopsticks on the table
  식탁에 숟가락과 젓가락을 나란히 놓다
- apposition *n.* 병치; 부가; 〈문법〉 동격
  apposite *a.* 적절한(suitable; apt)
- *syn* 나란히 놓다 = appose; juxtapose; collocate

com(=together함께)+pose(=place(맞춰) 놓다)

compose

[kəmpóuz]

v. 조립하다; 구성하다; 작곡하다; 마음을 가라앉히다

- **compose** one's thoughts for one's prayer
  기도를 위해 생각을 가다듬다
- composition *n.* 조립; 구성; 작곡, 작문
  composed *a.* 침착한, 차분한(calm; subdued)
  composure *n.* 침착(self-possession); 평정(calmness)
- *syn* 구성하다 = compose; constitute; organize; form;
    make up
  ~로 구성되다 = be composed[made up] of;
        consist of; comprise
- *cf.* **composite** *a.* 혼성의, 합성의 *n.* 합성물
  compost *n.* 퇴비; 비료

600

contra(=against~에 대항하여)+pose(=put놓다)

contrapose

[kántrəpòuz]

v. 대치시키다, 대비시키다; 〈논리〉 (명제를) 짝으로 놓다

- **contrapose** capitalism against socialism
  자본주의를 사회주의의 반대쪽에 놓다

- contraposition *n.* 대치, 대립, 대조(antithesis)

syn 대치 = contraposition; confrontation; conflict;
        opposition; antagonism

de(=down(사람을) 아래로)+pose(=place내려놓다)

depose

[dipóuz]

v. 물러나게 하다(oust); 퇴위시키다; 증언하다(testify)

- be **deposed** in a military coup
  군사 쿠데타로 쫓겨나다

*coup *n.* 쿠데타;
(일시의) 일격; 대히트

- deposition *n.* 면직; 폐위; 증언
  deposit *n.* 퇴적물; 매장물; 예금; 계약금
  depository *n.* 저장소(depot); 금고

syn 퇴위시키다 = depose; dethrone; oust

dis(=apart따로따로)+pose(=place배치하다)

dispose

[dispóuz]

v. 배열하다, 배치하다; ~할 마음이 내키게 하다

- **dispose** the antiques around the parlor
  고미술품들을 응접실에 배치하다

*indisposed *a.* 기분
이 언짢은, 몸이 아픈

- disposition *n.* 배열; 처리; 기질, 성질
  disposal *n.* 배열; 처분; 양도

syn 배치하다 = dispose; arrange; post(보초를 ~); station

ex(=out밖으로)+pose(=place내어놓다)

expose

[ikspóuz]

v. (위험, 비바람 등에) 드러내다, 노출시키다; 폭로하다

- be **exposed** to danger[sunlight]
  위험[햇볕]에 노출되다

- exposure *n.* 노출; 적발; 진열 exposit *v.* 상술하다
  exposition *n.* 설명, 해설; 박람회(expo)

syn 드러내다 = expose; disclose; reveal; uncover(폭로하다)

im(〈in-=on〉~위에)+pose(=put(의무 등을) 놓다)

impose

[impóuz]

v. (의무, 세금 등을) 부과하다; 강요하다(exact)

예 **impose** one's opinion upon others
자기 의견을 남에게 강요하다

파 imposition n. 부과(물); 세금
imposing a. 인상적인(impressive); 웅장한

syn 부과하다 = impose; levy

inter(=between사이에)+pose(=place놓다)

interpose

[ìntərpóuz]

v. 사이에 두다[넣다], 끼워 넣다; 개입하다; 방해하다

예 **interpose** barbed-wire entanglements between
the two borders
그 두 경계 사이에 가시철조망을 설치하다

파 interposition n. 개입, 개재; 중재; 간섭, 방해

syn 끼워 넣다 = interpose; insert; put in; throw in

juxta(=beside곁에)+pose(=place(나란히) 놓다)

juxtapose

[dʒʌ́kstəpóuz]

v. (비교, 대조를 위해) 나란히 놓다, 병치하다

예 **juxtapose** the sculptures in the garden
조각들을 정원에 나란히 놓다

파 juxtaposition n. 병치, 병렬

syn 나란히 = abreast; side by side; in a line[row]

op(<ob-=against~에 대항하여)+pose(=place놓다)

oppose

[əpóuz]

v. 반대하다; 대항하다; 방해하다; 대립[대조]시키다

예 **oppose** for the sake of opposition
반대를 위한 반대를 하다

파 opposition n. 반대, 저항; 대립; 대조; (the O-) 야당
opposite a. 반대쪽의, 마주보고 있는; 정반대의, 상반하는

syn 반대하다 = oppose; be opposed[hostile] to;
object to; be against

pro(=forward앞으로)+pose(=place(안건을) 내놓다)

propose

[prəpóuz]

v. 제안하다(propound); 계획하다; 신청하다; 구혼하다

예 propose to go to the movies
영화를 보러가자고 제안하다

파 proposal *n.* 신청; 계획, ~안(plan); 제안, 제의; 결혼신청
proposition *n.* 제안; 명제; 문제 *v.* (여자에게) 수작을 걸다

syn 제안하다 = propose; propound; proposition;
suppose; make overtures; bring forward

---

pur(<pro-=forward앞에)+pose(=place놓고 (바라다))

purpose

[pə́ːrpəs]

v. ~하고자 하다, ~할 의향이다(intend) *n.* 목적(aim); 취지

예 dishonor a bill on **purpose** 고의로 어음을 부도내다

파 purposeful *a.* 의도적인; 의미심장한
purposeless *a.* 목적 없는(aimless)
purposely *ad.* 고의로(intentionally; deliberately)

syn 목적 = purpose; aim; goal; object; end

---

re(=back뒤쪽에)+pose(=place(자리를) 펴다)

repose

[ripóuz]

*take a respite
휴식하다

v. 휴식하다; 안치되다; 영면하다 *n.* 휴식, 휴양; 평온; 잠

예 repose in the shade of the tree
나무 그늘에서 휴식을 취하다

repose at the National Cemetery
국립묘지에 안장되다

파 reposeful *a.* 평화로운; 차분한 **reposit** *v.* 제자리에 놓다

syn 휴식하다 = repose; rest; relax; take[have] a rest

---

super(=over~위에)+pose(=place놓다)

superpose

[sùːpərpóuz]

v. ~의 위에 놓다, 겹쳐놓다

예 have three lenses **superposed**
3개의 렌즈를 겹쳐놓다

파 superposition *n.* 위에 놓음; 겹쳐놓기

syn 겹치다 = superpose; overlap; pile[heap] up(포개다)

603

super(=over위에)+im(=on위에)+pose(=place놓다)

superimpose
[sù:pərimpóuz]

v. 겹쳐놓다, ~의 위에 놓다; 덧붙이다; 이중인화하다

@ **superimpose** one film image on the other
영상을 서로 겹쳐놓다

@ superimposition *n.* 겹쳐놓기; 이중인화

syn 겹쳐놓다 = superimpose; superpose

---

sup(<sub-=under아래에)+pose(=place놓다)

suppose
[səpóuz]

v. 가정하다, 추정하다; 생각하다; ~하기로 되어 있다

@ be **supposed** to meet her here
그녀를 여기서 만나기로 되어 있다

*supposing *c.* ~이
라고 가정하면, 만약
~이라면(if)

@ supposition *n.* 가정, 추정, 상상; 추측(conjecture), 가설
suppositive *a.* 가정적인; 가짜의
supposedly *ad.* 아마, 필경(perhaps)

syn 가정하다 = suppose; assume; presume;
hypothesize; postulate

---

trans(=across가로질러)+pose(=place놓다)

transpose
[trænspóuz]

v. 바꾸어 놓다(interchange), 뒤바꾸다; 바꾸어 말하다

@ Two keywords were **transposed** by his
inadvertent mistakes.

*oviposition *n.* 산란

그가 무심코 저지른 실수로 두 핵심어가 뒤바뀌었다.

@ transposition *n.* (위치, 순서의) 바꾸어 놓음, 치환; 이항

---

appose	⋯→	compose	⋯→	contrapose	⋯→	depose
나란히 놓다		조립하다		대치시키다		물러나게 하다

dispose	⋯→	expose	⋯→	impose	⋯→	interpose
배열하다		드러내다		부과하다		사이에 두다

juxtapose	⋯→	oppose	⋯→	propose	⋯→	purpose	⋯→	repose
나란히 놓다		반대하다		제안하다		~하고자 하다		휴식하다

pound

put : 놓다, 넣다, 배치하다

com(=together함께)+pound(=put놓다)

compound

[kámpaund]

v. 혼합[조립, 합성]하다 *a.* 합성의 *n.* 합성물; 구내; 수용소

예 be **compounded** of the best ingredients
최고의 원료들로 만들어지다

syn 혼합하다 = compound; blend; mix; intermix; mingle;
intermingle

ex(=out밖으로)+pound(=put내놓다)

expound

[ikspáund]

v. 자세히 설명하다, 상술하다; 해설하다(interpret)

예 **expound** the hypothesis 그 가설을 자세히 설명하다

파 expounder *n.* 해설자; 해설서

syn 상술하다 = expound; explain in detail[full];
dwell[enlarge, expatiate] on; give a full account

im(<in-=in안에)+pound(=put넣다, 두다)

impound

[impáund]

v. 압수[몰수]하다(confiscate); 가두다(pen); (물을) 담다

예 **impound** the stray animals in a pen
길 잃은 가축들을 우리에 가두다

파 impoundment *n.* 가두기, 인공호수

*압수 수색 영장
= a seizure and
search warrant

syn 압수하다 = impound; confiscate; seize; attach;
take over; take legal possession of

pro(=forth앞으로)+pound(=put(계획 등을) 내놓다)

propound

[prəpáund]

v. ~을 제출[제의]하다; (유언장의) 검인 절차를 밟다

예 **propound** one's vision of reform
개혁에 대한 비전을 밝히다

syn 제출하다 = propound; submit; present; tender;
bring forward; hand in

Study **42**

root 142

preci
price : 가치, 값

ap(<ad–=to~에 대해)+preci(=price가치를 매기)+ate(=make다)

appreciate
[əprí:ʃièit]

v. 평가하다; 가치를 인정하다; 감상[감사]하다

예 appreciate one's help[art]
도움에 감사하다[예술을 감상하다]

파 appreciation *n.* 평가; 진가; 감상; 감사
appreciable *a.* 인지[평가]할 수 있는; 분명한, 상당한

**evaluate; assess;
rate* 평가하다

syn 평가하다 = appreciate; estimate; value; appraise
*appraise the situation[her ability]
상황을 파악하다[능력을 평가하다]
appraisal *n.* 평가, 사정, 감정; 견적(액)

cf. **apprise** *v.* 통고하다, 알리다(inform)

de(=down아래)+preci(=price가치로)+ate(=make만들다)

depreciate
[diprí:ʃièit]

v. 가치를 떨어뜨리다; ~을 얕보다

예 depreciate the value of teamwork
팀워크의 가치를 경시하다

cf. **deprecate**
v. 반대하다; 얕보다

파 depreciation *n.* 가치의 저하; 구매력 감소; 감가 상각액
depreciatory, depreciative *a.* 경멸적인(disparaging)

syn 얕보다 = depreciate; deprecate; despise; belittle;
look down on; make little of

preci(=price가치(가 높)+ous(은)

precious
[préʃəs]

a. 귀중한; 값비싼; 귀여운; 꾀까다로운; 엄청난, 대단한

예 precious stones[metals] 보석[귀금속]

cf. **precarious**
a. 불안정한, 위태로운

파 preciously *ad.* 까다롭게; 매우, 대단히(exceedingly)

syn 귀중한 = precious; valuable; invaluable; priceless

prehend

seize : 붙잡다; 파악하다; 이해하다
take : 붙잡다; 움켜쥐다

---

ap(<ad-=to~에 대해 (걱정되어))+prehend(=seize꽉 붙잡다)

apprehend

[æprihénd]

v. 걱정[염려]하다; 체포하다(arrest); 이해하다

- **apprehend** the business setbacks
  경기 후퇴를 우려하다
- apprehension *n.* 걱정; 체포; 이해

syn 걱정하다 = apprehend; worry; be anxious about

---

mis(=wrongly잘못)+apprehend(이해하다)

misapprehend

[mìsæprihénd]

*misconceive
v. 오해하다

v. 오해하다(misunderstand), 잘못 생각하다

- **misapprehend** my sincerity 내 진심을 오해하다
- misapprehension *n.* 오해

syn 오해하다 = misapprehend; misunderstand

---

com(강조-완전히 (알고))+prehend(=seize붙잡다)

comprehend

[kàmprihénd]

*make out 이해하다

v. 이해하다, 파악하다; 포함하다(include); 함축하다

- cannot be **comprehended** by knowledge
  지식으로는 이해할 수 없다
- comprehension *n.* 이해; 포함
  comprehensible *a.* 이해할 수 있는
  comprehensive *a.* 포괄적인(inclusive); 종합담보의

syn 이해하다 = apprehend; catch; get; grasp

---

re(=back뒤에서 (소리치며))+prehend(=seize붙잡다)

reprehend

[rèprihénd]

*rebuke; chide
꾸짖다

v. 야단치다, 꾸짖다, 비난하다(censure; blame)

- deserve to be **reprehended** 비난받을 만하다
- reprehension *n.* 질책, 비난 reprehensive *a.* 비난조의
  reprehensible *a.* 비난받아야 할, 야단맞아 싼, 괘씸한

syn 꾸짖다 = reprehend; reprove; reprobate; reproach

607

press

press : 누르다, 압축하다, 강요하다

press(=press누르다; squeeze압박하다, 꽉쥐다)

press
[pres]

*pressure
n. 누르기; 압박

v. 내리누르다; 압박하다; 강요하다 *n.* 누르기; 언론계

예 **press** a director into resigning the post
이사에게 사직을 강요하다

파 pressing *a.* 긴급한(urgent); 간청하는

syn 내리누르다 = press (down); put down; shackle

com(=together함께)+press(꽉 누르다)

compress
[kəmprés]
[kámpres] *n.*

*compressor 압축기

v. 압축하다(condense); 요약하다 *n.* 압박 붕대; 압축기

예 **compress** the data 자료를 압축하다

파 compressed *a.* 압축된; 간결한(concise)

syn 요약하다 = compress; abridge; digest; epitomize;
summarize; sum up

de(=down아래로)+press(내리누르다)

depress
[diprés]

*hypochondria;
melancholia

v. 낙담시키다; 우울하게[쇠약하게] 하다; 하락시키다

예 **depress** his spirits 그의 사기를 꺾다

파 depressed *a.* 의기소침한 depression *n.* 우울; 불경기

syn 우울증 = depression; the blues; the dumps

ex(=out밖으로)+press((생각을) 밀어내다)

express
[iksprés]

v. 말로 표현하다; 나타내다; 속달로 보내다; (즙을) 짜내다

a. 명백한; 특별한; 속달의 *n.* 속달(편); 운송회사

예 cannot **express** present feelings
말로써는 지금 심정을 표현할 수 없다

파 expression *n.* 표현; 표정; expressive *a.* 의미심장한
expressly *ad.* 명백하게(explicitly); 일부러(on purpose)

syn 표현하다 = express; represent; manifest(나타내다)

im(<in-=in(마음)속에)+press(깊이 눌러 새기다)

impress
v. 감명을 주다, 감동시키다; 인상지우다; 도장을 찍다

[imprés]

[예] be deeply **impressed** on one's mind
마음속에 깊이 새겨지다

[파] impression *n.* 인상, 감명; 인쇄 impressive *a.* 인상적인
impressionable *a.* 민감한, 감수성이 예민한(impressible)

syn 감명을 주다 = impress; touch; make an impression

op(<ob-=against~에 대해)+press(압력을 가하다)

oppress
v. 억압하다, 학대하다, 박해하다; 압박감을 주다

[əprés]

[예] be **oppressed** with worry[debt]
근심걱정[빚]에 짓눌리다

*oppressor
n. 압제자, 박해자

[파] oppression *n.* 억압, 학대, 탄압; 압박감; 직권 남용죄
oppressive *a.* 압제적인, 가혹한, 포악한(tyrannical)

syn 억압하다 = oppress; repress; suppress

re(=back뒤로)+press(내리누르다)

repress
v. (욕망 등을) 억누르다, 억제하다; 진압하다; 탄압하다

[riprés]

[예] **repress** one's curiosity[the revolt]
호기심을 억누르다[반란을 진압하다]

*hold[keep; put]
down 억누르다

[파] repression *n.* (폭동 등의) 진압; 탄압; (감정의) 억압
repressive *a.* 억압적인; 탄압적인; 진압하는

syn 억누르다 = repress; suppress; restrain; check

sup(<sub-=under밑으로)+press(내리누르다)

suppress
v. 진압하다(subdue); 억누르다, 억제하다; 발매금지하다

[səprés]

[예] **suppress** one's feelings of anger
분노의 감정을 억누르다

*restrain;
hold back 억제하다

[파] suppression *n.* 진압, 억압; 억제; 은폐; 발매금지
suppressive *a.* 억누르는, 진압하는; 숨기는; 대증요법의
suppressant *n.* 억제제; 반응 억제 물질

syn 억제하다 = suppress; repress; check; curb; inhibit

prim

first : 첫째의
chief : 주요한   *prim = prem = prin

prime(=first첫째의; chief주요한)

prime

[praim]

a. 제 1의; 주요한; 최고급의 *n.* 전성기, 한창때; 봄, 청춘

🔘 be past one's **prime** 전성기를 넘기다

🔘 primer *n.* 입문서; 뇌관, 도화선 prima *a.* 제1의(first), 으뜸가는
primely *ad.* 맨 처음에; 훌륭하게, 뛰어나게(excellently)

syn 주요한 = prime; chief; principal; capital; staple

prim(=first첫째, 최초)+ary(의)

primary

[práiměri]

a. 제 1의; 근본적인; 원시적인, 초기의; 예비의 *n.* 예비선거

🔘 one's **primary** duty as a citizen
시민으로서의 첫째 의무

🔘 primarily *ad.* 우선; 첫째로; 주로 primitive *a.* 원시의; 원시적인
primitively *ad.* 원래는, 최초에는; 원시적으로, 소박하게

syn 근본적인 = primary; basic; fundamental; radical

prem(〈prim=first(지위가) 첫째인)+ier(사람)

premier

[primíər]

n. 국무총리, 수상(prime minister) *a.* 제1위의, 수석의

🔘 in the capacity of an ex-**premier**
전직 수상의 자격으로

syn 수석의 = premier; chief; head

cf. **premiere** *n.* 첫공연; 주연 여배우 *v.* 첫 공연하다

prin(=first첫 자리를)+cip(=take차지한)+al(사람)

principal

[prínsəpəl]

cf. **principle** *n.* 원리

n. 우두머리; 교장; 주역; 원금 *a.* 주요한(chief); 원금의

🔘 the **principal** cause of one's failure 실패의 주요 원인

🔘 principally *ad.* 주로(chiefly); 대개(in the main)

ant 부하 = subordinate; follower; one's men[staff]

pris(e)

seize, take : (붙)잡다

---

prize(〈prise=seize붙잡다)

prize
[praiz]

v. 포획하다; 높이 평가하다, 소중히 하다(esteem)

n. 상, 상품; 포획물, 전리품; 횡재(windfall); 지레

🔊 win the Nobel **Prize** 노벨상을 수상하다

syn 포획하다 = prize; seize; capture; make a prize of

---

ap(〈ad–=to~에게)+prise(=take전달하다)

apprise
[əpráiz]

v. 통지하다, 알리다; 평가하다(appraise)

🔊 be **apprised** of the situation immediately
그 사태를 즉각 보고 받다

syn 통지하다 = apprise; inform; notify; notice; impart

cf. **appraise** *v.* 평가하다(estimate); 감정하다

---

com(=together함께)+prise(=seize붙잡다)

comprise
[kəmpráiz]

v. 포함하다; ~으로 이루어지다; ~을 구성하다(compose)

🔊 be **comprised** of eleven members
11명으로 구성되다

🔊 comprisal *n.* 포함, 포괄; 요약(epitome)

syn 포함하다 = comprise; contain; include; comprehend

---

enter(〈inter–=between사이에서)+ prise(=seize(과감하게) 잡음)

enterprise
[éntərpràiz]

n. (모험적인) 사업, 기업심; 진취적 기상; 기업

🔊 protect small-and-medium-sized **enterprises**
중소기업을 보호하다

🔊 enterpriser *n.* 기업가, 사업가(businessman)
enterprising *a.* 모험적 기업심이 많은; 진취적 기상에 찬

syn 사업 = enterprise; undertaking; project; business

611

sur(<super-=over위에서)+prise(=seize(갑자기) 잡다)

surprise

[sərpráiz]

v. 놀라게 하다; 불시에 덮치다; ~의 허를 찌르다

n. 놀람; 예기치 않은 일; 뜻밖의 파티 *a.* 불시의, 예고 없는

cf. surprisedly
ad. 깜짝 놀라서

🔘 be **surprised** by the enemy
적에게 불의의 습격을 당하다

open one's eyes wide in **surprise**
놀라서 눈이 휘둥그레지다

🔘 surprising *a.* 놀랄 만한; 불시의, 예기치 않은
surprisingly *ad.* 뜻밖에도, 놀랍게도

syn 불시의 = surprise; unexpected; unforeseen

---

pris(=seize붙잡아)+on(놓는 곳)

prison

[prízn]

n. 감옥, 교도소; 감금(confinement), 유폐

🔘 be put in[be released from] **prison**
수감되다[출감하다]

🔘 prisoner *n.* 죄수; 포로(captive)
*a prisoner of war 포로(POW)

syn 감옥 = prison; jail; gaol; penal institution; cell(독감방)

---

im(<in-=in안에)+prison(감옥)

imprison

[impízən]

v. 감옥에 넣다, 수감하다(jail); 가두다, 구속하다

🔘 **imprison** a suspect on no evidence
아무도 증거도 없는데 피의자를 감옥에 넣다

🔘 imprisonment *n.* 투옥, 구금; 감금, 유폐

syn 수감하다 = imprison; jail; confine[put] in prison

---

prize	⋯▸	apprise	⋯▸	comprise	⋯▸	enterprise
포획하다		통지하다		포함하다		사업, 기업심

surprise	⋯▸	prison	⋯▸	imprison
놀라게 하다		감옥, 감금		감옥에 넣다

priv(i)

private : 사적인, 개인적인
separate : 떼어놓다, 분리하다

---

priv(=separate(공적인 것에서) 떨어져 나)+ate(온)

private

[práivit]

a. 사적인, 개인적인; 사유의; 비밀의; 병졸의 *n.* 병졸

- 예 My **private** opinion is that ~ 나의 사견은 ~이다

- 파 privately *ad.* 은밀히, 남몰래; 개인으로서 privacy *n.* 사생활
  privatize *v.* 민영화하다 *n.* privatization 민영화

syn 개인적인 = private; individual; personal

---

de(=off(~에게서) 떼어)+prive(=separate분리하다)

deprive

[dipráiv]

v. 빼앗다; 주지 않다; 면직하다, 파면하다(dismiss; discharge)

*deprival *n.* 박탈

- 예 be **deprived** of one's life 목숨을 빼앗기다

- 파 deprived *a.* 불우한; (the ~) 가난한 사람들
  deprivation *n.* 박탈; 몰수; 면직; 상실
  cf. privation *n.* 박탈; 몰수; 결핍

syn 빼앗다 = deprive; strip; curtail; take away

---

privi(=private개인의 (특별한))+leg(=law법)+ed(인)

privileged

[prívəlidʒd]

a. 특권을 가지는, 특전이 있는; 면책특권의

- 예 the **privileged** classes 특권층
  a **privileged** loan 특혜융자

- 파 privilege *n.* 특권(prerogative); 면책특권 *v.* 특권[특전]을 주다

syn 특권 = privilege; prerogative; special right

---

under(아래로)+privileged(특권을 가지는)

underprivileged

[ʌndərprívəlidʒd]

a. (사회적, 경제적으로) 혜택 받지 못하는, 불우한

- 예 found a charity hospital for the **underprivileged**
  불우한 사람들을 위한 자선 병원을 설립하다

syn 불우한 = underprivileged; unfortunate; unlucky;
ill-fated; needy(가난한)

613

root 148

propri

one's own : 자기 자신의 소유로
property : 재산; 소유(물)

ap(<ad-=to~에 대해)+propri(=one's own자기 소유로)+ate(make하다)

appropriate

v. 횡령하다; (어떤 목적에) 충당하다 *a.* 적절한

[əpróuprièit]
[əpróupriət] *a.*

[예] **appropriate** public money for one's own use
공금을 횡령하다

[파] appropriation *n.* 전용, 횡령; 충당

*appropriately
ad. 적절히(properly)

syn 횡령하다 = appropriate; embezzle; usurp; assume
적절한 = appropriate; proper; suitable; pertinent

ex(=out밖의 (남의 것을))+propri(=one's own자기 것으로)+ate(=make만들다)

expropriate

v. (토지나 재산을) 수용[징발]하다; 몰수하다; 빼앗다

[ekspróuprièit]

[예] **expropriate** the farmstead to station troops
군대를 주둔시키기 위해 농장을 징발하다

[파] expropriation *n.* (사유 재산의) 수용, 징발; 몰수

syn 징발하다 = expropriate; commandeer; requisition;
dispossess; forage(식량을 ~)

proper(<propri=one's own자기 소유의)+ty(것)

property

n. 재산; 부동산; 소유지; 소유(권); 고유성; 소품

[prápərti]

[예] have a small **property**
조그마한 토지를 가지고 있다

*prop
n. 소품; 지주, 버팀목

[파] propertied *a.* 재산이 있는 proprietor *n.* 소유자

syn 재산 = property; fortune; estate

proprie(=one's own자기자신의)+ty(것) → 적절한 것

propriety

n. 예의바름; 점잖음; (*pl.*) 예의범절; 적절함, 타당성

[prəpráiəti]

[예] be versed in the **proprieties** 예의범절에 밝다

[파] proper *a.* 예의바른; 알맞은, 적합한 *ad.* properly

*courtesy; civility
예의

syn 예의 = proprieties; manners; decorums; etiquette

Study **43**

root 149

prov(e)

prove : 증명하다
test : 시험하다

prove(=test시험하다; prove증명하다)

prove

[pru:v]

*proven
 a. 증명된(proved)

v. 증명하다, 입증하다; ~으로 판명되다(turn out)

🔅 **prove** the truth of what one says
자신의 말이 사실이라는 것을 증명하다

🔅 probe *v.* 조사하다; 탐사하다 *n.* 철저한 조사
probate *v.* 보호관찰 아래 두다
probation *n.* 보호관찰; 집행유예; 가채용

syn 증명하다 = prove; verify; certify; demonstrate;
authenticate; identify

ap(<ad-=to~에 대해)+prove((좋다고) 증명해주다)

approve

[əprú:v]

cf. **reprobate**
 v. 비난하다

v. 승인[인가, 허가]하다; 찬성하다, 좋게 말하다

🔅 **approve** a budget[proposal]
예산안을 승인하다[제안을 받아들이다]

🔅 approval *n.* 승인, 인가(consent; sanction)
approvingly *ad.* 만족스러운 듯이
approbate *v.* 승인하다(approve); 허가하다

syn 승인하다 = approve; recognize; acknowledge

dis(=not부정-안)+approve(승인하다)

disapprove

[dìsəprú:v]

*disapprovingly
 ad. 불찬성하여

v. 승인[인가, 찬성]하지 않다; 비난하다

🔅 **disapprove** his proposal 그의 제안에 찬성하지 않다

🔅 disapproval *n.* 불승인; 불만
disapprobation *n.* 불찬성, 불인가; 비난

syn 승인하지 않다 = disapprove; disallow; ignore

615

dis(=opposite반대로)+prove(증명하다)

disprove

[disprúːv]

v. 반증[논박]하다, 그릇됨을 증명하다; ~을 무효로 하다

*allegation
n. 주장, 진술

- ⓔ the evidence to **disprove** the allegations
  그 주장들을 논박할 증거
- ⓓ disproof *n.* 반증; 논박(rebuttal)
  disprovable *a.* 반증[논박]할 수 있는
- *syn* 논박하다 = disprove; refute; confute; argue against

im(⟨in-=in~에)+prove(=test; excellent시험해서 (더 낫게 하다))

improve

[imprúːv]

v. 개선하다, 개량하다; (기회 등을) 이용[활용]하다

- ⓔ **improve** one's living conditions
  생활 상태를 개선하다
- ⓓ improvement *n.* 개선, 개량; 향상; 증진; 이용, 활용
- *syn* 개선하다 = improve; ameliorate; reform; better;
  make better

re(=back뒤로 (나쁘게))+prove(증명하다)

reprove

[riprúːv]

v. 비난하다, 책망하다; 꾸짖다, 나무라다(rebuke)

- ⓔ **reprove** for one's bad manners 버릇없다고 꾸짖다
- ⓓ reproof *n.* 비난, 질책; 꾸지람; 잔소리(small talk)
- *syn* 비난하다 = reprove; reprobate; reproach;
  reprehend; rebuke; reprimand; denounce; decry;
  blame; censure; take[call] a person to task
- *cf.* **re-prove** *v.* 다시 증명하다[입증하다]

prove	⋯→	approve	⋯→	disapprove
증명하다		승인하다		승인하지 않다
disprove	⋯→	improve	⋯→	reprove
반증하다		개선하다		비난하다

put(e)

reckon : 계산하다
think : 생각하다

com(=together함께)+pute(=reckon계산하다)

compute

[kəmpjúːt]

*figure out
계산하다; 이해하다

v. 계산하다, 산출하다 *n.* 계산, 산출(computation)

🔘 **compute** the distance at 500 miles
거리를 500 마일로 산정하다

🔘 computation *n.* 계산; 산정수치, 계수
computerize *v.* ~을 컴퓨터화하다; 컴퓨터로 처리하다

syn 계산하다 = compute; calculate; reckon; count

de(=down아래로)+pute(=reckon; cleanse (권한을) 계산하다)

depute

[dipjúːt]

v. (권한 등을 대리자에게) 위임하다; 대리자로 삼다

🔘 **depute** the vice-president to look after the
company during his absence
그의 부재중에 부사장을 회사 관리의 대행자로 삼다

🔘 deputation *n.* 대리 (행위); 대표단
deputize *v.* 대리자로 임명하다
deputy *n.* 대리인[역]; 부관; 대의원, 대표자
a. 대리의, 부(副)의(acting; vice-)

syn 위임하다 = depute; delegate; entrust; authorize

dis(=apart각각 다르게)+pute(=think생각하다)

dispute

[dispjúːt]

*a verbal[border,
labor] dispute
언쟁[국경분쟁, 노동쟁
의]

*controversy *n.* 논쟁

v. 논쟁하다; 논의하다(debate; discuss); 다투다

n. 논쟁(argument), 논의; 언쟁; 분쟁, 쟁의(strife; strike)

🔘 **dispute** with one's superior about the project
상사와 그 기획에 대해 논쟁하다
settle an international **dispute** by diplomacy
국제분쟁을 외교로 해결하다

🔘 disputation *n.* 논쟁; 토의
disputatious, disputative *a.* 논쟁을 좋아하는

syn 논쟁하다 = dispute; argue; contend

im(〈in-=in~에게)+pute(=reckon헤아리다, 생각하다)

impute

[impjúːt]

v. ~에게 돌리다, 지우다, 전가하다; 귀속시키다

@ **impute** the accident to the pedestrian
그 사고를 보행자의 탓으로 돌리다

@ imputation *n.* (과실 등을 남에게) 돌리기, 전가; 귀속; 비난
imputable *a.* ~탓으로 돌릴 수 있는(attributable)

syn ~에게 돌리다 = impute; attribute; ascribe; accredit; refer

re(=again다시)+pute(=reckon생각해보다)

repute

[ripjúːt]

v. ~이라고 평하다[생각하다, 간주하다] *n.* 평판; 호평

@ be **reputed** to be a genius 천재라는 말을 듣다

a writer of some **repute** 상당히 유명한 작가

@ reputation *n.* 평판; 호평; 소문
reputable *a.* 평판이 좋은, 훌륭한
reputed *a.* 평판이 좋은, 유명한(noted)
reputedly *ad.* 소문으로는

syn 간주하다 = repute; consider; regard; reckon; think of; look upon

compute	⋯→	depute	⋯→	dispute	⋯→	impute	⋯→	repute
계산하다		위임하다		논쟁하다		전가하다		~라 평하다

618

root 151

quest

seek : 추구하다, 찾다
ask : 묻다; 요구하다 **say** : 말하다

quest(=seek찾다, 추구하다)

quest

[kwest]

v. 찾다, 탐색하다(search); 추구하다; 추적하다

n. 탐색; 탐구(search; hunt)

[예] an unscrupulous **quest** of profit
비양심적 이윤추구

[파] question *n.* 질문; 의문; 문제 *v.* 묻다; 문제 삼다
query *n.* 질문; 의문, 의혹(doubt) *v.* (사실 여부를) 묻다
*customer queries 고객 문의사항

syn 추구하다 = quest; seek; pursue; chase

ac(<ad-=to~으로)+quest(=seek추구한 것)

acquest

[əkwést]

n. 〈법〉 (상속에 의하지 않은) 취득재산; 취득(물)

[예] submit the detailed account of one's **acquest**
취득재산 명세서를 제출하다

[파] acquire *v.* 취득하다; 습득하다
acquisition *n.* 취득, 획득; 취득물

syn 취득하다 = acquire; obtain; purchase(획득하다)

con(강조-완전히)+quest(=seek추구함)

conquest

[kάŋkwest]

n. 정복, 극복; (노력에 의한) 획득; (애정의) 획득

[예] go all lengths to make a **conquest** of her heart
그녀의 애정을 얻기 위해 모든 수단을 다 쓰다

*go to all lengths = go (to) any[great] length
어떤 일도 서슴지 않다, 무슨 짓이든 하다

[파] conquer *v.* 정복하다; 극복하다(overcome)
conqueror *n.* 정복자(vanquisher)

syn 정복 = conquest; subjugation; mastery(지배, 숙달)

inquest

[ínkwest]

n. 심리, 심문; 배심(원); (검시관이 행하는) 검시; 조사

- ⓔ hold an **inquest** on the suspect
  용의자 심문을 실시하다
- ⓟ inquire *v.* 묻다, 문의하다; 조사하다
  inquiry *n.* 조사; 심문, 질문
- *syn* 심리 = inquest; inquiry; trial; examination

re(=again거듭해서)+quest(=seek(요)구하다)

request

[rikwést]

v. 요청하다(ask), 부탁하다; 신청하다 *n.* 요청; 부탁; 간청

- ⓔ **request** an arrest warrant 체포영장을 신청하다
  a humble[a well-timed, an illogical] **request**
  겸손한[시기적절한, 불합리한] 요구
- ⓟ require *v.* ~을 요(구)하다(demand; call for)
  requisition *n. v.* 요구(하다); 징발(하다)
  requisite *a.* 필요한, 필수의(essential; necessary)
  prerequisite *a.* 필수의, 불가결한 *n.* 필요조건; 필수과목
- *syn* 요청하다 = request; ask; demand

be(=make~하게 만들다)+quest(=say말하다) → 유산을 ~에게 준다고 말하는 것

bequest

[bikwést]

n. (금전의) 유증; 유산(legacy)

- ⓔ make a **bequest** of a large sum of money to
  one's daughter 딸에게 거액의 돈을 유증하다
- ⓟ bequeath *v.* 유언으로 물려주다, 유증하다
  bequeathal *n.* 유증(bequest)
- *syn* 유산 = bequest; legacy; inheritance

quest	⋯▸	acquest	⋯▸	conquest
찾다, 추구하다		취득재산		정복, 획득

bequest	⋯▸	request	⋯▸	inquest
유증, 유산		요청하다		심리, 심문

quir(e)

seek : 구하다, 찾다; 요구하다
ask : 묻다; 요구하다

ac(<ad-=to~로)+quire(=seek구하다, 찾다)

acquire

[əkwáiər]

v. 획득하다, 입수하다; 자기 것으로 만들다

예 acquire citizenship[a bad habit]
시민권을 획득하다[나쁜 버릇이 들다]

파 acquired *a.* 습득한, 후천적으로 얻은
(↔ **innate; inborn; inherent** *a.* 타고난)
acquirement *n.* 취득, 획득, 습득; 학식
acquisition *n.* 취득, 획득; 포착

syn 획득하다 = acquire; obtain; get; win

in(=into안으로)+quire(=seek(물음을) 구하다)

inquire

[inkwáiər]

v. 묻다, 문의하다; ~을 조사하다(investigate)

예 inquire into a person's financial status
~의 신용상태를 조사하다

파 inquiry *n.* 질문, 심문; 조사; 탐구
inquisition *n.* 조사, 문초; 조사
inquisitive *a.* 캐묻기 좋아하는(inquiring)
exquisite *a.* 최상의; 아주 훌륭한

syn 문의하다 = inquire; refer; make inquiries

re(=again다시)+quire(=seek구하다)

require

[rikwáiər]

v. (권리, 직권에 의하여) 요구하다; ~을 필요로 하다(need)

예 require a reexamination[reinvestigation]
재시험을[재조사를] 요구하다

파 required *a.* 필수의(obligatory)(↔ elective 선택의)
requirement *n.* 요구; 요건(requisite)

syn 요구하다 = require; request; demand;
make a demand

quisit

seek : 구하다, 찾다; 요구하다
ask : 묻다; 요구하다

---

ac(<ad-=to~에게)+quisit(=seek구한)+ion(것)

acquisition

[ӕkwəzíʃən]

n. 취득(물), 획득(물), 습득; (미사일 등의) 포착

🔵 the **acquisition** of two foreign languages
2개 외국어의 습득

🔶 acquisitive *a.* 욕심 많은(greedy)
acquire *v.* 획득하다; 포착하다; 취득하다(obtain)

syn 취득 = acquisition; purchase(구매)

---

in(=into안으로)+quisit(=seek구)+ion(함)

inquisition

[ìnkwəzíʃən]

n. (배심 기관의) 심리, 조사, 취조; 종교재판(소)

🔵 be subjected to a **inquisition** by the
prosecution 검찰에 의해 취조를 받다

🔶 inquisitive *a.* 꼬치꼬치 캐묻기 좋아하는(prying); 호기심이 강한

syn 조사 = inquisition; inquiry; examination; probe

---

re(=again다시)+quisit(=seek구)+ion(함)

requisition

[rèkwəzíʃən]

require v. 요구하다

n. 요구, 명령; 징발; (범죄인 등의) 인도 요구 *v.* 징발하다

🔵 bring into[lay under] **requisition** 징발하다[징용하다]

🔶 requisite *a.* 필요한; 필수의 *n.* 필수품; 필요조건

syn 징발 = requisition; commandeering; levy; forage

---

ex(=out밖으로)+quisit(=seek(멋진 것을) 구)+e(한)

exquisite

[ikskwízit]

a. 더없이 훌륭한, 절묘한; 정교한; 예리한; 예민한 *n.* 멋쟁이

🔵 an **exquisite** view[touch] 아주 멋진 경치[절묘한 필치]

🔶 exquisitely *ad.* 아주 아름답게; 절묘하게; 우아하게

syn 절묘한 = exquisite; superb; excellent; miraculous;
dainty; chic

rang(e)

rank : 줄, 열(row; line); 연속
arrange : 정렬시키다

range(=rank; row; line줄, 열)

range
[reindʒ]

n. 열, 줄; 범위, 폭; 산맥 *v*. 정렬시키다; 가지런히 놓다

예 range the goods neatly 상품을 산뜻하게 진열하다
a long-**range** outlook[aim] 장기 전망[목표]

파 ranger *n*. 배회하는 사람; 무장 순찰대원; 유격병

syn 열, 줄 = range; row; file, column(종렬); rank(횡렬)

ar(<ad–=to~으로)+range(가지런히 늘어놓다)

arrange
[əréindʒ]

v. 정돈하다; 배열하다; 준비하다, 예정을 세우다

예 arrange flowers 꽃꽂이하다
It is **arranged** that ~ ~하기로 되어 있다

파 arrangement *n*. 정돈; 배열, 배치; 준비; 예정; 합의; 편곡

syn 정돈하다 = arrange; order; put in order;
set[put] to rights

dis(반대행위–반대로)+arrange(정렬시키다)

disarrange
[dìsəréindʒ]

v. (배열, 계획 등을) 어지럽히다, 혼란시키다, 교란하다

예 disarrange one's papers on the table
탁자 위에 서류를 어질러 놓다

파 disarrangement *n*. 교란, 혼란; 난맥

syn 어지럽히다 = disarrange; disorder; put in disorder

mis(=wrongly잘못)+arrange(정렬시키다)

misarrange
[mìsəréindʒ]

v. 잘못 배열하다, 잘못 배치하다

예 misarrange the furniture[seats]
가구를[좌석을] 잘못 배치하다

파 misarrangement *n*. 오배열

syn 배치하다 = arrange; dispose; display; post; station

623

pre(=before미리)+arrange(준비하다)

prearrange

[prìːəréindʒ]

v. 사전에 협의[조정]하다; 미리 준비를 갖추어 놓다

例 disregard the **prearranged** signal
미리 정해놓은 신호를 무시하다

派 prearrangement *n.* 사전 협의; 예정

syn 협의하다 = confer; consult; counsel; deliberate; discuss; talk over

re(=again다시)+arrange(정리하다)

rearrange

[rìːəréindʒ]

v. 재정리하다; 다시 배열하다, 배치를 바꾸다

例 **rearrange** the furniture in the main living room
안방의 가구를 재배치하다

派 rearrangement *n.* 재정리; 재배열, 재배치

syn 배치 = arrangement; disposition; posting; stationing; placement

de(=apart뿔뿔이)+range(늘어놓다)

derange

[diréindʒ]

v. 어지럽히다, 혼란시키다; (사람을) 발광시키다(craze)

例 **derange** the public order 공공질서를 어지럽히다

派 deranged *a.* 혼란된(confused); 미친(insane)
derangement *n.* 혼란, 교란; 발광

syn 혼란시키다 = derange; disturb; disorder; confuse; bewilder; perplex

estrange(<extra-=outside; external바깥쪽의; 외부의) → 밖으로 떼어내다

estrange

[istréindʒ]

*stranger *n.* 낯선 사람
(↔ acquaintance
n. 아는 사람)

v. 이간시키다, 떼어놓다; (애정 등이) 멀어지게 하다

例 **estrange** the prosecution from the new
government 검찰을 새 정부로부터 독립시키다

派 estranged *a.* 소원해진, 사이가 틀어진
estrangement *n.* 이간, 소원, 불화; 소외(alienation)

syn 이간시키다 = estrange; alienate; sever; separate

cf. **strange** *a.* 이상한(odd); 별난; 생소한(unfamiliar)

624

rect(i)

straight : 똑바른, 직접의(直)
right : 옳은(正)

---

cor(<com-=completely완전히)+rect(=straight(똑)바른)

correct

[kərékt]

a. 올바른(right), 정확한; 적당한(proper; fit; suitable)

v. 바로잡다, 고치다; (병 등을) 고치다, 치료하다(cure)

⑩ a **correct** judgment 옳은 판단

correct one's shortcomings 자신의 결점을 고치다

*corrigible
a. 교정할 수 있는

⑩ correction *n.* 수정, 정정, 교정
corrective *a.* 올바르게 하는; 중화하는
correctly *ad.* 올바르게, 정확히, 틀림없이

syn 정확한 = correct; accurate; precise; exact

---

di(<dis-=apart각각)+rect(=straight똑바른, 직접의)

direct

[dirékt]

a. 똑바른; 직통의; 직접의; 정면의; 솔직한, 단도직입적인

v. 지시[지휘, 감독, 명령]하다; 길을 가리키다; 겉봉을 쓰다

⑩ **direct** illumination[narration] 직접 조명[화법]

*director *n.* 지도자;
감독자; 이사

⑩ direction *n.* 지휘, 감독; 수취인 주소성명; 방향; 설명
directory *a.* 지시하는 *n.* 인명록; 이사회
directly *ad.* 똑바로; 직접; 바로 *c.* ~하자마자(as soon as)

syn 솔직한 = direct; open; openhearted; frank; candid;
plain; straight; straightforward; up-front

---

in(=not안)+direct(똑바른, 직접의)

indirect

[ìndirékt]

a. 똑바르지 않은, 우회하는; 간접적인, 솔직하지 않은

⑩ exercise an **indirect** influence on ~
~에 간접적으로 영향을 주다

⑩ indirection *n.* 간접적인 행동; 에두름
indirectly *ad.* 간접으로(obliquely)

syn 간접적인 = indirect; secondhand; mediate;
roundabout, circuitous(멀리 도는)

e(<ex-=up위로)+rect(=lead straight똑바로 이끌다)

erect

[irékt]

*erector *n.* 건설자;
창립자, 설립자

v. 똑바로 세우다, 직립시키다; 건설하다; 조립하다

a. 똑바로 선, 직립한(upright); 곤두선(raised)

🔘 **erect** a magnificent monument
응장한 기념비를 세우다

🔘 **erectly** *ad.* 수직으로, 직립하여
erection *n.* 직립; 건설, 조직; 〈생리〉 발기; 건물

syn 직립한 = erect; upright; straight

rect(i)(=straight바르게)+fy(=make하다)

rectify

[réktəfài]

v. 교정하다, (잘못을) 바로잡다; 조정하다(adjust)

🔘 **rectify** the boundary line
경계선을 바르게 수정하다

🔘 **rectification** *n.* 개정, 교정; 수정, 조정

syn (잘못을) 바로잡다 = rectify; correct; amend

rect(i)(=straight바른)+tude(것)

rectitude

[réktətjù:d]

n. 정직, 청렴; 엄정, (판단 등의) 옳음, 정확(correctness)

🔘 a statesman of moral **rectitude**
도덕적으로 청렴결백한 정치가

be based on scientific **rectitude**
과학적 정확성에 바탕을 두고 있다

syn 청렴 = rectitude; integrity; uprightness;
righteousness; probity

rect(=straight곧은(直))+angle(각)을 가진 사각형

rectangle

[réktæŋgəl]

n. 직사각형

🔘 a **rectangle** and a trapezoid 직사각형과 사다리꼴

🔘 **rectangular** *a.* 직사각형의; 직각의(right–angled)

syn 직사각형 = rectangle; right-angled tetragon; oblong

cf. **square** *n.* 정사각형, 정방형; (네모진) 광장; 평방, 제곱

rupt

break : 부수다, 깨다; 밀고 들어가다

---

ab(=off(갑자기) 떨어져)+rupt(=break깨져나가는)

abrupt

[əbrʌpt]

a. 갑작스러운, 돌연한(sudden); 퉁명스러운; 가파른

예 come to an **abrupt** stop 갑자기 멈추다

answer in an **abrupt** manner 무뚝뚝하게 대답하다

*out of the blue
갑자기

파 abruptly *ad.* 갑자기(suddenly; out of the blue); 퉁명스럽게
abruption *n.* (갑작스런) 분리, 분열; 중단

syn 가파른 = abrupt; steep; precipitous; sheer; sharp;
perpendicular

---

bank(=bench(은행의) 긴 의자)가+rupt(=broken부서진)

bankrupt

[bǽŋkrʌpt]

a. 파산한, 지불불능의(insolvent) *n.* 파산자; 지불 불능자

예 go **bankrupt** 파산하다

a mental **bankrupt** 정신적인 파탄자

be on the verge of **bankruptcy**
파산 일보 직전에 놓여 있다

파 bankruptcy *n.* 파산, 도산; (명성 등의) 실추: 파탄;
파멸(ruin; wreck)

syn 파멸 = bankruptcy; ruin; wreck; downfall;
destruction; collapse(좌절, 붕괴)

---

cor(<com-=completely완전히)+rupt(=broken부서진)

corrupt

[kərʌpt]

a. 타락한, 부패한, 부정한(crooked) *v.* 타락시키다; 매수하다

예 make a clean sweep of the **corrupt** politicians
부패 정치인을 일소하다

파 corruption *n.* 타락; 부패; 매수 corruptible *a.* 타락하기 쉬운

syn 타락한 = corrupt; depraved; putrid
타락 = corruption; corruptness; depravation;
putridity; degradation

dis(=apart산산이)+rupt(=break부숴버리다)

disrupt

v. (국가 등을) 붕괴[분열]시키다; (교통 등을) 두절시키다

[disrʌ́pt]

예 **disrupt** one's family[traffic]
가정을 파탄내다[교통을 두절시키다]

파 disruption *n*. 붕괴, 분열; 두절
disruptive *a*. 분열[붕괴]적인; 파괴적인

syn 두절시키다 = disrupt; paralyze; block; interrupt

e(<ex-=out밖으로)+rupt(=break터져 나오다)

erupt

v. 분출[분화]하다; (폭동이) 발발하다; (두드러기 등이) 나다

[irʌ́pt]

예 **erupt** in the form of lava
용암의 형태로 분출하다

*lava *n*. 용암

파 eruption *n*. 폭발, 분출; (감정의) 폭발; 발진

syn 폭발하다 = erupt; burst into eruption; burst up;
blow up

inter(=between사이에 들어가)+rupt(=break깨뜨리다)

interrupt

v. 가로막다, 도중에서 방해하다, 중단시키다; 차단하다

[ìntərʌ́pt]

예 be **interrupted** by cheers and applause
환호와 박수갈채로 중단되다

파 interruption *n*. 방해; 중단; 정지; 중간 휴식
interrupted *a*. 중단된; 단속적인

syn 방해하다 = interrupt; hinder; hamper; obstruct;
disturb; heckle(연설을 ~)

ir(<in-=into안으로)+rupt(=break부수고 들어가다)

irrupt

v. 난입[침입]하다; 분노가 폭발하다; 급격히 증가하다

[irʌ́pt]

예 struggle to **irrupt** into a theater
앞 다투어 극장에 난입하다

파 irruption *n*. 난입, 침입; 급격한 증가
irruptive *a*. 난입하는, 침입하는

syn 난입하다 = irrupt; break into; intrude into; rush in

628

rupt(=break 부서지는)+ure(동작, 상태)

rupture

[rʌ́ptʃər]

n. 파열, 터짐; 단절; 불화 *v.* 파열시키다; (관계 등을) 끊다

例 the **rupture** of a heart 심장 파열

come to a **rupture** 결렬되다

syn 불화 = rupture; breach; discord; dissension;
differences; trouble

abrupt	⋯	bankrupt	⋯	corrupt	⋯	disrupt
갑작스런		파산한		타락한, 부패한		붕괴시키다

erupt	⋯	interrupt	⋯	irrupt	⋯	rupture
분출하다		가로막다		난입하다		파열, 단절, 불화

Study **44**

sati(s)

enough; full : 충분한

---

satis(=enough충분하게)+fy(=make해주다)

satisfy

v. (필요 등을) 만족[충족]시키다; (의무를) 다하다

[sǽtisfài]

- **예** be **satisfied** with the result of experiments
  실험 결과에 만족하다

- **파** satisfaction *n.* 만족(함); 이행(fulfillment); (빚의) 상환
  satisfactory *a.* 만족스러운 satisfying *a.* 만족을 주는, 충분한

- *syn* 만족시키다 = satisfy; content; gratify; give satisfaction

---

sati(=enough(너무) 충분하게)+ate(=make하다)

satiate

v. 물리게 하다(sate); 배부르게 하다; 만족시키다(satisfy)

[séiʃièit]

- **예** **satiate** one's hunger[thrist] 배고픔[갈증]을 채우다

- **파** satiated *a.* 물린(sated); 배부른 satiety *n.* 물림(satiation); 포만

- *syn* 물리다 = be satiated with; be sated with;
  be fed up with; get tired of; get sick of;
  become weary of; lose interest in;
  have had enough

---

satur(=full~이 가득 차게)+ate(=make하다)

saturate

v. 흠뻑 적시다; 열중시키다; 집중 폭격으로 파괴하다

[sǽtʃərèit]

- **예** **satur**ate the cloth with water 천에 물을 적시다
  saturate oneself in studying 공부에 몰두하다

- **파** saturated *a.* 흠뻑 스며든; 충만한
  saturation *n.* 침투, 충만, 포화; 집중폭격

- *syn* 흠뻑 젖다 = be saturated;
  be wet[drenched; soaked] to the skin

scend

climb : 올라가다, 오르다
⇒ -scend♥ → -scent@

a(<ad-=to~로)+scend(=climb올라가다)

ascend
[əsénd]

v. 오르다, 올라가다(rise); (지위가) 오르다

🔵 **ascend** a mountain[the stairs] 산[계단]을 오르다

🔵 ascent *n.* 올라가기, 상승; 향상, 승진; 오르막 경사
ascendant, ascendent *a.* 떠오르는 *n.* 우세; 선조, 조상

syn 오르다 = ascend; climb; mount; go up

de(=down아래로)+scend(=climb올라가다)

descend
[disénd]

v. 내려가다; 아래로 경사지다; 전해지다, ~의 자손이다

🔵 **descend** from the mountain in haste
서둘러서 산에서 내려오다

*descendent
a. 하강의, 파생한

🔵 descent *n.* 하강, 하락; 내리받이길; 혈통
descendant *n.* 자손, 후예(↔ ancestor *n.* 조상)

syn 내려가다 = descend; go down; step down

con(=completely완전히)+descend((자신을) 내리다)

condescend
[kàndisénd]

v. 자기를 낮추다; 친절하게 대하다; 생색을 내다

🔵 **condescend** to one's inferiors
아랫사람들에게 생색을 내다

🔵 condescending *a.* 겸손한; 생색을 내는

syn 생색을 내다 = condescend; take credit to oneself

tran(=over~을 넘어서)+scend(=climb올라가다)

transcend
[trænsénd]

v. 초월하다(exceed); 능가하다; 한계를 넘다

🔵 **transcend** human understanding
인간의 이해를 초월하다

🔵 transcendent *a.* 탁월한, 출중한; 초월적인; 경험을 초월

*transcendental
a. 초월적인; 탁월한

syn 초월하다 = transcend; surpass; rise above;
stand aloof from

sci

know : 알다, 알고 있다, 이해하다

sci(=know아는)+ence(것)의 뜻에서

science
[sáiəns]

n. 과학, 자연과학; 학문(learning); 지식(knowledge)

- the promotion of **science** and technology
  과학 기술의 진흥
- scientific *a.* 과학의; 과학적인
  scientifically *ad.* 과학적으로
- *syn* 학문 = science; learning; studies

con(=together함께)+science(아는 것, 의식하는 것)

conscience
[kánʃəns]

n. 양심, 선악의 판단력, 도의심(moral judgment)

- the pangs[qualms] of **conscience** 양심의 가책
- conscientious *a.* 양심적인; 성실한; 세심한(scrupulous)
  conscienceless *a.* 비양심적인; 파렴치한(unscrupulous)
- *syn* 도의심 = conscience; moral sense[judgement]

ne(=not안)+sci(=know아는)+ence(것) → 모르는 것

nescience
[néʃáəns]

n. 무지(ignorance), 무학; 불가지론(agnosticism)

- betray one's **nescience** of fine arts
  미술에 대한 무지를 드러내다
- nescient *a.* 무지한; 불가지론의 *n.* 불가지론자(agnostic)
- *syn* 무지 = nescience; ignorance; illiteracy(문맹)

omni(=all모든 것을)+sci(=know아는)+ence(것)

omniscience
[ɑmníʃəns]

n. 전지(infinite knowledge); 박식; (the O-) 전지의 신

- **omniscience** and omnipotence 전지전능
- omniscient *a.* 전지의; 박식한 *n.* (the O-) 전지의 신
- *syn* 박식 = omniscience; erudition;
  encyclopedic[extensive] knowledge

632

pre(=before미리)+sci(=know아는)+ence(것)

prescience

[préʃəns]

n. 예지; 선견지명(foresight), 통찰, 혜안

- **에** be gifted with clear **prescience**
  선견지명을 타고나다
- **파** prescient *a.* 예지하는; 선견지명이 있는, 앞을 내다보는

syn 선견 = prescience; prevision; anticipation;
divination; foreknowledge; foresight

con(=together함께, 서로)+know(알고 있)+ous(는)

conscious

[kánʃəs]

a. 의식[자각, 알아채](하)고 있는(aware); 의식적인

- **에** be **conscious** of one's own shortcomings
  자신의 결점을 자각하다
- **파** consciously *ad.* 의식하고; 고의로(intentionally)
  consciousness *n.* 자각; 지각

syn 의식하다 = be conscious of; be sensible of;
be aware of; feel

pre(=before미리(前))+conscious(의식하고 있는)

preconscious

[pri:kánʃəs]

a. 전의식(前意識)의; 의식 발달 이전의 *n.* 전의식

- **에** the **preconscious** and unconscious
  전의식과 무의식

syn 의식 = consciousness; awareness; one's senses

semi(=half반쯤)+conscious(의식하고 있는)

semiconscious

[sèmikánʃəs]

a. 반의식의, 반쯤 의식이 있는; 의식이 완전하지 않은

- **에** be still **semiconscious**
  아직도 의식이 완전하지 않다
- **파** semiconsciously *ad.* 반의식적으로
  semiconsciousness *n.* 반의식

syn 반쯤 의식이 있는 = semiconscious; half-conscious

cf. **unconscious** *a.* 의식 불명의; 알아채지 못하는; 무의식중의

sub(=under아래서)+conscious(의식하고 있는)

subconscious

[sʌbkánʃəs]

a. 잠재의식의(subliminal); 어렴풋이 의식하고 있는

n. 잠재의식(the hidden consciousness)

例 exist in one's **subconscious**
   잠재의식 속에 존재하다

派 subconsciously *ad.* 잠재의식 하에서
   subconsciousness *n.* 잠재의식

syn 잠재의식 = subconscious(ness);
         coconscious(ness)(공의식)

science	···→	conscience	···→	nescience
과학		양심		무지
omniscience	···→	prescience	···→	conscious
전지전능		예지		의식하고 있는
preconscious	···→	semiconscious	···→	subconscious
전의식의		반의식의		잠재의식의

root 160

scrib(e)

write : 쓰다, 기입하다
⇒ -scribe ⓥ → -scription ⓝ

scribe(=write쓰다)의 뜻에서

scribe

[skraib]

v. 쓰다, 베끼다(copy); ~에 표를 하다

n. 필경사(copyist); 서기(clerk; secretary)

ⓔ employ a **scribe** 필경사[필기자]를 고용하다

ⓟ **scribble** *v.* 갈겨쓰다; 낙서하다
　　　　　　 n. 갈겨쓰기, 난필(scrawl); 낙서

syn 베끼다 = scribe; transcribe; copy;
　　　　　　 make[take] a copy of

a(<ad-=to~에게)+scribe(=write(책임이 있다고) 쓰다)

ascribe

[əskráib]

v. (원인 등을) ~에 돌리다; ~의 작품으로 인정하다

ⓔ **ascribe** the auto accident to fast driving
　　차 사고의 원인을 과속으로 보다

ⓟ **ascription** *n.* 돌리기, 탓으로 함
　　ascribable *a.* ~에 기인하는, ~의 탓인

syn ~에 돌리다 = ascribe; attribute; assign; accredit;
　　　　　　　　　 impute

circum(=around 둘레에)+scribe(=write(선을) 긋다)

circumscribe

[sə̀ːrkəmskráib]

v. 제한하다; 주위에 경계선을 긋다; (원 등을) 외접시키다

ⓔ **circumscribe** the power of Congress
　　의회의 권력을 제한하다

ⓟ **circumscription** *n.* 제한(limitation); 한계
　　circumscriptive *a.* 제한된

syn 제한하다 = circumscribe; limit; restrict;
　　　　　　　　 put limitation[restriction] (on)

cf. **conscribe** *v.* 징집하다 *n.* **conscription** 징집, 징병
　　　　　　　　　　　　　　 n. **conscript** 징집병

635

de(=down아래로)+scribe(=write적어 내려가다)

describe

[diskráib]

v. 묘사하다, 기술하다; ~라고 평하다; 그리다(draw)

예 **describe** the pitiable scene vividly
그 참혹한 장면을 생생하게 묘사하다

파 descriptive *a.* 설명적인; 체험에 근거한
description *n.* 묘사; 설명서

syn 묘사하다 = describe; depict; portray; give a picture of

in(=upon위에)+scribe(=write(글씨를) 파다)

inscribe

[inskráib]

v. (~에 글씨를) 새기다, 파다; (마음에) 새기다; 내접시키다

예 be deeply **inscribed** in one's mind
~의 마음 속에 깊이 각인되다

파 inscription *n.* 명각, 비문; 기입; 헌정사
inscriptive *a.* 비문의; 헌정사의

syn (문자 등을) 새기다 = inscribe; engrave; carve; sculpture

pre(=before미리)+scribe(=write(~라고) 쓰다)

prescribe

[priskráib]

v. 규정하다, 정하다; 처방하다; ~을 시효로 하다

예 **prescribe** drugs for a minor ailment
경미한 질환에 대해 약을 처방하다

파 prescriptive *a.* 규정하는; 관례적인
prescript *n.* 규정, 규칙 *a.* 규정된
prescription *n.* 규정, 법규, 규칙; (약의) 처방; (취득) 시효

syn 규정하다 = prescribe; provide; stipulate; ordain

pro(=before앞에)+scribe(=write(하지 말라고) 써 붙이다)

proscribe

[prouskráib]

v. 금지하다; 법의 보호를 박탈하다(outlaw); 추방하다

예 **proscribe** the sale of alcoholic beverages
주류 판매를 금지하다

파 proscription *n.* 금지; 추방
proscriptive *a.* 인권을 박탈하는; 금지의

syn 금지하다 = proscribe; prohibit; forbid; interdict; ban

636

sub(=under(문서) 아래에)+scribe(=write(이름을) 쓰다)

subscribe

[səbskráib]

v. 서명하다; (서명하여) 동의하다; 기부하다; 예약하다

예 **subscribe** to a monthly journal
월간 잡지를 예약 구독하다

파 subscription *n.* 기부; 예약 구독; 신청
subscriber *n.* 기부자; 주식 응모자

syn 기부하다 = subscribe; contribute; donate;
make a contribution[donation]

---

super(=above~의 위에)+scribe(=write쓰다)

superscribe

[sù:pərskráib]

*a blind letter
수취인 불명의 편지

v. ~의 위[겉]에 쓰다; 수취인 주소 성명을 쓰다

예 **superscribe** "With Speed" "지급"이라고 쓰다

파 superscription *n.* 위에 쓰기; 수취인 주소 성명
superscript *a.* 위에 쓴

syn 수취인 = recipient; receiver; consignee(화물의 ~);
beneficiary; remittee(송금의 ~)

---

tran(<trans-=over저쪽으로 (똑같이) 옮겨)+scribe(=write쓰다)

transcribe

[trænskráib]

v. 베끼다, 복사하다; 바꿔 쓰다; 편곡하다; 녹음 방송하다

예 **transcribe** the aphorism in phonetic signs
그 격언을 발음 기호로 바꿔 쓰다

파 transcription *n.* 베끼기; 복사한 것; 사본; 편곡; 녹음 방송
transcript *n.* 베낀 것, 사본; 복사; 성적 증명서(의 복사)

syn 편곡하다 = transcribe; arrange *compose(작곡하다)

---

scribe	···	ascribe	···	circumscribe	···	describe	···	inscribe
쓰다		~에 돌리다		제한하다		묘사하다		새기다

	scribe	···	subscribe	···	superscribe	···	transcribe
규정하다	금지하다		서명하다		~위에 쓰다		베끼다

637

sect

cut : 자르다, 절단하다

---

sect(=cut(추종 세력끼리) 나눈 것)

sect

[sekt]

n. 분파, 종파; 당파, 파벌; 학파; 분리파 교회

📝 establish a new **sect** 새로운 종파를 창건하다

📗 sectarian *a.* 편협한; (시야가) 좁은
sectary *n.* 열성적인 신도

syn 분파 = sect; faction; branch; offshoot

---

sect(=cut자르는)+ion(것)

section

[sékʃən]

n. 절단, 분할; 구획; 구역; 계층; 절개 *v.* 구분하다; 절개하다

📝 a Caesarean **section**[operation] 제왕 절개

📗 sectional *a.* 부문적인; 구획의 sector *n.* 부문, 분야; 부채꼴

syn 절단 = section; severance; abscission; truncation;
cutting; amputation(손발을 수술로 ~)

---

bi(=two둘로)+sect(=cut자르다)

bisect

[baisékt]

n. 양분하다, 이등분하다; (길 등이) 두 갈래로 갈라지다

📝 **bisect** the Korean Peninsula into north and
south 한반도를 남북으로 갈라놓다

📗 bisection *n.* 2등분(하기), 양분(dichotomy)

syn 양분하다 = bisect; dichotomize; halve;
cut into halves; cut in two

---

tri(=three셋으로)+sect(=cut자르다)

trisect

[traisékt]

v. 삼분하다, 3등분하다, 셋으로 자르다

📝 **trisect** a right angle into three equal parts
직각을 삼등분하다

📗 trisection *n.* 삼분(三分); 3등분

syn 삼분하다 = trisect; divide into three (parts)

inter(=between사이로 (가로질러))+sect(=cut자르다)

intersect
[ìntərsékt]

v. 가로지르다, 가로질러 둘로 가르다; ~와 교차하다

예 **intersect** the orbit of the earth 지구궤도를 가로지르다

파 intersection n. 교차(점), 횡단
intersectional a. 교차하는, 횡단의

syn 교차로 = intersection; crossroads; crossway

re(=off분리해)+sect(=cut자르다)

resect
[risékt]

v. (뼈 등의 일부를) 떼어내다, 잘라내다, 절제하다

예 **resect** the fractured part of the pelvis
골반의 부스러진 부위를 절제해내다

파 resection n. (뼈의) 절제(술)

syn 잘라내다 = resect; clip; nip(따다); amputate(손발을)

vivi(=alive살아 있는 채로)+sect(=cut자르다)

vivisect
[vívəsèkt]

v. (동물을) 산채로 해부하다; 생체 해부를 하다

예 **vivisect** an experimental rat
실험용 쥐를 산채로 해부하다

파 vivisection n. 생체 해부; 가혹한 비평

syn 해부하다 = vivisect; dissect; anatomize; cut up;
hold a postmortem (examination) on

in(=into안으로)+sect(=cut(마디마디) 자르다)

insect
[ínsekt]

*entomology
n. 곤충학

n. 곤충, 벌레; 천한 인간 a. 곤충의, 곤충용의

예 be infested with **insects** extremely
벌레가 잔뜩 꾀어 있다

파 insectile a. 곤충의(entomic), 곤충 비슷한
insectival a. 곤충다운, 곤충 특유의

syn 곤충 = insect; bug

cf. insecticide n. 살충제 insectifuge n.구충제
insectivorous a. 식충성의(entomophagous)

secut(e)

follow : 뒤쫓다, 지시대로 행하다
*secut = sequ

---

ex(강조-철저히, 끝까지)+(s)ecute(=follow쫓아가다)

execute
[éksikjùːt]

v. 수행[집행]하다; 처형하다; (예술 작품을) 제작하다

> **예 execute** operations[a contract]
> 작전을 수행하다[계약을 이행하다]

> **파 execution** *n.* 실시, 시행; 달성(fulfillment); (사형) 집행
> **executive** *a.* 실행하는 *n.* 이사
> **executor** *n.* 수행자; (유언) 집행자

> *syn* 수행하다 = execute; perform; pursue; achieve;
> accomplish; fulfill; effect; effectuate; carry out

---

per(thoroughly-철저히)+secute(=follow(못살게) 뒤쫓다)

persecute
[pə́ːrsikjùːt]

v. (이교도를) 박해[학대]하다; 성가시게 괴롭히다(annoy)

> **예 be persecuted** with silly questions
> 쓸데없는 질문에 시달리다

> **파 persecution** *n.* (종교적) 박해; 성가시게 괴롭힘, 졸라댐
> **persecutive, persecutory** *a.* 박해하는, 괴롭히는

> *syn* 학대하다 = persecute; oppress; torture, torment

---

pro(=forth앞으로)+secute(=follow쫓다, 따르다)

prosecute
[prásəkjùːt]

v. 수행하다, 해내다; 기소하다; ~에 종사하다(engage in)

> **예 be prosecuted** for taking bribes
> 수뢰죄로 기소되다

> **파 prosecution** *n.* 기소; 수행; (the ~) 검찰당국
> **prosecutor** *n.* 검사; 수행자

> *syn* 기소하다 = prosecute; indict; charge; proceed

---

execute	···▶	persecute	···▶	prosecute
수행하다		박해하다		수행하다

root 163

sequ

follow : 뒤따르다, ~의 결과로서 일어나다
***sequ = secut**

sequ(=follow뒤따르)+ent(는)

sequent

a. 잇따라 일어나는; 결과로서 생기는; 계속되는(successive)

[sí:kwənt]

[예] the aftereffect of **sequent** defeats
계속되는 패배의 여파

*sequela *n.* 후유증

[파] sequence *n.* 연속물; 순서, 차례; 결과
sequential *a.* 잇따라 일어나는
sequel *n.* 속편; (앞서 있었던 일의) 계속; 추이

syn 잇따라 = subsequently; successively; in succession; one after another; one after the other(2의 경우)

con(=together함께)+sequ(=follow뒤따르)+ent(는)

consequent

a. 결과로서 일어나는(resulting), 결과의; 당연한

[kάnsikwènt]

[예] financial turmoil and the **consequent** global economic recession
재정난과 그에 따른 세계 경제의 후퇴

[파] consequentially *ad.* 그 결과로서; 거만하게
consequential *a.* 결과로서 일어나는; 중대한
consequence *n.* 결과; 중요성
consequently *ad.* 그러므로, 따라서

syn 그 결과 = consequently; in consequence; as a result

sub(=under아래에)+sequ(=follow따르)+ent(는)

subsequent

a. 그 후의, 그 뒤의(succeeding); 이어서 일어나는

[sʌ́bsikwənt]

[예] the function **subsequent** to the festival
축제에 이어지는 행사

[파] subsequently *ad.* 그 후에(later); 이어서
subsequence *n.* 다음임; 결과

syn 이어서 일어나는 = subsequent; succeeding; following

sembl(e)

like : 비슷한, 닮은
together : 같이, 함께, 서로

as(<ad-=to~로)+semble(=together함께 (모으다))

assemble

[əsémbəl]

v. (사람, 물건을) 모으다; 조립하다; 회합하다

🔵 **assemble** a committee[the parts]
위원회를 소집하다[부품을 조립하다]

🔵 assembly *n.* 집회; 조립; (the A-) 의회
assemblage *n.* 조립; 회중; 집단
assemblyman *n.* (국회)의원; (주 의회의) 하원의원

syn 모으다 = assemble; gather; collect; raise(자금을 ~);
bring[scrap] together

dis(=not안)+semble(=be like같다; 닮다) → 같지 않게 행동하다

dissemble

[disémbəl]

v. 가장하다, 체하다; (감정 등을) 속이다, 숨기다

🔵 **dissemble** one's grievance with a bright smile
밝은 웃음으로 불만을 감추다

🔵 dissemblance *n.* (감정 등의) 은폐, 위장; 시치미 떼기

syn 가장하다 = dissemble; simulate; feign; pretend; affect

en(=in안에)+semble(=together함께 하는 (효과))

ensemble

[a:nsá:mbəl]

n. 전체적 효과; 총체; 합주, 합창; 여성복 *ad.* 함께; 일시에

🔵 go well with the pale yellow **ensemble**
연노랑 의상과 잘 어울리다

syn 전체적 효과 = (tout) ensemble; general effect

re(=again다시 (보아도))+semble(=be like같아 보이다)

resemble

[rizémbəl]

v. ~와 닮다(take after), 유사하다; 비유하다

🔵 **resemble** each other closely 서로 많이 닮다

🔵 resemblance *n.* 닮음, 유사(likeness; similarity); 유사점

syn 닮다 = resemble; take after; be alike; be[look] like ~

642

root 165

sent

feel : 느끼다
***sent = sens(e)**

as(<ad-=to~에 대해)+sent(=feel(같이) 느끼다)

assent

[əsént]

v. 동의[찬성, 인정, 양보]하다 *n.* 동의; 인정; 양보

[예] **assent** to the proposal 그 제안에 찬성하다

[파] assentation *n.* 동의; 영합
assentient *a.* 동의[찬성]하는 *n.* 동의자

syn 동의하다 = assent (to); consent (to); agree (to); subscribe (to); approve (of)

con(=together서로 같게)+sent(=feel느끼다)

consent

[kənsént]

v. 동의[찬성, 승낙]하다 *n.* 동의, 승낙; (의견의) 일치

[예] give a ready[an unwilling] **consent**
기꺼이[마지못해] 승낙하다

[파] consentaneous *a.* 일치한, 합치하는; 만장일치의(unanimous)
consentient *a.* 동의하는; 이의 없는; 만장일치의

syn 동의 = consent; assent; approval(찬성); agreement(일치)

dis(=apart따로 떨어져)+sent(=feel느끼다)

dissent

[disént]

v. 의견을 달리하다, 이의를 말하다(disagree)

n. 불찬성, 이의(a different opinion)

[예] **dissent** from his opinion
그의 의견에 찬성하지 않다
carry an urgent motion without **dissent**
긴급동의를 만장일치로 가결하다

[파] dissension *n.* 의견의 차이[충돌]; 불화(discord), 알력

syn 의견을 달리하다 = dissent; disagree; differ from; be different from re(=again (and again)자꾸)+sent(=feel(분하게) 느끼다)

resent

[rizént]

v. 분개하다, 불쾌하게 생각하다; 원망하다

- **예** bitterly **resent** her remarks
  그녀의 말에 극도로 분개하다
- **파** resentment *n.* 분노, 분개(indignation); 원한(grudge)
  resentful *a.* 분개한 resentfully *ad.* 분개하여
- *syn* 분개하다 = resent; chafe; take offense;
  be enraged; be indignant; get mad

sent(=feel느낀 것을 (적은))+ence(것)

sentence

[séntəns]

n. 문장; (형의) 선고, 판결; 명제 v. 선고하다, 판결하다

- **예** be **sentenced** to life imprisonment
  무기징역 선고를 받다
- **파** sententious *a.* 경구적인; 설교투의, 딱딱한; 강요하는 듯한
- *syn* 선고하다 = sentence; condemn; adjudge

sent(i)(=feel느끼는)+ment(것)

sentiment

[séntəmənt]

*sensibility
n. 감각, 감수성
sensitivity
n. 민감도, 감광도

n. 감정, 정서; (*pl.*) 의견; (연하장의) 인사말

- **예** be swayed by **sentiment** 감정에 지배되다
- **파** sentimental *a.* 감상적인(maudlin); 다감한
  sentimentalism *n.* 감상주의
- *syn* 감정, 정서 = sentiment; emotion; feeling(s);
  impulse(충동); passion(격정)
- *cf.* **sense** *n.* 감각, 느낌 **nonsense** *n.* 터무니없는 생각
  sensitive *a.* 민감한, 예민한(acute; sharp; keen)
  sensible *a.* 분별 있는, 현명한(wise)

sent(=feel(적의 동태를) 느끼는)+ry(사람)

sentry

[séntri]

n. 보초, 초병; 망꾼; 감시(vigil; observation)

- **예** post two soldiers on **sentry** 2명의 보초를 세우다
- **파** sentinel *n.* 보초, 파수병; 망꾼; 감시, 파수
- *syn* 보초 = sentry; sentinel; guard; picket

644

sert

join : 결합하다, 합치다; 함께 하다, 끼다

---

as(<ad-=to~으로)+sert(=join(확실히) 동여매다)

assert

[əsə́:rt]

v. ~을 단언하다; (강력히) 주장하다(maintain); 우기다

예 I cannot **assert**, but ~ 단언할 수는 없지만, ~

파 assertive *a.* 단정적인; 독단적인(dogmatic)
assertion *n.* 단언, 단정

syn 단언하다 = assert; declare; affirm; aver;
asseverate; avouch; allege

---

re(=again다시, 재차)+assert(주장하다, 단언하다)

reassert

[rì:əsə́:rt]

v. 거듭 주장[단언]하다, 거듭 언명하다

예 **reassert** one's innocence
거듭 자신의 결백을 주장하다

파 reassertion *n.* 재주장, 재언명

syn 거듭 단언하다 = reassert; reaffirm

---

de(=not부정)+sert(=join참가하다) → 참가하지 않고 도망치다

desert

[dizə́:rt]
[dézə:rt] *n., a.*

v. (사람, 지위 등을) 버리다(abandon); 탈주[탈영]하다

n. 사막 *a.* 사막의, 불모의 *n.* [dizə́:rt] 공적

예 **desert** one's girlfriend[from barracks]
여자친구를 버리다[탈영하다]

*deserter *n.* 유기자;
탈영병; 도망자,
탈주자

a vast[bleak, limitless] **desert**
광활한[황량한, 끝없는] 사막

a **desert**[an inhabited] island 무인도

파 deserted *a.* 사람이 살지 않는; 황폐한
desertion *n.* (처자) 유기; 직장 포기; 탈주; 의무 불이행

*AWOL *a.* 무단이탈
의(absent without
leave)

syn 탈영하다 = desert from barracks; desert from the
army; desert one's colors; break barracks;
go AWOL; go over the hill

ex(=out밖으로)+(s)ert(=join(힘을) 모아 내다)

exert

[igzə́:rt]

v. (권력 등을) 행사하다; (영향을) 미치다; 열심히 노력하다

[예] **exert** all one's strength 모든 힘을 다 쏟다

[파] exertion *n.* (힘의) 행사, 발휘; 노력
exertive *a.* 힘을 발휘하는

syn 행사하다 = exert; exercise; employ

in(=into안으로)+sert(=join끼워 결합하다)

insert

[insə́:rt]

v. 삽입하다, 끼워 넣다; 게재하다 *n.* 삽입물, 삽입 광고

[예] **insert** an advertisement in a magazine
잡지에 광고를 싣다

[파] insertion *n.* 삽입, 끼워 넣기; 삽입물, 삽입 광고; 착생

syn 삽입하다 = insert; inset; interpose; interpolate; put in

cf. **concert** *n.* 협조 *v.* 협조하다 concerted *a.* 합의된, 협동의
disconcert *v.* (계획 등을) 뒤엎다(upset; overthrow); 당황하게 하다(embarrass; bewilder; perplex; confuse)
disconcerted *a.* 당황한, 당혹한

assert	···›	reassert	···›	desert
단언하다		거듭 단언하다		버리다
exert	···›	exsert	···›	insert
행사하다		쑥 내밀다		삽입하다

Study 45

serv(e) (1)

slave : 노예

serve(=slave노예; 헌신하는 사람)의 뜻에서

serve

[sə:rv]

v. 섬기다; 봉사하다; 복무하다; ~에 이바지하다

예 **serve** one's master[two ends]
주인을 섬기다[일거양득이다]

파 service n. 봉사; 수고; 병역; 공헌; (공공의) 업무
serviceable a. 쓸모 있는(useful), 편리한(convenient)
servant n. 하인; 봉사자 **serf** n.농노; 노예(slave)

syn 섬기다 = serve; devote oneself to; be devoted to;
attend on; wait on

de(강조)+serve(봉사하다; 만족시키다)의 뜻에서

deserve

[dizə́:rv]

v. ~할[받을] 만한 가치가 있다; ~받아 마땅하다

예 **deserve** punishing[to be punished;
punishment] 벌 받아 마땅하다

파 deserved a. (상, 벌, 보상 등이) 응당한, 그만한 가치가 있는
deservedly ad. 마땅히(justly) deserver n. 적격자, 유자격자

syn 마땅히 = deservedly; justly; rightly; properly;
as a matter of course

dis(=opposite반대로)+serve(봉사하다)

disserve

[dissə́:rv]

v. (선의의 행위가) 해를 주다(harm); 몹쓸 짓을 하다

예 **disserve** the just cause 대의명분을 해치다

파 disservice n. 해, 손해; 가혹한 처사, 구박(harm; injury)

syn 해치다 = disserve; injure; hurt; impair; spoil; mar;
harm; do harm

subserve

[səbsə́:rv]

v. 거들다, 돕다; 촉진하다; (목적 등에) 도움이 되다

⑩ **subserve** pregnant women's promotion of
health 임신한 여성들의 건강 증진에 도움이 되다

㊌ **subservient** *a.* 도움이 되는(conducive); 보조적인;
비굴한(servile)
subservience *n.* 도움이 됨; 추종, 비굴(servility)

syn 거들다 = subserve; assist; aid; help; lend a hand to

---

serv(=slave노예)+ile(의)

servile

[sə́:rvil]

a. 노예의(slavish); 노예근성의; 비굴한; 독창성이 없는

⑩ be **servile** to public opinion 여론에 맹종하다
a **servile** attitude[spirit] 비굴한 자세[근성]

㊌ **servility** *n.* 노예 상태; 노예 근성; 비굴; 극도의 모방
servitude *n.* 노예임, 예속; 강제 노동; 징역; 〈법〉 용역권

syn 비굴한 = servile; slavish; subservient; obsequious;
mean

---

des(<de-=from~으로부터 떨어져)+sert(=serve제공되는 (것))의 뜻에서

dessert

[dizə́:rt]

n. 디저트, 후식

(food that is served as the final course of a meal)

⑩ be served for **dessert** 후식으로 나오다

syn 식사 = meal; diet; dinner; board; chow
cf. **cuisine** *n.* 요리법, 요리솜씨

desert *n.* 사막 *a.* 불모의 *v.* 버리다, 탈주하다

---

serve	⋯▸	deserve	⋯▸	disserve
섬기다, 봉사하다		~할 만한 가치가 있다		해를 주다

subserve	⋯▸	servile	⋯▸	dessert
거들다, 돕다		노예의, 비굴한		디저트, 후식

serv(e) (2)

keep : 보존하다, 지키다; 계속하다

con(<com-=with함께)+serve(=keep지켜나가다)

conserve

[kənsə́:rv]

*conservatism

n. 보수주의

v. 보존하다, 유지하다; 보호하다; 설탕절임으로 하다

conserve forests 삼림을 보호하다

conservation *n.* 보존(preservation), 유지; (삼림의) 보호
conservative *a.* 보수적인 *n.* 보수주의자

syn 보존하다 = conserve; preserve; keep

ob(=to~에)+serve(=keep주의를 지속하다)

observe

[əbzə́:rv]

*observer *n.* 관찰자

v. 관찰[관측]하다; 지켜보다; 알아채다; 준수하다

observe a lunar eclipse 월식을 관찰하다

observation *n.* 관찰, 관측; 주목
observance *n.* 준수; 의식; 행사
observatory *n.* 관측소; 전망대(lookout)

syn 관찰하다 = observe; make an observation; watch

pre(=beforehand미리)+serve(=keep보존하다, 지키다)

preserve

[prizə́:rv]

v. 보호[보존]하다; 보존가공하다 *n.* (*pl.*) (과일 등의) 설탕절임

preserve historic remains 사적을 보존하다

preservation *n.* 보존, 저장 **preservative** *a.* 보존하는

syn 보호하다 = preserve; conserve; protect; shelter

re(=back(나중을 위해서) 뒤에)+serve(=keep보존하다)

reserve

[rizə́:rv]

*make a
reservation
예약하다

v. 비축해 두다; 예약하다 *n.* 비축; 저장 *a.* 비축해 놓은

reserve money for a rainy day
만약의 경우에 대비해 돈을 모으다

reservation *n.* 보류; 예약
reserved *a.* 말수가 적은, 수줍은; 예약한

syn 예약하다 = reserve; book; preengage; subscribe

sign

**mark : 표시; 기호, 부호;
~에 표시를 하다, 부호를 붙이다**

---

sign(=mark표시)하다의 뜻에서

sign

[sain]

v. 서명하다; ~와 서명하여 계약하다; 알리다, 신호하다

n. 부호, 기호, 표시; 간판; 신호, 손짓; 징후, 조짐; 자취

예 **sign** and seal a contract 계약서에 서명날인하다

*insignificant
　a. 중요하지 않은

*nominal
　a. 아주 적은,
　이름만의

파 signature n. 서명, 사인; 테마음악 cf. autograph n. 서명, 자필
signal n. 신호; 계기; 조짐 v. 신호하다
signify v. 의미하다; 나타내다; ~의 전조가 되다
significance n. 중요성; 의의, 취지
significant a. 중대한(important); 상당한

syn 신호하다 = sign; signal; gesture; gesticulate;
　　　　　　 beckon; make a sign; give the signal

---

as(<ad-=to~에게)+sign((몫으로)표시하다)

assign

[əsáin]

v. 할당[배정, 지정]하다; 선임하다; (원인을) ~에 돌리다

예 **assign** duties[rooms]
임무를 할당하다[방을 배정하다]

파 assignment n. 할당; 임무; 연구과제
assignation n. 약속; 할당; 지명

syn 할당하다 = assign; allocate; allot; apportion;
　　　　　　 prorate; assess(세금을 ~)

---

con(=together함께)+sign(서명하여 넘겨주다)

consign

[kənsáin]

v. 넘기다, 인도하다; 위탁하다; 탁송하다; 충당하다

예 be **consigned** to prison[misery]
투옥당하다[비참한 신세가 되다]

파 consignment n. 위탁, 탁송; 위탁물
consignation n. (상품의) 위탁; 탁송
consignee n. 수탁자; (상품의) 인수인

syn 위탁하다 = consign; entrust; commit; confide(맡기다)

650

de(=off(하나씩) 떼어)+sign(=mark표시를 하다)

design

[dizáin]

*designer
n. 설계자;
음모자(plotter)

v. 설계하다; 계획하다; 뜻을 품다 n. 설계, 기획; 구상; 계획

예 whether by accident or by **design**
우연이든 고의이든 하여간

파 **designate** v. 명시하다, 가리키다, 의미하다; 지명[임명]하다
designation n. 지정; 지명, 임명(appointment); 명칭, 칭호

syn 계획하다 = design; plan; make a plan; project;
scheme; intend(의도하다)
고의로 = by design; on purpose; purposely;
intentionally; deliberately

---

en(=on위에 (독특하게 매다는))+sign(=mark표시)

ensign

[énsain]

*the national
flag(국기)

n. (함선의) 기(flag), 국기; 기장; 표지, 상징; (해군) 소위

예 the **ensign** of the armored cruiser
장갑 순양함의 깃발

파 **insignia** n. 기장(badges), 표지; 휘장(signs); 훈장

syn 기 = ensign; flag; banner; colors; bunting(만국기)

---

re(=back뒤로 (물러나겠다고))+sign(서명하다)

resign

[rizáin]

*resigned
a. 체념한; 사퇴한

v. 사직[사임, 퇴직]하다; (권리를) 포기하다; 체념하다

예 **resign** on the ground of illness
신병을 이유로 사직하다

파 **resignation** n. 사직, 퇴직; 사표; 체념
resignedly ad. 체념하여, 단념하여; 인종하여, 묵묵히

syn 사직하다 = resign; quit[leave] one's job

---

under(=down아래에)+sign(서명하다)

undersign

[ʌ̀ndərsáin]

v. ~ 아래에[끝에] 서명하다; 승인하다

예 **undersign** the engineering project
그 토목 사업을 승인하다

파 **undersigned** a. 아래에 서명한 n. (the ~) 서명자

syn 승인하다 = undersign; approve; acknowledge;
recognize; admit

651

sist

stand : 서다, 서있다
*sist = st(a) = stit

---

as(<ad-=to(도우려고) 곁에)+sist(=stand서다)

assist

[əsíst]

v. 돕다, 원조하다; 조수를 하다; 참석하다 *n.* 원조, 조력

@ make a vow to **assist** the task
그 일을 돕겠다고 서약하다

@ assistance *n.* 거듦, 원조
assistant *n.* 조수; 조교 *a.* 보조의; 부[조]~
*an **assistant** manager[secretary] 부지배인[차관보]

syn 원조하다 = assist; help; aid; support; back (up);
stand by

---

con(=together서로 함께)+sist(=stand서 있다)

consist

[kənsíst]

v. ~으로 구성되다[이루어져 있다]; ~에 존재하다(lie)

@ **consist** of hundreds of small islands
수백 개의 작은 섬으로 이루어지다

@ consistency *n.* 일관성; 농도

*consistently *ad.* 시
종일관하여; 견실히

consistent *a.* 모순되지 않는(↔ **inconsistent** 모순된)

syn ~으로 구성 되다 = consist of; be composed of;
be made up of; be comprised of

---

de(=away(일에서) 멀리)+sist(=stand서다)

desist

[dizíst]

v. 그만두다(stop), 단념하다, 삼가다(forbear; abstain)

@ **desist** from one's New Year's resolution
새해 결심을 그만두다

@ desistance *n.* 중지, 단념(abstention)

syn 그만두다 = desist; stop; quit; cease; discontinue;
abstain; abandon; give up;
put an end to; forbear
cf. **forebear** *n.* 선조, 조상(ancestor)

ex(=out밖에)+(s)ist(=stand(아직) 서 있다)

exist
[igzíst]

v. 존재하다, 실재하다; 생존하다, 살아나가다(live)

예 **exist** on a slender salary 박봉으로 살아가다

*slender a. 빈약한;
홀쭉한, 가냘픈

파 existence n. 존재; 생존; 생활
existent a. 실재하는; 현존하는(extant)
existentialism n. 실존주의 existentialist n. 실존주의자

syn 존재하다 = exist; subsist; be in existence; remain

in(=on위에)+sist(=stand(주장을) 세우다)

insist
[insíst]

v. (강력히) 주장하다, 우기다, 고집하다; 강요하다

예 **strenuously insist** on one's innocence
무죄를 강력히 주장하다

파 insistence n. 주장, 고집; 강요 insistent a. 강요하는
insistently ad. 고집세게, 집요하게, 끈질기게

syn 주장하다 = insist; persist; allege; affirm; argue;
assert; aver; maintain; contend

per(=thoroughly끝까지)+sist(=stand서 있다)

persist
[pəːrsíst]

v. 고집하다, (계속) 주장하다; 지속하다; 존속하다

예 **persist** in marrying the scamp
건달과 결혼하겠다고 고집을 부리다

*tenacious
a. 악착같은; 고집하는

파 persistence n. 고집, 끈기; 지속성, 영속성(perpetuity)
persistent a. 고집하는; 완고한(stubborn); 악착같은
persistently ad. 끈덕지게; 완강하게(obstinately)

syn 지속하다 = persist; last; continue; maintain;
endure; carry on; keep up

re(=against대항하여)+sist(=stand서다)

resist
[rizíst]

v. 저항하다, 반항하다; 저지하다; 거스르다; 억제하다

예 **resist** temptation 유혹에 견디다

파 resistance n. 저항, 반항; 방해, 저지; 저항력; 내성
resistant a. 저항하는; 방해하는; 저항력이 있는

syn 저항하다 = resist; withstand; defy; stand against

653

sub(=under아래에)+sist(=stand서 있다)

subsist

[səbsíst]

v. 존속[존재]하다; 생존하다, 살아나가다, 먹고살다

예 **subsist** by begging on the street
거리에서 구걸을 하여 연명하다

파 subsistent *a.* 존립하는, 존재하는; 타고난(inherent)
subsistence *n.* 생존; 생활; 생계(livelihood); 존재

syn 생존하다 = subsist; exist; survive; outlive

assist	⋯▸	consist	⋯▸	desist	⋯▸	exist
돕다		~로 구성되다		그만두다		존재하다

insist	⋯▸	persist	⋯▸	resist	⋯▸	subsist
주장하다		고집하다		저항하다		존속하다

soci

join : 결합하다, 협력하다, 참가하다
companion : 친구

---

as(<ad–=to~에)+soci(=companion친구로)+ate(=make하다)

associate

[əsóuʃièit]

v. 교제하다; 연상하다; 가입시키다 *n.* 동료; 제휴자

a. 제휴하고 있는, 연합한, 한패의; 준 ~; 연상의

- **associate** happiness with health
  행복을 건강과 결부시키다

- **associated** *a.* 연합한, 조합의, 합동~
  association *n.* 연합; 협회; 교제

syn 교제하다 = associate with; go (out) with;
　　　　　　　　　keep company with

---

con(=together함께)+soci(=join결합)+ate(=make하다)

consociate

[kənsóuʃièit]
[kənsóuʃiət] *a.*

v. 제휴하다; 연합시키다

a. 제휴한 *n.* 연합원, 조합원

- **consociate** with the firm for the time being
  당분간 그 회사와 제휴하다

- **consociation** *n.* 연합, 결합; 동맹; 협의회

syn 제휴하다 = consociate with; cooperate with;
　　　　　　　　　join hands with

---

dis(=apart따로 떼어)+soci(=join결합)+ate(=make하다)

dissociate

[disóuʃièit]

v. 분리하다(sever), 떼어놓다(separate; isolate); 교제를 끊다

- **dissociate** oneself from one's family
  가족과 관계를 끊다

- **dissociation** *n.* 분리, 분열
  dissociative *a.* 분리적인, 분열성의

syn 교제를 끊다 = dissociate; break off with;
　　　　　　　　　end one's friendship with

soci(=join(사람들과) 결합)+able(할 수 있는)

sociable	*a.* 사교적인; 붙임성 있는; 친목의 *n.* 친목회, 간친회

[sóuʃəbəl]

- a person of **sociable** disposition
  사교적인 기질의 사람

- sociably *ad.* 사교적으로, 상냥하게
  sociability *n.* 사교성
  social *a.* 사회의; 붙임성이 있는
  sociality *n.* 사교성; 사회성
  socialization *n.* 사회화, 사회주의화

syn 붙임성 있는 = sociable; affable; amiable

associate	⋯→	consociate	⋯→	dissociate	⋯→	sociable
교제하다		제휴하다		분리하다		사교적인

sol(e)

alone : 단독인, 유일한, 혼자인

sole(=alone단독인, 유일한, 혼자인)

sole

[soul]

a. 단독인, 유일한; 독신의, 미혼의(single)

๏ the **sole** survivor from the accident of train derailment 열차 탈선사고에서의 유일한 생존자

๏ **solely** *ad.* 혼자서, 단독으로(alone; singly); 단지, 오직

syn 독신의 = sole; single; celibate; unmarried; lone

con(=together함께)+sole(=comfort달래주다)

console

[kənsóul]

v. 위안하다, 위문하다(comfort; soothe)

๏ **console** her for her misfortune
그녀의 불행을 위로하다

๏ **consolation** *n.* 위안
consolatory *a.* 위문의, 위안의(comforting)

syn 위안하다 = console; solace; amuse; comfort

cf. **solace** *v.* 위로하다, 위안을 주다(console) *n.* 위로, 위안

de(강조-완전히)+sol(=alone혼자가)+ate(=make되게 하다)

desolate

[désəlèit]
[désəlit] *a.*

v. 쓸쓸하게[슬프게] 하다; 황폐케 하다(ruin; devastate)

a. 황폐한, 황량한; 적막한(dreary); 고독한(lonely)

๏ **desolate** the whole of the town
도시 전체를 황폐하게 만들다

drown one's **desolate** heart in drink
술로써 허전한 마음을 달래다

๏ **desolation** *n.* 황량 **desolately** *ad.* 황량하게; 쓸쓸하게

syn 황량한 = desolate (and forlorn); dreary; bleak; deserted; ruined

cf. **isolate** *v.* 고립시키다, 격리하다 *n.* **isolation** 고립, 격리

657

sol(it)(=alone혼자)+ary(인)

solitary

[sálitèri]

a. 혼자의; 고독한, 외로운(lonely); 외딴 *n.* 은둔자(hermit)

⫶ lead a **solitary** life 외롭게 살다

syn 은둔자 = solitary; hermit; recluse; anchorite;
solitudinarian

---

sol(i)(=alone혼자서)+loquy(=speaking말하기)

soliloquy

[səlíləkwi]

n. 혼잣말; 혼자 떠들기; (연극의) 독백

⫶ utter a **soliloquy** 독백하다(say to oneself)

⫶ soliloquist *n.* 독백자
soliloquize *v.* 혼잣말을 하다; 독백하다

syn 혼잣말 = soliloquy; monologue;
talking[speaking] to oneself
독백하다 = utter a soliloquy; soliloquize; speak aside

---

sol(i)(=alone혼자)+tude(있는 상태)

solitude

[sálitʲùːd]

n. 고독, 적적함(loneliness); 독거; 쓸쓸한 곳; 한적

⫶ love[be fond of] **solitude** 고독을 즐기다

⫶ solitudinarian *n.* 은자, 은둔자

syn 독거 = solitude; solitary life; living alone

sole	⋯⋯▸	console	⋯⋯▸	desolate
단독인, 독신인		위안하다		황폐하게 하다
solitary	⋯⋯▸	**solitude**	⋯⋯▸	**soliloquy**
고독한		고독, 독거		혼잣말, 독백

solid

solid : 단단한, 견실한, 고체의

solid(=solid; whole단단한; 견실한)

solid

[sálid]

a. 고체의; 단단한; 알찬(substantial) *n.* 고체 *ad.* 결속하여

- lay the **solid** foundation of ~
  ~의 기초를 견고하게 쌓다

- solidity *n.* 단단함; 실질적임; 견고
  solidarity *n.* 결속, 단결; 연대
  solidify *v.* 응고시키다, 굳히다; 단결시키다; 굳어지다

syn 고체 = solid; solid body; solid matter

semi(=half반)+solid(고체)

semisolid

[sèmisálid]
*semiautomated
a. 반자동화된

n. 반고체 *a.* 반고체의 *cf.* **semiannual** *a.* 반년마다의

- a soft, partially transparent, **semisolid**,
  gelatinous food 부드럽고, 부분적으로 투명한, 반고
  체의, 젤라틴 모양의 음식

syn 반고체 = semisolid; semisolid substance
cf. **semipermanent** *a.* 반영구적인

con(<com-=completely완전히)+solid(굳게, 단단하게)+ate(=make하다)

consolidate

[kənsálədèit]

*a consolidated
balance sheet
연결 대차대조표

v. 공고히 하다, 굳건하게 하다, 강화하다; 합병하다

- **consolidate** one's position
  자신의 지위를 공고히 하다

- consolidation *n.* 합병, 통합; 강화
  consolidatory *a.* 공고히 하는
  consolidated *a.* 통합된; 강화된; 〈회계〉 재무 내용을 합체한

syn 공고히 하다 = consolidate; solidify; stabilize;
              strengthen

solid	⋯▸	semisolid	⋯▸	consolidate
고체의		반고체의		굳건하게 하다

root 174

solu

loosen : 풀다, 느슨하게 하다
***solu = solv(e)**

solve(=loosen느슨하게 하다)

solve

v. (문제 등을) 풀다; (어려운 일 등을) 해결하다

[sɑlv]

[예] **solve** the conundrum[riddle] 수수께끼를 풀다

[파] solution *n.* 해결; 용해; 용액; 물약
soluble *a.* 녹는; 해결할 수 있는
solvent *a.* 지불능력이 있는(↔ insolvent 파산한); 녹이는

syn 해결하다 = solve; resolve; settle; fix up

ab(=from~으로부터)+solve(=loosen풀어주다)

absolve

v. (의무 등을) 면제하다, 무죄를 선고하다; 용서하다

[æbzálv]

[예] **absolve** a person from an obligation
~의 의무를 면제하다

syn 면제하다 = absolve; release; discharge; exempt

dis(=apart따로따로)+solve(풀어지게 하다)

dissolve

v. (물체를) 녹이다; (단체를) 해산시키다; 해소하다

[dizálv]

[예] **dissolve** Parliament[a marriage]
의회를 해산하다[결혼을 해소하다]

syn 녹이다 = dissolve; melt; liquefy

re(=completely완전히)+solve(풀어 버리다)

resolve

v. 해결하다; 분해하다; 결심하다 *n.* 결의, 결심

[rizálv]

[예] **resolve** a conflict[doubts]
분쟁을 해결하다[의문을 해소하다]
resolve to quit drinking and smoking
술과 담배를 끊기로 결심하다

syn 결심하다 = resolve; determine; decide;
make up one's mind;
make[take; form] a resolution

ab(=away(속박에서) 멀리)+solu(=loosen풀어)+te(진)

absolute

[ǽbsəlùːt]

*absolutism
n. 절대주의

a. 절대적인(↔ **relative** *a.* 상대적인); 완전무결한; 확고한

㉮ an **absolute** lie 새빨간 거짓말(a downright lie)

㉯ absolutely *ad.* 절대적으로, 무조건적으로

syn 절대적인 = absolute; unconditional; categorical

---

solu(=loosen풀어)+tion(냄)

solution

[səljúːʃən]

*solve *v.* (문제 등을)
풀다; (부채를) 갚다

n. 해결, 해법; 녹임; 용해; 용액; 분해; (채무의) 해제

㉮ still await **solution** 아직 풀리지 않고 있다

㉯ soluble *a.* 녹는; 해결할 수 있는
solubility *n.* 용해성, 용해도; (문제 등의) 해결 가능성

syn 해결 = solution; settlement; way out(해결책)

---

ab(=from~으로부터)+solu(=loosen(벌, 책임을) 느슨하게)+tion(함)

absolution

[æ̀bsəlúːʃən]

n. (벌, 책임의) 면제, 해제; 면죄, 사면, 용서(forgiveness)

㉮ the **absolution** of sins 죄의 면죄

syn 면제 = absolution; exemption; immunity;
remission; discharge; impunity

---

dis(=apart따로따로)+solu(=loosen풀어 놓)+tion(음)

dissolution

[dìsəlúːʃən]

n. 분해; (단체 등의) 해산; (결혼, 계약의) 해소; 붕괴

㉮ the **dissolution** of the parliament 의회의 해산

㉯ dissoluble *a.* 분해할 수 있는; 해산[해소]할 수 있는
dissolute *a.* 방탕한; 방종한, 무절제한(intemperate)

syn 해소 = dissolution; annulment; cancellation

---

re(=completely완전히)+solu(=loosen풀어)+tion(냄)

resolution

[rèzəlúːʃən]

n. 해결, 해답(solution); 분해, 분석; 결심, 결의(안)

㉮ adopt the **resolution** unanimously
그 결의안을 만장일치로 채택하다

㉯ resolute *a.* 굳게 결심한, 단호한(determined)

syn 결심 = resolution; determination; decision; resolve

son

sound : 소리, 음향, 음성

---

son(=sound소리가)+ant(나는)

sonant

[sóunənt]

*sound navigation
 ranging

a. 유성(음)의; 울리는 *n.* 유성음

ⓔ a vowel, a consonant, a **sonant**, and a surd
sound 모음, 자음, 유성음과 무서음

syn 유성음 = sonant; voice; voiced sound; vocal sound

cf. **sonar** *n.* 수중 음파 탐지기, 잠수함 탐지기

---

con(=together서로 같게)+sonant(소리 나는)

consonant

[kánsənənt]

a. 조화하는; 협화음의; 자음의 *n.* 자음, 자음자

ⓔ be **consonant** with one's religious beliefs
자신의 종교적 신조와 어울리다

ⓓ consonance *n.* 조화(harmony), 일치(congruity); 협화(음)

syn 화음 = chord; accord   *the fifth chord 5도 화음

---

dis(=apart따로따로)+sonant(소리 나는)

dissonant

[dísənənt]

a. 조화되지 않는, 귀에 거슬리는; 불협화(음)의; 모순되는

ⓔ their **dissonant** interests
그들의 서로 일치하지 않는 이해관계

ⓓ dissonance *n.* 조화되지 않은 소리(discord); 불협화음; 불화

syn 불협화의 = dissonant; discordant; inconsonant;
                inharmonious

---

re(=back되돌아)+sonant(소리 나는)

resonant

[rézənənt]

a. 울려 퍼지는, 낭랑한; 반향[공명]하는, 울리는

ⓔ a valley **resonant** with the songs of birds
새들의 노래 소리가 울려퍼지는 계곡

ⓓ resonance *n.* 울림, 울려 퍼짐; 반향(echo); 공명, 공진

syn 울려 퍼지는 = resonant; resounding; echoic(반향하는)

662

son(=sound음성, 소리)+ic(의)

sonic
[sánik]

a. 소리의, 음향의; 음속의, 음속과 같은

🔵 break through the **sonic** barrier 음속의 벽을 돌파하다

🔵 sonicate *v.* 초음파로 파괴하다
soniferous *a.* 소리를 전하는[내는]

syn 음향 = sound; noise *acoustics 음향효과

---

super(=beyond초(超))+sonic(음속의)

supersonic
[sùːpərsánik]

a. 초음속의(음속의 1~5배인); (↔ subsonic *a.* 음속 이하의)

초음파의(주파수가 가청 극한인 20,000 헤르츠 이상)

🔵 make a **supersonic** flight 초음속으로 비행하다

🔵 supersonics *n.* 초음속학; 초음파학

syn 초음파의 = supersonic; ultrasonic

---

hyper(=beyond~을 넘어서 → 극초(極超))+sonic(음속의)

hypersonic
[hàipərsánik]

a. 극초음속의(음속의 5배 이상의 속도인); 극초음파의

🔵 future **hypersonic** airliners 미래의 극초음속 여객기들

syn 음속 = sonic speed; speed[velocity] of sound;
acoustic velocity

---

trans(=across가로질러)+sonic(음속의)

transonic
[trænsánik]

*음속 이하의

a. 음속에 가까운(시속 970~1,450km 정도의 속도)

🔵 fly at **transonic** speed 음속에 가까운 속도로 날다

syn 아음속의 = subsonic; slower than the speed of sound

---

ultra(=beyond초(超))+sonic(소리의)

ultrasonic
[ʌltrəsánik]

a. 초음파의

🔵 be able to hear **ultrasonic** waves
초음파를 들을 수 있다

🔵 ultrasonics *n.* 초음파공학(supersonics)
ultrasonograph *n.* 초음파 검사 장치

Study 46

spect

look : 보다, 바라보다, 조사하다
*spect = spec = spic = spis = spit

a(a-<ad-=at~을)+spect(=look바라 본 (모양))

aspect
[ǽspekt]

n. 외관, 양상; (사태의) 국면; 견지; 방향; 표정, 용모

⑩ assume[take on] a new **aspect** 새로운 양상을 띠다
change the entire **aspect** 면모를 일신하다

syn 양상 = aspect; phase; condition; appearance;
looks(모습)

circum(=around빙둘러)+spect(=look(꼼꼼하게) 살펴보는)

circumspect
[sə́:rkəmspèkt]

a. 신중한, 주의 깊은(heedful); 용의주도한(prudent)

⑩ be very **circumspect** in doing anything
무슨 일을 하는 데나 무척 신중하다

⑩ circumspection *n.* 신중함
circumspective *a.* 주의 깊은; 신중한(prudent)

syn 신중한 = circumspect; prudent; canny; careful;
cautious; deliberate; discreet; gingerly;
judicious; wary

ex(=out밖을)+pect((spect=look내다보다)

expect
[ikspékt]

v. 예상하다; 기대하다; (아이를) 낳을 예정이다

⑩ as might be **expected** 예상했던 바와 같이, 역시, 과연

⑩ expectation *n.* 예상, 기대; 가능성
expectant *a.* 기대하는; 임신 중인
expectancy *n.* 예상, 기대(expectation); 가망
*life expectancy 평균여명

syn 예상하다 = expect; anticipate; forecast; presume;
guess(짐작하다)

in(=in안을)+spect(=look(자세히) 들여다보다)

inspect

[inspékt]

v. 정밀조사하다(examine), 검사[점검, 검열, 시찰, 사열]하다

예 **inspect** the factory[troop]
공장을 시찰하다[부대를 사열하다]

관 inspection *n.* 조사, 검사; 점검; 시찰; 검열
inspective *a.* 조사의, 검사하는; 주의 깊은

syn 검사하다 = inspect; examine; test; check;
overhaul(정밀 ~)

intro(=within; inward안쪽으로)+spect(=look바라보다)

introspect

[ìntrəspékt]

v. 내성하다, 내관하다; 성찰하다; 자기 반성하다

예 an occasion to **introspect** oneself
자신을 돌이켜볼 기회

관 introspection *n.* 내성, 내관; 자기반성(self-examination)
(↔ **extrospection** *n.* 외부 고찰, 외계 관찰)
introspective *a.* 내성적(內省的)인, 내관적인; 자기반성의

syn 내성하다 = introspect; introvert; reflect on oneself

pro(=forward앞을)+spect(=look내다보다)

prospect

[práspekt]

n. 전망, 조망; 경치; 예상, 가망

v. (금광 등을) 답사하다; 시굴하다(bore for)

예 command a fine **prospect**
경치가 좋다, 전망이 훌륭하다

관 prospector *n.* 탐광자, 시굴자; 투기자

prospective *a.* 기대되는; 가망 있는; 예상된
장차의(↔ retrospective *a.* 회고의)
***prospective** earnings 장래 수입
prospective clients 잠재 고객

syn 전망 = prospect; outlook(예측); forecast(예상)
*an outlook on life 인생관
a cosmopolitan outlook 국제적인 감각
a local outlook 편협한 견해
the business outlook 사업전망

re(=back(너무 훌륭해) 되돌아)+spect(=look바라보다)

respect
[rispékt]

v. 존경하다(↔ despise) n. 존경; (pl.) 안부(regards); 사항

- **예** be **respected** by all one's neighbors
  이웃사람들 모두로부터 존경받다

- **파** respectable a. 존경할 만한; 훌륭한 respectful a. 공손한
  respective a. 각각의, 각자의
  respectively ad. 각각, 각기, 저마다

- *syn* 존경하다 = respect; esteem; revere; defer;
  venerate; honor; look up to

- *cf.* **irrespective of ~** ~에 상관없이
  (without regard to; regardless of)

---

retro(=backward(지난 날[일]을) 되돌아)+spect(=look보다)

retrospect
[rétrəspèkt]

*look back on
회고하다

v. 회고하다; 회상[추억]에 잠기다 n. 회고, 회상, 추억; 소급력

- **예** **retrospect** and prospect 회고와 전망

- **파** retrospection n. 회고, 회상, 추억
  retrospective a. 회고의; 소급하는

- *syn* 회고하다 = retrospect; reflect; recollect; remember

---

per(=through~을 통해서)+spect(=look보)+ive(는)

perspective
[pə:rspéktiv]

a. 원근[투시] 화법의 n. 원근법; 투시도; 조망; 견해, 관점

- **예** see things in **perspective**
  사물을 균형있게 바르게 보다

- *syn* 투시 = seeing through;
  clairvoyance, second sight(천리안)

---

spect(a)(=look볼 만한)+cle(것)

spectacle
[spéktəkəl]

n. 장관, (볼 만한) 구경거리; 참상; (pl.) 안경(glasses)

- **예** make a **spectacle** of oneself
  웃음거리가 될 짓을 하다, 창피한 꼴을 보이다

- **파** spectacular a. 장대한 n. 대대적인 흥행물; 초대작

- *syn* 장관 = spectacle; grandeur; splendor; grand sight

spect(=look보는)+ator(사람)

spectator

[spékteitər]

n. (쇼 등의) 관객; 구경꾼; (사건 등의) 방관자, 목격자

예 a large crowd of **spectators** in the ball park
야구장의 많은 관중

syn 관객 = spectator; audience;
    gallery(골프, 테니스, 의회 등의)

spect(=look보이는)+er(것)

specter

[spéktər]

n. 유령, 요괴, 귀신; 무서운 것; 불안의 원인

예 fall down in a fit when seeing the **specter**
유령을 보자 졸도하다

파 spectral *a.* 유령의, 유령과 같은(ghostly); 공허한

syn 유령 = specter; ghost; phantom; bogy; apparition

spec(ul)(=look(유심히) 보)+ate(=make다)

speculate

[spékjəlèit]

v. 심사숙고하다, 사색하다; 추측하다(surmise);
    투기하다(gamble; make a venture)

예 **speculate** about the meaning of life
인생의 의미에 대해 사색하다

speculate in shares[stocks]
증권에 손대다[투기하다]

*speculation in
real estate 부동산
투기

*on spec 투기로,
요행수를 바라고

파 speculative *a.* 사색적인; 투기적인, 위험한
speculation *n.* 심사숙고; 투기

syn 숙고하다 = speculate; meditate; think[mull] over;
    ponder on

cf. **specimen** *n.* 견본   **despite** *p.* ~에도 불구하고
respite *n.* 중지; 유예; (사형의) 집행유예; 휴식
specify *v.* 일일이 열거하다; 명기하다, 규정하다(stipulate)

expect	⋯	inspect	⋯	introspect	⋯	respect	⋯	retrospect
예상하다		시찰하다		내성하다		존경하다		회고하다

sper

hope : 희망, 기대
***sper = spair**

de(=without~이 없는)+sper(=hope희망)+ate(상태인) → 희망이 없는 상태인

desperate

[déspərit]

a. 자포자기의, 막가는; 절망적인; 필사적인; 난폭한; 위험한

🔘 become **desperate** at the failure
그 실패로 자포자기하다

a **desperate** situation[effort]
절망적인 상황[필사적인 노력]

oppose[fight] **desperately**
결사반대하다[필사적으로 싸우다]

🔘 desperately *ad.* 자포자기식으로, 무모하게(recklessly);
　　　　　　　필사적으로(for one's life)
desperation *n.* (절망에서 오는) 무모한 행동, 자포자기; 절망
despair *n.* 절망, 실망; 가망이 없는 사람[것]; 버림받은 자

syn 절망적인 = desperate; despairing; hopeless

pro(=forth앞으로)+sper(=hope희망(대로 나아가다))

prosper

[práspər]

v. 번영하다, 번창하다; 성공하다(succeed)

🔘 **prosper** in a very unusual way
매우 이례적으로 번영하다

🔘 prosperity *n.* 번영, 번창; 성공(success); 부유;
　　　　　　　(*pl.*) 유복한 처지
prosperous *a.* 번영하는(thriving), 번창하는(flourishing);
　　　　　　　순조로운(favorable; smooth)
*the prosperity of a nation=national prosperity
　국가의 번영

syn 번영하다 = prosper; flourish; thrive

desperate	⋯→	prosper
자포자기의, 절망적인		번영하다, 번창하다

spher(e)

globe : 구, 구체(ball); 지구

---

sphere(=globe구체; domain영역)

sphere

[sfiər]

n. 구체, 구(ball; globe); 천체; 행성; 분야, 영역; 계층

- ◍ be within one's **sphere** of influence
  세력권 내에 있다

- ◍ spheral *a.* 구의; 균형이 잡힌, 대칭적인(symmetrical)
  spherical *a.* 구형의, 구상의, 둥근; 천체의

- *syn* 영역 = sphere; area; field; province; domain

---

atmo(=vapor증기가)+sphere(에워싸는 곳)

atmosphere

[ǽtməsfiər]

n. 대기, 공기; 대기권; 기압; 분위기, 환경; 주위의 상황

- ◍ destroy[mar] the **atmosphere**
  분위기를 깨뜨리다

- ◍ atmospheric *a.* 대기(중)의; 분위기의
  atmospherically *ad.* 대기상

- *syn* 분위기 = atmosphere; ambiance

---

bio(=life생물; 생명)+sphere(영역)

biosphere

[báiousfiər]

n. 생물권(지구 주위에서 생물이 살아 있을 수 있는 범위)

- ◍ outside[within] the **biosphere** of the earth
  지구의 생물권 밖의[내의]

- *syn* 생물 = life; organism; creature; a living thing

---

centro(=center(지구의) 중심)+sphere(영역)

centrosphere

[séntrəsfiər]

n. 지구의 중심부; (세포의) 중심질[권]

- ◍ the research on the **centrosphere** of the earth
  지구 중심부에 대한 연구

- *syn* 중심 = center; middle; heart; core(핵심); pivot(중추);
  nucleus(핵, 핵심); focus(초점); gist(요점, 골자)

hemi(=half반(半))+sphere(구)

hemisphere

[hémisfìər]

n. (지구의) 반구; 반구체; 범위, 영역; 대뇌[소뇌]의 반구

@ the Northern[Southern] **Hemisphere**
북반구[남반구]

syn 범위 = hemisphere; sphere; range; province

plani(=flat평평한)+sphere(천체 (그림))

planisphere

[plǽnəsfìər]
*a celestial map
천체도

n. 〈천문〉 평면 천체도, 성좌 일람표; 평면 구형도

@ buy a detailed **planisphere**
상세하게 그려진 성좌일람표를 사다

syn 평면도 = plan; flat; floor plan

strato(=covering(공기를) 덮고 있는)+sphere(영역)

stratosphere

[strǽtəsfìər]

*ionosphere
n. 전리층, 이온층

n. 성층권; (물가 등의) 상한, 천정; (집단의) 최상층

@ pump oil prices into the **stratosphere**
유가를 천정부지로 밀어 올리다

syn 천정 = stratosphere; zenith; vertex

cf. **aerosphere** 대기권   **troposphere** 대류권

en(=in안을)+sphere(둘러싸다)

ensphere

[ensfíər]

v. 둘러싸다, 에워싸다, 둥글게 싸다; 구형으로 하다

@ **ensphere** the hostage-takers thick and fast
인질범들을 겹겹이 에워싸다.

syn 둘러싸다 = ensphere; encircle; encompass;
enclose; environ; surround; besiege

sphere ⋯	atmosphere ⋯	biosphere ⋯	centrosphere
구, 구체; 영역	대기, 공기	생물권	중심부
hemisphere ⋯	planisphere ⋯	stratosphere ⋯	ensphere
반구	평면 천체도	성층권	둘러싸다

spic

look : 보다, 살펴보다
*spic = spect

---

con(강조-아주 잘)+spic(u)(=look보이)+ous(는)

conspicuous

[kənspíkjuəs]

*inconspicuous
a. 눈에 띄지 않는

a. 뚜렷한; 두드러진, 저명한(eminent; prestigious); 현저한

㊁ cut a **conspicuous** figure
두각을 나타내다; 이채를 띠다

㊵ conspicuously *ad.* 두드러지게, 현저히, 명백히(obviously)

syn 현저한 = conspicuous; distinguished; remarkable;
outstanding; striking

---

per(=through알기 쉽게 훤히 통해)+spic(u)(=look보이)+ous(는)

perspicuous

[pəːrspíkjuəs]

a. (표현 등이) 명쾌한, 알기 쉬운; 명확한, 분명한(clear)

㊁ a **perspicuous** expression 명쾌한 표현

㊵ perspicuity *n.* 명쾌함(lucidity)
perspicacity *n.* 통찰력; 명민함(acumen)
perspicacious *a.* 통찰력이 있는(astute), 예리한(keen)

syn 명쾌한 = perspicuous; lucid; clear; explicit(명백한)

---

su(〈sub-=under밑으로)+spic(i)(=look(훑어)보)+ous(는)

suspicious

[səspíʃəs]

suspect.v. 의심하다
n. 용의자

a. 의심 많은, 의심하는; 의심스러운, 미심쩍은(questionable)

㊁ a **suspicious** glance ~ 의심스러운 눈초리로

㊵ suspiciously *ad.* 수상쩍게; 수상쩍은 듯이, 의심하는 듯이
suspicion *n.* 의심(doubt); 혐의, 용의

syn 의심스러운 = suspicious; questionable; doubtable

---

de(=down내려다)+spic(=look볼)+able(만한)

despicable

[déspikəbəl]

despite p. ~에도 불
구하고 *n.* 무례; 경멸

a. 경멸할 만한, 업신여길 만한; 비열한(mean), 비루한

㊁ do a **despicable** deed 비열한 짓을 하다

㊵ despicably *ad.* 비열하게 despise *v.* 경멸하다(scorn)

syn 경멸하다 = despise; contempt; disdain;
look down (up)on; make light of

spir

breathe : 숨 쉬다, 호흡하다

---

a(<ad–=toward~을 향해 열렬히)+spire(=breathe숨을 쉬다)

aspire

[əspáiər]

v. 열망하다, 갈망하다, 동경하다; 큰 뜻을 품다

ⓔ aspire to gain power 권력을 잡으려고 열망하다

ⓟ aspiration *n.* 열망(ardent desire); 야심

*zeal *n.* 열심, 열중
(ardor)

syn 갈망하다 = aspire; desire eagerly; thirst after[for]; long for; yearn for; be anxious for[to V]

---

con(=together함께)+spire(=breathe숨 쉬다)

conspire

[kənspáiər]

v. 공모하다, 음모를 꾸미다; (사건 등이) 겹쳐서 ~을 돕다

ⓔ conspire together in the fraud
공모하여 사기를 치다

ⓟ conspiracy *n.* 공모, 음모 conspirator *n.* 음모자
conspiratorial *a.* 공모의(complicit), 음모의

syn 공모하다 = conspire; collude; plot(음모하다)

---

ex(=out끝나서; 밖으로)+(s)pire(=breathe숨을 쉬다)

expire

[ikspáiər]

v. (기한, 기간 등이) 만료되다; 죽다(die); 숨을 내쉬다

ⓔ expire at the end of next month
다음 달 말에 만료되다

cf. expiation *n.* 속죄
expiatory *a.* 속죄의

ⓟ expiry *n.* 죽음; 만료, 만기
expiration *n.* 만료, 만기; 사망

syn 만료되다 = expire; terminate; come to an end

---

in(=into안으로)+spire(=breathe숨을 불어넣다)

inspire

[inspáiər]

v. (사상, 감정을) 불어넣다; 고무[격려]하다; 영감을 주다

ⓔ inspire courage 용기를 불어넣다

ⓟ inspiration *n.* 영감; 고취, 고무; 감화
inspiring *a.* 영감을 주는, 고무하는

*inspirit *v.* 활기를 띠
게 하다; 고무하다

syn 고무하다 = inspire; encourage; stimulate; incite

672

per(=through(피부를) 통하여)+spire(=breathe호흡하다)

perspire

[pərspáiər]

*sweater *n.* 스웨터;
발한제; 노동착취자

v. 발한하다, 땀을 흘리다; 땀으로 발산하다; 분비하다

㉠ perspire profusely
땀을 줄줄 흘리다(be dripping with sweat)

㉡ perspiration *n.* 발한(작용); 땀; 노력
perspiratory *a.* 발한의
perspiring *a.* 땀을 흘리는; 열심히 일하는; 무더운

syn 발한하다 = perspire; sweat; be in a sweat

re(=again되풀이해서)+spire(=breathe숨쉬다)

respire

[rispáiər]

*artificial
respiration
인공호흡

v. 호흡하다, 숨쉬다(breathe); 한숨 돌리다, 휴식하다

㉠ respire through a gill 아가미로 호흡하다

㉡ respiration *n.* 호흡(작용)
respiratory *a.* 호흡의
respirator *n.* 인공호흡 장치; 방독 마스크

syn 호흡하다 = respire; breathe; draw one's breath

cf. **respite** *n.* 휴식; 일시적인 연기; 사형 집행 연기(reprieve)

su(<sub-=under아래로)+spire(=breathe숨을 내쉬다)

suspire

[səspáiər]

v. 한숨짓다(sigh); 탄식하다(lament); 호흡하다

㉠ suspire for the days of one's youth
젊었던 때를 그리워하며 한숨짓다

㉡ suspiration *n.* (긴) 한숨, 장탄식
(a long[heavy, deep] sigh)

syn 한숨짓다 = suspire; sigh; draw[heave] a sigh

tran(<trans-=through~을 뚫고)+spire(=breathe숨을 내쉬다)

transpire

[trǽnspáiər]

v. 수분[냄새]를 발산하다; 밝혀지다; (사건이) 일어나다

㉠ transpire through a stoma 기공으로 발산하다
It **transpired** that ~ ~가 드러나다

㉡ transpiration *n.* 발산, 증발, 증산 (작용); (애정 등의) 발로

syn 발산하다 = transpire; evaporate; volatilize

spond

promise : 약속하다, 맹세하다

de(=away멀리)+spond(=promise약속; 가망)

despond

[dispánd]

v. 낙심하다, 실망하다(lose courage) n. 절망, 실망

- **despond** of one's future 장래를 비관하다

- despondence n. 실망, 낙담(dejection)
  despondent a. 낙담한(disheartened)
  despondently ad. 의기소침하여, 풀이 죽어

- syn 낙심하다 = despond; be depressed;
  be discouraged; be disappointed

re(=back되돌려)+spond(=promise약속하다)

respond

[rispánd]

v. (응)답하다(answer); 반응하다, 감응하다(react)

- **respond** with rage to the mockery
  조롱을 당하고서 격하게 반응하다

- response n. 응답, 대답(answer; reply); 반응, 감응
  respondence n. 대답, 응답(response)
  respondent a. 반응하는(responsive)

- syn 반응하다 = respond to; react to

cor(<com-=together함께)+respond(응하다)

correspond

[kɔ̀:rəspánd]

*correspondent
n. 특파원; 거래처

v. 일치[부합]하다, 조화하다; 서신 왕래하다, 교신하다

- **correspond** exactly to the original
  원본과 딱 들어맞다

- correspondence n. 일치; 조화; 서신왕래
  corresponding a. 상응하는(correspondent); 통신의

- syn 서신 왕래하다 = correspond with;
  exchange letters with

despond	⸱⸱⸱⸱▸	respond	⸱⸱⸱⸱▸	correspond
낙심하다		응답하다		일치하다

st(a)

stand : 서다, 세우다
***st(a) = stitu = stat = sist**

circum(=around주위에)+st(a)(=stand서 있는)+ance(것)

circumstance

[sə́:rkəmstæ̀ns]

n. (*pl.*) 상황, 환경, 사정 *v.* ~의 상황에 놓이게 하다

⑩ adverse[the whole] **circumstances**
역경[자초지종]

under no **circumstances** 어떤 일이 있어도 ~않다

⑩ circumstantial *a.* 상황에 의한; 부수적인; 상세한(detailed)
circumstantially *ad.* 형편상; 부수적으로(incidentally)

syn 상황 = circumstances; conditions; situation;
context; state of things

di(⟨dis-=apart떨어져⟩)+st(a)(=stand서 있는)+ance(것)

distance

[dístəns]

taxi v. 비행기를 지상
에서 이동시키다

n. 간격, 거리; 멀리 떨어짐, 소원; 격차, 차이; 음정(interval)

v. 사이를 두다, 멀리 떼어놓다; 훨씬 우세하다(outdo)

⑩ a cruising[taxing] **distance**
순항거리[활주거리]

⑩ distant *a.* 멀리 있는, 먼 곳으로부터의;
(시간적으로) 먼, 지난; 소원한(estranged; alienated)
distantly *ad.* 멀리에, 멀리 떨어져서; 쌀쌀하게, 냉담하게

syn 간격 = distance; gap; interval; space

in(=in~에)+st(=stand(본보기로) 서 있는)+ance(것)

instance

[ínstəns]

n. 예(example); 경우(case) *v.* 보기로 들다(exemplify)

⑩ cite[quote] an **instance** 예를 들다

the above **instance** 위의 예

for **instance** 예를 들면(for example)

syn 실례 = instance; example; concrete case;
precedent(선례)

cf. **instinct** *n.* 본능, 직감(intuition)

675

sub(=under아래에)+st(a)(=stand(사실대로) 서 있는)+ance(것)

substance

n. 실체, 내용, 본질(essence); 물질(matter); 재료; 농도

[sʌ́bstəns]

[예] be lacking in **substance** 실체가 없다

[파] substantial *a.* 실재의; 견고한; 상당한
substantially *ad.* 실질적으로

syn 본질 = substance; essence; real nature; intrinsic qualities

con(=together(언제나) 함께)+st(a)(=stand서 있)+ancy(음)

constancy

n. (애정 등의) 불변성; 충성, 충절; 절개(faithfulness)

[kɑ́nstənsi]

[예] seem to have no **constancy** in love
바람기가 많아 보이다

[파] constant *a.* 변함없는, 일정한
constantly *ad.* 끊임없이; 빈번하게

syn 절개 = constancy; integrity; faith; honor; chastity

st(a)(=stand(가만히) 서 있을)+able(수 있는)

stable

a. 안정된(steady); 견실한; 흔들리지 않는 *n.* 마구간; 양성소

[stéibl]

[예] get a **stable** job 안정된 직장을 얻다

[파] stability *n.* 안정, 안정성; 착실
stabilize *v.* 안정시키다, 고정시키다

syn 안정된 = stable; steady; settled

st(a)(=stand서 있)+ate(는 상태, 위치)

state

n. 상태; 긴장상태; 형세; 지위; 신분 *a.* 국가의; 공식적인

[steit]

v. 진술하다; 성명하다(make a statement)

[예] pay a **state** visit to Canada 캐나다를 국빈 방문하다
state one's own opinion 자기 의견을 진술하다

*statement
n. 진술, 성명; 명세서

[파] stated *a.* 정해진(fixed); 공인된
stately *a.* 위엄 있는, 당당한(majestic)

syn 긴장 = state; strain; tension; nervousness

sta(=stand(어떤 자리, 위치에) 세워진)+tion(것)

station

[stéiʃən]

n. 위치; 부서; 역; 사업소; 주둔지 v. 배치하다, 주재시키다

- **예** a gas **station** 주유소

  station[post] troops 군대를 주둔시키다

- **파** static a. 정지한(stationary); 정적(靜的)인; 〈전기〉 정전기의
  stationary a. 정지하고 있는, 움직이지 않는
  cf. stationery n. 문방구

- syn 사업소 = station; establishment; premises

sta(t)(=stand(위로) 서 있는)+ure(높이)

stature

[stǽtʃər]

n. 키, 신장(height); 발달, 성장, 진보(progress); 재능

- **예** be six feet seven inches in **stature**
  신장이 6피트 7인치다

- **파** statue n. 상, 조상 cf. statuette n. 작은 조상
  statute n. 법령, 법규 status n. 지위, 신분; 상태, 정세
  stance n. (선) 자세; 발의 위치; 입장, 태도
  stasis n. 정지, 정체; 균형

- syn 신장 = stature; height

e(=up위로)+stabl(e)(견고하게 세우)+ish(=make다)

establish

[istǽbliʃ]

v. 설립[수립]하다, 창설하다; (법률을) 제정하다; 확립하다

- **예** **establish** a dockyard[constitution]
  조선소를 설립하다[헌법을 제정하다]

  establish more branches
  지점을 증설하다

  establish one's firm foothold
  확고한 지지기반을 닦다

- **파** established a. 확립된; 제정된; 상설의
  establishment n. 설립; 제도(institution)

- syn 설립하다 = establish; found; institute; organize;
  incorporate; set up

in(=in안에)+sta(ll)(=set up세우다)

install

[instɔ́ːl]

v. 설치[장치]하다; 취임시키다, 임명하다; 자리에 앉히다

🌐 **install** a new software package
새로운 소프트웨어 패키지를 설치하다

🔚 installation *n.* 설치, 가설; 시설; 취임
installment *n.* 분할[할부] 불입(금)

syn 임명하다 = install; appoint; constitute; institute;
nominate; name

cf. **instill** *v.* 스며들게 하다, 주입시키다

in(=in~에)+sta(=stand(곧바로, 가깝게) 서 있)+nt(는)

instant

[ínstənt]

a. 즉시의, 즉각적인; 긴급한(urgent); 즉석의

n. 순간(moment)

🌐 an **instant** effect[lottery] 즉효[즉석복권]
in an **instant** 순식간에

🔚 instantly *ad.* 당장; 즉석에서
instantaneous *a.* 즉석의, 즉시의(immediate);
동시에 일어나는(concurrent)
instantaneously *ad.* 즉시(immediately)

syn 순간 = instant; moment; second
*Wait a second. 잠깐 기다려.

de(=down아래에 (처음부터))+stin(e)((sta=stand서 있다)

destine

[déstin]

v. 운명으로 정해지다, 운명 짓다(doom); 예정해 두다

🌐 be **destined** never to meet again
두 번 다시 만날 수 없는 운명이다

🔚 destined *a.* 운명 지어진; (~로) 향하는
destiny *n.* 운명(kismet)

syn 운명 = destiny; fate; kismet; one's lot; fortune;
doom(불행한)

circumstances	⋯▸	distance	⋯▸	instance	⋯▸	substance
상황, 환경		거리, 격차		예, 경우		실체, 본질

678

Study **47**

root 183

stit(u)

stand : 서 있다, 계속되다
*stitu = sta = sist

---

con(=together함께)+stitu(te)(=stand세워 놓다)

constitute

[kάnstətjùːt]

v. 구성하다(comprise); 설립하다; 제정하다; 임명하다

- 예 **constitute** a crime 범죄를 구성하다

  be **constituted** representative of a company
  회사의 대표자로 선임되다

- 파 constitution *n.* 구성, 조성; 체격, 체질; 기질; 제정; 헌법
  constitutional *a.* 구성상의; 체질[체격]의; 헌법(상)의
  constituent *n.* 선거구민; 구성요소 *a.* 구성하는
  constituency *n.* (집합적) 유권자(electorate), 선거구(민)

- *syn* 제정하다 = constitute; enact; institute; formulate

---

de(=away(먹을 것에서) 멀리 떨어져)+stitu(te)(=stand놓인)

destitute

[déstətjùːt]

a. 가난한(poor), 빈곤한; 결여된, (~이) 없는(lacking)

- 예 relieve the **destitute**[poor] 빈민을 구제하다

- 파 destitution *n.* 극빈(utter poverty); 결핍; 결여

- *syn* 극빈 = destitution; extreme poverty; dire poverty

---

in(=in~에)+stitu(te)(=stand~을 세우다)

institute

[ínstətjùːt]

*an English
  institute 영어 학원

v. 제정하다(establish); 마련[실시, 임명]하다

n. 협회, 학회; 교육시설

- 예 **institute** a new course 새 강좌를 개설하다

- 파 institution *n.* 협회, 학회, 단체; 사회제도; 관습; 설립
  institutional *a.* 제도상의, 제도화된; 협회의; 규격화된
  institutionalize *v.* 제도화하다; 획일화하다; 수용하다

- *syn* 학회 = institute; society; academy

pro(=before(몸을 팔려고) 앞에)+stitu(te)(=stand서 있다)

prostitute

[prάstətjùːt]

*courtesan
n. 고급 매춘부

v. 몸을 팔다, 매춘하다; 이익을 위해 팔다 *n.* 매춘부

예 **prostitute** one's great acting talent
자신의 뛰어난 연기 재능을 팔아넘기다

파 prostitution *n.* 매춘, 매음; (이익을 위한) 변절, 악용; 타락
prostitutor *n.* 변절자(renegade; turncoat)

syn 매춘부 = prostitute; whore; streetwalker; harlot

---

sub(=under아래에)+stitu(te)(=stand놓다)

substitute

[sΛbstitjùːt]

v. ~을 대신[대체, 대용, 대리]하다(replace)

n. 대리, 대용물(succedaneum)

예 **substitute** margarine for butter
버터 대신 마가린을 쓰다

파 substitution *n.* 대리, 대용, 대체
substitutive *a.* 대리의, 대체할 수 있는

syn 대체하다 = substitute; replace; alternate

---

super(=over(현실과 동떨어져) 위에)+sti(=stand서 있는)+tion(것)

superstition

[sùːpərstíʃən]

n. 미신, 미신적인 행위; 우상숭배(idolatry); 불합리한 공포

예 break down[do away with] **superstitions**
미신을 타파하다

파 superstitious *a.* 미신의, 미신적인; 미신을 믿는

syn 미신 = superstition; superstitious belief

---

constitute	⋯➔	destitute	⋯➔	institute
구성하다		가난한, 결여된		제정하다; 협회

prostitute	⋯➔	substitute	⋯➔	superstition
몸을 팔다		~을 대신하다		미신, 우상숭배

680

root 184

strain

draw tight : 팽팽하게 당기다
bind : 묶다, 묶어두다 ***strain = strict**

strain(=draw tight팽팽하게 잡아당기다)

strain

v. 꽉 죄다, 팽팽하게 당기다; 삐다; 왜곡하다 *n.* 접질리기

[strein]

[예] **strain** relations between two nations
두 나라 사이의 관계를 긴장시키다

cf. **sprain** *v.* 발목, 손목, 관절 등을 삐다

[파] strained *a.* 긴박한; 접질린; 강요된; 부자연한; 걸러진

syn 왜곡하다 = strain; distort; pervert; misconstrue

con(<com–강조–강하게)+strain(=draw tight잡아당기다)

constrain

v. 강요하다, 강제하다; 속박하다; 억제하다(restrain)

[kənstréin]

[예] **constrain** obedience 복종을 강요하다

[파] constraint *n.* 강제; 억제 constrained *a.* 강요된
constrainedly *ad.* 어쩔 수 없이, 마지못해, 억지로

syn 강요하다 = constrain; force; compel; impel; exact

di(〈dis–=apart따로)+strain(=draw tight잡아당기다)

distrain

v. (재산 등을) 압류[차압]하다; ~을 담보로 잡다

[distréin]

[예] **distrain** upon his property for the back rent
밀린 집세로 그의 재산을 압류하다

syn 압류하다 = distrain; seize; attach; levy; extend

re(=back뒤로)+strain(=draw tight잡아당기다)

restrain

v. 억누르다, 억제하다; 제지하다(check); 제한하다

[ristréin]

[예] **restrain** one's anger 분노를 참다

[파] restraint *n.* (감정 등의) 억제; 자제; 속박
restrained *a.* 절도 있는; 억제된
restrainedly *ad.* 자제하여, 억제하여, 참고

syn 억누르다 = restrain; curb; check; suppress;
oppress; hold[put] down

strict

draw tight : 팽팽하게 당기다
bind : 묶다, 묶어두다 *strict = strain

strict(=draw tight팽팽하게 잡아당겨진)

strict

[strikt]

a. 엄격한, 엄한, 엄중한; 정확한(exact), 엄밀한

㉠ **strict** rules 엄격한 규칙

keep a **strict** watch 엄중히 감시하다

㉴ strictly *ad.* 엄격히; 꼼꼼하게(punctiliously)

striction *n.* 긴축; 긴장; 압축(compression)

syn 엄격한 = strict; austere; stern; rigorous; severe

con(=together함께)+strict(=draw tight꽉 잡아당기다)

constrict

[kənstríkt]

v. 압축하다(compress); 꽉 죄다; 수축시키다(contract)

㉠ be **constricted** by a string 끈으로 조여 있다

㉴ constriction *n.* 압축, 수축, 긴축; 속박감; 〈병리〉 협색(증)

constrictive *a.* 단단히 죄는; 긴축적인

syn 꽉 죄다 = constrict; strain; tighten

di(〈dis-=apart(구역을) 따로따로)+strict(=bind묶어둔 것)

district

[dístrikt]

n. (행정상 구분한) 지구, 지역; 관할구역; 선거구; 지방

㉠ a densely populated **district** 인구 밀집 지역

㉴ distress *n.* 고민, 비탄; 고통; 빈곤; 조난 *v.* 괴롭히다

syn 선거구 = (electoral) district; constituency; precinct

re(=back뒤로)+strict(=draw tight세게 잡아당기다)

restrict

[ristríkt]

v. 제한하다, 한정하다; 금지하다(ban; forbid; prohibit)

㉠ **restrict** the water supply 급수를 제한하다

㉴ restriction *n.* 제한, 한정 restrictive *a.* 제한하는

restricted *a.* 제한된(limited), 좁은; 기밀의(confidential)

syn 한정하다 = restrict; confine; bound; limit

struct

build : 세우다, 건축하다

con(=together함께)+struct(=build세우다)

construct

v. 건설하다(build); 조립하다(frame); 구성하다 *n.* 구조물

[kənstrΛkt]

예 construct a railway line 철도를 건설하다

파 construction *n.* 건설, 건조물; 해석
*construe *v.* 해석하 다; 추론하다   **constructive** *a.* 건설적인, 발전적인

syn 건설하다 = construct; build; erect; establish

re(=again다시)+construct(건설하다)

reconstruct

v. 다시 짓다, 개축하다; 재건하다; 복원하다; 재현하다

[rìːkənstrΛkt]

예 be **reconstructed** from roof to basement
완전히 개축되다

파 reconstruction *n.* 재건; 개조; 복원

syn 개축하다 = reconstruct; rebuild; remodel

de(=down반대로)+struct(=build세우다) → 허물어뜨리다

destruct

v. 자동파괴하다, 파괴되다 *n.* 자동파괴, 공중폭파

[distrΛkt]

예 destruct the malfunctioning satellite
고장 난 위성을 자폭시키다

파 destruction *n.* 파괴; 학살; 절멸
*destroy *v.* 파괴하다   **destructive** *a.* 파괴적인; 파멸적인; 부정적인(negative)
    (demolish)

syn 파괴하다 = destroy; demolish; shatter; break (down)

in(=in(머리) 속에)+struct(=build(지식을) 쌓아올리다)

instruct

v. 가르치다(teach), 교육하다; 지시하다(direct); 알리다

[instrΛkt]

예 instruct the class in English
그 반 학생들에게 영어를 가르치다

파 instruction *n.* 교수, 교육; 교훈; 지식; (*pl.*) 사용설명서
    instructive *a.* 교육적인, 유익한(edifying; wholesome)

syn 가르치다 = instruct; teach; educate; initiate(초보를)

683

ob(=against방해가 되게)+struct(=build세우다)

obstruct
[əbstrʌ́kt]

v. (통로를) 막다(block up), 통행을 차단하다; 방해하다

- be **obstructed** by the landslide 산사태로 막히다

- obstruction *n.* 차단; 방해(물), 장애
  obstructive *a.* 방해하는(hindering)

syn 방해하다 = obstruct; impede; disturb; interfere;
　　　　　　　 interrupt; bar; filibuster

struct(=build세운)+ure(것)

structure
[strʌ́ktʃər]

n. 구조, 구성; 조직, 기구; 체계 *v.* ～을 체계화[조직화]하다

- the **structure** of the human body 인체 구조

- structural *a.* 구조상의　structuralism *n.* 구조주의

syn 구조 = structure; construction; constitution; frame

infra(=below아래의)+structure(구조, 조직)

infrastructure
[ínfrəstrʌ̀ktʃər]

n. (도로, 항만 등의) 사회 기반 시설, 경제 구조; 하부 구조

- a two-stage **infrastructure** expansion program
  2단계 기반 시설 확장 계획

*foothold *n.* 기반, 발판

syn 기반 = infrastructure; foundation; base; footing

sub(=under아래의)+structure(구조)

substructure
[sʌ́bstrʌ̀ktʃər]

n. 기초(공사), 토대(foundation); 하부구조; 교각, 교대

- a fragile political **substructure**
  허약한 정치적 하부구조

*substruction
n. 기초, 토대

- substructural *a.* 기초의; 하부구조의

syn 교각 = substructure; (bridge) pier; bent

super(=over～위의)+structure(구조)

superstructure
[súːpərstrʌ̀ktʃər]

n. 상부구조(물); (사상 체계 등) 어떤 바탕 위에 구축된 것

- the **superstructure** of the destroyer
  구축함의 상부구조물

syn 상부 = top; head; upside; upper part

684

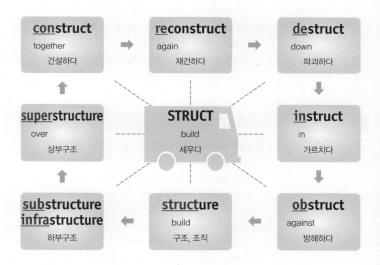

construct
together
건설하다

reconstruct
again
재건하다

destruct
down
파괴하다

superstructure
over
상부구조

STRUCT
build
세우다

instruct
in
가르치다

substructure
infrastructure
하부구조

structure
build
구조, 조직

obstruct
against
방해하다

suad(e)

advise : 충고하다, 권고하다
sweet : 단, 달콤한; 맛있는

dis(=away~을 멀리 하라고)+suade(=advise충고하다)

dissuade

[diswéid]

v. (설득하여) 단념시키다, 그만두게 하다

예 try to **dissuade** the North Korea from developing nuclear weapons
북한이 핵무기 개발하는 것을 단념시키려고 노력하다

파 dissuasion *n.* 설득하여 그만두게 함, 말림, 만류
dissuasive *a.* 단념시키는

syn 단념시키다 = dissuade; discourage; dishearten; deter; obstruct

per(강조-(~하라고) 강하게)+suade(=advise충고하다)

persuade

[pəːrswéid]

v. 설득시키다, 권해서 ~하게 하다(induce); 확신시키다

예 **persuade** one's wife to go to hospital
아내를 설득하여 병원에 가게 하다

파 persuasion *n.* 설득(suasion); 확신(conviction); 종파
persuasive *a.* 설득력 있는, 설득할 수 있는
n. 동기, 유인(inducement)

syn 설득하다 = persuade; prevail (up)on; talk ~ over; talk[argue] ~ into

cf. **suave** *a.* 상냥한, 온화한(mild); (술 등이) 맛이 순한; 감촉이 좋은

dissuade	⋯▸	persuade
단념시키다		설득시키다

dissuasion	⋯▸	persuasion
만류, 말림		설득, 납득, 교파

su

follow : 뒤따르다, ~의 뒤를 쫓다
*su = sequ

sue(=follow(범죄 행위를) 뒤쫓다)

sue

[su:]

v. 고소하다, 소송을 제기하다; 청원하다(petition)

cf. suitable
a. 적당한, 적절한

예 sue one's husband for divorce
남편을 상대로 이혼 소송을 제기하다

파 suit n. 소송(action), 고소; 청혼(wooing); (한 벌의) 옷; 짝패

syn 소송하다 = sue; bring a suit[an action]; go to law;
institute a lawsuit

en(=after~뒤에)+sue(=follow잇따르다)

ensue

[ensú:]

v. 결과로서 일어나다(result); 잇따라 일어나다(follow)

예 the anguish that inevitably ensues
필연적으로 뒤따르는 마음의 고통

파 ensuing a. 이어지는, 계속해서 일어나는(following)

syn 잇따라 일어나다 = ensue; follow one after another;
occur in succession

is(=out밖으로)+sue(=go나가다)

issue

[íʃu:]

v. (흘러)나오다; 발행하다 n. 논점, 쟁점; 발행; 자녀

*the current issue
최근 호

예 issue a joint statement 공동성명을 발표하다
a question at issue 계쟁 중인 문제

파 issuable a. 발행할 수 있는 issueless a. 자녀가 없는

syn 발행하다 = issue; publish; bring out

pur(<pro-=forth앞으로)+sue(=follow쫓아가다)

pursue

[pərsú:]

v. 추적하다(chase); (불행 등이) 따라다니다; 추구하다

예 pursue pleasure 쾌락을 추구하다

파 pursuit n. 추적, 추격; 추구(quest); 종사

syn 추적하다 = pursue; chase; track; follow[run] after

sum(e)

take : 가지다, 취하다, 떠맡다

as(<ad–=to ~으로)+sume(=take취하다)

assume

[əsjú:m]

v. (태도를) 취하다; ~인 체하다; 가정하다; ~을 떠맡다

ⓔ assume an ambiguous[a dispassionate]
attitude 모호한[냉정한] 태도를 취하다
assume the reins of government 정권을 잡다

ⓓ assumption *n.* 가정; 떠맡기; 거만
assumptive *a.* 가정의; 거만한
assumed *a.* 가장한, 겉꾸민, 가짜의; 제멋대로 판단한

syn ~인 체하다 = assume; pretend; feign; make believe

con(<com–=completely완전히)+sume(=take취하다)

consume

[kənsú:m]

v. 다 써버리다; 소비[낭비]하다; (건강을) 악화시키다

ⓔ consume all one's energies on wine and sex
주색에 정력을 다 낭비하다

ⓓ consumption *n.* 소비; 소모; 폐결핵
consumedly *ad.* 몹시(excessively); 엄청나게
consumptive *a.* 소비의; 낭비적인(wasteful)
consumer *n.* 소비자(↔ producer *n.* 생산자)

syn 소비하다 = consume; spend; expend; use up(다 써버리다)

pre(=before미리)+sume(=take취하다)

presume

[prizú:m]

v. 가정[추정]하다, ~이라고 여기다; 감히 ~하다(dare)

ⓔ be **presumed** (to be) innocent 무죄로 추정되다

ⓓ presumption *n.* 가정, 어림짐작; 무례
presumptive *a.* 추정에 의한
presumptuous *a.* 주제넘은, 뻔뻔스러운
presumably *ad.* 아마(probably)

syn 가정하다 = presume; assume; suppose; postulate;
hypothesize

688

re(=again다시)+sume(=take취하다)

resume
[rizú:m]

v. 다시 시작하다[차지하다, 착용하다]; 되찾다; 요약하다

예 resume a nuclear test
핵실험을 다시 시작하다[재개하다]

resume one's hat[seat]
모자를 다시 쓰다[자리에 다시 앉다]

*résumé *n.* 대략, 개
요(summary); 이력서
(curriculum vitae)

파 resumption *n.* 재개; 회복
resumptive *a.* 되찾는; 다시 시작하는; 요약의
resumable *a.* 재개할[회복할] 수 있는; 되찾을 수 있는

syn 되찾다 = resume; repossess; recover; regain;
retake; restore; retrieve; get back; take back

cf. 다시 시작하다 = restart; begin again

sub(=under아래에)+sume(=take집어 넣다)

subsume
[sʌbsú:m]

v. (범주 등에) 포함시키다, 포섭하다; 어떤 부류에 넣다

예 subsume several subsides into an allowance
여러 가지 보조금들을 수당 하나에 포함시키다

파 subsumption *n.* 포함(inclusion), 포섭(되는 것)

syn 포함하다 = subsume; comprise; comprehend;
embrace; imply, connote(뜻을 ~)

assume ⋯▸	consume ⋯▸	presume ⋯▸	resume ⋯▸	subsume
가정하다	소비하다	추정하다	다시 시작하다	포함하다

sure

sure : 확실한, 안전한, 틀림없는

sure((se-=apart from~에서 떨어져+cure=care근심, 걱정) → 근심[걱정] 없는

sure

[ʃuər]

a. 확실한(certain); 안전한(safe) *ad.* 확실히(certainly)

⑩ a **sure** cure of the blues 우울증의 확실한 치료제

⑩ surely *ad.* 확실히, 반드시, 틀림없이
surety *n.* 보증, 담보; 보증인

syn 확신하는 = sure; certain; positive; confident;
convinced;

as(<ad-=to~으로)+sure(확실한; 확신하는)의 뜻에서

assure

[əʃúər]

v. 보증[보장]하다; 책임지다; 확실하게 하다(ensure)

⑩ **assure** them of the viability of the alliance
그들에게 동맹이 지속될 것임을 보장하다

⑩ assured *a.* 보증된, 확실한
viability
n. 생존능력, 생존력;
(계획 등의) 실행가능성

n. (the ~) 피보험자; 보험금 수령인(beneficiary)
assuredly *ad.* 확실히, 틀림없이(certainly)
assurable *a.* 보증할 수 있는(infallible)
assurance *n.* 보증(pledge; guarantee), 보장; 확신

syn 보증하다 = assure; warrant; guarantee; vouch;
certify; wager(내기에 걸다)

cf. **reassure** *v.* 안심시키다; 재보증하다

en(=make~하게 하다)+sure(확실한; 안전한)

ensure

[enʃúər]

v. 확실하게 하다, 보증하다; 확보하다; 지키다

⑩ **ensure** that he will keep his word
그가 약속을 지킬 거라고 보증하다

syn 확보하다 = ensure; secure; assure

cf. **insure** *v.* 안전하게 하다(ensure); 보험에 들다; 보증하다
insurance *n.* 보험; 보험금; 보험료(premium)
insurer *n.* 보험업자 **insured** *n.* [the ~] 피보험자
insurable *a.* 보험에 들 수 있는

690

Study **48**

root 191

tain　　　**hold : 가지다, 보유하다, 유지하다, 지탱하다**

abs(=from(어떤 것에서) 떨어져서)+tain(=hold유지하다)

abstain

[əbstéin]

ㅇ **abstain** from backbiting[a meat diet]
흠담을 피하다[육식을 삼가다]

*forbear from
삼가다, 그만두다

v. 삼가다, 절제하다, 그만두다, 끊다; 금주하다

ㅁ abstention *n.* 삼감, 절제(abstinence); 포기, 기권
abstinent *a.* 절제하는(abstentious; abstemious)
abstemious *a.* 절제하는; 검소한; 삼가는, 금욕적인

syn 삼가다 = abstain from; keep from; refrain from

con(=together함께)+tain(=hold가지다)

contain

[kəntéin]

ㅇ learn how to **contain** one's anger
분노를 억제하는 법을 배우다

*a containment
policy 봉쇄 정책

v. ~을 포함하다[함유하다]; 억누르다; 봉쇄하다

ㅁ containment *n.* 견제, 억제; 봉쇄 (정책)

syn 포함하다 = contain; comprehend; comprise;
embrace; include

de(=from~에서 떨어져)+tain(=hold잡아두다)

detain

[ditéin]

ㅇ be **detained** in one's home 자택에 구금당하다

ㅁ detention *n.* 구류, 감금; 저지; 지연
*under detention 구류[감금]되어
detainer *n.* 불법 점유[유치]; 감금, 구금

syn 감금하다 = detain; confine; imprison; lock up;
hold[keep] ~ into custody

v. 감금[구류, 유치]하다; 지체하게 하다

enter(<inter-=among(사람들) 사이에서)+tain(=hold유지하다)

entertain
v. 환대[대접]하다; 즐겁게 해주다; 간직하다; 받아들이다

[èntərtéin]

[예] **entertain** a self-invited guest cordially
불청객을 극진하게 대접하다

[파] entertainment *n.* 환대(hospitality), 대접; 오락, 위안; 연예

syn 환대하다 = entertain; treat warmly[hospitably]; give a cordial reception

main(<man=hand손에)+tain(=hold(계속) 가지다, 유지하다)

maintain
v. 지속하다; 유지하다; 부양하다; 주장하다, 단언하다

[meintéin]

[예] **maintain** law and order 법과 질서를 유지하다

[파] maintainable *a.* 유지할[부양할, 주장할] 수 있는
maintenance *n.* 지속; 유지, 보수, 관리; 부양; 위자료

syn 주장하다 = maintain; assert; contend; insist (on); persist (in)

ob(=against~에 대하여)+tain(=hold잡다)

obtain
v. 손에 넣다, 얻다, 획득하다; (널리) 행해지다, 유행하다

[əbtéin]

[예] **obtain** a license 면허를 따다
obtain among rich people
부자들 사이에서 널리 행해지다

[파] obtainable *a.* 손에 넣을 수 있는; 얻을 수 있는
obtainment *n.* 획득(acquirement)

syn 획득하다 = obtain; procure; acquire; get; annex

per(강조-완전히)+tain(=hold붙잡다)

pertain
v. ~에 따라다니다, 부속하다; ~에 관계가 있다; 적합하다

[pəːrtéin]

[예] the degree **pertaining** to one's job
직업에 맞는 학위

[파] pertinent *a.* 적절한(relevant), ~에 꼭 들어맞는; 관계있는
pertinence, pertinency *n.* 적절, 타당(appropriateness)

syn 부속하다 = pertain; be attached to; belong to; go with

re(=back뒤쪽에)+tain(=hold(계속) 붙잡고 있다)

retain
[ritéin]

v. ~을 계속 지니다, 간직하다; 유지하다, 보유하다

⦿ **retain** one's beauty forever
아름다움을 영원히 간직하다

⑩ retainment *n.* 유지, 존속; 보유(possession; holding)
retainer *n.* 보유자; 보유물; 신하(subject)

syn 마음에 간직하다 = retain; harbor; cherish; entertain;
hold; keep

sus(<sub-=under아래에서)+tain(=hold떠받쳐 주다)

sustain
[səstéin]

v. 지탱하다; 떠받치다; 부양하다; 지속하다; 지지하다

⦿ **sustain** the weight[decision]
무게를 견뎌내다[결정을 지지하다]

sustain a bruise[a serious wound]
타박상[중상]을 입다

⑩ sustainable *a.* 지탱[유지]할 수 있는; 지속적인(persistent)
sustenance *n.* 생계(의 수단); 양식; 영양(물); 지탱, 유지

syn 부양하다 = sustain; support; maintain; keep up

at(<ad-=to~에)+tain(=touch손대다)

attain
[ətéin]

v. (끊임없는 노력으로) 달성[성취]하다; 도달하다

⦿ **attain** one's purpose[the goal of production]
목적을[생산 목표를] 달성하다

⑩ attainable *a.* 이룰[도달할] 수 있는
attainment *n.* 달성; (*pl.*) 학식

syn 달성하다 = attain; accomplish; achieve; realize;
carry through[out]

abstain	⋯→	contain	⋯→	detain	⋯→	entertain	⋯→	maintain
삼가다		포함하다		감금하다		환대하다		지속하다

obtain	⋯→	pertain	⋯→	retain	⋯→	sustain	⋯→	*attain
획득하다		부속하다		간직하다		지탱하다		달성하다

tect

cover : 덮개, 보호; 덮다, 감싸다

---

de(=from~에서 (벗겨내))+tect(=cover덮개) → 덮개를 벗겨내다

detect

[ditékt]

v. 찾아내다, 간파하다, 탐지하다, 발견하다; 검출하다

- **detect** a gas leak 가스가 새는 것을 탐지하다

  detect a note of urgency in her voice
  그녀의 목소리에서 다급한 기색을 느끼다

- detectable *a.* 탐지[발견]할 수 있는
  detective *n.* 탐정, 형사 *a.* 탐정의
  detection *n.* 간파, 탐지; 발견; 검출
  detector *n.* 검출기, 검파기, 탐지기

  syn 간파하다 = detect; discover; penetrate; see through

---

pro(=before앞쪽에)+tect(=cover감싸다)

protect

[prətékt]

*protectionism
n. 보호무역 정책

v. 보호하다, 지키다; (어음 등의) 지불금을 준비하다

- **protect** domestic industries[the weak]
  국내 산업을[약자를] 보호하다

- protection *n.* 보호(자); 비호; 방호물
  protector *n.* 보호자; 〈야구〉 가슴받이
  protectionist *n.* 보호(무역)론자(↔ freetrader)
  protective *a.* 보호하는 protectively *ad.* 방어적으로

  syn 보호하다 = protect; safeguard; shelter; shield;
  cover; look after

---

archi(=chief우두머리)+tect(=carpenter목수)

architect

[á:rkitèkt]

n. 건축가; 설계자; 고안자 *v.* ~을 건축하다, 설계하다

- the **architect** of one's own fortune
  자기 운명의 개척자

- architecture *n.* 건축술, 건축학; 건축(양식); 건축물; 구조
  architectural *a.* 건축(술)의; 건축학의 원칙에 맞는

  syn 설계자 = architect; designer; planner; projector

tempor

time : 시간, 시대, 때

---

tempor(=time(일시적) 시간)+ary(의)

temporary

[témpərèr]

a. 일시적인, 순간의, 덧없는; 잠정적인, 임시변통의

예 a **temporary** expedient[makeshift]
임시방편, 미봉책

파 temporarily *ad.* 일시적으로, 임시로
temporal *a.* 일시적인; 속세의, 현세의(mundane)

*immortal
  a. 불멸의, 불후의

syn 임시변통의 = temporary; extemporary; stopgap;
extemporaneous; make-do; makeshift;
patch-up; rough-and-ready; ad hoc

ant 영원한 = permanent; perpetual; eternal; everlasting

---

con(<com-=together함께, 동시에)+tempor(=time시대)+ary(의)

contemporary

[kəntémpərèri]

a. 동시대의, 동시대에 존재한; 현대의; 그 당시의

예 be **contemporary** with Lincoln
링컨과 같은 시대의 사람이다

n. 동시대의 사람

*a contemporary
  review 시사 비평

파 contemporize *v.* 같은 시대로 하다; 동시대의 것으로 하다
contemporaneous *a.* 동시에 발생한, 동시(대)의; 동년배의

syn 현대의 = contemporary; modern; current; of today

---

ex(=out of~이 없이)+tempor(=time시간)+ary(의) → (준비할) 시간 없이

extemporary

[ikstémpərèri]

a. 즉석의, 즉흥적인; 원고 없이 하는; 임시변통의

예 make an **extemporary** speech 즉흥 연설을 하다

파 extemporarily *ad.* 즉석에서; 임시변통으로
extemporaneous *a.* 즉석에서 (말)하는; 임시변통의
extempore *a.* 즉석의 *ad.* 즉석에서(without preparation)
extemporize *v.* 즉석에서 연설하다; 즉흥적으로 작곡하다

syn 즉석의 = extemporary; extemporaneous; instant;
extempore; impromptu; improvised;
offhand; off-the-cuff; ad-lib

tempt

try : 시도하다, 시험하다. 애쓰다

tempt(=try(사람을 시험해 보다)의 뜻에서

tempt

[tempt]

tempter n. (the T−)
악마, 사탄

v. 유혹하다, 꾀어내다, 끌어들이다; (식욕 등을) 돋우다

예 be **tempted** by a woman to do wrong
여자에 홀려 나쁜 짓을 하다

tempt one's appetite 식욕을 돋우다

파 tempting a. 유혹적인(alluring), 마음을 부추기는; 매력적인
temptation n. 유혹(enticement)

syn 유혹하다 = tempt; entice; attract; lure; allure; seduce

at(<ad−=to~을 향하여)+tempt(=try시도하다)

attempt

[ətémøt]

v. 시도하다; 공격[습격]하다(raid; assault); (생명을) 노리다

n. 시도, 기도; 실패작; ⟨법⟩ 미수(행위); 공격, 습격(assault)

예 **attempt** suicide 자살을 기도하다

make a futile **attempt** 헛된 시도를 하다

파 attempted a. 미수의; 기도한 *attempted arson 방화 미수

syn 습격하다 = attempt; raid; assail; assault; attack;
charge; fall on

con(<com−=thoroughly철저히)+tempt(=try시험당함)

contempt

[kəntémøt]

n. 경멸, 멸시, 모욕; 치욕, 수치(disgrace); ⟨법⟩ 모욕죄

예 be beneath **contempt** 경멸할 가치조차 없다

파 contemptible a. 경멸할 만한(despicable), 치사한, 비열한
contemptuous a. 사람을 얕잡아보는, 경멸적인(scornful)

syn 모욕 = contempt; insult; indignity; affront; outrage

tempt	⋯▸	attempt	⋯▸	contempt
유혹하다		시도하다		경멸; 치욕

tend

stretch : 잡아 늘이다; (팔, 다리 등을) 뻗다, 쭉 펴다

tend(=stretch(어떤 방향으로) 뻗다)

tend

[tend]

v. ~하는 경향이 있다; ~으로 향하다; 이바지하다; 돌보다

🔘 **tend** to have a higher fatality rate
사망확률이 더 높은 경향이 있다

🔘 tendance *n.* 시중(attendance), 간호
tendency *n.* 경향, 추세(trend; tide); 성향

syn 경향 = tendency; trend; drift; movement(동향)

at(<ad-=to~에)+tend(=stretch one's mind마음을 쓰다)

attend

[əténd]

v. 시중들다, 수행하다; 간호하다; 출석하다; 주의하다

🔘 **attend** a funeral[one's health]
장례식에 참석하다[건강에 유의하다]

🔘 attendance *n.* 시중; 수행; 출석
attendant *n.* 수행원; 참석자 *a.* 수행하는
attention *n.* 주의; 배려(concern); 돌봄(care)
attentive *a.* 주의 깊은, 세심한(scrupulous)

syn 시중들다 = attend[tend; wait] (up)on; serve;
look after; take care of

con(=together함께)+tend(=stretch(손을) 뻗다)

contend

[kənténd]

v. 싸우다, 다투다; 논쟁하다; 주장하다(maintain)

🔘 **contend** for freedom[with difficulties]
자유를 위해[곤란과] 싸우다

🔘 contention *n.* 말다툼, 논쟁(dispute); 논쟁점; 주장; 다툼
contentious *a.* 다투기[논쟁하기] 좋아하는(quarrelsome)

syn 논쟁하다 = contend; dispute; argue;
have an argument with

cf. **content** *n.* 내용; 목차; 요지, 취지; 내용물

dis(=away멀리)+tend(=stretch잡아 늘이다)

distend
[disténd]

v. 팽창시키다, 부풀게 하다; 넓히다; 과장하다; 팽창하다

- **distend** one's belly 배가 나오게 하다
  distend a balloon 풍선을 부풀리다

- distension *n.* 팽창, 확장, 확대
  distensible *a.* 부푸는; 확장시킬 수 있는

syn 팽창시키다 = distend; dilate; expand; inflate; swell

ex(=out밖으로)+tend(=stretch(길고 넓게) 뻗다)

extend
[iksténd]

v. 잡아 늘이다, 연장하다(prolong); 확장하다; 뻗다; 베풀다

- **extend** one's visa[influence]
  비자를 연장하다[세력을 확장하다]

*extensively
ad. 널리, 광범위하게
  (widely)

- extended *a.* 광대한; 집중적인
  *extended deterrence 확장 억제력
  extension *n.* 확장; 연장; 구내전화
  extensive *a.* 광대한, 광범위한

syn 확장 = extension; expansion; enlargement;
          aggrandizement; dilation

in(=in~으로)+tend(=stretch(마음을) 뻗다)

intend
[inténd]

v. ~할 작정이다, 의도하다; ~을 의미하다

- **intend** to put a big shot in the post of ~
  ~의 자리에 거물을 앉힐 작정이다

- intended *a.* 고의의; 미래의; 약혼자의 *n.* 약혼자
  intention *n.* 의도; 목적(aim; end)
  intent *n.* 의도; 목적; 취지 *a.* 열중해 있는(bent)
  intently *ad.* 열중하여(enthusiastically)
  intentional *a.* 계획적인, 의도적으로 한
  (↔ accidental *a.* 우연의)
  intentionally *ad.* 고의로, 일부러(by design; on purpose)

syn ~할 작정이다 = intend; mean; plan; propose;
                    contemplate

pre(=before앞에서)+tend(=stretch(거짓을) 펼치다)

pretend
[priténd]

v. ~인 체하다, 가장하다; (거짓) 주장하다, 구실로 삼다

⑩ pretend illness[ignorance]
꾀병을 부리다[시치미 떼다]

㉟ pretense *n.* 구실(plea), 핑계(pretext)
pretension *n.* 주장, 요구; 핑계(plea)
pretentious *a.* 자만[자부]하는(self-conceited);
젠 체하는, 방자한(wanton); 거짓의

syn ~인 체하다 = pretend; feign; affect; make believe

super(=over위에서)+in(=in~으로)+tend((주의를) 뻗다)

superintend
[sù:pərinténd]

v. (종업원 등을) 감독하다; 관리하다(manage), 지배하다

⑩ superintend the production process
생산 공정을 감독하다

㉟ superintendence *n.* 감독, 관리
superintendent *n.* 감독자; 국장

syn 감독하다 = superintend; supervise; oversee; direct;
control

attend	⋯	contend	⋯	distend	⋯	extend
시중들다		싸우다		팽창시키다		잡아 늘이다

intend	⋯	pretend	⋯	superintend
~할 작정이다		~인 체하다		감독하다

termin

end : 끝   limit : 한계
boundary : 경계

termin(=end끝, limit한계)+ate(=make짓다)

terminate

v. 끝내다, 종결시키다; 한계 짓다; 끝나다 *a.* 유한한

[tə́:rmənèit]

⒠ be **terminated** by mutual consent
상호동의에 의해 종결되다

*terminator
n. 끝내는 사람[것]

⒫ termination *n.* 끝냄, 끝남; 종료; 만기(expiration)
terminal *a.* 끝의; 종점의; 기말의; 학기의; (병이) 말기의
term *n.* 기간; 학기; 기한; 전문용어; (*pl.*) 조건; (사람의) 관계

syn 끝내다 = terminate; end; finish; close; complete;
conclude; make an end; bring to a close;
get through; wind up

de(=completely완전히)+termin(=limit한계)+ate(지은)

determinate

a. 한정된, 명확한; 확정된; 최종적인 *v.* 확인하다

[ditə́:rmənit]
[ditə́:rmənèit] *v.*

⒠ disregard the **determinate** order of precedence
정해진 서열을 무시하다

⒫ determinately *ad.* 최종적으로(finally)
determined *a.* 결심하고 있는(resolved); 단호한(firm)
determinedly *ad.* 결연히, 단호하게(resolutely)

*determine
v. 결정하다; 결심하다
(resolve)

determination *n.* 결심; 결정; 결단(resolution)
determinative *a.* 결정력이 있는, 확정적인 *n.* 한정사

syn 명확한 = determinate; clear; definite; distinct;
accurate; precise

pre(=before미리)+determinate(정해진)

predeterminate

a. 미리 정해진(predetermined), 예정된(foreordained)

[prì:ditə́:rmənit]

⒠ black lies which are **predeterminate**
미리 계획된 악의적인 거짓말

⒫ predetermination *n.* 예정, 선결; 미리 운명 지어져 있음
predetermine *v.* 미리 결정[예정]하다; 운명짓다

syn 예정된 = predeterminate; prearranged; foreordained

ex(=out of~의 밖으로)+termin(=boundary(완전히) 경계)+ate(=make하다)

exterminate
v. 근절하다, 박멸하다(annihilate), 완전히 구제하다

[ikstə́:rmənèit]

예 **exterminate** venereal diseases 성병을 박멸하다

파 extermination *n.* 근절, 박멸, 섬멸, 구제(annihilation)
exterminatory, exterminative *a.* 박멸하는, 근절하는
exterminator *n.* 구충제(insectifuge; vermicide)
exterminable *a.* 근절할 수 있는, 뿌리 뽑을 수 있는

syn 박멸하다 = exterminate; annihilate; eradicate;
extirpate; deracinate; uproot; root up; root out

co((com=together함께)+termin(=boundary경계)+ous(의)

coterminous
a. 공동 경계의; 경계를 서로 접하는; 인접한(adjacent)

[koutə́:rmənəs]

예 be **coterminous** with Mongolia
몽골과 국경이 서로 접하다

파 conterminous, coterminal *a.* 동일 연장(延長)의

syn 경계 = boundary; border; metes and bounds

in(=not부정)+termin(=boundary경계)+able(할 수 있는) → 경계 지을 수 없는

interminable
a. 끝이 없는, 무궁한; 영구의(forever); 지루한

[intə́:rmənəbəl]

예 **interminable** queues for relief goods
구호물자를 타려고 끝없이 늘어선 줄

*queue *n.* 줄, 열;
행렬; (머리의) 변발

파 interminably *ad.* 그칠 줄 모르게, 끝없이, 무기한으로

syn 끝이 없는 = interminable; endless; infinite
지루한 = interminable; wearisome; tiresome;
tedious; dull; boring; monotonous(단조로운)

terminate	┄→	determinate	┄→	predeterminate
한계짓다		한정된, 명확한		미리 정해진

exterminate	┄→	coterminous	┄→	interminable
근절하다		공동경계의, 인접한		끝이 없는, 무궁한

701

test

witness : 증언하다, 목격하다; 증언

test(=earthen vessel(금속 시험에 쓰인) 질그릇)

test

[test]

v. 시험[검사, 조사, 실험]하다 *n.* 시험, 검사; 시금석; 시약

예 have one's eyesight **tested** 시력검사를 받다
take a lie detector **test** 거짓말 탐지기 테스트를 받다

파 testament *n.* 유언(장), 유서; 증거; 고백; (the T−) 성서
testimony *n.* 증언; 증거(evidence)
testimonial *n.* (자격 등의) 증명서; 추천장; 표창장 *a.* 증명서의
testify *v.* 증명[입증]하다; 증언하다(depose)

syn 시험하다 = test; try; put to the test;
experiment(실험하다)

at(<ad−=to~으로)+test(=witness증언하다)

attest

[ətést]

v. 증명[입증]하다; 증언하다; ~의 증거가 되다(prove)

예 **attest** to one's innocence ~의 결백함을 입증하다

파 attestation *n.* 증명, 입증; 증거; 증명서; 선서(testimony)
attested *a.* 증명된; (우유 등이) 무균 보증된

syn 증명하다 = attest; prove; verify; demonstrate;
identify(신원을 ~)

con(=together서로 (옳다고))+test(=witness증언하다)

contest

[kəntést]
[kántest] *n.*

v. 논쟁하다(dispute); (상을) 다투다; 경쟁하다 *n.* 다툼; 경쟁

예 a bloody **contest** for power
피비린내 나는 권력 투쟁

파 contestation *n.* 논쟁(disputation); 논의; (논쟁에서의) 주장
contestant *n.* 경쟁자, 경쟁상대; 논쟁자; 이의 신청자
contestable *a.* 다툴 만한; 논쟁의 여지가 있는;
의심스러운(doubtful; dubious)

syn 경쟁하다 = contest; compete; contend; vie; emulate

cf. **context** *n.* 문맥; (어떤 일의) 정황(circumstances)

de(=down아래로)+test(=witness(신을) 증인(으로 불러 비난하다))

detest

[ditést]

*limelight *n*. (the ~)
주목의 대상

v. 혐오하다, 몹시 싫어하다, 미워하다

예 detest coming into the limelight
사람들의 주목을 받는 것을 아주 싫어하다

파 detestation *n*. 증오(hatred), 혐오; 몹시 싫은 사람[것]
detestable *a*. 혐오할 만한, 진저리나는
(hateful; abominable; choked)

syn 혐오하다 = detest; abhor; loathe; abominate;
dislike[hate] very much; be averse to

pro(=before(대중) 앞에서)+test(=witness(잘못에 대해) 증언하다)

protest

[prətést]
[próutest] *n*.

v. 항의하다, 이의를 제기하다; 어음 지급을 거절하다

n. 항의; 불복; (약속어음 등의) 인수[지급] 거절

예 protest against racial discrimination
인종차별에 항의하다

파 protestation *n*. 항의; 확언, 단언, 주장
protester *n*. 항의자 *cf.* challenger *n*. 기피자
Protestant *n*. 신교도; (p−) 이의를 제기하는 사람
a. 프로테스탄트의, 신교(도)의

syn 항의하다 = protest; remonstrate;
raise a cry against; take exception to;
raise an objection to[against]

test	⋯	attest	⋯	contest	⋯	detest	⋯	protest
시험하다		증명하다		논쟁하다		혐오하다		항의하다

Study **49**

tom(y)

cut : 자름, 절개, 절단, 절제; 외과수술

---

ana(=completely완전히)+tomy(=cut자름)

anatomy

[ənǽtəmi]

n. 해부; 해부학; (동·식물의) 조직, 구조; 분석, 검사; 인체

- 예 animal[human] **anatomy** 동물[인체] 해부학

- 파 anatomic(al) *a.* 해부(학)의; 조직상의
  anatomist *n.* 해부(학)자; 분석자(analyst)
  anatomize *v.* 해부하다(dissect); 분석하다(analyze)

- *syn* 해부 = anatomy; dissection; vivisection(생체~)
  *autopsy=postmortem(검시, 부검)

---

auto(=self자기 자신이 스스로)+tomy(=cut자름)

autotomy

[ɔːtátəmi]

n. 자기 절단(도마뱀 등이 자기 몸의 일부를 스스로 잘라내는 일)

- 예 lizards' **autotomy** for survival
  생존을 위한 도마뱀의 자기 절단

- 파 autotomic, autotomous *a.* 자기 절단의, 자절의

- *syn* 절단 = cutting; abscission; severance;
  amputation(손, 다리의 절단(수술))

---

hystero(=womb; uterus자궁)+tomy(=cut절개)

hysterotomy

[hìstərátəmi]

n. 자궁 절개(술), 제왕 절개(Caesarean section[operation])

- 예 be delivered of a baby by **hysterotomy**
  제왕절개로 건강한 아기를 분만하다

- 파 hysterectomy *n.* 자궁 절제

- *syn* 자궁 = womb; uterus; matrix

- *cf.* **endometrium** *n.* 자궁내막
  a myoma of the uterus 자궁근종

neurotomy	*n.* (신경병 치료를 위한) 신경절제(술); 신경해부학
[njuərátəmi]	예 have a **neurotomy** to relieve pain
	통증을 덜기 위해 신경절제술을 받다
	파 neurotomist *n.* 신경 해부가
	syn 신경 쇠약 = nervous breakdown[prostration];
	neurasthenia

vasec(=vessel도관)+tomy(=cut절제(술))

vasectomy	*n.* 정관 절제, 정관 절제술
[væséktəmi]	예 undergo a **vasectomy** 정관 절제술을 받다
	파 vasectomize *v.* ~의 정관을 절제하다
	syn 정관 = spermatic duct; seminal duct;
	deferent duct; vas deferens

zoo(=animal동물)+tomy(=cut자름)

zootomy	*n.* 동물 해부(학) *cf.* **zoology** *n.* 동물학
[zouátəmi]	예 be much afraid of **zootomy**
	동물 해부하는 것을 무척 두려워하다
	파 zootomic(al) *a.* 동물 해부(학)의
	zoology *n.* 동물학 zoologist *n.* 동물학자
	syn 동물 = animal; (living) creature; brute, beast(짐승);
	fauna(동물군)
	ant 식물 = plant; vegetation; flora(식물군)
	cf. **botany** *n.* 식물학 **dichotomy** *n.* 이분법; 양분; 반달

anatomy	⋯▸	autotomy	⋯▸	hysterotomy
해부, 분석		자기절단		제왕절개

neurotomy	⋯▸	vasectomy	⋯▸	zootomy
신경절제		정관절제		동물 해부

tor(t)

twist : 비틀다, 뒤틀다

---

con(<com-강조-마구)+tort(=twist잡아 비틀다)

contort

[kəntɔ́:rt]

v. 비틀다, 일그러뜨리다; 찌푸리다; (뜻을) 곡해하다

- **contort** one's limbs 수족을 비틀다

- contortion *n.* (얼굴, 몸 등의) 뒤틀림; 왜곡
  contortionist *n.* 곡예사(acrobat; tumbler)
  contortive *a.* 비틀어지게 하는; 비틀어지기 쉬운; 비틀어진

syn 찌푸리다 = contort; frown; scowl; grimace;
                   make a face; knit the brows
     곡해하다 = contort; misunderstand; misconstrue;
                   interpret wrongly

---

dis(=apart낱낱이)+tort(=twist비틀다)

distort

[distɔ́:rt]

v. 왜곡하다; 비틀다; (소리, 화상을) 일그러뜨리다

- **distort** history on purpose 의도적으로 역사를 왜곡하다
  distort one's face 얼굴을 찡그리다

- distortion *n.* 왜곡, 곡해; 뒤틀림
  distorted *a.* 비뚤어진; 기형의; 왜곡된
  distortionist *n.* 만화가(caricaturist); 곡예사(contortionist)

syn 왜곡하다 = distort; pervert; twist; warp

---

ex(=out밖으로)+tort(=twist비틀어 (끌어내다))

extort

[ikstɔ́:rt]

v. (강제로) 빼앗다; 무리하게 강요하다; 억지 해석하다

- **extort** a confession from the suspect
  용의자로부터 자백을 강요하다

*hijack
v. 공중 납치하다

- extortion *n.* 강요, 강탈; 터무니없는 요금 청구
  extortionate *a.* 부당한, 터무니없는(preposterous;
                    fabulous), 엄청난(exorbitant)

syn 강탈하다 = extort; rob forcibly; snatch;
                 despoil; plunder; loot(약탈하다); usurp(왕위를 ~)

re(=back되돌려)+tort(=twist(똑같이) 비틀다)

retort

[ritɔ́:rt]

v. 되받아치다; 반박하다; 앙갚음하다 n. 반박; 말대꾸; 보복

㉠ retort insult for insult 모욕을 모욕으로 갚다

㉡ retortion n. 비틀기, 굽히기; 보복, 복수; (관세) 보복
retorted a. 굽은, 비틀어진, 뒤로 휜(recurved)

syn 반박하다 = retort; contradict; confute; refute; rebut;
gainsay

cf. **parry** v. (공격, 질문을) 받아넘기다

---

tort(=twist(심하게) 비틀)+ure(음)

torture

[tɔ́:rtʃər]

*third-degree
v. 가혹한 고문을 하다

n. 고문; (육체적, 정신적인) 심한 고통(agony), 고뇌

v. 고문하다; (몹시) 괴롭히다; 억지로 비틀다; 곡해하다

㉠ confess under **torture** 고문을 당해 자백하다

㉡ torturous a. 고문의, 고통스러운; 일그러진
tortuous a. 비비 꼬인; 뒤틀린(twisted)
tortuosity n. 꼬부라짐, 비틀림; 비틀린 것; 부정

syn 고문 = torture; the rack; the third degree
고뇌 = torture; anguish; agony; distress; affliction

---

tor(=twist비트는)+ment(것)

torment

[tɔ́:rment]
[tɔ:rmént] v.

n. 고통, 고뇌; 고민거리 v. 몹시 괴롭히다, 고통을 주다

㉠ be tormented with remorse
양심의 가책으로 몹시 괴로워하다

syn 괴롭히다 = torment; torture; afflict; agonize; harass;
molest; plague

---

tort(=twisted비틀어진)+o+ise(것)

tortoise

[tɔ́:rtəs]

cf. turtle n. 바다거북

*porpoise n. 돌고래

n. (민물) 거북(chelonian), 남생이; 아주 느린 사람

㉠ hare and **tortoise** 토끼와 거북(의 경주)

㉡ tortoise-shell a. 귀갑의, 귀갑으로 만든

syn 느린 사람 = tortoise; laggard; dawdler(게으름뱅이);
slow coach; moper(운전이 느린 사람) *sluggish(느린)

707

tract

draw : 끌다, 끌어내다
*trac(t) = treat

abs(=away from~에서 분리해)+tract(=draw끌어내다)

abstract

[æbstrǽkt]
[ǽbstrækt] *n.*

*abstracted
a. 멍한; 추출된

v. 추출하다; 발췌하다; 요약하다 *n.* 발췌; 요약; 정수

a. 추상적인; 난해한; 이론적인(↔ **concrete** *a.* 구체적인)

ⓔ **abstract** salt from seawater 해수에서 염분을 추출하다

ⓟ abstraction *n.* 추상; 추출; 멍함, 망연자실

syn 추출하다 = abstract; extract; educe; sample;
    draw out; press out

at(<ad-=to~로)+tract(=draw끌어당기다)

attract

[ətrǽkt]

v. 끌어당기다(draw); 매혹하다; 초래하다; 유치하다

ⓔ **attract** foreign capital 외자를 유치하다

ⓟ attraction *n.* 인력; 매력(charm)
    attractive *a.* 매력적인(alluring)

syn 매혹하다 = attract; (al)lure; entice; fascinate;
    charm; bewitch; captivate

con(=together함께)+tract(=draw끌어당기다)

contract

[kántrækt, kəntrǽkt]
[kántrækt] *n.*

v. 계약하다; 수축시키다; (병에) 걸리다 *n.* 계약; 약혼

ⓔ get an exclusive **contract** with ~
    ~와 독점계약을 맺다

ⓟ contraction *n.* 수축(shrinkage), 단축, 축소; 수축

syn 계약 = contract; covenant; compact; agreement

de(=down아래로)+tract(=draw끌어내리다)

detract

[ditrǽkt]

v. (명성 등을) 떨어뜨리다; 비방하다; (주의를) 딴데로 돌리다

ⓔ **detract** from one's popularity 인기를 떨어뜨리다

ⓟ detraction *n.* 비난, 비방, 중상(disparagement); 훼손

syn 떨어뜨리다 = detract; demean; depreciate; debase

dis(=apart따로따로)+tract(=draw잡아당기다)

distract
[distrǽkt]

v. (주의를) 흩어지게 하다, 딴 곳으로 돌리다; 즐겁게 하다

예 **distract** one's attention 주의를 흐트러뜨리다

파 distraction *n.* 주의산만; 광기; 기분전환, 오락

syn 즐겁게 하다 = distract; amuse; delight; please

ex(=out밖으로)+tract(=draw끌어내다)

extract
[ikstrǽkt]
[ékstrækt] *n.*

v. 추출하다; 빼내다; 발췌하다 *n.* 추출물; 정제; 발췌

예 **extract** a tooth 이를 뽑다

파 extraction *n.* 추출, 적출; 발췌; 인용(구); 혈통, 가계

syn 발췌하다 = extract; excerpt; select; milk(짜내다);
make an abstract of *cf.* **milk** *v.* 착취하다

pro(=forth앞으로)+tract(=draw길게 끌다)

protract
[proutrǽkt]

v. 오래 끌게 하다, 연장하다; 제도하다, 도면을 뜨다

예 **protract** one's stay 체류기간을 연장하다

파 protraction *n.* 연장(prolongation); 도면뜨기; 길게 늘이기

syn 연장하다 = protract; prolong; lengthen; extend

re(=back뒤로)+tract(=draw끌어당기다)

retract
[ritrǽkt]

v. 철회하다, 취소하다; (안으로) 쑥 들어가게 하다

예 **retract** a charge 고소를 취하하다

파 retraction *n.* 취소, 철회(withdrawal); 오므림, 움츠림

*take back 철회하다   *syn* 철회하다 = retract; withdraw; repeal; recall

sub(=under아래로)+tract(=draw끌어당기다)

subtract
[səbtrǽkt]

v. (~에서) 빼다, 공제하다; 제거하다(↔ **add** *v.* 더하다)

예 **subtract** the individual income tax from one's
salary 봉급에서 개인 소득세를 공제하다

*after tax
(세금을 공제하고)

파 subtraction *n.* 공제; 빼기(↔ addition *n.* 더하기)

syn 공제하다 = subtract; deduct; take off

709

treat

draw : 끌다, 끌어내다
*treat = trac(t)

---

treat(=draw끌고 다니다)

treat

[tri:t]

v. 다루다; 대접하다, 한턱내다; 치료하다 n. 대접; 한턱내기

예 treat one's husband like dirt
남편을 개떡같이 취급하다

*dirt
n. 진흙; 쓰레기; 폐석; 험담; 정보

파 treatment n. 취급, 대우; 치료, 처치
treatise n. 논문; 전문서적
treaty n. 조약(pact), 협정, 맹약; (개인 간의) 약정, 교섭

syn 다루다 = treat; handle; manage; conduct, deal with(처리하다)

---

en(=in~에 대하여)+treat(=draw(마음을) 끌어내다)

entreat

[entrí:t]

v. 간청하다(beg; implore); 탄원하다, 애원하다(beseech)

예 entreat the judge for mercy
법관에게 자비를 탄원하다

파 entreaty n. 탄원, 간청, 애원
entreating a. 간청하는, 탄원하는
entreatingly ad. 애원하다시피, 간청하듯이, 간절히

syn 간청하다 = entreat; beg; implore; supplicate; adjure; beseech; importune; solicit

---

re(=back뒤로)+treat(=draw끌어당기다)

retreat

[ritrí:t]

v. 물러서다; 후퇴[퇴각]하다; 칩거하다, 은퇴하다(retire)

n. 철수; 퇴각; 칩거, 은퇴; 피난처; 휴양처; 수용소(asylum)

*re-treat
v. 재처리하다

예 retreat to the country 시골에 틀어박혀 살다

a summer **retreat** 피서지

an ignominious **retreat** 불명예스런 퇴각

syn 후퇴하다 = retreat; retire; fall back; pull back; withdraw(철수하다)

tribut(e)

give : 주다
allot : 할당하다

tribute(=give(갖다) 주는 것)

tribute

[tríbju:t]

*compliment
n. 찬사, 경의;
　(pl.) 인사

n. 공물, 조공; 세(tax); 찬사, 감사[존경]의 표시

🔵 pay a **tribute** to fallen soldiers
　전사한 군인들에게 경의를 표하다

🔷 tributary *a.* 속국의; 공헌하는; 지류의 *n.* 속국; 지류

syn 찬사 = tribute; praise; eulogy; panegyric

at(=to~에)+tribute(=give(원인을) 주다)

attribute

[ətríbju:t]
[ǽtrəbjù:t] *n.*

v. ~의 탓으로 돌리다; ~의 작품으로 간주하다 *n.* 특성

🔵 **attribute** this glory to all the people
　이 영광을 모든 사람에게 돌리다

🔷 attribution *n.* (원인, 작품 등을) 돌리기; 특질; 특성, 속성

syn 속성 = attribute; property; generic character(생물)

con(=together함께)+tribute(=give(나누어) 주다)

contribute

[kəntríbju:t]

v. 기부[기증]하다; (원고를) 기고하다; 공헌하다, 기여하다

🔵 **contribute** anonymously] 익명으로 기고하다

🔷 contribution *n.* 기부; 기고; 공헌
　contributive, contributory *a.* 공헌하는

syn 기부하다 = contribute; donate; subscribe

dis(=apart따로 떼어)+tribute(=allot할당하다)

distribute

[distríbju:t]

v. 분배[할당]하다; 살포하다; 배달하다(deliver)

🔵 **distribute** a profit 이익을 분배하다

🔷 distribution *n.* 분배, 할당(allotment); 배포, 배급; 분포

syn 분배하다 = distribute; share; divide; give away[out];
　　　　　　　　　dish out; hand out

cf. **redistribute** *v.* 재분배하다; 재구분하다

711

trud(e)

thrust : 밀다, 떠밀다

---

ex(=out밖으로)+trude(=thrust밀어내다)

extrude

[ikstrúːd]

cf. **exude**
  v. 스며 나오다

v. 밀어내다, 내밀다; 추방하다, 쫓아내다(expel)

⊙ **extrude** poisonous gases 유독 가스를 뿜어내다

⊕ extrusion *n.* 밀어냄; 분출; 용암
  extrusive *a.* 밀어내는; 분출한

syn 밀어내다 = extrude; push out; thrust out; press out

---

in(=into안으로)+trude(=thrust밀고 들어오다)

intrude

[intrúːd]

v. 침입하다; 주제넘게 나서다; 무리하게 강요하다; 방해하다

⊙ **intrude** in any situation 아무데나 끼어들다

⊕ intrusion *n.* (주제넘게) 나서기; 강요; 침입; 불법 점유
  intrusive *a.* 침입적인; 주제넘게 나서는 intruder *n.* 침입자

syn 침입하다 = intrude; invade; trespass on;
           encroach on; raid on

---

ob(=before앞으로)+trude(=thrust마구 밀어내다)

obtrude

[əbtrúːd]

*insist (up)on
  강요하다; 우기다

v. (자신의 의견을 무리하게) 강요하다; 쑥 내밀다

⊙ **obtrude** one's opinions upon others
  자기 의견을 남들에게 강요하다

⊕ obtrusion *n.* 강요; 참견 obtrusive *a.* 강요하는

syn 강요하다 = obtrude; exact; force; enforce; compel

---

pro(=forth앞으로)+trude(=thrust내밀다)

protrude

[proutrúːd]

v. 내밀다, 튀어나오게 하다; 돌출하다, 튀어나오다

⊙ **protrude** one's tongue 혀를 내밀다

⊕ protrusion *n.* 내밀기; 돌출, 융기, 튀어나옴; 돌출부
  protrusive *a.* 돌출한(projecting); 주제넘게 나서는

syn 돌출하다 = protrude; project; stick out; jut out

trust

trust : 신뢰, 신용; 신뢰하다, 맡기다

---

trust(=belief, faith신임)의 뜻에서

trust

[trʌst]

n. 신뢰; 위탁; 신용대출 *v.* 신뢰하다; 위탁하다; 외상으로 팔다

㉮ breach of **trust** 배임 implicit **trust** 절대적인 신뢰

㉯ trustful *a.* 신뢰하는; 잘 믿는(credulous)
trustworthy *a.* 신뢰할[믿을] 수 있는(dependable)

syn 신뢰 = trust; faith; confidence; reliance

---

dis(=not부정-안)+trust(신뢰; 확신함)

distrust

[distrʌst]

n. 불신(감); 의심(doubt; suspicion)

v. 신뢰하지 않다, 의심하다(suspect; doubt)

㉮ **distrust** one's own eyes 자신의 눈을 의심하다

㉯ distrustful *a.* 좀처럼 믿지[신용하지] 않는;
불신감을 지니고 있는

syn 불신 = distrust; disbelief; unbelief; discredit;
lack of confidence

---

en(=in~에)+trust((믿고) 맡기다, 신탁하다)

entrust

[entrʌst]

v. (금전, 목숨, 일, 아이 등을) 맡기다; 위탁하다, 위임하다

㉮ be **entrusted** with an extremely important
mission 막중한 임무를 띠다

entrust his affairs to his subordinates
그의 일을 그의 부하직원들에게 위임하다

㉯ entrustment *n.* 위탁, 위임(commission)

syn 위임하다 = entrust; authorize; commit; commission;
delegate; charge

---

trust	⋯	distrust	⋯	entrust
신뢰(하다)		불신; 신뢰하지 않다		맡기다, 위탁하다

turb

agitate : 뒤흔들다, 동요시키다

dis(=apart뿔뿔이)+turb(=agitate뒤흔들다)

disturb

v. 방해하다; 어지럽히다, 소란스럽게 하다(agitate)

[distə́:rb]

예 disturb his sleep[the peace]
그의 수면을 방해하다[치안을 어지럽히다]

*interfere with
~을 방해하다,
~와 충돌하다

파 disturbed *a.* 정신이상의; 교란된; (바다가) 거칠어진
disturbance *n.* (평온, 고요를) 깨뜨리기; 소동(commotion)

syn 방해하다 = disturb; obstruct; interrupt; hamper

per(강조-완전히)+turb(=agitate뒤흔들다)

perturb

v. (마음을) 뒤흔들어 놓다, 당황하게 하다; 혼란시키다

[pərtə́:rb]

예 perturb the national conscience
국민들의 양심을 뒤흔들어 놓다

파 perturbed *a.* 마음이 흐트러진(disturbed); 당황한
perturbation *n.* 동요, 당황, 불안; 소요

syn 뒤흔들다 = disturb; agitate; stir; upset(뒤엎다)
당황하게 하다 = disturb; bewilder; perplex;
embarrass; upset; puzzle

turb(=agitate어지럽혀)+u+lent(진)

turbulent

a. (날씨 등이) 사나운, 거친, 폭풍우의; 소란한; 난폭한

[tə́:rbjələnt]

예 be swallowed up by the **turbulent** waves
사나운 파도에 휘말려들다

cf. **turbid** *a.* (액체,
색이) 흐린, 탁한

파 turbulence *n.* (날씨 등의) 사나움; 소란; 동요; 〈기상〉 난기류

syn 사나운 = turbulent; tumultuous; violent; fierce;
ferocious; rough; wild

disturb	⋯▸	perturb	⋯▸	turbulent
방해하다		뒤흔들어 놓다		사나운, 폭풍우의

vad(e)

go : 가다, (소문 등이) 퍼지다

---

e(<ex-=out밖으로)+vade(=go(빠져) 나가다)

evade

[ivéid]

v. 잘 피하다, 벗어나다(dodge); (교묘하게) 빠져 나가다

ⓔ **evade** military service[taxes]
병역을 기피하다[탈세하다]

ⓜ evasion *n.* 회피, 도피; 속임수, 핑계(subterfuge; excuse)
evasive *a.* 회피적인; 애매한(equivocal)
evasively *ad.* 회피적으로

syn 피하다 = evade; avoid; elude; dodge; escape; shirk;
get around; keep away[aloof] from; steer clear of

---

in(=into(남의 땅) 안으로)+vade(=go(밀고 들어) 가다)

invade

[invéid]

v. 침략[침입, 침해, 침투]하다; 퍼지다; 밀어닥치다(throng)

ⓔ **invade** our territorial waters 우리 영해를 침범하다

ⓜ invasion *n.* 침입, 침략; 침해, 침범(infringement); 쇄도
invasive *a.* 침입하는; 침해하는; 간섭하는 invader *n.* 침입자

syn 침략 = invasion; aggression; inroad; raid;
encroachment(잠식)

---

per(=through~에 두루)+vade(=go(퍼져) 나가다)

pervade

[pərvéid]

v. 온통 퍼지다, 고루 미치다; 보급되다; 골고루 스며들다

ⓔ be **pervaded** with the smell of fart
방귀 냄새로 가득 차다

ⓜ pervasion *n.* 골고루 미침, 퍼짐, 보급(diffusion); 침투; 충만
pervasive *a.* 스며드는, 퍼지는, 골고루 미치는; 보급성의

syn 스며들다 = pervade; permeate; infiltrate; penetrate;
sink into; soak through

---

evade	⋯▸	invade	⋯▸	pervade
잘 피하다		침략하다		온통퍼지다

vag

wander : 헤매다, (떠)돌아다니다

---

di(=apart여기저기)+vag(=wander떠돌아다니)+ate(=make다)

divagate

[dáivəgèit]

v. 헤매다, 방황하다; (이야기가) 옆길로 새다, 탈선하다

- ⓔ **divagate** aimlessly through the wood
  숲속을 정처 없이 헤매다

- ⓓ divagation *n.* 헤맴, 방황, 빗나감, 탈선; 여담

syn 헤매다 = divagate; stray; roam; wonder about

---

extra(=beyond~을 넘어서)+vag(=wander헤매)+ant(는)

extravagant

[ikstrǽvəgənt]

a. 사치스러운, 낭비하는; 과도한(excessive), 도를 넘어선

*an extravagant
demand
무리한 요구

- ⓔ an **extravagant** price 터무니없는 가격

- ⓓ extravagance *n.* 사치, 낭비(wastefulness); 과도, 지나침
  extravagantly *ad.* 사치스럽게, 낭비적으로; 엄청나게

syn 사치스러운 = extravagant; wasteful; luxurious;
sumptuous; lavish

---

noct(=night밤에)+i+vag(=wander돌아다니)+ant(는)

noctivagant

[nɑktívəgənt]

a. 밤에 나다니는, 야행성의, 밤에 헤매고 다니는

- ⓔ be **noctivagant** like an owl
  올빼미처럼 밤에 나다니다

- ⓓ noctivagous *a.* 밤에 돌아다니는, 야행성의(nocturnal)
  nocturnal *a.* 밤의; 야행성의(↔ diurnal *a.* 낮의, 주행성의)

syn 야행성의 = noctivagant; noctivagous; nocturnal

---

vag(=wander떠돌아다니)+r+ant(는)

vagrant

[véigrənt]

a. 방랑하는, 떠돌아다니는; 변덕스러운 *n.* 부랑자; 방랑자

*vague *a.* 모호한
*vagrant habits
방랑벽

- ⓔ lead a **vagrant** life 방랑 생활을 하다

- ⓓ vagabond *n.* 방랑자, 떠돌이; 건달 *a.* 방랑하는

syn 방랑하는 = vagrant; vagabond; wandering; roving

716

Study 50

root 208

val(id)

strong : 강한, 힘이 센, 유력한
wroth : 가치가 있는 *val(id) = vail

---

valid(=strong강한; 유력한)의 뜻에서

valid

[vǽlid]

cf. **valiant** *a.* 용감한

a. 정당한, 타당한(sound); 효과 있는; 유효한(effective)

예 be **valid** on the day of issue only
발행 당일만 유효하다

파 **validity** *n.* 타당성; 효력(effect)
validate *v.* 유효하게 하다; 비준하다(ratify)

syn 정당한 = valid; just; right; rightful; lawful; justifiable;
legal; legitimate

---

in(=not부정-안)+valid(=strong강한, 힘이 센)

invalid

[ínvəlid]

a. 병약한 *n.* 병(약)자 *a.* [invǽlid] 박약한(flimsy); 무효의

예 look after one's **invalid** aged mother
병약한 노모를 바라지하다

파 **invalidity** *n.* 무효(nullity); 병약; (병 등에 의한) 취업불능
invalidate *v.* 무효로 만들다, ~의 법적 효력을 없애다

syn 병약한 = invalid; sickly; delicate; infirm; weak;
poor(몸이 약한)

---

a(<ad-=to(~하는 데)에)+vail(=worth값어치가 있다)

avail

[əvéil]

v. 쓸모가 있다, 도움이 되다 *n.* 이익, 효용; 효력(validity)

예 be of **avail** 도움이 되다, 효과가 있다(be available)
to no **avail**=without **avail** 무익하게 , 보람 없이

파 **available** *a.* 유용한; 이용할 수 있는
availability *n.* 유용성; 당선 가능성

syn 쓸모 = avail; use; usefulness; utility

pre(=before앞서)+vail(=strong힘이 센)

prevail

[privéil]

v. 우세하다, 이기다; 보급되다, 유행하다; 설득시키다

예 **prevail** throughout the country
전국적으로 유행하다

파 prevailing *a.* 우세한, 유력한; 널리 행해지는;
유효한(effectual)
prevalence *n.* 보급, 유행
prevalent *a.* 유행하고 있는, 널리 퍼진

syn 우세하다 = prevail; predominate; be superior to;
outnumber(수적으로 ~)

valid	⋯→	invalid	⋯→	avail	⋯→	prevail
정당한		병약한		쓸모가 있다		우세하다

root 209

valu(e)

wroth : 가치가 있는

valu(=worth가치를 평가)+ate(=make하다)

valuate

v. 평가하다, 감정하다, 사정하다(assess; appraise)

[vǽljuèit]

[예] **valuate** the celadon porcelain 청자를 감정하다

[파] valuation *n.* 평가(evaluation; appraisal), 감정, 사정

syn 평가하다 = valuate; value; appraise; estimate

de(=down낮게)+valuate(평가하다)

devaluate

v. (통화를) 평가절하하다; ~의 가치를 감하다

[diːvǽljuèit]

[예] be **devaluated** by 10 percent 10% 평가절하 되다

[파] devaluation *n.* 평가절하; 가치절하; 지위의 격하

syn 통화 = currency; money; tender; coin(동전);
paper money=bill=note(지폐)

e(<ex-=out밖으로)+valuate((가치를) 평가해내다)

evaluate

v. (재산, 능력 등을) 평가하다, 사정하다; 값을 매기다

[ivǽljuèit]

[예] **evaluate** the cost of the damage
손해액을 사정하다

[파] evaluation *n.* 평가, 견적, 사정; 〈수학〉 값[수치] 구하기

syn 재산 = fortune; property; estate; wealth; riches

cf. **revaluate** *v.* 재평가하다; 평가절상하다 *n.* **revaluation**

in(=not부정)+valu(<value평가)+able(할 수 있는)

invaluable

a. 매우 귀중한, 헤아릴 수 없을 만큼 귀중한(priceless)

[invǽljuəbəl]

[예] an **invaluable** contribution 지대한 공헌

[파] invaluably *ad.* 평가할 수 없을 정도로
valuable *a.* 귀중한; 유익한(beneficial)

*valuables 귀중품

syn 귀중한 = invaluable; valuable; priceless; precious

velop

wrap : 싸다, 감싸다, 둘러싸다

de((dis-=apart떨어져)+velop(=wrap싸다) → 싸인 것을 풀다

develop

[divéləp]

*an
underdeveloped
country 후진국

v. 발달[발육]시키다; 개발하다; 전개하다; (사진을) 현상하다

예 **develop** products[films]
제품을 개발하다[사진을 현상하다]

파 development *n.* 발달; 개발; 주택 단지; (사진의) 현상
developer *n.* 개발자; 현상액
developmental *a.* 발달(상)의; 발육(상)의
developing *a.* 발전 도상의
*a developing country 개발도상국
developed *a.* 발달한, 선진의(advanced)
*a developed country 선진국

syn 개발하다 = develop; exploit(자원을 ~); cultivate(능력을 ~)

---

en(=in~안에)+velop(=wrap싸다)

envelop

[envéləp]

v. 싸다, 말다; 덮다; 포위하다(surround); 포위 공격하다

예 be **enveloped** in a cloak of mystery
비밀의 장막에 싸이다

파 envelope *n.* 봉투; 씌우개; 외피
envelopment *n.* 싸기; 포위; 포장지

syn 싸다 = envelop; wrap; bundle=pack(짐을 ~); cover;
mantle(덮다)

---

under(보다 아래로)+developed(발달한)

underdeveloped

[ʌ̀ndərdivéləpt]

a. 개발이 불충분한, 저개발의; 발육부진의; 현상 부족의

예 serious hunger in **underdeveloped** countries
저개발국들의 심각한 기아

파 underdevelopment *n.* 저개발; 발육부전; (사진의) 현상 부족

syn 불충분한 = insufficient; inadequate; not enough;
unsatisfactory

720

ven(t)

come : 오다, 일어나다, 나타나다
*vent = ven(e)

vent(=come(위험을 안고 한번) 가보)+ure(기)

venture

[véntʃər]

n. (위험한) 모험; 투기, 투기적 사업

v. 위험을 무릅쓰고 ~하다; (재산 등을) 걸다; 과감히 말하다

예 a bold **venture** 대담한 모험

speculative **ventures** 투기 사업

venture one's all on a single chance
단 한 번의 기회에 전 재산을 걸다

파 venturous *a.* 모험을 좋아하는, 대담한; 무모한; 모험적인
venturesome *a.* 모험을 좋아하는; 무모한; 위험이 따르는

syn 투기 = venture; adventure; speculation; spec;
stockjobbing(증권투기)

ad(=to~으로)+vent(=coming다가옴)

advent

[ǽdvent]

n. (중요 사건 등의) 출현, 도래; (A-) (그리스도의) 강림[재림]

예 the **advent** of new weapons[a savior]
신무기의 등장[구세주의 출현]

syn 출현 = advent; arrival; appearance; apparition

cf. **advantage** *n.* 유리, 이익(↔ **disadvantage** *n.* 불리, 불리)

ad(=to~에게)+vent(=come닥쳐오려는)+ure(것)

adventure

[ædvéntʃər]

n. 모험; 투기; 사건; 설레는 체험 *v.* 위험을 무릅쓰다

예 have a hairbreadth **adventure**
위기일발의 모험을 하다

*hairbreadth
a. 위기일발의,
구사일생의

adventure one's life upon ~ ~에 목숨을 걸다

파 adventurous *a.* 모험적인, 대담한; 위험이 많은
adventitious *a.* 우연한(accidental; casual); 외래의
adventurer *n.* 모험가; 투기꾼(speculator)

syn 모험 = adventure; risk; hazard; venture

circum(=around빙 돌아서)+vent(=come오다)

circumvent
[sə́ːrkəmvént]

v. 우회하다; 피하다, 모면하다; 함정에 빠뜨리다

ⓔ circumvent the restrictions 규제조치를 피하다

ⓓ circumvention *n.* 선수를 치기; 계략으로 속임; 모함; 우회

syn 우회하다 = circumvent; detour; bypass;
make a detour[circuit]

con(=together(같은 목적으로) 함께)+vent(=come오는 곳)

convent
[kánvənt]

n. 수녀원, 수녀회; 수도원, 수도회

ⓔ enter[go into] a **convent** 수녀가 되다

ⓓ conventicle *n.* 비밀 집회소; 비밀 집회, 비밀 예배

syn 수녀원 = convent; nunnery *monastery(남자 수도원)

e(<ex-=out밖으로)+vent(=come(일이) 나타난 것)

event
[ivént]

*evolution
n. 전개, 진전; 진화

n. (중요한) 사건; 행사; 경기, 시합; 만약의 경우; 결과

ⓔ follow the evolution of **events**
사건의 추이를 지켜보다

ⓓ eventful *a.* 다사(다난)한; 파란만장한; 중대한(momentous)
eventual *a.* 결과로서 생기는; 최후의, 궁극적인(ultimate)
eventually *ad.* 결국(은); 마침내; 언젠가는
eventuality *n.* 우발적 사건

syn 사건 = event; incident(사소한 ~);
happening(우연한 ~); case(법률상의 ~)

pre(=before앞에, 먼저)+vent(=come와서 (못하게 하다))

prevent
[privént]

v. 방해하다; 막다, ~하지 못하게 하다(hinder); 예방하다

ⓔ prevent pollution[tooth decay, an illness]
오염을 막다[충치를[병을] 예방하다]

ⓓ prevention *n.* 방해; 저지; 예방
preventive *a.* 예방(용)의 *n.* 예방책

syn 방해하다 = prevent; obstruct; disturb; hinder;
hamper; interfere

con(=together함께)+vene(=come오다)

convene

[kənvíːn]

v. 모이다; (회의, 위원 등을) 소집하다(summon); 소환하다

- **convene** an executive session
  간부회의를 소집하다

- convention *n.* 집회; 대회; 정기총회; 전당대회; 관습; 협약
  conventional *a.* 전통적인; 틀에 박힌; 재래식 무기의
  conventionally *ad.* 인습적으로; 판에 박은 듯이, 진부하게
  *UNFCCC=United Nations Framework
  Convention on Climate Change 유엔 기후 변화 협약

  syn 모이다 = convene; meet; assemble; congregate;
         flock; gather; swarm

inter(=between사이에)+vene(=come들어오다)

intervene

[ìntərvíːn]

v. 사이에 끼다; 중재[조정]하다; 간섭하다; 훼방놓다

- **intervene** in the domestic affairs
  내정에 간섭하다

- intervention *n.* 사이에 듦; 개입; 중재, 조정; 참견, 간섭

  syn 간섭하다 = intervene; interfere; meddle;
              intrude oneself; step in;
              poke (one's nose) into

vent(=slit가늘고 긴 틈)의 뜻에서

vent

[vent]

*ventiduct
n. 통풍관, 공기구멍

n. (새어 나가는) 구멍; 공기구멍; 배출구; 배설구, 항문

v. (빠져나갈) 구멍을 내다; (감정을) 발산[표출]하다

- give **vent** to one's feelings
  자기의 감정을 토로하다

  vent one's anger upon one's colleague
  동료에게 분노를 터뜨리다

- ventilate *v.* 통풍 설비를 하다; 환기시키다; 논의하다
  ventilation *n.* 통풍, 환기; 통풍 장치; (자유로운) 논의, 토의

  syn 구멍 = vent; hole; opening; aperture; nozzle(주둥이);
          venthole(배출구); chink(틈); loophole(빠져나갈 ~)

723

vers(e)

turn : (시선, 마음을) 돌리다; 뒤집다, 바꾸다
*vers(e) = vert

verse(=turning(글의 진행 방향을) 바꿈)의 뜻에서

verse

[vəːrs]

n. 시구, 시의 한 줄; 시, 운문; (성서) 절 *cf.* **prose** *n.* 산문

🔂 boom out a few **verses** of the poem
그 시의 몇 구절을 큰소리로 낭송하다

🔂 **versed** *a.* 정통한, 숙달한(skilled; adept; experienced)
versatile *a.* 다재다능한(many-sided); 다목적인
versatility *n.* 다재, 다예
version *n.* 번역, 번역문; ~판; 개작; 의견, 견해, 설명

syn 시 = verse; poem; line(시구); lyric(서정시);
epic(서사시); lampoon(풍자시)

a(<ab-=from~에서 멀리)+verse(=turned돌린)

averse

[əvə́ːrs]

a. 싫어하는, 꺼리는; 반대하여(opposed)

🔂 be much **averse** to strenuous exercise
격렬한 운동을 몹시 싫어하다

*loathe 몹시 싫어하다 🔂 **avert** *v.* (눈, 생각 등을) ~에서 돌리다; 피하다, 막다
aversion *n.* (몹시) 싫음(repugnance), 혐오(antipathy); 회피
aversive *a.* 혐오의; (고통 등을) 피하려고 하는, 회피적인

syn 싫어하는 = averse; unwilling; reluctant; loath

ad(=toward(반대) 쪽으로)+verse(=turned돌아선)

adverse

[ædvə́ːrs]

a. 거스르는, 반대의; 반대쪽의; 불리한, 불운한

🔂 an **adverse** wind 역풍, 맞바람 **adverse** fortune 불운
be **adverse** to abortion and divorce
낙태와 이혼을 반대하다

🔂 **adversity** *n.* 역경, 불운(misfortune); 재난(calamity)
adversary *n.* 적(foe); (시합 등의) 상대(opponent), 적수

syn 반대의 = adverse; opposite; contrary;
opposed(반대된, 대립된)

con(=together서로, 함께)+verse(=turn돌다)

converse

[kənvə́:rs]
[kánvə:rs] *n.*

v. 담화하다, 대화하다 *n.* 담화, 대화

a. 거꾸로의, 정반대의 *n.* 역; 정반대(의 것)

예 converse with one's friends in English
친구들과 영어로 대화하다

파 conversation *n.* 대화, 회화, 담화(talk; colloquy)

syn 대화하다 = converse with; talk with; chat with(수다 떨
다); speak with; have a talk[conversation] with

*conversely
ad. 거꾸로, 반대로;
거꾸로 말하면

di(<dis-=apart떨어져)+verse(=turned방향을 바꾼)

diverse

[divə́:rs, dai-]

a. 다른(different), 별개의; 다양한, 가지가지의(various)

예 express diverse opinions at the meeting
모임에서 다양한 의견들을 표명하다

파 diversity *n.* 다양(성)(variety); 상이(점)(difference)
diversify *v.* 다양화하다, (투자 등을) 다각화하다

syn 다양한 = diverse; various; manifold; multifarious

in(=in안에서)+verse(=turned거꾸로 돈)

inverse

[invə́:rs]

a. 역의, 반대의; 반비례의 *n.* 역, 반대의 것

예 in **inverse**[direct] proportion to
반비례[정비례]하여

파 inversely *ad.* 역으로(the other way around)

syn 역의 = inverse; reverse; contrary; opposite

per(=thoroughly완전히)+verse(=turned뒤집힌)

perverse

[pərvə́:rs]

a. 괴팍한; 비뚤어진; 사악한(vicious); 고집 센(stubborn)

예 take a perverse feeling of pleasure in violence
폭력에서 삐뚤어진 쾌감을 얻다

파 perversity *n.* 괴팍함; 외고집; 사악
pervert *v.* 타락시키다 *n.* 변절자; 성도착자

syn 괴팍한 = perverse; fastidious; fussy; crabby;
cranky; eccentric; overnice

*perversion
n. 타락, 왜곡

re(=back반대로, 거꾸로)+verse(=turned돈)

reverse
[rivə́:rs]

*revers n. (소매, 깃 등의) 젖힌 부분
*lapels n. (양복의) 접은 옷깃

n. 반대, 이면; 역전; (*pl.*) 불운, 패배; 후진 *v.* 반대로 하다

a. 거꾸로 된; 반대의(contrary); 배후의; 거꾸로 움직이는

- the **reverse** of the medal 메달의 뒷면
  the financial **reverses** 재정적인 실패
- **reversed** *a.* 거꾸로 한; 파기된
  reversal *n.* 반전, 역전, 전도; 〈법〉 (하급심 판결의) 파기
- *syn* 불운 = reverses; misfortune; ill luck; adverse fortune; bad break

---

trans(=across가로질러)+verse(=turned향해가는)

transverse
[trænsvə́:rs]

*cleft *a.* 갈라진 *n.* 갈라진 틈

a. 가로지르는, 가로의; 횡단하는 *n.* 횡단물; 지름길

- a **transverse** cleft in the wall
  벽에 비스듬히 생긴 균열
- **transversal** *a.* 횡단하는, 가로의(thwart) *n.* 〈수학〉 횡단선
- *syn* 횡단하다 = traverse; cross; go across

---

tra(〈trans-=across가로질러)+verse(=turn향해가다)

traverse
[trǽvə:rs]

v. 가로지르다, 횡단하다; 반대하다; 부인하다, 반박하다

a. 가로지르는, 횡단하는 *n.* 횡단(여행); 격벽, 칸막이

- **traverse** the plains 평원을 가로지르다
- **traversable** *a.* 가로지를[통과할] 수 있는; 부인할 수 있는
- *syn* 부인하다 = traverse; deny; disavow; disclaim; repudiate; say no

---

uni(=one하나를)+verse(=turn향해 돈 (것))

universe
[júːnəvə̀:rs]

n. (the ~) 우주, 천지만물, 전 세계, 전 인류; 영역, 분야

- live in a bleak and hopeless **universe**
  삭막하고 절망적인 세계에 살다
- **universal** *a.* 만국의; 전 인류의; 보편적인; 일반적인
  universally *ad.* 보편적으로, 일반적으로; 널리(generally)
- *cf.* **obverse** *n.* 앞면(↔ **reverse**); 상대되는 것(counterpart)

726

vert

turn : (방향, 주의를) 돌리다; 뒤집다, 바꾸다

a(<ab-=from~로부터 멀리)+vert(=turn돌리다)

avert
[əvə́:rt]

v. (생각 등을) 돌리다; (재난, 불행 등을) 피하다(avoid)

- **avert** one's eyes 시선을 돌리다
  avert trouble 말썽을 피하다
- aversion *n.* 싫음, 혐오; 반감(antipathy)
  aversive *a.* 꺼리고 싫어하는(loathsome)

syn 돌리다 = avert; turn (away); divert
*take breath 한숨 돌리다, 잠시 쉬다

ad(=to~에)+vert(=turn(주의를) 돌리다)

advert
[ədvə́:rt]

v. (주의를) 돌리다; 언급하다(refer; remark)

- **advert** to her opinion
  그녀의 의견에 주의를 돌리다
- advertent *a.* 조심하는, 유의하는
  (↔ inadvertent *a.* 부주의한; 고의가 아닌)

syn 언급하다 = advert; refer; remark; touch on;
make reference to

con(=completely완전히)+vert(=turn(방향이) 돌다)

convert
[kənvə́:rt]
[kánvə:rt] *n.*

v. 전환하다; 개조하다; 개심[개종]시키다 *n.* 개종자, 전향자

- **convert** the basement into a workroom
  지하실을 작업실로 개조하다
- conversion *n.* 전환, 변환; 개종
  reconversion *n.* 재전환; 재개종, 복당

*covet
v. 몹시 탐내다;
갈망하다

syn 전환하다 = convert; divert; switch; turn; change
cf. **covert** *a.* 은밀한; 비밀의(↔ **overt** *a.* 명백한, 공공연한)
n. (짐승의) 숨는 장소(cover); 덮개; (새의) 칼깃
ad. **covertly** 은밀히(in secret)

727

contro(=against(생각이) 반대로)+vert(=turn돌다)

controvert

[kántrəvə:rt]

v. 논쟁하다, 논의하다; 논박하다; 부정하다

🄰 the fact that cannot be **controverted**
부정할 수 없는 사실

🄳 controversy n. 논쟁, 논의(debate); 언쟁(quarrel)
controversial a. 논쟁의; 논쟁의 여지가 있는,
논쟁을 좋아하는(polemic; contentious)

syn 논쟁하다 = controvert; dispute; argue; contend;
have an argument with

di(<dis-=apart떨어져)+vert(=turn(주의를) 돌리다)

divert

[divə́:rt, dai-]

v. 딴 데로 돌리다; (기분을) 전환시키다; 즐겁게 해주다

🄰 **divert** one's attention elsewhere
관심을 다른 데로 돌리다

🄳 diversion n. 전환; (자금의) 유용; 오락, 기분전환; 양동(작전)

syn 기분전환 하다 = divert[recreate; refresh] oneself;
change one's mood

e(<ex-=out밖으로)+vert(=turn뒤집다)

evert

[ivə́:rt]

v. (눈꺼풀 등을) 뒤집다(turn inside out)

🄰 **evert** an eyelid for an examination
검사를 위해 눈꺼풀을 뒤집다

🄳 eversion n. 뒤집음

syn 눈꺼풀 = eyelid
*(eye)brows(눈썹); (eye)lashes, winkers(속눈썹)

in(=in안을)+vert(=turn(밖으로) 뒤집다)

invert

[invə́:rt]

v. 거꾸로 하다(reverse), 뒤집다; (순서 등을) 역으로 하다

🄰 **invert** the order 순서를 거꾸로 하다

🄳 inversion n. 전도, 역전; 도치; 반대, 역; 〈심리〉 도착; 동성애

syn 뒤집다 = invert; reverse; turn over; turn ~ inside out

per(=completely완전히)+vert(=turn돌다)

pervert

[pəːrvə́ːrt]
[pə́ːrvəːrt] *n.*

v. 빗나가다; 타락시키다; 곡해하다

n. 타락자, 변절자, 성도착자

📖 **pervert** the truth 진실을 왜곡하다

📗 perversion *n.* 곡해, 왜곡; 악용
perverse *a.* 심술궂은; 고집센; 사악한

syn 왜곡하다 = pervert; distort; misrepresent;
misconstrue(잘못 해석하다)

re(=back뒤로)+vert(=turn되돌아가다)

revert

[rivə́ːrt]

v. (원래의 신앙, 습관 등으로) 되돌아가다, 복귀하다

📖 **revert** to one's old bad habits
예전의 나쁜 습관으로 되돌아가다

📗 reversion *n.* 되돌아가기, 복귀; 역전, 반전; 격세유전
syn 되돌아가다 = revert; return; relapse; go back

sub(=under(서 있는 것을) 아래로)+vert(=turn뒤집다)

subvert

[səbvə́ːrt]

v. 전복시키다(overthrow); 파괴하다; (정신 등을) 타락시키다

📖 **subvert** a military junta 군사 정권을 전복시키다

📗 subversion *n.* 전복, 타도; 파괴
subversive *a.* 전복시키는; 파괴적인

syn 전복시키다 = subvert; overthrow; overturn; upset;
capsize; topple; keel

ambi(=both양쪽으로)+vert(=turn(성격이) 향한 (사람))

ambivert

[ǽmbivəːrt]

n. 양향 성격자

📖 an **ambivert** who is sometimes introversive
and sometimes extroversive 때때로 내향적이기도
하고 외향적이기도 한 양향적인 사람

📗 ambiversion *n.* 양향 성격
syn 성격 = personality; character; disposition

extro(=outward(성격이) 밖으로)+vert(=turn향한(사람))

extrovert

n. 외향적인[활동적인, 사교적인] 사람; 외향성 *a.* 외향적인

[ékstrouvə̀:rt]

[예] show **extrovert** activities
외향적인 활동들을 보여주다

[파] extroversion *n.* 외향성(↔ introversion *n.* 내향성)

syn 외향적인 = extrovert; extroverted; outgoing;
gregarious(사교적인)

intro(=inward안쪽으로)+vert(=turn향한 (사람))

introvert

n. 내성적인 사람 *a.* 내향적인 *v.* ~을 안으로 향하게 하다

[íntrəvə̀:rt]

[예] an **introvert** actress 내성적인 성격의 여배우

[파] introversion *n.* 내향, 내향성

syn 내향적인 = introvert; introverted; introversive;
introvertive

ad(=to~로)+vert(=turn(관심을) 돌리게)+ise(하다)

advertise

v. 광고하다, 공시하다; (자기) 선전을 하다

[ǽdvərtàiz]

[예] **advertise** in a daily newspaper
일간신문에 광고하다

[파] advertisement *n.* 광고
advertising *n.* (집합적) 광고 *a.* 광고의

syn 광고하다 = advertise; publicize; announce;
give publicity

avert ⋯▸	advert ⋯▸	convert ⋯▸	controvert ⋯▸	divert
피하다	언급하다	전환하다	논쟁하다	전환시키다
evert ⋯▸	invert ⋯▸	pervert ⋯▸	revert ⋯▸	subvert
뒤집다	거꾸로 하다	왜곡하다	되돌아가다	전복시키다
ambivert ⋯▸	extrovert ⋯▸	introvert ⋯▸	advertise	
양향성격자	외향적인 사람	내성적인 사람	광고하다	

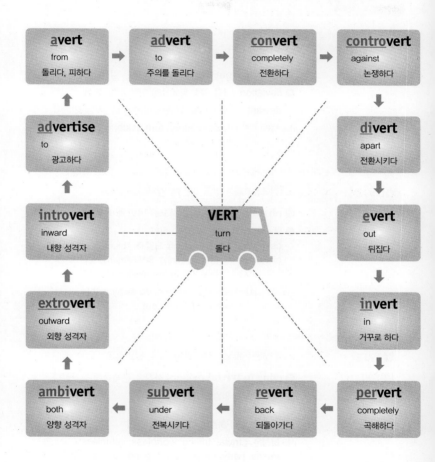

avert
from
돌리다, 피하다

advert
to
주의를 돌리다

convert
completely
전환하다

controvert
against
논쟁하다

advertise
to
광고하다

introvert
inward
내향 성격자

VERT
turn
돌다

divert
apart
전환시키다

evert
out
뒤집다

extrovert
outward
외향 성격자

invert
in
거꾸로 하다

ambivert
both
양향 성격자

subvert
under
전복시키다

revert
back
되돌아가다

pervert
completely
곡해하다

731

via

way : 길, 진로

de(=off떨어져)+vi(a)(=way길)+ate(=make하다) → 길에서 벗어나다

deviate

[dí:vièit]

v. (정도, 코스 등에서) 벗어나다; 이탈하다; 벗어나게 하다

- **deviate from the right path** 바른 길에서 벗어나다
- deviation *n.* (길, 규칙 등에서의) 이탈, 일탈, 탈선
  deviant *a.* (규범에서) 벗어난 *n.* 비정상적인 사람[것]

syn 벗어나다 = deviate; stray; turn aside; digress; miss;
  swerve; sheer

ob(=against~에 반하는)+vi(a)(=way길)+ate(=make하다) → 길을 막고 있는 것을 없애다

obviate

[ábvièit]

v. (장애를) 제거하다; 미연에 방지하다(prevent)

- **obviate an accident** 사고를 미연에 방지하다
- obviation *n.* 제거; (필요의) 회피
  obvious *a.* 명백한(evident); 노골적인(bluntly)
  obviously *ad.* 분명히(plainly); 명백히(manifestly);
    눈에 띄게(in the limelight)

syn 제거하다 = obviate; remove; do away with;
  get rid of; weed out

tri(=three삼)+vi(a)(=way거리)+al(의) → '흔히 접할 수 있는' 의 뜻에서

trivial

[tríviəl]

a. 하찮은(trifling), 대수롭지 않은, 변변찮은

- **cling to trivial matters** 하찮은 문제들에 집착하다
- trivialize *v.* 평범화하다, 하찮게 하다
  trivialization *n.* 평범화; 일반화(generalization)
  trivia *n.* (*pl.*) 하찮은[시시한, 사소한] 일

syn 하찮은 = trivial; trifling; worthless; valueless;
  trashy; petty; insignificant; good-for-nothing;
  be of little importance; be of no account

cf. **convey** *v.* 수송하다(transport); (소리를) 전달하다(transmit)

Study **51**

root 215

vid(e)

see : 보다, 보이다

---

e(<ex−=from∼에서)+vid(=see(분명히) 보이)+ent(는)

evident

[évidənt]

a. 분명한(clear), 명백한(plain), 한눈에 알 수 있는

예 an **evident** mistake[proof] 분명한 실수[명백한 증거]

파 evidently *ad.* 분명히, 명확히(manifestly; obviously)
evidence *n.* 증거; 흔적(sign) *v.* 입증하다
evidential *a.* 증거의

syn 분명한 = evident; clear; plain; definite; obvious

---

in(=upon∼을)+vid(=see(삐딱하게) 보)+(i)ous(는)

invidious

[invídiəs]

a. (언동 등이) 비위에 거슬리는; 시샘 나게 하는; 불공평한

예 an **invidious** honor 남의 시샘을 받을 만한 명예
make **invidious** distinctions 불공평하게 차별하다

syn 비위에 거슬리는 = invidious; offensive; displeasing;
disgusting

---

pro(=before앞을)+vide(=see내다보다)

provide

[prəváid]

v. 대비하다; 공급하다; 제공하다; 〈법〉 규정하다

예 **provide** against a rainy day
만약의 어려운 경우에 대비하다

파 provision *n.* (장래에 대한) 준비; 조항, 조항; (*pl.*) 식량
provisional *a.* 잠정적인, 임시의
*a provisional budget 잠정예산
provident *a.* 선견지명이 있는; 장래에 대비하는; 검소한
providence *n.* 섭리; (P−) 신
provided, providing *c.* 만약 ∼이라면(if)

syn 공급하다 = provide; supply; furnish; serve

733

view

see : 보다, 지켜보다
*view = vid = vis = vi = vey

view(=see보다)의 뜻에서

view
[vju:]

n. (바라) 봄; 시야; 경치; 전망 v. 바라보다; 조사하다

예 command an extensive **view** of ~
~이 훤히 내려다보이다

파 viewpoint n. 견해, 관점, 입장(point of view; standpoint)

syn 전망 = view; prospect   *scene; scenery(경치)

cf. **interview** n. (공식) 회견, 회담; 면접; 기자회견
v. 회견하다; 면접하다

pre(=before미리, 앞서)+view(=see봄)

preview
[prí:vjù:]

n. 시사(회), 시연; 사전검토[조사] v. ~을 사전검토하다

예 a **preview** of a blockbuster movie
초대작 영화의 시사회

syn 시연 = preview; rehearsal; demonstration;
trial performance

pur(pro=before앞에서)+view(=see볼 (수 있는 범위))

purview
[pə́:rvju:]

n. 시야, 시계; (활동, 권한의) 범위, 영역; (법의) 조문

예 be under the **purview** of this police station
당 경찰서 관할이다

syn 범위 = purview; scope; sphere; range; province;
limits; bounds

re(=again다시)+view(=see보다)

review
[rivjú:]

n. 재검토, 재조사; 복습; 연습 문제 v. 정밀조사하다; 복습하다

예 a court of **review** 재심 법원
be favorably **reviewed** 호평을 받다

syn 평론 = review; criticism; critique; comment

vis(e)

see : 보다, 지켜보다
***view = vid = vis = vi = vey**

ad(=toward~쪽으로)+vise(=see(말해 주려고) 보다)

advise

[ædváiz]

v. 충고하다, 권고하다; 통지하다, 알리다(inform)

- **advise** a change of air 기분전환용 휴식을 권하다

- **advice** *n.* 충고, 조언, 권고; 감정; 통지; (*pl.*) 보고, 정보
  advisable *a.* 권할 만한; 타당한, 바람직한, 현명한(prudent)
  advisory *a.* 충고의, 권고의, 조언을 주는; 고문의, 자문의
  *the advisory committee on the affairs of state
  국정 자문 위원회

  syn 권고하다 = advise; admonish; counsel;
  recommend; give advice[counsel]

re(=again다시)+vise(=see(고쳐) 보다)

revise

[riváiz]

v. 개정[수정, 교정]하다; 변경하다(alter) *n.* 개정, 교정, 수정

- **revise** the constitution[an old edition]
  헌법[구판]을 개정하다

  revise the office organization 직제를 개편하다

- **revision** *n.* 개정, 교정, 수정; 개정판, 수정판
  syn 개정하다 = revise; amend   *modify(수정하다);
  improve(개선하다)

im(<in-=not부정)+pro(=before미리)+vise(=see보다) → 미리 안 보고 하다

improvise

[ímprəvàiz]

v. (시, 연설을) 즉석에서 하다[만들다]; 임시변통하다

- **improvise** a melody[poem]
  즉흥적으로 곡을 만들다[시를 짓다]

- **improviser** *n.* 즉흥시인; 즉석 연주가(improvisator)
  improvisation *n.* 즉흥곡(impromptu), 즉흥 연주, 즉흥시
  syn 즉석에서의 = improvised; impromptu; extempore;
  extemporary; extemporaneous

  cf. **ad-lib** *v.* 즉흥적으로 지껄이다[연주하다] *a.* 즉흥적인

735

super(=over위에서)+vise(=see(사람, 일을) 내려다보다)

supervise
[súːpərvàiz]

v. 감독하다(superintend), 관리하다, 지시하다

🔵 **supervise** construction workers
건설인부들을 감독하다

🔴 supervision *n.* 감독, 관리
supervisor *n.* 감독자; 개인지도 교수

syn 감독하다 = supervise; superintend; oversee; direct;
take charge of

---

vis(=see보는)+ion(것)의 뜻에서

vision
[víʒən]

n. 시력; 통찰력; 미래상, 비전; 환상 *v.* 상상하다; 꿈에 보다

🔵 a statesman of great **vision**
위대한 비전을 지닌 정치가

🔴 visionary *a.* 공상적인; 비실제적인; 가공의
n. 몽상가(dreamer)
visional *a.* 환각의; 환상의; 공상적인, 비현실적인
visual *a.* 시각의(optic)
(↔ auditory; acoustic *a.* 청각의)
visible *a.* 눈에 보이는; 알아볼 수 있는; 명백한(evident)

syn 시력 = vision; sight; eyesight; visual power

cf. **envision** *v.* 상상하다, 마음에 그리다(envisage; visualize)

---

pre(=before앞을 미리)+vision(내다봄)

prevision
[priːvíʒən]

n. 선견(foresight), 예지(foreknowledge); 예언(prophecy)

🔵 possess the gift of **prevision**[foresight]
선견지명이 있다

🔴 previse *v.* 예지하다(foresee), 예견하다; ~을 미리 주의하다
previsional *a.* 선견지명이 있는(foreseeing),
장래를 내다보는

syn 선견 = prevision; prescience; foresight;
foreknowledge

cf. **previous** *a.* 이전의(earlier; former)

736

pro(=before(장래를) 미리)+vision(내다보고 (대비함))

provision

n. (장래에 대한) 준비; 〈법〉 조항; 저장품; (*pl.*) 식량

[prəvíʒən]

[예] be supplied with ten days' **provisions**
10일분의 식량을 지급받다
the **provisions** in a will 유언장의 조항
under the existing **provisions** 현행 규정으로는

cf. parole *n.* 가석방

[파] provisional *a.* 일시적인(temporary), 잠정적인, 임시의
*makeshift *a.* 임시변통의 *n.* 임시변통
proviso *n.* (법령, 계약 등의) 단서; 조건
*with (a) proviso 조건부로

syn 식량 = provisions; rations; food; foodstuffs

tele(=far off멀리 떨어져서)+vision(보는 것)

television

n. 텔레비전; 텔레비전 영상; 텔레비전 수상기

[téləvìʒən]

a. 텔레비전의; 텔레비전에 의한

[예] watch[appear on] **television**
TV를 시청하다[TV에 출연하다]
a hang-on-the-wall **television**
벽걸이형 텔레비전

syn 영상 = image; picture; reflection;
blip(레이더 스크린에 나타나는 ~)

vis(=see보러)+it(=go가다)

visit

v. 방문하다; 시찰하다; (재해가) 닥치다 *n.* 방문; 시찰; 잡담

[vízit]

[예] **visit** without taking a present 빈손으로 방문하다
a ceremonial[state, formal] **visit** 공식 방문
a nocturnal[a goodwill; an annual] **visit**
야간[친선, 연례] 방문

[파] visitor *n.* 방문자, 손님, 내객
visitation *n.* 방문, 문병; 순찰; 천벌,

syn 방문하다 = visit; call on[at]; make a call;
pay[make; give] a visit

vis(=see(멀리 내다) 보이는)+ta(광경)

vista
[vístə]

n. 멀리 내다보이는 경치; 조망; 가로수; 추억; 예상

예 see a fine **vista** 멋진 경치를 보다

the dim **vistas** of one's school days
학창시절의 희미한 추억

syn 조망 = vista; view; prospect; outlook; lookout;
landscape; command

cf. **visa** *n.* 입국사증, 비자
visage *n.* 얼굴(face), 용모; 외관
vis-à-vis *ad.* 마주 보고
*__dos-à-dos__ *ad.* 등을 맞대고

de(=apart따로따로)+vis(e)(=separate나누어 보다)

devise
[diváiz]

v. 고안하다, 발명하다; (부동산을) 유증하다 *n.* 유증 (재산)

예 **devise** an epoch-making car with a high fuel
efficiency
고연비의 획기적인 자동차를 고안하다

파 **device** *n.* 고안물; (기계적) 장치; 궁리, 계획: 표어;
(*pl.*) 책략, 계략
devisal *n.* 궁리, 연구(study)
devisable *a.* 고안할 수 있는; 유증할 수 있는

syn 고안하다 = devise; contrive; invent(발명하다);
design(설계하다)

cf. **divide** *v.* 나누다, 분할하다; 분류하다(classify); 분배하다
dividend *n.* (주식, 보험의) 이익 배당, 배당금; 공채 이자
individual *a.* 개개의; 개인의; 독특한 *n.* 개인; 개체

advise	⋯	revise	⋯	improvise	⋯	supervise
충고하다		개정하다		즉석에서 하다		감독하다

VOC

call : 부르다, 소리치다
voice : 목소리

---

voc(=call부름(에 의한))+ation(것) → 신의 부름으로 얻은 일

vocation

[voukéiʃən]

n. 천직, 사명(calling); 사명감; 직업; 소질

@ consider the job a **vocation** as well as
a profession
그 일을 직업일 뿐만 아니라 천직으로 여기다

@ vocational *a.* 직업상의 vocationally *ad.* 직업상으로

syn 직업 = vocation; occupation; job; profession;
       trade; business; calling

---

a(<ab-=away떨어져 있는)+vocation(직업) → 직업으로 하는 일이 아닌 일

avocation

[ævoukéiʃən]

*moonlight v. 야간에
부업을 하다; 야반도주
하다

n. (본업 이외의) 부업; 취미; 심심풀이(hobby; taste)

@ a designer by vocation and a cabdriver
by **avocation** 본업은 디자이너 부업은 택시운전사

@ avocational *a.* 부업의 *cf.* avocatory *a.* 호출하는

syn 부업 = avocation; sideline; side job; subsidiary
       business[occupation, work]

---

con(<com-=together함께)+voc(=call불러모)+ation(음)

convocation

[kànvəkéiʃən]

*ecclesiastical
[iklì:ziǽstikəl]
a. 교회(조직)의;
성직자의

n. (회의, 의회의) 소집; 집회(assembly)

@ make a speech at an ecclesiastical **convocation**
성직자 집회에서 연설하다

attend the **convocation** in the capacity of an
observer 옵저버 자격으로 그 집회에 참석하다

@ convoke *v.* (의회 등을) 소집하다(summon); 불러 모으다

cf. convention *n.* 집회; 국제협정; 관습

syn 집회 = convocation; convention; assembly;
       gathering; rally; congregation(종교적 ~)

739

e(<ex-=out밖으로)+voc(=call불러내)+ation(기)

evocation

[èvəkéiʃən]

n. (영혼 등의) 불러냄, 초혼; (기억, 감정 등의) 환기

@ the **evocation** of memory 기억의 환기

@ evoke *v.* (기억 등을) 환기시키다; 불러내다
evocative *a.* 환기시키는

syn 환기시키다 = evoke; rouse; arouse; awaken;
stir up; call forth

cf. **ventilate** *v.* 공기를 환기시키다(change air)
n. **ventilation** 환기

in(=in(마음)속으로)+voc(=call (신을)부르)+ation(기)

invocation

[ìnvəkéiʃən]

n. 기도, 기원; 탄원(supplication; entreaty);

주문(呪文), 주술; (법의) 발동

@ **invocation** of self-defense power 자위권의 발동

@ invoke *v.* (천우신조 등을) 빌다; (~에) 호소하다; 발동하다
invocatory *a.* 기도의; 주문의; 간곡한(earnest)
*invoke the parliamentary right to investigate the
national administration 국정조사권을 발동하다

syn 주문 = invocation; conjuration; spell; charm

cf. **order** *n.* (상품의) 주문

pro(=forth앞으로)+voc(=call불러내)+ation(기)

provocation

[pràvəkéiʃən]

n. 화나게 함, 자극(incitement); 분개(resentment)

@ flare up on the slightest **provocation**
사소한 일에도 화를 내다

@ provoke *v.* 화나게 하다(vex); 자극하여 ~시키다(incite)
provocative *a.* 화나게 하는(vexing); 도발적인, 약 올리는
*provocative remarks 도발적인 말
a provocative action 도발적인 행위

syn 화 = provocation(화나게 함); anger; resentment;
wrath; ire

re(=back되돌려)+voc(=call부르르)+ation(기)

revocation

[rèvəkéiʃən]

n. 취소(cancellation), 폐지; (계약 등의) 파기, 철회

📝 demand the **revocation** of the statement
발언의 취소를 요구하다

📖 revoke v. (허가 등을) 취소하다(cancel); 폐지[철회]하다
revocable a. 취소[폐지]할 수 있는
(↔ irrevocable a. 취소할 수 없는)
revocatory a. 취소의, 철회의

syn 폐지하다 = revoke; abolish; abrogate; annul;
disuse; nullify; rescind; do away with

ad(=to~으로)+voc(=call부르르)+ate(=make다)

advocate

[ǽdvəkèit]
[ǽdvəkit] n.

v. 변호하다, 지지하다; 주장하다

n. 주창자, 대변자

📝 **advocate** abolishing discrimination
차별 철폐를 주장하다

an **advocate** of equal pay for men and women
남녀동등 임금의 주창자

📖 advocacy n. 옹호, 지지; 창도, 고취

syn 변호하다 = advocate; plead; defend; speak for;
vindicate

voc(=voice목소리, 음성)+al(의)

vocal

[vóukəl]

*vocalist
n. 성악가, 가수

a. 목소리의; 성악의; 잔소리가 많은; 시끄럽게 지껄이는

n. 소리; 유성음; 모음(vowel); (pl.) 음악; 보컬, 가창

📝 a master of **vocal** mimicry 성대모사의 달인

📖 vocalize v. 목소리로 내다, 발음하다; 노래하다; 유성음화하다
vocally ad. 목소리로, 구두로(verbally)
vocative a. 부르는, 호격의 vocabulary n. 어휘; 단어집

syn 잔소리가 많은 = vocal; nagging; faultfinding
말이 많은 = talkative; voluble; verbose; wordy;
loquacious

741

voc(i)(=voice목소리를)+fer(=carry나르)+ate(=make다)

vociferate

[vousífərèit]

v. 고함치다, 큰 소리를 지르다; 떠들다(clamor)

예 **vociferate** against the compromise plan
타협안에 반대해서 소리를 질러대다

파 vociferation *n.* 고함, 시끄러움
vociferant *a.* 큰 소리를 지르는, 시끄러운
vociferous *a.* 큰 소리로 외치는, 떠들썩한(boisterous;
clamorous)

syn 고함치다 = vociferate; yell; roar; bawl; shout; howl

vocation	⋯▸	avocation	⋯▸	convocation	⋯▸	evocation
소명, 천직		부업, 취미		집회		불러냄, 환기

void

empty : 빈, ~이 없는; 비우다
***void = vac = van = vain**

---

void(=empty텅 빈; ~이 없는)

void

[vɔid]

a. 텅 빈; ~이 결여된; 무효의 *v.* 무효로 하다; 배설하다

n. (the ~) 공간, 허공; 진공; (a ~) 빈틈; 공허감; 결원

🔵 be null and **void** 무효이다

fill the **void** 결원을 메우다

void[evacuate] excrement 대변을 보다

syn 비어 있는 = void; empty; vacant; hollow(속이 빈);
unoccupied

---

a(<ex-=out떨어져)+void(=empty텅 비우다)

avoid

[əvɔ́id]

v. 피하다, 회피하다(shun); 무효로 하다

🔵 **avoid** a drinking buddy 술친구를 멀리하다

avoid the use of cliché
진부한 상투어구의 사용을 피하다

🔷 avoidable *a.* 피할[무효로 할] 수 있는
avoidance *n.* 회피; 무효; 결원(vacancy)

syn 회피하다 = avoid; shun; evade; shirk; elude;
dodge; sidestep; circumvent;
keep away from; keep out of

---

de(=completely완전히)+void(=empty텅 빈)

devoid

[divɔ́id]

a. ~이 전혀 없는; ~이 결여된(lacking)

v. ~을 빼앗다(snatch; plunder(약탈하다))

🔵 be **devoid** of common sense
상식이 결여되어 있다

a person **devoid** of humor and wit
유머와 기지가 없는 사람

syn ~이 결여 된 = devoid; lacking; wanting(모자라는)

vac(=empty비어)+ant(있는)

vacant
[véikənt]

a. 빈, 공허한; 공석인; 한가한; 멍한; 사용되지 않는

🗣 wear a **vacant** expression 얼빠진 표정을 하고 있다

📋 vacancy *n.* 빔; 공석, 결원; 방심
vacate *v.* ~을 비우다; 사임하다
vacation *n.* 방학, 휴가; (직무 등에서의) 해방; 퇴거; 사직

syn 공허한 = vacant; inane; hollow; empty; vacuous

cf. **vain** *a.* 헛된(futile); 공허한(inane)
vanity *n.* 허영심 *cf.* **ambition** *n.* 공명심, 야망
vanish *v.* 사라지다 *cf.* **banish** *v.* 추방하다

*evanesce
v. (점점) 사라져 가다

---

e(<ex-=out밖으로)+vacu(=empty비게)+ate(=make하다)

evacuate
[ivǽkjuèit]

v. (집 등을) 비우다; 피난시키다; 배설하다; 철수하다

🗣 **evacuate** the bowels[wounded]
배변하다[부상병을 후송하다]

📋 evacuation *n.* 비우기; 배출; 배설; 피난, 소개; 철수

syn 철수하다 = evacuate; withdraw; remove

---

vacu(=empty빈, 비어 있는)+um(상태)

vacuum
[vǽkjuəm]

n. 진공; 공허; 진공청소기 *a.* 진공의 *v.* 청소기로 청소하다

🗣 leave a **vacuum** in one's heart
가슴에 공허함을 남기다

📋 vacuumize *v.* 진공으로 만들다; 진공장치로 포장[청소]하다
vacuum-clean *v.* 진공청소기로 청소하다(vacuumize)
vacuum-packed *a.* (식료품 등이) 진공 포장의

syn 공백 = vacuum; void; gap; blank(공란); interlude(막간)

---

void	⋯▸	avoid	⋯▸	devoid
비어 있는		(회)피하다		결여된, 전혀 없는
vacant	⋯▸	**evacuate**	⋯▸	**vacuum**
빈, 공허한		비우다		진공, 공백

744

vok(e)

call : 부르다, 소리치다
*vok(e) = voc

---

con(=together함께)+voke(=call부르다)

convoke

[kənvóuk]

v. (회의 등을) 소집하다(summon); 불러 모으다

㉠ convoke a board of directors
이사회를 소집하다

㉤ convocation *n.* (회의, 의회의) 소집; 집회(assembly)

syn 소집하다 = convoke; summon; convene; muster;
        call up; levy(군인을 ~)

cf. **mobilize** *v.* 동원하다

---

e(<ex-=out밖으로)+voke(=call불러내다)

evoke

[ivóuk]

v. (영혼 등을) 불러내다; 일깨우다, 환기시키다

㉠ evoke people's sympathy
사람들의 동정심을 자아내다

㉤ evocation *n.* (유령 등을) 불러냄; (기억의) 환기
evocative *a.* 불러내는; 불러일으키는, 환기하는

syn 일깨우다 = evoke; awake; excite; jog

---

in(=in(마음 속)으로)+voke(=call(신을) 부르다)

invoke

[invóuk]

v. (천우신조 등을) 기원하다; (법에) 호소하다; 발동하다

㉠ invoke God's help earnestly
신의 도움을 간절히 기원하다

invoke the sword of justice
사법권을 발동하다

㉤ invocation *n.* 기도, 기원(supplication); 호소; (법의) 발동
invocatory *a.* 기원의, 간청의; 기도에 쓰이는
*the <u>invocation</u> of self-defense power 자위권의 발동

syn 기원하다 = invoke; pray; wish;
                supplicate(간절히 바라다)

provoke

v. 화나게 하다; 자극하여 ~시키다; ~을 불러일으키다

[prəvóuk]

예 **provoke** a dog[riot, laugh]
개를 약 올리다[폭동을 선동하다, 웃음을 자아내다]

파 provocation n. 도발, 자극(incitement), 분개(resentment)
provocative a. 화나게 하는(vexing); 도발적인
n. 자극물, 흥분제
provoking a. 화가 나는(irritating); 짜증나게 하는, 귀찮은

syn 화나게 하다 = provoke; vex; enrage;
offend; exasperate; infuriate;
drive a person crazy
[mad, insane, nuts]

revoke

v. (법령 등을) 취소하다(cancel); 철회하다(withdraw)

[rivóuk]

예 **revoke** a license[one's membership]
면허를 취소하다[회원에서 탈퇴시키다]

파 revocation n. 취소, 철회(withdrawal), 폐기(canceling)
revocable a. 취소할 수 있는; 폐지할 수 있는
(↔ irrevocable a. 돌이킬 수 없는; 취소할 수 없는;
폐지할 수 없는)

syn 철회하다 = revoke; withdraw; retract; repeal;
take back

convoke	⋯▸	evoke	⋯▸	invoke	⋯▸	provoke	⋯▸	revoke
소집하다		불러내다		기원하다		화나게 하다		취소하다

convocation	⋯▸	evocation	⋯▸	invocation
소집, 집회		환기, 불러냄		기도, 발동

provocation	⋯▸	revocation
도발, 분개		취소, 철회

746

vol

will : 의지

bene(=good좋은)+vol(=will의지, 마음)+ent(의)

benevolent

[bənévələnt]

a. 자비로운, 인정 많은; 친절한; 호의적인, 선의의; 자선의

ⓔ a **benevolent** fund[spirit]
자선기금[박애정신]

ⓟ benevolently *ad.* 호의적으로
benevolence *n.* 자비심; 박애; 자선

syn 자비로운 = benevolent; merciful; humane;
compassionate; charitable

male(=bad나쁜)+vol(=will의지, 마음)+ent(의)

malevolent

[məlévələnt]

a. 악의 있는; 사악한; 심술궂은; 남의 불행을 기뻐하는

ⓔ smile a **malevolent** smile
악의에 찬 웃음을 웃다

ⓟ malevolently *ad.* 악의적으로(maliciously)
malevolence *n.* 악의, 적의(enmity); 증오(aversion)

syn 사악한 = malevolent; malicious; vicious; wicked;
sinister; nefarious

vol(i)(=will의지)+tion(력)

volition

[voulíʃən]

n. 의지, 의지력; 결의, 결단력(resolution); 의욕

ⓔ leave the company of one's own **volition**
자진하여 퇴사하다

ⓟ volitional *a.* 의지의(volitive), 의지적인; 의지에 의한

syn 의지 = volition; will; purpose; intention(의도)

vol(unt)(=will(스스로의) 의지)+ary(로)

voluntary

[váləntèri]

a. 자발적인, 자원의; 고의적인, 의도적인(intentional)

📝 **voluntary** employment[confession]
자발적인 실업[임의 자백]

📝 voluntarily *ad.* 자유의사로, 자발적으로, 임의로

syn 자발적인 = voluntary; freewill; willing; spontaneous;
unforced; operant

ant 강제적인 = compulsory; coercive; forced

vol(unt)(=will(스스로의) 의지로)+eer((나선) 사람)

volunteer

[vàləntíər]

n. 지원자; 지원병; 자원 봉사자 *a.* 자발적인; 자생의

v. 자진하여 하다; 지원병이 되다; (식물이) 자생하다

📝 engage in **volunteer** work actively
자원봉사활동에 적극적으로 참여하다

volunteer for military service
자진하여 입대하다

📝 volunteerism *n.* 자유 지원제(voluntaryism)

syn 지원자 = volunteer; applicant; candidate(후보자);
aspirant

benevolent	⋯▸	malevolent	⋯▸	volition ⋯▸
자비로운		악의 있는		의지, 의지력

voluntary	⋯▸	volunteer
자발적인		자원봉사자

volv(e)

roll : 돌다, 말다; 구르다

circum(=around빙돌아)+volve(=roll구르다)

circumvolve

[sə̀ːrkəmválv]

v. 회전하다; 회전시키다

- **circumvolve** automatically[cyclically]
  자동으로[주기적으로] 회전하다

- circumvolution *n.* 회전; 칭칭감기; 소용돌이; 우회로

syn 회전하다 = circumvolve; revolve; rotate; turn; spin;
        gyrate(선회하다)

cf. **whirl** *v.* 빙빙 돌다; 질주하다 *n.* 회전; (일 등의) 연속
    spiral *v.* 나선형을 그리다 *a.* 나선형의 *n.* 악순환
    *a spiral shape 나선형
     an inflationary spiral 악성 인플레이션

con(=together함께)+volve(=roll둘둘 말다)

convolve

[kənválv]

v. 둘둘 말다[감다, 말리다]; 나선형으로 하다; 빙빙 돌다

- **convolve** a tree with a rope
  밧줄로 나무를 칭칭 감다

- convolution *n.* 둘둘 말림; 얽힘; 대뇌 표면의 주름

syn 말다 = convolve; roll; furl(접다);
        funnel(깔때기 모양으로 말다)

de(=down아래로)+volve(=roll굴려 보내다)

devolve

[diválv]

v. (일 등을) 양도하다, 맡기다; 옮겨지다; (재산이) 넘어가다

- **devolve** the duty upon the Secretary of State
  그 임무를 국무장관에게 맡기다

- devolution *n.* (재산, 권리 등의) 이전, 계승, 위양, 위임

syn 양도하다 = devolve; transfer; convey; alienate;
        hand[turn] over

cf. a nominal transfer 명의 이전

e(<ex-=out밖으로)+volve(=roll(더 잘) 굴러 나오다)

evolve

v. 진화하다; 발전하다; (법칙, 체계 등을) 이끌어내다

[iválv]

예 **evolve** from the ape 원숭이에서 진화하다

evolve a satisfactory effect
만족스러운 결과를 이끌어내다

파 evolution *n.* 진화; 전개, 발전(development); (기계의) 회전
evolutionary *a.* 진화론의; 진화론적인
evolutionism *n.* 진화론

syn 발전하다 = evolve; develop; advance;
　　　　　　expand; grow

---

in(=into안으로)+volve(=roll둘둘 말아 넣다)

involve

v. 연루시키다; 말려들게하다; 관계하다; ~을 포함하다

[inválv]

예 be **involved** in a graft scandal
뇌물 수수사건에 말려들다

involve a lot of risk 많은 위험을 안고 있다

파 involution *n.* 뒤얽힌 상태; 분규; 퇴화
involvement *n.* 연루(implication; complicity)
involved *a.* 말려든; 참가한; 복잡한, 뒤얽힌;
　　　　　　혼란한(confused)

syn 연루시키다 = involve; implicate
*accomplice *n.* 연루자, 공범자

---

re(=again다시)+volve(=roll돌다)

revolve

v. 회전하다; (천체가) 공전[운행]하다; 순환하다

[riválv]

예 **revolve** around the earth 지구 둘레를 돌다

revolve around in one's head 머릿속에 맴돌다

파 revolution *n.* 혁명; 대변혁; 회전; 공전
revolving *a.* 돌아오는, 순환하는
revolutionary *a.* 혁명의; 대변혁을 초래하는
revolutionist *n.* 혁명가 *cf.* activist *n.* 운동가

syn 순환하다 = revolve; circulate; cycle; rotate

부록

Appendix

부록에서 다루는 '**기출 어휘**'와 '**출제 예상 어휘**'는

고득점 합격과 어휘의 달인이 되길 원하는 분들을 위해 특별히 준비하였습니다.

어휘력이 부족한 분들은 쉬운 기본 어휘부터 공부하면서,

어려운 어휘는 표시해 두었다가 반복 학습하여 하나씩 익혀 나갈 것을 권합니다.

이 책은 작지만 정말 알차게 구성되어 있습니다.

앞에서 공부한 표제어와 부록에서 다루는 어휘만 마스터한다면

어떤 영어시험 어휘 문제에도 부족함이 없을 것이므로,

항상 휴대하면서 자신의 것으로 만들 것을 당부드립니다.

자, 우리 모두 최선을 다 합시다.

1. 기출 어휘

(A)

[동사]

☐**abandon** [əbǽndən] *v.* 그만두다, 단념하다(relinquish; forsake);
버리다(desert; discard)

☐**abate** [əbéit] *v.* 완화시키다(moderate; alleviate; mitigate); 줄이다(diminish);
(비 등이) 잦아들다 *n.* **abatement** 완화, 감소; 경감

☐**abide** [əbáid] *v.* 머무르다, 체재하다(stay; sojourn; tarry);
참다, 견디다(endure; bear; put up with); (운명 등을) 달게 받다
abiding *a.* 지속적인, 영구적인(enduring; lasting)
*****abide by** (약속 등을) 지키다, 고수하다(stick to; adhere to); (결정 등에) 따르다

☐**abolish** [əbáliʃ] *ad.* (법률, 제도 등을) 폐지하다
(do away with; abrogate; annul; rescind; nullify; revoke)
n. **abolishment** 폐지, 무효, 박멸

☐**abridge** [əbrídʒ] *v.* 요약하다(epitomize; summarize; abstract);
단축하다, 삭감하다(shorten; curtail; cut down)
a. **unabridged** *a.* 생략하지 않은, 완전한

☐**abscond** [æbskánd] *v.* 몰래 도망치다(depart suddenly; run away; escape;
flee; take (to) flight; take to one's heels; decamp)
cf. **abscind** *v.* 잘라내다(cleave; cut off)

☐**abstain** [əbstéin] *v.* 삼가다, 끊다(hold back; refrain); 기권하다
n. **abstention** 절제(↔ **prodigality** *n.* 방탕, 낭비); 자제; 기권
a. **abstemious** 절제하는, 삼가는

☐**abuse** [əbjúːz] *v.* 남용하다, 악용하다(misuse); 학대하다, 혹사하다(treat badly); 욕하
다(slander; revile; vituperate; vilipend(헐뜯다); call a person names)
n. 악용, 남용, 욕설; 폐단

☐**accept** [æksépt] *v.* 받아들이다, 허락하다(allow; permit);
순응하다(adapt; accommodate), 인정하다(face up to)

☐**acclaim** [əkléim] *v.* 갈채하다, 환호하다(hail); 외치다(shout; yell; exclaim)

□accost [əkɔ́:st] v. 모르는 사람이 다가와서 말을 걸다

□account [əkáunt] v. 설명하다(for)(explain); (행위 등을) 책임지다;
~탓으로 돌리다(to)(attribute; ascribe; accredit)
a. accountable ~에 책임이 있는(responsible) n. accountant 회계사
*take into account ~ ~을 고려하다(make allowance(s) for

□accuse [əkjú:z] v. 기소하다, 고발하다(prosecute; charge; indict);
비난하다(criticize; blame; condemn; denounce; censure; reproach; attack)
n. accusation 기소, 고발; 비난 *the accused 피고인/ accuse A of B(A를 B의 혐의
로 기소하다) → A is accused of B

□acerbate [ǽsəːrbèit] v. 화나게 하다(enrage; provoke; exasperate; offend; get
on a person's nerves; stir up) a. 신랄한(poignant; pungent); 화나는
n. acerbity 신랄함, 매서움(severity); 신맛(a sour taste)

□acknowledgment [əknɑ́lidʒmənt] n. 승인; 자백; 사례, 보답
v. acknowledge 인정하다; 승인하다; 감사하다

□acquaint [əkwéint] v. ~에 정통하게 하다, 알게 하다;
~에게 알리다(apprise; inform) n. acquaintance 아는 사이, 면식
*acquaint oneself with ~ ~을 알다, ~에 정통해 있다

□acquiesce [æ̀kwiés] v. (의견 등에) 따르다, 동의하다(accept; agree; consent;
assent); 묵인하다(connive) n. acquiescence 묵인, 묵종

□acquire [əkwáiər] v. 취득하다, 습득하다(obtain; procure); 배우다(learn)
a. acquired 취득한; 후천적인(↔ inherent; innate; inborn; congenital 선천적인)
n. acquirement 취득, 획득 cf. acquisitive [əkwízətiv] a. 탐내는, 욕심 많은
(covetous; greedy)

□acquit [əkwít] v. 무죄로 하다, 석방하다(discharge; release; let off; set free;
liberate); (의무를) 면제하다(absolve)
n. acquittal 무죄, 석방; (채무 등의) 변제(repayment; liquidation)

□adduce [ədjú:s] v. 제출하다(present; submit); 인용하다(cite; quote)
n. adduction (증거 등의) 제시

□adorn [ədɔ́:rn] v. 장식하다(decorate; embellish; ornament; garnish; beautify)
n. adornment 장식(decoration; ornament); 장식품
cf. ornate a. 화려하게 장식한; (문체가) 화려한(florid; flowery; gorgeous;
flamboyant)

□affect [əfékt] v. ~에 영향을 미치다(influence; have an effect on);
작용하다(act on; work on); 가장하다, ~인 체하다(pretend; assume; feign; fake;

put on an air; let on); 감동시키다(touch); (병 등이) 침범하다(attack; invade)
   a. **affecting** 감동시키는(moving) *a.* **affectionate** 애정이 넘치는[어린]
   n. **affection** 애정; 병, 질환(disease); 영향
   n. **affectation** 가장, 꾸미기(pretense; feint)
    *unaffected 영향을 받지 않은; 자연스러운; 있는 그대로의
   cf. **effect** *n.* 결과, 효과; 물품, 개인 자산
    *household effects 가재(家財)

□**afford** [əfɔ́ːrd] *v.* ~할 여유가 있다; 제공하다(give; offer; present; bestow; grant; confer) *a.* **affordable** 입수 가능한; (가격 등이) 알맞은, 저렴한

□**agitate** [ǽdʒətèit] *v.* (마음을) 동요시키다(disturb; stir up); 선동하다(instigate; abet; incite; goad); 활발히 논의하다; 휘젓다(stir), 흔들다(shake; wag)
   n. **agitation** 선동, 동요(commotion); 불안(uneasiness; unrest)

□**alter** [ɔ́ːltər] *v.* 변경하다, 바꾸다(change; modify; vary; shift; transform);
            고치다(correct; amend); 달라지다(change; vary);
            (수컷을) 거세하다(castrate; emasculate; geld)
   n. **alteration** 변경(shift); 개조(reconstruction; remodeling; rebuilding)
    *make an alteration 변경하다
   cf. **alternation** *n.* 교대, 번갈음(shift; rotation)
   altercation 언쟁, 논쟁(controversy; argument; dispute; polemic)

□**amass** [əmǽs] *v.* 모으다, 축적하다(garner; accumulate; gather; heap up; pile up; round up) *n.* **amassment** 축적(stockpliile 사재기)
   cf. **massive** *a.* 육중한(huge; gigantic); 대규모의, 대량의

□**ameliorate** [əmíːljərèit] *v.* 개량하다, 개선하다(improve; better);
   좋아지다(get better) (↔ **deteriorate** *v.* 저하시키다)
   n. **amelioration** 개량, 향상(improvement; betterment)

□**amend** [əménd] *v.* (행실 등을) 고치다; (의안을) 수정하다(change; revise; correct; ameliorate)

□**amplify** [ǽmpləfài] *v.* 확대하다(enlarge); 확장하다(extend); 상세히 설명하다 (elaborate on; enlarge on; expatiate on); 과장하다(exaggerate)
   n. **amplification** 확대, 증폭; 배율

□**anticipate** [æntísəpèit] *v.* 기대하다(expect; count on; look forward to; bank on); 예상하다(forecast; predict; foresee; foretaste); 미리 걱정하다; 미연에 방지하다, 선수치다(preclude; forestall)
   n. **anticipation** 예상, 기대(expectation)

□**appease** [əpíːz] *v.* 달래다, 진정시키다(soothe; pacify; placate; mollify; conciliate; tranquilize; calm down); (욕망 등을) 충족시키다(satisfy; gratify; fulfill)
n. appeasement 유화, 완화 *an appeasement policy 유화책, 회유책

□**appreciate** [əprí:ʃièit] *v.* 평가하다(appraise; estimate; evaluate; assess); 감상하다, 음미하다(relish; savor); 이해하다(apprehend; comprehend; grasp; understand; make sense of); 감사하다(thank); 인정하다(recognize)
n. appreciation 진가(를 인정함); 감상; 감사; 평가, 논평
a. unappreciated 진가를 인정받지 못한, (호의 등이) 감사받지 못한
*appreciate her help 그녀의 도움에 감사하다

□**apprehend** [æprihénd] *v.* 이해하다(comprehend; understand; catch; grasp); 붙잡다, 체포하다(arrest; seize; nab; round up); 염려하다(worry; be anxious[concerned] about) *n.* apprehension 이해, 체포, 염려
a. apprehensive 염려하는; 이해가 빠른, 총명한(intelligent)
a. apprehensible 이해할 수 있는(understandable)

□**assert** [əsə́ːrt] *v.* 단언하다, 강력히 주장하다(emphatically state; affirm; allege; asseverate; protest) *n.* assertion 단언, (강력한) 주장
a. assertive 단언하는, 단정적인(positive)

□**assess** [əsés] *v.* 평가하다, 감정하다(appraise; estimate; evaluate; rate)

□**assure** [əʃúər] *v.* 보증하다, 보장하다(guarantee; warrant; wager); (확신시켜) 안심시키다(convince); 확실하게 하다(ensure)
n. assurance 보증; 확신(conviction)
*wager *n.* 내기(bet); 노름(gambling) *v.* 보증하다, (돈 등을) 걸다

□**augment** [ɔːgmént] *v.* 증가[증대]시키다(increase; enlarge; aggrandize)
n. augmentation 증가, 증대 *a.* augmentative 증가적인, 증대성의

□**authenticate** [ɔːθéntikèit] *v.* 진짜임을 증명하다, 입증하다(verify; validate; corroborate; testify) *a.* authentic 진짜의(genuine; sterling; veritable); 믿을 만한(reliable) *n.* authenticity 확실성, 신뢰성; 진짜임

□**avert** [əvə́ːrt] *v.* (위험 등을) 피하다, 막다(avoid; evade; turn aside; prevent; forestall; deter); (눈 등을) 돌리다, 외면하다(turn away; avert one's eyes)
n. aversion 혐오, 싫음(antipathy)
*avert people's eyes 남의 눈을 피하다, 세상의 이목을 꺼리다
cf. convert *v.* 전환하다(change); 개종시키다
　　n. conversion 전환, 전향

[형용사]

□**aberrant**[əbérənt] *a.* 정도를 벗어난, 탈선적인(deviant); 별난(eccentric; erratic); 〈생물〉변종의(mutant) *n.* 괴짜(oddity; oddball; eccentric; odd fish; queer fish); 기인(crank); 돌연변이(mutation)

□**abortive**[əbɔ́ːrtiv] *a.* 실패한(fruitless; unsuccessful; failed); 유산의; 발육부전의 *n.* 유산, 낙태약 *n.* **abortion** 유산, 낙태; 미숙아 *cf.* **pregnant** *a.* 임신한(expecting)

□**abundant**[əbʌ́ndənt] *a.* 풍부한, 풍족한(plentiful; bountiful; affluent; copious; overflowing) *v.* **abound** 풍부하다

□**accessible**[æksésəbəl] *a.* 접근하기 쉬운; 영향 받기 쉬운(↔ **inaccessible** *a.* 도달하기 어려운) *n.* **access** 접근, 출입(admittance; entrance)

□**accidental**[æksidéntl] *a.* 우연의, 뜻밖의(fortuitous; incidental; haphazard); 비본질적인, 부수적인(extrinsic; extraneous; nonessential) *ad.* **accidentally** 우연히, 뜻하지 않게

□**acrimonious**[æ̀krəmóuniəs] *a.* (말 등이) 통렬한, 신랄한(bitter; sharp; harsh; acrid; poignant; pungent) *acrimonious sarcasm 신랄한 풍자

□**acute**[əkjúːt] *a.* 뾰족한, 예리한(sharp; keen; shrewd; cutting; edged); 예민한(sensitive); 격렬한(violent; furious; vehement; impetuous; severe); 강렬한(intense); 심각한, 중대한(serious; crucial); (병이) 급성의(↔ **chronic**; inveterate; confirmed; grumbling; deep-seated(고질의)) *ad.* **acutely** 강렬하게(strongly); 예리하게(keenly)

□**adamant**[ǽdəmənt] *a.* 단호한, 확고한(firm; inflexible); 고집 센(stubborn; obstinate; headstrong; tenacious; perverse); 불굴의(indomitable; unyielding)

□**adept**[ədépt] *a.* 숙련된, 노련한(skilled; skillful; proficient; experienced) *n.* 숙련가(expert) *cf.* **virtuoso** *n.* 거장, 명인(maestro) **craftsman** *n.* 장인, 숙련공

□**adroit**[ədrɔ́it] *a.* 교묘한, 손재주가 있는(dexterous); 재치 있는(clever)

□**adventitious**[æ̀dvəntíʃəs] *a.* 우연의(accidental; casual; incidental; fortuitous); 우발적인(unforeseen); 외래의(extraneous) *cf.* **adventurous** *a.* 모험을 좋아하는, 모험적인 *n.* **adventure** 모험

□**adverse**[ædvɔ́ːrs] *a.* 반대하는(opposed; dissident; diametric(정반대의)), 적의를 가진(hostile; antagonistic; inimical); 불리한, 불운한(unfavorable; disadvantageous); 반대쪽의(opposite) *an adverse balance of trade 무역역조

n. **adversity** 역경(hardship), 불운, 재난 *n.* **adversary** 적수, 상대방 *a.* 적의, 적수의
<u>adverse</u> winds[circumstances] 역풍[역경]

□**aesthetic**[esθétik] *a.* 미의, 심미적인, 미적 감각이 있는 *n.* **aesthetics** 미학
cf. **anesthesia** 마취 *ad.* **aesthetically** 미적으로

□**aghast**[əgǽst] *a.* 깜짝 놀란, 혼비백산한(frightened) *with one's heart in one's
mouth; like a (dead) duck in a thunderstorm 혼비백산하여

□**agile**[ǽdʒəl] *a.* 민첩한, 재빠른(nimble; alacritous; shrewd; quick);
활발한(lively); 머리 회전이 빠른(bright; clever; sagacious)
n. **agility** 민첩, 기민(nimbleness; alacrity)

□**altruistic**[æ̀ltruːístik] *a.* 이타적인(unselfish) (↔ selfish; egoistic;
self-interested *a.* 이기적인) *n.* **altruist** 이타주의자(↔ **egoist** *n.* 이기주의자)
n. **altruism** 이타주의(↔ **egoism** *n.* 이기주의)

□**amicable**[ǽmikəbəl] *a.* 우호적인(friendly); 평화적인(peaceful; pacific)
(↔ unfriendly; hostile; antagonistic; antisocial *a.* 적대적인)
n. **amicability** 우호, 친선(amity; goodwill)
cf. **amiable** *a.* 붙임성 있는, 상냥한(agreeable)

□**amorphous**[əmɔ́ːrfəs] *a.* 무정형의(formless; shapeless)
cf. **무형의** = incorporeal; immaterial; intangible; insubstantial; unbodied

□**ample**[ǽmpl] *a.* 충분한(sufficient; enough); 풍부한(opulent; abundant; profuse;
copious); 넓은(spacious; roomy; commodious); 뚱뚱한(stout)

□**analogous**[ənǽləgəs] *a.* 유사한, 비슷한(similar to)
n. **analogy** 유사점; 유사(similarity)

□**anonymous**[ənánəməs] *a.* 익명의(innominate; incognito); 작자불명의
*an <u>anonymous</u> donation 익명의 기부

□**apathetic**[æ̀pəθétik] *a.* 무감각한(insensible; numb; anesthetic); 냉담한
(indifferent; insensitive; unconcerned; impassive; callous; nonchalant)
n. **apathy** 냉담(indifference; callousness; cold-heartedness)

□**apologetic**[əpàlədʒétik] *a.* 사죄의; 변명의(excusatory; vindicatory)

□**appropriate**[əpróupriit] *a.* 적당한, 알맞은(suitable; pertinent; adequate;
proper; relevant; fit; fitting; apposite; felicitous; congruous; apropos)
(↔ unsuitable; impertinent; inadequate; improper; irrelevant; unfitting)

v. 유용하다, 횡령하다(embezzle; usurp) *n.* **appropriation** 전용, 사용(私用); 정부지출
금 *an <u>appropriation</u> for defense 국방비의 전용
cf. **propriety** 타당, 적당; 예의범절(decency; manners; decorum)

□**approximate**[əpráksəmit] *a.* (서로) 근접한, 유사한(similar);
대략의(about; rough); 거의 정확한(nearly correct)
cf. **proximity** *n.* 근접, 인접(contiguity) *a.* **proximal** 가까운(near)

□**arable**[ǽrəbəl] *a.* 경작할 수 있는(plowable; cultivable; tillable)
(↔ **barren; sterile** *a.* 불모의) *n.* 경작지

□**arbitrary**[áːrbitrèri] *a.* 임의의, 제멋대로인(willful; random; haphazard);
변덕스러운(capricious; whimsical; fanciful; chameleonic; fickle; quicksilver;
catchy; erratic); 전제적인, 독단적인(despotic; dictatorial; peremptory; assertive;
dogmatic; tyrannical; imperious; high-handed)
v. **arbitrate** 조정하다, 중재하다(mediate; conciliate)
n. **arbitration** 조정, 중재(mediation; conciliation; intercession; peacemaking)
n. **arbitrator** 조정자, 중재인(mediator; conciliator; peacemaker)

□**archaic**[ɑːrkéiik] *a.* 고풍의, 오래된(antiquated; ancient; old)
n. **archaeology** 고고학

□**arduous**[áːrdʒuəs] *a.* (일 등이) 고된, 힘드는(laborious; severe; difficult; hard;
tough); 분투적인(vigorous; industrious); 끈기 있는(pertinacious; strenuous); 가파른
(steep; precipitous; sheer; sharp)

□**arid**[ǽrid] *a.* (땅 등이) 건조한, 메마른(dry); 불모의(sterile; barren; fruitless; jejune;
unproductive)(↔ **fruitful; productive; fertile** *a.* 비옥한); (사상 등이) 무미건조한
(dull; insipid; uninteresting) *n.* **aridity** 불모, 무미건조

□**armchair**[áːrmtʃɛ̀ər] *a.* 실제 경험에 의하지 않은(impractical), 탁상공론적인, 간접
경험의 *n.* 안락의자 *an <u>armchair</u> theory 탁상공론

□**articulate**[ɑːrtíkjəlit] *a.* (말, 발음 등이) 명료한(clear; unambiguous; distinct;
transparent) *v.* 똑똑히 발음하다(enunciate); (감정 등을) 분명하게 표현하다;
(뼈를) 관절로 잇다; 유기적으로 연결하다
n. **articulation** 또렷한 발음, 명확한 표현

□**artificial**[àːrtəfíʃəl] *a.* 인조의, 인공적인(synthetic; factitious; man-made;
plasticated; plastic)(↔ **natural** *a.* 천연의); 부자연스러운(unnatural); 거짓의, 모조의,
가짜의(fake; spurious; forged; fictitious; bogus)(↔ **genuine; authentic**
a. 진짜의) *n.* 인공물(artifact), 모조품(imitation; fake; counterfeit; forgery)
*<u>synthetic</u> flight training 모의 비행훈련, a <u>synthetic</u>[neutral] detergent 합성[중성]세
제 *cf.* a bogus[forged, counterfeit] note 위조수표

□ **attractive**[ətrǽktiv] *a.* 마음을 끄는(inviting); 매력적인(fascinating; charming; bewitching; tempting; groovy)
  v. **attract** 끌어당기다; 유인하다(allure); 매혹하다(entice; captivate; fascinate)
  n. **attraction** *n.* 매력(charm; appeal; fascination; bewitchment)

□ **audacious**[ɔːdéiʃəs] *a.* 대담한(bold; intrepid; dauntless; valiant; valorous; gallant; fearless); 무례한, 뻔뻔한(rude; impudent; shameless; arrogant; overbearing; insolent; indecent) *n.* **audacity** 대담함(boldness; gallantry)
  cf. **temerity** *n.* (무모한) 행위, 만용(audacity; foolhardiness))
  a. **temerarious** 무모한, 무분별한(thoughtless; reckless)

□ **auditory**[ɔ́ːditɔ̀ːri] *a.* 귀의, 청각의(auditive; acoustic; auricular)
  cf. **ocular** *a.* 눈의, 시각상의 *cf.* **aurist**[ɔ́ːrist] *n.* 귀 전문의(ear specialist)

□ **auspicious**[ɔːspíʃəs] *a.* 길조의, 상서로운(lucky; propitious; fortunate; favorable)(↔ **inauspicious** *a.* 불길한, 흉조의)
  n. **auspice** 길조; (pl.) 찬조, 후원(patronage)
  cf. **perspicuous** *a.* (언어, 문체 등이) 명료한, 명쾌한(lucid; distinct; clear)
  despicable *a.* 비열한, 야비한(abject; base; nasty; shabby; sordid)

□ **austere**[ɔːstíər] *a.* 엄한, 엄격한(stern; harsh; severe; stringent; astringent; rigid); 꾸밈없는(plain); 간결한(brief; terse; curt)(↔ **wordy; redundant; verbose; tedious** *a.* 장황한); (생활 등이) 간소한, 검소한(frugal; thrifty; parsimonious; economical)(↔ **wasteful; prodigal; extravagant; lavish** *a.* 낭비하는); 금욕적인 (puritanical; stoic; abstemious) *n.* **austerity** 엄격(severity); 내핍, 긴축 (retrenchment; curtailment)

□ **autonomous**[ɔːtánəməs] *a.* 자율의(self-regulating)(↔ **heteronomous** *a.* 타율의); 자치의(self-governing; independent)
  n. **autonomy** 자치, 자율권(↔ **heteronomy** 타율, 타율성)

□ **avaricious**[æ̀vəríʃəs] *a.* 탐욕스러운(covetous; greedy; avid; voracious; rapacious) *n.* **avarice** (금전 등에 대한) 탐욕(cupidity)

[명사]

□ **abbreviation**[əbrìːviéiʃən] *n.* 약어; 생략, 단축(abridgement)

□ **abortion**[əbɔ́ːrʃən] *n.* 유산, 낙태; (계획 등의) 실패(failure)
  a. **abortive** 실패한(unsuccessful) ; 유산의

□ **abstract**[æbstrǽkt] *n*. 발췌, 요약(summary; epitome; compendium; digest; abridgment) *a*. 추상적인, 이론적인(ideological; theoretical) *v*. 추출하다

□ **accomplice**[əkámplis] *n*. 공범자(helper[partner] in a crime; complicity; confederate; accessory(종범)); 한패

□ **acronym**[ǽkrənìm] *n*. 두문자어
*IMF(International Monetary Fund 국제 통화기금)

□ **acupuncture**[ǽkjupÀŋktʃər] *n*. 침술(the treatment of a person's illness by sticking a small needle) *v*. ~에게 침술을 베풀다
cf. **puncture** *n*. (바늘 등으로) 찌름; (타이어의) 펑크 *v*. 펑크 내다, 찔러 구멍을 내다; (자존심을) 상하다; 망쳐놓다(mar)

□ **affinity**[əfínəti] *n*. 애호, 호감(attraction); 인척관계; 유사성

□ **aftermath**[ǽftərmæ̀θ] *a*. (전쟁, 재해 등의) 여파, 영향(resulting situation; aftereffect; fallout)

□ **agenda**[ədʒéndə] *n*. 의사일정, 협의사항; 의제(a subject[topic] for discussion); 비망록(memo; memorandum)

□ **alias**[éiliəs] *n*. 별명, 가명(a false name; an assumed name; nickname)
ad. 일명 ~, 별명은 *cf.* **pseudonym** 필명, 아호(a pen name; a literary name)

□ **allowance**[əláuəns] *n*. 허락, 허가(permission; leave); 용인, 승인, 인가
(approbation; approval; admission; acknowledgment; license);
용돈(pocket money) *v*. **allow** 허락하다, 인정하다 *ad*. **allowedly**
ad. 당연히(by definition); 명백히(apparently; avowedly; clearly)

□ **alternative**[ɔːltə́ːrnətiv] *n*. 양자택일, 대안(other choice)
a. 둘 중의 하나를 선택해야 할, 양자택일의; 대신의(substitute; vicarious);
선택적인(elective; optional) *v*. **alternate** 번갈아 일어나다 *a*. 번갈아 하는
n. **alternation** 교대, 교체

□ **amalgam**[əmǽlgəm] *n*. 혼합물, 결합물(mixture; combination)
v. **amalgamate** *v*. 합병시키다(affiliate; consolidate; annex; unite; merge);
혼합하다(mix; blend; mingle; commingle; compound)
*an amalgam of wisdom and nonsense 지혜와 난센스의 혼합

□ **ambience**[ǽmbiəns] *n*. 분위기(atmosphere; mood; vibes);
환경(surroundings; environment); 주위(vicinity; environs)
a. **ambient** 주위의(surrounding), 둘러싼

n. **ambit** 주위; 경계; 범위(scope); 구내(precincts)

☐**ambush**[ǽmbuʃ] *n.* 매복, 잠복(concealment) *v.* 매복하다(waylay; hunker down), 매복하여 습격하다(attack by surprise)

☐**amelioration**[əmìːljəréiʃən] *n.* 개량, 개선, 향상(improvement) (↔ **deterioration** *n.* 악화, 퇴보)

☐**amenity**[əménəti] *n.* (the ~) (장소, 건물, 기후 등이) 기분에 맞음, 쾌적함 (delightfulness); (pl.) 오락[편의, 문화] 시설(comforts; conveniences); 화장실(toilet; lavatory; rest room); 예의(etiquette; politeness) (↔ **disamenity** 불쾌, 불편)

☐**anthropology**[æ̀nθrəpálədʒ] *n.* 인류학(the scientific study of people, society, and culture)

☐**antidote**[ǽntidòut] *n.* 해독제(mithridate; counterpoison; antivenom; remedy)(치료약 *a.* **remedial** 치료하는, 교정하는(correcting)

☐**anvil**[ǽnvəl] *n.* 모루(대장간에서 쇠를 두드릴 때 밑에 놓는 받침)

☐**aperture**[ǽpərtʃùər] *n.* 구멍(hole; orifice); (갈라진) 틈(crevice; crack; hiatus; chasm; opening gap)

☐**apparel**[əpǽrəl] *n.* (집합적) 의류(clothing; raiment); 의상, 옷(dress; garb; garment; array; attire)

☐**arboretum**[àːrbəríːtəm] *n.* 수목원, 식물원(a tree [botanical] garden) *cf.* **asylum** 보호소, 수용소 **aquarium** 수족관, 수조 **oceanarium** 대 수족관, 해양관 **gymnasium** 체육관 **referendum** 국민투표 **momentum** 운동량, 탄력, 힘, 여세 *gain[gather] momentum* 탄력이 붙다, 세력을 얻다

☐**atheism**[éiθiìzəm] *n.* 무신론(the belief that there is no God)(↔ **theism** *n.* 유신론) *n.* **atheist** 무신론자 *cf.* **agnostic** *n.* 불가지론자(An agnostic believes that it is not possible to know whether God exists or not) *a.* 불가지론의, 불가지론적인 *cf.* **infidel** *n.* 신앙의 불신자; 이교도(pagan; heathen; heretic) **gentile** *n.* 이방인, 그리스도교도

☐**atrocity**[ətrásəti] *n.* 잔학, 포학한 행위(cruelties; enormities; brutalities; barbarities; flagrance); 큰 실수(blunder; bungle; mistake) *a.* **atrocious** 흉악한(heinous; fiendish; nefarious; flagrant)

☐**atrophy**[ǽtrəfi] *n.* (영양 부족 등에서 오는) 위축, 쇠약(debility; weakness; emaciation; decrepitude); 기능의 퇴화(degeneration)

v. 위축시키다, 쇠약하게 하다(debilitate; weaken)

□**aviation**[èiviéiʃən] *n.* 비행(flight), 항공; 비행술(aeronautics)
  n. aviator 비행사(aeronaut; birdman)

(B)

[동사]

□**balk**[bɔːk] *v.* 방해하다(block; hinder); 좌절시키다(frustrate);
  망설이다(hesitate; scruple)

□**ban**[bæn] *v.* 금지하다(prohibit; forbid) *n.* 금지(prohibition; forbiddance);
  파문, 추방(expulsion; banishment; deportation)
  cf. embargo *n.* 출항[입항] 금지, 통상금지

□**befuddle**[bifʌdl] *v.* 정신을 잃게 하다, 어리둥절하게 하다(fluster; confuse; baffle;
  bewilder; bemuse)

□**besmirch**[bismə́ːrtʃ] *v.* (명예 등을) 손상시키다(smirch; defile; blemish);
  더럽히다(soil); 변색시키다(tarnish)

□**blanch**[blæntʃ] *v.* 희게 하다, 표백하다(whiten; bleach);
  (얼굴을) 창백하게 하다 *cf.* pallid *a.* 창백한

□**blink**[bliŋk] *v.* 눈을 깜빡거리다; 못 본체하다(connive; overlook);
  간과하다(overlook; pass over)

□**blur**[bləːr] *v.* (광경, 의식 등을) 흐리게 하다, (잉크 등을) 번지게 하다;
  (명예 등을) 더럽히다(stain; blemish) *n.* 흐림, 침침함(dimness); 얼룩(stain; spot;
  smudge; blot) *a.* blurred 흐른, 침침한(blear; indistinct; nubilous)

□**blush**[blʌʃ] *v.* (얼굴이) 빨개지다(turn red; flush);
  부끄러워하다(be[feel] ashamed[abashed])

□**bluster**[blʌ́stər] 고함치다(shout; roar; yell);
  (바람, 파도 등이) 거세게 몰아치다(blow violently) *n.* 고함침, 휘몰아침

□**bolster**[bóulstər] *v.* (학설, 운동 등을) 지지하다(support; stand by);
  보강하다(strengthen; reinforce; beef up) *n.* 덧베게, 받침대

□**boost**[bu:st] *v.* (경기 등을) 부양하다(promote); 선전하다(propagandize; propagate); 밀어 올리다(upheave; push up); 후원하다(support); (가격을) 인상하다(raise; hike) *n.* 밀어올림; 후원, 격려; 가격 상승; 증대

□**breed**[bri:d] *v.* (새끼를) 낳다(produce; give birth to); (문제 등을) 일으키다(cause; bring about) *n.* 종, 품종 *n.* **breeding** 번식(reproduction), 부화, 사육 *cf.* **spawn** *v.* 산란하다(oviposit)

□**bristle**[brísəl] *v.* (머리털 등이) 곤두서다(stand on end; stand upside down); 성내다; 안달하다(irritate); 성내다(anger; blow up) *n.* 강한 털

□**bustle**[bʌ́sl] *v.* 부산하게 움직이다, 바쁘게 일하다; 서두르다(hurry); 북적거리다 (throng; be crowded[jammed]) n 붐빔, 활기 *a.* **bustling** 부산스러운, 떠들썩한 (uproarious; clamorous; blusterous)

□**buttress**[bʌ́tris] *v.* 지지하다(support; bolster; advocate; stand by); 보강하다(strengthen; reinforce; beef up) *n.* 부벽, 지지; 버팀벽, 지지물(prop)

[형용사]

□**baleful**[béilfəl] *a.* 해로운, 악의 있는(harmful; evil)

□**banal**[bənǽl] *a.* 진부한, 평범한(stereotyped; hackneyed; commonplace; cut-and-dried) *n.* **banality** 진부, 진부한 말[생각] *cf.* **cliché** *n.* 진부한 표현 **chestnut** *n.* 진부한 이야기, 밤

□**belligerent**[bəlídʒərənt] *a.* 호전적인(hostile; bellicose; pugnacious; warlike; hawkish; jingoistic); 교전중의, 전쟁의 *n.* 교전국; 전투원(combatant)

□**bizarre**[bizɑ́:r] *a.* 별난, 기괴한, 이상한(strange; abnormal; odd; grotesque; erratic; eerie)

□**bleak**[bli:k] *a.* 황량한, 삭막한(dreary; desolate; dismal); (날씨 등이) 차가운(chilly); (생활이) 궁핍한; (전망이) 어두운(gloomy)

□**blunt**[blʌnt] *a.* (칼날, 사람 등이) 무딘(dull)(↔ **sharp; keen** *a.* 예리한); 무뚝뚝한(sullen; bluff)

□**boisterous**[bɔ́istərəs] *a.* (사람, 행위, 파도 등이) 거친, 사나운(violent; ferocious); 명랑하고 떠들썩한(be noisy[lively, and full of energy)

□**bombastic**[bɑmbǽstik] *a.* 과장된(exaggerated; inflated; grandiloquent),
허풍떠는 *cf.* a big talk 허풍

□**brilliant**[bríljənt] *n.* 빛나는, 눈부신(bright; luminous); 훌륭한(excellent;
splendid); 화려한(gorgeous; pompous; flamboyant); 반짝이는(glittering; sparking)
ad. **brilliantly** 찬란하게, 눈부시게(adazzle)
cf. **glimmering** *a.* 깜빡이는 *n.* 가냘픈 빛; 어렴풋이 나타남

□**brittle**[brítl] *a.* 부서지기[깨지기] 쉬운(fragile; frail; breakable);
상처입기 쉬운(vulnerable); 불안정한(unstable); (소리 등이) 날카로운;
다루기 힘든(perverse; touchy)

□**bucolic**[bju:kálik] *a.* 목가적인(pastoral); 시골풍의(rural); 전원생활의

□**bulky**[bʌ́lki] *a.* 부피가 큰(massive; voluminous)
n. **bulk** 체적, 용적; 부피; 대부분(majority) *a.* 대량의

□**buoyant**[bɔ́iənt] *a.* 부력이 있는, 탄력이 있는(elastic); 경쾌한(nimble);
오를 기미가 있는

[명사]

□**backlash**[bǽklæʃ] *n.* (개혁 등에 대한) 격렬한 반발(resistance; reaction);
역회전

□**backwater**[bǽkwɔ̀:tər] *n.* 침체된 지역[환경](nonentity);
역류(countercurrent)

□**bandwagon**[bǽndwæ̀gən] *n.* 악대차; (선거, 경쟁에서) 우세한 쪽
*climb[get, jump] on the bandwagon 시류에 편성하다, 유리한 쪽에 붙다
on the wagon 인기가 있는; 우세한(have the edge)

□**banner**[bǽnər] *n.* (국기 등의) 기(flag; standard); (광고용) 현수막; (정치, 종교적인
슬로건을 적은) 기치(emblem) *a.* 우수한(predominant); 일류의(first-rate);
대성공의; 두드러진(conspicuous) *v.* (신문에) 대대적으로 보도하다

□**bargain**[bá:rgən] *n.* 싼 물건, 특가품(a low price for a quality product);
매매계약, 협정 *v.* 값을 깎다, 흥정하다(haggle; beat a bargain);
교환하다(exchange; barter; swap) *a.* 헐값의(dirt-cheap)

□**barn**[bɑːrn] *n.* 광, 헛간(shed); 외양간(stable; cowhouse)

□**bent**[bent] *n.* 기호, 성향, 성벽(disposition; propensity; inclination);

경향(penchant; tendency; trend); 소질(aptitude)
a. 구부러진; ~하려고 마음먹은; 열심인(crazy; mad; intent; keen; absorbed;
engrossed; immersed; enthusiastic)
*be bent on ~ ~하기로 결심하다

□**beverage**[bévəridʒ] *n*. 음료, 마실 것(drink; drinkables; refreshments;
quencher) *eatables and drinkables 음식물

□**bivouac**[bívuwæk] *n*. 야영(camp) *v*. 야영하다(encamp; make camp);
노숙하다(sleep in the open air)

□**blackout**[blǽkàut] *n*. 정전, 소등(interruption of electric power);
기억상실(amnesia); (뉴스 등의) 보도금지, (법률 등의) 일시적 기능정지

□**blast**[blæst] *n*. 돌풍(gust); (감정 등의) 폭발(explosion; gust); 폭풍
v. 경적을 울리다; 호되게 야단치다(scold violently; dress down)
cf. breeze *n*. 미풍

□**blemish**[blémiʃ] *n*. 오점, 결점(stain; flaw; defect; drawback; shortcoming); 흠
집(crack; scratch) *v*. (명성 등을) 더럽히다(besmirch; stain; defile; disgrace;
dishonor; tarnish)

□**blossom**[blásəm] *n*. (과수의) 꽃; 청춘; (성장, 발전의) 초기;
전성기(heyday)

□**blunder**[blʌ́ndər] *n*. 큰 실수, 대실책(fiasco; big mistake)
v. 큰 실수를 저지르다; (일 등을) 그르치다; 머뭇거리다(hesitate; waver);
무심코 입 밖에 내다(blurt)
*put one's foot in(to) one's mouth 큰 실수를 하다; 무심코 실언하다

□**bombshell**[bámʃèl] *n*. 폭탄(bomb); 포탄(shell);
충격적인 일[소식](an unexpected occurrence[news]); 미인(a beauty)
*drop a bombshell 충격적인 발언을 하다, 폭탄선언을 하다
 like a bombshell 돌발적으로(suddenly; accidentally; unexpectedly)

□**bondage**[bándidʒ] *n*. 속박, 굴레(pressure; captivity);
노예의 신분(slavery; servitude) *in bondage 감금되어
*serve a penal servitude 징역살이 하다

□**breakthrough**[bréikθrùː] n, 돌파; 돌파구, 타개책(way out; countermeasure);
큰 발전, 약진(rapid progress[advance])

□**brevity**[brévəti] *n*. 간결(succinctness; briefness; terseness); 짧음
a. brief 간결한(laconic; concise); 잠시의

765

□**brink** [briŋk] *n.* 가장자리, 언저리(edge; verge; margin); 직전
*on the brink[edge, verge] of ~ 금방 ~할 것 같은, ~하기 직전의

□**bulletin** [búlətən] *n.* 고시, 게시; 회보; 뉴스 속보 *v.* 게시하다

□**bulwark** [búlwərk] *n.* 성채, 보루(fort; fortress; citadel; stronghold);
방파제(breakwater)

□**burgeon** [bə́ːrdʒən] *n.* (초목의) 싹, 새싹(shoot; bud; sprout)
v. 싹트다(germinate; sprout); 갑자기 출현[번영]하다(bloom)
a. **burgeoning** 급증[급성장]하는(flourishing)

□**burrow** [bə́ːrou] *n.* (동물이 판) 굴(den; cave; barrow; cavern);
은신처, 피난처(shelter; burrow)

(C)

[동사]

□**capitalize** [kǽpətəlàiz] *v.* (기회 등을) 이용하다(exploit; play on;
take advantage of); 자본화하다, 투자하다(invest)

□**capitulate** [kəpítʃəlèit] *v.* 항복하다(surrender; yield; lay down one's arms;
throw in the towel; hang the white flag); 굴복하다(succumb to; yield to;
submit to; give in to; cave in to) *n.* **capitulation** 항복

□**capsize** [kǽpsaiz] *v.* 뒤집다(overturn); 전복시키다(upset; subvert)
n. 전복(overthrow; upset; subversion)

□**cleave** [kliːv] *v.* 쪼개다; 분열시키다; (길을) 헤치며 나아가다(shove on);
고수하다(cling; adhere)

□**clog** [klɑg] *v.* ~을 방해하다(hinder; obstruct; interrupt; thwart; stymie);
괴롭히다(harass; bother; molest; vex) *n.* 방해(물), 장애(물)(obstacle; hindrance;
obstruction; impediment); 고장(malfunction)

□**coax** [kouks] *v.* 구슬려 ~하게 하다(wheedle); 꾀어서 우려내다[빼앗다]

□**coerce** [kouə́ːrs] *v.* 강제하다(force; enforce; compel); 강요하다(exact)

□**commemorate** [kəmémərèit] *v.* 기념하다, 기념식을 거행하다; 축하하다(celebrate)

□**condone** [kəndóun] *v.* 용서하다(pardon; forgive); 묵과하다(overlook; connive; look over) *cf.* **connivance** *n.* 묵과

□**conjugate** [kǽndʒəgèit] *v.* 동사를 변화시키다; 결합하다; 결혼하다(marry) *a.* 결합한(united)

□**contrive** [kəntráiv] *v.* 고안하다(design; devise);
(나쁜 일을) 꾸미다(plot; frame)

□**convey** [kənvéi] *v.* 나르다(transport); 전달하다(transmit); 양도하다(transfer)
n. **conveyance** 운반, 운송; 양도

□**correlate** [kɔ́:rəlèit] *v.* 서로[상호] 관련시키다(relate to) *n.* **correlation** 상호 관련, 상관 *a.* **correlative** 상호 관계가 있는(reciprocal; mutual)

□**count** [kaunt] *v.* 세다(reckon; enumerate), 계산하다(calculate);
가치가 있다, 중요하다(be important); ~을 …으로 생각하다(regard)

□**cram** [kræm] *v.* 벼락공부하다, 주입식으로 가르치다; 쑤셔 넣다(stuff; jam);
너무 먹이다(overfeed)

□**crave** [kreiv] *v.* 갈망하다(desire; yearn; thirst for); 간청하다(solicit; beseech);
필요로 하다(need; require) *n.* **craving** 갈망, 열망 *a.* 갈망하는
cf. **craven** [kréivən] *n.* 겁쟁이 *a.* 겁 많은(timid; cowardly)

□**cremate** [krí:meit] *v.* (시체를) 화장하다; (서류를) 소각하다(burn)
n. **cremation** 화장, 소각

□**crowd** [kraud] *v.* 꽉 들어차다, 붐비다(be congested[crowded]); 밀어 넣다(shove)
n. 군중, 인파(throng; mob; mass); 많음, 다수(multitude)

□**crumble** [krʌ́mbl] *v.* 무너지다(collapse; fall down); (빵 등을) 가루로 만들다
n. 빵 조각; 파편(flake; fragment)

□**culminate** [kʌ́lmənèit] *v.* 절정[극]에 이르다(climax); 드디어 ~이 되다
n. **culmination** 최고점, 절정점(climax; apex; acme; zenith);
성취(accomplishment)

□**cultivate** [kʌ́ltəvèit] *v.* 재배하다, 경작하다(raise; till; plow);
(품성 등을) 도야하다(develop) *n.* **cultivation** 경작, 재배; 양식; 배양

□**curtail** [kəːrtéil] *v.* 줄이다, 단축하다(shorten; abbreviate; lessen; cut back;
cut down on); 삭감하다(retrench; slash; cut down) *n.* **curtailment** 단축, 삭감
*a drastic curtailment 대폭삭감

[형용사]

□**cadaverous** [kədǽvərəs] *a.* 송장 같은(corpse-like; ghastly);
빼빼마른(thin; lean; skinny; rawboned); 창백한(pallid; pale; doughy)
n. cadaver (사람의) 시체

□**candid** [kǽndid] *a.* 솔직한, 거리낌 없는(frank; forthright; outspoken;
downright; straightforward); 공정한(fair; just; equitable);
공평한(upright; nonpartisan; impartial; unbiased)

□**capricious** [kəprí∫əs] *a.* 변덕스러운(whimsical; fickle);
변하기 쉬운(changeable); 불규칙적인(irregular)
n. caprice 변덕(whim), 일시적 기분

□**captious** [kǽp∫əs] *a.* 흠잡기 잘하는(faultfinding; caviling);
말꼬리를 잡고 늘어지는

□**carnivorous** [kɑːrnívərəs] *a.* (동물이) 육식성의(predacious; predatory)
(↔ **herbivorous** *a.* 초식성의) *cf.* **insectivorous** *a.* 식충성의(entomophagous);
omnivorous *a.* 잡식성의

□**catchy** [kǽt∫i] *a.* 사람의 마음을 끄는, 매력 있는(attractive; charming;
fascinating); 외우기 쉬운; (질문 등이) 함정이 있는, 틀리기 쉬운(fallible);
변덕스러운(capricious; whimsical; fickle)

□**chaste** [t∫eist] *a.* 순결한, 정숙한; 순수한(pure); 품위 있는(decent)

□**chilling** [t∫íliŋ] *a.* 냉기가 스미는, 어슬어슬한(chilly); 무서운(dreadful; frightening);
쌀쌀한(cold); 냉담한(standoffish; indifferent)

□**claustrophobic** [klɔ̀ːstrəfóubik] *a.* 밀실[폐쇄] 공포증의
(feel uncomfortable when someone is enclosed or restricted)
n. **claustrophobia** 밀실공포증

□**clumsy** [klʌ́mzi] *a.* 서투른; 꼴사나운(ugly; unbecoming)

□**coastal** [kóustəl] *a.* 근해의, 연안의(coastwise)

□**colossal** [kəlɑ́səl] *a.* 거대한(gigantic; prodigious; huge; titanic; mammoth;
monstrous); (수량 등이) 엄청난(stupendous; exorbitant)

□**combustible** [kəmbʌ́stəbəl] *a.* 불붙기 쉬운, 가연성의(inflammable);
흥분하기 쉬운 *n.* (pl.) 가연물 *n.* **combustion** 연소, 발화
*spontaneous combustion 자연발화

□**comely** [kʌ́mli] *a.* 잘 생긴, 미모의(beautiful); 어울리는

□**compelling** [kəmpéliŋ] *a.* 강제적인, 어쩔 수 없는(irresistible; forceful; pressing)

□**contagious** [kəntéidʒəs] *a.* (병이) 전염성의, 옮기 쉬운(infectious)

□**convivial** [kənvíviəl] *a.* 연회의, 연회를 좋아하는; 쾌활한(jovial); 우호적인(friendly)

□**copious** [kóupiəs] *a.* 풍부한(abundant; sufficient; opulent); 다작의(prolific; productive) *ad.* **copiously** 풍부하게(abundantly)

□**corrosive** [kəróusiv] *a.* 부식성의, 부식하는(erosive); (비판 등이) 통렬한, 날카로운(acrimonious; bitter; sharp; pungent; severe; keen) *v.* **corrode** 부식하다, 좀먹다(be moth-eaten)

□**counterfeit** [káuntərfìt] *a.* 위조의, 가짜의(forged); 꾸민(artificial) *n.* 위조물품, 가짜(fake)(↔ **authenticity** *n.* 진품, 진실성, 진위) *a counterfeit signature 가짜 서명

□**courteous** [kə́:rtiəs] *a.* 예의바른, 공손한(decorous; polite; civil; chivalrous; gallant; discreet) *n.* **courtesy** 예의, 정중; 친절, 우대

□**cozy** [kóuzi] *a.* 아늑한, 안락한(comfortable; snug); 화기애애한(harmonious); 친해지기 쉬운(affable) *v.* 아늑하게 하다; 안심시키다

□**cramped** [kræmpt] *a.* 비좁은, 갑갑한(narrow and close; confined); 읽기 어려운(illegible; niggling; crabbed); 경련을 일으킨 *n.* **cramp** 꺽쇠, 속박; 경련, 쥐 *v.* 제한하다(limit; confine; restrict)

□**crawling** [krɔ́:liŋ] *a.* 아첨하는, 굽실거리는(flattering); 기어가는

□**crooked** [krúkid] *a.* 굽은, 뒤틀린(curved; tortuous; sinuous); 기형인(deformed; malformed); 불구의(disabled; handicapped; crippled; maimed); 마음이 비뚤어진, 부정직한(dishonest; insincere; perverse) *a crooked bough[disposition] 굽은 나뭇가지[비꼬인 성질]

□**crucial** [krú:ʃəl] *a.* 결정적인(critical; decisive; conclusive); 중대한(critical; serious; weighty; momentous; be of great importance); 혹독한(harsh; exacting; severe; tough) *v.* **crucify** 학대하다, 괴롭히다(harass; afflict; torment); 십자가에 못 박다 *cross *n.* 십자가

□**crude** [kru:d] *a.* 거친, 조잡한(rough; coarse); 버릇없는(rude; uncouth); 날것의(raw; uncooked); 가공하지 않은(unprocessed) *n.* **crudity** 날것, 미숙

□**cryptic** [kríptik] *a.* 수수께끼 같은, 비밀의(mystic; mysterious); 애매한(vague;

obscure; ambiguous) *a*. **cryptical** 숨겨진

□ **cumbersome** [kʌ́mbərsəm] *a*. 방해가 되는, 성가신(burdensome;
troublesome; annoying); 다루기 힘든(unwieldy; hard to deal with)
v. **cumber** 방해하다(encumber)

□ **curious** [kjúəriəs] *a*. 호기심이 강한, 알고 싶어 하는(inquisitive)

□ **cynical** [sínikəl] *a*. 빈정대는, 냉소적인(sneering)

[명사]

□ **cadre** [kǽdri] *n*. 간부단; (정당 등의) 핵심 그룹(a small group of people who
have been specially chosen and organized)

□ **caliber** [kǽləbər] *a*. (총의) 구경, (원의) 직경(diameter); 도량(ability; character),
재간(capacity); 품질(quality), 등급(grade)

□ **candor** [kǽndər] *n*. 솔직, 정직(honesty; frankness; veracity);
공평무사, 허심탄회(open-mindedness; candidness)

□ **catastrophe** [kətǽstrəfi] *n*. 대참사, 큰 재해(disaster; calamity);
대실패, 불행; 대단원(the end; the finale); (지각의) 격변(cataclysm)
a. **catastrophic** 큰 재앙의, 파멸의; 비극적인(tragic)

□ **cavern** [kǽvərn] *n*. 동굴(cave; hollow; grotto)
a. **cavernous** 동굴 같은; 움푹한(dented; sunken; hollow)

□ **censure** [sénʃər] *n*. 비난, 책망(reproach; condemnation; criticism; reproof;
denunciation) *v*. 비난하다, 책망하다(blame; criticize; condemn; denounce; decry)
a. **censurable** 비난할 만한(blameworthy)

□ **chagrin** [ʃəgrín] *n*. 억울함, 분함(resentment; indignation)
v. 억울하게 하다, 분하게 하다(embarrass and annoy; mortify)
*to one's chagrin 분하게도

□ **chisel** [tʃízl] *n*. 끌, 조각칼 *v*. 조각하다; 사취하다, 속이다(cheat);
부정행위를 하다 *cf*. **crib** *v*. 표절하다(private)

□ **classification** [klæ̀səfikéiʃən] *n*. 분류(assortment; categorization);
⟨생물⟩ 분류(kingdom(계), class(강), family(과), species(종) (공문서의) 기밀 종별
(restricted(대외비), top secret(1급 비밀), secret(2급 비밀), confidential(1급 비밀))
v. **classify** 분류하다(assort; categorize; class; group)

□**clone**[kloun] *n.* 복제 인간[생물, 세포] *v.* 복제하다(duplicate; reproduce)
  *the <u>cloning</u> of human embryos 인간 배아복제

□**clue**[klu:] *n.* 실마리, 단서(hint; trace) *v.* ~에게 (해결의) 실마리를 주다, 정보를 주다
  *a <u>clue</u> for solving a problem 문제 해결의 단서
  cf. **proviso**[prəváizou] *n.* (조약 등의) 단서, 조건
    *with a proviso 조건부로

□**conflagration**[kànfləgréiʃən] *n.* 큰 화재(big fire)
  v. conflagrate 불타다, 불태우다(burn away)

□**congruence**[káŋgruəns] *n.* 일치, 합치, 조화(harmony)
  a. congruent 부합하는, 조화된(congruous)

□**consultation**[kànsəltéiʃən] *n.* 상담(counsel); 자문; 진찰; 참고
  v. consult 의견을 묻다; 진찰하다; 참고하다(refer to)

□**cornucopia**[kɔ̀:rnjukóupiə] *n.* 풍요의 뿔(horn of plenty);
  풍요(plenty; abundancy)

□**corollary**[kɔ́:rəlèri] *n.* 추론(reasoning; inference);
  필연적 결과(consequence; result) *cf.* **coronary** *a.* 관의; 관상(동맥)의

□**coverage**[kʌ́vəridʒ] *n.* 적용범위(the limit of application);
  (보험의) 보상범위; 보도[취재]범위
  ***범위** = range; scope; extent; province; purview; sphere; spectrum

□**crackdown**[krǽkdaun] *n.* (위법 행위 등의) 단속(regulation; control;
  roundup(검거)) *crack down on ~ ~을 엄하게 다스리다, 단속하다

□**craze**[kreiz] *n.* 열광(fanaticism; frenzy; enthusiasm)
  v. 미치게 하다(go mad) *like craze 맹렬히(furiously; fiercely)

□**credence**[krí:dəns] *n.* 신용, 신임(credit; belief)

□**crux**[krʌks] *n.* 요점, 급소(gist); 수수께끼(puzzle); 십자가(cross)

□**curse**[kə:rs] *n.* 저주(imprecation; anathema); 악담(malediction; abuse;
  vituperation; blasphemy); 천벌, 재앙(calamity; affliction; scourge);
  파멸의 원인(bane); 〈종교〉 파문(excommunication)
  v. 저주하다; 악담을 퍼붓다(abuse; call a person names)
  a. cursed 저주받은, 천벌을 받은

□**cutlery**[kʌ́tləri] *n.* 칼붙이; (식당용) 날붙이(the knives, forks, and spoons that
  someone eat one's food with) *n.* 칼 제조업
  cf. **cutlet** *n.* 굽거나 튀김용의 얇게 저민 고기

(D)

[동사]

□**dart** [dɑːrt] v. (화살 등을) 쏘다, 던지다; 돌진하다(dash) n. 화살던지기

□**dawdle** [dɔ́ːdl] v. 빈둥거리다(loaf around; idle away);
(시간을) 낭비하다(fool around; dally[fribble] away; waste)

□**deal** [diːl] v. 나누어 주다, 분배하다(distribute);
다루다, 처리하다(handle; treat); 대우하다(treat)

□**deem** [diːm] v. ~라고 여기다, 간주하다(consider; regard; treat; think of;
look (up)on)

□**defuse** [diːfjúːz] v. 위기를 해제하다, 진정시키다(alleviate); 신관을 제거하다
cf. **fuse** n. (폭약의) 도화선, 신관; (전기) 퓨즈

□**deign** [dein] v. (윗사람이) 황송하게도 ~해주다; 자신을 낮추어 ~하다(condescend;
stoop); 하사하다(grant; bestow; donate)

□**decelerate** [diːsélərèit] v. 속도를 줄이다(retard; slow down(↔ **accelerate**
v. 속도를 높이다) n. **deceleration** 감속 **decelerator** 감속기

□**delve** [delv] v. 철저히 조사하다(scrutinize; investigate);
깊이 탐구하다(explore; probe); 샅샅이 뒤지다(ransack(약탈하다))

□**denature** [diːnéitʃər] v. 변성시키다(denaturalize); 특성을 빼앗다

□**destabilize** [diːstéibəlàiz] v. 불안정하게 하다(unsettle);
(정권 등을) 약하게 하다(unsteady)

□**deter** [ditə́ːr] v. 단념시키다, ~하지 못하게 하다(discourage; dissuade; prevent);
방해하다(hinder; hamper; preclude; impede; disturb)
a. **deterrent** 단념케 하는, 방해하는 n. **deterrence** 저지, 제지; 전쟁 억제(력)
*nuclear deterrence 핵 억지력
containment and deterrence 봉쇄와 억제[저지책]

□**denigrate** [dénigrèit] v. 더럽히다; 모욕하다(affront; insult);
(명예를) 훼손하다(defame)

□**deploy** [diplɔ́i] v. 〈군사〉 전개하다, (전략적으로) 배치하다(post)

□**dispatch** [dispǽtʃ] v. (특사 등을) 급파하다; (급보를) 발송하다;
신속히 처리하다(expedite); 죽이다(kill) n. 급파, 급송; 신속한 처리(expedition)
*a happy dispatch 할복자살(suicide by disembowelment)

□ **distil**[distíl] v. 증류하다; 증류하여 (불순물을) 제거하다 n. **distillation** 증류
*distilled liquor 증류주

□ **dodge**[dɑdʒ] v. 교묘히 회피하다, (법망을) 빠져나가다(evade; avoid; shun;
circumvent; eschew) cf. **loophole** n. 도망가는 길, 빠져나갈 구멍

□ **donate**[dóuneit] v. 기부하다, 기증하다(endow; contribute; give; bestow)
n. **donation** 기부, 기증 n. **donator** 기부자, 기증자

□ **drench**[drentʃ] v. 물에 흠뻑 적시다(soak; saturate); 물에 담그다(immerse)
n. 호우, 폭우(downpour; torrential rain)
a. **drenched** 흠뻑 젖은(very wet)

□ **dwindle**[dwíndl] v. 줄다, 차츰 작아지다(diminish; decrease; wane; shrink;
lessen); 쇠퇴하다(decline) cf. **swindle** v. 속이다, 사취하다(wheedle; defraud)
n. 사기, 속임수

[형용사]

□ **decorous**[dékərəs] a. 예의바른(courteous; polite; civil); 단정한(decent; neat);
품위 있는(modest; elegant; dignified)(↔ **indecorous** a. 버릇없는, 무례한(impolite;
rude) n. **decorum** 예의바름, 단정

□ **defiant**[difáiənt] a. 반항적인, 도전적인(rebellious; contumacious; disobedient)
n. **defiance** 도전, 반항, 무시 ad. **defiantly** 도전적으로, 시비조로
v. **defy** 반항하다, 얕보다, 무시하다

□ **deft**[deft] a. 손재주 있는, 솜씨 있는(skillful; dexterous; apt; ept, adept)
(↔ awkward; clumsy; all thumbs 솜씨 없는) ad. **deftly** ad. 능숙하게

□ **desirable**[dizáiərəbəl] a. 바람직한; 호감이 가는; 매력적인(charming)

□ **despotic**[dispátik] a. 전제적인, 독재적인(tyrannical; dictatorial; autocratic);
횡포한(arbitrary; high-handed) n. **despot** 독재자, 절대군주, 폭군
n. **despotism** 독재정치, 전제정치(tyranny; autocracy; dictatorship)

□ **didactic**[daidǽktik] a. 교훈적인(edifying); 설교적인(sermonic; preachy);
남을 가르치고 싶어 하는

□ **discretionary**[diskréʃənèri] a. 임의의, 자유재량의(optional; voluntary;
arbitrary)

□ **disinterested**[disíntəristid] a. 사심 없는, 공평한(impartial; fair);

무관심한(uninterested; unconcerned)

☐**displeasing**[displíːziŋ] *a.* 불유쾌한(unpleasant; uncomfortable);
화나는(aggravating)

☐**diurnal**[daiə́ːrnəl] *a.* 낮의, 주간의(↔ **nocturnal** *a.* 야간의)

☐**divine**[diváin] *a.* 신성한(sacred; holy; hallowed; sanctified); 신의, 성스러운
v. 점치다; 예지하다 *n.* **divinity** 신(god), 신성

☐**docile**[dásəl] *a.* 온순한, 유순한(meek; genial; obedient; compliant; tractable);
다루기[가르치기] 쉬운(↔ **indocile** *a.* 순종하지 않는, 교육시키기 힘든)
n. **docility** 온순함, 다루기 쉬움

☐**domestic**[douméstik] *a.* 가정의, 가사의, 가정적인(homely);
길든(tame ↔ **wild**); 국내의(internal; interior ↔ **exterior**);
국산의(homemade ↔ **foreign**) *v.* **domesticate** *v.* (동물을) 길들이다(tame)
n. **domestication** 길들이기, 사육

☐**dormant**[dɔ́ːrmənt] *a.* 잠자는; 휴면상태에 있는(inactive)(↔ **active** *a.* 활동 중인);
미개발의(undeveloped); 잠재적인(latent; subconscious)
*a <u>dormant</u> volcano 휴화산

☐**drab**[dræb] *a.* (색상이) 칙칙한(colorless);
단조로운(monotonous; humdrum; flat)

☐**dreary**[dríəri] *a.* 적적한, 쓸쓸한(desolate); 지루한, 따분한(dull)

☐**drowsy**[dráuzi] *a.* 졸리는, 졸리게 하는(sleepy; dozy; somnolent; slumberous;
soporific); 활기가 없는(inactive; languid); (동작 등이) 둔한(dull)
cf. a slumberous pill 수면제(sleeping drug)

☐**dubious**[djúːbiəs] *a.* 수상쩍은, 의심스러운(suspicious; doubtful);
(대답 등이) 모호한(vague; dim)

☐**dumb**[dʌm] *a.* 말을 못하는, 벙어리의(mute); 둔감한(stupid; dull);
말을 하지 않는(silent; mimed) *the deaf and dumb 농아자

[명사]

☐**deadlock**[dédlàk] *n.* (교섭 등의), 막다른 골목, 교착(상태) (standstill; impasse;
dead end); (경기의) 동점 *v.* 교착상태가 되다 *a.* **deadly** 치명적인(fatal; mortal);
매우 효과적인(effective) *ad.* 지독하게, 무섭게, 몹시(extremely)

□**dearth**[dəːrθ] *n.* 기근(famine); 부족, 결핍(deficiency; lack; shortage; insufficiency; inadequacy)(↔ **surfejt, excess, surplus** *n.* 초과, 잉여)
*a water dearth 물기근

□**debacle**[deibáːkl] *n.* 와해, 붕괴(fall; collapse; breakdown); 대실패(fiasco); (군대의) 패주(rout); (시세의) 폭락(slump; crash; smash; break); (경기의) 완패(whitewash); 산사태(landslide; landfall)
*the debacle of the Cabinet 내각의 붕괴

□**decade**[dékeid] *n.* 10년간(ten years); 10개가 1벌이 된 것
*over the six decades 그 60년에 걸쳐

□**default**[difɔ́ːlt] *n.* 태만(neglect); 부족(lack); (채무) 불이행; (법정) 불출석

□**denial**[dináiəl] *n.* 부정, 부인(negation); 거부(refusal)

□**dent**[dent] *n.* 진전, 진척(advance; progress); 움푹 들어간 곳, 맞은 자국(dint); 상처(injury; wound; hurt; bruise; gash; slash); 감소, 영향력의 약화
v. 움푹 들어가게 하다 *n.* **dented** 오목한(indented; hollow; sunken)

□**description**[diskrípʃən] *n.* 기술, 기재; 묘사(depiction); 기재사항

□**desert**[dézərt] *n.* 사막, 불모지 *a.* 불모의(barren)
v. [dizɔ́ːrt] 버리다, 유기하다(abandon); (식욕, 희망 등이) 사라지다(vanish)

□**device**[diváis] *n.* 장치, 고안품; 폭발물; 고안; 방책(scheme; policy)
*an ingenious device 교묘한 장치

□**devotion**[divóuʃən] *n.* 헌신; 신앙심; (pl.) 기도(prayer)
*a deep devotion to God 하느님에 대한 깊은 신앙심

□**drastic**[drǽstik] *a.* (수단 등이) 철저한, 과감한(radical); 대폭적인(big); 격렬한(furious; harsh; intense; vehement; impetuous; violent; rabid)
*a drastic retrenchment 대폭적인 삭감

□**dose**[dous] *n.* (약의) 1 회 복용량(dosage); (충고의) 한마디
v. (약을) 조제하다(prepare); 복용시키다(administer)
*fatal[lethal] dose 치사량
cf. **overdose** 과다복용, **portion** (음식의) 1인분

□**drag**[dræg] *n.* 견인; 방해물(obstruction); 예인망(dragnet); 영향력(influence)
v. 끌다(draw; pull)

□**drudgery**[drʌ́dʒəri] *n.* 힘든 일, 고역(hard work; toil; fag)
*be inured to drudgery 거친 일에 단련되어 있다

(E)

[동사]

☐ **earmark**[íərmàːrk] v. (자금 등을 특정용도에) 지정하다, 배당하다(designate; allocate; set aside); ~의 소유라고 인정하다; (가축에) 귀표를 하다; (페이지의) 귀를 접다 n. 귀표; (소유자) 표시; (pl.) 특징(characteristic)
*under earmark (특정한 용도, 사람의 것으로) 지정된, 배정된
cf. **hallmark** n. (사물, 사람의) 우량[품질] 우량증명(warranty); 특징, 특질(feature) v. 품질을 보증하다
landmark n. 경계표; 획기적 사건(epoch-making event; milestone)

☐ **embark**[embáːrk] v. 착수하다(commence; start; begin); 종사하다(engage); (배, 비행기 등에) 타다(get on)(↔ **disembark** v. (배, 비행기 등에서) 내리다
cf. **dismount** v. (말, 자전거 등에서) 내리다) 투자하다(invest)

☐ **embed**[imbéd] v. (물건을) 깊숙이 파묻다(bury deeply); (마음 속 등에) 깊이 간직하다(keep in one's bosom)

☐ **emulate**[émjəlèit] v. ~와 경쟁하다(compete; contest); ~을 흉내내다, 모방하다 (mimic; imitate; simulate) a. **emulative** 경쟁의(competitive) n. **emulation** 경쟁 (competition) cf. **inimitable** a. 흉내 낼 수 없는; 독특한(characteristic; distinctive)(↔ **imitable** a. 모방할 수 있는, 본받을 만한)

☐ **encompass**[inkʌ́mpəs] v. 포함하다(contain); 둘러싸다(surround)

☐ **enervate**[énərvèit] v. ~의 기력을 빼앗다, 약화시키다(weaken; enfeeble; emasculate; debilitate) n. **enervation** 쇠약, 허약(debilitation; debility; infirmity); 기력상실

☐ **engender**[endʒéndər] v. (감정 등을) 일으키다, 발생시키다(create; produce; beget; give rise to)

☐ **enkindle**[enkíndl] v. (감정, 정열 등을) 불타오르게 하다(inflame; ignite; excite; stir up); 불이 타오르게 하다(kindle; ignite); (전쟁을) 일으키다

☐ **enmesh**[enméʃ] v. (사람을 곤란 등에) 빠지게 하다, 말려들게 하다 (inmesh; entangle; entrap; involve)
cf. **mesh** n. 그물눈; (pl.) 망사, 망 *the meshes of the law 법망

☐ **enrapture**[enrǽptʃər] v. 황홀하게 하다(fascinate); 기뻐서 어쩔 줄 모르게 하다
cf. **rapture** n. 광희, 큰 기쁨 v. 황홀하게 하다

□ **entice**[entáis] *v.* 꾀어서 ~하게 하다, 부추기다(allure; lure; seduce; cajole; coax); 유혹하다(attract; tempt) *n.* enticement 유혹, 꾐; 미끼

□ **eschew**[istʃúː] *v.* (의도적으로) 피하다(avoid; avert; shun; dodge; keep away from); 삼가다(abstain[refrain] from)

□ **esteem**[istíːm] *v.* 존중하다, 존경하다(respect; revere); (높이) 평가하다 *n.* 존경, 존중; 호평(a favorable reception)

□ **estimate**[éstəmèit] *v.* 평가하다(appraise); 견적하다(assess; evaluate) *n.* **estimation** 평가, 견적; 판단(judgement)

□ **evaporate**[ivǽpərèit] *v.* (수분을) 증발시키다(vaporize); 수분을 빼다(dehydrate; desiccate); (희망 등이) 사라지다(disappear; vanish; fade away) *n.* **evaporation** 증발, 발산

□ **evince**[ivíns] *v.* 명시하다; (기량 등을) 나타내다(show; exhibit); (반응을) 불러일으키다(arouse; give rise to)

□ **excavate**[ékskəvèit] *v.* (묻힌 것을) 발굴하다(exhume; unearth; dig out); 굴착하다 *n.* **excavation** 발굴, 굴착 *n.* **excavator** 굴착기

[형용사]

□ **ebullient**[ibúljənt] *a.* (원기, 열정 등이) 넘쳐흐르는, 용솟음치는(exuberant; effervescent) *n.* **ebullition** 비등, 격발, 용솟음, 돌발(outburst) *cf.* **seething**[síːðiŋ] *a.* 펄펄 끓는(boiling); (화 등으로) 속이 끓어 오르는; (파도 등이) 소용돌이치는

□ **eerie**[íəri] *a.* 기괴한(strange; weird; uncanny; mysterious; wild); 무시무시한 (ghastly; frightening; horrible; terrible; shocking; gruesome)

□ **elaborate**[ilǽbərit] *a.* 공들인; 정교한(exquisite; delicate; ingenious); 복잡한(complex; complicated) *v.* [ilǽbərèit] 애써 만들다

□ **elastic**[ilǽstik] *a.* 탄력 있는, 신축성 있는, 휘기 쉬운(flexible; pliable; pliant); 쾌활한, 발랄한(buoyant; resilient; vivacious; gay); 융통성 있는(versatile; adaptable) *n.* **elasticity** 탄력, 탄성

□ **eligible**[élidʒəbəl] *a.* 적격의, 적임의(qualified; competent; entitled) (↔ **ineligible; unqualified** *a.* 부적격의); 적합한(fit; suitable; appropriate) *n.* 적임자, 유자격자 *n.* **eligibility** 적임; 임명[입회] 자격

□**enthusiastic** [enθù:ziǽstik] *a.* 열렬한, 열광적인(ardent; rapturous; fervent; impassioned)

□**ephemeral** [ifémərəl] *a.* 일시적인(temporary; momentary)(↔ **everlasting; perpetual** *a.* 영원한); 덧없는(transient; transitory; fleeting; evanescent); 수명이 짧은(short-lived)

[명사]

□**enigma** [inígmə] *n.* 수수께끼, 불가사의(mystery; puzzle; riddle; conundrum)
a. **enigmatic** 수수께끼 같은, 불가사의한(mysterious; puzzling; riddling)
v. **enigmatize** 알 수 없게 만들다, 수수께끼로 만들다

□**experimentation** [ikspèrəmentéiʃən] *n.* 실험, 실험법

□**exploit** [éksplɔit] *n.* 공훈, 공적 *v.* [iksplɔ́it] (자원을) 개발하다, 개척하다(develop; pioneer); (남을) 이용하다, 착취하다(extort; squeeze)

□**exploitation** [èksplɔitéiʃən] *n.* 개발, 개척(development; reclamation); 착취(extortion); 판촉(sales promotion) *v.* **exploit** 개발하다, 개척하다; (부당하게) 이용하다, 착취하다; 선전하다 *forced labor and sexual exploitation and child exploitation *n.* 강제노동, 그리고 성적 착취와 아동 착취

□**exultation** [ègzʌltéiʃən] *n.* 크게 기뻐함; 환희, 열광 *v.* **exult** 크게 기뻐하다 (jubilate); 의기양양해 하다(triumph)

(F)

[동사]

□**fake** [feik] *v.* 위조하다, 날조하다(counterfeit; fabricate; forge; falsify); 속이다(deceive; swindle; palm off); ~인 체하다(pretend; feign); 좀도둑질하다(filch; pilfer; snatch) *a.* 가짜의, 모조의(counterfeit; forged; bogus; sham) *n.* 모조품, 위조품(forgery) *cf.* **palm** 속여 팔다(foist)
duffer *n.* 가짜; 바보(fool; dunce(열등생, 저능아))

□**falter** [fɔ́:ltər] *v.* 말을 더듬다(stammer; stumble; stutter); 머뭇거리다(hesitate); 비틀거리다(stagger; totter; reel); 주춤하다(recoil; boggle)

a. **faltering** 더듬거리는; 비틀거리는(doddering; groggy)
***palter**[pɔ́ːltər] *v.* 얼버무리다(equivocate); 어름어름 넘기다;
흥정하다, (값을) 깎다

□**fascinate**[fǽsənèit] *v.* 매혹하다(attract; bewitch; captivate; entice; allure;
charm); 주의를 끌다 *a.* **fascination** 매혹, 매력 *a.* **fascinating** 매혹적인(attractive;
bewitching; captivating; riveting; killing; exciting(호기심을 불러일으키는))

□**fathom**[fǽðəm] *v.* (사람의 마음 등을) 간파하다, 떠보다; (남의 마음을) 이해하다
(understand); 수심을 재다(sound) *n.* 길이의 단위(6피트); 심도, 이해, 통찰
a. **fathomless** 깊이를 잴 수 없는(bottomless; unfathomable), 이해할 수 없는
(unfathomed; incomprehensible; above one's hook[comprehension])

□**fidget**[fídʒit] *v.* 안절부절 못하다, 안달하다; 안절부절 못하게 하다(make uneasy);
조바심하다

□**flourish**[flə́ːriʃ] *v.* 번창하다(prosper; thrive); (초목 등이) 무성하게 자라다(wanton;
run riot); 과시하다(show off) ***burgeoning** *a.* (인구 등이) 급성장하는; 싹트기 시작한;
신흥의

□**flush**[flʌʃ] *v.* (얼굴, 볼이) 홍조를 띠다, (얼굴이) 붉어지다(blush);
(물, 액체가) 쏟아져 나오다(pour) *n.* 홍조, 분출, 흥분 *a.* 홍조를 띤, 빨개진(red);
혈색이 좋은(rosy; ruddy); 아낌없이 쓰는(lavish)
cf. **flesh** *n.* (사람, 동물의) 살; (식물의) 과육; 피부(skin)

□**fluster**[flʌ́stər] *v.* 어리둥절하게 하다, 혼란시키다(confuse; bewilder; perplex;
embarrass; addle; befuddle)

□**foment**[foumént] *v.* (반란, 불화 등을) 촉진하다, 조장하다, 선동하다(agitate;
instigate; stir up); 찜질하다

□**foster**[fɔ́ːstər] *v.* 양육하다(breed; nurse; rear; bring up);
촉진하다(promote); 마음에 품다(cherish) *a.* 양~(step)
***a** foster son[father] 양아들[양아버지]
n. **fosterer** 양부모(foster parent); 유모(baby-sitter)

[형용사]

□**fabulous**[fǽbjələs] *a.* 거짓말 같은, 믿어지지 않는(incredible);
터무니없는(absurd); 아주 멋진(smart; gorgeous; groovy);

전설적인(legendary) *n.* fable 우화(allegory; parable)
cf. **anecodote** *n.* 일화, 기담 **mythology** 신화

□**facetious**[fəsíːʃəs] *a.* 우스운, 익살스러운(funny; waggish; clownish)

□**facile**[fǽsil] *a.* 손쉬운(easy); 유창한(fluent); 경솔한(hasty)

□**faint**[feint] *a.* 희미한, 흐릿한(thin; dim; indistinct; vague);
(가능성 등이) 희박한(scare; rare); 약한(weak; feeble)
v. 기절하다(go faint; swoon; lose one's senses)
ad. **faintly** 희미하게, 흐릿하게, 힘없이

□**fair**[fɛər] *a.* 공정한, 공평한(just; impartial; unbiased); 꽤 많은, 상당한(pretty;
considerable); 맑게 갠(clear)(↔ **foul** *a.* (날씨가) 나쁜); 살결이 흰, 금발의(golden)
n. 박람회(exposition; exhibition); 시장(market)
*fair hair 금발 a fair complexion 하얀 살결

□**faltering**[fɔ́ːltəriŋ] *a.* 비틀거리는(tottering);
더듬거리는(stammering; stuttering)

□**fanciful**[fǽnsifəl] *a.* 공상적인; 기상천외한; 기발한; 변덕스러운(whimsical)
ad. **fancifully** 기발하게; 변덕스럽게(capriciously)

□**fashionable**[fǽʃənəbəl] *a.* 유행하는; 상류사회의; 일류의
ad. **fashionably**

□**fastidious**[fæstídiəs] *a.* 까다로운(choosy; fussy; picky; overnice;
humorsome; squeamish); 꼼꼼한(scrupulous; meticulous)

□**fatuous**[fǽtʃuəs] *a.* 어리석은(foolish; stupid; dull-headed; absent-minded;
half-witted; stupefied); *ad.* **fatuously** 멍청하게, 얼빠진 듯이

□**feasible**[fíːzəbəl] *a.* 실행할 수 있는(practicable); 실행 가능한(possible)
(↔ **infeasible** *a.* 실행 불가능한); 그럴듯한(plausible; likely)
n. **feasibility** (실행) 가능성

□**federal**[fédərəl] *a.* 연방의, 연방제의
cf. **local** *a.* 지방의/ **rural** *a.* 시골의, 촌스러운/ **urban** *a.* 도시의

□**feeble**[fíːbəl] *a.* 연약한, 허약한(weak; delicate; frail); 나약한(soft and spiritless);
(소리가) 희미한(faint; dim)

□**felicity**[filísəti] *n.* 더없는 행복(happiness; bliss); 적절(pertinency)
a. **felicitous** 행복한; (표현 등이) 적절한(pertinent)(↔ **infelicitous** *a.* 부적절한)
v. **felicitate** 축하하다, 경하하다(congratulate; celebrate) *n.* **felicitation** 축하
*with felicity 적절하게(pertinently; adequately; properly)

□**ferocious** [fəróuʃəs] *a.* 사나운, 흉포한(savage; fierce; rough); 잔인한(cruel; brutal; atrocious); 지독한(awful; terrible) *n.* **ferocity** (몹시) 사나움, 잔인함

□**fertile** [fə́:rtl] *a.* (땅이) 기름진, 비옥한, 다산의(productive; fecund; prolific; fruitful) (↔ **infertile; sterile; arid; barren** *a.* 메마른, 불모의) *v.* **fertilize** 비옥하게 하다 *n.* **fertility** 비옥, 다산 *n.* **fertilizer** 비료(manure)

□**fervent** [fə́:rvənt] *a.* 열렬한, 강렬한(ardent; fervid; passionate); 타는 듯한 (blazing; glowing; incandescent) *n.* **fervor** 열렬(fervidity); 열정

□**fetid** [fétid] *a.* 악취가 나는, 구린(stinking; funky; ill-smelling)

□**fickle** [fíkəl] *a.* 변덕스러운(capricious; whimsical; fanciful; mutable; volatile); (날씨 등이) 변하기 쉬운(changeable; unsettled)

□**fidgety** [fídʒiti] *n.* 안절부절 못하는, 조바심하는(restless; nervous); 성미 까다로운(fastidious; choosy)

□**figurative** [fígjərətiv] *ad.* 비유적인, 상징적인(symbolic) *ad.* **figuratively** 비유적으로, 상징적으로(symbolically)

□**fleeting** [flí:tiŋ] *a.* 순식간의, 덧없는(transient; transitory; momentary; passing; ephemeral; evanescent; fugitive; caducous; fugacious)

□**flippant** [flípənt] *a.* 경박한, 경솔한(frivolous; flirtatious; frisky; giddy; imprudent; hasty); 무례한(impertinent; impudent; indecent; insolent; rude) *n.* **flippancy** 경박, 경솔

□**flourishing** [flə́:riʃiŋ] *a.* 무성한; 번영하는; 융성한 *v.* **flourish** 번창하다

□**folk** [fouk] *a.* 민간의; 민속의 *n.* 사람들(people); 가족; 서민 *a <u>folk</u> remedy 민간요법

□**foolhardy** [fú:lhà:rdi] *a.* 터무니없는, 무모한(rash; headlong; rackless; incautious; adventurous)

□**foolproof** [fú:lprù:f] *a.* 아주 간단한(very simple); 잘못될 수가 없는(cannot go wrong); 아주 확실한(fully reliable)

□**formidable** [fɔ́:rmidəbəl] *a.* 무시무시한, 겁나는(appalling; dreadful; terrifying; fearsome; hideous; redoubtable); 만만치 않은(hard to handle); 방대한(vast; enormous; colossal; stupendous)

□**forthright** [fɔ́:rθràit] *a.* 솔직한(candid; outspoken; frank; downright; outright) *ad.* 솔직히(candidly; outspokenly)

□**fortuitous**[fɔːrtjúːətəs] *a.* 뜻밖의, 우연한(accidental); 행운의(lucky)

□**fractious**[frǽkʃəs] *a.* 성미 까다로운(morose), 다루기 어려운

□**fragile**[frǽdʒəl] *a.* 깨지기[부서지기] 쉬운(brittle; flimsy; frail; breakable);
무른, 연약한(weak; feeble; delicate); 덧없는(transient; ephemeral)
n. **fragility** 부서지기 쉬움; 연약

□**fragmentary**[frǽgməntèri] *a.* 단편적인, 파편의(scrappy; piecemeal)
*fragmentary knowledge 단편적인 지식

□**fragrant**[fréigrənt] *a.* 향기로운, 향긋한(aromatic); 즐거운(merry)

□**frail**[freil] *a.* 무른, 허약한(infirm; feeble); 유혹에 빠지기 쉬운

□**fraught**[frɔːt] *a.* ~으로 가득한(full; laden; brimful); (위험 등이) 따르는(followed;
accompanied); 난처한(embarrassing; perplexed)

□**frenzied**[frénzid] *a.* 열광적인(enthusiastic; hectic; frantic; frenetic);
광포한(furious; berserk) *n.* **frenzy** 격분, 광란(fury)

□**frequent**[fríːkwənt] *a.* 빈번한(repeated)(↔ **infrequent** *a.* 드문, 가끔의
(occasional); 진귀한(queer)); 상습적인(habitual; customary)
v. [frikwént] (어떤 장소에) 자주 가다(visit) *n.* **frequency** 빈번, 빈발; 주파수

□**frivolous**[frívələs] *a.* 경박한(careless; flippant; light);
사소한, 하찮은(trifling; trashy; trivial; petty); 어리석은(silly)
n. **frivolity** 천박, 경박

□**furious**[fjúəriəs] *a.* 격노한(angry; frenzied; exasperated);
(폭풍우 등이) 사나운(violent; fierce; turbulent);
(활동 등이) 왕성한(vigorous; energetic; rabid)
n. **fury** 격노, 분노(rage) *ad.* **furiously** 맹렬히(violently; fiercely)
v. **infuriate** 격분시키다(enrage)

□**furtive**[fɔ́ːrtiv] *a.* 몰래하는, 은밀한(stealthy; clandestine; covet; insidious; sly;
surreptitious); 의심스러운(dubious; suspicious)
ad. **furtively** 몰래(secretly)

□**futile**[fjúːtl] *a.* 효과 없는, 무익한(ineffective; inefficacious; resultless; profitless;
vain); 변변찮은(trifling; poor)
*make a futile attempt 헛된 시도를 하다
a futile argument 무익한 논쟁

[명사]

☐**facet**[fǽsit] *n.* (문제, 양상 등의) 일면, 양상, 국면(aspect; phase)
  cf. **facade** *n.* (건물의) 정면, 외관(frontage)

☐**facility**[fəsíləti] *n.* 편의, 편의시설, 설비; 편의(convenience); 쉬움(ease);
  재간(dexterity); 솜씨(skill); 화장실(lavatory)

☐**fallibility**[fæ̀ləbíləti] *n.* 오류를 범하기 쉬움 *a.* **fallible** 오류에 빠지기 쉬운
  (↔ **infallibility** *n.* 무과실성, 절대 확실)

☐**ferocity**[fərásəti] *n.* 사나움(fierceness); 잔인성, 흉악성; 만행(brutality; atrocity)
  a. **ferocious** 사나운, 잔인한; 굉장한

☐**fiasco**[fiǽskou] *n.* 큰 실수(a gross blunder); 대실패(a big[an utter] failure)
  *a fiasco in the plan 계획의 차질

☐**filter**[fíltər] *n.* 여과기 *v.* 여과하다, 거르다; 걸러서 제거하다;
  (소문 등이) 나다(be in the air)

☐**fines**[fainz] *n.* (pl.) 잔 알갱이(granule); 고운 분말(fine powder; smeddum); 미립자
  *in fines 자디잘게

☐**flagship**[flǽgʃìp] *n.* 최고급 선박[비행기]; 가장 중요한 것; 본점
  a. 중요한(main; important; weighty)

☐**flair**[flɛər] *n.* 천부적인 재능(gift; talent);
  경향, 성향(bent; disposition; inclination; tendency; propensity)
  cf. **flare** *v.* 불이 타오르다(burn up); (싸움 등이) 돌발하다(break out)
    frail *a.* 깨지기 쉬운(brittle; delicate); 연약한(feeble)

☐**flattery**[flǽtəri] 아첨, 추켜세우기 *n.* **flatterer** 아첨꾼(sycophant)
  a. **flattering** 아첨하는(obsequious); 유망한(promising)
    (↔ **unflattering** *a.* 아첨하지 않는; 노골적인(outspoken))
  v. **flatter** *v.* 아첨하다(adulate; toady; butter up; fawn upon; curry favor with)
    *be susceptible to flattery 아부에 약하다

☐**flaw**[flɔ:] *n.* 결점, 약점, 결함(fault; defect; drawback; weakness; blemish;
  shortcoming; demerit); (보석 등의) 흠(crack; scratch; speck); 돌풍(blast)
  a. **flawless** 흠 없는(perfect)

☐**folly**[fáli] *n.* 어리석음, 어리석은 짓, 바보짓(stupidity; foolery);
  막대한 돈을 들인 어처구니없이 큰 건축; 어리석은 투자

☐**forage**[fɔ́:ridʒ] *n.* (소, 말의) 꼴, 마초(fodder; pasture);
  약탈(plunder; pillage; looting)

v. 마구 뒤지며 찾다(rummage; ransack; search for);
약탈하다(despoil; plunder; pillage; loot; sack; take booty)

☐**fossil** [fásl] *n.* 화석; 구식 제도[사람]; 낡은 사고방식(an outdated way of thinking);
부모(parent); 선배(senior; predecessor)
　a. 화석의; 구식의(old-fashioned; out-of-date; antiquated)

☐**fracture** [fræktʃər] *n.* (뼈의) 골절; 부서짐, 깨짐(disruption); 틈(aperture; crack)
　v. (뼈를) 부러뜨리다; 삐다(sprain; wrench); 부수다(crush; break up)
　*sprain one's ankle 발목을 삐다

☐**frailty** [fréilti] *n.* 여림, 무름; 의지박약; 단점, 약점, 결점(defect)
　a. **frail** 무른, 연약한(weak; effeminate)

☐**freak** [fri:k] *n.* 이상 현상, 일탈(deviation); 기형(deformity; malformation);
변덕, 일시적 기분(whim; fickleness; caprice); 열광자(fanatic; maniac);
마약중독자(narcotic) *a.* 이상한, 특이한, 괴상한(odd; abnormal; exceptional)
　v. (환각제로) 흥분시키다, 정신을 못 차리게 하다(~ out)(upset)

(G)

[동사]

☐**gauge** [geidʒ] *v.* 측정하다, 재다(measure; calibrate(총의 구경을 ~))
　n. 규격, 척도, (총의) 구경; 계량기

☐**generalize** [dʒénərəlàiz] *v.* 일반화[보편화]하다(universalize); 귀납하다(induce)
(↔ **deduce** *v.* 연역하다) *a.* **general** 일반적인(generic)
　ad. **generally** 일반적으로, 보통(usually; as a rule; by and large)
　n. **generalization** 일반화, 보편화 **generality** 일반성, 보편성

☐**gibber** [dʒíbər] *v.* (추위, 무서움 등으로) 떨며 말하다; 시시한 말을 지껄이다
　n. 종잡을 수 없는 말(gibberish) *cf.* **chatter** *n.* 수다 *v.* 재잘거리다

☐**glare** [glɛər] *v.* 번쩍번쩍 빛나다; 노려보다 *n.* 빛, 섬광(flash)

☐**glimpse** [glimps] *v.* 흘끗 보다(glance; steal a glance at)
　n. 흘끗 봄; 일견(glance)

☐**gloat** [glout] *v.* (남의 불행 등을) 몰래 기뻐하다; 흡족한 듯이 바라보다(gaze)

784

□**gratify** [grǽtəfài] *v.* 만족시키다(satisfy), 기쁘게 하다(please)

□**gulp** [gʌlp] *v.* 꿀꺽꿀꺽 삼키다; 급히 먹다(stock up);
　　　　　　(눈물 등을) 삼키다, 참다(bear; forbear; eat crow)

[형용사]

□**garrulous** [gǽrjələs] *a.* 수다스러운, 말 많은(talkative; loquacious);
　장황한(verbose; wordy) *cf.* nagging *a.* 잔소리가 심한

□**gelatinous** [dʒəlǽtənəs] *a.* 아교질의(semifluid; semiliquid)
　n. gel 젤라틴, 겔 *v.* (계획 등이) 구체화하다(concretize)
　n. gelation 동결, 빙결; 겔(gel)화

□**germane** [dʒəːrméin] *a.* 관계가 있는(relevant); 혈연관계인(akin; kindred);
　적절한(pertinent; adequate; appropriate; felicitous; proper)

□**giddy** [gídi] *a.* 어지러운, 현기증이 나는(dizzy); 경솔한(flippant; hasty; rash)
　ad. giddily 아찔하게(dizzily), 경솔하게 *n.* giddiness 현기증(vertigo; dizziness)
　*feel giddy[dizzy] 머리가 핑핑 돌다

□**gloomy** [glú:mi] *a.* (기분이) 우울한, 침울한(dejected; blue; downcast; moody;
　melancholy; dismal); (날씨 등이) 어두운, 음침한(dark; somber; bleak);
　(상황 등이) 암담한(dispiriting)

□**graphic** [grǽfik] *a.* 눈으로 보는 것 같은, 생생한(vivid; lifelike); 도표의
　n. 시각디자인 작품, 도형 *ad.* graphically 생생하게(vividly)
　*describe graphically [vividly] 생생하게 묘사하다

□**grim** [grim] *a.* 엄한(severe; stern); 냉혹한(cruel); 험상궂은(uncanny);
　무서운(terrible; shocking; grisly; eerie); 불쾌한, 싫은(unpleasant; distasteful)
　ad. grimly 엄하게(sternly); 무섭게(terribly)
　cf. grime *n.* 때(dirt), 먼지(dust; mote); 오점(stain)

□**gripping** [grípiŋ] *a.* 주의를 끄는, 매력적인(attractive; charming)

□**grotesque** [groutésk] *a.* 괴상한(strange; odd; queer; peculiar);
　괴기한(dreadful); 우스꽝스러운(ridiculous; ludicrous; facetious)

□**grueling** [grú:əliŋ] *a.* 기진맥진케 하는(utterly exhausting; very difficult)
　*기진맥진한=bushed; clanked; dog-tired; worn-out; clapped-out

□**gruesome** [grú:səm] *a.* 소름끼치는, 섬뜩한(horrible; grisly; hideous; creepy;

hair-rising)

□**gullible** [gʌ́ləbəl] *a.* 잘 속는(credulous; easily deceived)
  *잘 속는 사람 = gull; dupe; chump; roundheel; pushover(식은 죽 먹기)

[명사]

□**gestation** [dʒestéiʃən] *n.* 임신(conception; pregnancy)
  v. **gestate** 잉태하다, 마음에 품다(conceive)
  cf. **embryo; fetus** 태아 **neonate** 신생아(a newborn baby) **infant** 유아

□**gist** [dʒist] *n.* 요점, 골자(the main point; the substance; the kernel; the pith)
  *grasp the gist of the speech 연설의 요지를 파악하다

□**glimmer** [glímər] *n.* 희미한[가물거리는] 빛(a faint, flickering light)
  v. 희미하게 빛나다; 깜빡이다(flicker)
  *a glimmer of hope 한 가닥의 희망

□**gorge** [gɔ:rdʒ] *n.* 골짜기(valley; vale; dale; ravine); 협곡(canyon)
  v. 게걸스럽게 먹다(devour; guzzle); 포식하다(glut; gormandize)
  cf. **gorgeous** [gɔ́:rdʒəs] *a.* 호화스러운, 화려한(luxurious; sumptuous; splendid;
                                brilliant); 아주 멋진(cool; chic; neat)

□**grandstand** [grǽndstæ̀nd] *n.* 특별관람석(stage box)
  a. 특별관람석에 있는; 화려한(showy)

□**grievance** [grí:vəns] *n.* 불평거리(complaint); 불만의 원인(discontent)
  v. **grieve** 몹시 슬프게 하다; 몹시 슬퍼하다
  cf. **compliant** *a.* 유순한(docile)

□**grimace** [gríməs] *n.* 얼굴을 찌푸림; 우거지상(frown; a sour[wry] face)
  *make grimaces 얼굴을 찌푸리다(make a face)

□**grudge** [grʌdʒ] *n.* 원한, 앙심(animosity; enmity; malice; resentment)
  v. 주기 싫어하다(begrudge); 시샘하다(envy)
  ad. **grudgingly** 마지못해, 억지로(unwillingly; reluctantly)

(H)

[동사]

□**hail**[heil] v. 환호하며 맞이하다(acclaim); 인사하다(greet; salute); 큰소리로 부르다
(shout) n. 싸락눈, 우박 *hail a cab 택시를 부르다
cf. **page** v. (공항, 호텔 등에서) 이름을 불러 (사람을) 찾다 n. 사환

□**hamper**[hǽmpər] v. 방해하다(disturb; hinder; prevent; impede; obstruct);
제한하다(restrict; limit) n. 방해(hindrance; obstruction); 족쇄(fetter; shackle)

□**hinder**[híndər] v. 방해하다(disturb; tie up); 저지하다(deter; impede; hold back;
tie up) n. **hindrance** 방해, 장애 cf. **hind, hinder**[háindər] a. 뒤쪽의, 후부의(rear;
backward) *the hind legs (짐승의) 뒷다리

□**humiliate**[hju:mílièit] v. 굴욕감을 느끼게 하다, 자존심을 상하게 하다
(mortify; embarrass); 창피를 주다(shame; insult; put a person to shame)
n. **humilation** 굴욕, 창피(shame; ignominy) **humility** 겸손(modesty)
a. **humiliating** 굴욕적인(mortifying; disgraceful)
*a humiliating defeat[peace treaty] 굴욕적인 패배[강화조약]

□**hurl**[hə:rl] v. 내던지다(fling); 달려들다(leap at); (욕설을) 퍼붓다(heap)

[형용사]

□**hackneyed**[hǽknid] a. 낡은, 진부한(copybook; trite; stale)

□**haggard**[hǽgərd] a. 여윈, 수척한(lean; thin; skinny; gaunt);
무서운(dreadful; horrible); 길들이지 않은, 야생의(wild; undomesticated)
n. 야생의 매(wild hawk[falcon])

□**haphazard**[hæphǽzərd] a. 계획성 없는, 아무렇게나 하는(random;
indiscriminate; promiscuous; unplanned); 우연한(accidental; incidental; casual;
fortuitous) ad. **haphazardly** 아무렇게나, 되는대로(randomly); 우연히(accidentally)

□**harassing**[hǽrəsiŋ] a. 귀찮게 구는, 괴롭히는(vexing; annoying; bothering)
v. **harass** 괴롭히다(bother; torment) n. **harassment** 괴롭힘
*sexual harassment 성희롱

□ **harsh** [hɑ:rʃ] *a.* 거친, 난폭한(rough; rude; rowdy; outrageous);
가혹한, 엄한(stern; severe; relentless); 귀에 거슬리는(hoarse; strident; rough);
조잡한(coarse; crude)

□ **hasty** [héisti] *a.* 급한, 신속한(swift; prompt); 성급한, 경솔한(rash);
간단한(simple)

□ **haughty** [hɔ́:ti] *a.* 오만한, 건방진(arrogant; impertinent; insolent; saucy; sassy)
cf. **naughty** *a.* 개구쟁이의, 버릇없는; 외설한(obscene; filthy; lewd; nasty)

□ **hazardous** [hǽzərdəs] *a.* 모험적인; 위험한(risky; dangerous)

□ **hectic** [héktik] *a.* 아주 바쁜(very busy); 매우 흥분한(very excited);
열광적인(feverish); 소모성의, 폐결핵의(consumptive) *n.* 홍조(flush); 폐결핵 환자
ad. **hectically** 광적으로(frantically; madly; wildly)

□ **hereditary** [hirédətèri] *a.* 유전성의, 유전적인(inherited)
(↔ **acquired** *a.* 후천적인, 획득한); 세습의(patrimonial) *n.* **heredity** 유전; 상속, 세습
cf. **atavism** *n.* 격세유전

□ **heretical** [hərétikəl] *a.* 이교의, 이단의(pagan; heathen)
n. **heresy** 이교, 이단 *n.* **heretic** 이교도, 이단자

□ **hideous** [hídiəs] *a.* 소름끼치는, 섬뜩한(dreadful; horrible; horrified; horrific);
극악무도한(wicked; fiendish; flagrant; diabolic; heinous; atrocious; villainous;
notorious); 불쾌한(repulsive); 엄청난(exorbitant; enormous; preposterous)
*a hideous crime[noise] 극악무도한 범죄[기분 나쁜 소리]

□ **hilarious** [hiléəriəs] *a.* 유쾌한, 즐거운(cheerful; delightful; merry)

□ **holistic** [houlístik] *a.* 국부가 아닌, 전신용의(concerned with the whole rather
than the part); 전체론의 *a holistic approach 전체적인 접근

□ **horrid** [hɔ́:rid] *a.* 무시무시한(dreadful; terrible; frightful; horrific; dire);
정말 싫은(nasty; abominable; loathsome; repulsive; offensive(불쾌한))
n. **horror** *n.* 공포(dread)

□ **hospitable** [háspitəbəl] *a.* 환대하는, 친절한(warm; friendly);
(환경 등이) 쾌적한(genial; congenial; comfortable)(↔ **inhospitable**
a. 불친절한, 살기에 적합하지 않은); 개방적인(open[broad]-minded)
n. **hospitality** 환대

□ **hostile** [hástál] *a.* 적의 있는, 적대하는(antagonistic; unfriendly)(↔ **amicable**
a. 우호적인); 반대하는(opposite; adverse; contrary); 불리한(unfavorable);
(기후 등이) 맞지 않는(inconvenient); 적의(enemy) *n.* **hostility** 적의, 적대행위

□**hybrid**[háibrid] *a.* 잡종의(crossbred), 혼성의(mixed)
  v. **hybridize** 잡종을 만들다, 교배시키다
  *a <u>hybrid</u> culture[car] 혼성 문화[가솔린+전기[수소 등]으로 가는 자동차]
  cf. **miscellaneous** *a.* 잡다한 *n.* (동, 식물의) 잡종, 혼혈아(half-breed; mongrel)

[명사]

□**hamlet**[hǽmlit] *v.* 작은 마을, 촌락(small village)
  cf. **hermit** *n.* 은둔자(recluse)

□**havoc**[hǽvək] *n.* (대규모의) 파괴, 황폐(destruction; demolition; ruin;
  dilapidation); 대혼란, 무질서(great confusion; pandemonium; trouble; mess;
  muss; disorder; anarchy; chaos; pell-mell; melee)
  v. 황폐화시키다(devastate; dilapidate; destroy)

□**hearsay**[híərsèi] *a.* 풍문, 소문(rumor; gossip; scuttlebutt)

□**helm**[helm] *n.* (the ~) 지배, 지도(control), 지배적 지위(controlling position);
  (배의) 키(rudder; wheel) *the helm of a company 회사의 사장
  cf. **realm** *n.* 왕국; 영토; 범위

□**hiatus**[haiéitəs] *n.* 중단, 단절(break; interruption);
  갈라진 틈(gap; crevice; crack; rift; chink; aperture; interstice; cleft(균열))
  cf. **habitus**[hǽbətəs] *n.* 습관, 버릇; 체형, 체질

□**hindrance**[híndrəns] *n.* 방해, 장애; 방해물, 장애물(obstruction)
  v. **hinder** 방해하다(hamper; disturb)

□**horn**[hɔːrn] *n.* (자동차의) 경적(honker); 뿔, (곤충 등의) 촉수(feeler; tentacle)
  *blow[toot] one's own <u>horn</u>[trumpet] 자화자찬하다, 허풍떨다(brag; boast)

□**hubris**[hjúːbris] *n.* 오만(arrogance; insolence; haughtiness)
  a. **hubristic** 오만한(arrogant; insolent; haughty; pompous; overbearing)
  *excessive <u>hubris</u> 지나친 오만

□**hush**[hʌʃ] *n.* 침묵(silence); 고요함(stillness); 묵살(ignoring (by keeping silence))
  v. 입 다물게 하다(shut up); (사건 등을) 쉬쉬해 버리다, 묵살하다(ignore; shelve;
  smother up); 진정시키다(soothe; appease; quiet)
  *a policy of <u>hush</u> 쉬쉬해버리는 정책

□**hygiene** [háidʒiːn] *n.* 위생(sanitation), 건강법

(I)

[동사]

□**ignite** [ignáit] *v.* ~에 불을 붙이다(kindle), 발화시키다;
흥분시키다(stimulate; excite; stir up)

□**imbue** [imbjúː] *v.* 스며들게 하다; 물들이다(dye);
(사상 등을) 고취하다, 불어넣다(impregnate; infuse; inspire; instill)

□**insulate** [ínsəlèit] *v.* 분리[격리, 고립]시키다(isolate; seclude; segregate;
quarantine; sterilize; keep apart); 절연[단열, 방음]하다
a. **insulated** 분리된, 고립된(isolated; secluded; segregated)
n. **insulant** 절연체

□**inure** [injúər] *v.* 익숙케 하다, 단련하다(harden); 도움이 되다(conduce)

□**irrigate** [írəgèit] *v.* (논, 밭에) 물을 대다, 관개하다(water);
생명을 주다(animate; vitalize; vivify); 비옥하게 하다(fertilize; enrich)
n. **irrigation** 물을 댐, 관개

□**irritate** [írətèit] *v.* 화[짜증]나게 하다(enrage; annoy; exasperate; bother; anger;
ruffle); 염증을 일으키다(inflame) *a.* **irritating** 짜증나게 하는(galling)
n. **irritation** 짜증나게 함; 자극; 염증

[형용사]

□**imaginative** [imǽdʒənətiv] *a.* 상상력이 풍부한(fanciful)(↔ **unimaginative**
a. 상상력이 부족한); 상상의, 가공의(fictitious; fanciful; illusory)
cf. **imaginary** *a.* 상상의, 가공의(imaginative) *n.* **imagination** 상상; 공상
*an <u>imaginative</u> writer 상상력이 풍부한 작가
an <u>imaginary</u> enemy 가상의 적

□**impersonal** [impə́ːrsənəl] *a.* 비인간적인, 비인격적인(inhuman);
비개인적인, 객관적인(objective)

□**implausible**[implɔ́ːzəbəl] *a.* 믿기 어려운, 그럴듯하지 않은(unbelievable)
(↔ **plausible** *a.* 그럴듯한(probable; acceptable)

□**inane**[inéin] *a.* 어리석은(silly; foolish; stupid); 공허한, 텅 빈(empty; vacuous)
n. (the ~) 허공(the air) *n.* **inanition** 공허, 텅 빔; 영양실조, 기아(starvation)
cf. **insane** *a.* 제정신이 아닌, 미친(mad)

□**incongruous**[inkáŋgruəs] *a.* 조화되지 않는, 어울리지 않는(inappropriate);
앞뒤가 맞지 않는(inconsistent); 모순된(contradictory; inconsistent)
ad. **incongruously** 어울리지 않게, 모순되게

□**incorrigible**[inkɔ́ːridʒəbəl] *a.* 어쩔 도리 없는, 제멋대로 구는(willful)
*an incorrigible child 제멋대로 구는 아이

□**indefatigable**[ìndifǽtigəbəl] *a.* 지치지 않는(unflagging; fatigueless; untiring;
unwearing); 질리지 않는; 끈기 있는(patient; tenacious)

□**indelible**[indéləbəl] *ad.* 지울 수 없는; 지워지지 않는 *ad.* **indelibly**
*an indelible stain[disgrace] 지워지지 않는 얼룩[씻을 수 없는 치욕]

□**indented**[indéntid] *a.* 들쑥날쑥한(uneven); 톱니바퀴 모양의

□**indigenous**[indídʒənəs] *a.* 타고난(inborn; innate; constitutional)); 고유의, 원산의
cf. **ingenious**[indʒíːnjəs] *a.* 재치 있는, 독창적인(creative; original)
ingenuous[indʒénjuːəs] *a.* 꾸밈없는(artless), 순진한(naive; innocent)

□**industrious**[indʌ́striəs] *a.* 근면한, 부지런한(diligent; hardworking)
cf. **industrial** *a.* 산업의, 공업의 *early bird; busy bee; beaver 부지런한 사람
hand and foot 부지런히(diligently; industriously)

□**ineluctable**[ìnilʌ́ktəbəl] *a.* 불가항력의, 피할 수 없는(inevitable; indispensable)
*an ineluctable destiny 피할 수 없는 운명

□**inexhaustible**[ìnigzɔ́ːstəbəl] *a.* 무진장한(unlimited);
지칠 줄 모르는(fatigueless), 끈기 있는(tenacious)

□**inexorable**[inéksərəbəl] *a.* 냉혹한, 용서 없는(relentless); 움직일 수 없는
*inexorable truth 불변의 진리

□**inextricable**[inékstrikəbəl] *a.* 탈출할 수 없는(↔ **extricable** *a.* 구출할 수 있는);
해결할 수 없는(insoluble; irresoluble); 뒤얽힌(entangled)

□**infertile**[infə́ːrtəl] *a.* 메마른, 불모의; 불임의(↔ **fertile** *a.* 기름진)

□**inscrutable**[inskrúːtəbəl] *a.* 조사해도 알 수 없는; 불가해한(mysterious)
*her inscrutable smile 그녀의 뜻 모를 미소

□ **intact**[intǽkt] *a.* 손대지 않은(untouched); 손상되지 않은(undamaged; unbroken); 완전한(whole; complete; perfect; entire); (동물이) 거세하지 않은(entire)
*거세하다 = castrate; neuter; emasculate; geld

□ **intuitive**[intʃúːitiv] *a.* 직관에 의한, 직각력 있는(intuitional)
n. intuition 직관, 직감

□ **irenic**[airénik] *a.* 평화의, 평화적인(peaceful; pacific; amicable)
*an (e)irenic atmosphere 평화적인 분위기

□ **ironic**[airánik] *a.* 반어적인(ironical; sarcastic); 풍자적인(satiric; satirical; sarcastic); 비꼬는(cynical; satiric) *ad.* **ironically** 반어적으로, 비꼬아(cynically; satirically) *n.* **irony** 풍자, 빈정댐

□ **itinerant**[aitínərənt] *a.* 순회의(traveling); 순방하는
cf. **barnstorm** *v.* 지방 순회연설[순회공연]하다

[명사]

□ **imagination**[imædʒənéiʃən] *n.* 상상, 상상력; 공상(fancy); 문제 해결능력

□ **indulgence**[indʌ́ldʒəns] *n.* 마음대로 하게 함, 너그럽게 봐줌, 관대 (broad-mindedness); 방종(license; self-indulgence); 지불유예; 〈가톨릭〉 은사, 면죄부

□ **infatuation**[infætʃuéiʃən] *n.* 열중(engrossment; enthusiasm)

□ **innuendo**[ìnjuéndou] *n.* 풍자(lampoon; satire; sarcasm); (글의) 설명, 주석(note; comment; annotation) *ad.* 즉(namely), 다시 말하면
cf. Cut the sarcasm. 빈정대지 마라.

□ **insight**[ínsàit] *n.* 통찰(력), 식견(perspicacity; acumen; penetration); 식견(discernment; understanding)
a. **insightful** 통찰력[식견]이 있는(perceptive; perspicacious; discerning)

□ **internment**[intə́ːrnmənt] *n.* 유치, 억류(detention; retention; confinement)
cf. **lockup; guardhouse; police cell** 유치장 / **jail; prison** 교도소

□ **isolation**[àisəléiʃən] *n.* 격리(segregation); 차단; 고립; 절연

□ **jaunt**[dʒɔːnt] *n.* 소풍(excursion); 유람여행(junket) *v.* 소풍[유람여행] 하다
   cf. **jaunty** *a.* 쾌활한, 명랑한(cheerful; gay; jolly; jovial; merry); 의기양양한
   (triumphant; exultant; having a self−confident manner);
   멋진(gorgeous; stylish)

□ **jeopardy**[dʒépərdi] *n.* 위험(danger; peril; hazard; risk)
   v. **jeopardize** 위태롭게 하다, 위험에 빠뜨리다(endanger; imperil; risk)

□ **jockey**[dʒáki] *n.* (경마의) 기수 *v.* 기수로서 말을 타다; 교묘하게 조종하여 움직이다;
   속이다 *ask the question (기수가) 마지막 박차를 가하다

□ **kindle**[kíndl] *v.* 불붙이다; 밝게 하다; 타오르게 하다(inflame); 흥분시키다(excite);
   부추기다(incite)

□ **kitschy**[kítʃi] *a.* (작품이) 저속한(vulgar; base); 천박한(superficial; shallow)
   *smattering *a.* 겉핥기로 아는

□ **kudos**[kjúːdɑs] *n.* 명성(fame; renown; reputation), 영예(honor)

[동사]

□ **liberate**[líbərèit] *v.* 자유롭게 하다, 해방하다(emancipate; release; extricate; set
   free) *a.* **liberated** 자유로운, 해방된 *n.* **liberation** 해방, 석방
   cf. **deliberate** *a.* 신중한; 고의의(intentional) *v.* 숙고하다(ponder)

□ **litigate**[lítigèit] *v.* 소송을 제기하다(institute a suit; take legal
   action[proceedings]); 논쟁하다(argue) *n.* **litigation** 제소, 소송

□ **loathe** [louð] *v.* 몹시 싫어하다, 혐오하다(abominate; abhor; dislike; detest; hate)
n. **loathing** 혐오(abhorrence; antipathy; hatred; repugnance; abomination;
nausea(욕지기)) *ad.* **loathly** 마지못해(reluctantly; unwillingly)

□ **lubricate** [lú:brikèit] *v.* 기름을 치다(oil); 매끄럽게 하다(sleek; smooth);
매수하다(bribe; buy off) *a.* **lubricious** 매끄러운(slippery; sleek; slick; smooth)
n. **lubricant** 윤활유

□ **lure** [luər] *v.* 유인하다, 유혹하다(allure; entice; decoy; tempt; seduce; bait)
n. 유인물, 미끼(bait; allurement; decoy; attraction)

[형용사]

□ **laconic** [ləkánik] *a.* 간결한(succinct; terse; concise); 말수가 적은(taciturn;
reticent)(↔ **talkative; garrulous; verbose; loquacious; wordy** *a.* 말 많은, 장황
한) *n.* **laconism** 간결, 간결한 표현

□ **languid** [læŋgwid] *a.* 나른한(weary; listless); 활기 없는(spiritless; lifeless; dull;
inanimate; inert; wooden); 마음 내키지 않는(reluctant; halfhearted);
불경기의(dull; slack) *v.* **languish** 나른해지다; 동경하다(long; yearn)
n. **languor** 나른함, 권태(lassitude); 무기력(lethargy; enervation)

□ **laudatory** [lɔ́:dətɔ̀:ri] *a.* 칭찬의, 찬미의(complimentary; applausive; eulogistic)
v. **laud** 찬양[찬미]하다 *n.* **laudation** 칭찬, 찬미(extol(l)ment)
a. **laudable** 칭찬할 만한, 훌륭한(admirable)

□ **lavish** [lǽviʃ] *a.* 낭비하는, 사치스러운(extravagant; wasteful; prodigal);
후한(generous; liberal); 풍부한, 충분한(opulent; abundant; sufficient)
v. 아낌없이 주다, 낭비하다 *ad.* **lavishly** 아낌없이; 함부로(indiscriminately;
at random)

□ **legitimate** [lidʒítəmit] *a.* 합법적인, 적법한(legal; lawful); 정당한(justifiable);
합리적인(reasonable); 정통의(orthodox) *v.* [lidʒítəmèit] 합법으로 인정하다,
합법화하다 *n.* **legitimacy** 정통성, 정당성, 합법성

□ **lenient** [lí:niənt] *a.* 너그러운, 인자한, 관대한(generous; liberal; merciful;
magnanimous); 다정한(affectionate; tender-hearted); 완화시키는(mitigative;
mollifying) *ad.* **leniently** 너그럽게(generously) *n.* **leniency** 관대, 관용

□ **lethal** [lí:θəl] *a.* 치명적인(fatal; mortal; critical; deadly); 죽음의, 치사의

*a <u>lethal</u> dose[attack] (약의) 치사량[필살의 공격]

☐ **lethargic** [liθá:*r*dʒik] *n.* 무기력한, 활발치 못한(inert; torpid; inactive; languid; sluggish); 둔감한(dull; insensitive); 혼수상태의
  ad. **lethargically** 나른하게(drowsily; listlessly)
  *<u>lethargic</u> sleep 혼수(coma)

☐ **licentious** [laisén∫əs] *a.* 방탕한, 음탕한(lewd; obscene; naughty; lascivious)
  cf. **licensed** *a.* 허가된, 인가된(authorized; accredited)

☐ **litigious** [litídʒəs] *a.* 소송하기 좋아하는; 논쟁하기 좋아하는(contentious; quarrelsome; polemic)

☐ **logical** [ládʒikəl] *a.* 논리적인(↔ **illogical** *a.* 비논리적인, 불합리한)
  n. **logic** 논리학, 논리

☐ **loquacious** [lou*k*wéi∫əs] *a.* 말 많은, 수다스러운(talkative; verbose; garrulous; wordy) *n.* **loquacity** 수다(garrulity; gab)
  cf. **prattle** *v.* 쓸데없는 말을 하다 *n.* 쓸데없는 말, 수다

☐ **lousy** [láuzi] *a.* 이가 들끓는; 비열한(base; mean); 형편없는, 저질의(cheap and nasty); (몸이) 안 좋은

☐ **lucid** [lú:sid] *a.* 투명한, 맑은(clear), 명쾌한(pellucid); 알기 쉬운

☐ **lucrative** [lú:krətiv] *a.* 돈이 벌리는, 수지맞는(profitable; remunerative); 유리한(favorable) *a <u>lucrative</u> business 돈벌이 되는 장사
  cf. **non-profit-making** 비영리의(nonprofit)

☐ **ludicrous** [lú:dəkrəs] *a.* 웃기는, 우스꽝스러운(facetious; ridiculous; droll)
  cf. **judicious** *a.* 사려분별이 있는; 현명한(well-advised)

☐ **lugubrious** [lu:gjúːbriəs] *a.* 가련한, 애처로운; 우울한(dismal)

☐ **lukewarm** [lú:kwɔ̀:*r*m] *a.* 미지근한(tepid); 미온적인, 마음 내키지 않는(tepid; halfhearted; indifferent); 열의가 없는(spiritless; perfunctory; languid)

☐ **luminous** [lú:mənəs] *a.* 빛나는, 번쩍이는(shining; radiant; glittering); 이해하기 쉬운, 명쾌한(clear; lucid; pellucid; luculent; comprehensible); 총명한(intelligent; bright; sagacious; wise)
  *a <u>luminous</u> body[explanation] 발광체[알기 쉬운 설명]

☐ **lunatic** [lú:nətik] *a.* 정신이상의(insane), 미치광이 같은; 별난(eccentric)
  n. 미치광이(madman); 괴짜(oddball; screwball; crank; an eccentric person)
  *a <u>lunatic</u> asylum 정신 병원

[명사]

□**lampoon**[læmpúːn] *n.* 풍자문(pasquinade; parody) *v.* 풍자하다(satirize)
cf. **satire** *n.* 풍자(sarcasm; innuendo)

□**leftover**[léftòuvər] *n.* (먹다) 남은 음식; 나머지(the rest; the remnants);
찌꺼기(dregs; remnant)
cf. **debris** *n.* 부스러기, 파편(fragment) **junk** *n.* 쓰레기, 폐물

□**letup**[létʌp] *n.* (노력 등의) 정지, 휴지(break; interruption; pause); 완화, 감소
*without letup 끊임없이 *cf.* **let up** 그만두다; (폭풍 등이) 가라앉다(abate)

□**liability**[làiəbíliti] *n.* 부채, 채무(debt); 책임, 책무(duty; obligation; responsibility);
불리한 것[사람](handicap)(↔ **asset** *n.* 강점, 유리한 점); ~하기[(병 등에) 걸리기] 쉬움
a. **liable** 책임이 있는; (병 등에) 걸리기 쉬운
*be liable[prone] to ~ ~하기 쉽다

□**libel**[láibəl] *n.* 비방, 중상(slander; blasphemy; aspersion; calumny); 명예훼손
v. 중상하다(slander; blaspheme; asperse; calumniate; defame)

□**literacy**[lítərəsi] *n.* 읽고 쓸 줄 앎(↔ **illiteracy** *n.* 문맹, 무식); 교양 있음;
(특정 분야의) 지식(knowledge), 능력 *ad.* **literally** 글자 그대로(to the letter);
정말로, 실제로(really; actually) *literacy[illiteracy] rate 식자율[문맹률]

□**load**[loud] *n.* (적재) 화물(burden; freight; cargo; lading); 작업량, 업무량;
무거운 짐 *v.* 짐을 싣다(lade); 탄약을 재다(charge)

□**locomotion**[lòukəmóuʃən] *n.* 운동, 이동(movement; motion);
교통기관(transport[traffic] facilities); 운전(operation)
n. **locomotive** 기관차 *a.* 운동의, 이동의 *locomotive power 이동력

□**longevity**[lɑndʒévəti] *n.* 장수(long life; macrobiosis);
수명(the length[span] of life; life span)

□**loom**[luːm] *n.* 베틀(a machine that is used for weaving thread)
v. 어렴풋이 나타나다(appear; emerge); (근심 등이) 불안하게 다가오다
cf. **loam** *n.* 양토, 찰흙 **limb** 팔다리, 큰 가지(bough)
limp *a.* 부드러운 *v.* 절뚝거리다

796

(M)

[동사]

□ **marshal** [máːrʃəl] *v.* ~을 정렬시키다; 정돈시키다(arrange; display; put in order)
n. 육군 원수; 연방보안관 *cf.* **sheriff** *n.* 보안관
cf. **martial** *a.* 전쟁의; 군의(↔ **civil** *a.* 시민의); 호전적인(warlike)

□ **maul** [mɔːl] *v.* (짐승 등이) 할퀴다(scratch; claw); 치다(beat);
혹평하다(hypercriticize; denounce; criticize bitterly) *n.* 큰 망치

□ **menace** [ménəs] *v.* 위협하다, 협박하다(threaten; intimidate)
n. 협박, 위협(threat; intimidation) *cf.* **blackmail** *n.* 공갈, 갈취
***menace** the right to live 생존권을 위협하다
 a **menace** to peace 평화에 대한 위협
 carrot and stick 당근과 채찍, 회유와 위협

□ **modify** [mádəfài] *v.* 변경하다, 수정하다(change; alter; vary); 완화하다(alleviate;
mitigate; allay); 조절하다(regulate; modulate) *n.* **modification** 변경, 조절, 완화
cf. **mortify** *v.* 굴욕을 주다(humiliate)

[형용사]

□ **macabre** [məkáːbrə] *a.* 무시무시한, 소름끼치는(dreadful; horrible; ghostly;
gruesome)

□ **mandatory** [mǽndətɔ̀ːri] *a.* 강제의, 의무의, 필수적인(compulsory; obligatory;
requisite; required; necessary)(↔ **optional; selective; elective** *a.* 선택의)
v. **mandate** *v.* (통치를) 위임하다; 명령하다; 요구하다(require)
cf. **prescribed** *a.* 미리 정해진, 규정된

□ **manifest** [mǽnəfèst] *a.* 명백한, 분명한(clear; obvious; evident; distinct;
apparent; perspicuous) *v.* 명백히 하다(clarify; elucidate); (감정 등을) 보여주다
(show; display) *n.* 적하목록, 송장(invoice) *ad.* manifestly 명백히, 분명하게(clearly;
obviously; evidently)

□ **manifold** [mǽnəfòuld] *a.* 가지각색의, 다양한(various); 복합의(compound)
***manifold** cultural differences 다양한 문화적 차이

□ **maritime** [mǽrətàim] *a.* 바다의, 해운상의(marine); 연안의, 해변의(coastal;

seashore) *<u>maritime</u> insurance 해상보험 *cf.* **nautical** *a.* 항해의, 선박의, 선원의
pelagic *a.* 대양의, 원양의 **thalassic** *a.* 바다의, 내해의

☐**massive** [mǽsiv] *a.* 큰, 큼직한(good-sized); 대량의, 대규모의(large-scale)

☐**material** [mətíəriəl] *a.* 물질의(↔ **spiritual** *a.* 정신의); 중요한, 필수적인(crucial;
substantial; essential)(↔ **immaterial** *a.* 중요하지 않은, 무형의)
n. 재료, 자료, 용구

☐**mawkish** [mɔ́ːkiʃ] *a.* 감상적인(sentimental; emotional; melodramatic);
역겨운, 구역질나는(disgusting; nauseating; repulsive; sickening)
n. **mawkishness** 감상적임(maudlin; sentimentality)

☐**meager** [míːgər] *a.* 마른, 야윈(thin; skinny; gaunt); 빈약한, 결핍된(scarce; poor;
scanty; devoid); 내용이 없는(unsubstantial); 불충분한(insufficient)
cf. **merger** *n.* 합병

☐**mean** [miːn] *a.* 비열한(despicable; ignoble); 천한(humble; lowly);
평균의(average) *v.* 의미하다(signify; imply; represent)
n. (pl.) 수단, 방법(method); 재산(property)

☐**meek** [miːk] *v.* 순한, 유순한(docile; submissive; obedient)

☐**melodic** [miládik] *a.* 선율의, 곡조가 아름다운(melodious)

☐**mendicant** [méndikənt] *a.* 구걸하는(begging), 탁발의 *n.* 거지(beggar);
탁발 수도사 *n.* **mendicancy** 구걸, 거지 *cf.* **mendacity** *n.* 거짓말(하는 버릇)

☐**merciless** [mə́ːrsilis] *a.* 무자비한, 잔인한(cruel; relentless; heartless; pitiless;
ruthless)

☐**messy** [mési] *a.* (장소가) 지저분한, 어질러진(mussy; untidy);
(사람이) 지저분한, 단정치 못한(unkempt; grubby; dirty; slovenly; slipshod);
(상황이) 꼬인, 뒤죽박죽된(disordered; muddled)
n. **mess** 혼란, 뒤죽박죽; 말썽 *v.* 난잡하게 하다; 실패하다(fail)

☐**meticulous** [mətíkjələs] *a.* 꼼꼼한, 세심한(scrupulous; fastidious; exact;
punctilious); 소심한, 좀스러운(petty; timid; fainthearted; small-minded)
ad. **meticulously** 꼼꼼하게(scrupulously); 좀스럽게(pettily)
cf. **unscrupulous** *a.* 사악한(wicked; vicious)

☐**minute** [mainjúːt] *a.* 미세한(very small; petty; tiny; delicate; fine; infinitesimal;
microscopic; minuscule); 상세한(detailed); 정밀한(precise); 세심한(scrupulous;
circumspect); 사소한, 하찮은(trifling; trivial; trashy; insignificant)

n. [mínit] 순간, 잠깐(a little while); 각서; (pl.) 의사록(proceedings)
v. 적어두다(write down; jot down)

□ **mobile** [móubəl] *a.* 움직일 수 있는(movable); 〈군사〉 기동성의; 변하기 쉬운(fickle)
n. 모빌, 이동전화 *n.* mobility 이동성, 기동성

□ **moderate** [mádərət] *a.* 절제 있는(temperate); 알맞은(suitable); 보통의(normal),
중간의(medium); (기후가) 온화한(mild) *v.* [mádərèit] 절제하다; 완화하다

□ **modest** [mádist] *a.* 겸손한(humble; unassuming); 삼가는(moderate);
신중한(prudent; circumspect)

□ **moist** [mɔist] *a.* 축축한, 습한(humid; dank; damp; wet); 비가 많은(rainy);
눈물이 글썽한(teary)

□ **momentary** [móuməntèri] *a.* 순식간의, 찰나의; 덧없는(transient)
ad. momentarily 잠시, 잠깐 *cf.* momentous *a.* 중대한(weighty)

□ **momentous** [mouméntəs] *a.* 중대한, 중요한(important; significant; substantial;
considerable) *a.* monumental *a.* 기념이 되는; 엄청난(tremendous; outstanding;
whacking)

□ **monetary** [mánətəri] *a.* 금전상의, 재정상의(pecuniary; financial);
화폐의, 통화의(of currency) *cf.* **mercenary** *a.* 돈을 목적으로 일하는 *n.* 용병
*monetary stringency 금융경색

□ **monumental** [mànjəméntl] *a.* 터무니없는(preposterous; absurd);
엄청난(stupendous; tremendous); 불후의(immortal; undying; eternal);
기념이 되는(commemorative), 기념비의

□ **morbid** [mɔ́:rbid] *a.* 무시무시한(dreadful; horrible; horrid; hideous; macabre;
ghastly); (정신이) 병적인, 병에 기인하는
*have a morbid liking for ~ ~을 병적으로 좋아하다

□ **moribund** [mɔ́:rəbÀnd] *a.* (사람이) 다 죽어가는, (사물이) 소멸해가는(dying)
*the moribund economy 쇠약해져 가는 경제

□ **muggy** [mÁgi] *a.* (날씨가) 후덥지근한, 무더운(sultry; sweltering)

□ **multifarious** [mÀltifέəriəs] *a.* 가지각색의, 잡다한(various)

□ **mundane** [mÁndein] *a.* 현세의, 세속적인(worldly; earthly; secular; vulgar);
평범한(common; banal; mediocre; ordinary; run-of-the-mill);
일상적인(everyday; daily; routine)

□ **murky** [mɔ́:rki] *a.* 어두운(dark); (안개가) 짙은; (물이) 탁한; 수상쩍은;

(표현이) 애매한(ambiguous; obscure; multivocal; equivocal)

☐**mutual** [mjúːtʃuəl] *a.* 서로의, 상호간의(reciprocal); 공동의, 공통의(common); 서로 관계가 있는(correlative) *n.* mutuality 상호관계
 *<u>mutual</u> respect[distrust] 상호존경[불신]
 the <u>mutual</u> defense treaty 상호방위조약

[명사]

☐**mandate** [mǽndeit] *n.* 명령, 지령(order); 위임; 위임통치
 v. 권한을 위임하다(empower; authorize; entrust)

☐**massacre** [mǽsəkər] *n.* 대량 학살(slaughter; butchery; genocide; carnage); (경기 등의) 완패 *v.* 학살하다

☐**maturity** [mətʃúərəti] *n.* 성숙, 원숙(ripeness; full growth)
 n. (어음의) 만기일(the due date) *a.* mature 잘 익은, 성숙한(mellow); 만기가 된(due)
 cf. premature *a.* 조숙한, 조산의; 시기상조의
  inopportune *a.* 시기를 놓친, 시기가 나쁜(ill-timed)

☐**mendacity** [mendǽsəti] *n.* (pl.) 허위, 거짓말(lie; falsehood)
 a. mendacious 허위의, 거짓의(false)

☐**milestone** [máilstòun] *n.* 이정표; 획기적 사건(epoch-making event; landmark)
 cf. steppingstone *n.* 디딤돌; (승진 등의) 수단, 발판; 휴식지(a rest place)
  cornerstone *n.* 초석, 기초; 토대 *the <u>cornerstone</u> of the state 국가의 기초

☐**mimesis** [mimíːsis] *n.* 모의, 모방(imitation; copying; mimicry)

☐**mirth** [məːrθ] *n.* 환희; 명랑; 흥청망청 *with mirth 흥이 나서

☐**mite** [mait] *n.* 소량, 조금(particle; modicum); 잔돈(small change; loose money); 진드기(tick; acarid)

☐**monarchy** [mánərki] *n.* 군주정체, 군주제
 *a despotic[constitutional] <u>monarchy</u> 전제[입헌] 군주제

☐**mop** [map] *n.* 자루걸레 *v.* 자루걸레로 닦다; 청소하다(sweep); (얼굴 등을) 닦다
 cf. mob *n.* 폭도, 군중
  *an excited <u>mob</u> 흥분한 폭도

(N)

[동사]

☐**needle** [níːdl] *v.* 자극하다(stimulate; incite); 괴롭히다(bother; harass); 비난하다(censure) *n.* 바늘; 주사

☐**neutralize** [njúːtrəlàiz] *v.* 중립화하다; (적군 등을) 무력화하다; 무효화하다 *a.* **neutral** 중립의; 공평한

☐**nullify** [nʌ́ləfài] *v.* 무효로 하다(annul; invalidate; override; overrule) *n.* **null** *a.* 무효의 *n.* 영, 제로 *n.* **nullification** 무효, 파기

☐**nurture** [nə́ːrtʃər] *v.* (아이를) 양육하다, 기르다(foster); 육성하다(nurse; nourish; promote) *n.* 양육, 양성(bringing up) *a.* **nutritive** 영양을 제공하는 *cf.* **nourishment** *n.* 자양물, 음식 **malnutrition** 영양불량 **malnourished** *a.* 영양불량의

[형용사]

☐**naive** [nɑːíːv] *a.* 순진한, 천진난만한(innocent; simple; artless)

☐**nascent** [nǽsənt] *a.* 초기의(incipient; inchoate; inceptive; early; initial); 발생하려고 하는(budding) *cf.* **renascent** *a.* 재생[부활, 재기] 하는
*the formation of Iraq's <u>nascent</u> government 이라크의 새 정부 구성

☐**nasty** [nǽsti] *a.* 외설스런, 음란한(obscene; filthy; lewd; lascivious; loose; lecherous); 불쾌한, 역겨운(unpleasant; offensive; ugly); 심술궂은, 음흉한(spiteful; vicious; mean); 험악한, 거친(threatening; rough)

☐**nebulous** [nébjələs] *a.* 흐린, 흐릿한, 불투명한, 불명료한(faint; dim; hazy; vague; indistinct) *n.* **nebula** 성운 *v.* **nebulize** (생각 등이) 흐려지다; (약을) 분무하다(atomize) *n.* **nebulizer** (의료용) 분무기

☐**neutral** [njúːtrəl] *a.* 중립의; 공평한; 이도저도 아닌, 애매한(ambiguous) *v.* **neutralize** 중립화하다

☐**newborn** [njúːbɔ́ːrn] *a.* 갓 태어난; 다시 태어난, 부활한(risen; resurrected)

☐**nominal** [nɑ́mənl] *a.* 명목상의, 이름뿐인(titular; dummy; in name only) (↔ **real** *a.* 실질의); 아주 적은(slight; insignificant); 이름의, 명칭상의

801

*a <u>nominal</u> representative 명목상 대표 a <u>nominal</u> solatium 아주 적은 위자료
cf. **figurehead**[fígjərhèd] *n.* 명목상의 두목[대표]

☐**notorious**[noutɔ́:riəs] *a.* (나쁜 것으로) 유명한(infamous; flagrant; big;
egregious) *cf.* 유명한 = famous; celebrated

☐**numinous**[njú:mənəs] *a.* 신령의, 신비적인(mystic); 신성한(sacred)

[명사]

☐**nausea**[nɔ́:ziə] *n.* 욕지기, 메스꺼움, 뱃멀미; 혐오(disgust; abomination; aversion)
*feel <u>nausea</u> 토할 것 같다, 메스껍다

☐**negation**[nigéiʃən] *n.* 부정, 부인(denial; naysay; disavowal; repudiation);
거절(refusal; rejection) *v.* **negate** 부인하다(deny); 취소하다(cancel)

☐**nuisance**[njú:səns] *n.* 폐, 성가심(annoyance; inconvenience; bother);
불편한 사람[존재, 일](burden), 골칫덩어리; 불법방해
*cause a <u>nuisance</u> to the people 민폐를 끼치다
 Commit no <u>nuisance</u>. 소변금지

(O)

[동사]

☐**ooze**[u:z] *v.* 스며[새어] 나오다(exude; leak); 분비물이 나오다(excrete);
(비밀 등이) 새다(leak; get out; slip out)

[형용사]

☐**obliging**[əbláidʒiŋ] *a.* 잘 돌봐주는; 친절한; 협력적인(cooperative)

☐**obsequious**[əbsí:kwiəs] *a.* 아첨하는; 알랑거리는(fawning)

☐**odorous**[óudərəs] *a.* 향기로운(redolent; fragrant; aromatic); 냄새가 나는
(smelling; funky); (도덕적으로) 구린(suspicious; dubious; fishy; shady)

n. **odor** 냄새(scent; smell); 낌새(inkling)

☐**ominous**[ámənəs] *a.* 불길한, 나쁜 징조의(sinister; inauspicious; portentous)
n. **omen** (불길한) 전조, 조짐, 징조(foreboding; portent; premonition)
cf. **omnipotent** *a.* 전능한(almighty)

☐**opulent**[ápjələnt] *a.* 부유한(wealthy; rich); 풍부한(abundant; affluent; copious); 무성한(exuberant; luxuriant); 화려한(florid; flowery; showy)
n. **opulence** 부유, 풍부 *cf.* **corpulent** *a.* 뚱뚱한(fat; cornfed; stout)

☐**orthodox**[ɔ́ːrθədàks] *a.* (특히 종교상의) 정통(파)의(legitimate)
(↔ **heterodox** *a.* 이단의); 전통적인, 인습적인(conventional); 보수적인(conservative)(↔ **progressive** *a.* 진보적인); 진부한(trite); 흔히 있는(commonplace) *n.* **orthodoxy** 정교; 정설, 통설

☐**overweening**[òuvərwíːniŋ] *a.* 지나치게 자신만만한, 오만한(arrogant; haughty; hubristic); 자부심이 강한 *overweening pride 지나친 자존심

[명사]

☐**obverse**[ábvəːrs] *n.* (사실 등의) 다른 측면; 대응물, 상대하는 것(counterpart); (동전 등의) 표면(the side of a medal or coin bearing the main design), 앞면
(↔ **reverse** *n.* 뒷면)

☐**onset**[ánsèt] *n.* 개시, 착수(outset; starting; beginning; commencement); 습격, 공격(attack; assault; onslaught); (병의) 징후(symptom), 발병(attack)
*an onset of the enemy 적의 내습
the onsets of bird flu 조류독감의 발병

☐**organ**[ɔ́ːrɡən] *n.* (생물의) 기관(apparatus); 장기; (정치적) 기관
v. **organize** 조직하다 *n.* **organization** 조직, 구성, 단체
n. **organism** 유기체, 생물, 인간 *a.* **organic** 유기체의; 기관의; 조직적인
*an internal[excretory] organ 내장[배설 기관]

☐**oxymoron**[àksimɔ́ːran] *n.* 모순어법
ex. a wise fool; make haste slowly
cf. **solecism** *n.* 문법[어법] 위반; 파격; 잘못

(P)

[동사]

□ **pan** [pæn] *v.* (냄비로 사금을) 가려내다(winnow; sort out);
혹평하다, 헐뜯다(disparage; hypercriticize) *n.* 냄비

□ **petrify** [pétrəfài] *v.* 무감각하게 하다(paralyze; stupefy); 깜짝 놀라게 하다
(astound; astonish; stupefy); 석화하다, 돌처럼 굳어지게 하다(lapidify; stone)
*be petrified with fear 겁에 질리다 [참고] **stone dead** 완전히 죽은

□ **pinpoint** [pínpɔ̀int] *v.* 정확하게 지적하다(lay[put] one's finger on);
정밀 폭격하다 *n.* 소량; 정밀 조준폭격 *a.* 정확하게 목표를 정한

□ **pitch** [pitʃ] *v.* 던지다; 거꾸로 떨어지다; 천막을 치다 *n.* 던지기; (음악) 음조(tone)
*pitch in 열심히 하기 시작하다; ~에게 협력하다(cooperate; pull together; help
each other)

□ **placate** [pléikeit] *v.* (사람을) 달래다, 위로하다(appease; soothe; conciliate;
mollify; comfort) ; (화, 감정을) 진정시키다(lull; sedate; calm down)
a. **placatory** 달래는, 회유적인(conciliatory)

□ **plunge** [plʌndʒ] *v.* 떨어지다(plummet(폭락하다)), 떨어뜨리다(drop);
돌진하다(rush; make a dash); 내던지다(hurl; fling; cast; throw)

□ **ponder** [pándər] *v.* 숙고하다, 곰곰이 생각하다(think about; mull over; consider
carefully)

□ **precipitate** [prisípətèit] *v.* 촉진시키다(accelerate; hasten; expedite; prompt;
speed up); 거꾸로 떨어뜨리다; (어떤 상태에) 빠뜨리다; 침전하다
a. [prisípitit] 갑작스런(sudden; abrupt); 속단하는, 경솔한(rash; hasty; flippant;
imprudent); 거꾸로의; 돌진하는 *n.* [prisípitit] 침전물(deposit; sediment)
*a precipitate stop 급정거

□ **protect** [prətékt] *v.* 막다, 방어하다; (국내 산업을) 보호하다(defend; guard; shield)
a. protective 보호하는 *n.* **protection** 보호, 방위; 국적증명서

□ **pry** [prai] *v.* ~을 엿보다(peer; look furtively); 꼬치꼬치 캐묻다(ask inquisitively)
n. 꼬치꼬치 캐기, 엿보기, 탐색 *a.* **prying** 캐기 좋아하는(inquisitive)
cf. **busybody** 참견 잘하는 사람
ply *v.* (질문을) 퍼붓다; 부지런히 일[공부]하다; 정기적으로 왕복하다
pray *v.* 빌다, 기원하다

[형용사]

☐**palatable**[pǽlətəbəl] *a.* 맛좋은, 입에 맞는(delicious; flavorous; savory);
즐거운(fragrant; (as) happy as a lark)

☐**paradigmatic**[pæ̀rədigmǽtik] *a.* 모범의(exemplary); 전형적인(typical)
n. paradigm 범례, 보기

☐**parallel**[pǽrəlèl] *a.* 평행의; 서로 같은, 유사한(similar; analogous)

☐**paralyzed**[pǽrəlàizd] *a.* 마비된(↔ unparalyzed)
*partially paralyzed 반신불수의

☐**peccable**[pékəbəl] *a.* 죄를 짓기 쉬운, 과오를 범하기 쉬운(recidivous)

☐**pensive**[pénsiv] *a.* 생각에 잠긴, 곰곰이 생각하는(thoughtful; meditative;
reflective); 우수에 젖은, 슬픈(sorrowful; mournful; doleful; rueful)
ad. pensively 생각에 잠겨(thoughtfully; broodingly)
*the pensive look in her eye 생각에 잠긴 그녀의 모습
a pensive mood 슬픈 분위기

☐**periodic**[pìəriádik] *a.* 주기적인(cyclic); 간헐적인(intermittent)

☐**peripheral**[pərífərəl] *a.* 주위의, 주변의; 피상적인(superficial)
n. periphery 주위, 주변; (the ~) (정치상의) 소수파, 비주류파
*on the periphery[fringe] of the art world 예술계 주변에서

☐**pernicious**[pəːrníʃəs] *a.* 유해한(injurious), 유독한; 치명적인(fatal)

☐**petty**[péti] *a.* 작은, 사소한(slight); 편협한, 좀스러운; 비열한(abject)

☐**philosophical**[fìləsáfikəl] *a.* 철학의, 철학적인 *n.* philosopher 철학자
cf. philogyny *n.* 여성숭배(↔ misogyny *n.* 여성 혐오)

☐**pivotal**[pívətl] *a.* 주축의, 중심의, 중요한(central; centrical; cardinal; leading;
important; significant) *n.* pivot 회전축; 중심점(center; focus; hub; nucleus)
v. 회전하다; 결정되다 *ad.* pivotally 중추적으로(centrally)

☐**plain**[plein] *a.* 간단한(simple); 단조로운(monotonous; flat; humdrum);
명백한(obvious; evident; apparent; patent; manifest; distinct)
ad. plainly 명백히(obviously; evidently; apparently)

☐**plaintive**[pléintiv] *a.* 구슬픈, 애처로운(pathetic; touching; melancholy;
mournful; sorrowful; doleful; sad); 푸념하는(complaining)

☐**playful**[pléifəl] *a.* 놀기 좋아하는; 명랑한; 농담의(jesting)

☐**pliable**[pláiəbəl] *a.* 휘기 쉬운, 유연한(flexible); 유순한(docile)

□**ponderous**[pándərəs] *a.* 무거운, 육중한(heavy; weighty; massive; bulky); (이야기 등이) 지루하고 답답한(dull)

□**pragmatic**[prægmǽtik] *a.* 실용주의의, 실용적인(practical; utilitarian; useful); 독단적인(dogmatic); 잘난 체 하는(conceited); 활동적인; 내정의 *n.* **pragmatism** 실용주의 *n.* **pragmatist** 실용주의자, 실무가

□**predatory**[prédətɔ̀:ri] *a.* 육식하는(carnivorous); 약탈하는(plunderous) *a predatory lender 악덕 고리업자

□**preoccupied**[pri:ákjəpàid] *a.* 몰두한, 여념이 없는(absorbed; immersed; engrossed) *cf.* dive into politics 정치에 몰두하다

□**prompt**[prɑmpt] *a.* 즉석의, 즉시의(instant; offhand); 재빠른, 신속한(swift; quick; rapid) *v.* 자극하다, 격려하다(stimulate; encourage); 상기시키다(recall) *ad.* 정각에(punctually; on time) *ad.* **promptly** 즉석에서, 재빠르게(nimbly) *n.* **promptitude** 신속, 기민; 시간엄수(punctuality) *a prompt reply[decision] 즉답[즉결]

□**prone**[proun] *a.* ~하는 경향이 있는(~ to)(inclined; disposed) *be prone to err 과오를 범하기 쉽다

□**pungent**[pʌ́ndʒənt] *a.* (혀, 코를) 톡 쏘는(tangy); 날카로운, 신랄한(bitter; poignant; severe) *pungent sarcasm 날카로운 풍자

□**putative**[pjú:tətiv] *a.* 추정의, 추정에 의한(assumed; presumptive); 소문에 일컬어지는(reputed; purported)

[명사]

□**pace**[peis] *n.* (일 등의) 속도(speed; tempo); 걸음걸이(footstep)

□**paddle**[pǽdl] *n.* 노(scull; oar); 찰싹 때리기 *v.* 노를 젓다

□**pantry**[pǽntri] *n.* 식료품 저장실(butteries; lazaretto(상선의 ~))

□**parsimony**[pá:rsəmòuni] *n.* 극도의 절약, 인색(stinginess; niggardliness; parsimoniousness) *a.* **parsimonious** 지나치게 인색한, 극도로 아끼는(stingy; niggard; miserly; sparing; closefisted)

□**paucity**[pɔ́:səti] *n.* 소수, 소량; 부족, 결핍(scantiness)

□**penalty**[pénəlti] *n.* 형벌; 벌금(fine); 벌칙(penal regulation)

□**piety** [páiəti] *n.* 경건; 신앙심(devotion); 효심 *a.* **pious** 경건한

□**plagiarism** [pléidʒáərìzəm] *n.* 표절, 도용(piracy; crib)
 v. **plagiarize** 표절하다(pirate; crib)

□**pledge** [pledʒ] *n.* 맹세, 서약(oath; vow); 담보, 보증(guarantee; warrant; security)
 v. 맹세하다(swear; vow), 보증하다(guarantee; certify; vouch); 저당잡히다(mortgage)
 ***mortgage** *n.* 저당 *v.* 저당잡히다

□**plight** [plait] *n.* 곤경, 궁지(hardship; predicament; quandary; dilemma; fix)
 v. 맹세하다; 약혼시키다(engage; betroth; affiance)
 cf. **flight** *n.* 비행, 항공편; 도주 **freight** *n.* 화물운송, 화물
  *a freight[passenger] train 화물[여객] 열차

□**pluralism** [plúərəlìzəm] *n.* 〈철학〉 다원론(↔ **monism** *n.* 일원론); 다원적 문화[공존]; 복수(plural) *a.* **plural** *a.* 복수의(↔ **singular** *a.* 단수의)
 *plural offices 겸임, 겸직

□**polarization** [pòulərizéiʃən] *n.* (정당, 의견 간의) 대립(confrontation); 양극화
 v. **polarize** 대립시키다; 분열시키다(split; break up); 양극화하다
  *socioeconomic polarization 사회경제적 양극화

□**poll** [poul] *n.* 투표(vote; ballot); 여론조사(public-opinion poll)
 v. 투표하다(vote; cast a ballot); 여론조사하다(take a public-opinion poll)

□**portent** [pɔ́ːrtənt] *n.* (나쁜 일, 중대한 일의) 조짐, 전조(omen)

□**precaution** [prikɔ́ːʃən] *n.* 조심, 경계(caution); 사전대책, 예방조치(preventive
 action) *take precautions against ～ ～을 경계하다, 조심하다
 cf. **caution** 훈계, 경고

□**predisposition** [prìːdispəzíʃən] *n.* 경향(tendency); 성질
 cf. **predispose** *v.* 병에 걸리기 쉽게 하다; ～에 기울어지게 하다

□**privation** [praivéiʃən] *n.* (사는데 중요한 것의) 박탈, 몰수(deprivation;
 confiscation); (생필품의) 결핍, 궁핍(destitution; penury)
 cf. **private** *a.* 사적인, 비밀의, 사립의 *n.* 병졸, 병사

□**prime** [praim] *n.* 전성기(the heyday); 초기(the early day)
 a. 주요한, 최고의, 으뜸가는(first) *v.* 준비시키다(prepare); 실컷 먹이다
 *in one's prime 인생의 한창때에
  the prime of the moon[year] 초승달(a new moon)[봄(spring)]

□**protocol** [próutəkàl] *n.* 의정서, 조약안; 원안; (외교상의) 의전

□**provincialism** [prəvínʃəlìzəm] *n.* 지방기질; 지방색; 사투리(brogue);

807

편협(narrow-mindedness)

□**proximity**[prɑksíməti] *n.* (~에) 근접, 접근(approach)

□**puberty**[pjúːbərti] *n.* 사춘기(adolescence), 성숙기; 〈식물〉 개화기
  cf. **babyhood** 유아기 **childhood** 유년기 **adolescence** 청년기
    manhood 장년기 **senescence** 노년기
    *attain[arrive at] <u>puberty</u> 사춘기에 달하다
    the age of <u>puberty</u> 결혼 적령기

(R)

[동사]

□**rehabilitate**[rìːhəbílətèit] *v.* 명예를 회복시키다, 복구하다; 복위시키다(restore; reinstate)

□**relent**[rilént] *v.* (마음이) 누그러지다(soften; soften; be soothed); (바람 등이) 가라앉다(subside; go down)

□**remonstrate**[rimɑ́nstreit] *v.* 충고하다(advise); 항의하다(protest; object)
  n. **remonstration** 간언, 충고; 항의

□**repeal**[ripíːl] *v.* 무효로 하다, 폐지하다, 취소하다(rescind) *n.* 폐지, 폐기, 철회
  *<u>repeal</u> tax breaks 세제상의 우대조치를 폐지하다

□**replenish**[ripléniʃ] *v.* 보충하다(fill up); 공급하다(supply; provide)

□**resurrect**[rèzərékt] *v.* 소생시키다, 부활시키다(restore to life); (시체를) 파내다, 도굴하다(exhume)

□**revel**[révəl] *v.* 주연을 베풀다; 한껏 즐기다(enjoy something very much); 흥청망청 마시다(carouse); 낭비하다(squander) *n.* 술잔치, 연회

□**ridicule**[rídikjùːl] *v.* 비웃다, 조롱하다(deride; mock; jeer; laugh at; make fun[sport] of) *n.* 비웃음, 조롱(ridicule; mockery)

□**roam**[roum] *v.* 돌아다니다, 배회하다, 방랑하다(wander; ramble; saunter; stroll; hover; loiter; nomadize; prowl(훔칠 것을 찾아 ~))

[형용사]

☐ **rampant**[rǽmpənt] *n.* (병, 소문이) 유행하는, 퍼지는(prevalent; widespread; epidemic); (식물이) 무성한, 우거진(luxuriant; flourishing; overgrown); 사나운(violent; atrocious; ferocious) *n.* **rampancy** *n.* 무성; 만연, 유행; 사나움
*a <u>rampant</u> rumor 마구 퍼지는 소문

☐ **rancid**[rǽnsid] *a.* 악취가 나는(malodorous; stinking; stenchful; fetid; funky; putrid); 불쾌한, 역겨운(disgusting; detestable; offensive; nauseating) *n.* **rancidity** 악취

☐ **reciprocal**[risíprəkəl] *a.* 상호의(mutual); 보답의(rewarding); 대등한(equal)
*a reciprocal treaty 호혜조약

☐ **reckless**[réklis] *a.* 무모한(rash; thoughtless; foolhardy); 부주의한(heedless; careless; inattentive; negligent)

☐ **regal**[ríːgəl] *a.* 왕의(royal); 당당한(stately)

☐ **rhetorical**[ritɔ́(ː)rikəl] *a.* 수사적인, 미사여구의(flowery) *n.* **rhetoric** 수사법, 수사학; 미사여구(florid language)

☐ **rife**[raif] *a.* (나쁜 것이) 유행하는, 수두룩한(full); (소문 등이) 자자한(widespread) *cf.* **ripe** *a.* 익은, 원숙한(mellow)

☐ **robust**[roubʌ́st] *a.* (체력, 체질이) 강건한, 건장한(strong; sturdy; stout; hardy; husky; tough); (사람이) 거친, 난폭한(outrageous; rowdy; wild); 힘이 드는(laborious; arduous; stiff); (신념 등이) 강한, 확고한(resolute; firm; determined) *cf.* **feisty** *a.* 기운 찬, 의욕이 넘치는; 성마른, 공격적인

☐ **rudimentary**[rùːdəméntəri] *a.* 기본의, 기초의(basic; fundamental); 초보의(elementary); 미발달의(underdeveloped); 발육부전의(abortive); 원시의(primitive) *n.* **rudiment** 기본, 기초(principle); 초보(element)

☐ **rugged**[rʌ́gid] *a.* (날씨 등이) 거친, 난폭한(turbulent; rough); 찌푸린(wrinkled); 엄한(stern); 고된(tough; trying); (산 등이) 울퉁불퉁한(rough; hairy)

[명사]

☐ **racket**[rǽkit] *n.* 소음(noise); 법석, 소동(disturbance; fuss; ado); 부정한 돈벌이; 밀수, 암거래(black-market)

☐ **rake**[reik] *n.* 갈퀴, 써레 *v.* 갈퀴질하다; 긁어모으다; 긁다; 할퀴다

□**ranch**[rǽntʃ] *n.* 큰 목장(big pasture); 큰 농장(plantation)

□**recognition**[rèkəgníʃən] *n.* 인정; 승인(acknowledgment); 알아봄
v. **recognize** 인정하다; 승인하다(approve; acknowledge)

□**reminiscence**[rèmənísəns] *n.* 회상(recollection), 추억(memory); 기억력
*a painful <u>reminiscence</u> 슬픈 추억

□**repercussion**[rì:pərkʌ́ʃən] *n.* (간접적) 영향, 파장(influence);
반발(backlash); (빛의) 반사, (소리의) 반향
*have serious <u>repercussions</u> in the political world 정계에 심각한 파장을 불러일으
키다 *cf.* **percussion** *n.* 충격; 타악기 **concussion** *n.* 격동(shock); (뇌)진탕
*a concussion of the brain 뇌진탕

□**repugnance**[ripʌ́gnəns] *n.* 혐오, 증오(aversion); 반감(antipathy);
불일치, 모순(discrepancy)

□**resurgence**[ri:sə́:rdʒəns] *n.* 재기, 부활(rebirth; revival)

□**retirement**[ritáiərmənt] *n.* 은퇴, 퇴직(resignation); 퇴직 연금(retirement
pension) *v.* **retire** 은퇴하다, 퇴직하다 *a.* **retired** 은퇴한, 퇴직한; 외딴(remote;
isolated; secluded) *a <u>retired</u>[remote] little village 외딴 작은 마을

□**ritual**[rítʃuəl] *n.* 종교적인 의식(rite); 풍습 *a.* 의식의(ceremonial)

(S)

[동사]

□**salvage**[sǽlvidʒ] *n.* 구출하다(save; rescue; relieve; deliver; extricate);
(침몰한 배를) 인양하다; (폐품을) 이용하다(reclaim; recycle) *n.* 구출; 해난[인명] 구조
n. **salvation** 구조, 구제, 구원 *the Salvation Army 구세군

□**sap**[sæp] *v.* (체력 등을) 약화시키다(weaken; enfeeble; attenuate; lessen);
~의 밑을 파서 무너뜨리다(undermine) *n.* 수액(fluid of a tree); 원기(vigor; vitality);
참호(trench; ditch) *a.* **sappy** 수액이 많은(juicy); 기운이 넘치는(energetic);
어리석은(foolish) *cf.* **juicy** *a.* 수지맞는(lucrative; profitable)

□**savvy**[sǽvi] *v.* 알다(know); 이해하다(understand; comprehend)
n. 지식(knowledge), 상식(common sense); 재치(wit; tact)
a. ~ 에 정통해 있는(acquainted; versed; knowledgable)

☐ **scatter**[skǽtər] *v.* 흩뿌리다, 흩어버리다(disperse; strew)

☐ **scrap**[skræp] *v.* 쓰레기로 버리다(discard); (계획 등을) 파기하다(cancel; annul)
n. 한 조각, 파편(fragment; splinter; debris); 발췌; 다툼, 싸움

☐ **scrutinize**[skrú:tənàiz] *v.* 세밀히[철저히] 조사하다(examine[inspect] very carefully; overhaul; probe(진상 등을 규명하다))
n. **scrutiny** 정밀조사[검사](close examination)

☐ **settle**[sétl] *v.* (사람을) 정주시키다(reside permanently; domiciliate);
진정시키다, 안정시키다(appease; sedate; calm down);
(문제 등을) 해결하다(solve; resolve; nail down; work out); 설치하다(install; set up)
a. **settled** 고정된, 안정된; 확립된(established)
(↔ **unsettled** *a.* 불안정한, 미해결의)

☐ **shove**[ʃʌv] *v.* 난폭하게 떠밀다(push; thrust; jostle; crowd(우 몰려들다))

☐ **skim**[skim] *v.* (책 등을) 대충 읽다[보다](read through ~ quickly); 스쳐 지나가다
(move quickly along); 찌꺼기를 걸어내다(remove)
cf. **peruse** *v.* 정독하다, 숙독하다; 자세히 살펴보다(scrutinize)

☐ **smother**[smʌðər] *v.* 숨 막히게 하다, 질식시키다(suffocate; choke; stifle);
불을 끄다(extinguish; put out); (감정 등을) 억누르다(repress; suppress; restrain)
n. 큰 소동, 대혼란(uproar; pandemonium)

☐ **smuggle**[smʌ́gəl] *v.* 밀수입[수출] 하다(import[export] unlawfully);
밀수하다(racketeer); 밀입국하다, 밀항하다(stow away; go as a stowaway)
n. **smuggling** 밀수

☐ **sneer**[sniər] *v.* 비웃다, 조소하다(ridicule; deride; scorn; mock; jeer)
n. 비웃음; 냉소(a sardonic[cynical] smile)

☐ **solicit**[səlísit] *v.* 간청하다(beseech; supplicate; entreat; implore);
부추기다(incite; agitate; stir up) *n.* **solicitation** 간청, 졸라댐

☐ **solidify**[səlídəfài] *v.* 단결시키다(unite); 확고하게 하다(strengthen; assure);
굳히다, 굳어지다(harden; stiffen) *n.* **solidity** 굳음, 실질적임, 알참
n. **solidarity** 결속, 단결(unity; combination); 연대

☐ **splinter**[splíntər] *v.* 쪼개지다, 분열하다 *a.* (정당 등이) 분열된, 쪼개진
n. (포탄의) 파편

☐ **spoil**[spɔil] *v.* 망치다, 못쓰게 만들다(mar; despoil; ruin); 성격을 버리다(ruin);
(아이를) 버릇없이 기르다(coddle; indulge); 부패하다(go bad[rotten])
n. 불량품(defective[faulty, inferior] goods);

(pl.) 전리품, 노획물(loot; booty; plunder); 관직, 이권(concessions; interests)
*the spoils of office 공직의 정치적 이권

□**spurn**[spəːrn] *v.* 쫓아내다(expel; evict; chuck; bum-rush; clean out);
퇴짜 놓다(reject; refuse; turn down); 경멸하다(despise; look down on)

□**squabble**[skwɑ́bəl] *v.* 말다툼하다(wrangle) *n.* 말다툼(quarrel)

□**stray**[strei] *v.* 길을 잃다(lose oneself; get lost); 방황하다(wander; roam;
ramble); (길, 진로에서) 벗어나다(deviate; straggle) *a.* 길 잃은(lost);
방황하는(wandering; roaming)

□**streamline**[stríːmlàin] *v.* 능률적으로 하다(make something more efficient);
합리화하다(rationalize); 간소화하다(simplify); 현대화하다(modernize)
n. 유선형 *a.* streamlined 능률적인(efficient); 최신식의, 현대적인(up-to-date;
modern; ultramodern); 유선형의, 날씬한(slender; slim)

□**stultify**[stʌ́ltəfài] *v.* ~을 망쳐놓다(make a mull[mush, nonsense] of),
무의미하게하다; 망신당하다(disgrace oneself)

□**stumble**[stʌ́mbəl] *v.* 비틀거리다(stagger; totter); (말을) 더듬거리다(stammer;
prattle; falter); 우연히 마주치다(run across; meet by chance);
실수하다(blunder; flounder; mistake; trip) *n.* 비틀거림; 실책, 실패
cf. **trip** *v.* 경쾌한 걸음걸이로 걷다; 실수하다(mistake)

□**subdue**[səbdʒúː] *v.* 정복하다(conquer); 억누르다(hold down);
완화하다(mitigate); 약화시키다(weaken)

□**swell**[swel] *v.* 부풀다, 팽창하다(expand); 증가시키다(increase);
(감정이) 복받쳐 오르다

□**swerve**[swəːrv] *v.* 빗나가다, 벗어나다(deflect; deviate; diverge; stray;
turn aside); 일탈하다(deviate; depart)
cf. **astray** *ad.* 길을 잃고, 타락하여 **go astray** 타락하다

□**swoop**[swuːp] *v.* (전투기 등이) 공중에서 덮치다, 급습하다(attack suddenly);
급강하하다(dive; nosedive) *cf.* **swoon** *v.* 기절하다, 약해지다

[형용사]

□**sagacious**[səgéiʃəs] *a.* 현명한, 슬기로운(wise; shrewd; sage; judicious)
n. **sagacity** 현명, 기민

□**sage** [seidʒ] *a.* 슬기로운, 현명한(wise) *n.* 현자, 박식한 사람

□**salutary** [sǽljətèri] *a.* 건강에 좋은(wholesome; healthful; salubrious); 유익한, 건전한(useful; beneficial; sound; wholesome)
cf. **sanitary** *a.* 위생의, 위생적인(hygienic); 청결한(clean)
*a <u>sanitary</u> napkin[inspection] 생리대[위생검사]

□**sanguine** [sǽŋgwin] *a.* 붉은, 붉은 빛의(red; ruddy); 혈색이 좋은(ruddy; rosy)
(↔ **sanguineless** *a.* 혈색이 없는); 낙천적인(optimistic; buoyant); 명랑한(cheerful; gay; sunshiny)
a. **sanguinary** 유혈의, 피비린내 나는(bloody); 잔인한(brutal)

□**sardonic** [sɑːrdánik] *a.* 조롱하는, 냉소적인(cynical; scornful; sneering; mocking); 비꼬는(ironic; satiric) *a <u>sardonic</u> smile[laugh] 냉소, 조소

□**satin** [sǽtən] *a.* 매끈매끈한(smooth; sleek); 윤나는(luster)

□**scrutable** [skrúːtəbəl] *a.* (암호 등이) 해독[판독]할 수 있는(decipherable); 이해할 수 있는(understandable; comprehensible; intelligible)
cf. **decipher** *v.* (암호 등을) 해독하다 *n.* 해독, 판독

□**secular** [sékjələr] *a.* 이승의, 속세의(earthly; worldly; mundane)
(↔ **celestial; heavenly; ethereal** *a.* 천상의) *v.* **secularize** 세속화하다; 종교를 없애다 *secularize education 교육을 종교에서 분리하다

□**sedate** [sidéit] *a.* 차분한, 침착한(calm; composed)
(↔ **excitable** a. 흥분하기 쉬운); 점잖은(decorous; genteel; decent)

□**sedative** [sidéitiv] *a.* 진정시키는(calmative) *n.* 진정제(tranquillizer; depressant)
n. **sedition** 진정 (작용), 진정제 치료
a. **sedate** 차분한(composed), 침착한(calm; serene); 점잖은(quiet)
v. 진정시키다(tranquillize)

□**sedentary** [sédəntèri] *a.* 앉아 있는, 앉아 일하는; 정착해 있는(immobile; settled); 굼뜬(sluggish) *<u>sedentary</u> work 앉아서 하는 일

□**sensitive** [sénsətiv] *a.* 민감한, 예민한(delicate; acute; sensuous; susceptible)(↔ **insensitive** *a.* 둔감한, 무감각한); 과민한, 신경질적인(hypersensitive; nervous; jittery); 불안정한(unstable; fluctuating)
cf. **sensible** *a.* 현명한, 이해가 빠른(wise)
sensuous *a.* 감각적인; 예민한(sensitive)
sensual *a.* 관능적인, 육감적인(voluptuous)

□**sentient** [sénʃənt] *a.* 감각[지각]이 있는(↔ **insentient** *a.* 감각[지각]이 없는, 생명이 없는); 의식하는(conscious); 민감한(sensitive)

n. **sentience** 감각, 감각이 있음 *cf.* **sentinel** *n.* 보초, 파수병(sentry; guard)
**sentient beings 지각력이 있는 존재

□**shabby**[ʃǽbi] *a.* 초라한, 허름한(ragged; seedy; poor-looking);
낡은(worn-out; beat-up)

□**sheer**[ʃiər] *a.* 완전한, 순전한(absolute; entire; utter); 물을 타지 않은,
섞인 것이 없는(unmixed; pure); 깎아지른, 가파른(steep; precipitous; abrupt)
v. (배가) 침로에서 빗나가다, (자동차가) 차로에서 벗어나다;
　　(싫은 사람 등을) 피하다(shun; avert; avoid; keep away from; steer clear of)
*a sheer misunderstanding 순전한 오해

□**shrewd**[ʃruːd] *a.* 예민한(sharp; keen; acute; sensitive); 영리한(clever; smart;
ingenious; nimble); 빈틈없는(canny; nimble; thorough); 재빠른(nimble; agile)
ad. **shrewdly** 기민하게(nimbly); 영리하게(cleverly)

□**sinister**[sínistər] *a.* 불길한, 재수 없는(unlucky; inauspicious; ominous;
doomful; baleful; disastrous); 사악한(wicked; evil; iniquitous; nefarious);
음흉한(tricky; crafty; cunning); 왼쪽의(left) *a.* **sinistral** *a.* 왼쪽의, 왼손잡이의
sinistrorse *a.* (식물) 왼쪽으로 감기는

□**skeptical**[sképtikəl] *a.* 의심 많은, 회의적인(dubious; doubtful; incredulous);
무신론적인(atheistic) *n.* **skepticism** 회의론, 회의적 태도

□**slovenly**[slʌ́vənli] *a.* 단정치 못한(untidy; sloppy; slipshod); 부주의한(careless);
게으른(idle; lazy; indolent) *cf.* **slippy/slippery** *a.* 미끄러운; 뻔뻔스러운;
애매한(ambiguous); 교활한(tricky); 민첩한(nimble; agile; shrewd)

□**sluggish**[slʌ́giʃ] *a.* 둔한, 활발치 못한(inactive; inert; languid; lethargic);
느린(slow); 게으른(idle; lazy; indolent); 불경기의(depressed; dull)
n. **sluggard** 게으름뱅이(drone; sloven; lazy person); 건달(scamp)

□**smug**[smʌg] *a.* 독선적인(self-complacent); 잘난 체하는(conceited; putting on
airs); 말쑥하게 차린(spruce; smart) *n.* 공부밖에 모르는 사람(dig); 상대하기 힘든 사람
*a somewhat smug lady 좀 잘난 체 하는 여자

□**sober**[sóubər] *a.* 술 취하지 않은, 맑은 정신의(unintoxicated; not drunk);
절제하는(abstinent); 진지한(serious); 엄숙한(solemn); 침착한(composed)
v. 마음을 진정시키다(calm down)
*be[go] on the wagon 술을 끊다(quit drinking)

□**solemn**[sáləm] *a.* 엄숙한(grave; serious; austere); 진지한(earnest; sincere;
sober); 장엄한(majestic; grandiose); 종교상의(religious; ritual);
격식을 차린(formal) *n.* **solemnity** 장엄, 엄숙; (pl.) 장엄한 의식, 제전

ad. **solemnly** 엄숙하게; 위엄 있게(majestically; augustly)

□**somatic**[soumǽtik] *a.* 신체의, 육체의(bodily; corporal; corporeal; physical)
*somatic cells 체세포

□**somber**[sámbər] *a.* 어두침침한, 거무칙칙한(dark);
침울한, 우울한(gloomy; melancholy)

□**sophisticated**[səfístəkèitid] *a.* 매우 복잡한(complicated; intricate);
정교한(exquisite; delicate; elaborate); 세련된(polished; refined; cultured)
(↔ **unsophisticated** *a.* 복잡하지 않은; 순박한(naive; artless; simple);
약아빠진 *ad.* **sophisticatedly** 복잡하게

□**spacious**[spéiʃəs] *a.* 넓은(roomy; broad; wide); 광대한(vast); 포괄적인
(comprehensive) *cf.* **specious** *a.* 그럴듯한(plausible) **spatial**
a. 공간의, 공간적인; 장소의

□**specific**[spisífik] *a.* 특유한, 독특한(particular; peculiar; characteristic);
명확한, 구체적인(definite; determinate; concrete); (약이) 특효의(sovereign;
specially efficacious) *n.* 특성, 특질(peculiarity; property); (pl.) 명세, 상세(detail);
명세서(specifications); 특효약(miracle[wonder] drug)
v. **specify** 일일이 열거하다; 상술하다(explain in detail)

□**spontaneous**[spɑntéiniəs] *a.* 자발적인(voluntary)(↔ **compulsory**
a. 강제적인); 자연적인(unplanned), 무의식적인(unconscious; involuntary);
충동적인(impulsive); (식물이) 자생의(autogenous); (문체 등이) 자연스러운(natural)
a. **spontaneously** 자발적으로(voluntarily; of one's own accord)
*spontaneous cure[declaration] 자연 치유[무의식적인 발언]

□**sporadic**[spərǽdik] *a.* 때때로 일어나는, 간헐적인(infrequent; intermittent;
spasmodic; periodic; occasional); 우발적인(accidental; casual); 드문드문 산재하는
(scattered; sparse) *ad.* **sporadically** 때때로(occasionally; at times; now and
then; from time to time; off and on); 단속적으로(intermittently; spasmodically;
fitfully; by fits and starts)

□**spurious**[spjúəriəs] *a.* 가짜의, 위조의(counterfeit)(↔ **genuine** *a.* 진짜의);
비논리적인(illogical); 겉치레의(ostensible)

□**squalid**[skwɑ́lid] *a.* 더러운, 불결한(dirty; foul; filthy; sordid; shabby);
비열한(mean; ugly; base)

□**staggering**[stǽgəriŋ] *a.* 비틀거리는(groggy; faltering; tottery), 비틀거리게 하는;
망연자실케 하는(astonishing; astounding; bewildering);
망설이는(hesitant; irresolute); 압도적인(overwhelming)

v. **stagger** 비틀거리다(falter; stumble; totter); 주저하다(hesitate); 동요하다(wobble) *cf.* win by a <u>landslide</u> 압도적으로 이기다

□**stalemate** [stéilmèit] *n.* 막다름, 궁지(deadlock; dilemma; fix; impasse; the pinch) *v.* 꼼짝 못하게 하다(fix)

□**standing** [stǽndiŋ] *a.* 서 있는, 서서하는; 상비의, 상임의(regular; permanent); 불변의(constant; unchangeable; immutable; invariable); 습관적인(habitual) *a <u>standing</u> army[customer] 상비군[단골고객]

□**staple** [stéipəl] *a.* 기본적인, 주요한, 중요한(basic; principal; important; significant; essential) *n.* 요소(element); 재료(material); 주성분(ingredient); 주요 테마(theme); 주요산물, 기본 식료품(requisites; necessities; necessaries) *v.* 분류하다(classify; assort) *cf.* staple *n.* (회치키스의) 철쇠

□**stiff** [stif] *a.* 굳은, 딱딱한(rigid); (어깨 등이) 뻐근한; (조건, 벌 등이) 엄한(strict; severe); (경쟁이) 심한(vehement; hot); (물가가) 아주 비싼(very high[expensive])

□**strenuous** [strénjuəs] *a.* 분투적인, 불굴의(arduous; indomitable; unyielding; invincible); 활발한, 정력적인(vigorous; energetic; dynamic) *ad.* **strenuously** 정력적으로; 강경하게(strongly)

□**striking** [stráikiŋ] *a.* 현저한, 두드러진(eminent; remarkable; noticeable; conspicuous; outstanding; prominent; salient); 인상적인(impressive; imposing) *ad.* **strikingly** 현저하게, 두드러지게

□**stringent** [stríndʒənt] *a.* 엄한, 엄격한(severe; strict; rigid; rigorous; stern; exacting; hard-and-fast); 강제적인(compulsory; coercive); 긴박한(urgent; imminent; pressing; impending; exigent); 설득력 있는(convincing; cogent; persuasive); (자금이) 핍박한(tight) *ad.* **stringently** 엄중하게, 가차 없이

□**stubborn** [stʌ́bərn] *a.* 완고한, 고집 센(obstinate; pigheaded); (문제 등이) 다루기 힘든; (병이) 좀처럼 낫지 않는(obstinate)

□**stubby** [stʌ́bi] *a.* (모습 등이) 뭉뚝한, 땅딸막한(stumpy; squabby; stocky; stodgy; dumpy; pudgy; fat and short); 그루터기 같은(stumpy)

□**supple** [sʌ́pəl] *a.* 유연한(limber; flexible; pliable); 유순한(meek; obedient; submissive) *cf.* supplement *n.* 보충, 부록

□**sycophantic** [sìkəfǽntik] *a.* 아첨하는, 알랑거리는(flattering)

[명사]

□**sagacity** [səgǽsəti] *n.* 현명, 총명 *a.* **sagacious** 현명한(shrewd)

□**salutation** [sæ̀ljətéiʃən] *n.* 인사, 인사말(greetings)

□**sanction** [sǽŋkʃən] *n.* 재가, 인가(approval; ratification);
(위반에 대한) 처벌(punishment; penalty) *v.* 인가하다(approve; ratify);
시인하다(acknowledge; endorse)

□**scalpel** [skǽlpəl] *n.* 외과용 메스[칼]
(a small sharp knife which is used by surgeons during operations)

□**seizure** [síːʒər] *n.* 붙잡음(capture); 체포(arrest); 압류, 몰수(confiscation;
forfeiture); 강탈(depredation; extortion); (병의) 발작, 발병(attack)
*a heart seizure 심장 발작 *v.* **seize** 붙잡다, 움켜잡다(grip; grasp; grab);
이해하다(apprehend); 체포하다(catch); 압류하다(distrain; confiscate)

□**serendipity** [sèrəndípəti] *n.* 귀중한 것의 뜻밖의 발견(finding interesting or
valuable things by chance)

□**servitude** [sə́ːrvətjùːd] *n.* 예속, 속박(bondage); 노예 상태(enslavement)
n. **servility** 노예 상태; 비굴(meanness) *a.* **servile** 노예의; 비굴한(mean);
자주성이 없는; (예술 작품 등이) 독창성이 없는(unoriginal)

□**setback** [sétbæ̀k] *n.* 좌절(frustration); (진보 등의) 방해(obstacle; hold up;
impediment; hitch); 실패(failure; discomfiture); 역행, 퇴보(retrogression;
degeneration; deterioration); 역류(reflux; countercurrent)

□**sheen** [ʃiːn] *n.* 광휘, 광채(luster; brilliance; splendor; effulgence);
광택, 윤(gloss; shine)

□**shelter** [ʃéltər] *n.* 피난처, 은신처(refuge; harbor; haven; sanctuary);
수용소(asylum; a POW camp(포로수용소)) *v.* 보호하다, 숨겨주다(protect; guard;
shield; harbor) *cf.* **cache** *n.* 은닉처, 저장소

□**shipload** [ʃíplòud] *n.* 대량(enormous volume), 다수(multitude);
배 한 척의 적하량

□**sibling** [síbliŋ] *n.* 형제(brother), 자매(sister) *a.* 형제의(fraternal)
*siblings of the same blood 피를 나눈 형제
cf. **paternity** *n.* 부성(↔ **maternity** *n.* 모성); 부계; 기원(origin)

□**sickle** [síkəl] *n.* 낫(a tool that is used for cutting grass)
a. 낫 모양의 *v.* 낫으로 베다 *the sickle moon 초승달

□ **slander**[slǽndər] *n.* 중상, 비방(abuse; aspersion; blasphemy);
구두 명예훼손; 허위선전 *v.* 중상하다(asperse; defame; libel; calumniate; revile;
blaspheme); 명예를 훼손하다(defame) *a.* **slanderous** 중상하는(defamatory;
calumnious; calumniatory; libelous); 명예를 훼손하는

□ **sloth**[slouθ] *n.* 나태, 게으름, 태만(indolence; laziness)

□ **smudge**[smʌdʒ] *n.* 더러움, 얼룩, 때(dirt; filth; grime); 짙은 연기(smother)
v. 더럽히다, 때 묻히다(stain; soil; blemish; foul)

□ **spell**[spel] *n.* (병의) 발작(attack; strike; fit; paroxysm; spasm(경련));
차례, 순번, 교대(order; sequence; turn; shift); (날씨 등이 계속되는) 기간(period;
term); 잠깐(a little while) *v.* 교대하다; 매혹하다(charm; bewitch);
자세히 설명하다(~ out)(dwell on[upon])

□ **spontaneity**[spὰntəníːəti] *n.* 자발성, 자발행동(spontaneous, natural
behaviour); 자연발생

□ **standoff**[stǽndɔ̀(ː)f] *n.* 균형상태; 무승부(draw); 막힘, 막다름(deadlock; dead
end); 교착상태(stalemate) *a.* 떨어져 있는; 원격의(remote)

□ **starvation**[staːrvéiʃən] *n.* 기아, 아사(death from hunger); 궁핍(destitution)
a. 기아의; 단식의(fasting)

□ **stigma**[stígmə] *n.* 치욕, 오명, 오점(disgrace; shame); (병의) 증후, 증상
(symptom); (피부의) 붉은 반점(spot; speck; speckle)
a. **stigmatic** 오명의, 치욕의(disgraceful; shameful)
v. **stigmatize** ~에게 오명을 씌우다(tar);
　　　　　　　비난하다(criticize; reproach; condemn; denounce)

□ **subterfuge**[sʌ́btərfjùːdʒ] *n.* 구실, 핑계(plea); 속임(cheat)

□ **surrounding**[səráundiŋ] *n.* 주변의 상황; 환경(environment; atmosphere;
situation)

(T)

[동사]

□ **tamper**[tǽmpər] *v.* 쓸데없는 참견을 하다(interfere; intervene; meddle; step in);
(기록, 원문 등을) 함부로 변경하다(alter; change); 뇌물을 주다, 매수하다(bribe;

corrupt; grease; oil[grease] a person's hand[palm])
cf. **temper** *n.* 기질, 성질(disposition); 기분(mood);
   침착, 냉정(composure; calmness); 화(anger)

□ **tarnish**[tά:rniʃ] *v.* 흐리게 하다(dim); 녹슬게 하다(rust; decay); 변색시키다(fade);
   (명예 등을) 더럽히다(stain; smudge; blemish; blur)
   n. 흐림, 퇴색, 변색(discoloration); 오점, 흠(blot)

□ **taunt**[tɔ:nt] *v.* 비웃다, 조롱하다(ridicule; deride; mock; scoff; sneer; laugh at;
   pull[draw] a person's leg); 모욕하다(insult; affront) *n.* 조롱, 빈정댐

□ **tease**[ti:z] *v.* 괴롭히다(bullyrag; torment; treat badly; be hard on);
   놀리다(banter; chaff; laugh at; make sport of); 졸라대다(importune; badger;
   pester); (양털을) 빗다(comb) *n.* 굴리기; 귀찮은 사람(pester);
   (정보 등을) 기어이 얻어내다, 밝혀내다(reveal; uncover)
   *I often ask him about more information and I teasit out
   나는 종종 그에게 더 많은 정보를 요구하고 기어이 얻어낸다.

□ **thrive**[θraiv] *v.* 번영하다, 번창하다(flourish; prosper); 잘 자라다, 무성해지다
   (flourish); 성공하다(succeed); ~을 사는 보람으로 삼다 *a.* **thriving** 번성하는, 성대한;
   번화한; 무성한 *n.* **thrift** 번성, 무성; 절약(frugality; husbandry)

□ **toddle**[tάdl] *v.* 아장아장 걷다; 산책하다; 출발하다(depart)

□ **topple**[tάpəl] *v.* (권좌에서) 끌어내리다; 넘어뜨리다, 전복시키다(subvert; overturn;
   overthrow); 몰락시키다(ruin); 넘어지다(tumble down); 비틀거리다(falter)

□ **trace**[treis] *v.* 추적하다(chase; follow; hound; go after);
   (원인, 출처 등을) 거슬러 올라가다, 밝혀내다(trace back to; go back);
   (선, 지도 등을) 긋다, 그리다(draw; sketch)
   n. 자취, 흔적, 발자국(track; vestige; imprint);
      극소량(the minimum); 도형, 스케치

□ **track**[træk] *v.* ~을 쫓아가다, 추적하다(chase; trace; follow; go after);
   발자국을 남기다; 횡단하다(traverse; intersect)
   n. 자취, 흔적(trace; vestige); 작은 길(path)

□ **trample**[trǽmpəl] *v.* 짓밟다, 밟아 뭉개다(crush; tread; stamp);
   (난폭하게) 행동하다(act[conduct] violently[rowdily]; kick ass);
   (감정 등을) 유린하다(infringe)
   *trample on law and justice 법과 질서를 무시하다

[형용사]

☐ **tacit** [tǽsit] *a.* 말로 나타내지 않는, 무언의(unspoken; unexpressed; silent; wordless; mute; taciturn; speechless); 암묵의(implicit; implied); 잠잠한(still)
a. **taciturn** 말없는, 과묵한(reticent; reserved)
*tacit approval[prayer] 묵인[묵도]

☐ **tangible** [tǽndʒəbəl] *a.* 만져서 알 수 있는(palpable; tactile; touchable); 실체가 있는(substantial); 유형의(corporeal); 확실한, 명백한(certain; definite; obvious; evident; concrete) *tangible evidence 물증

☐ **tedious** [tíːdiəs] *a.* 지루한, 지겨운(boring; tiresome; wearisome; irksome; humdrum(평범한, 단조로운)); 장황한(redundant; wordy; verbose)
n. **tedium** 지겨움, 지루함

☐ **tenacious** [tinéiʃəs] *a.* 고집하는, 고집 센(stubborn; obstinate; obdurate; pertinacious; pigheaded); 기억력이 좋은(retentive) *n.* **tenacity** *n.* 고집, 완고
cf. **tendentious** *a.* 특정입장을 옹호하는 경향이 있는, 편향적인(biased)
*a tendentious novel 편향 소설

☐ **tentative** [téntətiv] *a.* 시험적인(experimental; trial); 임시의, 잠정적인(temporary; trial; provisional; casual); 불확실한(uncertain; shaky); 모호한(vague; ambiguous); 주저하는(hesitant; pendulous; vacillating) *n.* 시험, 시안
*a tentative plan[theory] 시안[가설]

☐ **tenuous** [ténjuəs] *a.* 얇은, 가느다란(thin; slender; flimsy); (공기 등이) 희박한 (rarefied; sparse)(↔ **dense** *a.* 빽빽한, 조밀한); 빈약한(poor; scanty; meager); 중요하지 않은, 하찮은(unimportant; insignificant; insubstantial; trivial; trifling)
n. **tenuity** 희박, 빈약

☐ **territorial** [tèrətɔ́ːriəl] *a.* 영토의; 토지의(agrarian); 담당구역의

☐ **terse** [təːrs] *a.* 간결한, 간명한(succinct; brief; concise; laconic; compendious); 퉁명스러운(blunt; bluff; gruff; curt; brusque)
ad. **tersely** 무뚝뚝하게, 퉁명스럽게(bluntly; curtly; brusquely)

☐ **therapeutic** [θèrəpjúːtik] *a.* 치료의(curative); 건강 유지에 도움이 되는(wholesome)

☐ **timid** [tímid] *a.* 겁이 많은, 소심한(cowardly; diffident; timorous; trepid; pusillanimous; fainthearted); 주저하는(hesitant); 수줍어하는(bashful; blushful)
n. **timidity** 겁 많음, 수줍어함

☐ **titular** [títʃulər] *a.* 명의뿐인, 명목상의(nominal; in name only); 표제의, 제목의

*the <u>titular</u> head of the company 회사의 명목상의 사장

□ **touchy**[tʌ́tʃi] *a.* 화를 잘 내는(petulant; choleric; irascible);
과민한(sensitive; nervous; jumpy); 다루기 어려운(intractable; recalcitrant; unruly);
타기 쉬운(combustible; flammable; inflammable)
　cf. **touched** *a.* 감동한　**touching** *a.* 감동적인(moving; impressive)
　　touchable 만질 수 있는, 감동시킬 수 있는
　　(↔ **untouchable** *a.* 만질 수 없는; 비난할 수 없는(unblamable))

□ **tractable**[trǽktəbəl] *a.* 다루기 쉬운, 유순한(obedient; pliable; pliant; docile;
ductile; compliant; meek; submissive)
　(↔ **intractable** *a.* 고집스러운(unruly; obstinate; stubborn; unyielding);
치료하기 어려운(incurable)

□ **trembling**[trémbliŋ] *a.* 떨리는, 전율하는 *n.* 떨림, 전율(shivering; shudder)
*with <u>trembling</u> hands 손을 벌벌 떨면서

□ **trump**[trʌmp] *n.* 으뜸패; 훌륭한 사람; 최후 수단(drastic measure);
비방(secret method) *v.* 비방을 쓰다; 비방을 써서 이기다(beat; triumph; defeat; win)
　cf. **trump up** (이야기, 구실 등을) 꾸며내다, 날조하다(invent; fabricate; forge;
frame up) *play a <u>trump</u> 비장의 수를 쓰다

□ **trenchant**[tréntʃənt] *a.* (말 등이) 통렬한, 신랄한(acid; acrimonious; bitter;
severe; sharp; pungent; cutting; incisive); (방침 등이) 효과적인, 설득력 있는
(effective; forceful; persuasive; cogent); (사람, 정책 등이) 강력한, 유력한(powerful;
strong; influential; potent); (윤곽 등이) 뚜렷한(distinct; apparent; striking)

□ **trivial**[trívial] *a.* 하찮은, 사소한(trifling; petty; insignificant; inconsiderable;
unimportant; slight); 평범한, 진부한(mediocre; banal; trite; stale; threadbare;
stereotyped; old-fashioned)

□ **turbid**[tə́:rbid] *a.* (연기, 구름 등이) 짙은, 자욱한(dense; murky; nebulous; hazy);
(액체가) 흐린, 탁한(muddy; cloudy; thick); (생각 등이) 혼란된, 뒤죽박죽인
(disordered; confused; nebulous; mixed-up; pell-mell; topsy-turvy)

□ **turbulent**[tə́:rbjələnt] *a.* (바람 등이) 거친, 사나운(violent; wild; fierce; furious;
rampant; tumultuous; boisterous); (폭도 등이) 소란스러운(uproarious; clamorous;
disorderly) *n.* **turbulence** 동요, 격동; 혼란; 난기류
*<u>turbulent</u> times 혼돈의 시대
　<u>turbulent</u> air 난기류(air turbulence)

□**tenure** [ténjuər] *n.* (부동산, 지위 등의) 보유; 보유기간(the period of time during which someone holds an important job); 보유권; 재임 자격

□**term** [tə:rm] *n.* 말, 용어(wording; terminology; jargon(전문어)); 기간, 기한(period); 회기(session); 학기(semester); (pl.) 말씨, 어투(parlance; usage(어법)); (pl.) 조건 (conditions; proviso(법령의) 단서)); (pl.) 교제, 친한 사이
*be on good <u>terms</u> with ~ ~와 친한 사이이다
  imprecise contract <u>terms</u> 애매한 계약 조건

□**thoroughfare** [θə́:roufɛər] *n.* 도로, 거리(street; road; way; boulevard; concourse; avenue(가로수길); highway(간선도로)); 통행(passing; passage; traffic)
*No <u>thoroughfare</u> for vehicles 〈게시〉 차량 통행금지

□**threshold** [θréʃhòuld] *n.* 발단, 시초(beginning; inception); 입구(entrance; portal); 문지방(sill; doorsill)

□**throes** [θrouz] *n.* 심한 고통, 격통(pang; anguish; acute pains); 진통(travail), 임종의 고통; 고투(struggle; wrestle); 과도기의 혼란[갈등](chaos; disorder)
  v. 고민하다(worry); 괴로워하다(anguish)

□**tip** [tip] *n.* 팁, 사례금(fee; honorarium; remuneration); 끝, 첨단(point); 힌트(hint) *v.* 몰래 귀띔하다(hint; intimate; suggest); (내용물을) 버리다, 비우다(dump)

□**tolerance** [tálərəns] *n.* 관용, 관대(generosity; clemency; leniency; magnanimity; toleration); 포용력(capacity); 인내(endurance; forbearance; patience); 내구력(durability); (병의) 내성
  v. **tolerate** 너그럽게 봐주다; 참다(endure; put up with) *a.* **tolerant** 관대한
  a. **tolerable** 참을 수 있는(↔ **intolerable** *a.* 참을 수 없는; 애타는)

□**torture** [tɔ́:rtʃər] *n.* 고문(the rack); 심한 고통(anguish; agony; suffering)
*be put to <u>torture</u> 고문당하다

□**tradition** [trədíʃən] *n.* 전통(convention); 전설(legend), 구전
  cf. **myth** *n.* 신화

□**trait** [treit] *n.* 특성, 특색, 특징(touch; feature; peculiarity; characteristic; idiosyncrasy); 특정한 경향(tendency); (얼굴) 생김새, 이목구비(countenance; looks; appearance; feature; physiognomy); 기색, 기미(touch); 〈유전〉 형질(genetic trait)

□**transcript** [trǽnskript] *n.* 베낀 것, 사본, 등본(copy; manuscript);

복사(duplicate; replica); 의사록(minutes; minute book; proceedings; journal);
성적증명서(credential; academic records)

□**triumph** [tráiəmf] *n.* 승리(victory), 승리의 기쁨(jubilation); 정복(conquest);
큰 성공(great success); 업적(feat; achievements)
v. 승리하다, 이기다(win); 성공하다(succeed); 극복하다(overcome)

□**turmoil** [tə́:rmɔil] *n.* 소란, 소동, 혼란(tumult; disturbance; commotion; agitation;
disorder; turbulence; uproar; pandemonium)

(U)

[동사]

□**unearth** [ʌnə́:rθ] *v.* (고분 등을) 발굴하다(excavate; exhume);
파내다(dig out); 발견하다(discover); 폭로하다(disclose; divulge; reveal)

□**unleash** [ʌnlíːʃ] *v.* 속박을 풀다, 자유롭게 하다(liberate);
해방시키다(emancipate; set free) *cf.* leash *n.* 가죽끈; 사슬

□**usher** [ʌ́ʃər] *v.* 안내하다(lead the way); 예고하다, ~의 도착을 알리다(herald;
announce[inform] in advance) *n.* 안내인(guide), 수위, 접수원(receptionist)
*an usher's window 접수구

□**usurp** [juːsə́rp] *v.* (왕위 등을) 빼앗다; 횡령하다(appropriate; embezzle;
knock down)

[형용사]

□**ubiquitous** [juːbíkwətəs] *a.* 어디에나 있는[존재하는], 편재해 있는(widespread;
omnipresent; widely used; capable of appearing everywhere)
n. **ubiquity** 도처에 있음, 편재

□**uncanny** [ʌnkǽni] *a.* 초자연적인(supernatural; preternatural; occult);
이상한, 비정상적인(extraordinary; eccentric; strange; peculiar; abnormal;
unusual); 섬뜩한, 무시무시한(hideous; horrible; dreadful; gruesome; uncouth;
eerie; weird)
cf. **canny** *a.* 영리한(clever); 신중한(prudent); 검소한(thrifty; frugal);

빈틈없는(every inch) *an <u>uncanny</u> instinct 초자연적인 본능

□ **uncharted**[ʌ̀ntʃɑ́ːrtid] *n.* 미지의(unknown); 미답의(unexplored; untrodden);
지도에 없는

□ **unfamiliar**[ʌ̀nfəmíljər] *a.* 익숙하지 못한, 잘 모르는(unaccustomed;
inexperienced; unseasoned); 생소한(strange; unacquainted)
(↔ **familiar; accustomed** *a.* 익숙한)

□ **unflinching**[ʌ̀nflíntʃiŋ] *a.* 물러서지 않는, 굽히지 않는(unyielding);
단호한(resolute)

□ **ungrounded**[ʌ̀ngráundid] *a.* 근거 없는, 사실무근의(groundless; unfounded)
*<u>ungrounded</u> rumors 근거 없는 소문

□ **unpredictable**[ʌ̀npridíktəbəl] *n.* 예언할 수 없는, 예측할 수 없는(cannot tell
what someone is going to do or behave)

□ **untrammeled**[ʌ̀ntrǽməld] *a.* 속박[방해] 받지 않는(unrestricted);
자유로운(free)

□ **urbane**[əːrbéin] *a.* 도시풍의(townish); 품위 있는, 세련된(civil; couth; refined)
a. **urban** 도시의(of a city) *cf.* **suburban** *a.* 근교의 *n.* **urbanity** 도회지풍;
세련(refinement) *v.* **urbanize** 도시화하다

□ **utopian**[juːtóupiən] *a.* 공상적인(visionary); 실현 불가능한, 비현실적인(impractical;
unrealistic) *a <u>utopian</u> scheme 비현실적인 계획

(V)

[동사]

□ **validate**[vǽlədèit] *v.* 정당성을 입증하다(verify); 확인하다(confirm);
허가하다(permit; allow); 비준하다(ratify)(↔ **invalidate** *v.* 무효로 만들다)

□ **varnish**[vɑ́ːrniʃ] *v.* (속이려고) 꾸미다, 꾸며 속이다; 니스를 칠하다
n. 겉치레, 속임수(trick) *<u>varnish</u> the truth 진실을 호도하다

□ **verify**[vérəfài] *v.* 증명하다, 입증하다(confirm; prove; attest; substantiate;
validate) *n.* **verification** 증명, 입증; 비준

□ **vindicate**[víndəkèit] *v.* 정당[결백]함을 입증하다(exonerate; clear);

주장하다(assert; maintain); 지지하다(support);
복수하다(revenge; pay off old scores)
a. vindicative 복수심을 품은(vengeful)

□ **vitiate**[víʃièit] *v.* 가치를 손상시키다, 해치다(impair; spoil);
더럽히다, 오염시키다(contaminate; defile);
타락시키다(corrupt); 무효로 하다(avoid; nullify; invalidate) *n.* **vitiation**

[형용사]

□ **vague**[veig] *a.* 막연한, 애매한(obscure; ambiguous); 흐릿한; 멍한; 얼빠진
*a vague feeling of uneasiness 막연한 불안감

□ **vain**[vein] *a.* 헛된, 무익한(futile; useless; fruitless; no good);
자만심 강한(conceited; overproud; haughty; vainglorious);
뽐내는(sparkish; overbearing)
n. **vanity** 허영심, 자만심(vainglory) *in vain 헛되이(fruitlessly)

□ **variegated**[vέəriəgèitid] *a.* 다채로운, 파란만장한(vicissitudinous);
잡색의, 얼룩덜룩한(mottled)

□ **venal**[víːnl] *a.* (사람이) 돈으로 매수되는, 매수할 수 있는, 부패한(bribable; corrupt);
(행위 등이) 돈 위주의, 돈으로 된; 타산적인(calculating; money-minded; selfish;
mercenary) *cf.* **venial**[víːniəl] *a.* (죄 등이) 용서할 수 있는(forgivable;
pardonable; excusable; slight; negligible)
*venal acquittals 돈으로 산 무죄 방면

□ **venomous**[vénəməs] *a.* 악의에 찬, 원한을 품은(spiteful; wicked; malicious;
virulent; pernicious); 독이 들어 있는, 유독한(toxicant; poisonous; baneful)
n. **venom** (독사 등의) 독, 독액(poison; toxin); 원한(malice; animosity; enmity)
*a venomous tongue 독설

□ **viable**[váiəbəl] *a.* (경제가) 성장할 수 있는; (환경 등이) 생존에 적합한;
(계획 등이) 실행 가능한(feasible; practical; workable; effective)
n. **viability** 생존 능력; 실행 가능성

□ **vicious**[víʃəs] *a.* 나쁜, 악덕의(evil; wicked; spiteful; malicious; venomous;
villainous; nefarious); 잔인한, 광포한(cruel; brutal; rampant; savage; ferocious);
부패한, 타락한(corrupt; depraved); (고통 등이) 심한(severe; acute)
*a vicious circle of the armaments race 군비 경쟁의 악순환

□**vigilant** [vídʒələnt] *a.* 자지 않고 지키는, 주의 깊게 지키는(watchful);
방심하지 않는(alert; wary; cautious) *n.* **vigilance** 경계(precaution); 조심(caution)
n. **vigil** 불침번; 감시, 망보기(surveillance)

□**villainous** [vílənəs] *a.* 사악한(evil; wicked; spiteful; malicious; venomous)
n. **villain** 악한, 악당(scoundrel; hoodlum; hooligan; gangster; wicked man);
(극 등의) 악역(meanie); 놈, 녀석(fellow)

□**visceral** [vísərəl] *a.* 내장의, 창자의; 본능적인(instinctive); 비이성적인(irrational);
노골적인(outspoken) *a <u>visceral</u> reaction 본능적인 반응

□**viscous** [vískəs] *a.* 찐득찐득한, 끈적거리는, 점착성의
(sticky; cohesive; gluey; slimy)

□**volatile** [válətil] *a.* 휘발성의(fugacious)(↔ **nonvolatile** *a.* 비휘발성의);
변덕스러운(capricious; whimsical); 덧없는(transient; fugacious)

□**voracious** [vouréiʃəs] *a.* 게걸스럽게 먹는(ravenous; gluttonous), 식욕이 왕성한;
탐욕적인(avaricious; greedy; covetous); 물릴 줄 모르는(insatiable)

□**vulnerable** [válnərəbəl] *a.* 상처입기 쉬운(brittle);
공격받기 쉬운(wide-open; impugnable); 취약한
*a <u>vulnerable</u> point 취약 지점 a <u>wide-open</u> war 예측 불가능한 전쟁

[명사]

□**vagary** [véigəri] *n.* 엉뚱한 짓[생각]; 변덕(caprice; quirk; freak; whim);
(날씨 등의) 예측할 수 없는 변화[변동](unpredictable change)
a. **vagarious** 엉뚱한(erratic; fantastic; extraordinary; extravagant);
변덕스러운(capricious; whimsical; quirky; maggoty)
cf. **voguey** *a.* 유행하는(fashionable) *n.* **vogue** 유행(fashion)

□**vanity** [vǽnəti] *n.* 허영심; 공허(emptiness); 허황한 것
cf. **narcissism, narcism** *n.* 자아도취(증); 자애, 자기중심주의

□**veil** [veil] *v.* 면사포; 덮개; 핑계, 빙자(pretext; plea; excuse; cloak)
v. 감추다, 숨기다(hide)

□**vent** [vent] *n.* (공기, 액체 등을 넣었다 뺐다 하는) 구멍(opening);
탈출구, 분출구, 배출구; (감정의) 발로, 표출(manifestation; expression; exhibition)
v. 구멍을 만든다, 감정을 표출하다

□**vestige** [véstidʒ] *n.* 자취, 흔적(trace; track; trail; relic; marks; signs); 잔재, 유물 (remnant; remains); 아주 조금 *vestiges of Japanese imperialism 일제의 잔재 not a vestige of evidence 증거가 조금도 없는

□**vicinity** [visínəti] *n.* 근처, 부근(neighborhood; adjacency; vicinage); 근접(proximity; contiguity) *a.* **vicinal** 근처의, 부근의(neighboring)

□**violation** [vàiəléiʃən] *n.* 위반, 침해(infringement); 방해(hindrance); 강간, 성폭행(rape)

(W)

[동사]

□**wane** [wein] *v.* 적어지다, 약해지다(decline; dwindle; weaken)(↔ **wax** *v.* 커지다, 증대하다) *n.* 감소; (달의) 이지러짐 *a.* **waney** 쇠퇴해진; (달 등이) 이지러지는 *on the wane[wax] 줄어드는[증가하는]

□**waver** [wéivər] *v.* 흔들리다(shake; oscillate; vacillate), 나부끼다(flutter; flap); 주저하다(hesitate) *n.* 주저, 동요

□**whisper** [hwíspər] *v.* 속삭이다(murmur); 일러바치다(inform; tattle); 험담하다(slander)

[형용사, 명사]

□**watertight** [wɔ́tərtàit] *a.* 방수의(waterproof); (계획 등이) 완벽한(perfect), 빈틈없는(argute; airtight; thorough; every inch)

□**worship** [wə́:rʃip] *n.* 숭배(adoration); 존경(esteem; respect; regard); 예배

□ **yearn**[jəːrn] *v.* 갈망하다, 열망하다(~ for)(long; crave; aspire);
그리워하다(miss; languish; ache for); 동정하다(sympathize; commiserate)
n. **yearning** 동경; 열망 *a.* 동경하는, 그리는
cf. **yawn** *v.* 하품하다; (입, 틈 등이) 크게 벌어지다(gape) *n.* 하품

□ **zealous**[zéləs] 열심인; 열광적인(enthusiastic; frantic; hectic)
n. zeal 열심, 열성, 열의(ardor) *cf.* **with ardor** 열심히

2. 출제 예상 어휘

[동사]

A -

□**accentuate** [ækséntʃuèit] *v.* 강조하다, 역설하다(emphasize; underline; underscore); 두드러지게 하다(set out; bring into relief; bring into prominence)
n. accentuation 강조, 역설; 억양법

□**accrue** [əkrú:] *v.* (이자 등이) 붙다(yield; bear); (이익 등이) 생기다;
모으다(accumulate)

□**addle** [ǽdl] *v.* 썩다, 부패하다(spoil); 혼란시키다(confuse; bewilder; befuddle)
a. addled 썩은(rotten)

□**address** [ədrés] *v.* 연설하다(make speech; deliver an address);
~에게 말을 걸다(accost); (항의 등을) 제기하다(protest)
n. 주소(abode); 연설(speech; delivery; discourse)
cf. delivery *n.* 배달; 강연, 연설; 분만(parturition; childbirth); 해방(liberation)

B -

□**bemoan** [bimóun] *v.* 슬퍼하다, 탄식하다(lament; deplore; grieve; bewail)

□**bowdlerize** [bóudləràiz] *v.* (저작물의) 불온한 부분을 삭제하다(expurgate)

□**brandish** [brǽndiʃ] *v.* (칼 등을) 휘두르다(wave; wield); 과시하다(display; show off) *n.* 과시(ostentation)
**blandish *v.* 부추기다; 아첨하다(flatter; fawn upon; curry favor with)

□**browse** [brauz] *v.* (정보 등을) 열람하다, 검색하다(search; rummage; inspect; retrieve(검색하다)) *n.* 연한 잎; 열람, 검색

C -

□**categorize** [kǽtigəràiz] *v.* 분류하다(class; classify; group);
특징지우다(characterize; mark) *a.* categorical 무조건적인, 절대적인(absolute; unconditional); 단언적인(↔ hypothetical *a.* 가설적인)

□ **chasten** [tʃéisən] v. 벌하여 바로잡다; 단련시키다(drill); 정화하다(purge); 세련되게 하다(refine); (열정 등을) 억제하다(subdue)

□ **check** [tʃek] v. 저지하다(control; obstruct; hamper; hold back); 억제하다(restrain; restrict; curb)

□ **cherish** [tʃériʃ] v. 소중히 여기다, 고이 간직하다; (원한 등을) 품다(harbor; bear)

□ **chide** [tʃaid] v. 꾸짖다(scold; rebuke); 잔소리하다(give an earful)

□ **chisel** [tʃízl] v. 끌로 파다, 조각하다(carve; engrave) n. 끌, 조각칼

□ **channel** [tʃǽnl] v. (관심, 노력 등을) 어떤 방향으로 돌리다(divert); ~에 수로를 내다 n. 경로(route); 수로(waterway); 해협(strait)

□ **characterize** [kǽriktəràiz] v. 특징지우다(distinguish); ~으로 간주하다(regard) a. **characteristic** 독특한(distinctive; particular; unique) n. 특성, 특질(trait; feature)

□ **chart** [tʃɑːrt] v. 계획하다(plan; plot); 도표로 만들다 n. 도표, 해도; 인기곡 순위도 a. **uncharted** 지도에 없는; 미답의(untrodden; unexplored)

□ **codify** [kádəfài] v. 체계적으로 정리하다(arrange systematically); 법전으로 편찬하다 n. **codification** 체계화, 집대성, 성문화

□ **conglomerate** [kənglámərèit] v. 합병하다(merge); 응집하다(cohere) a. [kənglámərət] 둥글게 뭉친, 덩어리가 된; 복합적인 n. 거대 복합기업

D -

□ **decorate** [dékərèit] v. 장식하다(ornament; beautify; adorn) n. **decoration** 장식; (pl.) 장식물

□ **dabble** [dǽbəl] v. 취미삼아 해보다; 물장난을 하다; 물을 튀기다(splash; spatter)

□ **disgruntle** [disgrʌ́ntl] v. 기분 상하게 하다(hurt), ~에게 불만을 품게 하다

□ **drift** [drift] v. 표류하다, (소문 등이) 떠돌다(float); 모르는 사이에 ~에 빠지다 n. 표류; 경향, 동향(tendency)

E -

□ **entitle** [entáitl] v. 자격[권리]을[를] 주다(qualify; empower)

□ **envisage** [invízidʒ] v. 내다보다, 상상하다(visualize; picture)

□**evince**[ivíns] *v.* 명시하다(express[state, show] clearly; clarify; elucidate); (반응 등을) 불러일으키다(elicit; draw forth)

□**evulse**[ivʌ́ls] *v.* 뽑다(extract; pull out), 힘주어 뽑아내다
*evulse an infected molar 충치 먹은 어금니를 뽑다

□**excoriate**[ikskɔ́:rièit] *v.* 혹평하다(criticize sharply[bitterly]; hypercriticize; denounce; censure; maul); (껍질 등을) 벗기다(pare; peel; skin; scale; strip off)
*exfoliate *v.* (암석, 나무껍질 등이) 벗겨지다 *n.* **excoriation** 혹평

□**exempt**[igzémøt] *v.* (의무 등을) 면제하다(release; absolve; discharge); (고통 등을) 없애주다 *a.* 면제된(free) *n.* 면제자, 면세자 *n.* **exemption** 면제; 면세품

F --

□**file**[fail] *v.* 항목별로 철하다; (고소 등을) 제기하다(institute; lodge); (서류 등을) 제출하다(present); 신청하다(apply) *n.* 서류철
*file[institute, lodge] a lawsuit 소송을 제기하다

□**flee**[fli:] *v.* 도망치다(escape; abscond; run away); 피하다(avoid; evade; eschew); 사라지다(vanish; disappear)

□**flounder**[fláundər] *v.* 버둥거리다(squirm; wriggle; writhe); 허둥대다; 실수하다(go wrong; commit a blunder; make a slip)

□**fret**[fret] *v.* 속 타게 하다, 초조하게 하다(irritate); (건강을) 해치다(injure; impair)

□**fulfill**[fulfíl] *v.* 이행하다, 실행하다(execute; carry out; put into practice); 성취하다(achieve; accomplish); 만족시키다(satisfy)

G --

□**galvanize**[gǽlvənàiz] *v.* 기운 나게 하다(animate; invigorate; stimulate; stir; energize) *a.* **galvanic** *a.* 전기를 발생시키는; (웃음 등이) 발작적인(fitful); 자극적인(exciting) *cf.* **by fits and starts** 발작적으로
*galvanize a person into life ~을 활기 띠게 하다

□**glut**[glʌt] *v.* 포식하다(gorge; gormandize); 배불리 먹이다; 만족시키다(satisfy); (물건을) 과잉공급하다 *n.* 포만; 과식(surfeit; overeating); 공급과잉
n. **gluttony** 대식, 폭식 *n.* **glutton** 대식가(gourmand)
a. **gluttonous** 탐욕스러운(avaricious; rapacious; covetous; greedy)

- -

□**hallow** [hǽlou] *v.* 신성하게 하다(consecrate; sanctify)
 cf. hollow *a.* 속이 빈, 텅 빈(empty); 오목한(dented; sunken)

□**hammer** [hǽmər] *v.* (문제를) 해결하다(solve; settle), (의견 차이를) 조정하다
 (mediate); 억지로 주입하다(cram; infuse; compulsorily); 강조하다(emphasize) *n.* 망치

□**harness** [háːrnis] *v.* (폭포 등의 자연력을) 동력화하다, 이용하다(use; utilize;
 exploit) *n.* (말의) 마구

□**harrow** [hǽrou] *v.* 정신적으로 괴롭히다(torment); 써레질하다
 a. harrowing 비참한(miserable); 괴로운(distressful)

□**harry** [hǽri] *v.* 약탈하다(plunder; pillage; loot; despoil)

□**harvest** [háːrvist] *v.* 수확하다(reap; gather in); 채취하다(pick); 획득하다(obtain;
 procure) *n.* 수확(기), 추수; 소득, 결과

- -

□**imperil** [impéril] *v.* 위험하게 하다(jeopardize; endanger)
 cf. imperial *a.* 제국의, 황제의; 장엄한, 위엄 있는(majestic; solemn);
  품질이 좋은(of good quality)

□**inculcate** [inkʌ́lkeit] *v.* (사상 등을) 주입하다(inseminate; instill; infuse; imbue);
 되풀이하여 가르치다(teach repeatedly); 설득하다(persuade)
 n. inculcation 설득함, 가르쳐 줌

□**infest** [infést] *v.* (병, 해충 등이) 창궐하다, 들끓다(rage; be rampant)

□**interpolate** [intɔ́ːrpəlèit] *v.* (이야기 등에 의견을) 삽입하다(insert);
 (책 등에) 수정어구를 써넣다; 가필하다(retouch; touch up)

□**inure** [injúər] *v.* (흔히 수동형으로) 익히다(accustom), 단련하다(train; drill);
 도움이 되다(be of help); 〈법〉 효력을 발생하다(become effective; come into effect;
 take effect)

□**inveigle** [invíːɡəl] *v.* 꾀다(entice; lure; tempt; decoy);
  (감언으로) 속이다(cheat; cajole; wheedle)

- -

□**jack** [dʒæk] *v.* (~ up) 들어 올리다(elevate; heave; uplift);

(값 등을) 올리다(raise); (질을) 높이다(upgrade); 격려하다(encourage)

□**jostle** [dʒásl] *v.* 밀다, 떠밀다(push); 밀어제치고 나아가다(struggle);
(~을 놓고) ~와 경쟁하다, 다투다(compete; contend)

□**jot** [dʒɑt] *v.* 메모하다, 간단히 적어두다(take a memo; take notes;
note[write] down) *n.* 매우 적음, 조금(bit; whit; modicum)
n. **jottings** 메모, 비망록(memorandum)

[L] -

□**launch** [lɔ́ːntʃ] *v.* 착수하다, 시작하다(embark; commence; begin);
신제품을 시장에 내다; (배를) 진수시키다; 발사하다(discharge);
(욕설을) 퍼붓다(hurl; heap) *n.* 배의 진수, 발사
n. **launching** 배의 진수, (사업에) 진출

□**liquidate** [líkwidèit] *v.* (빚을) 청산하다(pay off; clear off; wipe off; balance);
해치우다, 죽이다(murder; kill)

□**long** [lɔːŋ] *v.* 열망하다, 갈망하다(~ for)(crave; yearn; desire eagerly)
n. **longing** 갈망, 열망 *a.* 갈망하는, 동경하는

[M] -

□**manage** [mǽnidʒ] *v.* 다루다, 관리하다, 경영하다(control; direct; administer); 그럭
저럭 해나가다(rub) *n.* **management** 경영, 관리, 지배; (the ~) 경영진
*****go without ~** ~없이 해나가다

□**meddle** [médl] *v.* 간섭하다, 참견하다(interfere; intervene; intermeddle; interlope;
kibitz; butt in; cut in; step in)
a. **meddling** 참견하는, 간섭하는 *n.* 간섭, 참견(interference; intervention)

□**meditate** [médətèit] *v.* 숙고하다(ponder; contemplate; deliberate; reflect);
계획하다(plan; project; scheme) *n.* **meditation** 명상, 숙고
a. **meditative** 심사숙고하는(thoughtful; reflective)
cf. **mediate** *v.* 중재하다, 화해시키다(reconcile)

□**meet** [miːt] *v.* 만족시키다, 충족시키다(satisfy); (강, 길 등이) 합류하다, 교차하다
n. 회합; 대회(tournament) *****make ends <u>meet</u> 수입과 지출의 균형을 맞추다, 수입에 맞
는 생활을 하다 an athletic <u>meet</u> 운동회

□**mug** [mʌg] *v.* 강도를 당하다(be robbed), (강도가 뒤에서) 습격하다; 과장된 표정을
짓다 *n.* 원통형 찻잔; (용의자의) 얼굴 사진; 얼간이, 깡패

□ **mutilate**[mjúːtəlèit] *v.* (팔다리를) 절단하다(amputate; injure);
(신체를) 불구로 만들다(maim; disable; deform; cripple);
(작품 등을) 망쳐 놓다(mar; ruin; spoil) *n.* **mutilation** 절단, 불구, 훼손

P -

□ **pelt**[pelt] *v.* (욕설, 질문 등을) 퍼붓다(fling; hurl; shower);
내던지다(throw; cast)

□ **penetrate**[pénətrèit] *v.* 관통하다(pierce; perforate; pass[go] through);
스며들다(permeate; infiltrate; go through; sink into); 간파하다(detect)
a. **penetrable** 꿰뚫어 볼 수 있는, 간파할 수 있는; 영향 받기 쉬운(susceptible)
(↔ **impenetrable** *a.* 헤아릴 수 없는; 받아들이지 않는, 완고한(stubborn)) *n.*
penetration 관통, 침투; 통찰력

□ **perforate**[pə́ːrfərèit] *v.* 구멍을 내다(puncture); 관통하다(pierce; pass[go]
through) *a.* **perforated** 구멍 난, 천공의 *n.* **perforation** 천공, 구멍; 절취선

□ **perish**[périʃ] *v.* 죽다, 멸망하다, 소멸하다(die; cease to exist; be ruined)
a. **perishable** 썩기 쉬운; 깨지기 쉬운 *n.* (pl.) 썩기 쉬운 물건[식품]
a. **perished** 지친(exhausted; worn-out); 곤란한(tough; troublesome)

□ **plague**[pleig] *v.* 괴롭히다, 귀찮게 하다(annoy; vex)
n. 전염병(epidemic), 성가신 사람(a pain in the neck)

□ **propagate**[prápəgèit] *v.* 번식시키다(breed); 보급시키다, 만연시키다(spread);
선전하다(propagandize) *n.* **propagation** 번식; 선전; 전파

□ **prune**[pruːn] *v.* (가지를) 치다, (나무를) 전지하다(trim);
(불필요한 부분을) 제거하다(remove); (문장을) 간결하게 하다(abbreviate; shorten);
(비용을) 줄이다(retrench; cut down)

□ **pulverize**[pʌ́lvəràiz] *v.* 가루로 만들다(power; flour; crush; grind), 부수다;
(의견 등을) 분쇄하다(annihilate) *n.* **pulverization** 분쇄
*pulverize red pepper in a mortar 고추를 분쇄기에 빻다

Q -

□ **quash**[kwɑʃ] *v.* (반란 등을) 진압하다, 억누르다(suppress; quell);
(판결 등을) 파기하다(annul; cancel)

834

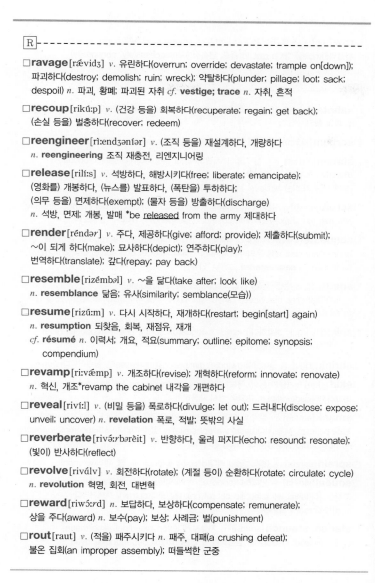

R --

□ **ravage**[rǽvidʒ] *v.* 유린하다(overrun; override; devastate; trample on[down]);
파괴하다(destroy; demolish; ruin; wreck); 약탈하다(plunder; pillage; loot; sack;
despoil) *n.* 파괴, 황폐; 파괴된 자취 *cf.* **vestige; trace** *n.* 자취, 흔적

□ **recoup**[rikúːp] *v.* (건강 등을) 회복하다(recuperate; regain; get back);
(손실 등을) 벌충하다(recover; redeem)

□ **reengineer**[rìːendʒəníər] *v.* (조직 등을) 재설계하다, 개량하다
n. **reengineering** 조직 재충전, 리엔지니어링

□ **release**[rilíːs] *v.* 석방하다, 해방시키다(free; liberate; emancipate);
(영화를) 개봉하다, (뉴스를) 발표하다, (폭탄을) 투하하다;
(의무 등을) 면제하다(exempt); (물자 등을) 방출하다(discharge)
n. 석방, 면제; 개봉, 발매 *be released from the army 제대하다

□ **render**[réndər] *v.* 주다, 제공하다(give; afford; provide); 제출하다(submit);
~이 되게 하다(make); 묘사하다(depict); 연주하다(play);
번역하다(translate); 갚다(repay; pay back)

□ **resemble**[rizémbəl] *v.* ~을 닮다(take after; look like)
n. **resemblance** 닮음; 유사(similarity; semblance(모습))

□ **resume**[rizúːm] *v.* 다시 시작하다, 재개하다(restart; begin[start] again)
n. **resumption** 되찾음, 회복, 재점유, 재개
cf. **résumé** *n.* 이력서; 개요, 적요(summary; outline; epitome; synopsis;
compendium)

□ **revamp**[riːvǽmp] *v.* 개조하다(revise); 개혁하다(reform; innovate; renovate)
n. 혁신, 개조*revamp the cabinet 내각을 개편하다

□ **reveal**[rivíːl] *v.* (비밀 등을) 폭로하다(divulge; let out); 드러내다(disclose; expose;
unveil; uncover) *n.* **revelation** 폭로, 적발; 뜻밖의 사실

□ **reverberate**[rivə́ːrbərèit] *v.* 반향하다, 울려 퍼지다(echo; resound; resonate);
(빛이) 반사하다(reflect)

□ **revolve**[rivɑ́lv] *v.* 회전하다(rotate); (계절 등이) 순환하다(rotate; circulate; cycle)
n. **revolution** 혁명, 회전, 대변혁

□ **reward**[riwɔ́ːrd] *n.* 보답하다, 보상하다(compensate; remunerate);
상을 주다(award) *n.* 보수(pay); 보상; 사례금; 벌(punishment)

□ **rout**[raut] *v.* (적을) 패주시키다 *n.* 패주, 대패(a crushing defeat);
불온 집회(an improper assembly); 떠들썩한 군중

□**row** [rou] *v.* 노를 저어가다 *n.* 노젓기 *cf.* **rowdy** *a.* 난폭한(rough; violent);
떠들썩한(noisy) *in a <u>row</u> 한 줄로; 연속적으로(successively; continually)

S ---

□**sabotage** [sǽbətɑ̀:ʒ] *v.* 파괴하다(destroy; demolish); 방해하다(hinder; hamper)
n. 파괴 행위

□**scream** [skri:m] *v.* 소리 지르다, 비명을 지르다(screak) *n.* 절규(ejaculation)

□**screen** [skri:n] *v.* ~을 가리다, 차단하다(cut off); 가려내다(select; choose);
비호하다, 감싸다(protect; shelter) *n.* 병풍(folding screen); 방충망; 칸막이; 화면;
(모래 등을 거르는) 체(sieve; sifter), 여과기(filter)

□**scrub** [skrʌb] *v.* 문지르다; 세척하다(clean); 해고하다(discharge; dismiss; fire; lay
off; give the shake); 연기하다(postpone; suspend) *cf.* **rub** *v.* 문지르다

□**sequester** [sikwéstər] *v.* 격리하다, 고립시키다(isolate; segregate; seclude;
quarantine; shut off); 은퇴하다[시키다]; 압류하다(seize; confiscate; distrain; 기권하
다(abstain) *a.* **sequestered** 고립된, 압류된

□**shed** [ʃed] *v.* (눈물 등을) 흘리다(spill); (빛을) 내다(radiate)
n. 오두막(shanty; hut; hovel) *shed light on ~ ~을 비추다(shine; flash), ~을 명백
히 하다(elucidate; clarify)

□**shield** [ʃi:ld] *v.* 보호하다(protect; safeguard); 숨기다, 은폐하다(conceal; hide)
n. 방패(buckler); 보호물(protector; defense)

□**shrink** [ʃriŋk] *v.* 줄어들다(dwindle; diminish); 줄이다(lessen); 움츠러들다(shrivel)

□**skid** [skid] *v.* (물가 등이) 폭락하다(plummet; toboggan; fall[decline] suddenly);
미끄러지다(slide; slip) *n.* 미끄럼 방지 제동장치

□**smack** [smæk] *v.* 찰싹 때리다(slap; spank); 입맛을 다시다(lick one's chops);
키스하다(kiss); 세게 치다(bash; wallop; smite) *n.* 찰싹 때리기; 시도(attempt; try(out))
cf. **flog; whip** 채찍질 하다 **slug** 강타하다

□**sprain** [sprein] *v.* (발목 등을) 삐다(disjoint; wrench) *n.* 삠, 염좌(wrench)

□**squeal** [skwi:l] *v.* 반대하다(oppose); 항의하다(protest), 불평하다(complain);
고자질하다(tattle; tell tales; tip off; rat on); 배신하다(betray); 꺅꺅거리다
n. 비명(scream; shriek)

□**stanch, staunch** [stɑ:ntʃ] *v.* 지혈시키다(stop bleeding[hemorrhage]
a. 견고한(solid; steadfast); 믿음직한, 충실한(faithful; dependable; loyal)

□**stem** [stem] *v.* ~에서 생기다, 유래하다(~ from)(originate; arise; derive)
n. 줄기; 종족(race; tribe); 혈통(lineage; pedigree)

□**strand** [strænd] *v.* 좌초시키다; 오도 가도 못하게 하다; 무일푼이 되게 하다;
〈야구〉 주자를 잔루시키다 *n.* (새끼의) 가닥; (머리) 술
*be stranded (자금부족 등으로) 궁색해지다, 오도 가도 못하다

□**strive** [straiv] *v.* 노력하다(endeavor; make an effort); ~와 싸우다, 분투하다
(struggle)

□**surge** [sə:rdʒ] *v.* 쇄도하다, 밀어닥치다(rush; throng);
(물가가) 급등하다(skyrocket; jump; shoot up; rise sharply)

□**surmount** [sərmáunt] *v.* (장애 등을) 극복하다(overcome; weather; get[tide]
over; cope with); (산 등에) 오르다(climb; ascend; go up)

□**surrender** [səréndər] *v.* 항복하다(capitulate; yield; submit; give in; hang the
white flag); 넘겨주다, 양도하다(relinquish; hand over); 양보하다(concede)

□**sway** [swei] *v.* 흔들리다(swing; oscillate(의견 등이 ~); shake(물체가 ~); 동요하다
(fluctuate; wobble; waver)

T -

□**tantalize** [tǽntəlàiz] *v.* 감질나게 하다(make a person feel insatiable);
애타게 하다(keep a person dangling; tease)

□**teem** [ti:m] *v.* 충만하다, 풍부하다, 많이 있다(abound; be abundant in);
우글거리다(swarm) *a.* **teeming** 풍부한, 우글거리는; 비옥한(fertile; productive)

□**thwart** [θwɔ:rt] *v.* ~을 방해하다, 훼방하다(hinder; hamper; interrupt;
get in the way of); 의표를 찌르다, 좌절시키다(baffle)

□**trigger** [trígər] *v.* (일, 싸움 등을) 일으키다, 유발하다(generate; instigate; induce;
set off; touch off); 발사하다(fire; discharge)
n. 방아쇠, 제동기; (분쟁 등의) 계기, 유인

□**truncate** [trʌ́ŋkeit] *v.* (나무, 원뿔 등의) 꼭대기를[끝을] 자르다(cut); 일부를 생략하여
줄이다(shorten) *truncate an overlong part 너무 긴 부분을 줄이다

U -

□**unfold** [ʌnfóuld] *v.* 펼치다; (뜻을) 표명하다(disclose); (속마음, 비밀을) 털어놓다
(reveal); (이야기 등이) 전개되다

□**unleash**[ʌnlíːʃ] *v.* 속박을 풀다, 해방하다(liberate; disengage; release; set free)

□**uphold**[ʌphóuld] *v.* 떠받치다(prop up); 지지하다(support);
격려하다(encourage; cheer up); (판결을) 확정하다(confirm)

□**uproot**[ʌprúːt] *v.* 뿌리째 뽑다, 근절하다(eradicate; deracinate; exterminate;
annihilate; extirpate; root up)

□**urge**[əːrdʒ] *v.* 몰아대다(drive); 재촉하다(press); 강요하다(force; compel; coerce;
exact); 설득하다(persuade) *n.* 자극, 압박(impetus; pressure);
(강한) 충동(impulse); 욕구(desire)

□**utter**[ʌ́tər] *v.* 입 밖에 내다, 누설하다(reveal; divulge; let on[out]);
말하다(tell; speak) *a.* 철저한(thorough; downright; all-out; out-and-out);
완전한(outright; complete); 절대적인(absolute)
n. **utterance** 입 밖에 냄, 발언(speaking); 말(word); 유포(circulation)

[V] -

□**veer**[víər] *v.* (사람, 차 등이) 방향을 바꾸다, (신념 등이) 바뀌다(shift; sheer; move)
**veer to the right 방향을 오른쪽으로 바꾸다 veer round in opinion 의견을 달리하다

□**vie**[vai] *v.* 경쟁하다(compete; contend); 우열을 겨루다(emulate; rival)

[W] -

□**waive**[weiv] *v.* (권리 등을) 포기하다(abandon; relinquish; renounce; forsake;
give up); (요구 등을) 보류하다(defer; reserve; hold back);
연기하다(postpone) *n.* **waiver** (권리 등의) 포기; 기권증서

□**wallow**[wálou] *v.* (주색에) 빠지다(be addicted to sensual pleasure; give
oneself up to women and wine); 뒹굴다(roll; flounder); 몸부림치다(writhe)

□**warp**[wɔːrp] *v.* 휘게 하다(bend; crook; curve); 뒤틀다(twist; wrench);
왜곡하다(distort; pervert) *cf.* **wrap** *v.* 싸다, 감싸다; 감추다

□**waylay**[wèiléi] *v.* (강도질, 살해를 위해) 숨어서 기다리다(ambush; lurk; lay for)

□**weigh**[wei] *v.* 무게를 달다; 심사숙고하다(ponder; consider carefully)

□**wield**[wiːld] *v.* (채찍, 권력 등을) 휘두르다(brandish; flourish); 지배하다(control)

□**wince**[wins] *v.* (아픔, 위험, 무서움 등으로) 주춤하다, 움츠리다(shrink; flinch)

□**winnow**[wínou] *v.* 키질하다(fan); 검토하다(examine; weigh); 가려대다(assort;

sort out) *n.* 키, 키질; 풍구

□**WOO** [wu:] *v.* 간청하다(supplicate; solicit; entreat; beseech); 조르다(badger; pester; urge) (여성에게) 구애하다(propose; ask for a lady's hand); (재앙 등을) 초래하다(incur; cause; bring about)

cf. **woe** *n.* 비애; 고통, 고난(hardship; affliction); (pl.) 재앙(calamity; misfortune)

<u>woo</u> his love to go together 애인에게 함께 가자고 조르다

<u>Woe</u> worth the day! 오늘은 정말 재수없군!, 빌어먹을 것[놈]!

[형용사]

A -

☐**abysmal** [əbízməl] *a.* 한없이 깊은, 심연의(bottomless);
지독히 나쁜(awful; vicious) *n.* **abyss** 심연, 나락

☐**agape** [əgéip] *a.* 입을 딱 벌리고(open-mouthed)
ad. 멍하니(absent-mindedly; blankly)

☐**amazing** [əméiziŋ] *a.* 놀랄만한, 굉장한(incredible; immense)
v. **amaze** 몹시 놀라게 하다

☐**ancillary** [ǽnsəlèri] *a.* 보조적인, 부수적인(auxiliary; accessorial; accessory)
n. 자회사(subsidiary company); 부속 부품

☐**apparent** [əpǽrənt] *a.* 또렷이 보이는; 명백한(clear; evident; obvious)
ad. **apparently** 외관상으로(seemingly); 명백히(clearly)
cf. **appearance** *n.* 외모; 겉모습(external features)

B -

☐**becoming** [bikʌ́miŋ] *a.* (옷 등이) 어울리는(fitting; suitable); 알맞은, 적당한
(suitable; adequate; proper; appropriate; pertinent; relevant)(↔ **fitting,**
misbecoming, unbecoming) *cf.* **comely** *a.* 얼굴이 예쁜, 미모의

☐**blatant** [bléitənt] *a.* 노골적인(obvious; naked; outspoken; broad);
뻔뻔스러운(obtrusive; impudent; audacious);
떠들썩한(noisy; boisterous; clamorous; turbulent; tumultuous; uproarious);
야한(showy; gaudy)

☐**blithe** [blaið] *a.* 유쾌한, 즐거운(cheerful; joyful; jovial; jaunty; hilarious; merry);
분별없는(indiscreet) *ad.* **blithely** 명랑하게(merrily; cheerfully)

☐**bountiful** [báuntifəl] *a.* 아낌없이 주는, 관대한(liberal; generous; broad-
minded); 통이 큰(lavish); 풍부한(abundant; plentiful; copious)

C -

☐**cadastral** [kədǽstrəl] *a.* 토지대장의, 지적도의
*a cadastral map[survey] 지적도[지적 측량]

☐**callous** [kǽləs] *a.* 무감각한(unfeeling; insensitive; apathetic; impassive);

냉담한(cold-hearted; heartless; frigid); 피부가 굳은, 못 박힌
n. callus 피부의 경질[굳은살]

□ **callow** [kǽlou] *a.* (새가) 아직 깃털이 덜난(unfledged);
애송이인, 미숙한(immature; inexperienced; unskilled)

□ **chaotic** [keiátik] *a.* 혼돈된; 무질서한(disordered; deranged; anarchic)
n. chaos 혼돈, 무질서, 대혼란(confusion)

□ **chaste** [tʃeist] *a.* 순결한(unspotted), 정숙한; 순수한(pure)
v. chastise 혼내다, 벌하다(punish); 비난하다(castigate; censure; condemn)

□ **clandestine** [klændéstin] *a.* 은밀한, 비밀의(covert; secret; furtive;
surreptitious; confidential; stealthy)
ad. **clandestinely** 비밀리에, 남몰래(secretly; in private)

□ **clement** [klémənt] *a.* (성격이) 온화한(gentle; benign; genial; placable);
(기후가) 온화한(mild; moderate; temperate);
관대한(generous; magnanimous; liberal) *n.* **clemency** 온화, 관대

□ **coarse** [kɔːrs] *a.* 조잡한, 거친(rough; rude; crude);
상스러운(vulgar; despicable)

□ **compassionate** [kəmpǽʃənit] *a.* 인정 많은, 동정적인(sympathetic);
특별배려에 의한 *v.* [kəmpǽʃənèit] 측은하게 여기다
*compassionate leave 특별휴가

□ **conciliatory** [kənsíliətɔ̀ːri] *a.* 회유적인; 달래는 듯한, 화해의(reconcilable)
*a conciliatory message 화해의 메시지
v. **conciliate** *v.* 달래다, 조정하다(reconcile); 제 편으로 끌어들이다

□ **cordial** [kɔ́ːrdʒəl] *a.* 마음에서 우러난, 진심어린(hearty; sincere);
원기를 돋우는(inspiriting; refreshing; invigorating) *n.* 강장제
ad. **cordially** 진심으로(heartily; sincerely) *n.* **cordiality** 진심, 충정

□ **corpulent** [kɔ́ːrpjələnt] *a.* 뚱뚱한, 비만인(obese; fat; chubby; plump; porky;
tubby; rotund)

□ **cosmetic** [kɑzmétik] *a.* 겉치레의(ostensible); 표면적인(superficial; surface;
external); 화장용의 *n.* (pl.) 화장품, 흠감추기 *n.* **cosmetologist** 미용사

□ **covetous** [kʌ́vitəs] *a.* 탐욕스러운(avaricious; voracious; greedy; rapacious;
piggish) *ad.* **covetously** 탐욕스럽게 *v.* covet 몹시 탐내다
*be covetous of ~ ~을 몹시 탐내다

□**dazzling** [dǽzliŋ] *a.* 눈부신(splendid; brilliant); 현혹적인(deceptive)
 *a <u>dazzling</u> advertisement 현혹적인 광고

□**dank** [dæŋk] *a.* 축축한, 습기 찬(damp; humid; clammy)
 n. 습지(marsh; swamp) *marshy vegetation 습지식물

□**decent** [díːsənt] *a.* 점잖은, 예절바른(modest; polite)(↔ **indecent** *a.* 버릇없는);
 (수입 등이) 상당한(fair; considerable; sizable); 옷을 입은
 n. **decency** 품위, (pl.) 예의범절

□**devout** [diváut] *a.* 독실한(pious; religious); 성실한(sincere; faithful);
 헌신적인(devotional; devoted) *v.* **devote** ~을 바치다, 헌신하다
 n. **devotion** 헌신(dedication); 전념 *devote oneself to ~ ~에 전념[열중]하다

□**drained** [dréind] *v.* 고갈된(exhausted) *v.* **drain** 고갈시키다(exhaust);
 배수하다(pump out); 인재를 유출시키다 *n.* **drainage** 배수, 방수; 배수구

□**dowdy** [dáudi] *a.* 촌스러운, 맵시 없는(rustic; boorish; countrified)

□**eccentric** [ikséntrik] *a.* 별난, 괴벽스러운(odd; strange; quirky; idiosyncratic)
 (↔ **normal** *a.* 표준의, 정상인) *n.* 별난 사람(crank)

□**ecclesiastical** [iklìːziǽstikəl] *a.* 교회조직의, 성직의(belonging to or
 connected with the Christian Church)

□**edible** [édəbəl] *a.* 먹을 수 있는, 식용에 알맞은(eatable; comestible)
 (↔ **uneatable; inedible** *a.* 먹을 수 없는) *n.* (pl.) 식료품(foodstuff; groceries;
 comestibles; victuals; provisions) *n.* **edibility** 먹을 수 있음

□**eternal** [itə́ːrnəl] *a.* 영원한, 영구한, 불후의(immortal; perpetual; everlasting;
 perennial; permanent; undying)

□**exemplary** [igzémpləri] *a.* 모범적인(model); 전형적인(typical);
 경고가 되는(warning) *v.* **exemplify** 예시하다; 좋은 예가 되다
 n. **exemplification** 예증, 예시, 실례 **exemplar** 본보기, 모범; 전형; 원형

□**exhilarate** [igzílərèit] *v.* 기분을 들뜨게[유쾌하게] 하다(invigorate; enliven;
 refresh; cheer) *a.* **exhilarant** 기분이 들뜨게 하는 *n.* 흥분제
 n. **exhilaration** 기분이 들뜸; 유쾌 *a.* **exhilarating** 기분을 돋우는, 유쾌한(cheerful)
 cf. **hilarious** [hilɛ́əriəs] *a.* 즐거운; 들떠서 떠드는

□**exotic** [igzátik] *a.* 이국적인, 색다른(odd; queer; strange; unusual); 외래의(foreign); 신종의(new)
*exotic food[plants, weapons] 색다른 음식[외래식물, 신형무기]

F ---

□**fanatic(al)** [fənǽtik(əl)] *a.* 광적인(lunatic; frantic; frenetic; phrenetic; crazy); 열광적인(rapturous; enthusiastic; all fired up)
n. 열광자, 광신자(maniac; zealot; enthusiast)

□**faulty** [fɔ́:lti] *a.* 결점이 있는(defective); 불완전한(imperfect; incomplete); 비난할 만한(blamable; condemnable; reproachable)
n. fault 결함, 흠; 결점; 잘못(mistake)

□**fictitious** [fiktíʃəs] *a.* 거짓의, 허위의(false; sham; fabled; fictional)
(↔ genuine *a.* 진짜의); 가공의, 상상의(imaginary; fantastic)
cf. factitious *a.* 인위적인(artificial); 부자연스러운(unnatural); 가짜의(fake; forged)

□**firsthand** [fə́:rsthǽnd] *a.* 직접의, 직접 얻은(direct; immediate)
(↔ indirect; mediate *a.* 간접적인) *ad.* 직접, 바로(immediately; at first hand)
(↔ mediately; at second hand 간접적으로)

□**frank** [fræŋk] *a.* 솔직한(candid; outspoken) *cf.* flank 옆구리; 측면(side)

□**fundamental** [fʌndəméntl] *a.* 기초의(basic); 근본적인(cardinal; primordial); 주요한(principal; staple)

G ---

□**galling** [gɔ́:liŋ] *a.* 짜증나게 하는, 화나는(irritating; vexing)

□**glum** [glʌm] *a.* 시무룩한, 침울한(sulky; sullen; gloomy; dejected; dismal)
*pull[make] a long face 침울한 얼굴을 하다

H ---

□**hefty** [héfti] *a.* 무거운, 육중한(heavy; bulky; massive); 많은(much; plentiful); 튼튼한, 강한(robust) *a hefty increase in salary 두둑한 봉급인상

□**horizontal** [hɔ̀:rəzántl] *a.* 수평(면)의, 수평의, 가로의(transverse; level)
(↔ vertical *a.* 수직의, 세로의) *n.* horizon 지평선, 수평선; 범위, 한계(scope; limit)

□**humble** [hʌ́mbəl] *a.* 겸손한(modest; diffident; unassuming);

843

비천한(lowly; ignoble; base; mean; menial)

☐**iconoclastic** [aikὰnəklǽstik] *a.* 우상파괴의, 인습타파의(of breaking the conventionalities[a long-established usage]) *n.* **iconoclasm** 우상파괴 *n.* **icon** 우상; (조각의) 상(statue) *a.* **iconic** 우상의; 상의

☐**inalienable** [inéiljənəbəl] *a.* (권리 등이) 양도할 수 없는(unassignable; untransferable; unnegotiable(어음을 ~))(↔ **alienable; assignable; transferable; negotiable** *a.* 양도할 수 있는); 빼앗을 수 없는

☐**incendiary** [inséndièri] *a.* 방화의, 불을 내는; 선동적인(seditious; inflammatory; demagogic) *n.* 방화범; 선동주의자(agitator) *n.* **incendiarism** [inséndiərìzəm] *n.* 방화(arson) *an incendiary fire 방화 attempted incendiarism 방화 미수죄

☐**inchoate** [inkóuit] *a.* 방금 시작한; 미완성의, 불완전한(incomplete); 뒤죽박죽의(topsy-turvy; higgledy-piggledy; pell-mell); (계약 등이) 미확정의, 미완료의(pending; not yet decided)

☐**inseparable** [insépərəbəl] *a.* 나눌 수 없는(indivisible), 떨어질 수 없는

☐**insouciant** [insú:siənt] *a.* 무관심한(indifferent; unconcerned; nonchalant); 태평한(carefree; easygoing)

☐**insulting** [insʌ́ltiŋ] *a.* 모욕적인, 무례한(rude; insolent; indecent; impudent; impertinent)

☐**intransigent** [intrǽnsədʒənt] *a.* 비타협적인(hard-shell; uncompromising; unyielding); 완고한(stubborn) *n.* 비타협적인 사람

☐**inveterate** [invétərit] *a.* (병 등이) 뿌리 깊은, 고질의, 만성의 (chronic; confirmed; deep-seated) *an inveterate disease[enemy] 고질병[숙적] inveterate dyspepsia 만성 소화불량증

☐**inviolable** [inváiələbəl] *a.* 신성한(hallowed; consecrated; divine); 불가침의(sacred)

☐**inviting** [inváitiŋ] *a.* 마음을 끄는, 유혹적인(attractive; tempting)

☐**jaundiced** [dʒɔ́:ndist] *a.* 편견을 가진(prejudiced; biased; partial)

(↔ **unbiased; impartial; fair** *a.* 편견이 없는, 공평한)

□**judicious**[dʒuːdíʃəs] *a.* 사려분별이 있는, 현명한(wise; prudent; sagacious; discreet)(↔ **injudicious** *a.* 분별없는)

K --

□**keen**[kiːn] *a.* (칼 등이) 날카로운(sharp; acute; edged);
(감각이) 예민한(sensitive; acute; shrewd); 열심인(eager; ardent);
신랄한, 통렬한(incisive); 멋진(cool) *v.* 통곡하다(bewail) *n.* 통곡(lament)
ad. keenly 날카롭게; 빈틈없이(closely)

L --

□**laden**[léidn] *a.* 짐을 실은, 화물을 적재한(loaded; burdened);
(책임 등을) 지고 있는; (복합어로) ~을 많이 가진
n. **lading** 짐 싣기; 화물(load; freight; cargo) *famine-laden districts 흉작지역

□**latent**[léitənt] *a.* 숨어 있는, 보이지 않는(concealed); 잠복성의(potential; dormant)
n. **latency** 잠복; 잠복기

□**leading**[líːdiŋ] *a.* 선도하는; 손꼽히는; 주요한(primary; chief);
우위를 차지하는(dominant) *a front-runner 선두주자, 선도기업

□**legible**[lédʒəbəl] *a.* 읽기 쉬운(easily read; readable)(↔ **illegible** *a.* 읽기 어려운);
판독할 수 있는(decipherable); 명료한(plain; lucid; pellucid)

M --

□**malleable**[mǽliəbəl] *a.* 유순한(pliable); 융통성 있는(flexible; elastic);
(금속을) 두드려 펼 수 있는(ductile)(↔ **unmalleable** *a.* 두드려서 펼 수 없는)

□**marginal**[máːrdʒənəl] *a.* 최저한의(minimum; rock-bottom);
중요하지 않은(unimportant; insignificant); 가장자리의, 주변의
n. **margin** 여백, 가장자리; 매매차익금; 특별수당(a special allowance; bonus)

□**mediocre**[mìːdióukər] *a.* 보통의, 평범한(common; commonplace; humdrum;
ordinary; usual) *n.* **mediocrity** 보통, 평범

□**metabolic**[mètəbálik] *a.* 신진대사의; 〈생물〉 변태의 *n.* **metabolism** 신진대사
v. **metabolize** 신진대사시키다 *a basal metabolic rate 기초대사율

□**miserly**[máizərli] *a.* 인색한, 구두쇠의(stingy); 아끼는(sparing; frugal; thrifty;

economical) *n.* **miser** 구두쇠 *cf.* **curmudgeon** *n.* 심술궂은 구두쇠

☐**mnemonic**[ni:mánik] *a.* 기억을 돕는 *n.* 기억을 돕는 것; 부호, 연상기호
  *a mnemonic system 기억법 *n.* **mnemonics** 기억술, 암기법
  cf. **amnesia** *n.* 건망증, 기억상실(oblivion)

☐**multiracial**[mʌltiréiʃəl] *a.* 다민족의, 다민족으로 이루어진(multinational)
  cf. **multicultural** *a.* 다문화의 *n.* **multiracialism** 다민족 공존[평등]주의
  *a multiracial nation[country] 다민족 국가

☐**myriad**[míriəd] *a.* 무수한, 무수히 많은(innumerable; numerous; countless;
  zillion) *myriads of stars in the night sky 밤하늘의 무수한 별

N -

☐**nervous**[nə́:rvəs] *a.* 신경질적인, 신경과민의(oversensitive; hypersensitive)
  n. **nerve** 신경; 용기(courage); 무례(rudeness; insolence)
  *be on edge; be on pins and needles; get the jitters 초조해하다, 안절부절 못하다

☐**nocturnal**[nɑktə́:rnl] *a.* 밤의, 야간의(night)
  (↔ diurnal; daytime *a.* 낮의)

☐**noisome**[nɔ́isəm] *a.* 불쾌한(unpleasant; offensive); 악취가 나는(funky; stinking;
  putrid; rancid); 해로운(harmful; noxious)

O -

☐**obsequious**[əbsí:kwiəs] *a.* 아첨하는, 알랑거리는(flattering; fawning)

☐**offensive**[əfénsiv] *a.* 불쾌한, 거슬리는(unpleasant); 무례한(impolite; rude);
  모욕적인(insulting); 공격적인 *n.* **offense** 공격; (규칙 등의) 위반, 반칙, 범죄
  v. **offend** 화나게 하다, 불쾌하게 하다; 위반하다

☐**omniscient**[ɑmníʃ∂nt] *a.* 전지의(all-knowing); 박식한(erudite; learned; well-
  read; well-informed) *cf.* **omnipotent** *a.* 전능한(almighty)

☐**opprobrious** [əpróubriəs] *a.* 모욕적인(insulting; affronting);
  창피한(shameful; ignoble; ignominious); 상스러운, 야비한(vulgar; base; indecent)

☐**ordinary**[ɔ́:rdənèri] *a.* 평범한(common; commonplace; humdrum; banal;
  mediocre); 정규의(regular) *n.* 상례, 흔히 있는 일(a common affair)

☐**palatial**[pəléiʃəl] *a.* 대궐 같은; 광대한(magnificent)

☐**pejorative**[pidʒárətiv] *a.* 경멸적인(disparaging; disdainful; scornful; contemptuous; derogatory) *pejorative[derogatory] remarks 경멸적인 말

☐**pharmaceutical**[fà:rməsú:tikəl] *a.* 조제의, 제약의 *n.* 제약, 약(drug) *n.* **pharmaceutics** 약학, 조제학

☐**phenomenal**[finámənəl] *a.* 경이적인, 놀랄만한(remarkable; amazing; distinguished; wonderful; marvellous; miraculous; eye-opening)

☐**piscatory**[pískətò:ri] *a.* 어부의; 어업의(fish), 낚시질의(piscatorial)

☐**placid**[plǽsid] *a.* (날씨 등이) 평온한, 잔잔한(peaceful; tranquil; serene; calm); (성격 등이) 차분한(calm; quiet; composed); 자기만족의(self-complacent) *a placid sea[temperament] 잔잔한 바다[차분한 성미]

☐**plenary**[plí:nəri] *a.* 완전한(full); 전원출석의; 절대적인(absolute); 무조건의(unconditional); 〈법〉 정식의(↔ **summary** *a.* 약식의, 즉결의) *a plenary session[meeting] 본회의[총회] summary justice 즉결 재판

☐**pragmatic**[prægmǽtik] *a.* 실용적인(practical; useful); 독단적인(dogmatic); 잘난 체 하는(conceited)

☐**pressing**[présiŋ] *a.* (용무 등이) 긴급한(urgent; emergent; exigent; burning); 집요한(persistent; stubborn) *ad.* **pressingly** 화급히(hurriedly); 집요하게(persistently; stubbornly) *pressing matters 긴급 문제 a burning question 화급을 요하는 중요 문제

☐**prolix**[proulíks] *a.* 지루한(tedious; dull; boring; tiresome); 장황한(verbose; wordy; diffuse; lengthy)

☐**prosaic**[prouzéiik] *a.* 무미건조한, 재미없는(bald; insipid; dull; flat; tasteless); 활기 없는, 지루한(dull; boring; monotonous; tedious; tiresome); 산문체의(prosy) *n.* **prose** 산문(↔ **verse** *n.* 운문)

☐**puissant**[pjú:isənt] *a.* 권력[세력]이 있는, 힘있는(strong)(↔ **impuissant** *a.* 무능한, 무기력한(lethargic; flabby; leaden))

☐**quarrelsome**[kwɔ́:rəlsəm] *a.* 싸우기 좋아하는, 논쟁하기 좋아하는

☐**querulous**[kwérjələs] *a.* 투덜거리는, 불평하는; 성마른(peevish)

□**queue** [kju:] *n.* 변발, 땋은 머리; (차례를 기다리는) 줄, 열(row)
v. 줄지어 기다리다 *in a queue 줄을 지어

□**quintessential** [kwìntəsénʃəl] *a.* 본질적인(essential; substantial);
전형의(typical) *ad.* **quintessentially** 참으로, 철저히

□**quixotic** [kwiksátik] *a.* 비현실적인(impractical); 공상적인(fantastic)

□**quizzical** [kwízikəl] *a.* 우스꽝스러운(ludicrous; ridiculous; facetious);
당혹한(puzzled; embarrassed; perplexed)

□**quotidian** [kwoutídiən] *a.* 나날의, 매일 일어나는; 흔해 빠진, 시시한(trivial)

R --

□**radiant** [réidiənt] *a.* 빛나는, 반짝이는(brilliant; splendid; glittering; glowing);
눈부신(dazzling; glaring; blinding) *a radiant beauty 눈부신 미모의 여인

□**ragged** [rǽgid] *a.* (옷이) 남루한(tattered; shabby; threadbare);
기진맥진한(tired; exhausted; worn out; fatigued)

□**ramshackle** [rǽmʃæ̀kəl] *a.* 흔들거리는(swaying; shaking; rocking);
덜컹거리는(shaky; bumpy; rickety)

□**random** [rǽndəm] *a.* 마구잡이의, 되는 대로의, 무작위의(without planning;
haphazard); 일정하지 않은(irregular) *ad.* **randomly** 무작위로, 닥치는 대로(at
random; indiscriminately) *random sampling 임의 견본추출

□**rebellious** [ribéljəs] *a.* 반항하는(disobedient; resistant; recalcitrant);
(병이) 난치의(incurable; intractable); 다루기 힘든(refractory)
v. **rebel** 모반하다 *n.* 반역자, 반항자 *n.* **rebellion** 반란, 폭동(mutiny); 반항

□**redolent** [rédələnt] *a.* 향기로운(fragrant; odorous; aromatic; sweet);
~의 냄새가 나는; ~을 암시하는(suggestive)
cf. **indolent** *a.* 게으른, 나태한(lazy; idle; sluggish); 무활동의(inactive)

□**reliable** [riláiəbəl] *a.* 믿을 수 있는(credible; convincing), 의지가 되는
(dependable) *n.* **reliance** 의존(dependence); 신뢰 **reliability** 신뢰도, 확실성

□**remarkable** [rimá:rkəbəl] *a.* 주목할 만한, 현저한, 두드러진(conspicuous;
noticeable; noteworthy; prominent; striking; outstanding; salient)

□**rigid** [rídʒid] *a.* 엄격한(severe; strict; rigorous; stern) 단단한, 딱딱한(hard;
starchy); 융통성 없는(hidebound; unadaptable; inflexible)

ad. **rigidly** 엄격하게(strictly; severely; rigorously)

□**rooted** [rú:tid] *a.* (습관 등이) 뿌리깊은(fixed; inveterate; deep-rooted)
*root in ~ ~에 기인하다(originate; be due to)

□**roseate** [róuziit] *a.* 장밋빛의(rosy); 낙관적인(optimistic; hopeful; upbeat;
sanguine) *a roseate future[prospect] 장밋빛 미래[전망]

□**rowdy** [ráudi] *a.* 난폭한; 싸움을 좋아하는(quarrelsome; battlesome; dissentious;
bantam)

□**rustling** [rʌ́sliŋ] *a.* 살랑살랑 소리 나는; 활발한(brisk; lively; active; vigorous;
vivacious) *n.* 가축 도둑질 *v.* **rustle** 살랑살랑 소리내다; 활발하게 움직이다

S --

□**scandalous** [skǽndələs] *a.* 수치스러운, 창피스러운(shameful; ignoble;
ignominious) *n.* **scandal** 추문; 불명예, 치욕 *v.* **scandalize** 모욕하다(affront);
분개시키다(offend); 체면을 잃게 하다(lose face)

□**scant** [skænt] *a.* 부족한(deficient; scanty); 빈약한(meager); 적은(little)
v. 아까워하다; 몹시 아끼다(stint; scrimp) *ad.* 가까스로(scarcely)
a. **scanty** 부족한(insufficient); 빈약한(meager)

□**scarlet** [skáːrlit] *a.* 주홍색의; 죄 많은(sinful); (여자가) 음란한, 음탕한(whorish;
licentious; voluptuous)

□**scathing** [skéiðiŋ] *a.* (비평 등이) 통렬한, 신랄한(severe; fierce; cutting; caustic);
가차 없는(merciless; ruthless)

□**seasonable** [síːzənəbəl] *a.* 시기적절한(timely; opportune)
(↔ **unseasonable** *a.* 시기가 나쁜(untimely; inopportune; ill-timed))

□**sedulous** [sédʒuləs] *a.* 근면한, 부지런한(diligent); 꼼꼼한(scrupulous; elaborate;
meticulous); 용의주도한(prudent; circumspect)

□**sepulchral** [səpʌ́lkrəl] *a.* 무덤의, 무덤 같은; 매장에 관한; 음침한(dismal)
n. **sepulcher** 묘, 무덤 *매장하다 = bury; inter; entomb

□**shrill** [ʃril] *a.* (소리 등이) 날카로운(sharp);
(비평 등이) 신랄한(scathing; acrimonious; pungent; poignant)

□**skillful** [skílfəl] *a.* 능숙한, 숙련된(adept; expert; experienced; proficient)

□**slack** [slæk] *a.* 느슨한(loose; flappy; floppy; relaxed); 부주의한(inadvertent;
inattentive); 느린, 굼뜬(slow; languid; sluggish; tardy); 불경기의(depressed; dull)

v. (속도를) 늦추다(retard; decelerate); 게을리 하다, 소홀히 하다(neglect; pretermit)
v. **slacken** 늦추다; 완화시키다(alleviate); 약화시키다(weaken);
느슨해지다(loosen); 게을리 하다(neglect)

□**somnolent**[sάmnələnt] *a.* 졸리는(sleepy; dozy);
졸리게 하는, 최면의(soporific; hypnotic)

□**spatial**[spéiʃəl] *a.* 공간의; 장소의; 우주의(universal)

□**spooky**[spúːki] *a.* 유령이 나올 것 같은(ghostly); 신경질적인(nervous; raspy);
겁 많은(timid; fainthearted; skittish)

□**spry**[sprai] *a.* 활발한(brisk; vivacious); 재빠른(nimble; quick; agile; alert);
원기왕성한(energetic; vigorous; hale and hearty)

□**squamous**[skwéiməs] *a.* 비늘로 덮인(covered with scales);
비늘이 있는, 비늘 모양의(scaly) *n.* **squama** 비늘

□**stagnant**[stǽgnənt] *a.* 정체된, 활기 없는(inactive; dull; languid; inert;
spiritless); 불경기의(sluggish; slack; depressed)

□**stale**[steil] *a.* (음식 등이) 싱싱하지 못한(↔ **fresh** *a.* 신선한); (술이) 김빠진(flat;
vapid); (계란 등이) 썩어가는(rotten); (공기가) 퀴퀴한(fetid; stinking; moldy);
(표현 등이) 진부한(trite; banal; dull; insipid; hackneyed; stereotyped)

□**stealthy**[stélθi] *a.* 몰래하는, 내밀한, 비밀의(sly; confidential; clandestine;
surreptitious; cabinet; privy)

□**strategic**[strətíːdʒik] *a.* 전략의, 전략상의 *strategic bombing[materials] 전략 폭
격[물자] *ad.* **strategically** 전략상, 전략적으로 *n.* **strategy** 전략(stratagem)

□**stricken**[stríkən] *a.* 비탄에 잠긴(heartbroken; grieved), 짓눌린, (병에) 걸린;
(총알 등에) 맞은 *terror-stricken 공포에 사로잡힌 be stricken by food poisoning
식중독에 걸리다

□**stunted**[stʌ́ntid] *a.* 발육[성장]이 멎은(retarded)
v. **stunt** (식물, 지능, 진보 등을) 방해하다(hinder)

□**stupendous**[stʃuːpéndəs] *a.* 엄청난(tremendous; monumental; exorbitant);
굉장한(whacking; exceeding; terrible);
거대한(huge; gigantic; titanic; bulky; tremendous)

| T | -

□**tactile**[tǽktál] *a.* 촉각의(tactual); 촉각으로[만져서] 알 수 있는(palpable; tangible;

touchable) *n.* **tentacle** 촉수, 촉각

□**tame**[teim] *a.* 길들여진(domesticated; domestic); 유순한(docile; meek; obedient; submissive); 시시한(trifling; trivial); 따분한(tedious; dull; boring)

□**tart**[tɑːrt] *a.* 맛이 신(sour; acid); (태도 등이) 날카로운, 신랄한(pungent)

□**temperamental**[tèmpərəméntl] *a.* 기분의, 감정적인(emotional); 기질상의(dispositional); 개성이 강한(of marked individuality); 신경질적인(nervous; high-strung; raspy; irascible); 변덕스러운(volatile; capricious; fickle) *n.* **temperament** 기질, 성질(disposition) *cf.* **temperate** *a.* 절제하는, 삼가는(↔ **intemperate** *a.* 무절제한; 과음하는)

□**tetchy**[tétʃi] *a.* 화를 잘 내는, 까다로운(fractious; fussy; choosy; picky; cranky; testy) *be a bit tetchy 좀 까다롭다

□**thick**[θik] *a.* 진한, 짙은(↔ **thin** *a.* 연한, 엷은); 빽빽한(dense; close); 붐비는 (congested; crowded); 친한, 친밀한(intimate; friendly; chummy)

□**thorough**[θə́:rou] *a.* 철저한(exhaustive; downright; radical; out-and-out); 완전한(complete; entire; consummate; integral) *ad.* **thoroughly** 철저하게(exhaustively); 완전히(completely)

□**traitorous**[tréitərəs] a, 반역의, 배반의(treacherous; treasonous; treasonable; rebellious; perfidious); 불충의(disloyal; unfaithful) *n.* **traitor** 배신자, 반역자

□**traumatic**[trɔːmǽtik] *a.* 외상의, 외상치료의; 정신적 충격이 큰(deeply shocking); 불쾌한(unpleasant; offensive) *traumatic[pernicious] anemia 외상성[악성] 빈혈

□**trifling**[tráifliŋ] *a.* 하찮은, 시시한(trivial; petty; insignificant; paltry; trashy); 경박한(frivolous; fickle; flippant; shallow; light); 적은, 조금의(little) *n.* **trifle** 하찮은 것, 시시한 것; 사소한 일(trivia; trinket); 소량, 조금(shit; bit; a drop in the bucket) *v.* **trifle** 함부로 다루다(kick around); 잡담하다(chat); 허비하다(waste; squander)

U- -

□**unattended**[ʌnəténdid] *a.* 참가자가 없는; 돌봄을 받지 않는, 내버려둔 (unguarded; leaving alone); 주의하지 않는(inattentive); 〈기계〉 무인의(unmanned); 미처리의(untreated) *an unattended meeting 참석자가 없는 회합 unattended patients 방치된 환자

□**unbridled**[ʌnbráidld] *a.* 굴레를 벗은, 속박되지 않은(unrestricted; unrestrained;

uncontrolled); 방자한(impudent; uppish); 난폭한(rough; violent)

☐ **uncivilized** [ʌnsívəlàizd] *a.* 미개한, 야만의(barbaric; barbarous; barbarian; unenlightened; savage)

☐ **uncomely** [ʌnkʌ́mli] *a.* 예쁘지 않은, 못생긴(ugly; homely; bad-looking) (↔ comely *a.* 잘생긴, 미모의); 버릇없는(rude; uncourteous; wayward); 어울리지 않는(unbecoming; ill-matched)

☐ **unequaled** [ʌní:kwəld] *a.* 필적할 것이 없는(unparalleled; matchless; unrivaled); 무적의(invincible; unconquerable)

☐ **unfulfilled** [ʌnfulfíld] *a.* 이루어지지 않은, 이행되지 않은, 실현되지 않은 (unexecuted; unfinished; incomplete) *an unfulfilled desire 이루지 못한 소원

☐ **uninitiated** [ʌníníʃièitid] *n.* 미숙한(unfledged), 경험이 없는(inexperienced; unskilled; unfamiliar; callow)

☐ **unique** [ju:ní:k] *a.* 독특한(singular; peculiar; distinctive); 유일무이한(peerless; sole); 훌륭한(wonderful)

☐ **unpalatable** [ʌnpǽlətəbəl] *a.* 입에 맞지 않는, 맛없는(distasteful; tasteless; unsavory; untasty; insipid; flat); 싫은, 불쾌한(disagreeable; unpleasant) (↔ palatable *a.* 입에 맞는, 맛좋은(tasty; savory; sipid; sapid))

☐ **unparalleled** [ʌnpǽrəlèld] *a.* 비길 데 없는(matchless; peerless; unequaled; unsurpassed)

☐ **unquestionable** [ʌnkwéstʃənəbəl] *a.* 의심할 나위없는, 확실한(indisputable; incontrovertible; indubitable; undoubted; certain)

☐ **unreasonable** [ʌnrí:zənəbəl] *a.* 불합리한, 비상식적인(absurd; preposterous); 부당한, 터무니없는(exorbitant)

☐ **unreliable** [ʌnriláiəbəl] *a.* 믿을 수 없는, 신뢰할 수 없는(dependable; irresponsible; loose)

☐ **unscathed** [ʌnskéiðd] *a.* (사고 등에서) 다치지 않은(uninjured; unhurt); (나쁜 일에도) 상처를 입지 않는(impassible; impervious)

☐ **unseemly** [ʌnsí:mli] *a.* 보기 흉한(ugly; unsightly; ungainly; disreputable; clumsy; like the back of a bus); 어울리지 않는(unbecoming; ill-matched; inappropriate; out of place)

☐ **unshakable** [ʌnʃéikəbəl] *a.* 흔들리지 않는, 확고한(firm; fixed; steadfast; determined; resolute; unwavering; unswerving; unshaken)

□**unsparing**[ʌnspέəriŋ] *a.* 인색하지 않은, 후한(generous; liberal); 가차 없는, 엄한 (severe; strict; rigorous)(↔ **sparing** *a.* 인색한(stingy; parsimonious)); 절약하는 (thrifty); 빈약한(scanty)

□**unsurpassable**[ʌnsərpǽsəbl] *a.* 능가할 것이 없는, 비길 데 없는; 매우 뛰어난(superlative; superior; excellent; outstanding)

□**uxorious**[ʌksɔ́:riəs] *a.* 애처가의, 아내를 너무 위하는, 아내 앞에서 사족을 못 쓰는 *cf.* **henpecked; wife-ridden** 공처가의
*an <u>uxorious</u>[a <u>henpecked</u>] husband 애처가[공처가]

V -

□**valiant**[vǽljənt] *a.* 용맹스런, 용감한(brave; courageous; gallant; dauntless; undaunted; intrepid; daring; bold; plucky);
훌륭한(excellent; splendid; wonderful)
a. **valor** *n.* 용기, 용맹(courage; bravery; intrepidity) *a.* **valorous** 용감한
cf. **variant** *a.* 다른, 상이한(different)(↔ **invariant** *a.* 불변의(unchangeable; invariable; immutable))

□**vitriolic**[vìtriálik] *a.* 신랄한, 통렬한(biting; cutting; acrid; sharp; scathing; caustic; poignant; pungent); 황산(염)의

□**voracious**[vouréiʃəs] *a.* 게걸스레 먹는, 대식하는(gluttonous; ravenous); 탐욕적인(avaricious; greedy; rapacious; covetous; piggish)
n. **voracity** 대식, 폭식(gluttony) *a <u>voracious</u> appetite 왕성한 식욕
cf. **veracious** *a.* 정직한(honest)

W -

□**wanton**[wɔ́(:)ntən] *a.* 잔인한, 무자비한(cruel; brutal; ruthless; atrocious); 제멋대로인(unruly); 음탕한(dissipated; voluptuous; licentious; sultry; lewd)

□**willful**[wílfəl] *a.* 계획적인, 고의의(planned; deliberate; premeditated; intentional); 고집 센(stubborn; headstrong)

□**winsome**[wínsəm] *a.* 매력적인(charming; fascinating; alluring; winning; attractive)

□**wizened**[wízənd] *a.* 몹시 여윈; (얼굴이) 주름진(shriveled; crumpled); 시든(withered; wilted)

[명사]

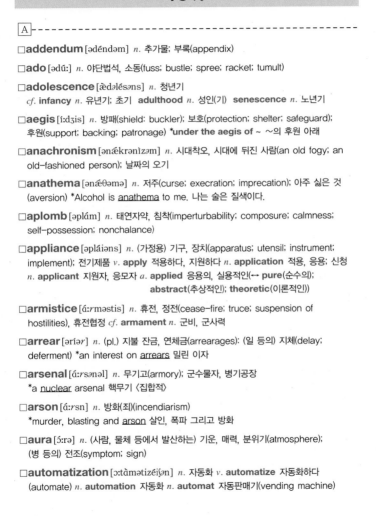

A -

□**addendum** [ədéndəm] *n.* 추가물; 부록(appendix)

□**ado** [ədúː] *n.* 야단법석, 소동(fuss; bustle; spree; racket; tumult)

□**adolescence** [æ̀dəlésəns] *n.* 청년기
  cf. **infancy** *n.* 유년기; 초기 **adulthood** *n.* 성인(기) **senescence** *n.* 노년기

□**aegis** [íːdʒis] *n.* 방패(shield: buckler); 보호(protection; shelter; safeguard);
  후원(support; backing; patronage) *under the aegis of ~ ~의 후원 아래

□**anachronism** [ənǽkrənìzəm] *n.* 시대착오, 시대에 뒤진 사람(an old fogy; an
  old-fashioned person); 날짜의 오기

□**anathema** [ənǽθəmə] *n.* 저주(curse; execration; imprecation); 아주 싫은 것
  (aversion) *Alcohol is <u>anathema</u> to me. 나는 술은 질색이다.

□**aplomb** [əplám] *n.* 태연자약, 침착(imperturbability; composure; calmness;
  self-possession; nonchalance)

□**appliance** [əpláiəns] *n.* (가정용) 기구, 장치(apparatus; utensil; instrument;
  implement); 전기제품 *v.* **apply** 적용하다, 지원하다 *n.* **application** 적용, 응용; 신청
  n. **applicant** 지원자, 응모자 *a.* **applied** 응용의, 실용적인(↔ **pure**(순수의);
                    abstract(추상적인); **theoretic**(이론적인))

□**armistice** [áːrməstis] *n.* 휴전, 정전(cease-fire; truce; suspension of
  hostilities), 휴전협정 *cf.* **armament** *n.* 군비, 군사력

□**arrear** [əríər] *n.* (pl.) 지불 잔금, 연체금(arrearages): (일 등의) 지체(delay;
  deferment) *an interest on <u>arrears</u> 밀린 이자

□**arsenal** [áːrsənəl] *n.* 무기고(armory); 군수물자, 병기공장
  *a <u>nuclear</u> arsenal 핵무기 〈집합적〉

□**arson** [áːrsn] *n.* 방화(죄)(incendiarism)
  *murder, blasting and <u>arson</u> 살인, 폭파 그리고 방화

□**aura** [ɔ́ːrə] *n.* (사람, 물체 등에서 발산하는) 기운, 매력, 분위기(atmosphere);
  (병 등의) 전조(symptom; sign)

□**automatization** [ɔːtàmətizéiʃən] *n.* 자동화 *v.* **automatize** 자동화하다
  (automate) *n.* **automation** 자동화 *n.* **automat** 자동판매기(vending machine)

854

□**backbone**[bǽkbòun] *n.* 척추(spine); 중추(pivot), 주력(the main force);
기골(firmness) *to the <u>backbone</u> 철저한(thorough), 철두철미하게

□**backbreaker**[bǽkbrèikər] *n.* 몹시 힘든 일(very hard work); 열심히 일하는 사
람(a hard worker; grub)

□**badinage**[bæ̀dáná:ʒ] *n.* 농담(raillery; joke; jest); 야유(banter; chaff)
v. 놀리다(ridicule; jeer; poke fun at; make fun[game, sport] of)

□**ballyhoo**[bǽlihù:] *n.* 저속한 선전; 과대광고(puff; an exaggerative
advertisement) *v.* 과대광고하다(puff)

□**bathos**[béiθɑs] *n.* 〈수사학〉 돈강법(a sudden change in speech or writing
from a serious or important subject to a ridiculous or very ordinary one);
용두사미(anticlimax)

□**beef**[bi:f] *n.* 근육(muscles; sinews; thews); 힘(strength; vigor); 쇠고기;
(pl.) 불평(complaint) *cf.* **beef up** 강화하다(reinforce; fortify; build up);
도살하다(slaughter) **beep** *n.* 발신음 *v.* 경적을 울리다(honk) **cover-up** *n.* (진상의)
숨김, 은폐(concealment; hiding)

□**bigotry**[bígətri] *n.* 완고, 고집불통(obstinacy; perversity; stubbornness);
편협(illiberality; narrow-mindedness; prejudice(편견))

□**bile**[bail] *n.* 담즙; 분통(rage; fury; vexation) *bear bile 웅담
stir[rouse] a person's bile ~의 분통이 터지게 하다
black bile 우울(depression; the blues)

□**bout**[baut] *n.* (권투 등의) 한판 승부, 시합(match; game; tournament);
일시적인 기간(spell; session); (병의) 발병기간; 한바탕 ~하는 동안
*have a <u>bout</u> with ~ ~와 한판 승부를 겨루다
hold a drinking <u>bout</u> 술판을 벌이다

□**breach**[bri:tʃ] *n.* (약속, 법규 등의) 위반(infringement; violation); 불화; 갈라진 틈
(rent; interstice; crevice) *cf.* **bleach** *v.* 표백하다(whiten)

□**bromide**[bróumaid] *n.* 진부한 생각(cliché thinking);
흔해 빠진 일(commonplace)

□**cache**[kæʃ] *n.* 은닉처(a hiding place), 저장소(repository; preservatory);

(은닉처의) 저장물 v. ~을 저장하다; 감추다(hide; stash)

□ **campaign**[kæmpéin] n. (사회적, 정치적) 운동, 선거운동; 군사행동, 작전
(operations; maneuvers) v. ~의 운동을 일으키다
*an advertising[election] <u>campaign</u> 광고전[선거운동]

□ **cliché**[kli:ʃéi] n. 진부한 말(platitude; staleness)

□ **clique**[kli:k] n. 도당, 파벌(faction; cabal)

□ **cluster**[klʌ́stər] n. (꽃, 과일 등의) 송이(bunch; bundle) v. 떼를 짓다, 떼를 짓게
하다(swarm; flock together); 주렁주렁 달리다(be heavy-laden)

□ **coalition**[kòuəlíʃən] n. 연합, 제휴(union; alliance; confederation;
amalgamation) v. **coalesce** 연합하다, 합체하다(unite; combine)

□ **cologne**[kəlóun] n. 향수(perfume; scent); 화장수(toilet water[liquid])

□ **council**[káunsəl] n. 회의(conference); 협의회, 평의회; 지방의회
cf. **counsel** n. 상담; 조언(advice)

□ **custody**[kʌ́stədi] n. 감금, 구류(detention; commitment; imprisonment);
보관(safekeeping); (미성년자의) 보호, 후견 a. **custodial** 보관의; 관리인의
n. **custodian** 관리인; 보관인(keeper); 수위(doorkeeper; gatekeeper; janitor)

[D] -

□ **declaration**[dèkləréiʃən] n. 선언, 발표(announcement); 신고(return)
*a <u>declaration</u> of income 소득의 신고 v. **declare** 선언하다, 공표하다(proclaim;
announce); 단언하다(affirm; vouch)

□ **demarcation**[dìmɑːrkéiʃən] n. 경계(boundary); 구분(division)

□ **drawback**[drɔ́:bæk] n. 약점, 결점(fault; shortcoming; defect; weakness); 장애,
고장(hindrance; obstacle; hitch; impediment; barrier);
환불금(kickback; rebate; refund; repayment)
cf. **throwback** n. 역전(reversion); 후퇴(retreat); 격세 유전(atavism);
구시대의 사람(old fashioned man)

□ **drizzle**[drízl] n. 이슬비, 보슬비(mizzle) v. (it을 주어로) 이슬비가 내리다
*pouring a. 비가 억수같이 쏟아지는

[E] -

□ **ennui**[ɑ́:nwíː] n. 권태, 무료함(boredom; lassitude; tedium; humdrum)

□ **excretion**[ikskríːʃən] *n.* 배설, 배출, 분비(evacuation; elimination; passage);
배설물(excrement; discharge), 배출물, 분비물(egesta)
v. **excrete** (노폐물 등을) 배출하다, 분비하다
n. **excrement** 배설물; 대변(feces; stools; motions; shit; dung; number two)
*do[go, make] number two; go to stool 변을 보다, 똥누다

F -

□ **fallout**[fɔ́ːlàut] *n.* 방사능 낙진, 죽음의 재(radioactive dust[ashes]);
부산물(by-product); 부수적 결과, 여파(aftermath);
악영향(an evil effect[influence]); 낙오자, 포기자(dropout; derelict)
cf. **falling-out** *n.* 싸움, 불화(fighting; quarrel)

□ **famine**[fǽmin] *n.* 기근, 식량부족(dearth; failure of crops)
v. **famish** 굶주리게 하다, 아사시키다(starve) *cf.* starvation 기아, 아사

□ **flake**[fleik] *n.* 얇은 조각(scrap; chip); 파편(fragment)

□ **frill**[fril] *n.* 가장자리 주름장식(fringe);
(pl.) 뽐냄(airs), 점잔빼는 태도(affectation; pomposity), 사치(luxuries)

G -

□ **gem**[dʒem] *n.* 보석(jewel); 아주 귀중한 것[사람](the apple of the eye; nugget)
a. **gemmy** *a.* 보석을 함유한, 보석 같은 *cf.* **germ** *n.* 세균, 병균; (식물의) 싹

H -

□ **hangar**[hǽŋər] *n.* (비행기의) 격납고(an aviation shed); 차고(garage);
곳간(storeroom; shed; repository)

□ **hegemony**[hidʒémǝni] *n.* 주도권, 지배권(initiative; leadership)

□ **hinge**[hindʒ] *n.* 경첩; 요체, 비결(secret); 중심점
v. ~의 여하에 달려있다, ~에 따라 정해지다(~ on)

□ **hub**[hʌb] *n.* (활동 등의) 중심(center; heart); (바퀴 등의) 축(axis)

□ **hunch**[hʌntʃ] *n.* 예감, 직감(premonition; presentiment; presage; foreboding);
덩어리(lump; clump; mass); 혹(hump) *v.* 구부리다(hump; bend; crook)
*a camel with two humps 쌍봉낙타
cf. over the hump[hill] 고비[위기]를 넘겨(passing a crisis)

- -

□**imbecility**[ìmbəsíləti] *n*. 저능(idiocy; moronity), 정신박약(mental weakness); 무능(inability) *n*. **imbecile** 저능아(moron; idiot; an imbecile child) *a*. 저능한(moronic; retarded), 우둔한(backward)

□**inertia**[inə́:rʃiə] *n*. 불활발, 굼뜸(inactivity; dullness); 〈물리〉관성; 〈의학〉무력증 *a*. **inert** 자력으로 움직일[행동할] 수 없는; 활성이 없는 *n*. 불활성 기체; 둔한 사람 *the law of <u>inertia</u> 관성의 법칙

□**interment**[intə́:rmənt] *n*. 매장, 토장(burial)

□**iridescence**[ìrədésəns] *n*. 무지개 빛깔; 보는 각도에 따라 달라지는 빛 *a*. **iridescent** 무지개 빛깔의(rainbow-colored)

- -

□**jaunt**[dʒɔːnt] *n*. 소풍(excursion; picnic; hiking) *v*. 소풍가다(go on an excursion)

□**jubilation**[dʒùːbəléiʃən] *n*. 환희(joy; glee; delight), 환호(ovation; acclamation); 축하(celebration; congratulation) *a*. **jubilant** 기쁨에 넘치는, 환호하는

□**junta**[húːntə] *n*. (쿠데타 후의) 군사정권(a military regime), 임시정부(a provisional[an interim] government)

- -

□**ken**[ken] *n*. 이해(understanding; comprehension; apprehension); 시야(sight) *The problem is beyond my <u>ken</u> 난 그 문제를 이해하지 못한다.

□**knavery**[néivəri] *n*. 나쁜 짓(misdeed), 부정행위; 악당근성 *cf*. **snobbery; philistinism** 속물근성 *<u>knavery</u> and flattery 악당근성과 아첨

□**knockabout**[nákəbàut] *n*. 소형보트(sailboat) *a*. 소란한(noisy); 방랑하는(wandering) *cf*. **knockdown** *n*. 때려눕히기; (가격의) 할인, 삭감; 조립식으로 된 것 *a*. 타도하는; 압도적인(overwhelming) **knockout** *n*. (권투의) KO *a*. 굉장한(awful); 맹렬한(impetuous; violent) *a <u>knockout</u> figure[beauty] 굉장한 인물[미인]

□**labyrinth** [lǽbərìnθ] *n.* 미궁, 미로(maze); 분규(tangle);
복잡한 사건(complications)

□**leaven** [lévən] *n.* 효모(yeast); ~의 기미(tinge) *v.* 발효시키다

□**lexicon** [léksəkən] *n.* 사전(dictionary; encyclopedia);
어휘집(vocabulary; wordbook); 목록(catalog)

□**liver** [lívər] *n.* 간, 간장; ~하게 생활하는 사람
*a hot[cold, white] liver 열정[냉담, 겁 많음]; a fast[hearty] liver 방탕자[미식가]

□**mainspring** [méinsprìŋ] *a.* 주요 원인[동기](main cause[reason]);
(시계의) 큰 태엽

□**maintenance** [méintənəns] *n.* 유지, 보존, 보수 관리(upkeep); 주장(assertion);
부양(upkeep); 생활비(living expenses); 위자료(consolation money; solatium)
v. **maintain** 유지하다; 주장하다; 부양하다; 지지하다; 계속하다

□**martyr** [mάːrtər] *n.* 순교자; 희생자(victim; scapegoat);
고통 받는 사람(sufferer) *v.* 박해하다, 괴롭히다(persecute; oppress)

□**masterpiece** [mǽstərpìːs] *n.* 걸작; 대표작(an extremely good painting, novel,
film, etc.)

□**match** [mætʃ] *n.* 경기, 시합(contest; bout; game); 상대, 짝 *v.* ~에 필적하다
(equal; emulate; rival); 경쟁시키다; ~와 대등하다(rival); 조화하다(harmonize with)

□**merchandise** [mə́ːrtʃəndàiz] *n.* (집합적) 상품, 제품(commodity; goods)
v. 장사하다, 매매하다(traffic; bargain)

□**metamorphosis** [mètəmɔ́ːrfəsis] *n.* (곤충의) 변태(transformation);
변형(change; transmutation(돌연변이- mutation))
v. **metamorphose** 변태하다; 변형시키다

□**mull** [mʌl] *n.* 실수, 실패(failure); 혼란(confusion; muddle)
v. 숙고하다(ponder; consider carefully)

□**nadir** [néidər] *n.* (절망 등의) 구렁텅이, 밑바닥(abyss)

*be at the <u>nadir</u> of drugs[one's fortune] 마약의 구렁텅이에[깊은 실의에] 빠지다

☐**neologism**[niːάlədʒìzəm] *n.* 신조어(new word or expression)

- -

☐**obituary**[oʊbítʃuèri] *n.* 사망기사(necrology) *an obituary notice 부고

☐**offset**[ɔ́ːfsèt] *n.* 상쇄(offsetting; counterbalance); 출발(departure; starting; leaving) *v.* [ɔ̀ːfsét] 상쇄하다; (장점이 단점을) 벌충하다(compensate)

☐**orbit**[ɔ́ːrbit] *n.* 궤도; 활동범위; 세력 범위(a sphere[scope] of influence[power])

P -

☐**panacea**[pæ̀nəsíːə] *n.* 만병통치약(cure-all; elixir; a remedy for every ill)
*the elixir of life 불로장생약

☐**panegyric**[pæ̀nədʒírik] *n.* 찬양의 글[연설](encomium); 찬사, 격찬(eulogy; high praise[tribute])

☐**periodical**[pìəriάdikəl] *n.* 정기간행물, 잡지(magazine)
a. 주기적인, 정기의(periodic; fixed; regular)
*weekly(주간), biweekly(격주간), monthly(월간), semimonthly(월 2회), quarterly(계간), annual(연간)

☐**personnel**[pə̀ːrsənél] *n.* 직원, 사원(staff; employees; work force; faculty(대학의 ~); 인사부 *cf.* **personal** *a.* 개인의, 사적인(private)

☐**placebo**[plətʃéibou] *n.* (유효성분이 없는) 가짜 약; 일시적 위안의 말, 아첨(flattery; adulation)

☐**plebiscite**[plébəsàit] *n.* 국민투표(referendum) *by plebiscite 국민투표로

☐**plummet**[plʌ́mit] *n.* (주가 등의) 폭락(a sharp decline; slump; crash; smash; nose-diving) *v.* 폭락하다(toboggan; slump; decline heavily[sharply]); 뛰어들다(plunge; jump into) *on the toboggan (물가 등이) 급락하여, (인생이) 영락하여

☐**pose**[pouz] *n.* 자세, 마음가짐(posture; attitude); 겉치레(ostentation) *v.* 자세를 취하다, 제출하다(present)

☐**posture**[pάstʃər] *n.* 자세(pose; stance); 몸가짐(bearing; attitude; deportment)

☐**prejudice**[prédʒədis] *n.* 편견, 선입관(bias; partiality; predilection; preference(편애); favoritism(편애); jaundice(옹졸한 생각))

a. prejudiced 편견을 가진; 편파적인, 불공정한(partial; unfair)
(↔ unprejudiced; impartial; fair)

R --

□**ramification**[ræ̀məfikéiʃən] *n*. 분기(divergence); 지맥, 나뭇가지(branches); 결과(result; consequence) *v*. ramify 가지를 내다, 분기하다, 세분화하다
*ramification of nerve 신경의 지맥

□**recipe**[résəpì:] *n*. (요리의) 조리법(gastronomy); 처방전(prescription); 비결, 비책(key; knack; secret)

□**reef**[ri:f] *n*. 암초(submerged rock); (광산의) 광맥

□**region**[ríːdʒən] *n*. 지방, 지역, (활동 등의) 범위, 영역(sphere; province; realm); (신체의) 부위 *a*. regional 지역의(local); 〈의학〉 국부의 *a tropical region 열대지방 the abdominal region 복부 regional anesthesia 국부마취

□**remnant**[rémnənt] *n*. 나머지(the rest; the remainder); 찌꺼기(dregs); 잔존물, 유적(relics; ruins; remains; remainders)

□**renown**[rináun] *n*. 명성(fame; reputation)
a. renowned 유명한(famous; famed; celebrated; well-known)

□**revenue**[révənjùː] *n*. 세입(income); 수익(gains; proceeds; returns); 총수입(earnings); (the ~) 국세청
cf. avenue *n*. (도시의) 큰거리, 대로(main street); (어떤 목적에 이르는) 수단, 방법 (steps; method) *an avenue to success 성공에 이르는 길

□**ripple**[rípəl] *n*. 잔물결(ripplet); 파문(repercussions; stir)
v. 잔물결을 일으키다; 파문을 일으키다(create a stir)

□**roster**[rástər] *n*. (당번 순서 등을 적은) 명부(list; roll); 〈야구〉 (벤치에 들어갈 수 있는) 등록멤버

□**runoff**[rʌ́nɔ̀:f] *n*. 넘쳐흐름, 범람(overflow; inundation); (양의) 감소(diminution); 결승전, 결선 투표

□**rupture**[rʌ́ptʃər] *n*. 파열, 균열(breach); 단절(severance); 결렬(breakdown); 탈장(hernia) *v*. 파열시키다(burst); 단절하다(break off)
cf. rapture *n*. 큰 기쁨(exultation); 환희, 황홀(ecstasy; trance) *v*. 황홀하게 하다

□**schism**[sízəm] *n.* (단체의) 분리, 분열(separation); (교회 등의) 분파(secession)
a. **schismatic** 분리적인 *cf.* **schizophrenia** *n.* 정신분열증

□**scrutiny**[skrú:təni] *n.* 정밀 조사[검사]; 투표 재검표
*make scrutiny into ~ ~을 정밀조사하다

□**seasoning**[sí:zəniŋ] *n.* 양념, 조미료(condiments; flavoring; spices);
흥취를 돋우는 것

□**segment**[ségmənt] *n.* 구획(division); 단편, 조각, 부분(section; part)
v. 분할하다(devide; split)

□**skeleton**[skélətn] *n.* 골격, 뼈대(frame); 해골(skull);
골자(gist; bones; the pith and marrow) *cf.* **physique**[fizí:k] *n.* 체격(frame)

□**spinach**[spínitʃ] *n.* 필요 없는 것; 군더더기(superfluity; frills); 시금치(spinage);
돈(money)

□**spot**[spat] *n.* (피부의) 점, 반점(speck; speckle; dot);
(인격의) 흠, 오점(flaw; blot; smear; stigma); 장소(location); 직위(position)
v. 더럽히다(foul; smear); 발견하다(detect) *a.* 당장의(on-the-spot), 현금지불의
a. **spotless** 흠 없는, 오점 없는(flawless; immaculate)

□**station**[stéiʃən] *n.* 역, 정거장; 위치, 장소; 직위(social position)

□**stroke**[strouk] *n.* 타격, 치기(blow); (병의) 발작(fit; attack); (심장의) 고동
v. 달래다(soothe; coax; dandle); 어루만지다(caress; pat)

□**subpoena**[səbpí:nə] *n.* (증인 등에 대한) 소환장(writ)
v. 소환하다(summon), 소환장을 발부하다

□**taboo**[təbú:] *n.* 금기, 금제(prohibition); 추방(ostracism)

□**taint**[teint] *n.* 더러움, 얼룩, 오점(stain; blot; blur); 수치(shame);
부패, 타락(corruption) *v.* 더럽히다, 오염시키다(foul; contaminate)

□**takeoff**[téikɔ(:)f] *n.* 출발점, 도약; 이륙 (지점); 흉내, 모방, 패러디(imitation;
mimicry; mock); (급속한 경제성장의) 출발점

□**tattoo**[tætú:] *n.* 문신; 귀영 나팔, 북소리 *v.* 문신하다
*have a dragon tattooed upon one's back 등에 용 문신을 뜨다

□**tenet**[ténət] *n.* 교의, 주의, 신조(doctrine; dogma; creed)

□**thesis**[θíːsis] *n.* 학위논문(dissertation; treatise); 논제, 제목(theme; proposition)
cf. preposition 전치사

□**tilt**[tilt] 기울기, 경사(slant; slope; inclination) *v.* 기울이다, 비스듬해지다(slant);
공격하다(assail), 돌격하다(rush); 비난하다(censure); 찌르다(stab)

□**token**[tóukən] *n.* 상징(symbol); 표시(mark); 기념물; 상품교환권
v. 상징하다(symbolize) *a.* 이름뿐인, 불과 얼마 안 되는(slight; nominal);
상징이 되는 *in[as a] <u>token</u> of one's gratitude[love and affection] 감사[애정]의 표
시로 <u>token</u> resistance 변변찮은 저항

□**treatment**[tríːtmənt] *n.* 취급(handling); 대우, 대접(hospitality); 치료(cure)
*be under medical <u>treatment</u> 치료중이다

□**trend**[trend] *n.* 경향, 동향, 추세(tendency; inclination); 유행(fashion; vogue;
craze; fad); 방향(direction) *v.* ~으로 향하다, 어떤 방향으로 기울다

□**trepidation**[trèpidéiʃən] *n.* 전율, 공포(fright; dread; horror);
당황(confusion); (마음의) 동요(disturbance); (손발의) 떨림
cf. trepid *a.* 겁이 많은, 소심한(timid; cowardly)
(↔ intrepid 용맹한, 대담한(fearless; dauntless; undaunted; valiant; gallant))

□**tribunal**[traibjúːnl, tri-] *n.* 법정(court; bar)
cf. tribulate *v.* 억압하다; 박해하다, 괴롭히다(persecute; torment)
n. tribulation 시련(trial); 고난(hardship)

□**twilight**[twáilàit] *n.* (해지기 전의) 여명, 황혼(dusk; gloaming; crepuscule);
황혼기, 쇠퇴기(ebb; evening; winter; wane) *enter the <u>twilight</u> of one's life
만년에 접어들다

U---

□**upbeat**[ʌ́pbìːt] *n.* (경기의) 상승(기조)(upturn); 호경기(boom)
a. 낙관적인(optimistic; rosy; sanguine; hopeful);
즐거운(merry; pleasant); 행복한(happy)

□**upbringing**[ʌ́pbrìŋiŋ] *n.* (유아기의) 교육, 훈육(education; breeding)

□**upkeep**[ʌ́pkìːp] *n.* 유지, 보존(maintenance); 부양(maintenance; support);
부양비(sustenance allowance)

□**uprising**[ʌ́pràiziŋ] *n.* 반란, 폭동(revolt; rebellion; insurrection; mutiny)

□**upsurge** [ʌ́psə̀:rdʒ] *n.* 급증(sudden[sharp; rapid] increase); 쇄도(rush); 돌발(outbreak) *v.* [ʌpsə́:rdʒ] 급증하다(upsurge; balloon)
cf. **burgeon** *a.* 급증하는　**foudroyant** *a.* 전격적인; 급성의; 급증의
　　*foudroyant paralysis 급성마비

V --

□**vantage** [vǽntidʒ] *n.* 우세(superiority; ascendancy; dominance; predominance); 유리(advantage; asset; favor)

□**variety** [vəráiəti] *n.* 변화, 다양성(diversity; vicissitude); 차이, 불일치(disparity; discrepancy; difference)
v. **vary** 바꾸다; 다양하게 하다(diversify) *n.* **variation** 변화(change)
a. **various** 다양한, 가지각색의(diverse)
varied *a.* 잡다한, 다채로운(sundry; miscellaneous)

□**virtue** [və́:rtʃu:] *n.* 덕, 미덕(a noble attribute); 장점(merit; advantage)
　*by[in] virtue of ~ ~의 덕분으로, ~에 의하여

W --

□**walkout** [wɔ́:kàut] *n.* 동맹파업(strike; turnout); (회의 등에서) 항의 퇴장; 물건을 사지 않고 나가는 손님 *cf.* **workout** *n.* 기업의 가치회생 작업; 점검(check); (적성) 검사(inspection); 연습(practice)

□**warrant** [wɔ́:rənt] *n.* 보증, 보증서(guarantee); 영장(writ); 담보(security; mortgage); 정당한 이유(reason; warranty) *v.* 보증하다(guarantee); 정당화하다 (justify); 허가하다(permit; approve; license)

□**well-being** [wélbí:iŋ] *n.* 행복(bliss; felicity; happiness); 안녕; 복지(welfare)

□**whiff** [hwif] *n.* 엽궐련(cigar); (바람) 한번 불기; (연기) 한번 내뿜기; 냄새(smell; odor; scent); (~의) 기미, 기색(touch; streak; sign)

□**whitewash** [hwáitwàʃ] *n.* (나쁜 점 등을 숨기기 위한) 눈속임, 겉치레(camouflage; subterfuge; concealment; hoodwinking; masquerade; disguise) *v.* 실책을 얼버무리다, 속이다; 흰 도료를 칠하다

□**wreck** [rek] *n.* 파멸(destruction; ruin; downfall); 좌절(frustration; breakdown); (파괴된 비행기 자동차 등의) 잔해(remains; wreckage)
v. 배를 난파시키다; 파괴하다(destroy); 좌절시키다(frustrate)
cf. **rack. wrack** *n.* 파멸, 파괴(destruction)

[기출 부사]

□**abruptly** [əbrʌ́ptli] *ad.* 갑자기, 불시에(suddenly; all of a sudden; out of the blue) *a.* **abrupt** 갑작스러운, 불시의; 퉁명한, 무뚝뚝한(brusque; blunt; gruff)

□**blankly** [blǽŋkli] *ad.* 멍하니, 우두커니(absently; absent-mindedly) *a.* **blanky** 공백이 많은 *cf.* **vacuous** *a.* 텅 빈, 얼빠진

□**circuitously** [sə:rkjú:itəsli] *ad.* 간접적으로, 넌지시(indirectly) *a.* **circuitous** 도는 길의; 간접적인(indirect; secondhand; roundabout)

□**decorously** [dékərəsli] *ad.* 예의바르게(modestly); 단정하게(neatly; tidily) *a.* **decorous** 예의바른; 단정한 *n.* **decorum** 예의바름; (pl.) 예법

□**drastically** [drǽstikəli] *ad.* 격렬하게; 과감하게; 철저하게 *a.* **drastic** 격렬한, 과감한

□**fervently** [fə́:rvəntli] *ad.* 열렬히(ardently; passionately) *a.* **fervent** 열렬한, 강렬한

□**fortuitously** [fɔ:rtjú:ətəsli] *ad.* 뜻밖에, 우연하게(accidentally) *a.* **fortuitous** 뜻밖의, 우연한

□**fortunately** [fɔ́:rtʃənətli] *ad.* 다행히도, 운 좋게도(↔ **unfortunately** *a.* 불행하게도) *a.* **fortunate** 운이 좋은, 행운을 가져다주는

□**gingerly** [dʒínʤərli] *ad.* 신중하게, 조심스럽게(carefully; cautiously) *a.* 조심스러운(careful; heedful) *cf.* **ginger** *n.* 생강; 매운 맛(piquancy); 정력, 원기 *cf.* **ginseng** *n.* 인삼 **ginkgo, gingko** *n.* 은행

□**incessantly** [insésəntli] *ad.* 끊임없이, 쉴 새 없이 *a.* **incessant** 끊임없는, 쉴 새 없는

□**indiscriminately** [ìndiskrímənitli] *ad.* 무분별하게, 마구잡이로(at random; like fury) *a.* **indiscriminate** 무차별의, 마구잡이의 *cf.* **discriminate** *v.* 구별하다, 차별하다

□**initially** [iníʃəli] *ad.* 처음에, 시초에(at first; primarily; originally; at the start[beginning, outset]) *a.* **initial** 처음의, 시초의(first) *n.* 머리글자; (이름의) 첫 글자

□**knowingly** [nóuiŋli] *ad.* 알고서, 고의로(intentionally; deliberately; purposely; by design); 아는 듯이 **knowingly* kill 고의로 죽이다

a. **knowing** 학식 있는(learned; erudite); 빈틈없는(alert); 멋진(smart; gorgeous); 고의적인(intentional) *a knowing man 빈틈없는 사람

☐**legitimately** [lidʒítəmitli] *ad.* 합법적으로, 정당하게(lawfully); 합리적으로 (logically) *a.* **legitimate** 합법적인; 합리적인(reasonable)

☐**quietly** [kwáiətli] *ad.* 조용히(calmly; gently); 평온히(peacefully); 은밀히(secretly; in secret)

☐**realistically** [rìːəlístikəli] *ad.* 현실적으로, 실제적으로 *a.* **realistic** 현실적인 *cf.* **unrealistic** *a.* 비현실적인 **surrealistic** 초현실적인

☐**ruthlessly** [rúːθlisli] *ad.* 무자비하게, 가차 없이(pitilessly; relentlessly; rigorously; without mercy)

☐**separately** [sépəritli] *ad.* 따로따로, 개별적으로(apart; each; severally; individually; respectively) *a.* **separate** 갈라진, 따로따로의, 개별적인 *v.* 분리하다, 떼어놓다(separate; put asunder)

☐**simultaneously** [sàiməltéiniəsli] 동시에(concurrently; coincidently; synchronously; at the same time); 일제히(in chorus; in concert) *a.* **simultaneous** 동시에, 동시에 일어나는 *n.* **simultaneity** 동시발생

☐**statistically** [stətístikəli] *ad.* 통계상으로, 통계적으로 *n.* **statistics** 통계(학)

☐**supposedly** [səpóuzidli] *ad.* 추측건대, 아마도(presumably) *a.* **supposed** 상상된, 가정의; ~하기로 되어 있는 *v.* **suppose** 가정하다, 추측하다

☐**surreptitiously** [sə̀ːrəptíʃəsli] *ad.* 몰래, 남모르게; 부정하게(crookedly) *a.* **surreptitious** 비밀의, 은밀한; 부정의, 무허가의

☐**timidly** [tímidli] *ad.* 소심하게, 자신 없이(faintheartedly); 머뭇거리며(hesitantly)

☐**warmly** [wɔ́ːrmli] *ad.* 따뜻하게; 충심으로; 열심히(enthusiastically; ardently; zealously)

cf. **amid** [əmíd] *p.* ~의 한복판에(amidst; in the middle of); ~이 한창일 때에
provided [prəváidid] *conj.* 만약 ~이라면(if; on condition that; suppose) 〈조건의 접속사〉

□**absent-mindedly**[ǽbsəntmáindidli] *ad.* 멍하니, 넋을 잃고(blankly; absently; in a daze) *a.* **absent-mined** 멍하니 있는, 넋을 잃은

□**admittedly**[ædmítədli] *ad.* (문장을 수식하여) 일반적으로 인정되는 바와 같이 (permittedly; commonly); 물론, 명백하게(clearly; evidently; obviously; expressly; distinctly; explicitly; plainly)

□**approximately**[əpráksəmitli] *ad.* 거의, 대략(about; roughly; broadly; almost; on the whole; in the main) *a.* **approximate** 대강의, 유사한

□**barely**[bɛ́ərli] *ad.* 간신히, 가까스로(by a narrow margin; by the skin of one's teeth; narrowly; 거의 ~않다(scarcely)
a. **bare** 가까스로의, 얼마 안 되는; 발가벗은, 나체의(naked); 텅 빈(empty)
v. 발가벗기다; (이빨 등을) 드러내다

□**customarily**[kʌ̀stəmérəli] *ad.* 습관적으로(habitually);
관례상(conventionally) *a.* **customary** 습관적인, 관례상의
n. **custom** 풍습, 관습; (pl.) 관세 *n.* **customer** 고객, 단골; 거래처
a. **customary** 습관적인; 관습상의

□**eventually**[ivéntʃuəli] *ad.* 마침내, 결국(finally; ultimately; after all; in the end; in the long run) *a.* **eventual** 결국 일어나는; 최후의

□**involuntarily**[inváləntèrəli] *ad.* 본의 아니게, 무심결에(unintentionally; undesignedly; against one's will) *a.* **involuntary** 본의 아닌, 무의식중의

□**locally**[lóukəli] *ad.* 국지적으로(sectionally); 장소상으로 *a.* 장소의, 지방의; 국부적인
*anesthetize locally[generally] 국부[전신] 마취하다
local[general] anesthesia 국부[전신] 마취

□**markedly**[máːrkidli] *ad.* 두드러지게, 현저하게(conspicuously; strikingly; outstandingly) *a.* **marked** 두드러진, 주목받는

□**meticulously**[mətíkjələsli] *ad.* 꼼꼼하게(carefully; scrupulously);
소심하게(timidly) *a.* **meticulous** 꼼꼼한, 소심한, 너무 신중한

□**rapidly**[rǽpidli] *ad.* 빨리, 신속히, 급속히(quickly; swiftly; promptly; without delay) *cf.* **booming** *a.* 벼락경기의; 급속히 발전하는

□**substantially**[səbstǽnʃəli] *ad.* 상당히(considerably; comparatively);
실질적으로(actually; materially) *a.* **substantial** 상당한, 실질의, 중요한

□**superciliously**[sù:pərsíliəsli] *ad.* 건방지게, 거만하게(arrogantly; haughtily)
  a. **supercilious** 거만한(overbearing; pompous)

□**tremendously**[triméndəsli] *ad.* 엄청나게(terribly; awfully);
  지나치게(excessively); 맹렬하게(fiercely)
  a. **tremendous** 굉장한; 거대한(huge); 무서운(dreadful)

□**virtually**[və́:rtʃuəli] *ad.* 사실상(practically; in fact; as a matter of fact);
  거의(nearly; almost) *a.* **virtual** 사실상의, 실질상의(actual; de facto); 허상의, 가상의

□**voluntarily**[váləntèrəli] *ad.* 자발적으로, 임의로(spontaneously; of one's own
  accord)(↔ **forcibly; by force[perforce, compulsion, necessity]** 강제적으로)
  a. **voluntary** 자발적인; 고의의(↔ **involuntary** *a.* 본의 아니게, 무의식중에)

□**aficionado** [əfìʃáənáːdou] *n.* 열렬한 애호가(enthusiast; maniac; fan; dilettante)
  *stamp aficionados over the world 전 세계의 우표 애호가들

□**archaeologist** [àːrkiáləʤist] *n.* 고고학자

□**archivist** [áːrkivist] *n.* 공문서[기록] 보관인(a person whose job is to collect, sort and care for historical documents and records)

□**ascetic** [əsétik] *n.* 금욕주의자(stoic), 수도자 *a.* 금욕적인, 고행의

□**aurist** [ɔ́ːrist] *n.* 귀 전문의(ear specialist)

□**busker** [báskər] *n.* 거리의 악사[배우]

□**caviler** [kǽvələr] *n.* 트집쟁이(fault-finder; kvetch)
  v. **cavil** 흠잡다, 트집을 잡다(find fault with)

□**celibate** [séləbit, -bèit] *n.* 독신주의자(an unmarried person), 금욕주의자
  a. 독신의(single) *live single 독신으로 지내다

□**chameleon** [kəmíːliən] *n.* 카멜레온; 지조 없는 사람, 변덕쟁이

□**courier** [kúriər] *a.* 급사, 특사(an express messenger[emissary, envoy; herald]; a dispatch rider); 가이드, 안내원(guider); 급송 택배, 택배 회사
  *by courier 속달로

□**culprit** [kálprit] *n.* 범인(criminal; convict; offender); 형사피고인(the accused)
  *culpable *a.* 비난할 만한(reproachable; blameable); 유죄의(guilty)

□**fop** [fɑp] *n.* 멋쟁이(dude; dandy)

□**founder** [fáundər] *n.* 설립자(organizer) *v.* 실패하다(fail; go wrong; fall through); (배가) 침몰하다(sink); (건물 등이) 허물어지다(collapse; fall down)
  v. **found** 기초를 세우다, 설립하다(establish; set up) *n.* **foundation** 근거, 토대, 기초; 설립; 기초화장품

□**fugitive** [fjúːʤətiv] *n.* 도망자, 탈주자, 망명자(refugee; runaway; prison-breaker; exile) *a.* 도망하는(on the run); 일시적인, 덧없는(temporary; transient; ephemeral; evanescent; fleeting)

□**geek** [giːk] *n.* 괴짜, 기인; 변태자(pervert); 컴퓨터 광(mania)

□**guru** [gúːruː] *n.* 정신적인 지도자; (어떤 분야의) 전문가, 권위자(expert; authority)

□**layman** [léimən] *n.* (전문가에 대한) 아마추어, 문외한(nonspecialist; nonprofessional; amateur)(↔ **specialist; professional; expert** *n.* 전문가)
  cf. **superior** *n.* 우수한 사람; 고수; 윗사람(senior; elders)

□**maestro** [máistrou] *n.* 대음악가, 명지휘자; (예술의) 명인(master)

□**minister** [mínistər] *n.* 성직자, 목사 *v.* 섬기다(serve), 보살피다(take care of); 기여하다(contribute)

□**nerd** [nɔ́ːrd] *n.* 얼간이, 바보; 두되는 명석하나 세상물정을 모르는 사람

□**novice** [návis] *n.* 초심자, 신출내기(beginner; tyro; greenhorn; neophyte; freshman; rookie; apprentice)(↔ **expert; adept** *a.* 전문가, 숙련자)

□**philanthropist** [filǽnθrəpist] *n.* 박애주의자, 자선가

□**philosopher** [filásəfər] *n.* 철학자, 현인(sage; wise man) *a.* **philosophic** 철학의; 냉정한, 침착한(serene; calm; dispassionate); 이성적인(reasonable)

□**plumber** [plʌ́mər] *n.* 배관공; 비밀정보 등의 누설을 방지하는 사람

□**pundit** [pʌ́ndit] *n.* 석학(savant; erudite); 전문가(expert; specialist); 권위자(authority)

□**seamstress** [síːmstris] *n.* 여자 재봉사
  (a woman who sews and makes clothes)

□**sentinel** [séntənəl] *n.* 보초, 파수병(sentry; guard)

□**sneaker** [sníːkər] *n.* 비열한 사람(scoundrel; reptile);
  (pl.) 운동화(casual shoes)

□**squatter** [skwátər] *n.* 불법 점거자, 무단 입주자
  (someone who lives without paying any rent)

□**technocrat** [téknəkræt] *n.* 전문기술자; 기술자 출신의 고급관료(a scientist, engineer, or other expert who is one of a group of similar people who have political power as well as technical knowledge)

□**vagabond** [vǽgəbànd] *n.* 방랑자(vagrant; tramp; wanderer); 부랑자, 건달
  a. 방랑하는(wandering), 정처 없는(vagrant)

□**vandal** [vǽndəl] *n.* 문화, 예술의 파괴자 *a.* **vandalic** 파괴의; 야만의
  n. **vandalism** 예술, 문화의 고의적인 파괴; 공공시설물의 파괴;
    (비문화적) 야만행위(barbarism) *a vandalic act 파괴 행위

☐**astronomer**[əstrάnəmər] *n.* 천문학자(a scientist who studies astronomy)
n. **astronomy** 천문학 *a.* **astronomical** *a.* 천문학(상)의; (숫자, 거리 등이) 천문학적인,
방대한(enormous; colossal; immense)
cf. **astrological** *a.* 점성술의 *n.* **astrology** 점성술 **nautical** *a.* 항해의, 선박의, 선원의
→ **aeronautical** 항공학의, 항공술의 *nautical astronomy 항해 천문학

☐**bellwether**[bélwèðər] *n.* (음모 등의) 주모자(mastermind; ringleader);
(산업계의) 선두자(front-runner)

☐**bourgeois**[buərʒwάː] *n.* 유산자, 자본가; 중산계급(↔ **proletariat** *n.* 무산계급)
a. 중산계급의; 속물의(snobbish)

☐**greenhorn**[grí:nhɔ̀ːrn] *n.* 미숙한 사람, 풋내기
(green hand; inexperienced person)

☐**heist**[haist] *n.* 강도, 노상강도(robber; footpad; burglar) *v.* 강도짓하다

☐**interloper**[ìntərlóupər] *n.* 참견하는 사람(meddler); 불법침입자(intruder)
v. **interlope** 참견하다; 허가 없이 영업하다

☐**linguist**[líŋgwist] *n.* 언어학자(philologist) *a.* **linguistic** 말의, 언어의(verbal)

☐**monk**[mʌŋk] *n.* 수도사, 성직자 *cf.* **friar** *n.* 탁발 수도사

☐**porter**[pɔ́ːrtər] *n.* 짐꾼(carrier; redcap); 문지기, 수위(janitor; doorkeeper)

☐**rider**[ráidər] *n.* 타는 사람; 기수; 배달부; 목동(herd; shepherd);
승객(passenger); 추서(postscript); 추가조항, 특약

☐**sniper**[snáipər] *n.* 저격병(sharpshooter); 경매에서 맨 마지막 최고가를 부르는 사람

☐**taskmaster**[tǽskmæ̀stər] *n.* 공사감독, 십장(foreman; chief workman)

☐**tenant**[ténənt] *n.* 임차인(lessee; leaseholder); 부동산 점유자(occupant);
소작인(sharecropper); 거주자(resident; inhabitant; dweller)
*squatter *n.* 불법점유자, 무단입주자

☐**trafficker**[trǽfikər] *n.* 악덕 상인(duffer); 불법거래자; 인신 매매범
cf. **smuggler** *n.* 밀수업자

☐**tumbler**[tʌ́mblər] *n.* 곡예사(acrobat; a trapeze artist); 오뚝이;
밑이 평평하고 굽이나 손잡이가 없는) 큰 컵(big drinking glass)

☐**tyrant**[táiərənt] *n.* 독재자, 전제군주(dictator; despot; autocrat; monocrat)

□**zany** [zéini] *n.* 어릿광대(clown; buffoon); 바보(fool; dunce; turkey; ass); 아첨꾼(apple-polisher; blandisher; toady; bootlicker; sycophant)

cf. **a dog in the manger** 심술쟁이(crab; crabstick; hedgehog; devil's advocate)

3. 출제 예상 관용어구·영숙어

☐ **bark up the wrong tree** 헛다리짚다; 엉뚱한 사람을 비난하다[추적하다]

☐ **be at a stand** 몹시 난처한 처지에 있다, 꼼짝 않고 서 있다

☐ **be at odds with ~** ~와 사이가 나쁘다(be at (a) jar with)

☐ **be head and shoulders above ~** ~을 능가하다
(surpass; be a cut above)

☐ **be in the same boat** 같은 배를 타다; 처지[운명, 위험 등을] 같이하다

☐ **be not born yesterday** 신출내기가 아니다, 쉽게 속지 않는다, 세상일에 훤하다

☐ **be on the ball** 빈틈이 없다, 똑 부러지다

☐ **beat around[about] the bush** 돌려서 말하다, 요점을 피하다
(be indirect to approaching ~)

☐ **break the ice** (딱딱한 분위기를 누그러뜨리려고) 좌중에서 처음으로 입을 떼다;
(문제 해결의) 실마리를 잡다

☐ **bring home the bacon** 생활비를 벌다; 성공하다(succeed)

☐ **bring something home to a person** ~에게 …을 절실히 깨닫게 하다
[자각시키다]

☐ **burn one's bridges[boats]** (behind one) 배수의 진을 치다
(fight desperately)

☐ **burn the candle at both ends** (에너지, 금전, 건강 등을) 심하게 낭비하다
(waste one's energy); 자신을 혹사시키다

☐ **bury the hatchet** 싸움을 그만두다, 화해하다(make peace)

☐ **call a person names[call names at a person]** ~의 욕을 하다,
험담하다(slander; backbite; speak ill of)

☐ **call it a day** 오늘은 이것으로 끝내다, 그만하자고 말하다

□ **call[bring. hold] a person to account** ~의 책임을 추궁하다;
~에게 해명을 요구하다; ~을 책망하다(scold; reprove; reprimand)

□ **come to grief[mischief]** (사업, 계획 등이) 실패하다(fail); 재난을 당하다
(suffer a disaster)

□ **cut a brilliant[fine, conspicious] figure** 두각을 나타내다
(be conspicuous)

□ **cut no ice** ~에(게) 아무런 효과도 없다, 전혀 도움이 되지 않다

□ **earn one's salt** 간신히 살아갈 만큼 벌다

□ **go[sell] like hot cakes** 불티나게 팔리다(sell very fast)

□ **have a big mouth** 입이 가볍다[싸다]

□ **know the ropes** ~에 대해 잘 알다, 요령이 있다

□ **look[search] for a needle in a haystack** 가망 없는 일을 하다, 헛수고하다

□ **make head(s) or tail(s) of ~** ~을 알다, 이해하다(understand)

□ **make one's mark** 성공하다(succeed); 유명해지다(become famous)

□ **make sense of ~** ~의 뜻을 이해하다(understand)

□ **meet a person halfway** ~와 타협하다(compromise)

□ **pull a long face** 슬픈 표정을 짓다

□ **put a new face on ~** ~의 국면을 새롭게 하다

□ **read between the lines** 글 속의 숨은 뜻을 알아채다
(catch the implied meaning)

□ **ring the bell** 잘되어 가다, 성공하다, 히트하다(hit the jackpot)

□ **save one's face** 체면을 지키다, 체면이 서다

□ **shoe the goose** 하찮은[쓸데없는] 일로 시간을 낭비하다(waste time)

□ **stand on one's (two) feet** 독립하다, 자립하다(be independent)

□ **stand[be] at the crossroads** 결단을 내려야할 기로에 서다

□ **take a turn for the worse** 나빠지다
(worsen; deteriorate; get worse; go from bad to worse)

□ **take ~ into account** ~을 고려하다(consider); ~을 계산에 넣다(count in)

□**take issue with** ~ ~와 대립하다, 논쟁하다(dispute; argue)

□**take one's heels** 도주하다, 줄행랑치다(flee; run away)

□**take the bull by the horns** 정면대응하다, 용감히 난국에 맞서다

□**turn a deaf ear to** ~ ~에 조금도 귀 기울이지 않다; 무시하다(disregard)

□**turn a new leaf** 마음을 고쳐먹다, 심기일전하다

□**turn one's back on[upon]** ~ ~에게 등을 돌리다; ~을 저버리다
  (go back on); 무시하다(ignore)

□**turn[change] one's coat** 변절하다(renegade; apostatize)

□**waste one's breath** 쓸데없는 소리를 하다, 말해봤자 입만 아프다 (우이독경)

[출제 예상 동사구]

☐**abide by ~** ~을 지키다(keep); ~의 결정에 따르다(follow)

☐**break down** 고장 나다(out of order); ~을 분해하다(disjoint; dismantle)

cf. **break out** 시작하다(begin); 돌발하다; 탈출하다(extricate; get out of)
　　break up ~ ~을 파하다, 해산하다(disperse); 헤어지다(separate); 해체하다
　　bring up ~ ~을 기르다, 양육하다(rear; educate); 언급하다(mention);
　　　　　　　토하다(vomit; throw up)

☐**call down ~** ~을 꾸짖다(scold; rebuke)

cf. **call up ~** ~을 회상하다(recall; recollect)

☐**carry out ~** ~을 실행하다(execute; perform); ~을 성취하다(accomplish)

cf. **carry through ~** ~을 완수하다(accomplish; complete)

☐**come by ~** ~을 입수하다(obtain; acquire); 잠깐 들르다(pay an informal visit)

☐**cut up ~** ~을 혹평하다(criticize adversely); ~을 잘게 썰다(cut into pieces)

☐**do up ~** ~을 장식하다(decorate); 포장하다(pack; wrap up); 갱신하다(renew)

☐**do without ~** ~없이 지내다(dispense with)

☐**dwell on ~** ~을 곰곰이 생각하다(ponder on[over]);
　~을 자세히 설명하다(expound)

☐**fall behind** 뒤떨어지다; 추월당하다; (세금 등을) 체납하다

cf. **fall on[upon] ~** ~을 습격하다(assault; attack); (축제일 등이 ~요일에) 해당하다

☐**fool around** 빈둥빈둥 지내다; 시간을 낭비하다(idle; waste time)

☐**get across ~** ~을 알게 하다, 이해시키다(get through); 성공하다(succeed)

☐**give in** 항복하다, 굴복하다(surrender; give way; yield to)

cf. **give out ~** ~을 발산하다(emit; send out); ~을 나누어 주다(distribute)
　　give up ~ ~을 포기하다, 단념하다(abandon); 그만두다(relinquish)

☐**go off** 발사되다, 폭발하다(explode); 떠나다(leave); 도망치다(run away)

cf. **go with ~** ~와 조화되다, 어울리다(match; suit); ~와 동행하다(accompany)

□**hit on[upon]** ~ ~을 우연히 만나다(meet by chance); ~이 생각나다(occur to)

□**hold on** (전화를) 끊지 않고 기다리다(hang on); ~을 지속하다(maintain)

cf. **hold up** ~ ~을 강탈하다(rob; snatch);
~을 지지하다(support); ~을 방해하다(hinder)

□**kick off** 시작하다(begin; start)

□**lash out** 맹렬히 비판하다(bash at; criticize strongly)

□**let off** ~ ~을 석방하다(release; set free); 발사하다(discharge); 방출하다(emit)

□**look over** ~ ~을 조사하다(examine); 검토하다(go over);
~을 눈감아주다(overlook; pardon)

cf. **look up** ~ (사전 등에서) ~을 찾아보다; 좋아지다(get better)

□**make out** ~ ~을 이해하다(understand; figure out)

cf. **make over** ~ ~에게 양도하다(transfer; hand over);
~을 고치다, 변경하다(remodel)
make up ~ ~와 화해하다(compromise); ~을 보상하다, 보충하다(~ for)
(compensate); ~을 지어내다(invent; concoct); 화장하다(make one's toilet)

□**mix up** ~ ~을 혼동하다(confuse); ~을 섞다(blend; mingle)

□**pass away** ~ 죽다(die); (고통 등이) 가시다(ease)

cf. **pass over** ~ ~을 무시하다, 고려하지 않다(disregard; ignore);
너그럽게 보아주다(overlook; pass by); 용서하다(forgive)

□**press for** ~ ~을 요구하다(demand; ask for)

□**put aside** 저축하다(save; put by; lay aside)

cf. **put down** ~ 진압하다(suppress); ~을 적어두다(write down)
put forth ~ (싹 등을) 내밀다; 제안하다(propose); (힘 등을) 내다, 행사하다(exert)
put off ~ ~을 연기하다, 미루다(postpone; defer)

□**run across** ~ ~을 우연히 만나다(meet by chance; come across; run into)

cf. **run for** ~ ~에 입후보하다, 출마하다(stand as a candidate)
run into ~ ~에 충돌하다(crash into; collide with);
(곤란 등에) 부딪치다(meet with); 우연히 만나다(run[come] across)
run over ~ ~을 복습하다(review); (차 등에) 치다(knock down)

□**set forth** 출발하다(start; leave); (의견 등을) 말하다(state); 설명하다(explain)

cf. **set free** ~ ~을 석방하다, 해방시키다(release; liberate; emancipate)

set up ~ ~을 세우다(erect), 건설하다(construct);
(제도 등을) 창설하다, 설립하다(establish; inaugurate)

☐ **shoot up** (물가가) 급등하다(rise suddenly; skyrocket);
(갑자기) 자라다(grow rapidly)

☐ **show off** ~ ~을 자랑하다(brag; be proud of; take pride in; pride oneself on)

cf. **show up** (사람이) 나타나다(appear; turn up);
~을 폭로하다(reveal; expose; make known)

☐ **stand by** ~ ~을 지지하다(support); 방관하다(look on); 대기하다(be on standby)

cf. **stand for** ~ ~을 나타내다, 상징하다(represent; symbolize);
~을 지지하다(support); ~을 참다, 견디다(tolerate; endure; put up with)
stand out 두드러지다(be conspicuous); 끝까지 저항하다(not yield; hold out)

☐ **stick to** ~ ~을 고수하다, 충실히 지키다; ~에 들러붙다(adhere to; stick fast to)

☐ **substitute for** ~ ~을 대리하다, 대신하다(replace; take the place of)

☐ **take down** ~ ~을 적어두다(write down; put down);
~을 떼어내다(demount; remove);
~을 분해하다, 해체하다(take apart; pull down; dismantle)

cf. **take in** ~ ~을 속이다(deceive; cheat); ~을 흡수하다(absorb);
숙박시키다(accommodate); 구독하다(subscribe)
take on ~ ~을 고용하다(hire; employ); ~을 떠맡다(undertake);
(양상 등을) 나타내다, 띠다(assume)

☐ **tear down** ~ ~을 파괴하다, 부수다(demolish; destroy)

☐ **tell off** 할당하다(allot); 명령하다(order)

☐ **tide over** ~ ~을 극복하다(overcome; get over)

☐ **turn down** ~ ~을 거절하다(refuse); (가스, 소리 등을) 약하게 하다(lessen)

cf. **turn in** ~ ~을 제출하다(submit; hand in)
turn out ~ ~임이 판명되다(prove); (전기 등을) 끄다(turn off); 생산하다(produce)
turn up (일이) 생기다, 발생하다(happen; occur);
(사람이) 나타나다(appear; show up)

☐ **use up** ~ ~을 다 써버리다(consume entirely); (수동형으로) ~을 기진맥진하게 하다

☐ **wolf down** ~ 게걸스럽게 먹다, 마구 먹다(snarf down); 남의 애인을 가로채다

☐ **work on[upon]** ~ ~에 영향을 미치다, 작용하다(affect; act on[upon])

□**bear[keep] in mind ~** ~을 명심하다(take ~ to heart)

□**blow one's top** 화를 내다, 노발대발하다(get very angry; lose one's temper)

□**bring[call] a person to account**
~에게 해명을 요구하다; 꾸짖다(scold; blame)

□**brush up (on) ~** ~을 다시 공부하다, 복습하다(review; go over);
기억을 새로이 하다; ~을 깨끗이 닦다; 몸단장하다(dress oneself; trim oneself up)

□**catch up with ~** ~을 따라잡다(overtake); 뒤진 것을 만회하다

□**catch[seize] hold of ~** ~을 이해하다(grasp; get the picture); 붙잡다(grasp)

□**come in[into] contact with ~** ~와 접촉하다(keep in touch with);
~와 만나다(meet)

□**come into existence[being]** 생기다, 나타나다(appear; turn up)

□**come up with ~** ~을 따라잡다(overtake); ~에 다가가다(approach);
~을 고안해내다(contrive)

□**cut down on ~** (비용, 소비 등을) 줄이다(lessen; reduce)

□**do away with ~** ~을 제거하다(abolish; get rid of); ~을 죽이다(kill; destroy)

□**do time** ~의 죄로 복역하다(serve one's time)

□**fall back on[upon] ~** (저축, 원조 등에) 의지하다(rely[count, depend] on);
후퇴하다(retreat)

□**get it** 이해하다(understand); 벌 받다, 야단맞다(be punished)

□**get[be, stand] in the way** 방해되다

□**give rise to ~** ~을 낳다, 일으키다, 초래하다(cause; originate; produce)

□**have done with ~** ~와 관계를 끊다(cease); ~을 끝내다(finish)

□**have something[nothing] to do with ~**
~와 약간의 관계가 있다[~와 전혀 관계가 없다]

□**help oneself** 마음대로 양껏 먹다

□**hold one's tongue** 잠자코 있다, 침묵을 지키다(keep silent)

□**keep abreast of ~** (시대, 사상 등에) 뒤떨어지지 않다(keep pace with)

□**learn ~ by heart** ~을 암기하다(memorize)

□**look down on[upon] ~** ~을 깔보다, 얕보다, 경멸하다
  (despise; slight; make light of)

□**look forward to ~** ~을 기대하다(anticipate), 기다리다(expect)

□**look out for ~** ~을 조심하다(be careful)

□**lose one's temper** 화를 내다(blow one's top; get angry; get out of temper)

□**lose the day** 패하다(lose; be defeated)(↔ **win the day** 이기다)

□**make a fool of ~** ~을 조롱하다(ridicule; make fun of)

□**make allowances for ~** ~을 고려하다, 참작하다(take ~ into
  consideration[account])

□**make away with ~** ~을 없애버리다, 탕진하다; ~을 훔치다(steal); 죽이다(kill)

□**make do with ~** ~로 때우다, 임시변통하다

cf. **makeshift** *n.* 임시변통, 일시적 방편

□**make little[light] of ~** ~을 경시하다(belittle; disregard)

□**make one's mark** 이름을 내다, 성공하다(succeed)

□**put ~ to use** ~을 사용하다, 이용하다(make use of)

□**put on airs** 거만을 피우다, 뽐내다(give oneself airs; assume airs)

□**put up at ~** ~에 숙박하다(stop at; lodge)

□**put ut with ~** ~을 참고 견디다(endure; bear; tolerate; stand)

□**run away with ~** ~을 가지고 달아나다; 훔치다(steal)

□**run out of ~** ~을 다써버리다(exhaust[use up] completely)

□**run short of ~** ~이 부족하다, 바닥나다(be in short supply with)

□**run[take] a risk of ~/ run[take] risks of ~**
  ~의 위험을 무릅쓰다, ~에 목숨을 걸다

□**stand up for ~** ~을 주장하다(maintain); 지지하다(support)

□**take ~ into account** ~을 고려하다, 참작하다(consider; allow for)

□**take charge of ~** ~을 떠맡다(be saddled with); ~을 책임지다; 주도권을 쥐다

VOCA PLUS

1. **develop pictures** 필름을 현상하다
2. **do extra chores** 집안일을 돕다(help family affairs)
3. **enjoy each other's company** 친구로 잘 어울려 지내다
4. **flog a dead horse** 헛수고하다(make vain efforts)
5. **grab a bite** 간단히 먹다
6. **light years ahead** 훨씬 앞서다
   (much more advanced than another)
7. **play innocent** 능청을 부리다, 오리발 내밀다;
   　　　　　　　　　결백한 체하다(pretend to be innocent)
8. **sleep on it** 사전에 생각하다
   (think about something before making decision)
9. **take one's time** 천천히 하다(do not hurry); 꾸물대다(dawdle)
10. **take pains** 수고하다(make efforts)
11. **Let's call it a day!** 오늘은 여기까지!, 오늘은 이만!
12. **You can't miss it!** 찾기 쉬워!, 지나칠 수가 없어!
    (It is easy to see it.)

□**among other things[among others]** 무엇보다도, 특히
  (above all; especially)

□**as a matter of course** 물론, 당연히
  (of course; needless to say; not to mention; to say nothing of)

□**as a matter of fact** 사실은(in fact)

□**as a result of ~** ~의 결과로(because of; in consequence of)

□**as a token of ~** ~의 증거로, ~의 표시로(as a sign of ~)

□**at length** 마침내, 드디어(finally; at last); 자세히(in detail)

□**at one's wit's[wits'] end** 어찌할 바를 몰라(perplexed; at a loss)

□**at one's[its] best** 가장 좋은 상태에, 전성기에; 한창
  cf. do one's best 최선을 다하다

□**at random** 되는대로, 함부로(without aim)

□**at times** 가끔, 때때로(occasionally; at intervals)
  cf. at the same time 동시에(simultaneously) make time 급히 가다, 서두르다(hurry)

□**by a narrow margin** 간신히, 겨우(narrowly; barely)

□**by and large** 대체로(on the whole; in general; as a rule; all in all)

□**by design** 의도적으로, 고의로(designedly; purposely; intentionally; on purpose)

□**by inches** 조금씩, 서서히(gradually; inch by inch; little by little);
  아슬아슬하게(by a hair's breadth; by a hair; by a narrow margin)

□**by leaps and bounds** 매우 급속도로(very rapidly); 쑥쑥; 순조롭게(smoothly)

□**by means of ~** ~에 의해서, ~을 써서(by dint of; by virtue of)

□**by the same token** 같은 이유로(for the same reasons);
  게다가(furthermore)

□**for a song = for an old song** 헐값으로, 싸구려로
  *purchase the adjoining land for a song 인접한 땅을 헐값에 구매하다

□**for all the world** 〈부정문〉 결코(never); 어느 모로 보나, 모든 점에서

□**for the most part** 대부분은, 대개는(usually; mostly)

□**for the purpose of ~** ~할 목적으로, ~을 위하여
(with a view to ~ing; in order to V)

□**for the time being** 당분간(for the present)

□**for[against] a rainy day** 만일에 경우에 대비하여

□**in a class by itself[oneself]** 뛰어난, 비길 데 없는
(matchless; peerless; unrivaled)

□**in a mess** 뒤죽박죽이 되어, 곤경에 처해(in a fix)

□**in a word[nutshell]** 간단히 말해서, 한마디로(briefly)

□**in addition to ~** ~이외에도(besides; as well as)

□**in general** 일반적으로, 대개(generally; usually; as a rule; on the whole)

□**in good time** 때맞춰, 제때에; 이윽고, 곧

□**in person** 몸소, 자신이 직접(personally)

□**in the distance** 저 멀리서 *cf.* **at a distance** 좀 떨어져서(not too near)

□**in the end** 결국, 마침내(finally; after all; at last; in the long run)

□**in the event of ~** 만일 ~의 경우에는(in case of)

□**in the face[teeth] of ~** ~에도 불구하고(despite; in spite of)

□**in the last[final] analysis** 결국(finally; after all; in the long run)

□**in the name of ~** ~을 대신하여(on behalf of); ~의 대리로

□**in vain** 효과 없이, 헛되이(vainly; futilely; fruitlessly) *cf.* **of no use** 아무 쓸모없는

□**in view of ~** ~을 고려하여, ~을 예상해서; ~ 때문에

□**on bail** 보석금을 내고 *be released[freed] on bail 보석되다

□**on behalf of ~** ~ 대신에(in the name of),
~을 대표해서; ~을 위하여(in behalf of; in one's behalf)

□**on one's feet** (병이) 완쾌하여;
(경제적으로) 독립하여(independently; on one's own)

□**on one's toes** 빈틈없는(alert)

□**on the advance** 값이 오르고 있는(on the rise)

□**on the ball** 방심하지 않고(on one's guard; on the alert); 빈틈없이, 잘 알고 있는

□**on the dot** 제시간에, 정각에(on time; punctually)

□**on the edge[brink, verge] of ~** ~하기 직전에, 금방 ~하려고 하여

□**on the score of ~** ~의 이유로, ~ 때문에
(on account of; by reason of; on the ground of; due to)

□**on the side** 부업으로; 덤으로(to boot; into the bargain)

□**on the spear side** 부계의(on the paternal side)

□**on the spindle side** 모계의(on the distaff side; on the maternal side)

□**on the threshold of ~** 이제 막 ~하려고 하여; ~의 시초에

□**on the wrong[other, shady] side of ~** (나이가) ~살이 넘어

□**on time** 정각에(punctually) *cf.* in time 제시간에, 늦지 않고

□**out of order** (기계 등이) 고장 난(broken); (규칙에) 위반되는

□**out of the blue** 뜻밖에, 불시에(suddenly; unexpectedly)

□**to the letter** 정확히(precisely); 글자그대로(literally)

□**under the auspices of ~** ~의 후원으로(sponsored by)

□**up in the air** 미결정인(undecided; uncertain)

□**up to date** 최신식의(streamlined); 지금 유행하는(in fashion); 오늘날까지(till now)

□**under the rose** 은밀히(in secret); 남몰래(confidentially; covertly; privately)

□**with ardor[zest]** 열심히, 정열적으로(ardently; zestfully)

□**with expedition** 신속히(expeditiously; promptly; swiftly)

□**with[in] regard to ~** ~에 관해서는
(as regards; regarding; as to; as for; concerning; pertaining to)

□**with[in] respect to ~** ~에 관해서는[대해서는]
(concerning; with regard to; with respect to; as regards)

□**within a hair of ~** ~하마터면 ~할 뻔하여(nearly ~)

□**without fail** 꼭, 반드시(surely; certainly; for certain)

□**without regard[respect] to ~** ~에 상관없이, ~을 상관하지 않고
(regardless of; irrespective of)

1. **all told** 합하여, 모두(altogether; in all)
2. **on the ground (that) ~** ~라는 이유로(by reason of)
3. **second to none** 누구[어느 것에도] 뒤지지 않는, 최고의(the best)
4. **see (to it) that ~** 꼭 ~하도록 마음 쓰다; 꼭 ~하게 하다(make sure that ~)
5. **so far so good** 지금까지는 좋다
6. **such as it is[they are]** 대단한 것은 못되지만, 변변치 못하지만, 이런 것이지만
7. **thanks to ~** ~덕분에, ~ 때문에 (owing to; due to; because of; on account of)
8. **that is to say** 즉, 다시 말하면(namely; in other words)
9. **to make matters worse** 설상가상으로(to add to one's misery)
   08 국민대
10. **to the effect (that) ~** ~라는 취지로[취지의]
11. **when it comes to ~** ~에 대해서라면, ~에 대해 말하자면 (as to; concerning)
12. **back to back** 연달아, 연속적으로(one after another)
13. **next to nothing** 없는 거나 마찬가지인, 아주 조금; 아주 싸게(cost very little)
14. **for a (mere) song=for an old song** 아주 헐값으로, 싸구려로
15. **For here or to go?** 여기서 드실 건가요, 가져가실 건가요?
16. **As Plato has it ~** 플라톤이 말한 바와 같이
17. **The Prime Minister was quoted as saying that ~** 수상이 ~라고 말한 것으로 인용되었다
18. **It remains to be seen whether ~** ~인지 아닌지는 두고 봐야 알 일이다

☐**back-talk** [bǽktɔːk] *v.* 말대답하다(retort)

☐**beat-up** [bíːtʌ́p] *a.* 오래 써서 낡은(used-up; worn-out); 지친(tired; fatigued; exhausted; run-down)
cf. **beat** *n.* 박자; 순찰구역 *v.* 치다, 두드리다; (상대를, 적을) 물리치다

☐**book-learned** [búklə̀ːrnid] *a.* 책으로만 배운, 실지 경험이 없는

☐**chicken-and-egg** (문제 등이) 닭이 먼저냐 달걀이 먼저냐의

☐**dead-head** [dédhèd] *n.* (우대권, 초대권을 가진) 무료 입장자; 빈차, 회송열차; 무용지물, 무능한 사람 *v.* 무료입장하다[시키다]; 회송하다

☐**down-to-earth** [dáuntuə́ːrθ] *a.* 현실적인, 실제적인(realistic; practical; matter-of-fact)(↔ **idealistic** *a.* 이상주의의); 철저한(radical; thorough); 더할 나위 없는(out of this world; all right; right enough)

☐**far-fetched** [fáːrfétʃt] *a.* 빙 둘러 말하는(circuitous; circumlocutory; indirect); 부자연스러운(factitious; unnatural); 억지의(strained; forced)

☐**grown-up** [gróunʌ̀p] *a.* 성인, 어른(adult) *a.* 성인의, 성인용의, 어른이 된

☐**in-line** [ínlàin] *a.* 직렬의; (부품 등이) 일렬로 늘어선; 그때마다 즉시 처리하는
cf. in a zigzag line 갈지자형으로

☐**on-and-off** [ánənɔ́ːf] *a.* 불규칙한; 단속적인(intermittent)

☐**over-the-top** [óuvərðətáp] *a.* 목표 이상으로; 정도가 지나친

☐**poverty-stricken** [pávərtistrìkən] *a.* 매우 가난한(very poor)

☐**rip-off** [rípɔ̀(ː)f] *n.* 도둑질, 강탈(robbery; holdup); 사기, 사취(fraud; deception; swindle); 바가지(holdup; overcharging) *v.* 도둑질하다, 사취하다(defraud; swindle)
*That's a <u>rip-off</u>. 그건 바가지를 쓴 거야.

☐**self-delusion** [sélfdilúːʒən] *n.* 자기기만(self-deception)

☐**self-made** [sélfméid] *a.* 자력으로 성공한, 자력으로 만든

☐**state-of-the-art** [stéitəvðiáːrt] *a.* 최첨단 기술을 사용한, 최신식의(streamlined; up-to-date)

☐**tongue-in-cheek** [tʌ́ŋintʃìːk] 놀림조의; 성실하지 못한(insincere)

☐**wrap-up** [rǽpʌ̀p] *n.* 간추린 뉴스; 요약(summary; condensation); 최종 결론(conclusion; bottom line) *a.* 최종적인(ultimate; final)

[출제 예상 특수 어휘]

☐ **ad hoc** [ædhák] *a. ad.* 특별한[히]; 임시변통의[으로](provisional[ly])

☐ **ad infinitum** [æd-ìnfənáitəm] *ad.* 무한히; 영구히(eternally; permanently; perpetually; forever; for everlasting; for all time; for good)

☐ **ad lib** [æd-líb] *ad.* 임의로, 즉흥적으로(extemporarily; off the cuff; on a whim)
   cf. **ad-lib** *a.* 즉흥적인(improvised; extemporaneous; impromptu)
      v. 즉흥적으로 연주하다[연설하다], 즉석에서 만들다

☐ **de facto** [di:-fǽktou] *a.* (법적 요건은 없지만) 사실상의(actual; in fact)
   (↔ **de jure** *a.* 정당한, 합법의, 법률상의) *de facto recognition 사실상의 승인

☐ **en[on] route** [ɑ:nrú:t] *ad.* 도중에(on one's[the] way)

☐ **vice versa** [vàisi-vɔ́:rsə] *n.* (생략문으로서) 거꾸로, 반대로(reversely; contrariwise)
   *call black white, and vice versa 흑을 백이라 부르고 백을 흑이라 부르다

☐ **ins and outs** [ínzənáuts] *n.* 자초지종, 상세한 것[사항](details; particulars); 구석구석, 방방곡곡(nooks); (도로 등의) 굴곡(winding); 여당과 야당

☐ **all thumbs** [ɔ́:lθʌ̀mz] (손재주가) 없는, 서투른(poor; clumsy; awkward; bungling; unskilled; inexpert; botchy; butcherly)(↔ 능숙한(dexterous; adroit; adept; skillful; be at home in)

☐ **cutting edge** 날붙이의 날; 최첨단(high-tech(nology)); (말 등의) 신랄함 (pungency) *be on the cutting edge 앞장서다, 지도적 입장에 있다

☐ **follow suit** 남이 하는 대로 따라하다(do the same as another has done), 선례에 따르다; (카드놀이에서) 남이 내놓은 패와 같은 짝의 패를 내다

☐ **hold water** 이치에맞다(make sense); (이론 등이) 정연하다; 물이 새지 않다

☐ **flash point** 쟁점(a point at issue), 인화점, 일촉즉발의 상황
   *a political flash point 정치적 쟁점

☐ **red face** *n.* 쑥스러워하는[겸연쩍어하는] 얼굴
   cf. **long face** *n.* 시무룩한[침통한] 얼굴

☐ **rain cats and dogs** 비가 억수같이 퍼붓다

☐ **a dime a dozen** 흔해빠진, 평범한(common; commonplace; ordinary)

☐ **bag of tricks** 온갖 수단(every means imaginable)

□**deep pockets** 재력(financial power[ability])

□**snow job** *n.* 감언이설에 의한 속임, 교묘한 거짓말(deception; cheat)

VOCA PLUS

much ado about nothing 헛소동(a storm in a teacup; much cry and little wool; all cry and no wool)

*make[have] much ado 법석을 떨다, 떠들어 대다

back burner (레인지의) 안쪽 버너; (중요도, 순서가) 아래임

*on the back burner 뒤로 미루어져, 당분간 유보되어

bull's eye 정곡, 적중; (과녁의) 중심

catch-22 *a.* 궁지에 빠진, 옴짝달싹할 수 없는

　　　　　　 n. 딜레마, (모순된 상황에) 꼭 묶인 상태

cloud nine 행복의 절정

*be on cloud nine 최고의 행복한 기분이다

come-outer *n.* (종교, 단체 등의) 이탈자, 탈퇴자; 급진적 개혁주의자

goo-goo *n.* (경멸적) 정치 개혁자(do-gooder)

hanger-on *n.* 식객; 언제나 붙어 다니는 측근자; 늘 오는 사람

Hopson's choice 권하는 것을 갖느냐 안 갖느냐의 선택,

　　　　　　　　　 마음대로 고를 수 없는 선택

Miranda rule 미란다 원칙, 위법 증거 수집 배제 원칙

Murphy's law 경험으로 얻어지는 그럴듯한[해학적] 지혜

runner-up *n.* (경기, 경쟁의) 차점자, 차위팀; 입상자

sour grapes 억지, 오기; 지기 싫어함

the eleventh hour 최후의 순간, 마지막 기회

*at the eleventh hour 막판에, 마지막 기회에

the forth estate 제 4계급, 언론계

the lion's share 알짜, 제일 큰[좋은] 몫

*take the lion's share 가장 좋은 부분을 갖다

the seventh haven 제 7천국; 최고의 행복

a hot potato 귀찮은[곤란한] 문제, 난문제

a Peeping Tom 엿보기 좋아하는 호색가

a white elephant 처치 곤란한 물건, 성가신 물건

cf. **bail out** (경제적 위기에서) 구하다, 일으켜 세우다

   capitalize on ~ ~을 이용하다, 편승하다

   *capitalize on her popularity[weakness]
   그녀의 인기를[약점을] 이용하다

   gain momentum 추진력을 얻다, 세를 얻다, 탄력이 붙다

   give impetus to ~ ~을 촉진하다, ~에 자극을 주다

   take forty winks 잠깐 눈을 붙이다, 선잠을 자다
   (take a short nap)

   take the Fifth (Amendment) 묵비권을 행사하다
   (use the right of silence)

   zero in on 조준을 목표에 맞추다; ~에 신경을 집중하다

4. 영자 신문·뉴스 어휘

1) **aid** [eid] *v.* 원조하다(help; assist)

2) **air** [ɛər] *v.* 방송하다(broadcast); (의견을) 발표하다(announce)

3) **ax** [æks] *v.* 해고하다(dismiss; discharge; fire); (경비, 인원을) 대폭 삭감하다 (curtail; retrench) *give the <u>axe</u> 해고하다; 이혼하다(divorce)

4) **back** [bæk] *v.* 지지하다(support; uphold; stand by)

5) **backbite** [bǽkbàit] *v.* (뒤에서) 험담하다(speak ill of; behind a person's back)

6) **badmouth** [bǽdmɑuθ] *v.* 악담하다(abuse; speak ill of)

7) **balloon** [bəlúːn] *v.* 상승하다, 급등하다(soar; surge; upsurge; skyrocket; jump up; shoot up)(↔ **dive; nosedive; crash; tumble; slump** *v.* 급락[폭락]하다)

8) **bar** [baːr] *v.* 금지하다, 막다(prohibit; exclude; interdict)

9) **bash** [bæʃ] *v.* 세게 때리다, 강타하다(wallop; slug); 맹렬히 비난하다(lash; criticize severely)

10) **bask** [bǽsk, báːsk] *v.* 햇볕을 쬐다; (은혜 등을) 입다

11) **beleaguer** [bilíːgər] *v.* 에워싸다, 포위공격하다(surround; besiege)

12) **blast** [blæst] *n.* 폭발(explosion); 비난(criticism); 돌풍(gust)

13) **blaze** [bleiz] *n.* 화재(fire; conflagration)

14) **bolster** [bóulstər] *v.* 강화하다(strengthen; reinforce)

15) **boost** [buːst] *n.* 증가(increase), 상승(rise; ascent), 지원 *v.* 지원하다(increase; support); (가격을) 인상하다; (생산량을) 증대시키다

16) **bourse** [buərs] *n.* 증권거래소(Stock Exchange)

17) **brace** [breis] *v.* 대비하다(prepare for); 보강하다(reinforce) *n.* 버팀목

18) **castigate** [kǽstəgèit] *v.* 혹평하다(hypercriticize); 징계하다(discipline; reprimand); 벌주다(punish)

19) **chide** [tʃaid] *v.* 강하게 비난하다(criticize strongly)

20) **cite** [sait] *v.* 언급하다(mention); 인용하다(quote)

21) **clash** [klæʃ] *n.* 충돌(collision); 대립(conflict; dispute)
    v. (차, 이해 등이) 충돌하다(collide)

22) **clout** [klaut] *n.* 영향력(sway; influence); 때림 *v.* 때리다(hit)

23) **curb** [kəːrb] *v.* 억제하다(restrain; suppress); 제한하다(limit)

24) **defuse** [diːfjúːz] *v.* (긴장, 위기 등을) 완화하다, 진정시키다
    (ease; mitigate; alleviate)

25) **downplay** [dáunplèi] *v.* 경시하다(belittle; disparage; play down;
    water down); 무시하다(disregard)

26) **drive** [draiv] *n.* 모금운동, 대선전(campaign); 시대의 흐름(drift); 경향(tendency)

27) **ease** [iːz] *v.* (문제 등을) 해소하다(solve); (불안 등을) 진정시키다(mollify)

28) **edge** [edʒ] *v.* (경기에서) 신승하다
    cf. **smash** *v.* 대파하다 **eliminate** *v.* 탈락시키다 **upset** 역전승하다
    tie; draw 무승부 **breeze[advance]** 진출하다
    *breeze[advance] the semi-finals 준결승에 진출하다

29) **embattled** [imbǽtld] *a.* 적군에 포위당한(surrounded by enemies);
    사면초가의; 괴로움을 당하는; 전투태세를 갖춘

30) **embroiled** [embrɔ́ild] *a.* (논쟁, 분쟁 등에) 휩싸인(involved; entangled)

31) **entangled** [entǽŋgld] *a.* (분규, 음모 등에) 휘말린(involved; embroiled);
    뒤얽힌(intertwined; interlaced)

32) **escalate** [éskəlèit] *v.* (임금, 물가가) 차츰 오르다(increase gradually);
    (전쟁 등이) 단계적으로 확대되다(become greater)

33) **eye** [ai] *v.* ~에 눈독을 들이다, 목표하다(aim)

34) **falsify** [fɔ́ːlsəfài] *v.* (서류 등을) 위조하다(forge; counterfeit)

35) **feud** [fjuːd] *n.* 분쟁(dispute; strife); 반목(disagreement)

36) **foil** [fɔil] *v.* 미연에 방지하다(prevent beforehand); 좌절시키다(baffle)

37) **forge** [fɔːrdʒ] *v.* (관계를) 구축하다, 맺다; 위조하다(fabricate; counterfeit)
    cf. **forgo** *v.* 그만두다, 포기하다(abandon; give up)

38) **foster** [fɔ́(ː)stər] *v.* 조장하다, 촉진시키다(promote)

39) **fuel** [fjúːəl] *v.* 자극하다, 부채질하다(trigger; ignite; touch off)

40) **garner** [gáːrnər] *v.* (노력하여) 얻다, 획득하다(obtain)

41) **grill** [gril] *v.* 엄중 심문하다(interrogate severely)

42) **grip** [grip] *n.* 움켜쥠; 장악 *v.* 꽉 잡다(grab; grasp); 장악하다(take control of)

43) **hail** [heil] *v.* 환영하다(welcome; receive warmly)

44) **head** [hed] *v.* 이끌다(lead); 지휘하다(command)

45) **hectic** [héktik] *a.* 매우 바쁜(very busy); 몹시 흥분한(feverish)

46) **highlight** [háilàit] *v.* 돋보이게 하다; 강조하다(emphasize) *n.* 가장 중요한 부분

47) **hike** [haik] *n.* 증가, 인상 *v.* 증가시키다(increase); 인상시키다(raise)

48) **hit** [hit] *v.* 타격을 주다(strike); 부딪치다; 명중시키다

49) **jitter** [dʒítər] *n.* (the ~s) 신경과민, 초조, 공포감 *v.* 안절부절못하다(be nervous)

50) **lambaste** [læmbéist] *v.* 혹평하다(criticize severely);
(몹시) 때리다(beat bitterly)

51) **laud** [lɔːd] *v.* 칭찬하다(tout; eulogize; applaud) *n.* laudation 칭찬(praise)

52) **launch** [lɔːntʃ] *v.* 발사하다; (신제품을) 출시하다; 개시하다, 시작하다(begin)

53) **loom** [luːm] *v.* 가까운 장래에 발생할 듯하다(be likely to happen soon)

54) **loot** [luːt] *n.* 약탈, 강탈; 전리품 *v.* 약탈하다(plunder); 강탈하다(snatch; steal)

55) **manipulate** [mənípjəlèit] *v.* (여론, 장부 등을) 조작하다(fabricate; cook up)

56) **mull** [mʌl] *v.* 심사숙고하다(consider carefully); 실수하다(mistake)
n. 실수(mistake; error); 실패(failure)

57) **nab** [næb] *v.* 체포하다(arrest; seize; capture)

58) **name** [neim] *v.* 지명하다(designate; nominate), 임명하다; (시일, 가격 등을) 지정
하다(appoint)

59) **nod** [nɑd] *v.* 승인하다(approve); 동의하다(yes)

60) **oust** [aust] *v.* 추방하다(expel; banish; ostracize; drive out); 박탈하다(deprive)

61) **outperform** [àutpərfɔ́ːrm] *v.* ~ 보다 실적[기량]이 뛰어나다(excel)
(↔ **underperform** *v.* ~보다 실적[기량]이 못하다(fall behind)

62) **outsell** [àutsél] *v.* 〈사람이〉 ~ 보다 많이 팔다(sell more than others;
〈상품이〉 ~보다 많이 팔리다(be sold more than other items)

63) **outsmart**[àutsmá:rt] *v.* ~보다 재치가 뛰어나다[똑똑하다]
(defeat; gain the advantage over someone)

64) **overhaul**[òuvərhɔ́:l] *v.* (차량 등을) 수리하다, 정비하다(repair);
철저히 조사하다(scrutinize)

65) **plummet**[plʌ́mit] *v.* 급락[폭락]하다(fall suddenly; toboggan);
(물, 위험 속으로) 뛰어들다(plunge) *n.* 폭락(slump; smash; break)

66) **plunge**[plʌndʒ] *n.* 격감, 급락(a sudden drop[fall])
v. 격감하다; 급락하다(fall steeply)

67) **poised**[pɔizd] *a.* ~할 예정인((be) set); (사람이) 침착한(calm; staid)

68) **post**[poust] *n.* 직책, 지위(position)

69) **probe**[proub] *n.* 철저한 조사(examination) *v.* 철저히 조사하다(examine)

70) **quell**[kwel] *v.* 억누르다, 진압하다(suppress; subdue; put down)

71) **rage**[reidʒ] *v.* (폭풍 등이) 사납게 몰아치다, 맹위를 떨치다(burn out of control)

72) **rampant**[rǽmpənt] *a.* 사나운(fierce; rough; ferocious);
(소문, 병 등이) 마구 퍼지는, 만연하는(prevailing)

73) **reshuffle**[riːʃʌ́fəl] *n.* 내각개편; 인사이동(personnel changes)
v. 개편하다(replace)

74) **revamp**[riːvǽmp] *v.* 개조[개편, 개선, 개혁]하다
(change something to improve)

75) **rift**[rift] *n.* 균열(crack); 갈등(conflict); 불화(discord)

76) **rock**[rɑk] *v.* 흔들다, 요동시키다(sway); 동요시키다, 충격을 주다(shock)

77) **rocket**[rɑ́kit] *v.* 가격이 치솟다(shoot; skyrocket); 돌진하다(dash); 벼락부자 되다
cf. upstart *n.* 갑자기 출세한 사람; 벼락부자

78) **rout**[raut] *v.* 완전히 패배시키다(defeat completely) *n.* 대패; 불온집회

79) **row**[rau] *n.* 법석, 소동(tumult; commotion); 논란, 싸움(quarrel; dispute)

80) **sack**[sæk] *v.* 해고하다(discharge; dismiss; fire; lay off);
격파하다(defeat; beat out)

81) **siege**[siːdʒ] *n.* 포위공격(an enveloping attack)
cf. besiege *v.* 포위공격하다; 몰려들다; (요구 등으로) 괴롭히다

82) **slam**[slæm] *v.* 비난하다(criticize; blame; condemn; reproach; denounce)

83) **slap** [slæp] *v.* 비판하다, 비난하다(criticize; condemn; slam);
(세금을) 부과하다(levy)

84) **slated** [sléitid] *a.* 예정된(scheduled; due) *be slated to V : V할 예정이다

85) **slay** [slei] *v.* 살해하다(kill; murder); 근절하다(extricate; exterminate)

86) **slide** [slaid] *v.* 미끄러지다(slip); 시간이 지나가다(pass);
감소하다(fall), 내리다(drop; go down)

87) **slip** [slip] *v.* 미끄러지다(slide); 하락하다(fall; drop); 실수하다(mistake)

88) **snag** [snæg] *n.* 장애(problem; difficulty); 암초(reef); 덧니(snaggletooth)

89) **soar** [sɔːr] *v.* (물가가) 급등하다(skyrocket; jump; shoot up);
(새, 항공기 등이) 날아오르다(fly up)

90) **spark** [spɑːrk] *v.* ~의 도화선이 되다, 촉발시키다, 야기하다(cause; ignite;
trigger; fuel) *n.* 불꽃

91) **stalemate** [stéilmèit] *n.* 막다른 골목, 교착상태(deadlock); 궁지(fix; dilemma)

92) **stance** [stæns] *n.* 자세(attitude); 입장(position)
*take a tough stance 강경자세를 취하다

93) **stem** [stem] *v.* 막다, 저지하다(stop; check; prevent)

94) **stoke** [stouk] *v.* 불을 때다, 연료를 보급하다(fuel); 배불리 먹이다(glut)

95) **storm** [stɔːrm] *v.* 몰려들다, 난입하다(intrude); 돌격[돌진]하다(dash at)
n. 폭풍; 격정, 격분

96) **strain** [strein] *n.* 긴장(tension); 변종(freak; sport)
*a strain of avian flu 조류독감의 변종

97) **strife** [straif] *n.* 투쟁, 다툼; 대립(conflict); 경쟁(contest)
*political strife 정치적 대립

98) **sway** [swei] *n.* 영향력(influence); 동요(commotion)
v. ~에 영향을 미치다(affect); 흔들다, 흔들리다

99) **swoop** [swuːp] *n.* 급습(raid; storm); 급강하
v. 급습하다(attack suddenly); 급강하하다(nosedive)

100) **taunt** [tɔːnt] *v.* 비웃다, 조롱하다(jeer; deride; ridicule; make fun of);
비아냥거리다(make cynical remarks); 괴롭히다(tease)

101) **top** [tɑp] *v.* 능가하다(surpass); 초과하다(exceed); 이기다(win; defeat)

102) **tout**[taut] *v.* 극구 칭찬하다(praise highly); 적극 권유하다, 추천하다
(recommend); 성가시도록 권유하다(importune; solicit), 강매하다

103) **trigger**[trígər] *v.* (사건 등을) 유발하다(cause; give rise to)

104) **underline**[ʌ̀ndərláin] *v.* 밑줄을 치다;
강조하다(underscore; emphasize; stress; accentuate)

105) **volatility**[vὰlətíləti] *n.* 불안정성, 변동성
a. **volatile** 휘발성의; 변덕스러운; 심하게 변동하는

106) **woe**[wou] *n.* (pl.) 불행(infelicity), 재난, 화(disaster; calamity);
고뇌, 괴로움(distress)

107) **zillion**[zíljən] *a.* 헤아릴 수 없이 많은, 무수한(jillion; innumeralbe; numberless;
countless; myriad; inestimable)

찾아보기

찾아보기는 최종 검토용으로 활용하세요.
뜻이 바로 생각나는 것은 통과하고, 기억나지 않거나 모르는 단어는 표시했다가
다음에 그 단어만 본문 페이지로 되돌아가서 학습하면 효과적입니다.

897

D

911

912

W

X

Z